KB053566

존 바에즈
자서전

AND A VOICE TO SING WITH: A Memoir

by Joan Baez

Copyright © 1987 by Joan Baez. All right reserved.

Korean translation Copyright © 2012 by Samcheolli Publishing Co., Seoul.

Korean translation rights arranged with Simon & Schuster, Inc. through KCC.

이 책의 한국어판 저작권은 한국저작권센터(KCC)를 통해

Simon & Schuster, Inc.와 독점 계약한 삼천리에 있습니다.

저작권법에 따라 보호받는 저작물이므로 무단 전재와 복제를 금합니다.

존 바에즈 자서전
평화와 인권을 노래하다

지은이 존 바에즈

옮긴이 이운경

편 집 손소전

디자인 김미영

펴낸이 송병섭

펴낸곳 삼천리

등 록 제312-2008-121호

주 소 121-820 서울시 마포구 망원동 376-12

전 화 02) 711-1197

전 송 02) 6008-0436

이메일 bssong45@hanmail.net

1판 1쇄 2012년 10월 31일

값 23,000원

ISBN 978-89-94898-12-4 03990

한국어판 © 이운경 2012

존 바에즈
자서전

존 바에즈 지음 • 이운경 옮김

평화와 인권을 노래하다

Joan 97

삼천리

And a Voice to Sing with

by

Joan Baez

존 바에즈의 어머니(1942년)

두 살 무렵 존 바에즈(1942년)

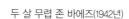

© Albert Baez

© Albert Baez

존 바에즈의 아버지(1942년)

© Joan Baez, Sr.

c. Joan Baez, Sr.

조애니(3살)와 언니 폴린(5살)과 아빠

c. Albert Baez

차분하고 아름다운 엄마(1940년)

c. Albert Baez

조애니(7살)

© Albert Baez

소애니가 그린 어릴 적 가족 초상화(1953년)

바그다드에서 살 때(1951년)

© Albert Baez

조애니(7세), 미미 그리고 폴린. 당시 내가 가진 옷 가운데 가장 좋아했던 옷으로,
격자무늬 부분이 새틴으로 된 빨간색 벨벳 원피스이다.

JOANIE BAEZ 53:54

내가 생각하는 나의 이미지(8학년)

오른쪽 사진을 보고 그린 자화상

고등학교 때 내가 두 번째로
사랑에 빠졌던 제임스 딘

© Albert Baez

바에즈가의 여성들. 사진 찍고 있는 아빠를 곤란에 빠뜨리고 있다.(1953년)

© Lawrence Shustak; courtesy of Manuel Greenhill

친구들과 가족 그리고 나를
뉴포트까지 실어다 준 영구차(1960년)

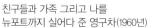

"우리는 요단강을 건너가고 있네."
뉴포트에서 밥 깁슨과 함께(1959년)

어느 화요일 밤에 '클럽 47'에서(1959년)

보스턴의 조던홀(1961년)

1962년 11월 23일자 《타임》 표지.
죽을 것 같았던 내 기분이 정확하게 묘
사되어 있다.

ⓒ 1962 Time Inc., all rights reserved: reprinted by permission from Time

ⓒ William Claxton

1965년에 아빠가 매니에게 보낸 집시
사진 엽서.
"친애하는 매니, 사진 속 여자의 입 부
분을 가려 봐요. 그러면 우리 모두가
아는 어떤 포크 가수처럼 보인다오."

마이클과 함께 전국 순회 여행 후
클레어몬트에 있는 가족을 방문했을 때(1961년)

밥 딜런이 제작한 영화 〈레날도와 클라라〉의 초반부 촬영 장면

© David Gahr

© Eric Von Schmidt

에릭 폰 슈미트가 제작한 유명한 포스터

밥 딜런이 처음 참여한
뉴포트 포크 페스티벌(1963년)

마이클과 나. "얼마나 많은 아름답고 상냥한 처녀들이 그때 그녀가 그랬던 것처럼 사랑할 수 있을까?"(1959년)

마이클과 나(1960년)

© Jim Marshall

그리고 또……

사랑스러운 킴

© Steve Somerstein/Orbit Graphic Arts

© Bob Fitch

▲ 1966년 미시시피 주의 그레나다. "이 이상은 더 갈 수 없습니다" 라고 경찰이 우리에게 말했다. 킹 목사와 나는 끝까지 행진했다.

◀ 1963년 앨라배마 주의 몽고메리. 나는 주의회 의사당 건물을 오르기 시작했다. 그러자 경찰들이 강력한 방어선을 형성했다. 나는 기분이 우쭐해졌다.

© Jeremy Salz Lezin

나의 프로모터인 매니 그린힐,
캘리포니아 주 산타모니카에서(1974년)

프랑스 텔레비전 방송국에서 엄마, 매니와 함께(1966년)

거부할 수 없는 예언가이자
나의 정신적 지주인 아이라 샌드펄(1968년)

비폭력연구소에서
한 사이공 승려와 함께 명상에 잠겨(1966년)

ⓒ Jim Marshall

ⓒ Jim Marshall

"리무진을 타고 빈곤과 굶주림에 맞서 싸우는 조애니 포애니"라고 비꼰
앨 캡의 연재만화 〈릴 애브너〉.
이 만화가 나왔을 때 그저 웃어넘길 수 있었다면⋯⋯.

© Capp Enterprises, Inc., 1987; all rights reserved

1967년, 처음으로 형을 산 후 산타리타 재활센터를 떠나는 '조애니 포애니'와 그녀의 엄마와 여동생 미미가
아빠와 폴린의 환영을 받고 있다.

© Jim Marshall

"여자애들은 '노'라고 외치는 남자애들에게 '예스'라고 말한다."
조애니, 폴린 그리고 미미. 이 포스터의 제작으로 우리가 소중하게 여겼던 대의를 위해 자금을 모을 수 있었지만,
반면 여성운동가들과 사이가 멀어지는 계기가 되었다.

ⓒ Jim Marshall

◀ 데이비드와 함께 징집 저항운동에
참여할 사람들을 모으고 있다.(1967년)

▼이야기하는 데이비드(1968년)

ⓒ Diana Davies

《타임》은 우리의 결혼을 '세기의 결혼'이라고 일컬었다.

데이비드가 체포되기 전 짧은 한때

ⓒ Jim Marshall

© Jim Marshall

▲ '아등바등 산'에 아래 있는 우리
　집 앞에서

◀ 애리조나 주 새포드 감옥에시 찍
　은 우리의 첫 가족사진(1970년 1월)

© Jim Marshall

하노이를 탈출하면서 배리 로모, 텔포드 테일러, 존 바에즈, 마이클 앨런(1973년)

마이클과 배리와 함께한 하노이 방문.
미국 B-52 폭격기의 폭격을 받은 지알람 국제공항의 잡석 더미 사이를 걷고 있다.

© UPI/Bettmann Newsphotos

© Ken Regan/Camera 5

"아가, 너에겐 널 위해 노래하고…… 널 위해 춤을 추는 엄마가 있단다."
사랑하는 엄마가!

두 명의 밥 딜런

존과 밥 딜런

© Ken Regan/Camera 5

© Ken Regan/Camera 5

워싱턴DC 민권대행진 군
중 앞에서 노래하는 존과
밥(1963년 8월 28일)

© Bettmann/CORBIS

미시시피 주 그레나다에서 학생들과 함께한 행진. 킹이 내 왼쪽에, 아이라가 뒤에 있다.

캘리포니아의 콩코드 파빌리언에서 미미와 함께(1981년)

© John Werner

© David Gahr

1985년 뉴포트 재회 모임에서 나, 주디 콜린스 그리고 미미.
우리는 그 모든 세월 동안 여전히 친구로 지내고 있다.

© Joan Baez

잔느 트리올로 머피

아들 게이브(8살)

© Courtesy of the White House

카터 대통령과 보좌관이 캄보디아 난민을 위한 우리의 노고에 대해 잔느와 나를 치하했다. 나중에 로잘린 카터가 캄보디아 국경에 위치한 난민 캠프를 방문했다.

ⓒ Ginetta Sagan

"우리는 당신의 목소리를 들어요, 레흐 바웬사!" 폴란드 그단스크의 브리기타 교구회관에서(1985년 11월)

ⓒ Ken Regan/Camera 5

1986년 국제사면위원회 콘서트를 위한 기자회견.
차례로 아론 네빌, 보노, 스팅, 브라이언 애덤스, 피터 가브리엘, 펠라, 루 리드

© Ken Regan/Camera 5

'라이브 에이드'에서
나를 환영해 주는 잭 니컬슨

© Albert Baez

© William Claxton

◀매사추세츠 벨몬트에서(17세)

▼캘리포니아 클레어몬트에서(20세)

© Marshall Fallwell, Jr.

내슈빌에서

© Katsugi Abe

1967년 일본에서

▲ 내슈빌에서

◀ 앨라배마의 머슬숄스에서(39세)

ⓒ Tommy Wright

1981년 캘리포니아 우드사이드 집에서

ⓒ George Wedding

1977년에 앨범 재킷을 위해 찍은 사진이지만
사용되지는 않았다.

© Courtesy of Henson Associates

내가 영국에서
〈머핏 쇼〉에 출연했을 때,
엄마(1980년 무렵)

캘리포니아 집에서,
아빠(1980년 무렵)

© David Montgomery; courtesy of Diamonds & Rust Productions, Inc.

▲ 홍보용 사진. '반지, 알아보겠어요?'(1981년)

◀ 매사추세츠 주 사우스버러의 세인트마크스스쿨에서
짧은 기간 동안 운동선수로 활동하던 게이브

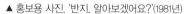

앤서니 드커티스(음악평론가)

"사람들이 다가와 제 목소리에 대해 이야기합니다. 그럴 때면 열에 아홉은 평화운동에 관한 걸 꼭 함께 언급하죠." 존 바에즈는 자신의 특별한 인생에서 가장 대표적인 두 가지 요소를 설명하며 이렇게 회고한다. "그런데 오히려 나는 그분들의 이야기에 무척 감동을 받아요. 나의 평화 활동이 그분들 삶에 어떤 역할을 했는지, 그분들 인생의 전환점에서 내가 어떤 도움을 주었는지를 알게 되거든요."

그녀는 말을 잇는다. "가장 마음에 와 닿은 이야기는 당시 군대에 있던 사람들의 이야기였어요. 그들은 베트남 전선이나 다른 전쟁 지역에서 복무하던 시절, 금지곡이던 내 노래들이 담긴 앨범을 어떻게 손에 넣었는지를 들려주었죠. 그 노래들을 밤에 몰래 들은 이야기며, 그것이 자신들에게 얼마나 소중한 것이었는지에 관해서요. 어떤 사람들에게는 내 노래가 군대를 떠날 수 있게 용기를 주었고, 또 어떤 사람들에게는 군 복무를 무사히 마칠 수 있도록 위안이 되어 주었다고 하더군요. 이런 이야기들을 들을 때마다 내가 그분들과 함께할 수 있었다는 사실에 기쁨을 느낍니다."

자신의 모든 얘기를 솔직하게 털어놓은 존 바에즈의 충실한 자서전, 《함께 노래하는 목소리》(And a voice to sing with)가 처음 출간된 것은 1987년이었다. 그런데 이 자서전을 읽다 보면, 그녀가 열아홉 살 때인 1960년에 첫 앨범이 발매되고부터 25년 뒤 필라델피아에서 '라이브 에이드'(Live Aid) 콘서트가 열렸을 때까지, 존 바에즈는 오직 '그곳'에만 있었던 게 아니라 어디에든 존재했던 것 같은 느낌이 든다. 그녀는 미시시피 주와 앨라배마 주에서 마틴 루터 킹 주니어 목사와 나란히 행진을 했으며, 우드스톡에서는 임신한 몸으로 50만 명이나 되는 군중 앞에서 공연을 했다. 킹 목사의 1963년 3월 워싱턴 대행진에서도 〈우리 승리하리라〉(We Shall Overcome)를 열창했다. 그리고 바츨라프 하벨과 레흐 바웬사가 소련의 지배로부터 독립하려는 조국을 위해 투쟁하고 있을 때에도 그들 곁에 있었다.

존 바에즈는 수십 년에 걸쳐 자신을 필요로 하는 곳이라면 어디든 달려갔고, 온 힘을 다해 도왔다. 존 바에즈라는 이름은 마틴 루터 킹이나 마하트마 간디의 이름과 마찬가지로 비폭력 저항운동의 이상과 떼려야 뗄 수 없는 관계였기 때문이다. 지금도 대중매체에서는 가끔 그녀를 두고 순진한 좌파 앞잡이의 전형이라는 식으로 피상적인 묘사를 하는 경우가 있지만, 사실 바에즈는 어떤 정권이든 어떤 정치적 유형이든 문명화된 윤리 규약에 부응하지 못하는 모든 당파에게 가시와도 같은 불편한 존재임을 스스로 입증해 왔다.

이 책에서 밝히고 있듯이, 그녀가 1970년대 후반 베트남 정부의 인권유린을 강력하게 비난한 후 미국 내 좌파와 어떤 싸움을 치러야 했는지를 안다면, 그녀가 확고한 원칙과 신념에 따라 행동한 것이 아니라는 식의 오해는 할 수 없을 것이다. 오직 자신의 신념에 따라 베트남전쟁 중 폭격이 가장 극심했던 시기에 북베트남을 서슴없이 방문한 것과 마찬가지로(그 내용은 이 책의 한 장에서 무척 흥미진진하게 다루고 있다), 전쟁이 끝난 뒤 베트남 정권이 자기 민족을 향해 저지른 잔인한 일들을 묵인하지 않은 것 역시 똑같은 신념의 발로였음에 틀림없다. 바에즈에게는 그저 단순하게, 옳은 것이 옳은 것이었다.

이런 여러 가지 이유 탓에, 존 바에즈에 관해 논의할 때면 누구나 평화운동가로서 그녀의 활동에 초점을 맞추기 쉽다. 전 세계 어디서나 절망적인 곤경에 처한 수많은 사람들은 바에즈가 '그곳 현장에' 자기들과 함께 있어 주는 자체만으로도 기뻐할 만한 이유가 충분했다. 아주 오랜 세월 동안 존 바에즈는 그런 비길 데 없는 헌신을 가장 중요한 것으로 여기며 살았다. 그와 관련하여 1970년에 그녀는 가감 없이 이렇게 표현한 바 있다. "나는 음악'만으로는' 충분하지 않아요. 음악에서 그러하듯 전쟁터에서도 생명의 편을 들지 않는다면, 그 모든 소리가 아무리 아름답다 해도 소용없죠. 이 시대가 던지는 가장 중요하고도 현실적인 물음, 즉 어떻게 하면 인류가 서로 죽이는 일을 그만두게 할 수 있으며, 그러한 살육을 막기 위해 내가 평생 무엇을 해야 하는가 하는 문제와는 아무런 상관이 없는 것이 되겠죠."

그렇지만 존 비에즈는 한 사람의 가수로서 이름을 떨쳤다. 그래도 이런 관점으로만 본다면 그녀의 뛰어난 재능을 과소평가하는 일이 될 것이다. 이 책에서 바에즈의 첫 문장은 "나는 재능을 타고 태어났다"로 시작한다. 여러 가지 면에서 그녀는 자기가 노래를 잘하는 것을 아주 당연하게 생각했는데, 그 이유는 바로 그것이 '타고난 재능'이었기 때문이다. 존 바에즈가 자신의 '목소리'에 대해 말할 때면, 그것이 마치 우연하게 자기 것이 되기라도 한 것처럼 개인적인 느낌을 배제한 어조로 이야기하는 버릇이 있다. 또 이런 말도 했다. "재능에 관해서라면 나는 굳이 겸손을 떨거나 하지는 않아요. 하지만 사실은 정말 감사하게 여기고 있죠. 왜냐하면 그건 정말 내가 만들어 낸 것도, 내가 특별히 자랑스러워할 만한 행동도 아닌, 내게 그냥 주어진 재능이니까요."

그렇지만 예술가로서 바에즈의 중요성을 과소평가한다면 큰 잘못이다. 그녀는 미국의 포크 음악 무대를 거대한 청중이 있는 주류 쪽으로 몰고 간 결정적인 인물이기 때문이다. 게다가 수많은 훌륭한 작곡가들을 대중에게 소개한 공로도 크다. 그들 가운데 가장 눈에 띄는 인물이라면 단연 밥 딜런이다. 존 바에즈와 밥 딜런, 이 두 사람의 관계는 두말할 필요도 없이 역사 그 자체였다. 그리고 이 자서전 안에서도 가장 흥미로운 이야기의 중심을 이루고 있다. 존 바에즈의 영향력은 포크 음악의 세계를 넘어 멀리 드넓게 확장되어 나갔다. 레드 제플린을 결성하려고 준비하고 있을 때, 지미 페이지는 로버트 플랜트를 앞에 앉혀놓고 영혼을 울리는 바에즈의 버전으로 〈자기, 난 당신을 떠날 거야〉(Babe, I'm Gonna Leave You)를 들려주었다. 그리고 오래된 옛 노래를 사람들의 뇌리에 남게끔 어쿠스틱하게 해석하는 것이 자기 밴드의 사운드에 관한 기본 개념이라고 말했다. 제플린은 이 곡을 자신들의 선구적인 데뷔 앨범에 수록하였다.

당시 바에즈는 수많은 사람들의 일대기를 기록하는 데 커다란 기쁨을 느끼고 있었다. 그들 대부분은 남자였다. 아주 여러 해에 걸쳐서 바에즈에게 접근해 온 이 남자들은, 그녀의 정치 활동에 대해서는 아주 질색이었지만 그녀의 노래는 사랑하지 않을 수 없다고 말해 준 사람들이었다. 그녀의 목소리는 오랜 세월 이루 헤아릴 수 없는 형용사들을 탄생시켰다. '수정처럼 맑은,' '종소리 같은,' '온몸을 저릿하게 하는' 같은 표현들은 그저 빙산의 일각일 뿐이다. 오히려 이런 어휘야말로 사람들이 그녀의 노래를 들을 때면, 특히 처음 들을 때 받는 충격을 정확한 언어로 표현하는 일이 얼마나 힘든 일인지를 증명해 준다.

그녀가 갖고 있는 정치철학이라든가 또는 자신의 신념을 위해서는 언제든 기꺼이 목숨도 내놓는 정신과는 별개로, 바에즈의 목소리는 언제나 무언가를 의미하고 있는 것 같다. 그녀의 목소리는 애초부터 강력하고 즉각적인 인상을 남겼다. 청아한 음색, 소프라노가 올라갈 수 있는 최고 음역의 화사한 음정, 젊음의 힘이 넘치는 비브라토, 이 모든 것이 합쳐져서 그 문화 자체의 분위기를 한껏 표현했다. 노래 속에 깃든 간절한 염원과 아픔 자체가 더 나은 세상을 기원하기라도 하는 것처럼. 바에즈의 노래는 그래서 중요했다.

존 바에즈가 고작 10대의 나이로 갑작스럽게 음악계에 진출하게 된 시대는 지금 우리가 생각하는 것처럼 1960년대의 모습이 아직 형성되지도 않았을 때였다. 하지만 그런 분위기 비슷한 것은 어렴풋이 감돌고 있었다. 드와이트 데이비드 아이젠하워의 두 번째 대통령직 임기까지 끝나 가자 마치 확실하게 한 시대가 마감되는 것 같은 느낌이 들었다. 제2차 세계대전의 영웅이라는 아이젠하워의 이미지는 여전히 빛나는 영광의 훈장이긴 했지만, 어쩐지 아득히 먼 시대가 남긴 오래된 유품처럼 느껴지기 시작했다. 존 F. 케네디는 달랐다. 나중에 일어난 사건들 때문에 대통령으로서 그에 대한 평가가 달라지기는 했지만, 그의 대통령 선거운동과 당선은 당시로서는 새로운 에너지, 새로운 가능성에 대한 희망을 미국 전역에 불어넣고 있었다.

비교적 잠잠하던 1950년대가 막을 내린 뒤로는, 세계의 모든 것이

위기에 처해 있는 것처럼 보였다. 이제 반핵운동은 앞으로 전 세계가 대면해야 하는 단순한 정책적 문제가 아니라 지구 전체의 생존 여부가 달려 있는 중대사라는 것이 분명하게 드러났다. 게다가 민권운동은 좌파들이 오랫동안 대답을 요구해 온 "당신은 누구 편인가?"라는 질문에 새로운 도덕적 힘을 더해 주었다. 이러한 사회 발전의 모든 양상은 그 이전이라면 도저히 그럴 수 없었던 방식으로 바에즈의 목소리가 더욱 강한 울림을 가질 수 있도록 분위기를 형성해 주었다. 그녀의 목소리는 그 시대에 걸맞은 사운드트랙을 제공해 주었던 것이다.

존 바에즈가 결정적인 역할을 하던 무렵, 포크 음악의 부활은 미국 전체에서 소용돌이치고 있던 정치 논쟁 속에 완전히 휩쓸려 들어갔다. 1962년 시사주간지 《타임》과의 인터뷰에서 바에즈는 가벼운 어조로 이렇게 지적했다. "이제껏 공화당원 중에서는 좋은 포크 가수가 나온 적이 없어요." 그렇지만 그 이야기에서 정당정치가 차지하는 비중은 아주 작았다. 1950년대에 또 다른 중대한 변화가 일어났다. 포크 음악인들은 자기들이 로큰롤의 반대 진영이라고 규정했다. 그들이 보기에 로큰롤은 유치하고 멍청하고 진부한 음악이었기 때문이다. 바에즈마저 그런 10대 음악 같은 것을 무대에 올리는 것을 두고 공연 중에 자주 농담을 하곤 했다.

그러나 당시 음악인들이나 진지한 장년층에게 아무리 동떨어지고 시시한 음악처럼 보였다 해도, 로큰롤은 사실상 바에즈가 대중에게 곧바로 받아들여지고 더 높이 비상할 수 있도록 기반을 마련하는 데 도움을 주었다. 로큰롤은 진정한 청년 문화를 빠르게 활성화시켰고, 비록 표면적이긴 하나 부모 세대의 요구를 정면으로 거부하는 양상을 보여 주었다. 그러한 파격의 진정한 의미는 몇 해 지나서야 분명하게 드러나기 시작했지만, 어쨌든 그 당시로서도 구시대의 가치에 대항하는 또 하나의 적시타를 날린 셈이었다. 새로운 것에 대한 갈망은 확연하게 눈으로 확인되고 있었다. 반항은 그 무렵 시대정신의 일부였고, 로큰롤은 그것을 더욱 강화시켜 주었다.

이 대목에서 존 바에즈가 등장한다. 전통과 앞 세대 예술가들에 대한 존중은 본디 포크 음악의 중요한 요소들 가운데 하나였지만, 이 특수한 시점에서는 바에즈의 젊음도 긍정적인 모습으로 비쳤다. 그녀가 여성이라는 것도 도움이 되었다. 비록 초기에는 페미니스트적인 의미에서는 아니었지만, 나중에 가면 그것이 얼마나 중요한 일이었는지가 분명히 드러난다. 이처럼 바에즈의 정면 돌파는 헤아릴 수 없이 많은 여성 포크 가수들의 앞길을 닦아 준 셈이었다. 데뷔 당시에는 그녀가 여성이라는 사실이 순진함과 저속함 양쪽으로 해석되었다. 바에즈에게는 흔히 비트족에게 나타나는 허무주의 같은 것이 없었다. 다만 외관상 그들의 스타일 가운데 몇 가지 요소를 빌려 왔을 뿐이다. 그 치열한 반항 정신에도 불구하고, 그녀는 주류 사회의 사람들에게 인정을 받는 편이었다. 사람들은 그녀를 마치 대학에 진학한 뒤로 매사 심각하고 격하게 반응하는 딸이나 누이동생처럼 여겼다. 대학 캠퍼스의 여학생 클럽에서 뛰어놀거나 결혼을 준비하리라(아니면 양쪽 모두) 생각되는 이 어린 아가씨가 그처럼 강한 신념으로 노래하고 그토록 용감하게 노래할 필요를 느낀다면, 그 시대는 분명 위기의 시대이거나 엄청난 변화의 잠재력을 지니고 있는 시대임에 틀림없다.

바에즈의 개성 넘치는 특별한 미모도 그 시기에 딱 어울리는 듯 보였다. 그녀는 그 무렵 수많은 대중 가수들이나 할리우드의 새내기 스타들처럼 50년대의 가슴이 풍만한 인형 같은 미모를 지닌 여성이 아니었다. 가냘픈 몸매에 첫눈에도 감수성이 풍부하고 강인해 보였다. 사람들 사이에서 큰 화제가 된 맨발 역시 순진함(그리고 모종의 미묘한 에로티시즘)을 연상시키면서도 여성에 대한 틀에 박힌 관념들을 거부하고 스스로 자부심을 표현하는 것이었다. 가르마를 타서 가지런히 내려뜨린 길고 숱 많고 윤기 있는 머리칼은, 무언가 중요한 일을 하는 매력적인 여성의 전형적인 헤어스타일이었다.

비교적 가무잡잡한 얼굴조차 당시 '연예계'(바에즈는 당시 예언이라도 하듯이 이 용어를 경멸적으로 사용했다)의 얼굴이 하얀 동료 여가수들로부터 그녀를 구분시키는 요소였다. 캘리포니아에서 보낸 어린 시절에는 아버지의 멕시코계 혈통도 큰 문젯거리였다. 피부색이 조금 흰 편인 여동생 미미는 괴롭힘을 당하지 않으려고 언니와 함께 있는 모습을 남들 눈에 띄지 않도록 조심할 정도였다. 하지만 바에즈가 첫 앨범을 내놓고 곧 성공적인 가수로 떠오른 뒤로 그녀의 피부색은 이국적인 매력으로 다가갔고, 미국이 다양한 인종으로 구성되어 있다는 사실을 새삼 상기시켜 주는 듯했다. 그녀는 때때로 아메리카 원주민처럼 보이기도 했는데, 이것은 특히 젊은이들이 열렬한 관심을 가지고 타문화를 탐구하기 시작하던 당시 시대 분위기를 반영하는 것이기도 했다.

말하자면 바에즈는 부인할 수 없는 재능 말고도 포크 음악과 정치운동으로 대중을 열광시키고 도발시킨 새로운 종류의 섹스 심벌이었다. 미국 전역에서 젊은 여성들은 바에즈처럼 보이려고 곱슬머리를 손질해서 반듯하게 펴는 게 유행할 정도였다(물론 바에즈는 곱슬머리를 더 원했지만). 바에즈는 1968년에 언니 폴린, 여동생 미미와 함께 징집 반대 포스터를 위해 포즈를 취하면서 대담하고 도발적인 어조로 자기주장을 하고 나섰다. 포스터 문구는 "여자애들은 '노'라고 외치는 남자애들에게 '예스'라고 말한다"였다. 남자다움을 새롭게 정의하려는 영리한 시도였다. 반전주의자들이 만들어 내려고 시도한 새로운 대항문화의 세계에서 여자를 얻을 수 있는 자는 호전적인 남성이 아니라 저항주의자이자 평화주의자라는 걸 의미했다.

하지만 이런 태도는 그 무렵 막 출범한 여성해방운동 쪽 사람들의 분노를 불러일으켰다. 그들은 명백한 투쟁 목표들 가운데서도 좌파 세력 내에서 벌어지는 성차별주의를 표적으로 삼았던 것이다. 바에즈는 그로부터 40년이 지나서야 여성운동가 이후 세대들에 의해 마침내 성차별주의 혐의에서 벗어나게 된다. 세월이 흘러 2008년 대통령 선거전에서 브루클린의 여성 네 명이 지난날 바에즈 자매들의 포즈를 흉내낸 포스터를 들고 나온 것이다. 그 포스터에는 이런 문구가 적혀 있었다. "여자들은 '오바마'를 외치는 남자들에게 '예스'라고 말할 것이다."

한편 존 바에즈를 전국적인 관심의 대상으로 부상시키고 1962년에 《타임》 표지 모델로까지 등장시킨 당시의 사회 분위기는 그녀에게도 그만큼 엄청난 압력으로 작용했다. 이 책에서 가장 흥미진진한 부분은 바에즈가 극심한 정서 불안 때문에 가끔씩 자신이 얼마나 공격적이고 재미없게 굴었는지를 솔직하게 털어놓는 내용이다. 한 예로 바에즈는 만화가 앨 캡(Al Capp)이 인기 연재만화 〈릴 애브너〉(Li'l Abner)에다, 자신을 '조애니 포애니'(Joanie Phoanie, 가짜, 허세라는 뜻의 '포니'에서 따온 별명—옮긴이)라는 별명으로 공격했던 일을 언급한다. 바에즈는 앨 캡이 묘사한 조애니 포애니를 "슬쩍 좌파적인 색깔로 위장한 채, 리무진을 타고 출연료가 1만 달러나 되는 순회공연을 다니면서도 입으로는 '빈곤과 굶주림에 대항하여 싸우는 노래'를 부르는, 두 얼굴을 가진 너절한 연예계의 계집"으로 기억한다. 조애니 포애니는《포애니같이 들린다면, 그것은 조애니다》라는 음반을 냈다. 거기에는 〈무기를 내려놓아요, 맥나마라〉(Lay Those Weapons Down, McNamara, 맥나마라는 미국의 국방장관—옮긴이), 〈징집영장을 불속에 던져 넣어라!〉(Throw Another Draft Card on the Fire!), 〈베트콩과 함께 콩가 춤을〉(Let's Conga with the Viet Cong) 같은 노래가 수록되어 있다.

　마찬가지로 앨 캡이 대상화시켜 풍자만화를 그린 프랭크 시나트라는, 일부러 그에게 전화를 걸어 자기는 그 만화를 보고 정말 재미있었다면서 샴페인 선물까지 보내 주었다고 한다. 반면에 바에즈는 인신공격으로 받아들여 격분해서는 "무식해서 그랬든 악의로 그랬든, 그자는 평화운동가를 공산당원이나 베트콩, 마약중독자와 동급으로 취급해 버렸다"고 비난을 퍼부었다. 이에 대해 앨 캡은 "저항 가수들이 모든 저항을 다 독점하고 있는 것은 아니라는 점을 명심할 필요가 있다. 그녀가 남들의 저항할 권리에 대해서도 저항한다면 결국 전체를 다 죽이는 결과를 초래할 것이다"라고 맞섰다.

　분명히 알아 두어야 할 것은 앨 캡의 풍자만화는 철저히 냉소적이었다는 점이다. 그는 반전운동 세력에 맞서는 우익의 대표적인 목소리 역할을 함으로써 리처드 닉슨과 스피로 애그뉴가 백악관에 입성하는 데 결정적인 역할을 했다. 그리고 그의 경력은 결국 모든 언론에 널리 보도된 섹스 스캔들의 열기 속에서 녹아내리고 말았다(젊은이들의 성도덕을 그처럼 경멸하면서도, 이 유부남 풍자만화가는 수익이 짭짤한 대학 순회강연을 다니는 동안 여대생들을 집적거리는 행동만은 자신도 통제할 수가 없었던 모양이다). 하지만 그 모든 것을 떠나, 20년 뒤 바에즈는 이 자서전에서 앨 캡에 대한 자신의 반응을 새삼 다시 확인했다. 이 책에 그녀는 "당시 상황과 만화 내용을 돌이켜 보니 그저 웃을 수밖에 없다"고 쓰고 있다.

그리고 더 나아가 이렇게 인정했다. "당시 내가 그처럼 당연한 듯 분개한 것은 돈이 있다는 데서 오는 죄의식 때문이었다. 비록 버는 돈 대부분을 기부했지만 말이다. 마음속 깊은 곳에는 아무것도 소유해서는 안 된다는 생각이 있었다. 그런데 캡 씨가 바로 그 아픈 곳을 찌른 것이다. …… 그 사람 덕분에 나는 상당히 혼란스러운 심정이었다. 그가 지금 살아서 이 글을 읽지 못한다는 사실이 유감스럽다. 틀림없이 이걸 읽고 웃어 댈 텐데."

바에즈처럼 온갖 위험에 직면해 보거나 여러 차례에 걸쳐 신체적인 위협을 당해 보지 않은 우리 같은 사람은, 그녀가 무엇 하나 불안해하지 않은 것이 없다는 사실을 도저히 상상할 수 없다. 무대에서 공연할 때나, 카메라 앞에서 인터뷰할 때나, 바에즈는 언제나 완벽하게 분위기를 장악했다. 그런 침착함이 때로는 불쾌하게 여겨질 정도였다. 어떻게 그 어린 나이에 그토록 확신에 차 있을 수 있단 말인가? 자신의 신념을 위해 어떻게 그토록 기꺼이 자신의 삶을 걸 수 있단 말인가?

물론 이런 의문들은 우리 자신의 부끄러운 실패에 관해 스스로 변명할 구실을 찾기 위해 만든 것일 뿐이다. 상황이 요구할 때조차도 제 목소리 내는 걸 주저하고, 위기에도 직질히 내응하지 못하며, 원직이 위태로워질 때 거기에 맞서지 않고 위험으로부터 몸을 피했던 일들 말이다. 그런 상황이 벌어질 때마다 바에즈는 그 누구도 필적하기 어려운 분명한 모범을 보여 주었다. 1987년에 대중음악 잡지 《롤링 스톤》과의 인터뷰에서 말했듯이, 그녀는 기꺼이 "자기 신념을 끝까지 밀고 나가는" 의지의 상징으로 우뚝 섰다.

그렇다고 그녀가 자기 내면의 두려움과 싸우지 않았다는 뜻은 아니다. 이 책에서 그녀는 그칠 줄 모르는 싸움을 시종일관 고통스러울 정도로 생생하게 그려 내고 있다. 평생 싸워야 했던 몸이 마비될 정도의 무대 공포증은 물론이고, 비폭력주의와 자신이 소중히 여기는 수많은 대의들을 위해 아무리 열성을 다해도 어쩐지 결코 충분하지 않을 것 같은 불안감에 대해 그녀 스스로도 '신경질적인 정직성'이라고 표현하며 솔직하게 털어놓는다. 그런가 하면 스스로 가장 중요한 관계에서도 결코 억누를 수 없는 결핍의 느낌을 가지고 있었다. 반전운동가인 데이비드 해리스(David Harris)와의 결혼 생활에서 완벽한 주부가 되기 위한 지독한 노력은, 앨 캡처럼 그녀를 사납게 펄펄 뛰는 여성 투사로 여긴 사람들이 보았다면 충격을 받았을 것이다.

"나는 착한 아내 노릇을 하려고 몹시 애를 썼다"고 바에즈는 쓰고 있다. 한번은 한 무리의 여성운동가들이 징집 반대 포스터를 시중에서 걷어 없애 달라고 부탁하러 찾아왔다. 그녀는 그때의 상황을 이렇게 회고한다. "내가 샌드위치와 레모네이드를 대접하느라 쉴 새 없이 부엌을 들락거리는 동안, 그 여자들은 서로를 팔꿈치로 찌르면서 한심하다는 표정으로 천장을 쳐다보며 앉아 있었다."

사실 1960년대에 일어난 문화적 가치관의 급격한 변동은 바에즈 개인에게도, 그녀 같은 인물들이 뭔가 방향을 제시해 주기를 기대하며 지켜보고 있던 대중에게도 똑같이 혼란스럽게 느껴지기만 했다. "막 결혼해서 완벽한 현모양처가 되려고 하는 순간, 바로 앞치마가 튀어나와 '집안 살림은 엿이나 먹어라!' 하고 외친 꼴이었지요"라며 그녀는 이제 웃으며 말한다. "어떻게 바라봐야 할지 알 수가 없었어요. 엄마가 살림하는 걸 보면서 자랐고 나도 그렇게 해야겠거니 생각하던 참이었는데, 사람들이 모두 '그건 끔찍한 방식으로 인생을 낭비하는 거야'라고 말하는 거예요."

훨씬 나중에는 그녀의 공적인 삶 역시 비슷한 재평가 과정을 겪게 된다. 앞에서 말한 만화가와 벌인 논쟁에서 적절하게 행동했던가 하는 의문보다 더 심각한 것이었다. 이 책의 마지막 부분에 이르러 바에즈는, 자신이 지지한 여러 가치관의 내용에 대해 재검토하기보다 자신이 펼친 정치 활동의 특별한 방식, 그리고 자신의 실천이 스스로를 위해 성취한 심리적 역할에 대한 재검토를 시작한다. 그것은 지금까지도 계속되고 있는 자기반성의 과정이기도 하다.

최근에 캘리포니아 팰러앨토 외곽의 구릉지에 있는 자택에서 바에즈는 이렇게 말했다. "나는 사람들을 위해 뭔가 해야 한다는 중독증 같은 습관을 그만두지 않으면 안 되었어요. 그건 정말 중독 같은 거였죠. 알코올중독도 약물중독도 아니었지만요. 이 책 여기저기에서 미루어 짐작할 수 있듯이 어느 정도는 성적인 문제와 관련이 있어요. 하지만 나를 변함없이 운동의 최전선에 세우고 끊임없이 움직이게 만든 것은 틀림없이 일종의 중독증이었다고 봐요."

"하지만 이제는 내가 세상에 나서서 무언가를 하고 싶어 한다면, 그건 바로 내 선택입니다." 바에즈는 2005년에 부시 대통령의 고향인 텍사스 수 크로포드 목장에서 신디 시한(Cindy Sheehan)을 지원하기 위한 집회에 나가 공연한 일을 예로 들었다. 신디는 이라크 전쟁으로 아들을 잃은 뒤 반전운동에 나서고 있었다. "나는 그곳이야말로 내가 최대의, 최고의 선을 행할 수 있는 장소라는 걸 알았어요. 하지만 옛날처럼 그 일에 미쳐서 하는 것 같은 요소는 없어졌죠." 바에즈는 2008년 버락 오바마의 대통령 선거전에서도 활발한 지원 활동을 벌였다. 정치판의 선거전에 직접 가담한 것으로는 생전 처음이었다.

바에즈는 또한 자기 내면의 복잡한 심리적 동기들을 애써 해명하는 과정에서 지난날 자신이 믿고 지지한 여러 대의들의 가치가 훼손되지 않도록 유난히 신경을 썼다. "일단 내 활동에 좀 광적인 요소가 있었다는 점을 인정하는 게 요령이라면 요령이랄까요. 중독증 운운한 부분이 바로 그런 거죠. 나도 어쩔 수가 없었다는 것, 스스로를 멈출 수가 없었다는 것. 하지만 그때 그렇게 행동했다는 사실을 생각하면 지금도 기쁘다고 말할 수밖에 없네요. 그런 활동은 나에게도, 또 다른 사람들에게도 의미 있는 일이었으니까요."

예순여덟 살이 된 지금(2009년), 바에즈는 옛날보다는 훨씬 조용한 삶을 살고 있다. 그녀의 인생에서 '목소리'와 '평화운동'뿐 아니라 이제는 가족도 중요한 부분이 되었다. 이 책에 가장 많이 등장하는 두 사람, 그녀의 아버지와 여동생 미미는 책이 처음 출판된 이후 모두 세상을 떠났다. 여전히 생기 넘치고 솔직한 어머니는 현재 바에즈의 소유지 안 저택에 살고 있다. 이 자서전에서 비교적 소원한 존재인 언니 폴린에 관해, 바에즈는 "언니를 점점 더 잘 알게 되었어요. 그리고 내 삶에서 그늘에 가려져 있던 것이 지금은 좀 더 뚜렷한 형체를 띠기 시작했죠. 앞으로 내가 해 나가는 일에서 언니를 새롭게 조명할 길이 있으면 좋겠어요"라고 말했다.

지금의 시점에서 자신의 인생을 돌아보면서, 그리고 이 자서전을 쓰면서 그녀는 스스로를 보다 더 큰 세계의 일부로 보는 법을 배웠으며, 그 세계에서 자기가 반드시 중심인물이어야 할 필요는 없음을 배웠다고 믿는다. "《뉴욕 타임스》에 이 책의 서평을 쓴 여자가 말하기를, 내가 '코페르니쿠스 이전'의 인생관을 가졌다 하더군요." 바에즈가 웃으면서 말했다. "나는 그게 무슨 뜻인지 몰라서 누군가에게 물어볼 수밖에 없었죠. 하지만 대답을 듣고는 웃을 수밖에 없었어요. 그 여자 말이 옳았으니까요. 나는 명성 탓에 내가 마치 우주의 중심인 줄 알았던 거죠. 정말 많은 생각을 하게 되더군요. 그건 내 인생의 초년 시절 이야기예요. 지금 와서 보니 도무지 나 같지가 않은 거예요."

전남편 데이비드 해리스와의 사이에서 낳은 아들 게이브와는 이 책이 출간된 이후 몇 년 사이에 관계가 더욱 깊어졌다. "나는 그 애를 보호한답시고 내 책에서도 빼놓았고 다른 사람들에게도 노출되지 않도록 지나치게 신경을 썼던 것 같아요. 그런데 나중에 가서는 그 아이에 관해 좀 더 제대로 이야기하지 않았던 게 후회스러웠죠. 게이브는 지금 내 삶의 가장 큰 부분을 차지해요. 순회공연을 할 때면 나와 함께 타악기를 연주하기도 하죠. 그럴 때면 나는 속으로 이렇게 생각해요. '아들과 함께 공연 여행을 다닐 수 있다니 얼마나 근사한 일인가!' 하고요. 그토록 오랜 세월 나 혼자서 공연을 다니며 아이와 떨어져 살았는데, 지금 이렇게 함께 다닐 수 있다는 게 정말 꿈만 같아요. 우리는 그런 시간을 한껏 즐기고 있어요. 지금은 그 애도 멋진 인생을 살고 있고 예쁜 아내와 아이도 있는데, 내가 거기에 끼어서 아들과 인생을 함께 즐기면서 살아온 거잖아요."

사신의 성지 활농을 솜 더 분별력을 가지고 바라보게 되면서 얻은 당연한 결과겠지만 바에즈는 예술가로서 자신의 경력을 좀 더 가다듬고 풍성하게 하는 데 더 많은 공을 들이게 되었다. 그래서 지난 15년 동안은 그 방면에서 특별히 많은 수확을 얻을 수 있었다.《종을 울려요》(Ring Them Bells, 1995)와《큰 기타로 연주하는 우울한 멜로디》(Dark Chords on a Big Guitar, 2003) 같은 앨범은, 바에즈와 젊은 세대 음악인들을 연결시킨 강력한 음악적 선언과도 같았다. 그러한 젊은 세대 음악인들 가운데에는 인디고 걸스(Indigo Girls), 리처드 신델 (Richard Shindell), 나탈리 머천트(Natalie Merchant), 다르 윌리엄스 (Dar Williams) 같은 이들이 있다. 그들은 바에즈한테서 영향을 받았다 고 느꼈다. 특히 스티브 얼(Steve Earle)이 제작을 맡아 2008년에 발표 한 감동적인 앨범《데이 애프터 투모로》(Day After Tomorrow)는 그래 미상 '컨템퍼러리 포크 음악' 부문 후보에 오르기도 했다.

바에즈는 자신의 타고난 목소리에 대해 점점 더 감사하는 마음을 갖 게 되었고, 그 아름다운 목소리가 계속 유지될 수 있도록 누구보다 잘 관리해 왔다. "지금 현재, 내가 인생의 이 시점에 이르러서 할 수 있을 거라고 상상했던 수준 이상으로 성공을 거둔 셈이에요"라고 그녀는 말 한다. "이 점과 관련해 내 매니저 마크 스펙터가 지난 20년 동안 해준 일에 대해 정말 감사해요. 물론《데이 애프터 투모로》를 제작한 스티브 얼도 정말 잘해 주었죠. 또한 내 보컬 코치도요. 목소리가 2년 전보다 지금이 더 좋거든요."

"지금 이 시점이 되어서도 여전히 계속 나아지고 있다는 것 자체가 정말 놀라워요." 그녀는 말을 잇는다. "정말 웃기죠. 이제는 공연을 앞 두고 어떤 의상을 입고 나가야 할지가 주된 걱정거리가 되었다니까요. 무대 공포증 같은 건 아예 없어졌죠. 요즘은 아무런 거리낌 없이 무대 로 척척 걸어 나가서는 '우리 오늘 밤 뭘 할까요?' 하고 외칠 정도가 되 었죠. 아치 벙커(Archie Bucker)의 표현을 빌리자면, 우리는 미친 듯이 즐기는 경지까지 온 거예요."

요즘 가정생활이 어떤지 느낌을 말해 달라는 요청에 그녀는 이렇게 대답했다. "글쎄요, 우선 나는 지금 소파에 편안히 자리 잡고 앉아 있어 요. 건너편 창문으로는 산이 보이구요." 그리고 이렇게 덧붙인다. "지난

번에 불교 신자인 친구하고 이야기를 나눈 적이 있어요. 우리는 우리가 도달한 인생의 이 시기에 대해 같은 생각을 했죠. 정말 멋진 시간이에요. 그리고 나는 지금이라도 이때다 싶으면 바리케이드 앞으로 돌진할 수 있어요. 그런 순간이 오기 전까지는 엄마가 여기서 15미터 떨어진 작은 집에서 살고 계시니, 엄마 가까이에 있고 싶어요. 그리고 게이브와 그 아이 가족과도 가까이 있고 싶어요."

그녀는 이렇게 결론짓는다. "이제는 진정 국면인 셈이지요. 속도를 늦추고 있어요. 명상하는 일을 훨씬 더 중요시하게 돼요. 점점 나이를 먹는 상황에서 내가 무엇을 할 수 있을지 공부해 가고 있다고나 할까요."

그리고 노래하는 목소리를 보존하는 일도 여전히 해 나갈 것이다.

차 례

당신과 내게 입술과 목소리가 있어
서로 입을 맞추고 노래할 수만 있다면
어떤 외눈박이 개자식이 봄을 측량할 도구를
만들어 내든 말든 무슨 상관이랴.

– e. e. 커밍스

프롤로그

신은 일하는 나를 상찬하고, 노래하는 나를 사랑한다.
– 타고르

나는 재능을 타고 태어났다. 재능에 관해서라면 나는 굳이 겸손을 떨거나 하지 않는다. 하지만 사실은 정말 감사하게 여기고 있다. 왜냐하면 그건 정말 내가 만들어 낸 것도, 내가 특별히 자랑스러워할 만한 행동도 아니라, 내게 그냥 주어진 재능이기 때문이다.

유전적 특질, 환경, 인종 또는 야심을 이리저리 섞은 힘들이 내게 준 가장 큰 재능은 노래하는 목소리였다. 두 번째로 큰 나의 재능은, 그 목소리와 목소리 덕분에 얻은 수확을 다른 사람들과 나누고자 하는 욕망이다. 만약 이 두 번째 재능이 없었다면 나는 전혀 다른 사연을 가진 완전히 딴 사람이 되었을 것이다. 이 두 가지 재능이 결합했기에 이루 헤아릴 수 없는 부가 생성되었다. 다양한 모험, 수많은 친구들 그리고 순수한 기쁨.

30년 가까운 시간 동안 나는 동유럽과 서유럽, 일본, 오스트레일리아, 북아프리카, 라틴아메리카, 캐나다, 중동, 극동 아시아에 이르기까지 전 세계에서 열린 수백 차례의 공연 무대에서 노래했다. 베트남전쟁이 벌어지고 있는 와중에 하노이의 방공호에서도 노래했고, 태국의 라오스 피난민 수용소에서도 노래했으며, 말레이시아 표류난민들의 임시 거류지에서도 노래했다. 나는 안드레이 사하로프와 엘레나 보네르, 아르헨티나의 실종자 어머니들, 북아일랜드 벨파스트의 메어리드 코리건, 버트런드 러셀, 세자르 차베스, 오를란도 레텔리에르, 투투 주교, 레흐 바웬사, 코라손 아키노 대통령, 프랑수아 미테랑 대통령, 지미 카터 대통령, 지스카르 데스탱 대통령, 스웨덴 국왕에 이르기까지 세계의 몇몇 비범한 사람들을 만나는 특권을 누렸다. 그들 가운데는 명망가들도 있었고 알려지지 않은 사람들도 있었다. 국제사면위원회(Amnesty International)를 통해 나는 수많은 정치적 양심수들을 만났는데, 그들은 좌파 정부 또는 우파 정부 아래에서 억압과 고문을 견뎌 왔으면서도 유머와 활기와 용기로 나를 놀라게 했다. 이들 가운데 마틴 루터 킹 주니어가 있었다. 그는 나의 사상을 다지는 데 다른 어떤 공인보다 훨씬 많은 도움을 주었고, 내가 신념에 따라 행동할 수 있도록 영감을 주었다.

음악 산업을 통해 나는 밥 딜런과 비틀스를 비롯하여 루치아노 파바로티까지, 우리 시대에서 가장 창조적인 아티스트들 가운데 몇 사람을 만날 수 있었다. 그러나 지난 6~7년은 음악적으로 내게 어려운 시기였다. 물론 음악 산업이 먼발치에서 보여 주는 존경심을 즐길 수 있었지만, 문제는 멀리서 보여 주는 존경심만으로는 돈이 되지 않는다는 점이다. 나의 음악은 내가 알려진 다른 나라들에서보다 오히려 미국에서 정체성의 위기 같은 것을 겪었다. 그 결과 나는 때때로 내 나라에서 마치 반체제 인사가 된 것처럼 느껴졌다.

개인적인 삶 또한 복잡했다(공적인 삶도 그렇지만). 비록 내가 가능하리라고 생각했던 것보다 더 많은 평화를 얻게 되었고나 스스로를 인정하기 시작했지만 말이다. 한때 나는 결혼을 해서 아이를 많이 갖기를 바란 적이 있었다. 내가 화롯불 위에서 스튜를 요리하는 동안 아이들이 내 둘레에서 우르르 몰려다니고, 달걀거품기에서 흘러나온 케이크 믹스를 핥고, 세인트버나드를 타고 부엌을 휘젓고 다니는 모습을 상상하곤 했다. 아쉽게도 그러한 이미지들은 나의 경쟁력 있는 분야와는 전혀 관계가 없었다. 그리고 나는 1974년 1월에 데이비드 해리스와 혼인 관계가 해소된 이래 주로 혼자 살아왔다. 물론 이따금 남자들과 낭만적인 사랑을 했고, 최고의 경우에는 마법처럼 매혹적이고 비현실적일 만큼 멋진 사랑을 나누었다. 내가 마지막으로 사랑한 남자는 내 나이의 절반밖에 되지 않은 프랑스인이었는데, 그는 어느 안개 낀 오후에 말을 타고 내 삶에 들어와 4년 동안 내 영혼을 불타오르게 했다. 나의 예술과 일, 가족과 친구들, 아들 게이브 그리고 신과의 기묘한 관계가 내 인생을 떠받치는 힘들이었다.

이러한 모든 변화 속에서도 나의 사회적·정치적 시각은 놀랍게도 확고부동했다. 나는 비폭력 저항의 원칙에 충실해 왔고, 극우와 극좌 이념들에 대한 강한 반감과 그러한 이념들이 만들어 내는 고통받는 사람들에 대한 깊은 분노와 슬픔을 함께 키워 왔다. 여기 미국에서 '신애국주의,' 람보주의 그리고 나르시시즘을 지향하는 오늘날의 경향과 자부심의 강조는 우리의 문화적·정신적·도덕적·예술적 가치들을 위협하고, 우리의 경계들 너머에 있는 세계에 대한 정직한 인식과 배려를 가로막았다. 나는 오랫동안 국제사면위원회에서 일해 왔고, 현재 후마니타스(Humanitas)라는 인권보호기구의 회장이다. 후마니타스는 인권과 군비 철폐에 관한 갖가지 프로젝트를 발의하기 위해 애쓰고 있다. 그리고 공교롭게도 내 본업인 음악을 통해 이른바 1980년대의 '잿더미와 침묵' (ashes and silence)으로부터 그 첫 번째 조치들 가운데 몇 가지를 성취해 냈다. 라이브 에이드 자선 공연과 그 후속 조치들이 그것이다.

나는 지금 캘리포니아에 있는 내 집 주방에서 이 책을 쓰고 있다. 아들 게이브는 고등학교 마지막 한 해 동안 나와 함께 살고 있다. 나는 특히 겨울날 아침 이른 시간에, 벽난로를 등지고 워드프로세서가 놓인 카드 테이블 앞에 앉아 글을 쓰는 것을 좋아한다. 워드프로세서는 이 시골풍의 소박한 집 소박한 방에 놓인 유일한 초현대적인 물건이다. 이 책에 마지막 손질을 가하는 중에, 또한 나는 6년 만에 스튜디오 안에서 녹음할 준비를 하고 있다. 창문 밖의 장미들은 겨울이 오기 전에 적어도 한 번은 더 꽃을 피울 것이다.

이러한 나의 개인적·정치적·정신적 그리고 음악적 삶의 줄기들이 때와 상황에 따라 어떻게 함께 엮이고 어떻게 분리되는지를 추적하는 데에만 2년이 걸렸다. 나는 내가 사랑했던 사람들에 관해 이야기했다. 나는 그 모든 것을 내가 기억하는 대로 이야기했으며, 다른 사람들과 마찬가지로 나 또한 선택적인 기억력과 그보다 더 생생한 상상력에 힘입은 바가 크다는 사실을 충분히 알고 있다. 내가 이 사실들을 기록하는 이유는 세 가지이다. 무엇보다도 나는 평범하지 않은 삶을 살아왔고 사람들에게 그것을 이야기하고 싶었다. 둘째, 나는 아직 마흔다섯 살(1987년 당시)밖에 되지 않았고 활동적이고 창조적이며 전성기의 목 상태를 갖고 있기에, 사람들의 기억에서 잊힌 고리타분한 어떤 것으로, 또는 누군가의 지난날에 대한 눈물 어린 향수로 치부되는 것을 바라지 않는다. 그리고 세 번째 이유가 가장 중요한데, 나는 나 스스로를 위해, 이토록 별스러운 시대에 정면을 바라보기에 앞서 지난날을 지그시 돌아보기 위해 이 사실들을 기록했다.

유년기의 왕국

Joan Baez

1
내 기억의 눈

세탁기, 건조기, 식기세척기, 전기 오븐, 새로워진 진공청소기 그리고 다림질이 필요 없는 옷이 나오기 오래전에, 우리는 모든 집안일을 해마다 조금씩 어머니한테서 배웠다. 어머니는 암탉이었고 아버지는 수탉이었다. 우리는 작은 병아리들이자 어린 조수들이었다. 우리가 저녁 여섯 시에 저녁을 먹으러 오면, 어머니는 앞치마를 벗어 의자 위에 걸쳐놓았다. 그런 다음 부엌 행주에 손을 닦고 머리칼을 약간 뒤로 넘긴 뒤, 탁자 끝 자신의 자리에 앉아 깊이 숨을 들이마시고 긴 한숨을 내뱉었다. 어머니는 무척 아름다웠다.

우리 어머니, 존 브리지는 스코틀랜드 에든버러에서 두 자매들 가운데 둘째로 태어나 미국에서 자랐다. 외할머니는 어머니가 두 살 때 돌아가셨다. 외할아버지는 기가 센 여자들과 사랑에 빠지는 상냥하고 자유로우며 지적인 성공회 목사였다. 어머니보다 두 살 위인 폴린 이모는 외할머니가 돌아가신 뒤 외할아버지가 결혼한 두 명의 여성들한테서 신체적으로 학대를 당했다. 그러나 어찌되었든 폴린은 르누아르 그림

속 여인 같은 모습으로 자랐다. 그녀는 밝은색 머리칼에 흰 피부, 풍만한 가슴과 꿈꾸는 듯한 그러나 한량없이 슬픈 눈의 소유자였다. 그녀는 자신이 겪은 학대를 결코 원망하지 않고 끊임없이 용서했는데, 그러한 기독교적 윤리의 대가로 수년 동안 고통받고 평생 깊은 우울증을 앓아야 했다. 어머니 역시 때때로 학대를 당했지만, 그보다는 방치되었다고 해야 더 정확할 것이다. 어머니는 새어머니들의 만행에 저항했으며, 자신을 방어하기 위해 때로는 물리력을 동원해야 할 지경에 이르기도 했다. 어머니는 마르고 각지고 요부 같은 구석이 있는 가무잡잡한 미인이었다. 하지만 자신이 아름답다는 사실을 알지 못했다.

폴린은 책, 자연, 춤, 시 그리고 아버지와의 지적인 교제에서 위안을 얻었다. 어머니는 여름 극장과 숲에서, 이따금씩 도망쳐 숨곤 하던 친구들의 집에서, 그리고 나중에는 유년기의 어두운 시기에 짧으나마 마음을 달래 준 오크우드 학교에서 도피처를 찾았다. 그리고 자매는 서로에게서 위안을 구했다.

폴린은 열여덟 살이 되었을 때, 준수한 외모에 물결치는 머리칼을 가진 예술가와 결혼하여 메인 주에 있는 예술가 공동체에 정착했다. 외할아버지는 두 명의 아이들을 더 남기고 간질환으로 죽어 가고 있었다. 어머니는 잇따라 두 양어머니와 함께 살고 있었다. 양어머니들은 어머니에게 관심을 기울이고 좋은 옷을 사다 주고 어머니의 망가진 어린 시절을 어느 정도 정상으로 회복시켜 주려고 애썼다. 어머니는 그날들에 대해 잘 기억나지 않은 꿈을 더듬듯이 이야기했다. 어머니는 어떻게 살아가야 할지 몰랐고, 그저 바람에 이리 흔들리고 저리 흔들리는 나뭇잎과 같았다. 배우가 되리라는 생각을 했던 것도 충동적인 야망과 양어머니들의 격려 때문이었다. 아버지를 만났을 때, 어머니는 다음 순간 자신에게 무슨 일이 생길지 궁금해하며 숨을 죽였다.

어머니가 거무스름한 피부에 물결치는 풍성한 검은 머리칼과 새하얗게 빛나는 이를 가진 엄청나게 잘생긴 젊은 남자를 발견한 것은 드루대학에서 열린 댄스파티에서였다. 당시 어머니는 젊은 구애자의 팔에 기대어 있었고 펀치볼에서 막 시선을 떼던 참이었다(나는 늘 이렇게 상상해 왔다). 그 남자는 학교 계단 위에 앉아서 자기 말에 관심을 보이며 재잘거리는 여자들에게 둘러싸인 채 입으로 비행기 소리를 내며 손으로 폭탄을 투하하는 모습을 흉내 내고 있었다. 주위에 빙 둘러앉은 추종자들 너머로 어머니를 발견한 순간, 그는 어머니에게 윙크했다. 어머니는 수줍어 어쩔할 바를 몰랐고 발갛게 달아오른 얼굴을 진정시키기 위해 서둘리 밖으로 나갔다.

나의 아버지가 되는 이 젊은 남자는 멕시코 푸에블라에서 두 살 때 가족과 함께 이 나라로 왔다. 친할아버지는 가톨릭 신앙을 버리고 감리교 목사가 되었고, 미국에서 사회경제적으로 불우한 사람들과 함께 일했다. 그리고 앨버트 바에즈는 영리하고 성실하고 매력적이고 창의력이 풍부한 아이로 성장했다. 그는 부모님과 신에 대해 깊은 존경심을 가졌고, 모든 것에 관해, 특히 광석 수신기에 관해 호기심이 가득한 아이였다. 그는 브루클린에서 살았고, 열아홉 살 때에는 그곳에 있는 아버지의 교회에서 설교했다.

나는 그가 자랐던 바로 그 어둡고 유령이 나올 것 같은 적갈색 사암 건물에 사는 그의 부모님을 방문했던 일을 기억한다. 현관문을 통해 습하고 신비스럽고 이상하게 귀리 냄새 같은 게 나는 칠흑 같은 복도로 들어서면 기온이 확 떨어졌다. 할아버지한테서는 팜올리브 비누 냄새가 났고 넉넉한 웃음소리를 들을 수 있었다. 할머니는 아주 엄격한 분이어서 우리를 상당히 주눅 들게 했다. 아버지 역시 처음엔 할아버지처럼 목사가 되려고 했다. 그러나 곧 수학을 공부하기로 마음을 바꿨고, 다시 물리학 쪽으로 진로를 바꿨다.

아버지는 어머니를 만났을 당시 고학으로 학교에 다니고 있었다. 그는 자신이 직접 경주용 차로 리모델링한 포드 '모델-T'를 몰았다.

아버지가 어머니에게 실제로 데이트를 신청한 것은 댄스파티에서 비행기 소리를 흉내 내고 윙크를 한 지 1년 뒤의 일이었다. 하지만 양어머니들은 이미 오래전에 웨딩드레스를 골라 놓은 상태였다. 결혼을 하고 자신의 집을 갖는다는 생각은 어머니에게 분명 동화 같은 일이었을 것이다. 어머니는 무엇보다도 아이들을 갖고 싶어 했다. 나는 어머니가 여자아이들을 원했다는 것을 알고 있다. 어머니는 바람대로 딸 셋을 낳았는데, 첫째는 1939년 10월 4일에 뉴저지의 오렌지에서 태어난 폴린 탈리아였고, 둘째는 1941년 1월 9일 뉴욕 스태튼아일랜드에서 태어난 존 산도스였으며, 셋째는 1945년 4월 30일에 캘리포니아 스탠퍼드에서 태어난 미미 마가리타였다. 미미가 태어나기 전, 우리는 아버지의 수학 석사학위 과정을 위해 스탠퍼드로 이사했다. 우리는 건초용 풀들이 작은 언덕을 이루고 있는 건초 밭 맞은편에 자리 잡은 아름다운 작은 집에서 살았다. 나는 어머니와 아버지가 그 건초 밭 앞에서 자전거를 타고 있는 모습이 담긴 사진을 가지고 있다. 젊은 그들은 밝게 웃으며 눈동자 안에 햇빛을 가득 담고 있었다. 어머니의 땋은 머리가, 그리고 아버지의 앞머리가 바람에 흩날리고 있었다.

어머니는 뒤뜰 울타리 판석 꼭대기에서 땅에 단단히 박힌 막대기까지 뻗어 있는 줄 위에 스위트피를 키웠다. 나는 이웃집의 오디나무를 본다. 나뭇가지가 아주 낮게 늘어져 있어서 그 바로 아래에 머리를 숙인 채 나무의 몸통에 기대면 몸을 숨길 수 있다. 나는 입과 볼과 손을 오디 즙으로 물들이며 밖을 살짝 엿본다. 채소밭에는 상추들이 줄지어 심겨 있고 그 위쪽으로 우리가 기르는 토끼들이 우리 안에 들어 있다. 시트와 작은 옷가지가 가득 널린 빨랫줄도 보인다. 모두 나무로 된 빨래집게로 고정되어 있다. 앞마당에는 나무들이 줄지어 서 있다. 봄이 되면 그 나무들 위에 진분홍 꽃들이 흐드러지게 핀다. 나는 꽃을 한 움큼 꺾어 옷과 머리에 꽂곤 했다. 어느 날 저녁이 기억난다. 그때 어머니와 아버지는 나를 계단 창문까지 들어 올려 안고는 은빛 달과 여기저기 흩뿌려져 반짝반짝 빛나는 별들로 가득한 밤하늘을 바라보며 큰 소리로 감탄을 자아냈다. 나는 두 사람 가운데 누구를 더 사랑해야 할지 알 수 없었다. 그래서 나는 아버지를 껴안았고, 그런 다음 어머니를 껴안았다. 그러고는 다시 아버지에게 기댔다. 내 가슴에는 봄꽃이 피어 있었고, 이마 위에는 행운의 별이 있었다. 그것이 우리의 첫 번째 캘리포니아 집에 관해 내가 가지고 있는 기억이다.

미미가 태어나자 집이 너무 비좁아졌다. 그래서 어머니와 아버지는 같은 지역에 있는 진보적인 페닌슐라스쿨의 관리인 직을 얻었다.

나는 유치원에 가고 싶지 않았다. 남자아이들이 자꾸 내 치마를 들추었기 때문이다. 그래서 나는 오버올(가슴받이가 있고 멜빵이 달린 작업 바지—옮긴이)을 입기 시작했다. 교실에서 나의 태도는 불량했고, 간식 시간에 광대 짓을 하고 산만하게 굴어서 휴대품 보관실로 쫓겨나기도 했다. 나의 유일한 진짜 목표는 오전 중간쯤 집으로 가서 어머니와 함께 있는 것이었다.

우리는 학교 소유지에 살았기 때문에 유치원에서 탈출하는 건 어렵지 않았다. 나는 어머니 방으로 가서 〈엉클 돈〉(미국에서 1928년부터 1947년까지 방송된 어린이 라디오 프로그램—옮긴이)의 동요를 들으며 인형들과 멋진 티 파티를 즐기거나, 《아기 돼지 삼형제》 책에 낙서를 하거나, 어머니의 집안일을 돕는 것에서 위안을 찾았다. 집 밖에서는 떡갈나무 위를 기어오르거나, 삼나무 밑동에 풍성하게 자라는 쇠비름을 뜯어 먹거나, 래기디 앤(미국의 만화가이자 작가인 조니 그루엘의 동화 속 주인공—옮긴이) 인형을 산책시키며 혼자 놀았다.

얼마 후 티아(우리가 가장 좋아하는 폴린 이모)가 남편을 떠나 두 아이들과 함께 서부로 이사를 왔다. 아버지가 학생과 선생 노릇을 동시에 하며 박사학위 과정을 마치는 동안, 이모와 부모님은 글렌우드 애비뉴에 커다란 집을 구입해서 하숙(한 번에 다섯 명까지)을 쳤다. 하숙생들 가운데에는 젊은 대학생들과 중국인 학자들, 선원들, 작가들, 버스 운전 기사들, 방랑자들 그리고 첼리스트가 한 사람 있었다. 첼리스트의 연주는 정말 아름다워서 청소하던 어머니마저 진공청소기의 전원을 끄고 복도에 서서 듣게 만들 정도였다. 나는 그의 방문 앞에 앉아 교향악단의 첼리스트가 될지 아니면 우아하게 손톱을 기를지를 고민하곤 했다.

다섯 살 때쯤 나는 다른 나라에 사는 어린아이들이 매일 밤 굶주린 배를 부여잡고 잠자리에 든다는 사실을 막연하게 알게 되었다. 또 우리가 실수로 개미들의 다리를 밟으면 그들이 부러진 다리를 질질 끌며 빙글빙글 맴돈다는 것도 알게 되었다. 아마도 그들은 고통스러웠을 것이다. 그래서 어린 동생 미미가 비명을 지를 때 나는 그 아이가 아플 거라 생각했다. 하지만 개미와 벌레를 염려하는 식으로 미미를 걱정하지는 않았다.

나는 이웃집 아기를 꼬집는 버릇이 있었다. 다른 아이들이 시야에서 사라질 때까지 기다렸다가, 베이비파우더와 패블럼(유아용 식품 이름—옮긴이)과 무언가를 게워 낸 냄새를 풍기며 기저귀를 차고 보행기에 앉아 있는 그 통통하고 작은 것을 습격하곤 했다. 그 녀석이 보행기 앞판에 턱을 연신 부딪치고 앞에 쪼르륵 달린 구슬들에다 침을 흘리면서 토실토실 살이 오른 팔을 마치 도리깨질하듯 행복하게 흔들어 대면 나는 아기의 팔을 가볍게 토닥였다. 그러다 한껏 긴장감으로 흥분해서 녀석의 팔을 사납게 꼬집었다. 그리고 아기가 애끓는 듯한 비명소리를 내지를 준비를 하며 얼굴을 구기고 입을 벌리며 흔들던 발을 멈추는 것을 지켜보았다. 이내 끔찍한 기분이 들기 시작하면 아기를 안아 올려 달래 주었다. 들키는 것이 두려웠고 갑자기 아이에게 미안함을 느꼈기 때문이다. 그러고는 아기가 탄 보행기를 부엌 안으로 끌고 들어가 이렇게 말했다. "오, 로빈슨 아줌마! 루크가 무언가를 보고 울기에 제가 좀 달래 주고 있어요." 그녀는 보행기에서 아기를 안아 올려 부산을 떨며 사라졌다. 그녀는 아기 울음소리에 특별히 신경을 쓰지 않았다. 왜냐하면 루크는 여덟 번째 아이였고, 그녀는 그런 소음에 익숙했기 때문이다. 굳이 꼬집은 자국을 찾아내려고 아기의 팔을 애써서 살펴볼 까닭도 없었다.

일요일에는 하숙집의 모든 사람들이 저녁 식사를 위해 모였다. 어머니와 티아가 소고기 구이와 살짝 구운 빵과 으깬 감자와 정원에서 기르는 채소를 준비했다. 폴린 언니와 나는 티아의 아이들과 번갈아 가며 상을 차리거나 설거지를 했다. 매리는 남자아이들에게 열을 올리는 15세 여자아이였다. 사진과 같은 정확한 기억력과 도표로 나타낼 수 없을 정도로 높은 지능을 가진 데다 그냥 듣고도 피아노로 클래식 음악을 연주할 수 있었다. 스키퍼는 아버지의 강력한 손길이 필요한 13세 남자

아이였다. 그는 지하실 침대에 불을 내고 담배를 피우고 학교에서 퇴학 당한 뒤 비행 친구들과 어울리며 큰 소동을 일으키기가 예사였다. 그는 내가 가장 좋아하는 사촌이었다. 우리가 모두 손을 잡고 〈소중한 세상에 감사합니다〉를 부르면, 아버지가 축음기로 바흐나 브람스나 베토벤을 틀었고 어머니는 소고기를 잘랐다. 하숙생들이 대화를 이어 나가려 애쓰는 동안 폴린과 나는 테이블 밑에서 서로를 꼬집고 때렸다. 걸음마를 배우기도 전에 춤추는 법을 배웠던 미미는 테이블 주변을 발끝으로 춤추며 돌다가, 축음기 위에 올려 놓은 음반을 발가락을 사용하여 바꿨는데, 그것은 미미가 최근에 터득한 기술이었다. 폴린과 나를 제외한 모든 사람들이 미미를 굉장히 귀여워했다. 검은 머리칼과 파란 눈을 가진 '가장 어린아이'인 미미는 아름다웠다. 폴린과 나는 미미를 싫어한다는 점에서 한패가 되었다.

어머니의 사진첩들 가운데, 커다란 떡갈나무 테이블에 내가 혼자 앉아 있는 사진이 한 장 있다. 나뭇잎과 칼자국들이 남아 있는 그 테이블은 부드럽고 반짝반짝하게 문질러 닦여 있고, 나는 금색 단추가 달린 짙은 감색의 드레스 위에 작은 장식 구멍이 나 있는 하얀 겉옷을 입은 채 오후 낮잠에 뒤이은 무거운 지루한 순간을 응시하고 있다. 나는 마치 내 어깨와 눈꺼풀에 달린 추가 진흙으로 만들어져 있기라도 하듯 온몸이 돌처럼 굳어 버린 듯한 느낌을 기억한다. 나는 얼른 잠에서 깨어 기운을 차리고 뛰쳐나가 놀 수 있기를 간절히 바랐다. 그러나 내 남은 생애 동안 나를 따라다니며 괴롭히게 될 '악령'이 심지어 그때에도 바쁘게 일하고 있었다.

새로운 학교에서 점심 도시락 통이 달그락거리는 소리는 나를 공포로 몰아넣었다. 새로운 학교에서는 오버올이 허용되지 않았기 때문에,

나는 허리 주변에 엄청나게 큰 매듭이 달린 스웨터를 입었다. 내가 변기 위로 몸을 숙이고 발작적으로 구역질을 하는 동안, 선생님들은 번갈아 가며 내 머리를 잡아야 했다. 그러나 아무것도 나오지 않았다. 나는 다섯 살 때부터 토하는 것에 두려움을 키워 왔는데, 그것은 지금도 (훨씬 덜해지긴 했지만) 여전하다. 대체 어떤 무시무시한 사건이 나의 찬란한 세계를 뒤흔들어 말로 표현할 수도 없고 깊이를 헤아릴 수도 없는 공포의 그림자를 드리웠을까? 나는 모르겠다. 아마 결코 알아내지 못할 것이다. 매년 가을 찾아오는 최초의 황금빛 냉기나 저녁 식사 시간에 처음으로 밀어닥치는 갑작스러운 어둠과 함께 나는 격렬한 우울증에 휩쓸렸고, 가망 없는 파멸의 느낌에 시달렸다. 나는 침울해지고 마비되고 굳어 버렸다. 팔다리의 털이 곤두섰고 뼛속 깊이 한기가 들었다. 그 무엇도 이 한기를 가시게 할 수 없었다. 이 얼음처럼 차갑게 몰아치는 바람의 한가운데서, 나는 수정 같은 투명함으로 바라본다. 잠자느라 눌려 버린 땋은 머리와 졸음에 겨워 비죽이 나온 입술과 검은 눈을 흐리게 만드는 한 줄기 근심을 가진, 사진 속의 작고 빛나는 그 소녀를. 그녀는 머릿속에서 자꾸만 떠오르는 꿈의 기억들에 온 힘을 다해 대항한다. '내가 집에 있는데 밤이 되자 무언가가 찾아온다. 그것의 존재는 치명적이다. …… 나는 비명을 지르며 도망치지만 그것은 낮잠 시간에 다시 돌아와 내 침대 속을 비집고 들어온다. 내가 옆에 있는 베개 위의 얼굴을 응시하자 어떤 목소리가 화가 나서 말한다. 날 보지 마! 나는 몹시 부끄러워진다.'

이것이 내가 기억하는 전부다. 딱 그만큼이고 더 이상은 없다.

아버지가 학위를 마칠 때까지 어수선한 하숙집의 삶은 2년간 지속되었다. 당시에는 젊고 똑똑한 스탠퍼드 과학자들 대부분이 원자폭탄이 개발되고 있던 뉴멕시코의 로스앨러모스로 떠났다. 제어되지 않은 원자의 잠재적인 파괴력을 일찌감치 알고 있었던 아버지는 뉴욕 이타카의 코넬대학에서 연구 물리학자로 일을 하게 되었다. 우리는 버펄로에서 자동차로 한 시간 정도 거리에 있는, 주민들이 800명가량 사는 아주 작은 소도시인 클래런스 센터로 이사했다. 우리가 살 집은 단풍나무들이 줄지어 심겨 있는 거리의 2층짜리 건물이었다. 갑자기 삶이 조용해졌다. 폴린과 나는 피아노 레슨을 받았다. 어머니는 저녁 식사를 준비하는 동안 콧노래를 불렀고, 나는 앉아서 주방에 있는 커다란 라디오에서 흘러나오는 라디오 연속극 〈유콘의 프레스턴 중사〉와 〈잭 암스트롱〉을 들었다. 새 학교는 작았다. 나는 교실을 떠나 집으로 달려가지 않았다. 나는 얌전히 교실에 눌러앉아 있었고 모든 과목에서 A학점을 받았다. 처음으로 단짝 친구도 생겼다. 릴리라는 여자아이였다. 그 애는 진짜 농장에서 살았는데, 나는 그곳에서 새끼 돼지를 처음 보았고 헛간에서 하룻밤을 보내기도 했다.

얼마 안 되어 아버지는 코넬대학의 전략연구소 소장이 되어 달라는 제의를 받았다. 그 임무가 수반하는 것은 정확히 말해 기밀정보였다. 전략연구소 측은 아버지에게 항공모함을 타고 3주 동안 순항하면서 그 계획에 대한 설명을 들을 것을 제안했으며, 아울러 엄청난 봉급도 약속했다. 나중에 알고 보니 아버지는 포트렉스 작전을 감독하는 일을 제안받은 것이었다. 포트렉스 작전은 당시로서는 비교적 새로운 현상인 전투기 시험을 동반한 대규모 상륙작전 훈련이었다. 수백만 달러가 그 계획에 쏟아부어졌다. 아버지는 그에 관해 최소한의 정보만을 얻을 수 있었고, 그마저도 외부엔 기밀이었다. 어머니는 아버지가 '바다'에서 쓴 편지를 우리에게 보여 주었다. 폭풍우가 내리 일주일간 몰아치는 동안 발이 침상에서 앞뒤로 흔들리는 모습을 직접 그린 만화도 함께였다. 아버지는 몹시 심하게 뱃멀미를 했다.

그때쯤 아버지는 완벽한 파멸을 가져오는 원자폭탄의 압도적인 능력에 '방어'라는 것이 있을 수 있을까 하고 자문하기 시작했다. 아버지가 그 의문으로 분투할 때, 그리고 자신과 자신의 가족에게 지금까지 한 번도 누리지 못했던 안락함을 보장해 줄 파격적인 제안을 놓고 고민할 때 어머니가 교회를 바꾸자고 제안했다. 어머니는 개인적으로 조직적인 종교를 좋아하지 않았지만, 아버지를 위해 우리는 서부에 있는 장로교회에 다니고 있었다. 나는 적어도 옷을 잘 차려입고, 바셀린으로 칠피구두를 닦고, 예배를 보는 동안 엄마 옆에 앉아 엄마의 향수 냄새와 분 냄새 맡는 것을 즐겼다. 신도들이 일어나 다 함께 노래를 부를 때면, 엄마의 목소리가 다른 사람들보다도 더욱 또렷하고 예쁘게 올라갔다. 적어도 내 귀에는 그랬다. 지갑이 딸깍거리며 열리는 편안하고 익숙한 소리, 작은 종이봉투들이 헌금 접시에 미끄러져 들어가는 소리, 그리고 사제의 옷 스치는 소리들이 무척 좋았다. 그런데 이제 어머니는 아버지가 어떤 종교적인 인도와 방향을 찾기를 희망하면서 아무것도 모르는 우리들을 버펄로에 있는 퀘이커 교회당으로 이끌었던 것이다.

퀘이커 예배회, 얼마나 끔찍한가! 눈을 감은 채 꼬챙이처럼 앉아 있거나 행복에 겨워 천장을 응시하는 우중충한 분위기의 어른들로 가득 찬 예배당. 멋지게 옷을 차려입은 사람은 아무도 없었고 나이 든 사람들만 넘쳐났다. 그나마 몇 명 되지 않는 아이들도 아무런 위로가 되지 않았다. 도무지 마음에 안 드는 아이들이었다. 그들의 부모들은 아이들을 '방임했는데,' 우리는 이 용어를 빨간 머리의 끔찍한 남자아이를 통해 이해하게 되었다. 그 아이는 일요일마다 의자에서 주르르 미끄러져 내려와 바다 전체를 기어 다녔다. 하루는 폴린이 자기를 보며 얼굴을 찌푸리는 걸 포착하고 다짜고짜 폴린의 다리를 때린 적이 있었다. 그때 폴린이 맞은 곳을 부여잡고 울면서 반격하자, 아이는 허둥지둥 도망갔다. 아이의 엄마는 하필 그 모임에서 아이들의 신성함에 대해 이야기했고, 그 여자가 말하는 동안 폴린과 나는 그녀의 살갗을 태울 듯이 노려보았다.

우리의 어린 영혼에 가해진 시간의 무게에 대한 기억, 그리고 오로지 배에서 꼬르륵거리는 소리와 헛기침하는 소리, 이따금 '성령'의 힘으로 말하는 누군가로부터의 메시지에 의해서만 깨지는 그 우울한 침묵의 지루함에 대한 기억이 너무도 생생해서, 매주 일요일마다 우리가 그곳에 앉아 있던 시간이 고작 20분 정도였다는 게 무척 이상하게 느껴졌다. 어른들은 본인의 선택으로 한 시간을 꽉 채워서 그곳에 남아 있었다. 우리는 퍼스트데이스쿨(퀘이커교도들의 주일학교)로 무리지어 이끌려 가서 머리가 하얀 노부인에게 맡겨졌다. 그 부인은 영혼 안의 선함과 우리에 대한 사랑, 그리고 우리에게 주의 경이로움을 가르치고자 하는 굳은 마음만을 가지고 있었음에도 우리는 그녀를 싫어하기로 결심했다. 어느 일요일, 그녀는 자신이 맡은 다섯 살에서 열 살에 이르는 아이들에게 선언했다. "오늘 우리는 기적을 목격하게 될 겁니다." 폴린과 나는 서로를 쳐다본 다음 하늘을 쳐다보았다.

"나 원 참, 기이저억이라니." 내가 말했다. "바보 같아." 폴린이 말했다. 그 노부인은 커다란 종이 상자 안 여기저기를 뒤적여 양분이 풍부한 검은 흙과 비료를 섞었다. 그녀의 주름진 손이 어찌나 조심스럽고도 효율적으로 그 흙덩이를 사랑스럽게 부수던지. 지금도 마치 눈앞에 그 장면이 보이는 것처럼 군침이 돈다. 그녀는 우리더러 깡통에 흙을 채우게 했고, 그런 다음 앞치마 주머니에서 희끄무레한 작은 강낭콩 씨앗들을 꺼내 놓았다. 우리들은 각자 하나씩 그것을 심었고, 물을 주었고, 창턱에 고정시킨 뒤 금세 잊어버렸다.

그다음 일요일에 다시 돌아와 우리는 깡통 안을 들여다보았고, 빛나는 어린 새싹 하나가 흙을 뚫고 나온 것을 보았다. 그 노부인은 매우 기쁜 듯했다. 창문을 통해 쏟아져 들어오는 겨울 햇살을 받고 서서, 빵 모양으로 묶은 뒷머리에서 비어져 나온 하얀 머리칼이 테를 두른 그녀의 얼굴은 어린애 같은 기쁨으로 환히 빛났다. "딱딱한 껍질을 뚫고 나온 이 놀라운 싹은 햇빛을 추구하고 있어요." 그녀가 설명했다. "그리고 그것이 우리 모두가 각자의 삶에서 매일 해야 하는 일이지요."

우리가 그 기적에 별로 감동받지 않았다는 점을 말해 두어야겠다. 분명 그 교훈은 당시의 나에겐 효과가 없었다. 나는 열여덟 살이 되어 집을 떠나자마자 예배회에 참석하는 일을 그만두었다. 그리고 20년이 넘도록 돌아가지 않았다. 40대가 되어 그 지루한 중년의 위기들 가운데 하나를 맞닥뜨리기 전까지는. 어느 날 아침, 길고 불가해한 꿈에서 깨어나기 직전, 나는 여전히 햇살을 받고 서서 5센티미터 남짓한 콩 싹을 내려다보며 미소 짓고 있는 버펄로 퀘이커 예배회의 그 사랑스러운 백발의 노부인을 선명하게 보았다. 나는 그토록 버릇없이 굴었던 일에 대해 사과하고 싶었다. 그러나 그녀는 안개 속으로 사라져 버렸고 나는 눈물범벅이 되어 잠에서 깼다. 나는 예배회로 돌아가기로 결심했고, 그 뒤로 비정기적으로나마 예배에 참석하고 있다. 뒤늦게나마 그 콩이 보여 준 기적의 진가를 인정하게 된 것이다.

아버지는 그 준엄한 침묵 속에서 반전론자가 되었다. 사실 애초에 우리들이 퀘이커 예배회에 끌려갔던 것도 아버지의 양심 속 투쟁 때문이었다. 아버지는 방위산업 관련 일을 해서 부자가 되기보다는 교수가 되고자 했다. 우리는 어린 여자아이들이 자라면서 바라는 멋지고 쓸모없는 모든 것들을 결코 갖지 못하겠지만, 그 대신 깨끗한 양심을 가진 아버지를 갖게 될 것이었다. 품위야말로 그가 우리에게 남길 유산이 될 터였다.

안쪽으로 눈동자가 몰린 피아노 선생 에버레트 씨의 도움으로 3화음으로 된 〈앤, 앤, 앤 자매〉를 익히고 샤프와 플랫에 관한 모든 설명을 들은 지 얼마 안 되어, 나는 집으로 돌아가 피아노 의자에서 책을 한 권 꺼낸 뒤 집 안에 나 혼자라는 것을 확인하고는 그것을 작은 업라이트 피아노 위에 세워 놓았다. 나는 샤프와 플랫이 가장 적게 사용된 짧은 노래가 있는 페이지들을 찾았고, 음표들을 하나씩 짚어 가며 베토벤의 소나타 G장조(작품 42)를 독학했다. 그렇게 해서 생긴 내 안의 그 장엄한 고요함은 클래런스 센터에 머물렀던 내내 지속되었다.

우리는 곧 다시 이사를 가야 했다. 나는 남캘리포니아에서 5학년 시절을 보냈고, 아버지는 그곳에 있는 레들랜즈대학에서 물리학을 가르쳤다. 레들랜즈의 아주 작은 1층짜리 하얀색 우리 집은, 꿈속에서 내가 가장 자주 돌아가는 곳이다. 그 집 앞에는 잔디가 깔려 있었는데, 한쪽에는 어머니가 가꾸는 거대한 색색의 장미들이 열을 지어 자라고 있었다. 오른쪽으로는 우리 집과 아주 비슷한 또 다른 집이 있었고, 왼쪽으로는 온갖 잡동사니로 가득한 공터가 사막처럼 놓여 있었다. 그 공터는 피셔 부인이 가꾸는 석류나무들과 이웃해 있었는데, 부인은 그 뒤에서 나이를 먹어 가는 스패니얼 개 써니와 더불어 눅눅한 삶을 살아갔다. 우리 집 앞 현관에는 온통 담쟁이덩굴이 자랐다. 아버지는 그 집을 위해 11,000달러를 지불했다. 나는 아버지와 어머니가 그 동네에서 가장 세련된 취향을 가지고 있다고 느꼈고, 실제로도 그랬으리라고 확신한다. 5학년 때 나의 삶에서 가장 두드러진 세 명의 인물(동물)은 울리라는 이름의 콜리 개와 멋진 선생님 매킨토시 씨 그리고 친구 주디 존스였다.

1년 뒤 아빠는 유네스코에서 일을 하게 되었다. 이라크 바그다드대학에서 가르치면서 물리 연구실을 설립하는 일이었다. 바그다드는 사회정의에 대한 나의 열정을 처음으로 느끼게 해준 곳이다. 그곳에 착륙한 날, 후끈한 열기와 낯설고 새로운 냄새들 속에서, 우리는 한 늙은 거지가 투박한 후음의 언어로 고함을 치며 곤봉을 휘두르는 경찰들에 의해 공항 출입문 밖으로 쫓겨나는 광경을 보고 경악했다. 바그다드에서 나는 동물들이 죽도록 맞는 것을 보았고, 사람들이 먹을 것을 찾아 우리 가족의 음식 찌꺼기 통을 헤적이는 것을 보았으며, 다리 없는 아이들이 거리에서 마분지 위에 앉아 자신의 몸을 끌면서 지나가는 것을 보았다.

벌어진 상처에서 포식하는 파리들로 뒤덮인 채 아이들은 돈을 구걸하고 있었다.

우리는 모두 '바그다드 배탈'을 앓았다. 폴린과 미미는 곧 회복했다. 하지만 그들이 막 회복한 전염성 간염의 증상이 이미 내게 옮겨진 뒤였다. 어머니는 나를 병원에 처음 데려간 날을 기억했다. 더러운 검은색 차도르로 몸을 감싼 채 바닥에 웅크리고 앉아 고통에 신음하고 있는 한 아랍 여자에게 내가 비틀거리며 다가가 사탕 두 개를 주었다고 한다. 나는 모든 사람들이 나아지기를 바랐다. 내 상태가 회복되기 시작한 것은 오랜 시간이 지난 뒤였다.

나는 몇 달 동안 자리보전하고 누워 있었다. 그 모든 시간 동안 언제나 어머니가 곁에 있었다. 어머니의 강한 손이 내 머리를 기울여 쌀죽과 포도당 분말을 먹였고, 나중에는 으깬 검은 바나나를 먹였다. 내 오른손의 생명선은 갈라져서 사라졌다. 손금이 두드러지도록 손을 쫙 펴 보아도 다시 나타나지 않았다. 나는 내가 오렌지의 달콤한 향내가 두껍게 깔린 디젤 배기가스 냄새에 여과되는 그 낯선 나라에서 틀림없이 죽게 되리라고 생각했다. 하지만 천천히 기력을 회복해 가면서, 질병은 내가 1년 동안 집에서 그림을 그리고 뜨개질하고 요리하고 개미들과 놀고 곤충들을 채집하고, 그리고 몸이 좀 더 회복했을 때에는 개들을 구출해 내서 시간을 보내기 위한 멋진 구실이 되었다.

반면에 폴린과 미미는 그동안 가톨릭 수녀원 부속학교에서 비참한 시간을 보냈다. 미미는 로즈 수녀님이 자신의 수학 답안지를 형편없는 작성의 예로 학생들에게 보인 뒤, 그것을 구겨서 영어 교실을 채운 외교관 자녀들의 폭 숙인(날아오는 종이 뭉치를 맞지 않으려고) 머리 위로 자신에게 던진 일을 결코 잊지 않겠다고 맹세했다. 폴린은 미미보다 운이 좋아서 자신이 유능한 재봉사라는 사실을 발견했고, 어머니와 시장에서 옷감을 구해 자신의 옷을 만드는 일로 학창 시절을 보냈다.

바그다드는 전반적으로 우울한 곳이었다. 해질 녘엔 하늘이 붉게 변했고, 새들은 구름을 이리저리 피해 날아다니며 수천 가지의 목소리로 노래를 불렀다. 나는 병을 앓고 있었음에도 바그다드의 고통이 내 것인 양 바그다드의 일부를 느낄 수 있었다. 캠 강에서 즐기는 뱃놀이와 빌어먹을 원주민들에게 일을 시키는 일이 얼마나 어려운지에 관해 떠들며 영국 컨트리클럽에 앉아 있는 사람들보다, 거리의 거지들이 확실히 내게는 더 가깝게 느껴졌다.

20년도 더 지난 1974년에 나는 순회공연을 위해 중동을 다시 방문했다. 그때 레바논에 잠깐 머무는 동안 호텔 수영장 옆에서 유명 디자이너의 상표가 붙은 선글라스를 낀 아랍 여성과 마주쳤다. 그녀가 내게 말했다. "당신의 책 《여명》(Daybreak)을 읽었어요. 당신은 어째서 바그다드에 관해 뭔가 좋은 말을 해주지 않았나요? 아름다운 도시인데요."

튀니지를 운전해 가로지르면서 바그다드의 기억들이 밀려들었다고 그녀에게 말해 주었어야 했다. 겨울이 끝났을 때 우리 세 자매가 침대를 지붕으로 끌고 올라갔던 일이며, 내가 곰팡내 나는 모기장 사이로 별들에게 말을 걸고 결코 아무에게도 말할 수 없었던 북두칠성 이야기들을 해주던 일에 관해. 내가 양지바른 곳에 앉아 당시 열두 살에 불과했던 이라크의 어린 왕자가 백마를 타고 알라시드 거리를 의기양양하게 지나갈 때 운집한 구경꾼들 가운데 나를 지목하여 내가 얼마나 예쁜지를 말해 주는 꿈을 꾸며, 피부를 갈색으로 태웠던 일에 관해(나는 그와 상상의 대화를 계속할 수 있을 만큼 아랍어를 배웠다. 그 대화 덕분에 나는 궁정의 특별 방문객으로 초대될 것이고 결국에는 아랍의 왕비가 될 것이었다). 그리고 며칠씩 내리 모래 강풍이 불어 우리를 맹렬한 갈색 바람으로 뒤덮는 동안 내가 사막을 폐 속으로 들이마시고 그것을 내 몸의 모든 구멍들 속으로 흡수하고, 그 불모의 땅에 살고 있는 나의 형제자매들의 곤경을 이해했던 일에 관해서도.

튀니지에 가서야 나는 중동의 마법과 슬픔을 이해했다. 자홍색 꽃들이 하얀 벽 위로 고개를 숙이고 있는 어떤 해안가 마을에서, 나는 상점 가판대에서 50센트를 주고 산 자줏빛 드레스를 입고 춤을 추며 거리를 누볐다. 작은 아라비아 말을 타고 해안가를 누볐고, 여인숙 주인의 다섯 딸들한테서 〈자리아 하무다〉라는 노래를 배웠다. 그들이 나의 녹음기에 대고 그 노래를 불러 주었을 때, 모두들 뚱뚱한 까마귀들처럼 똑같은 음조 위에 올라앉아 있었다.

바그다드에서 머문 마지막 해인 1951년에 우리는 캘리포니아의 레들랜즈로 돌아갔고, 그곳에서 나는 내가 다닌 모든 새로운 학교들과 처음 마주했을 때 느낀 그 비슷한 열정으로 중학교 생활을 맞이했다. 나는 일주일에 평균 3일을 교실에서 보냈고, 나머지 날은 여전히 몸이 좋지 않다는 구실로 집에서 지냈다. 어머니는 검진을 위해 나를 병원으로 데리고 가기 시작했다. 하지만 사실상 내게 신체적으로 잘못된 곳은 없었다. 진짜 문제는 계속해서 나를 괴롭히고, 이제는 사춘기의 곤경까지 가세하여 때때로 나를 무력하게 만드는 두려움들이었다.

중학교에서 내가 맞닥뜨려야 했던 문제들 가운데 하나는 나의 인종적 배경이었다. 레들랜즈는 남캘리포니아에 있었고 멕시코계가 커다란 비율을 차지하고 있었다. 그들은 주로 이민자들과 과일을 따기 위해 멕시코에서 올라온 불법 입국자들로 구성되어 있었다. 학교에서 그들은 에스파냐어로 말하며 몰려다녔다. 여자아이들은 자는 내내 말아 두어서 곱슬곱슬한, 산처럼 부푼 검은 머리에 보라색 립스틱을 짙게 바르고 딱 붙는 치마와 나일론 스타킹, 그리고 옷깃을 세워 입은 블라우스 차림이었다. 남자아이들은 꽤나 거칠었는데, 바셀린 헤어토닉을 발라 머리를 멋지게 넘겼고, 끝이 좁은 바지를 엉덩이까지 내려 입어서 바지를 잃어버리지 않고 걸으려면 기술이 필요할 정도였다. 멕시코계 학생들은 수업에 거의 관심이 없었고 백인들은 그들을 배척했다. 그런데 그 속에 멕시코계의 이름과 피부, 머리칼을 가진 내가 있었다. 영국계 미국인들은 이 세 가지 때문에 나를 받아들일 수 없었다. 멕시코계 학생들은 내가 에스파냐어를 하지 못했기 때문에 나를 받아들이지 않았다.

나를 고립시킨 요소는 '인종'뿐만이 아니었다. 1950년대는 냉전의 한복판에 있었다. 레들랜즈고등학교에서 미식축구와 매춘부 말고 화제가 되는 게 있다면 러시아인들에 관한 것이었다. 아버지가 바그다드대학에서 재직하던 시절 공산주의자들이 그곳에서 폭동을 일으켰는데,

그들 가운데 몇 사람이 아버지에게 문제가 생겨도 상관하지 말라고 경고했다는 이야기를 나는 들은 적이 있었다. 하지만 매카시즘의 광풍이 몰아치던 시절의 미국에서, 공산주의는 더러운 말이었고 군비경쟁은 주전론자들의 십자군이었다. 무기가 세상을 훨씬 더 허약하게 만든다고 여긴 나는 9학년 학급에서 무기를 두려워하고 그것에 반대하는 거의 유일한 인물이었고, 이미 정치적인 것에 관해서는 전문가로 간주되었다.

사실 나는 정치에 관해 많이 알고 있다기보다 관심을 많이 가지고 있었고, 그것은 주로 집에서 벌어지는 토론 때문이었다. 우리 가족은 퀘이커 근로봉사 캠프에 참여했고, 그곳에서 나는 개인적·정치적·국가적·국제적 수준에서 이루어지는 폭력에 대한 대안들에 관해 들었다. 동급생들 가운데 많은 수가 나를 무척 경멸했고, 그들 가운데 몇몇은 겁을 먹은 부모들한테서 나와 이야기하지 말라는 경고를 받았다.

폴린이 당시의 정치 상황에 대해 어떤 생각을 가지고 있었는지는 알 수 없다. 그녀는 뛰어난 학생이었지만 수줍음이 많아서 끔찍하게 괴로워했다. 나는 언니를 숭배했다. 그녀는 학업성적이 뛰어났고, 한 번도 구겨진 도시락 가방을 들고 다니지 않았으며, 머리를 뒤로 묶어도 귀가 비죽이 나오지 않았고, 제비꽃 향기가 났다. 게다가 피부도 하얬다. 언니는 결코 사회적인 문제들에 대해 말하지 않았다. 그리고 미미는 뭐랄까, 나의 평화주의 이념이 미미한테까지 확장되지는 않았는지, 그 아이는 내 피부색이 갈색이라는 이유로 다른 사람들 앞에서 나를 피하고 있었다.

내가 내 목소리를 개발하게 된 것은 고립의 느낌, '다름'의 느낌 때문이었다. 나는 학교 합창단에서 그때그때 가장 필요한 파트가 무엇이냐에 따라서 알토, 제2 소프라노, 소프라노를 맡았고, 심지어 테너를 맡을 때도 있었다. 내 목소리는 달콤하고 진실하지만, 값싼 면실처럼 가시가 있고 화살처럼 가늘고 곧은 꾸밈없는 어린 여자아이의 목소리였다. 우리 교실에는 쌍둥이가 있었는데, 목소리에 비브라토가 있는 그들은 서로 팔짱을 끼고 나란히 서서 한창 발육 중인 가슴의 윤곽이 드러나는 앙고라 스웨터와 화려한 페티코트 슬립 차림으로 각종 탤런트 쇼에서 노래를 불렀다. 그들은 몸을 좌우로 흔들면서 손가락을 튕겼다. "오, 우리는 돈이 별로 없었네……." 나는 어떤 선생님이 그들의 목소리를 두고 매우 '성숙하다'고 평가하는 것을 들었다. 나는 여성 합창단 선발 심사에 참가했으나 선발되지는 않았다. 내가 군중 속의 일원이 아니었고, 비브라토가 없는 내 목소리는 성숙하지 않기 때문이라고 짐작했다. 내게는 나의 사회적인 지위를 바꿀 힘이 없었기에 나는 목소리를 바꾸기로 결심했다. 그리고 비브라토 연습에 전념하기 위해 줄타기 곡예를 그만두었다.

나는 우선 샤워기 아래에서 한 음정을 유지하면서 목소리를 천천히 크게 그리고 작게 내려고 노력했다. 그것은 지루하고 보답이 없는 작업이었다. 자연스러운 내 목소리는 화살처럼 곧게 나왔다. 그래서 다음에는 손가락을 목젖 위에 놓고 까닥까닥 아래위로 움직여 보았다. 그러자 기쁘게도 내가 원하는 소리를 만들어 낼 수 있었다. 짧은 몇 초 동안 손을 사용하지 않고 그 소리를 흉내 내어 보았고, 얼마간 '성숙하게' 들리는 음성을 얻어 냈다. 정말 멋졌다. 이것이 바로 내가 훈련하는 방법이었다!

위태위태하지만 투명한 비브라토가 형성되는 데 걸린 시간은 놀랍게도 그다지 길지 않았다. 여름이 끝나 갈 무렵 나는 가수가 되어 있었다.

나는 나 자신에게 새로운 목소리를 주는 동시에 아버지의 동료 물리학 교수인 폴 커크패트릭, 약자로 P. K.의 지도하에 우쿨렐레를 배웠다. 나는 당시 음반 시장을 지배하던 컨트리와 웨스턴, 리듬앤블루스 노래에 흔히 사용되는 네 가지 기본 코드를 터득했고, G키가 아닌 다른 키로 노래할 때를 대비해서 몇 가지 다른 코드들을 배우고 있었다. 내가 가장 좋아하는 노래들 가운데에는 〈당신은 지금 감옥에 있어요〉, 〈당신의 기만적인 마음〉, 〈지상의 천사〉, 〈내 사랑을 서약하며〉, 〈나를 절대 놓지 말아요〉를 비롯해 〈애니가 아이를 가졌네〉, 〈나와 함께 일해요, 애니〉, 〈애니의 이모 패니〉 (김빠진 '백인 버전'인 〈나와 함께 뒹굴어요, 헨리〉는 혐오했다) 같은 '애니' 시리즈 그리고 〈저 산 너머〉와 〈젊은 피〉 등이 있다. 이 노래들은 모두 다섯 가지 코드로 연주가 가능했고, 네 가지 코드만 가지고도 대부분의 노래를 연주할 수 있었다. 모두가 듣기 좋고 달콤하거나 경쾌하고 다소 난잡하거나 우스꽝스러웠다. 나는 심지어 '네, 그게 제 자식이구만요'라고 불리던 〈네, 그 아인 제 아입니다〉의 비열한 인종차별주의 버전과 리버라치(Liberace)의 바보 같은 〈콘크리트 믹서, 푸티 푸티〉도 연주했다. 이 레퍼토리는 내가 침대 옆에 놓인 작은 회색 플라스틱 라디오로 들은 노래들 가운데 극히 일부에 지나지 않았다. 귀로 들은 곡조를 기억하여 낮이든 밤이든 어느 때나 가사를 적어두고 적절한 키를 찾아(선택은 C 아니면 G였다) 그 노래를 내 것으로 소화하는 데서 얻은 만족감은 말로 표현할 수 없을 정도였다.

학교에서 나는 재능 있는 '아티스트'로도 명성을 얻었다. 영화배우들, 밤비를 비롯해 여러 다른 디즈니 캐릭터들 그리고 학생들 가운데 기꺼이 10분 동안 앉아 있고자 하는 누구라도 초상화는 물론 캐리커처의 모델이 될 수 있었다. 나는 선거운동 전단도 그렸는데, 한번은 경쟁을 벌이던 두 후보들 모두에게 그려 준 적도 있었다.

내게도 친구가 몇 명 있긴 했다. 버니 캐브럴은 에스파냐어를 할 줄 모르는 멕시코 여자아이였는데, 우리는 나중에 서로 자매인 척하며 지낼 정도였다. 버니의 집엔 남자 형제가 넷이나 있었고 텔레비전도 있었다. 나는 버니의 집에서 노는 걸 무척 좋아했다. 우리는 밤늦도록 리듬앤블루스 방송을 들었는데, 그녀의 오빠 조가 집에 돌아오면 나는 갑자기 식은땀이 나곤 했다. 그는 내게 결코 눈길을 주지 않았다. 그러나 또다른 오빠인 알렉스는 내게 관심을 보였고, 나중에 내가 데이트한 첫 번째 남자가 되었다. 그는 내가 열네 살 때 크리스마스 선물로《복숭아꽃》(The Flowering Peach)이라는 음반을 선물로 주었다. 주디 존스라는 아이도 있었는데, 그 아이는 나와 친구가 되기 위해 '인기 있는' 아이로서 자신의 위치를 자주 위태롭게 했다. 주디는 마치 폴린 언니 같았다. 곱게 말아 뒤로 빗어 넘겨 완벽하게 묶은 머리와 깔끔하게 정리된 눈썹과 썩 잘 어울리는 스웨터와 칼라와 스카프, 발목까지 내려오는 스커트를 입고 깨끗하게 닦은 새들 슈즈를 신은 아름다운 아이였다. 그녀의 도시락 가방은 새것이었고, 책과 파일은 흠 잡을 데 없이 정리되어 있었다. 그녀는 '천연' 립스틱을 발랐다. 반대로 나는 평균 몸무게에서 7킬로그램이나 모자란 보기 흉하게 마른 몸매에다, 귀 바로 밑에서 자른 머리는 검은 짚 한 다발을 얹어 놓은 것 같았다. 내가 몹시도 싫어한 소가 핥은 듯한 이마의 머리 선 때문에 오른쪽 앞머리는 곧추서 있었고, 스카프는 어울리지 않은 데다 구김까지 있었으며, 블라우스는 지나치게 품이 컸다. 양말은 종 모양으로 벌어져 있었고, 구두는 닳아서 낡았으며, 도시락 가방은 쭈글쭈글했고, 눈 밑에는 주름이 있으며, 립스틱은 바르지도 않았다. 내가 가진 가장 큰 장점이라면 부모님이

'백만 달러짜리'라고 부르는 나의 미소였다.

내 세계의 나머지 부분은 나의 신체와 개성만큼이나 어수선했다. 내가 미미와 함께 쓰는 침실은 언제나 쓰레기 더미와 떨이 판매대의 중간 정도를 유지했다. 티셔츠와 더러운 양말과 운동복들, 땅콩버터 샌드위치 부스러기와 바나나 껍질과 말라비틀어진 오렌지 속껍질로 가득 찬 낡은 도시락 가방, 크리놀린 슬립과 구겨진 나일론 스카프들, 내가 소장하고 있는 자기로 된 동물과 뼈들 그리고 B에서 H에 이르는 연필, 다양한 굵기의 깃펜, 먹통, 색분필, 목탄, 유화 물감, 수채화 물감, 붓 등의 그림 도구들로 온통 뒤덮여 있었다. 내가 그린 그림들은 방의 한쪽 끝에서 다른 쪽 끝까지 핀으로 꽂혀 있었다. 잘 사용하지 않는 책상 위에는 역시 손 탄 곳이 거의 없는 교과서들이 어지러이 놓여 있었다. 우리 가족이 살아가는 깨끗한 집의 이러한 혼돈스러운 구석에서 나는 우쿨렐레를 집어 들고 2층 침대의 하단 위로 휙 뛰어올라 상단의 용수철에 발가락을 걸고는 네 가지 코드를 연주하고 새로운 목소리를 연습했다. 이런 잡동사니에서 내가 노래한 것들 가운데 또렷이 기억하는 곡(리듬 앤블루스가 아닌 것 가운데 내가 배운 최초의 노래)은 이렇게 진행된다.

당신이 가장 높은 산을 오를 때
당신이 친구를 찾을 수 없다고 여길 때
갑자기 땅과 사람들이 평화롭게 공존하는
골짜기가 나타나고
삶과 사랑이 시작되죠.

이 노래는 열네 살 때 내가 가장 좋아하던 노래였고, 그것을 지금도 이렇듯 분명하게 기억하고 있는 것은 우연이 아니다. 혼돈스러운 10대 시절, 나는 이 노래로 인해 나의 불가해한 문제들이 해결될 것이고 이 땅의 분쟁들 역시 끝나리라는 희망을 품을 수 있었다.

오래지 않아 과시하고 싶은 충동이 나를 사로잡았다. 나는 우쿨렐레를 학교에 들고 갔다. 한낮에 인기 있는 아이들이 점심을 먹는 구역을 어슬렁거리며 내게 연주해 달라고 부탁하기를 기다리는데, 아니나 다를까 곧 연주 요청이 있었다. 나는 〈갑자기 골짜기가 나타나죠〉를 불렀고, 그들이 박수를 치며 더 불러 달라고 청했을 땐 당시 유행하던 인기곡인 〈지상의 천사〉, 〈내 사랑을 서약하며〉 그리고 〈달콤한 사랑〉을 불렀다. 나는 큰 인기를 끌었고, 이튿날에도 그곳에 가서 그 아이들을 위해 연주했다. 이번에는 엘비스 프레슬리, 델라 리즈, 어사 키트 그리고 조니 에이스의 모창을 했다. 그 주가 다 가기 전에 나는 멍청하고 자의식 강한 아웃사이더에서 어릿광대 스타 비슷한 존재로 변신했다.

내가 학교 장기자랑 대회에 참가해야 한다고 제안한 사람이 있었다. 예선에서 마이크 앞에 서 있는 동안, 나는 침착함을 가장하기 위해 발을 스툴 의자의 가로대 위에 올려놓았다. 무릎이 떨리는 것이 보였다. 스툴 의자가 덜걱거릴까 봐 두려워 겉으로는 태연을 가장한 채 발을 가로대에서 떼었고 무릎이 잠시 공중에 머물렀다. 발이 대롱거리고 다리 전체가 떨렸다. 내 몸의 나머지 부분은 대체로 침착했다. 그리고 나는 〈지상의 천사〉를 처음부터 끝까지 '성숙한' 비브라토로 불렀다. 아무도 떨고 있는 내 무릎에 주목하지 않았다. 그리고 나는 내가 타고난 침착성과 허세의 재능을 갖고 있음을 발견했다. 내가 그 장기자랑 대회에서 잘 해내리라는 것은 분명해 보였다. 무엇보다 나는 상을 타고 싶었다.

나의 첫 번째 무대 공연을 위해 나는 내가 좋아하는 검은색 점퍼스커트를 입고 흰색 플랫 슈즈에 윤을 내고 심지어 립스틱도 가볍게 발랐다. 나는 무서울 정도로 긴장했지만, 나중에 들은 얘기로는 내가 아주 '차가워 보일 정도로 침착해' 보였다고 한다. 관중이 박수를 치며 환호했을 때, 나는 너무도 긴장되고 짜릿해서 기절할 것 같았다. 관중은 앙코르 공연을 원했다. 그래서 나는 무릎에 힘이 풀린 상태로 다시 나가 〈달콤한 사랑〉을 불렀다.

내 공연은 화려하지 않았다. 나는 그저 무대 위로 걸어 나가 방 안이나 뒷문 현관에 앉아 부를 때와 똑같이 불렀다. 관객 앞에 서 있는 시간은 두렵기도 신이나기도 했고, 나중에는 행복감에 도취되었다.

나는 상을 타지 못했다. 상은 참가자들 가운데 유일한 흑인이었던 데이비드 불라드에게 돌아갔다. 심사위원들은 나보다 까만 유일한 검정말('다크호스'를 의미함과 동시에 피부색이 더 검다는 사실을 빗대어 표현함—옮긴이)을 선택했다. 데이비드는 5학년 때 나와 친구가 되어 주고 내 편을 잘 들어 주었기에 나는 그를 무척 좋아했다. 그는 큰 키에 검은 피부 그리고 고른 치아를 갖고 있었고, 학교에서 나와 같이 언제라도 기꺼이 환하게 미소를 지을 수 있는 유일한 사람이었다. 그는 또한 좋은 목소리를 갖고 있었다. 나는 비록 기대했던 상을 타지 못했지만, 실망은 그리 크지 않았다. 걱정과 달리 나는 정말로 잘했다고 느꼈고, 좀 독특한 방식으로 친구들이 나를 사랑하고 있으며, 나를 자기들의 일원으로서 레들랜즈고등학교에 꼭 필요한 누군가로 자랑스럽게 받아들인다는 사실을 알게 되었다. 성공했다는 느낌은 그 공연에 대한 나의 만족감과 거의 비슷하게 나를 의기양양하게 만들었다.

나는 조니 댈버그라는 픽 매력적인 선배와 사귀기 시작했다. 그는 양

아버지의 스웨덴식 이름을 사용하는 멕시코계 미국인으로, 꽤 잘생겼고 머큐리를 몰았다. 나는 밤에 침대에 누워, 깜박이는 영화 조명이 만들어 내는 영상 위에 조니의 얼굴을 떠올리고 키스하는 몽상을 하곤 했다. 얼마나 오랜 시간을 그의 환상적인 품에 안겨 땀을 흘리며 누워 있었는지, 월요일 아침 캠퍼스에서 그를 보았을 때는 거의 신물이 날 정도였다. 그러다 세 번째 데이트에서, 조니가 내게 할리우드 스타일로 굿나이트 키스를 시도했다. 버니스(Bunny's)에서 그토록 많은 로맨스 잡지들을 보았건만, 나는 부지불식간에 당하고 말았다. 충격을 받은 채 집으로 뛰어 들어갔고 내가 여전히 부모님의 어린 조애니인지 알아보기 위해 20분 동안 거울을 들여다보았다. 그러고는 그가 얼마나 사악했는지에 대해 장장 세 페이지에 달하는 편지를 썼고, 이후 석 달을 그가 다시 시도해 주기를 소망하며 보냈다.

내가 레들랜즈에서 나의 새로운 명성을 즐길 수 있는 시간도 이제 1년밖에 남지 않았다. 다음 여름이 되면 우리는 아버지가 교수직을 수락한 스탠퍼드대학으로 다시 이사를 가야 했다. 마지막 한 해 동안 나는 삽화를 곁들인 에세이를 썼다. 그리고 그것을 30년이 지나 이 책을 쓸 준비를 하면서 다시 발견했다. 그 일부를 원본 그림들과 함께 여기에 싣는다. 왜냐하면 그것은 내가 기억하는 젊은 시절의 자아를 너무도 완벽하게 반영하고 있기 때문이다. 물론 무언가를 동경하는 듯한 진지함과 애처로운 허세가 지금으로선 다소 당황스럽게 느껴지지만 말이다. 하지만 나는 그 에세이가 이후 내가 살면서 겪은 사건들 가운데 몇 가지를 예견해 주었을 뿐만 아니라 그때 드러낸 감정들의 일부가 오늘날 나의 신념과 일치하는 것을 보고 깊은 인상을 받았다.

내가 믿는 것(1955)

나, 존 바에즈

나는 성자가 아니다. 나는 시끄러운 아이다. 나는 내 시간의 아주 많은 부분을 신랄한 말을 만들어 내거나 노래하거나 춤을 추거나 연기를 하는 데 쓰고, 그러다 결국에는 남들을 성가시게 만들고 만다. 나는 사람들의 주목을 받는 걸 좋아하고, 잘난 척해서 미안하지만 대개는 그렇게 된다. 나는 과시하는 걸 좋아하는데, 하여간 만약 당신이 나를 알고 있다면 내가 그 주제에 대해 하나하나 설명할 필요는 없을 것이다.

과시하는 것은, 꽤 거리는 멀지만 나의 철학과 부합한다. 왜냐하면 그렇듯 많은 주목을 끄는 것에 대해 내게 넌더리를 내고 화내는 대여섯

가운데 적어도 한 명 정도는 그것에서 얼마간의 재미를 얻고 있기 때문이다. 나는 누군가로 하여금 삶에서 작은 기쁨을 얻을 수 있게 만들고 있다.

나는 기분 변화가 매우 심한 사람이다. 비록 내가 지금껏 언급해 온 그런 사람임에도 불구하고, 이따금 사색에 빠지곤 하기 때문이다. 나는 때때로 앉아서 가만히 생각한다. 부모님이 원하는 인물이 될 것인지, 아니면 그들을 실망시킬 것인지에 대해. 그리고 삶과 죽음, 종교에 대해. 그러다 결국 남자아이들에 대해 고민하는 것으로 끝나는데, 그것이 정말로 나를 우울하게 만든다.

내가 가진 또 다른 특징은 친절하다는 것이다. 나는 언제나 약자를 기꺼이 지지한다. 나는 누구든 냉대하거나 무시하고 싶지 않다. 내가 왜 그래야 하는가? "모든 사람에겐 신성이 있다." 심지어 우리들 가운데 가장 속악한 사람에게도 신성은 있다. 내가 대화 도중에 지능지수가 바닥인 덜떨어져 보이는 비행 청소년에게 인사를 하면 사람들은 불쾌하게 생각한다. 나는 친구들 문제에 관해서는 속물들보다는 중하류 계급의 사람들을 선호하는 편이다.

많은 것들이 나의 흥미를 자극한다(물론 이것은 내가 9학년 때 치른 어떤 인성 테스트 결과와는 맞지 않는다. 인성 테스트에서는 내가 아무런 흥미도 갖고 있지 않으며 자기 안으로 침잠하는 경향이 농후하다고 했다).

나는 그림 그리는 것을 무척 좋아한다. 나는 통신 미술 강좌를 수강하고 있고 언젠가는 그림을 직업적으로 하게 될지도 모른다. 어머니는 내가 기억할 수도 없는 어린 시절부터 그림을 죽 그려 왔다고 말했다. 내가 여기저기 그림을 그려 대는 통에 우리는 침대와 책상과 벽을 자주 다시 칠해야 했다는 것이다. 어머니는 온 집안을 크레용으로 그려 놓은 수탉과 원뿔형의 인디언 천막과 커다란 젖통을 가진 젖소에 아주 진저리가 났다고 했다.

보면 알겠지만, 나의 예술은 종종 섬뜩한 시구와 잘 어울린다. 나는 멋진 시구들을 만들어 내는 다양한 사람들한테서 영감을 얻는다.

예술에 대해 말하자면, 나는 다른 사람들을 위해 무언가를 창조함으로써 내 철학을 완성하는 데 도움을 줄 수 있으리라 생각한다.

나는 그림 그리는 것만큼 연기하는 것을 좋아한다. 연기를 하면 많은 사람들을 동시에 즐겁게 만들 수 있다. 나는 흑인 하녀, 요정 대모 그리고 심지어 세례 요한의 어머니 등 다양한 역할을 연기하는 것이 좋다. 내가 오직 다른 사람들을 위해 연기한다고 생각하지 않기를 부탁한다. 나는 영예를 먹고 사니까.

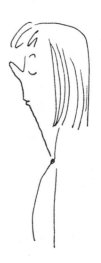

나는 또한 노래하는 것을 즐긴다. 그리고 대부분의 시간 동안 노래하거나 공연을 한다. 기하학 선생님은 자신이 평행사변형을 어떻게 양분하는지 학생들에게 설명하고 있을 때 내가 〈당신은 완전히 틀렸어요〉를 부르는 것을 전혀 달가워하지 않는다. 노래하는 것은 감정을 배출할 수 있는 좋은 수단이다. 나는 인생이 사실은 그리 나쁘지 않다는 점을 스스로에게 증명하기 위해 노래를 부른다. 선

의로 넘쳐날 때 나는 기타를 집어 들고 그 선의를 나로부터 토해 낸다. 나는 가족을 위해 그리고 함께 자리하는 사람들을 위해 노래한다. 그러나 내 또래들을 위해서는 더 이상 노래하지 않는 편이 더 현명하다는 것을 깨달았다.

나는 춤과 관련해서 한 권위자로부터 춤을 출 줄 모른다는 얘기를 들었다. 그러나 어떤 이유에서인지 나는 9학년 학생들 가운데 비밥의 여왕이었다. 나는 춤추는 법을 알고 있는 척하지 않았다. 사실 몰랐으니까. 하지만 사람들이 보기에는 내가 무엇을 하고 있는지 스스로 잘 알고 있는 것처럼 보였고, 또 내가 그렇게 행동하면 지켜보고 있는 사람들의 99퍼센트 정도는 속는다는 사실을 알게 되었다.

나는 춤추는 것을 무척 좋아한다(비록 춤을 출 줄 몰라도 말이다). 그리고 내 연기에 속은 사람들은 내가 비밥 분야에서 꽤 뛰어나다고 여기고 있다.

내 남자

나는 언제나 내 남자가 어떤 사람일까 걱정한다. 그가 내 아버지처럼 멋진 사람이기를 원하기 때문이다. 하지만 그것이 가능하다고 생각하지는 않는다.

아빠는 열심히 일하고 잘생기고 농담을 좋아하고 성실하고 음악을 좋아한다. 게다가 똑똑하다. 만약 내가 그 모든 것을 기대한다면 나는 노처녀로 늙게 될 것이다(어쩌면 그저 잘생긴 얼굴만으로 타협을 봐야 할지도 모른다).

나는 언젠가 꼭 좋은 아내가 되고 싶다. 그러나 아직은 아니다. 나는 일단 이 남자 저 남자를 다 만나 볼 것이고, 그런 다음 한 명을 골라 평화롭게 정착할 것이다. 괜찮게 들리지 않나? 글쎄, 그러나 일이 그런 식으로 풀리지는 않을 것이다. 왜냐하면 나는 '평화롭게 정착하고' 싶지는 않기 때문이다. 나는 여행을 하고 싶은데 그는 어쩌면 찢어지게 가난할 수도 있다. 잘 알겠지만, 그렇게 되면 일이 잘

풀리지 않을 것이다.

나는 지금 이 주제에 관해 심각하게 말하고 있지는 않다. 내가 무엇을 원하는지 정말로 알기에는 너무 어리기 때문이다.

지금으로선, 나는 모든 남자들과 사랑에 빠져 있는 단계에 있다. 어떤 사람들은 볼 때마다 소름이 돋곤 한다. 열 살 이후로 나는 늘 이런 식이었다.

하지만 이 점만은 말할 수 있다. 나는 정말로 내 남자가 성실하고 열심히 일하는 사람이기를 바란다. 그리고 나는 최선을 다해 그를 기쁘게 만들려고 노력할 것이다.

인종 평등

우리 가족은 모두 인종적 편견을 가지고 있다. 우리는 언제나 피부가
검거나 갈색이거나 노랗거나 빨간 사람들의 편에 선다. 흑인과 백인 사
이에 논쟁이 벌어질 때마다 나는 즉각적으로 흑인의 편을 든다. 그것은
좋은 습관이 아닐지도 모른다. 하지만 그 반대인 것보다는 낫다.

나는 우리가 사는 세계에서 가장 슬프고 어리석은 것들 가운데 하
나가 서로 다른 인종들 사이의 분리와 차별이라고 생각한다. 사람들의
가치는 인종이나 피부색에 따라 결정되는 게 아니라 스스로 만들어 나
가는 것이다. 다행히도 '소수' 인종들이 점점 더 자신들의 가치를 증명
할 기회를 얻고 있다. 예를 들어 흑인들은 노래와 춤 그리고 무엇보다
도 스포츠에서 자신들의 재능을 증명해 왔다. 로빈슨(John Roosevelt
Robinson, 1919~1972, 미국 메이저리그 최
초의 흑인 야구 선수―옮긴이), 루이스
(Joe Louise, 1914~1981, 12년간 헤비
급 타이틀을 보유한 미국의 권투 선수―
옮긴이) 그리고 일찍이 로브슨(Paul
Robeson, 1898~1976, 미국의 가수이
자 운동선수이자 시민운동가―옮긴이)은
흑인이 무엇을 할 수 있는지를 보여 주
었다.

나 역시 몇 가지 곤란을 겪었
다. 반은 멕시코인인 터라 여름에

는 피부가 꽤 검게 변하기 때문이다.

한번은 우리가 뉴욕의 매우 작은 편협한 소도시로 이사를 갔는데, 누군가가 창가에서 나를 보고 고함을 쳤다. "어이! 뭐 하는 거야, 깜둥이?" 나는 조금도 상처 받지 않았다. 나는 이렇게 응수해 주었다. "여름에 날 볼 때까지 기다려. 그땐 정말 새까맣게 타니까."

이것으로 인종에 관한 작은 단락을 마무리한다.

나와 종교

나는 지금 가장 감동적인 주제로 들어서고 있다.

나는 무엇을 믿어야할지 모르겠다. 나는 독실한 가톨릭교도의 방식으로 성경에 나오는 모든 것을 사실 그대로 믿을 수 있기를 바란다. 하지만 상식이 혹은 어쩌면 불신이 내게 아니라고 말한다.

나의 부모님들은 퀘이커교도이다. 나는 퀘이커교도들이 침묵의 명상에 대해 갖고 있는 관념을 좋아하지만 여기 도시의 모임은 싫어한다. 만약 성경에서 말하는 것을 문자 그대로 받아들이는 것을 믿지 않는 퀘이커교도들에 의해 양육되지 않았다면, 나는 퀘이커교를 믿었을지도 모른다.

내가 정말로 믿는 것은 이것이다. 우리가 선행을 하고 우리의 양심이 기능을 하도록 만드는 지고(至高)의 힘이 존재한다는 것, 일상의 기적들을 공급하는 어떤 지고의 힘 말이다.

과학자들은 인간과 동물들의 기원에 대한 사실들을 증명할 수 있다. 그리고 그것은 성경의 이야기들과 모순되는 것처럼 보인다. 하지만 이러한 증거들은 정말 너무나 멀리 거슬러 올라가야 할지도 모른다. 그들은

과거로 거슬러 올라가 지구가 한때는 무(無)에서 떠다니는 커다랗고 둥근 얼룩 같은 것이었다고 말한다. 그러나 그 얼룩이 어떻게 해서 그곳에 놓이게 되었는지는 아무도 증명하지 못한다. 어떤 힘이 그것이 시작되게 만들었다. 내가 생각하기에 그 힘은 오늘날 인간의 영혼을 지배하는 힘이다. 그리고 그 힘이 바로 신이다.

　때때로 나는 신을 멋진 흰 수염과 길게 늘어뜨린 예복을 걸친 노인으로 상상하곤 한다. 나는 이 노인을 사랑하고 그도 나를 사랑한다. 지금 그는 그의 작은 세계가 처한 상황에 대해 슬퍼한다. 그는 원자폭탄이 폭발하면서 생기는 버섯 모양의 구름을 보고는 고개를 저으며 이마에 주름을 잡는다. 나는 이 신이 모든 것을 우리에게 맡겨 두고 가 버릴 거라고 생각한다. 그는 우리가 스스로에게 저지르는 일들을 보게 될 것이다. 그는 우리가 치명적인 수를 두기 전에는 경고하지 않을 것이다. 하지만 그는 우리의 세계가 전쟁에 의해 파괴되는 모습을 보며 슬퍼하고 실망할 것이다.

나는 이 노인을 기쁘게 하기 위한 일들을 하고 싶다. 나는 이기적인 인간이 되고 싶지 않다. 신을 생각하면 지구가 아주 작아 보인다. 나 자신은 먼지 크기만큼도 되어 보이지 않는다. 미세한 점과 같은 내가 나의 하잘것없는 삶을 나 자신을 위해 써 본들 아무런 쓸모도 없을 것이다. 내게 부여된 얼마 안 되는 시간을 세상의 덜 행복한 사람들이 즐겁게 보내도록 만드는 데 쓰는 편이 나을 것이다.

이것이 바로 내가 믿는 것이다.

나는 팰러앨토고등학교에서 11학년을 시작했다. 멕시코계 사람들은 모두 근처의 새너제이에서 살았던 터라 팰러앨토고교에서는 멕시코 문제가 존재하지 않았다. 이미 예상하고 있다시피, 그저 내 인생의 일부가 되어 버린 구역질과 불안증을 제외하고는 나는 놀랍게도 잘 적응했다. 또한 예상 밖의 원천을 통해 친구들을 발견해 갔다. 그 원천이란 퀘이커교도들, 좀 더 구체적으로 말하면 그들의 사회활동 분파인 미국퀘이커봉사위원회(American Friends Service Committee)에서였다. 바로 그해에 나는 300명의 학생들과 함께 애실로마로 가서 세계의 문제들을 다루는 3일간의 회의에 참가했다. 애실로마는 소나무가 점점이 심겨 있는 안개 낀 몬터레이 해변에 위치한 아름다운 장소이다. 나는 한 번에 열 명 혹은 열두 명의 남자아이들과 사랑에 빠졌을 뿐만 아니라 토론을 통해서도 전기가 통한 듯한 에너지를 얻었고, 이전에는 한 번도 경험해 본 적 없는 방식으로 영감을 받았다. 나는 내가 크고 작은 그룹 모두에서 강력하게 발언하고 지도자로 간주되고 있음을 느꼈다.

모임의 주된 연사에 대해 사람들은 엄청난 기대감으로 들떠 있었다. 연사는 마틴 루터 킹 주니어라는 이름을 가진, 앨라배마 출신의 스물일곱 살 된 흑인 설교자였다. 그는 훌륭한 웅변가였고 그곳의 모든 사람들을 매료시켰다. 그는 불의와 고통에 관해 이야기했고, 사랑이라는 무기로 싸우는 것에 관해 이야기했다. 누군가 우리에게 악을 행할 때 그 악한 행위를 증오할 수는 있으나 그 행위자를 증오해서는 안 되고 그를 불쌍히 여겨야 한다고 했다. 그는 특히 남부에서 일어난 버스 탑승 거부 운동과 자유를 향한 행진에 대해, 그리고 비폭력 혁명을 조직하는 것에 대해 이야기했다. 킹이 연설을 끝냈을 때, 나는 자리에서 일어나 환호하며 눈물을 흘렸다. 그는 나의 열정적이긴 하지만 제대로 표현되지 않는 신념들에 대해 형태와 이름을 부여해 주었다. 내게 평화주의라는 대의를 가지고 '어딘가로 가고 있다'는 신나는 느낌을 준 것은, 어쩌면 내가 그때까지 알고 있던 참가율이 저조한 시위들과는 대조적으로 어떤 실제적인 운동이 벌어지고 있다는 사실이었는지도 모른다.

그다음 해에 내가 아이라 샌드펄(Ira Sandperl)을 만난 것도 퀘이커 교도들을 통해서였다. 어느 햇살 좋은 날 예배회에서, 나는 여느 때처럼 일요일의 침울한 지루함이 아닌, 재미있고 재기 넘치고 심술궂고 수염을 기르고 머리를 민 40대 초반의 키가 크고 표정이 대단히 풍부한 유대인 남자와 대화를 나누었다. 당시엔 몰랐지만, 그 후 수십 년 동안 그는 나의 정치적·정신적 스승이 되었다.

아이라는 주일학교의 10대들에게 톨스토이, 바가바드기타, 노자, 올더스 헉슬리, 성경 그리고 우리가 고등학교에서 한 번도 논의해 보지 않은 텍스트들을 읽어 주었다. 나는 내 인생에서 처음으로 예배회에 나가는 날만을 고대하게 되었다. 아이라는 마하트마 간디를 연구하는 학자로, 급진적인 비폭력적 변화를 주장하는 사람이었다. 간디와 마찬가지로 그는 20세기의 가장 중요한 도구는 조직된 비폭력이라고 여겼다. 간디는 기본적으로 개인적 차원의 것인 서구의 평화주의 개념을 취해서 그것을 정치적인 힘으로 확장시켰다. 우리는 악에 대항하여 일어나 투쟁하고 싸워야 한다, 그러나 비폭력이라는 무기를 가지고 그래야 한다는 것이었다. 나는 퀘이커교도들로부터 목적은 수단을 정당화시키지 않는다는 말을 들어 왔다. 그런데 이제는 수단이 목적을 결정할 것이라는 이야기를 듣고 있다. 그것은 내게 의미 있는 말이다. 커다랗고 궁극적인 의미가 있는 말이다.

아이라는 일종의 맹렬함으로 비폭력을 고수했다. 그리고 그것은 결국 나한테도 전염되었다. 나는 우리더러 순진하고 비현실적이라고 비난하는 사람들에게, 인류가 군사력과 병력 증강과 민족국가와 핵무기로 영원히 지속될 것이라고 생각하는 그들이야말로 순진하고 세상 물정을 모른다고 말해 주었다. 내가 비폭력에 토대를 둔 것은 도덕적이고 실용적이었다.

하루는 학교에서 공습 훈련 예고가 있었다. 종이 정확한 간격을 두고 세 번 잇따라 울리면, 우리는 모두 자기 자리에서 조용히 일어나 침착하게 집으로 가기로 되어 있었다. 전화로 부모님을 부르거나 차를 얻어 타거나 혹은 내키는 대로 어떤 방법이든 동원할 수 있었다. 중요한 것은 집으로 가서 지하실에 앉아 우리가 원자폭탄이 터지는 상황에서 살아남았다고 가장하는 것이었다. 그때나 지금이나 참 바보 같은 발상이다. 하지만 원자폭탄에 대한 두려움이 과열되어 있던 1950년대에는 꽤 분별 있는 사람들조차도 지하실에 식수와 비상식량을 쟁여 두고 있는 실정이었다.

나는 집으로 가서 아버지의 물리학 서적을 뒤졌다. 만약 모스크바에서 미사일이 발사된다면 부모님을 부르거나 집까지 걸어가기도 전에 이미 미사일이 팰러앨토고등학교에 도달하리라는, 이미 알고 있는 사실을 확인하기 위해서였다. 나는 오도된 선전에 대한 항의 표시로 학교에 남아 있기로 결심했다.

종이 세 번 울렸을 때 프랑스어 수업이 한창이었다. 나는 자리에 그대로 앉아 책을 읽고 있었다. 심장이 쿵쾅거렸다. 이탈리아에서 온 친절한 외국인 교환 교사가 나를 보고 문 쪽으로 손짓했다.

"저는 가지 않아요." 내가 말했다.

"자, 무슨 일이지?"

"저는 지금 이 어리석은 공습 훈련에 항의하고 있는 중이에요. 이건 잘못되고 오도된 것이거든요. 저는 제 자리에 그대로 앉아 있겠어요."

"이해가 되지 않는구나." 그가 말했다.

"상관없어요. 다른 사람들도 마찬가지일 테니까."

"Comme vous êtes un enfant terrible!(정말 무서운 아이로군!)" 고개를 저으며 아무렇게나 그러모은 메모지들을 한쪽 겨드랑이에 바짝 끼운 채, 그가 교실을 떠나면서 중얼거렸다.

이튿날 내 사진과 나에 관한 기사가 지역 신문의 1면에 실렸다. 그 이후로 며칠 동안 여러 통의 편지들이 편집국에 쇄도했다. 그 가운데 일부는 팰러앨토고교에 공산주의 사상이 침투했다고 경고하는 내용이었다.

이전에는 반대했던 아버지도 나의 대담한 공적인 행동에 기분이 좋은 듯했다. 이로써 내가 이성 친구 이외의 것에도 진지하다는 사실을 아버지에게 증명한 것인지도 모른다. 어머니 또한 내 행동을 멋지다고 생각했다.

나의 행동에 아이라는 대단히 기뻐했고, 그의 아내에게는 무척 안 된 일이지만 우리의 관계는 더욱 공고해졌다. 우리는 스탠퍼드대학 캠퍼스 주변을 몇 시간 동안 거닐면서 화기애애하게 이야기했으며, 급기야는 인류의 어리석음에 눈물을 흘리기도 했다. 그러면서 우리는 비폭력 혁명을 조직하고 더 나은 세계를 창조하기 위한 미래의 활동들을 계획했다. 아버지는 아이라에 대해 과민하게 반응했고, 내가 학교와 공부에 더 많은 관심을 기울여야 한다고 생각했다.

"그 남자, 아내가 있지 않아?" 아버지가 엄마에게 물었다. 그러나 아이라와 나의 관계는 독특하고 특별해서, 우리 둘 가운데 누구도 그것을 딱히 정의내리지 못했다. 비폭력에 대한 헌신으로 결속되고 자주 커다랗게 터지는 웃음과 세계의 상황에 대한 건강한 냉소주의가 가미된 플라토닉하고 대단히 영적인 관계였다고나 할까.

아이라와 함께한 정치 활동이 내가 음악에서 찾은 열정을 방해한 건 아니다. 나는 내 돈 50달러를 들여 낡은 깁슨 기타를 구입했다. 지금에 와서 생각하면 내가 어떻게 그토록 손가락을 멀리 뻗어 기타의 목 부분을 감싸 기타 줄을 누를 수 있었는지 모르겠다. 일어서서 재 보면 기타의 불룩한 부분이 거의 무릎까지 닿았다. 기타를 제대로 잡으려면 기타 위로 몸을 구부려야 했다(기타에 대해 잘 알지 못했던 나는 기타의 어깨끈을 줄일 생각은 전혀 하지 못했다). 대학 댄스파티에서 내가 노래 부르는 모습이 담긴 낡은 사진이 하나 있다. 사진 속 나는 그 전해에 폴린이 자기가 입으려고 바느질했던 검은 띠가 달린 하얀색 이브닝 가운을 입고, 어머니가 특별히 나를 위해 만들어 준 은색 볼레로 차림에 맨발이었다. 머리는 단발에 끝 부분을 안쪽으로 말아 넣었는데, 뻣뻣하게 일어선 머리카락이 제멋대로 비어져 나와 관능적으로 보이려는 나의 시도를 방해했다. 입술에는 립스틱이 두껍게 발라져 있고, 아마도 그때 내 눈썹연필은 엘리자베스 테일러의 모습을 연출하기 위해 주의 깊게 조각되었을 것이다. 늘어뜨린 기타를 받치기 위해 한쪽 엉덩이가 살짝 올라가 있다. 약간은 우스꽝스럽고 약간은 귀엽게 보인다. 나는 한편으론 내가 꽤 멋지고 매력 있다고 생각했지만, 다른 한편으로는 극도로 납작한 가슴과 가무잡잡한 피부에 대해 여전히 몹시 의식하고 있었다.

내가 애실로마 회의에서 노래하는 걸 들은 파라다이스고등학교의 한 선생님이 내게 처음으로 다른 도시에서 일해 볼 것을 제안했다. 비록 나는 보수를 받지는 않았지만, 비행기 값은 해결되었다. 작은 항공기를 타고 파라다이스 시(캘리포니아 새크라멘토 근처 어딘가에 있는)를 향해 구름을 뚫고 날아가면서, 나는 굉장히 자랑스럽기도 하고 두렵기도 했다. 이 여행에서 사람들은 내 비위를 정말로 잘 맞춰 주었다. 여자 선배들은 서로 내가 자기 집에 머물러야 한다며 다투었고, 선생님들은 내가 자기네 교실에 방문하기를 원했다. 우애결사(프리메이슨의 외곽단체로, 친목·보건 활동과 자선사업 따위를 목적으로 한다—옮긴이) 회원인 한 여학생의 아버지는 자신의 클럽 멤버들이 주최하는 댄스파티에서 노래를 불러 달라며 나를 끌고 가기도 했다. 세 곡을 부른 뒤 내가 앉아서 셜리 템플 칵테일을 마시고 있을 때, 빨간 눈의 나이 지긋한 회원한 명이 비틀거리며 다가와 내 어깨에 팔을 두르더니 친절하게 말했다. 하지만 어린 떡갈나무를 말라 죽게 할 수도 있는 고약한 입 냄새를 풍겼다. "얘야, 넌 빼어난 목소리를 가졌다. 싼값에 서명하지 마라." 나는 어떤 것에도 서명할 생각은 없었지만, 사람들의 관심 속에서 활짝 피어나고 있었다.

나는 해리 벨라폰테의 근사한 목소리를 발견했다. 포크 음악의 아버지인 피트 시거에 대해서는 티아 이모에게 들은 적이 있었다. 그래서 피트 시거가 우리 시에 왔을 때, 나는 그를 만나러 갔다. 그리고 그 후 얼마 안 되어 포크 음악의 여왕인 오데타(Odetta Holmes)의 음악을 들었다. 나는 〈애니가 아이를 가졌네〉와 〈젊은 피〉에서 천천히 벨라폰테의 〈진홍색 리본〉(Scarlet Ribbons)과 피트 시거의 〈더 이상은 전쟁을 연구하지 않으리〉(Ain't Gonna Study War No More) 그리고 오데타의 〈로랜즈〉(Lowlands)로 이동해 가면서, 그들 모두를 더없이 진지하게 공략했다.

어머니와 아버지는 우리 집 거실에 친구들과 학생들이 모였을 때 내가 노래 부르는 것을 무척 좋아했는데, 나는 기꺼이 그들의 요청에 응했다. 이 같은 나의 새로운 역할에 대해 폴린이 어떻게 생각했는지는 전혀 알 수 없다. 하지만 미미는 그것을 좋아했다. 곧 미미는 직접 기타를 집어 들었고, 결국 나보다 훨씬 더 기타를 잘 치게 되었다.

나는 언제나 공연을 했다. 점심시간에, 그리고 각종 소녀 장기대회에서 노래했다. 다른 고등학교의 댄스파티에서도 노래했고, 친구들의 부모님들이 찾는 담배 연기 자욱한 무허가 술집에서도 노래했다. 때때로 나는 감기 기운을 느꼈는데, 두통, 인후통, 메스꺼움, 위경련, 현기증, 발작적 발한이 나타나면 감기에 걸렸다고 믿을 만했다. 한번은 열여섯 살 때 어느 댄스홀에서 두세 곡을 부르기로 계획되어 있었는데, 갑자기 눈물이 날 정도로 뱃속이 뒤집혀서 화장실 바닥에 쓰러져 몸을 웅크리고 있었다. 한 친절한 여자가 내 이마를 짚어 보더니 열이 있다며 부모님을 불러 나를 집으로 보냈다. 차 한 잔을 들고 거실 벽난로 앞에 편안하게 자리를 잡자 증상은 감쪽같이 사라졌고, 나는 그날 밤새도록 자지 않고 기타를 튕기며 노래를 불렀다. 내 기억으로는 그때가 유일하게 무대에 서지 못한 순간이었다.

일단 무대에 오르면 내 목소리는 때맞춰서 제구실을 했다. 이따금 공연 도중에 악령들이 습격을 하곤 했지만 말이다. 그럴 때면 숨이 가빠지고 어지러움을 느끼며 사물이 두 개로 보였다. 노래 가사들이 의미를 잃고 외국어처럼 들렸고, 두려움은 점점 더 심해져 급기야는 폭발해서 먼지구름으로 흩어져 사라질 것 같은 기분이 들기도 했다. 나는 괜찮을 거라고 스스로에게 조용히 타일렀고, 그렇게 해서 대개는 그 기분을 극복할 수 있었다.

한편 노래하는 것은 사춘기의 내가 피할 수 없는 압도적인 성적 긴장과 흥분을 대처하는 데 도움을 주었다. 때때로 나는 기타 뒤에서 노래한 곡이 다 끝날 때까지 의심 없는 한 남자아이의 눈을 응시하면서 맹렬하게 추파를 던졌다. 만약 그가 질기다면, 그는 그 시간 내내 내 시선을 되받아칠 것이다. 만약 그가 여자 친구와 함께 있다면, 게임은 훨씬 더 흥미진진해질 것이다. 만약 그 응시가 정말로 오래 지속된다면, 나는 머리에서 발끝까지 달아오르고 따끔따끔해지는 것을 느끼게 될 것이다. 그러한 금지된 응시들에 대한 후속 조치를 취할 길은 없었다. 그것이야말로 의심할 여지없이 내가 그러한 응시에 그렇듯 자주 탐닉한 이유였다. 나는 교태를 부리며 노래를 불렀다. 그리고 그 두 가지 모두에서 명성을 얻었다.

최고 학년에 도달할 즈음, 나에겐 남자친구들이 몇 명 있었다. 엄마가 내 결혼 상대로 바랐던 유일한 남자인(엄마는 중국-멕시코계 손자 손녀들을 원했다) 새미 르웅이 있었고, 축구를 하던 거듭난 기독교인도 있었다. 그가 모터사이클을 타고 질주하면서 등 뒤의 나를 향해 성서 구절을 외치는 동안 나는 불어오는 바람에 눈을 가늘게 뜬 채 속도계가 110까지 올라가는 것을 지켜보았다. 그리고 내게 드레스와 시계들을 사 주던 백만장자 스탠퍼드대학생이 있었다. 그는 페라리를 타고 질주하다 과속 딱지를 끊자 눈살을 찌푸리고 입을 삐죽이며 경찰관이 자신의 차로 돌아갈 때까지 기다린 뒤, "야호" 하고 소리치며 쌩하니 달려 나가 옆 카운티로 맹렬하게 질주해 들어가곤 했다. 사이렌을 요란하게 울리며 따라 붙자, 그는 이를 갈며 욕설을 퍼부었다. 아이라를 통해 반스라는 이름의 '지적인' 남자도 만났다. 나는 그의 이름이 꽤 멋지다고 생각했다. 하지만 나는 곧 그를 차 버리고 리처드를 만났다. 그는 가로등이 켜진 어느 계단 위에서 밤새도록 나를 껴안고 애무했다. 그곳의 밤공기에는 오렌지 꽃과 치자나무 향기가 실려 있었다. 나는 그 남자들의 친구가 되지도 연인이 되지도 못했다. 그저 모험을 했을 뿐이었다. 나는 여전히 성경험이 없었고 나 자신을 성취되지 못한 열정의 심적인 광란 상태로 유지했다. 그때 나의 악령들이 강력한 복귀를 계획하고 있었다. 마침내 감기와 메스꺼움과 절망이 점점 강도를 높여 나를 일곱 차례나 습격한 어느 겨울에, 엄마는 나를 정신과 의사에게 보냈다.

나는 로르샤흐 검사를 받았고 수많은 골반과 해골들을 식별해 냈다. 그리고 내가 치유되고 나아질 수 있을 거라는 결과를 기대하며 기다렸다. 굉장히 실망스럽게도(그때 눈꺼풀 아래로 뜨거운 눈물이 솟아나왔던 것을 아직도 기억한다), 히넨 박사는 자신에겐 점쟁이의 수정 구슬 따윈 없으며, 잉크 얼룩 검사가 할 수 있는 일이라고는 출발점을 찾는 일을 돕는 것이 전부라고 말했다. 박사와 함께 있었던 시간은 잠시뿐이었지만, 나는 지금도 그 하루를 결코 잊지 못한다. 그때 나는 몹시 두렵고 걱정되어서 그의 진료실 바닥에 몸을 웅크리고 누웠다. 그러자 그가 손을 뻗어 내 손을 잡았는데, 마치 누군가가 물에 빠진 나를 구원해 주는 느낌이었다. 그때는 알지 못했다. 내 악령들이 결코 사라지지 않으리라는 것을. 그러나 그들을 달래고 속이고 구워삶고 어느 정도까지는 그들과 흥정할 수 있다는 사실을 그때 알았더라면, 아마도 나는 힘을 낼 수 있었을 것이다.

며칠 전 나는 가수 데뷔 27주년을 기념하기 위한 공연을 했다. 그곳에서 6천 명의 느긋한 팬들로 이루어진 생기에 찬 군중을 내다보았고, 내가 얼마나 오랜 세월 동안 저 무대 위로 걸어 나갔는지에 대해 새삼 감탄했다. 그 순간 위에 경련이 일기 시작했다. 나는 고개를 저었고, 소리 내 웃었고, 맥주를 한잔 마셨다.

2장

60년대의 문턱에서

Joan Baez

1
사랑을 채우다

고등학교를 졸업한 뒤 우리 가족은 보스턴으로 이사했다. 아버지가 매사추세츠공과대학에서 가르치게 된 데다, 보스턴대학의 드라마스쿨 말고는 모든 대학이 나를 거절했기 때문이다.

어머니와 우리 세 자매는 함께 시골길을 여행하면서 당시 급격한 인기를 얻고 있던 포크 음악의 광고용 노래들을 처음 들었다. 킹스턴 트리오의 〈탐 둘리〉(Tom Dooley)와 〈스카치와 소다〉(Scotch and Soda)였다. 내가 고상한 체하며 모든 상업용 포크 음악을 질 낮고 불경한 것으로 경멸하기 전까지는 킹스턴 트리오를 무척 좋아했다. '순수 포크'를 실천하는 지도자격인 인물이 되었을 때도 나는 여전히 그들을 사랑했지만, 그들의 음반은 선반 뒤쪽에 쌓아 두었다.

우리의 새로운 집은 보스턴과 하버드 광장에서 그리 멀지 않은 곳인 매사추세츠 벨몬트에 있었다. 도착한 지 얼마 안 되어 아버지는 우리들을 당시 새로운 현상인 '커피하우스'로 데려갔다. 그곳에서는 술이 아닌 커피나 차 한 잔을 시켜 놓고 배움을 자극하는 지적인 분위기 속에서 빈둥거릴 수 있었다. 하버드의 학생들은 책을 가져와 공부했고, 어떤 사람들은 기타와 밴조를 퉁기며 노래를 부르기도 했다.

우리는 '툴라의 커피 그라인더'라고 불리는, 연기가 자욱하고 사람들이 꽉 들어찬 작은 커피하우스로 갔다. 아버지는 젊은 지성들이 자신들의 지식과 이해의 지평을 확장하며, 혹은 단순히 책을 읽고 체스 게임을 하며 소크라테스적 대화로 연계되어 있는 모습을 보았다. 나는 아주 작은 오렌지 빛 램프 아래의 한 남자를 보았다. 그는 부옇게 흩어지는 조명을 받아 머리칼을 옅은 노란색으로 빛내며 클래식 기타 위로 몸을 수그린 채 〈사랑의 기쁨〉(Plaisir d'Amour)을 연주하고 있었다. 나는 그의 연주에 도취되었다. 클래식 기타가 갖고 싶어졌다. 그 아름답고 달콤하고 뇌리를 떠나지 않는 선율을 배우고 싶었다. 나는 얼른 하버드 광장으로 이사해서 만나는 모든 기타 연주가 및 가수들과 사랑에 빠지고 싶었고, 대학에 가거나 공부를 하거나 시험을 보거나 혹은 정상인이 되는 것에 대해서는 생각하고 싶지 않았다.

보스턴대학에서의 첫날, 나는 데비와 마지라는 친구를 사귀었다. 그들은 신입생 교실에서 나를 제외하면 유일한 비순응주의자들로 보였다. 폭우가 쏟아지는 가운데 시골의 냄새나는 낡은 오두막집에서 열린 끔찍한 신입생 환영회에서, 그들은 나처럼 베레모 쓰기를 거부했다. 그날 우리 셋은 제임스 딘처럼 생긴 약간 제정신이 아닌 남자(우리와 마찬가지로 베레모를 쓰지 않았다)와 사랑에 빠졌고, 그는 우리 모두와 차례로 사랑에 빠졌다. 그 시작은 나였는데, 내가 가장 과감했고 빗속의 나무 아래서 그를 몰아붙이며 이것저것 캐물었기 때문이다. 우리 세 처녀는 모두 포크 음악을 사랑했다. 그가 이 꽃에서 저 꽃으로 옮겨 가자 우리는 더 가까워졌다. 그리고 그가 마침내 학교를 그만두고 고향에 있는 아내에게로 돌아갔을 때, 우리는 상처 입은 마음을 노래로 달래고

치유했다.

　비록 공식적으로는 집에서 지냈지만, 나는 나의 99달러짜리 청록색 스튜드베이커를 타고 학교에 가서 한두 강좌를 듣고는 마지의 집으로 가곤 했다. 우리 셋은 하버드 광장의 플림턴 거리에 있는 그 작은 아파트에서 몇 시간씩 보내곤 했다. 마지는 반죽 덩어리를 난방기 위에 올려 둔 채 두 번 부풀 때까지 기다렸다가 빵을 구웠고, 데비는 나에게 새로운 노래들과 제대로 기타 연주하는 법을 가르쳐 주었다. 우리는 듀엣 곡인 〈아름답고 상냥한 처녀들〉(Fair and Tender Maidens)을 연습했고, 이것은 우리가 공연하기에는 더없이 적절한 곡이 되었다. 데비는 〈나의 모든 시련들〉(All My Trials)이라는 노래도 가르쳐 주었는데, 이 곡은 이후 몇 년 동안 내가 '가장 많이 요청받는' 곡들 가운데 하나가 되었다. 데비와 마지는 허리까지 치렁치렁 내려오는 머리칼을 가지고 있었다. 나는 그 때문에 끊임없이 질투하고 좌절에 빠졌다. 캘리포니아를 떠나기 직전 머리를 짧게 자른 나는, 이제는 내 머리가 그들처럼 되기만을, 모든 길고 비극적인 발라드 속의 아름답고 상냥한 처녀들처럼 삼단 같은 머리로 자라나기만을 초조하게 기다렸다. 아름답고 반복적인 멜로디를 가진 버림받은 사랑의 노래들은 나의 젊고 예민한 가슴에 말을 걸었다. 그리고 그런 노래들을 배우면서 너무 도취된 나머지 눈물을 흘릴 때도 있었다.

　내 진실한 사랑 위로 찬바람이 불고
　부드럽게 빗방울이 떨어지네요.
　내 평생 가졌던 진정한 사랑은 오직 하나뿐
　그런데 그는 살해되어 초록 숲에 누워 있어요.

Cold blows the wind o'er my true love

And gently drops the rain

I've never had but one true love

And in Greenwood he lies slain.

그리고 가엾은 젊은 조르디……

조르디가 곧 금줄로 교수형을 당한대요.

그 줄은 그리 흔한 줄이 아니랍니다.

그는 왕의 들사슴 열여섯 마리를 훔쳐

보헤니에서 팔아 버렸죠.

Geordie will be hanged in a golden chain

Tis not the chain of many

He stole sixteen of the king's wild deer

And sold them in Boheny.

그리고 조르디의 연인……

저는 어여쁜 아이 둘을 낳았죠.

제 몸 안에 셋째가 자라고 있어요.

만약 조르디의 목숨을 살려 주신다면

그 아이들 모두를 당신께 드리겠어요.

Two pretty babies have I born

A third lies in my body

I'd gladly give you them, every one
If you'll spare the life of Geordie.

그리고 우리의 주제곡인 〈아름답고 상냥한 처녀들〉······.

아름답고 상냥한 처녀들이여, 모두 오세요.
당신들이 어떻게 젊은 남자들에게 구애해야 하는지 조언을 들으세요.
그들은 여름 아침의 별과 같답니다.
나타났다가 이내 사라지곤 하죠.
Come all ye fair and tender maidens
Take warning how you court young men
They're like a star of a summer's morning
First they appear, and then they're gone.

나는 블루스 가수들을 만났다. 그 지역에서 가장 유명한 사람은 에릭 폰 슈미트였다. 그는 할머니 안경을 낀 회색 곰처럼 생겼고, 그의 가장 잘 알려진 노래는 회색 곰에 관한 것이었다. 나는 마지의 집에서 그녀가 가지고 있는 레드벨리(본명은 허디 레드베터)의 음반을 모두 들었다. 나는 에릭의 화이트 블루스와 레드벨리의 블랙 블루스를 둘 다 무척 좋아했지만, 블루스는 내가 잘할 수 있는 장르가 아니었다. 블루스 노래는 하복부에서, 중간에서, 가슴에서 소리가 나와야 하고 혼이 담겨 있어야 했다. 나는 높고 깨끗하게(그리고 매우 백인처럼) 노래했고, 그것은 밥 셸턴(Bob Shelton)이 나중에 '고통스럽도록 깨끗한 소프라노'라고 평한 것에 어울렸다. 그리고 나는 바로 그런 목소리로 명성을 얻어

가고 있었다. 데비와 나는 커피하우스에 나가 듀엣으로 노래하기 시작했다. 우리는 각자의 왕자님을 찾아 연기 자욱한 방을 눈으로 훑었고, 불가피하게도 동시에 사랑스러운 한 남자를 발견했고, 우리의 마음을 담아 크게 노래하거나 배시시 웃곤 했다. 아니면 그 둘 다였거나. 맙소사, 나는 고작 열일곱 살이었다! 나는 거트 스트링이 달린 고야 클래식 기타를 구입했고, 〈사랑의 기쁨〉을 배웠다. 나는 사랑에 빠지고 싶었다.

내가 말랑한 나르시시즘에 빠져 최근 누군가 내게 '내 자아의 낡은 찌꺼기'라고 묘사한, 그러니까 무법자, 야생인 혹은 '다르다'는 것이 무엇인지를 이해하고, 나의 비밀 정원에 들어와 어른들의 흠 있고 무서운 세계와 외부의 현실을 떠날 수 있는 누군가에게 손을 뻗으려 하고 있다는 것을 그때는 이해하지 못했다.

몇 년이 흐른 뒤, 나는 그때 하버드 광장에서 배웠던 포크송의 제목과 인물들이 등장하는 노래를 썼다.

아, 까마귀와 비둘기와 함께
안개 이슬 속에서 보낸 시간
그녀는 자신의 진정한 사랑을 찾아
맨발로 겨울 거리를 걷는다네.
Ah, the time spent in the foggy dew
With the raven and the dove
Barefoot she walked the winter streets
In search of her own true love.

그녀는 메리 해밀턴

존 라일리의 연인이자
끝없는 슬픔의 아가씨이며
불운한 조르디의 어머니.
For she was Mary Hamilton
Lover of John Riley
And a maid of constant sorrow
And the mother of the doomed Geordie.

하루는 강기슭에서
한창 눈물을 흘리며 비탄에 젖어 있을 때
상냥한 마이클이 물가로 배를 저어
그녀를 구하러 왔다네.
One day by the banks of the river
Midst tears and gossamer
Sweet Michael rowed his boat ashore
And came to rescue her.

상냥한 마이클은 완벽했다. 머리가 마구 헝클어져 자루걸레 모양이
되어 버렸다는 것을 제외한다면, 그는 잘생기고 똑똑하고 열정적이고
성적 매력이 있고 재능이 있으면서도, 사랑스러운 파란 눈에 상처 입은
표정을 간직한 채 어딘가 불안정하고 무언가에 정신이 팔려 있는 모습
이었다. 찰스 강 기슭에 앉아 갓 구입한 고야 기타를 튕기며 구슬프게
노래하고 있는 곳으로 그가 배를 저어 왔을 때, 나는 첫눈에 그 모든
것을 알았던 것 같다. 우리는 시선을 교환하며 수줍게 인사를 나눴지

만, 노래가 끝나자 그는 가 버렸다. 그가 빈둥거리며 돌아다녔다는 이유로 하버드의 보트경주 팀에서 쫓겨났다는 말을 나중에 들었다.

나는 그에게 완전히 매료되어 버렸다. 나는 밤늦도록 거리를 쏘다녔고, 사람들의 왕래가 잦은 곳들과 서점들을 기웃거렸으며, 내겐 이미 익숙한 커피하우스들도 샅샅이 뒤졌다. 며칠 안에 나는 음식 맛은 끔찍하지만 값이 싸고, 하루 24시간 영업했기 때문에 학생들을 꽤 끌었던 형광 조명 카페테리아인 헤이즈 빅포드에서 그를 발견했다. 나는 인도 위에 맨발로 서서 커다랗고 더러운 창유리를 통해 그를 응시했다. 그가 나의 시선을 되받았고 우리는 둘 다 꼼짝도 하지 않았다. 나는 가슴으로도 머리로도 갈피를 잡지 못한 채 그 블록을 돌아다녔고, 다시 돌아왔을 때 그의 의자는 비어 있었다. 하지만 그의 친구들은 여전히 자리를 지키고 있었다. 나는 담배꽁초와 프랑코-아메리칸 스파게티 냄새를 풍기는 그 북적거리는 카페 안으로 힘차게 들어가서 빈 의자를 차지하고는 그의 친구들로부터 그에 관한 정보를 얻어 냈다.

마이클은 그리스어를 공부했다. 완벽해. 그는 서인도제도 출신이었다. 근사한데. 그는 프랑스어를 사용했고, 여자 친구는 없었고, 그리고 과연 보헤미안 스타일의 술 달린 니트 차림에 맨발로 인도에 서서 입을 벌리고 자신을 쳐다보던 나를 눈여겨보았다. 이렇게 우연히 시작할 수도 있다니. 우리의 만남은 예정되어 있었다. 우리는 사랑에 빠졌고 서로 떨어질 수 없는 사이가 되었다.

나는 어머니에게 피임 얘기를 꺼냈다. 어머니는 그를 사랑하느냐고 물었고, 나를 의사에게 보냈다. 의사는 마지못해 내게 피임용 페서리를 시술해 주었다. 1958년에 매사추세츠 주에서는 피임이 불법이었다.

마지가 우리에게 자신의 아파트를 빌려 주었다. 나는 수년 동안 나 스스로에게 만약 내가 '그것'을 하면 지옥에 갈 거라고 말해 왔었다(마이클은 내가 이미 '그것'을 수없이 해 놓고 자기에게 거짓말을 하고 있다고 확신했기 때문에 괴로워했다). 그리고 마침내 나는 내 몸이 나의 에스파냐 악령들보다도 훨씬 더 도리에 맞는 행동을 하고 있음을 알게 되었다. '그것'은 놀라웠다. 그 후 한동안 마이클과 나는 우리가 갖고 있는 에너지의 대부분을 투자하여 다음에 '그것'을 어디에서 할 수 있을지를 고민했다.

1958년 겨울에 열여덟 번째 생일을 맞이한 나는, 앞으로도 그렇게 사랑에 빠질 수 있을까 싶을 만큼 깊이 사랑에 빠져 있었다. 나는 나의 동료 야생인, 반항아, 열아홉 살 된 서인도제도 출신의 시인 지망생이자 작가이자 선원이자 철학자이자 뛰어난 재능을 가진 청년을 발견했다. 우리는 될 수 있으면 모든 순간을 함께했다. 처음 마이클의 머리칼에 내려앉은 눈송이들을 보았을 때, 그것들이 너무도 아름답게 보여서 내가 그들 가운데 하나가 되어 그의 모근 속으로, 그리고 그의 피부 밑으로 녹아 들어가 그저 거기에서 살고 싶을 뿐이었다. 그곳이야말로 내가 속한 곳이었으니까.

이 모든 와중에 나는 '클럽 마운트 오번 47'에서 노래 부르는 일을 제의받았다. 그곳은 광장 한복판에 있는 재즈 클럽이었는데, 소유주는 변화하는 시대에 적응하기 위해 매주 화요일과 금요일마다 그곳을 포크 클럽으로 전환하고 싶어 했다. 나는 10달러를 받기로 했다.

첫 번째 공연에서 나는 어머니, 아버지, 미미 그리고 친구 두 명과 동행했다. 우리 가족의 친구 한 명이 더 왔고, 그곳 소유주와 그녀의 파트너도 있었다. 그렇게 해서 관객은 여덟 명이 되었다. 그들 말고는 아무도 없었다. 긴장으로 온몸에 식은땀이 나며 욕지기가 났고 입이 바짝 말랐다. 나는 심장을 겨울 부츠 속에 처박아 놓은 채로 첫 공연을 시작했다. 참으로 웃기는 상황이었다. 친구들과 가족은 모두 짐짓 관객처럼 가장하며, 발소리가 들려올 때마다 기대에 차 출입문 쪽을 힐끔거리지 않으려고 애썼다. 〈내 진짜 사랑의 머리칼은 칠흑 같았다네〉(Black Is the Color of My True Love's Hair)의 중간쯤에, 마이클이 여미지 않은 황갈색 더플코트를 펄럭이며 기세 좋게 들어섰다. 그의 머리 위에는 눈이 쌓여 있었다. 노래하는 중간에 갑자기 목이 잠겼고 얼굴에 열이 올라오는 것이 느껴졌다. 나는 머리부터 발끝까지 길고도 무자비한 홍조에 속수무책이었고, 노래가 모두 끝나기 전까지 내리깐 시선을 들지 못했다. 두 번째 공연에서는 뜨내기손님들 몇 명이 어슬렁거리며 들어왔다. 그다음 화요일이 되자 소문이 좀 돌았고 클럽이 반쯤 찼다. 나는 또 다른 커피숍인 '발라드 룸'에서도 일을 얻었다. 일주일에 하룻밤 공연이었다. 하루는 보스턴대학의 한 동창이 거리를 지나가다 나를 보고는 내게 성적표를 가져갔는지 물었다. 보스턴대학에 다녔던 일이 마치 천 년 전쯤의 일로 느껴졌지만, 나는 호기심에 학교로 가서 성적표를 요청했다. 낙제점을 따는 방법이 그렇게 많은지는 미처 몰랐다. 수많은 X와 F와 영점과 미필들. 그것이 나의 공식적인 대학 이력의 끝이었다. 나는 "내 인생을 통해 무엇을 할지"에 대해 결코 다시 생각하지 않았다.

자정 무렵 '클럽 47'의 일이 끝나면, 나는 때때로 애덤스하우스까지 눈 위를 맨발로 달려가곤 했다. 마이클은 그곳에서 공식적으로 신입생 세 명과 함께 생활했다. 나는 커피 한 잔을 들고 그의 아파트로(낮에는 '여자들에게' 금지된, 그러므로 당연히 한밤중에도 금지된 문을 열고) 쳐들어가서, 당황해하는 그의 룸메이트들을 지나, 자신의 작은 방에서 프랑스어로 그리스 역사나 블레이크나 카뮈를 읽으며 바닥 쿠션 위에 께느른하게 늘어져 있는 그를 발견하곤 했다. 그는 커피를 받아 들었고, 우리는 함께 기분 좋게 누워서 보트를 만들어 섬으로 항해를 '떠나는' 그의 꿈에 대해 이야기를 나눴다. 기후만 따뜻하다면 어떤 섬인지는 문제가 되지 않았다.

우리는 서로를 이해했다. 내가 이해하지 못한 것은, 나 자신은 섬에서 무엇을 해야 하는지, 내가 과연 앵무새와 원숭이들에게 그리고 어쩌면 가끔은 영어를 모르는 섬 주민들에게 노래를 불러 주고 코코넛과 바나나를 먹고 성냥 없이 불을 피우며 행복할 수 있을지였다. 나는 또 배를 타고 항해할 생각에 엄청 겁을 집어먹었다. 배를 타다 보면 날씨가 나빠질 수 있고 그러면 뱃멀미를 일으키게 마련이다. 그래서 나는 내심 마이클이 스스로에게 진실하면서도 결코 미국을 떠나지 않는 방법을 찾게 되기를 바랐다(그런데 그는 미국이 싫다고 말했다). 하지만 나는 만약 누군가를 진심으로 사랑한다면 그 사람 말고는 세상에서 그 어떤 것도 필요하지 않다고 여기는 것이 숭고한 발상이라고 생각했다. 우리는 그의 작은 침대로 기어들어가 우리의 꿈들, 개인적이면서도 공유된 꿈들을 가졌고, 서로를 가졌다. 현실과 상상의 위험들로부터 벗어나 밤에 잘 마른 그루터기 안에 안전하게 숨은 두 마리의 작은 야생동물들처럼.

때때로 그가 잠이 들었을 때 나는 창문 쪽으로 살금살금 다가가, 마치 유령들이 퍼레이드를 하듯 눈송이가 내려와 아침을 기다리며 소리 없이 하얀 담요가 되어 거리를 덮는 모습을 지켜보았다. 그리고 담요를 뒤집어쓴 채 앉아서 하버드의 탑에서 울려오는 종소리를 들으며 보헤미안 모나리자처럼 미소를 지었다. 눈송이에, 작은 방에 그리고 마이클과 나 자신에게.

당연하게도 곧 아침이 밝았고, 순전한 현실이, 새롭게 내린 흰 눈과 대비되는 고르지 못하고 불완전한 현실이 비집고 들어왔다. 차에 시동이 걸리지 않았다. 부모님은 내가 마지의 집에 있다고 생각했고, 나는 그분들이 전화라도 했을까 봐 걱정이 되었다. 애덤스하우스의 경비는 내가 한밤중에 계단을 황급히 올라가는 것을 목격했고, 마이클은 규칙 위반으로 징계를 받을 것이 틀림없었다. 만약 그가 학교에서 쫓겨난다면, 우리는 배를 타고 멀리 떠나는 그의 꿈을 실현시켜야 하는 심각한 상황에 처할지도 모른다. 하지만 나는 내가 사랑하는 하버드 광장에서, 그는 반항적인 학생으로, 나는 음유시인으로 남기를 바랐다.

나는 마이클에게는 대개 순종적인 편이었지만, 무대에서는 독재자가 따로 없었다. 만약 어떤 순진한 학생이 이곳을 여느 다른 커피하우스와 다르지 않겠거니 여기고, 말하자면 느긋하게 책이나 읽을 요량으로 한가로이 내가 공연하는 커피하우스로 들어왔다면, 그는 실수한 것이다. 나는 노래하다 멈추고 그에게 공부하고 싶다면 도서관을 이용하라고 말해 주곤 했다. 내가 부르는 전적으로 순수한, 거의 신성하기까지 한 포크송들은 그저 대충 주의를 기울일 만한 것이 아니었고, 그런 점에선 나 역시 마찬가지였다.

내가 노래할 곡목이 늘어났을 때도 나는 여전히 엄격함을 유지했다. 새로 선곡된 노래들도 지난번 곡과 마찬가지로 필사적으로 진지했다. 어느 날 저녁, 학생 둘이 내가 노래를 부르는 동안 킥킥거렸는데, 그 이유는 바로 내가 부른 노래들이 모두 여지없이 죽음과 불행과 통한의 플롯을 갖고 있었기 때문이다. 나는 당황하지 않을 수 없었다. "사랑 노래를 부르지 말아요/ 어머니가 잠에서 깰까 봐 두려워요/ 어머닌 바로 내 옆에서 자고 있어요/ 오른손에 은색 단도를 쥐고 있죠/ 어머닌 내가 당신의 신부가 되어선 안 된다고 말해요."평생 고통을 겪었어요/ 이제 나는 그게 보통의 현실이라는 걸 알아요/ 나는 목을 매달고 슬피 울 거예요/ 그저 당신이 무슨 짓을 저질렀는지 생각해 봐요."떡갈나무에 등을 기대요/ 그것이 튼튼한 나무라고 생각하면서/ 그런데 점점 구부러지더니 부러져 버리네요/ 결국 내 사랑도 내게 거짓이었어요.""오 어머니, 오 어머니, 가서 내 무덤을 파 줘요/ 길고 좁게 만들어 줘요/ 상냥한 윌리엄이 나에 대한 사랑으로 죽었대요/ 그리고 나는 슬픔으로 죽을 거예요." 나는 행복한 결말을 가진 단 하나의 기분 좋은 노래를 찾아 머릿속을 더듬었다. 그리고 그 공연을 〈존 라일리〉(John Riley)로 마무리했다. 왜냐하면 존 라일리는 7년 후 전쟁에서 살아 돌아와 자신의 진정한 사랑을 되찾으려 했고, 그녀 역시 살아 있었기 때문이다. 하지만 그것 역시 다른 나머지 곡들과 정확히 똑같이 들렸고, 킥킥거리는 웃음소리는 끈질기게 지속되었다. 그날 밤 이후, 나는 몇 가지 '익살스러운' 곡들을 공연 목록에 포함시키기로 결정했다. 상업성에 대한 나의 최초의 양보였다.

나는 '골든 배니티'라고 불리는 또 다른 클럽에 이따금씩 출입하기 시작했다. 하루는 존 바에즈의 공연과 말런 브랜도가 출연한 영화 《위험한 질주》의 상영이 잇따라 이루어지는 동시상연 쇼가 있었다. 하버드에서 모터사이클을 타는 친구들이 내놓은 생각이었다. 내가 노래하기 위해 막 일어서려는데, 거리에서 시끄러운 소리가 들리더니 오토바이 폭주족들이 일제히 멈춰 섰다. 그들은 시끄럽고 거칠고 털투성이에다 보아하니 내 노래를 들으러 온 것 같지는 않았다. 나는 몹시 두려웠다. 왜냐하면 나는 공연이 크게 성공하기를 바랐고, 그 폭주족들은 맨발에 마드라스 휘장 드레스 차림을 한 채 기묘한 보답 없는 사랑 노래들을 부르는 나를 우스꽝스럽게 여기리라 확신했기 때문이다. 그러나 그들은 내 공연을 끝까지 지켜봐 주었고 심지어 노래를 경청하고 박수도 쳐 주었다. 나는 그들에게 다가가, 비록 그들에게는 작은 것이지만 나 역시 가장 큰 할리로 오토바이를 배웠으며 바이크를 즐긴다고 겸손한 말투로 알려 주었다. 그것은 사실이었고, 어쨌든 전체적으로 볼 때 그날 밤 공연은 대단히 성공적이었다.

마이클과 나의 꿈같은 삶 속으로 근심이 조금씩 밀고 들어왔다. 마이클은 나의 인기를 질투했고, '진짜 세상'을 대면하는 일에 전반적으로 무능력했다. 그리고 얼마 안 있어 그런 근심들은 내 안의 새롭고 보다 포악한 악녕들을 깨웠다. 나의 행동은 10내 초반 이후 그래 왔던 것보다 더욱 신경증적이 되었다. 나는 마이클에 대한 열렬한 사랑과 '유명한' 사람이 되는 즐거움 사이에서 갈등했다. 마이클은 내가 노래하는 직업을 추구한다면 더러운 연예계에서 불가피하게 타락할 것이며, 결국 자신과도 헤어지게 될 거라고 반쯤은 나를 납득시켰다. 나에게는 열심히 자기 일을 하며 마이클이 꺼져 버리기만을 기다리고 있는 남자들의 응원 부대가 있었다. 마이클과 싸울 때면 나는 그들 모두에게 격렬하게 추파를 던졌으나, 그들 누구와도 자지 않았다. 한편 마지는 밤에 아파트 열쇠를 내게 주고 웨이트리스 일을 하러 갈 때, 우리를 부러운 듯 쳐다보곤 했다. 옥수수수염처럼 허리까지 드리워진 그녀의 머리칼에서는 향기가 났다. 마지는 얼빠진 얼굴로 고개를 살짝 갸웃한 채 마법에 걸린 고양이처럼 미소를 지었다. 그녀는 내가 꺼져 버리기만을 기다리고 있었다.

마이클과 내가 똑같이 사랑한 친구가 있었다. 그는 특정한 범주에 집어넣기 힘든 사람들 가운데 한 명으로, 흔하지 않아서 소중한, 천상의 아름다움을 지닌 마약 상용자이자 미친 녀석인 지노 포어맨이라는 친구였다. 그는 우리와 마찬가지로 열여덟 살이었지만, 인생을 여러 번 살아온 듯 보였다. 그는 사기꾼이자 음모가이자 몽상가이자 타고난 얼간이였다. 하지만 자기만의 색깔이 대단해서 그에게 경탄하지 않기란 불가능했다. 그는 학교라는 교육 체계에 구속될 수 없는 사람이었다. 또한 어떤 정상적인 공포심도 갖고 있지 않았고, 모터사이클을 타고 눈길에서 일방통행로를 역주행하곤 했다. 키는 180센티미터 정도였고, 희고 창백한 피부에 예술적으로 곡선을 이룬 눈썹, 그 아래 광기 서린 포악한 검은 눈동자, 그리고 갈기처럼 제멋대로 자란 머리칼을 가진 아름다운 남자였다. 그는 기타와 피아노 모두를 몸에 익은 듯 훌륭하게 연주했다. 지노는 요구르트와 맥아와 비타민 C를 먹었고, 헤로인에 중독되어 있었다. 우리 가운데 누구도 지노가 어째서 그런 인간인지를 이해하지 못했다.

지노의 부모님인 클라크와 마이리는 내가 만난 사람들 중에서도 서로를 깊이 사랑하며, 지적인 방식으로 삶을 운영하고, 젊은 세대와 완전한 소통을 이루어 나가려고 애쓰는 최초의 부부였다. 그들에게는 정상적인 두 딸과 지노가 있었다. 마이클과 내가 뉴욕으로 갔던 초기에, 우리는 97번가와 리버사이드 드라이브에 위치한 지노의 아파트에서 머물렀다. 우리는 지노의 작은 방에서 함께 잠을 잤다. 내가 아침에 죄를 지은 기분으로 방에서 나왔을 때, 마이리는 내 어깨에 팔을 두르고 말했다. "오, 얘야, 우리는 너와 마이클이 지노의 방에서 함께 생활하는 걸 나쁘다고 생각하지 않는단다! 너희 둘이 서로 사랑한다면 말이야. 그리고 클라크와 나는 너희들이 그렇다고 느끼지!" 그리고 저녁에 되어 클라크가 퇴근하면, 그들 둘은 좁고 긴 의자에 나란히 앉아 우리에게 이야기를 하면서 허드슨 강 너머로 해가 지는 모습을 지켜보았다.

지노는 스물여섯 나이에 영국에서 죽었다. 맹장이 터졌을 때, 그는 그냥 서서 구급차를 기다리고 있었다. 그의 마지막 말은 "걱정하지 마……"였다.

우리 가족의 친구인 피터가 나의 매니저 노릇을 해주겠다고 제안했다. 그리고 또 다른 친구의 집 지하실에서 녹음할 날짜를 잡았다. 나는 빌 우드, 테드 알레비조스와 함께 음반을 만들기 위해 그곳으로 갔다. 빌은 하버드에서 공학을 전공했는데, 캠퍼스 라디오 방송국에서 포크 쇼를 주최한 인물이기도 했다. 나는 피터에게 홀딱 반해 버렸다. 첫 번째 이유는 그가 잘생겼기 때문이고, 두 번째는 우리 가족이 그를 언니 폴린의 괜찮은 데이트 상대로 생각했기 때문이고, 세 번째는 〈존 헨리〉(John Henry)라는 곡 중간 간주 부분에서 선보인 그의 기타 연주 솜씨 때문이다. 테드는 그리스 노래들을 불렀다. 그는 훌륭한 음색의 소유자였고, 보컬 훈련을 받았고, 보수적이었다. 소문에 의하면 테드는 엘에스디(LSD)라는 새로운 약물을 시도했고 완전히 정신이 나가서 자신이 지구에 돌아왔다는 것을 깨닫는 데 몇 주가 걸렸다고 한다.

우리는 솔로로 몇 곡을 불렀고, 듀엣으로 몇 곡 그리고 피날레를 위해 셋이서 함께 〈내가 죽어 묻혔을 때, 울지 말아요〉(When I'm Dead and Buried, Don't You Weep After Me)를 독특하게 해석해서 불렀다. 피터가 빨갛고 검은 바탕에 커다란 원과 커다란 사각형이 있는 음반 표지를 도안했고, 그 위에 우리 셋의 사진이 첨부되었다. 그 음반은 《하버드 광장 주변의 포크 가수들》(Folksingers 'Round Harvard Square)이라고 불렸다. 나는 맨발이었고, 마침내 갖게 된 긴 머리칼에 앞머리를 가지런히 잘라 내려뜨린 모습이었다. 수년이 지난 뒤, 한 제작자가 그것을 새로운 표지로 다시 꾸미고는 《존 바에즈 베스트》라고 이름 붙였다. 그는 또한 그 음반에 마법이라도 부리듯 단청음(monaural)에서 입체음향(stereo)으로 바꿨고, "미국의 가장 흥미로운 포크 가수"로 광고했으며, 내가 해마다 내는 음반이 막 나올 무렵에 그것을 출시했다. 우리는 그 음반의 계속되는 생산과 배포를 막기 위해 소송을 걸어야 했다.

나는 마이클의 반응과 상관없이, 피터의 지도와 격려 아래 첫 번째 콘서트를 열기로 결심했다. 공연 장소는 '클럽 47'이었고 빌과 테드가 함께했다. 우리가 공연료로 얼마를 받았는지는 기억나지 않는다. 하지만 내 이름을 바꿔야 할지 마음을 정할 수 없을 때 포스터 디자인을 두고 겪은 위기는 확실히 기억난다. 새로운 이름의 후보로 거론되었던 것은 라헬 샌드펄이었다. 라헬은 성경에 나오는 인물이고 신비롭게 들려서, 그리고 샌드펄은 나의 정치적·정신적 스승이었던 아이라의 성(姓)이었기 때문이었다. 혹은 킹스턴 트리오가 불러 유명해진 노래, 〈그들은 그 바람을 머라이어라고 부른다〉(They Call the Wind Mariah)에서 따온 머라이어가 될 수도 있었다. 하지만 마지막 순간에 나는 본명을 유지하기로 결정했다. 사람들이 내가 멕시코인이기 때문에 이름을 바꿨다고 생각하는 게 싫었기 때문이다.

우리의 포스터가 광장 곳곳에 붙어 있는 광경을 보자 재미있는 기분이 들었다. 나는 그것이 마음에 들었지만 마이클은 싫어했다. 어떤 식으로든 나는 마이클과의 사랑과 나의 작은 직업이라 할 수 있는 노래를 둘 다 그럭저럭 해 나가고 있었다. 정신과 의사의 도움이 없지는 않았다. 둘 사이에서 나타난 갈등은 말 그대로 나를 미치게 만들었기 때문이다. 마이클은 나에게 신이었다. 나는 그에게 어떠한 의문도 품지 않았다. 그를 잃고 싶지 않았기 때문이다. 그러나 내가 칭찬과 찬양 세례를 받았을 때 그는 비참해했고, 우리 관계가 소원해지는 것에 대해 나를 탓했다. 싸움 틈틈이 우리는 마지의 집에서 사랑을 나눴다. 그리고 다시 거리로 나와, 누군가가 "저기 봐, 그녀야!"라고 말하는 것을 듣기 전까지는 노래에 대한 모든 것을 잊었고, 그런 일은 되풀이되었다. 나는 가뭄 뒤 목마른 묘목처럼 사람들의 찬사를 빨아들였고, 그것으로 진정한 사랑을 의심함으로써 생겨난 자기 증오의 공격에 대비했다.

봄이 왔다. 학교에서 낙제했다는 데 대해 죄책감을 느낀 나는 보스턴 베스파 컴퍼니에서 '진짜' 직업을 발견했다. 사람들에게 스쿠터 운전을 가르치고 그들이 면허를 딸 수 있도록 돕는 일이었다. 여름이 왔고, 마이클은 부모님을 만나기 위해 고향인 트리니다드로 갔다. 나는 여전히 집에서 살았고, 아버지에게 4단 변속의 신종 베스파를 사 드릴 수 있을 정도로 충분히 돈을 벌었고, 그런 다음 그 일을 그만두었다. 나는 계속 노래하고, 노래들을 배우고, 엘리트 하버드 바이커들과 함께 모터사이클을 타고, 데비와 마지와 정신과 의사를 만나고, 마이클을 애타게 그리워하고, 여전히 마이클이 꺼지기만을 기다리고 있는 모든 사랑스러운 남자들과 새롱거렸다.

거대 매니지먼트 소속의 앨버트 그로스먼이 내게 접근했다. 그는 둥근 몸매와 둥근 얼굴과 둥근 눈과 둥근 안경을 낀 교활하고 비밀스럽고 신경질적이고, 상냥한 말씨에 유머가 있고 통 크고 어딘가 별스러운 데가 있는 남자였다. 둥근 눈 위로 숯 검댕처럼 아치 모양을 그리고 있는 까만 눈썹이 놀라움을 표시하며 바짝 일어섰다. 그는 "당신은 당신이 원하는 건 뭐든 할 수 있어요. 당신이 원한다면 그 누구라도 가질 수 있어요. 누굴 원하세요? 내가 그를 데려오죠" 따위의 말로 나를 놀라게 했다. 나는 말런 브랜도를 원했다. 하지만 내가 더 원하는 것은 앨버트가 그런 식으로 말하는 걸 그만두는 것이었다.

아버지는 앨버트가 거론하는 돈의 액수에 깊은 인상을 받았다. 하지만 그를 신뢰하지 않았다. 어머니 역시 그랬다. 그는 내가 시카고에 있는 자신의 나이트클럽에서 노래하기를 원했다. 그리고 일주일에 200달러를 제안했다. 큰돈이었지만 나는 거절했다. 그는 어머니에게 내가 아직 어리며 자연히 처음으로 집을 떠나는 것에 대해 두려움을 느낄 거라고 말했다. 나는 그렇다고 말했다. 그의 말이 맞았다. 나는 혼자 비행기를 타고 혼자 지내고 사람들이 술만 마시고 노래는 듣지 않는 클럽에 대해서, 그 모든 것에 대해서 두려움을 느꼈다. 그리고 그것이 내가 시카고에 간 이유였다. 돈을 벌 수 있다는 건 멋진 일이었다. 하지만 나는 돈에 대해서는 별로 관심이 없었다.

앨버트의 포크 클럽인 '게이트 오브 혼'은 미국에서 가장 세련된 클럽 가운데 하나였고, 열두 줄 기타와 밴조를 연주하는, 당시 매우 유명한 가수였던 밥 깁슨이 출연하고 있는 곳이었다. 물론 나는 밥에게 홀딱 반했다. 그리고 그가 두려웠다. 왜냐하면 그는 나이트클럽이라고 불리는 죄의 소굴에서 편안해 보였고, 놀랍도록 신랄하고 재미있었고, 술을 너무 많이 마셨고, 진지한 노래와 바보 같은 노래를 모두 불렀고, 사이사이 농담도 잘했기 때문이다. 그는 실제로 사람들을 '즐겁게' 했다. 나는 YWCA에서 살았다. 때는 7월이었고, 나는 해변에서 흑인 빈민굴의 아이들과 놀며 낮 시간을 보냈다. 저녁에는 클럽에 있었고, 밤에는 마이클에게 아무것도 우리 사이를 갈라놓을 수 없다는 내용의 편지들을 썼으며, 매일 매 순간 나를 어떻게 의심하는지에 관한 내용이 담긴 그의 편지를 읽었다. 나는 내가 왜 매력적인 뮤지션들과 자지 않기 위해 그토록 많은 에너지를 쏟아부어야 하는지 의아해지기 시작했다. 남은 시간은 울림이 좋은 YWCA의 철제 계단통에 앉아 밥이 가르쳐 준 노래들을 연습하며 보냈다.

어느 날 밤 포크의 여왕인 오데타가 클럽에 왔다. 그녀를 만나는 순간만을 기다리며 나는 잔뜩 긴장해 있었다. 그리고 그녀가 도착했다는 소식을 들었을 때 나는 바에 있었다. 나는 잠시 동안 방 저편에 있는 그녀를 지켜보았다. 그녀는 산처럼 키가 크고 밤처럼 까맸다. 피부는 벨벳처럼 윤기가 흘렀고, 귀에는 커다란 귀걸이가 매달려 반짝였다. 그녀의 드레스는 수가 놓인 천막처럼 멋지게 늘어져 있었다. 살짝 벌어진 앞니가 끊임없이 보였는데, 왜냐하면 그녀가 걱정과 놀람, 관심과 짐짓 화난 척하는 표정들 사이사이에 그녀의 덩치만큼이나 기다린 미소를 지었기 때문이었다. 그녀의 턱은 둥글게 돌출되어 있었고, 웃을 때는 잔뜩 보조개가 파였다. 그녀는 내가 만나 본 이들 가운데 가장 위엄 있는 사람처럼 느껴졌다. 가슴속에 차오르는 긴장을 극복하기 위해 그녀에게 다가가 대뜸 그녀를 흉내 내면서 〈또 다른 남자가 가 버렸네〉(Another Man Done Gone)를 불렀다. 그녀는 잠시 놀란 표정을 짓더니 이내 기분 좋은 얼굴을 했다. 그리고 커다란 벨벳 팔로 나를 감싸 안았다. 나는 마치 여섯 살 어린애가 된 듯한 기분이 들었다. 내 심장이 정상으로 돌아오는 데는 일주일이라는 시간이 걸렸다.

'게이트 오브 혼'에서 보낸 2주 동안, 나는 막 손에 닿을 것 같은 눈부신 성공 때문에 우쭐하고 좌절하고 두려웠다. 내 안의 악령들이 부드러운 불빛과 주변의 남자들, 알코올이 억압을 해제하여 분출시킨 공공연한 성적 욕망으로 나를 꼬드기며 왁자하게 춤을 추었다. 하지만 열여덟 살 나는 술 마시는 사람들과 어울리지 않는다는 점을 스스로 잘 알고 있었다. 내게는 자신들의 마돈나에 한결같이 귀를 기울이되 감히 그녀를 건드리지 않는, 커피를 마시는 학구적이고 반항적인 찬미자들이 필요했다.

밥 깁슨이 '제1회 뉴포트 포크 페스티벌'에 나를 게스트로 초대했다. 그 역사적인 행사에 대해 나는 그저 파편적인 기억만을 갖고 있을 뿐이다. 8월이었다. 나는 오데타와 그녀의 베이스 연주자와 함께 뉴포트로 갔다. 매일 비가 왔다. 밥 깁슨에게는 페니라는 매우 부유한 여자 친구가 있었고, 그녀는 내게 친절했다. 라틴아메리카나 인도에서 만들었을 것 같은 니트 상의에 정체 모를 스커트나 청바지를 입고, 나의 영웅 오데타처럼 귀에 커다란 귀걸이를 매단 채 무릎 바로 밑까지 가죽 끈을 맨 샌들을 신은 나는 원조 보헤미안처럼 보였다. 포크 가수들, 밴조를 뜯는 사람들, 바이올린 켜는 사람들 그리고 가스펠 그룹들로 가득 찬 텐트들이 있었고, 거리에는 히치하이크를 하려는 사람들로 바글거렸다. 페스티벌로 몰려든 젊은이들은 말쑥했고 머리를 짧게 자른 모습이었다. 60년대는 아직 시작되지 않았다. 나의 두 번째 살아 있는 우상인 피트 시거가 그곳에 있었다(마틴 루터 킹 주니어가 첫 번째였다). 망가진 기타를 든 흑인 블루스 가수들이 있었고, 그들처럼 소리를 내려고 애쓰는 백인 젊은이들이 있었다. 대규모 만찬이 있었고, 그곳에서 바이올린 밴드들이 밤늦도록 연주를 했다. 사람들이 음식 접시를 내 무릎에 놓더니 나에게 노래를 불러 달라고 청했다. 나는 아직 창공의 이름 없는 작은 별이었다.

둘째 날 밤, 3만 명의 사람들이 로드아일랜드 안개 속에 앉아 있었다. 몇 팀이 공연을 마치고 나서, 밥이 발라드와 농담으로 관객들을 즐겁게 만들었다. 그동안 나는 무대 왼편 아래의 진창에서 검투사 신발을 신은 채 무대로 이어지는 난간을 붙잡고 서 있었다. 나는 밝은 오렌지색 니트를 입고 코바늘로 뜨개질한 긴 스카프를 어깨에 두르고 있었다. 그때까지 무대에서 입어 본 옷 가운데 가장 좋은 것이었다. 땀이 밴 한쪽 손으로는 기타를 움켜쥐고 있었다.

마침내 밥 깁슨이 특별 출연자를 큰 소리로 호명하며 나에 대해 몇 마디 소개말을 하는 소리가 들려왔다. 그가 무슨 말을 하는지는 전혀 알 수 없었다. 하지만 곧 내가 세계 역사상 가장 많은 군중 앞에서 노래하게 되리라는 것을 느낄 수 있었다. 그 순간 심장이 급격히 빨리 뛰기 시작했다. 모든 움직임들은 마치 무성영화처럼 소리가 사라졌고, 모든 소리는 그저 지지직거리는 잡음처럼 느껴졌다. 사람들이 격려하듯 고개를 끄덕였고 곳곳에서 엄지손가락이 올라갔다. 낙하산에서 떨어졌을 때, 재빠르고 침착하게 걷는 것이야말로 내 스타일이었다. 나는 그렇게 파멸 혹은 영광으로 이어지는, 빗물에 흠뻑 젖은 계단 위를 올라갔다. 밥은 환하고 유쾌한 미소와 더불어 인생은 어차피 한바탕 농담이니 걱정할 것 없다는 듯 도도한 표정으로 나를 쳐다보았다. 우리는 〈동정녀 마리아가 한 아들을 가졌네〉(Virgin Mary Had One Son)를 불렀다. 그는 열두 줄짜리 기타를 연주했는데, 열여덟 줄의 기타와 두 개의 목소리가 만들어 내는 노래는 꽤나 인상적으로 들렸다. 그런 다음 나는 혼자서 노래했고, 내 목소리는 무리 없이 잘 나왔다. 나는 무사히 공연을 마쳤고 떠들썩한 박수갈채가 나왔다. 그래서 우리는 '또 다른' 노래를 불렀다. 〈요단 강〉(Jordan River)이라는 경쾌한(밥 덕분에) 곡이었다. 공교롭게도 우리가 부른 두 곡은 모두 종교적이었는데, 긴 머리에 맨 얼굴인 데다 성경 속 인물들이 신을 법한 샌들을 신었기 때문에 내 모습은 순수함 그 자체로 보였고, 또 그렇게 들렸다. 신문이 나를 '마돈나'라고 부르고, 다음 날에는 '동정녀 마리아'라고 표현한 것도 이상한 일이 아니었다.

우리가 무대에서 내려왔을 때, 나는 터무니없이 과한 관심의 대상이 되었다. 언론 인터뷰가 끊임없이 이어졌다. 신문, 학교 언론사, 외국 통신원은 물론이고 《타임》도 있었다. 나는 《타임》에 내 이름을 발음하는 법에 대해 장황하게 설명했지만 잘못 인쇄되어 나왔고, 그 이후로 사람들은 내 이름을 죽 잘못 발음했다. 내 이름은 '바이-에즈'가 아니다. '바이즈'에 더 가깝다. 하지만 무슨 상관이랴. 프랑스인들은 내 이름을 '베즈'라고 발음했고, 그것은 동사 'baiser'의 현재시제와 발음이 같았는데, 속어로 '간음하다'라는 의미를 가지고 있었다.

밥이 내게 다음 날 뉴포트 부유층을 위한 파티에서 노래해서 손쉽게 100달러를 벌어 볼 생각이 있느냐고 물었다. 내가 도와주기만 하면 자기가 받기로 한 500달러에서 5분의 1을 나한테 주겠다는 것이었다. 20분에 100달러를 번 일은 그해 뉴포트에서 경험한 다른 어떤 것보다도 내게 깊은 인상을 남겼다. 내가 내 운명의 책 첫 장을 넘겼고 이 책을 다른 어떤 책과도 바꾸지 않으리라는 사실을 깨달은 것 말고는.

하버드 광장에 있는 집으로 돌아와, 나는 늘 하던 대로 화요일 밤 공연을 위해 클럽 47로 갔다. 클럽 47에서 시작된 사람들의 줄이 그 블록을 지나 모퉁이를 두 번 돌 때까지 길게 이어져 있었다. 앨버트 그로스먼이 돌아와 음반 제작에 관해 논의하고 싶다고 했다.

나는 이미 뱅가드 레코드와 반쯤 접촉한 상태였다. 29세의 메이너드 솔로몬은 그의 형 세이모어와 함께 일류 클래식 음악 음반회사를 운영하는, 음악에 조예가 깊은 사람이었다. 그들은 절제된 태도를 보였고 나의 음악으로 훌륭한 음반을 만드는 데 관심이 있었다.

앨버트 그로스먼은 일단 함께 뉴욕으로 가서 컬럼비아 레코드의 사장인 존 해먼드를 만나 보자고 했다. 존은 신인을 발굴하는 데 천부적인 재능을 가진 사람이었고, 자신이 좋아하는 일을 제대로 추진할 수 있는 힘을 가지고 있었다. 나는 두 회사의 차이를 한쪽은 상업적이고 대부분 돈과 관련이 있고, 다른 한쪽은 덜 상업적이고 대부분 음악과 관련이 있다고 생각했다. 하지만 나는 일단 뉴욕으로 갔다. "나 스스로에게 공정하기" 위해서는 그렇게 해야 한다고 확신했다.

컬럼비아 레코드에서 받은 첫인상을 결코 잊을 수 없다. 주변이 모두 황금색으로 빛났다. 금색으로 빛나는 음반들이 벽면을 가득 채웠고, 모든 것들이 빛나고 번쩍거렸다. 냉방 장치가 지나치게 세게 가동되어 방 안 공기가 얼음처럼 차가웠다. 나는 기다리지 않고 존 해먼드의 사무실로 곧장 안내받았다. 그는 매우 친절했지만, 그의 첫마디는 "미치를 만나 보겠소?"였다. 나는 미치가 누구인지 몰랐지만 "물론이죠!"라고 대답했다. 그러자 그가 책상 위에 놓인 상자 모양으로 된 기기의 단추들을 몇 번 누르더니 비서에게 뭐라고 말했고, 그 비서는 재빨리 어렴풋이 낯이 익은 한 남자를 안내해 들여보냈다. 이발소에서 다듬은 듯 콧수염과 턱수염이 가지런히 난 그를 보고 나는 어쩌면 그가 샌더스 대령(KFC를 창업한 미국의 기업인—옮긴이)일지도 모른다고 생각했다. 나는 그와 악수했고 적절히 감명받은 듯한 표정을 지었다. 그는 텔레비전 수상기를 가지고 있는 미국의 수백만 가정에 잘 알려져 있는 미치 밀러였다. 우리 집엔 아직 텔레비전이 없었다. 그래서 '미치'에 대해 알고 있는 것이라곤 나의 음악 순수주의자 친구들이 그에 관해 만든 몇 가지 고약한 농담들이 전부였다. 그는 우리가 알게 모르게 저항하는 음악과 표현의 전형 같은 사람이었기 때문에, 내 친구들에게 그의 이름은 저주의 대상이었다. 서로에 대한 인사와 소개가 끝나고 음반 계약에 관한 논의가 시작되었다. 어느 순간 존 해먼드의 커다란 책상 위에 계약서가 놓였다. 그들은 그 자리에서 나더러 8년짜리 계약서(내가 기억하기에)에 서명하라고 했다. 나는 지나치게 강한 냉방과 스트레스 때문에 코감기 기운이 있었다. 나는 앨버트에게 뱅가드의 메이너드와 이야기를 나누고 싶다고 했다. 앨버트는 메이너드를 싫어했고, 메이너드 역시 앨버트를 싫어했다. 코가 막혀 왔고 오한이 났다. 그는 마지못해 택시를 잡았고, 우리는 "순전히 내 고집 때문에" 메이너드를 만나러 갔다.

뱅가드 사무실에 들어갔을 때, 나는 우선 벽면을 장식하는 황금색 음반들이 없다는 점에 주목했다. 책상 앞에 앉아 있던 메이너드가 기운차게 일어서더니 성큼 나와서 우리에게 악수를 청했고, 다시 자기 자리로 돌아가 앉았다. 그는 옅은 파란색의 지적인 눈을 갖고 있었는데, 한쪽 눈동자가 이따금 주변을 배회하다가 명령을 받으면 획 하고 다시 돌아오는 것 같았다. 그는 테니스 신발에 아내가 떠 준 갈색 스웨터 차림이었고, 머리는 희끗희끗한 정도가 아니라 아예 하얗게 세어 가고 있었다. 그리고 지나치게 열정적이어서 약간 제정신이 아닌 것처럼 보였다. 나는 그가 마음에 들었다. 어쩌면 내가 원래 클래식을 좋아하는 사람이기 때문인지도 모른다. 나는 소나타와 협주곡, 모음곡을 구분할 줄 몰랐다. 하지만 클래식 음악방송에서 하루 24시간 연주되는 음악의 90퍼센트를 콧노래로 부를 수 있었다. 나는 메이너드가 클래식 음악을 녹음하는 일을 한다는 것을 알았고, 거기에 매혹되었고, 편안하게 느꼈다. 우리는 이야기를 나눴다.

뱅가드 레코드를 나선 뒤, 나는 그날 오후에 내가 컬럼비아와 계약하기를 원하는 앨버트에게 이런 큰 결정을 내리기 전에 생각할 시간이 이틀 정도 필요하다고 말했다. 만약 내가 '메이저 회사'의 광택과 아첨과 황금색 휘황찬란함에 매혹되지 않았다면, 그렇게 두려운 마음이 들지는 않았을 것이다. 그리고 앨버트에 관해 말하자면, 그는 자신의 방식에서 옳았다. 60년대가 끝나기 전에 그는 밥 딜런, 피터 폴 앤 메리, 재니스 조플린 그리고 지미 핸드릭스(대충 몇 사람만 예로 들어도) 등을 관리하게 되었으니까. 만약 내가 '최고 수준으로' 가기를 원한다면, 앨버트는 최고였고 컬럼비아도 마찬가지였다. 이후 48시간 동안 나는 내가 과연 그 최고 수준을 소화할 수 있을까를 고민해야 했다.

다음 날은 금요일이었고, 나는 밤에 그리니치빌리지로 노래하러 갔다. 메이너드와 존 해먼드 두 사람이 모두 나를 보러 왔다. 나는 전화로 부모님과 상의했고, 뉴욕에 있는 친구들과도 이야기를 나눴다. 물론 최종적으로는 나 자신과 논의했고, 결국 뱅가드와 함께하기로 결정을 내렸다. 앨버트는 내 인생에서 당분간 자취를 감췄다. 하지만 연예계의 세력이 미치는 곳에서는 그를 만날 수 있었고, 그는 나를 볼 때마다 내게 집요하게 상기시켰다. 아무리 내가 잘하고 있다 해도, 그와 함께 팀을 이루었다면 훨씬 더 잘할 수 있었으리라는 것을.

나뭇잎의 색깔이 변했고, 마이클이 트리니다드에서 돌아왔다. 나는 맹인들을 위한 퍼킨스 전문학원의 사감으로 일했고, 화요일과 금요일에는 여전히 클럽 47에서 노래했다. 내 보수는 하룻밤에 25달러로 올랐다. 나는 매니 그린힐을 만났다. 그는 보스턴의 지역 흥행주로, 공연자들이 그 지역에 왔을 때 그들을 소개했고, 몇몇 블루스 그룹의 개인 매니저이기도 했다. 매니는 보스턴의 남부역이 내려다보이는 지저분한 사무실에서 일했다. 그는 스스로 인류 평등주의적 행동에 자부심을 느꼈다. 그리고 자기들이 돈을 얼마나 벌든 간에 스스로를 노동계급이라고 여기는 특정한 계파의 좋은 옛 마르크스주의자처럼, 언제나 정체 모를 골프 모자와 구겨진 낡은 레인코트 차림으로 이제 막 식료품 무료 배급 줄에 서 있다 나온 듯한 모습이었다. 그는 자신의 권투선수 같은 코를 자랑스러워했는데, 코에 격막이 없어서 조지 C. 스콧(미국의 영화배우. 1970년 〈패튼 대전차군단〉으로 아카데미 남우주연상 수상자로 결정되었지만 수상을 거부했다—옮긴이)처럼 보였다. 그는 자신의 옛 블루스 가수들에 대해, 그리고 그들이 문맹이었기 때문에 발생한 어려움들에 대해 이야기하는 것을 무척 좋아했다. 매니는 눈이 먼 기타 연주가들의 출생증명서를 찾아 심(深)남부 고아원들의 문을 두드리는 데 자기 시간의 반을 투자했다. 그들이 유럽에서 공연 수요를 충족시키려면 이른바 여권이라는 것이 필요했기 때문이다.

매니 역시 훨씬 더 많은 사람들이 내 노래를 듣기를 원했다. 한편 내가 정치적인 존재임을 이해했다. 비록 나는 그의 좌익 이념에 공감하지는 않았지만(그 때문에 우리는 자주 사소하게 말다툼을 벌이곤 했다) 그는 나의 비폭력주의를 인정했고, 나와 마찬가지로 평화와 정의를 위해 발언하는 일이 위험을 수반하며 또한 불가피하게 상업적인 성공을 방해할 것이라고 생각했다.

우리는 정식 서면 계약서를 만들지 않기로 했다. 하지만 매니는 일정한 수수료를 받기로 하고 나와 1년간 일했다. 만약 그해 말에 쌍방 간에 서로 만족스럽게 합의가 되면 우리는 악수를 한 뒤에 또다시 1년 동안 함께 일할 터였다. 이 합의는 우리가 정식으로 서면 계약서를 작성하기 전까지 8년간 계속되었다.

그 시작으로 매니는 기성 아티스트들과 함께하는 콘서트에서 2부 오프닝 공연을 내게 가져다주었다. 첫 공연은 1959년 여름 매사추세츠대학에서 열린, 유명한 전통주의자이자 늙은 괴짜이며 고음의 가성으로 노래하고 덜시머를 연주하는 가수 겸 작곡가 존 제이콥 나일스의 공연이었다. 나는 부모님과 함께 매니가 운전하는 낡은 고물 자동차를 타고 공연장으로 향했다. 그런데 연료가 떨어지는 바람에 공연에 늦었고, 환히 밝혀진 강당의 뒷좌석에 앉아 있었다. 다른 누군가가 늦게 들어와 무대 바로 앞자리를 골라 앉았다. 나일스 씨가 노래를 중간에 멈추고, 그들이 자리에 앉을 때까지 죽음 같은 침묵으로 기다렸다. 그리고 큰 소리로 알렸다. "사람들의 주의는 소리가 아닌 움직임을 따라갑니다." 나는 창피했고 야단맞는 기분이 들었다. 막간 휴식 시간이 끝나고 내가 노래 두 곡을 불렀을 때, 관객의 열광적인 앙코르 요청을 받았으나, 그것은 나일스 씨의 기분을 그다지 개선시켜 주지 못했다.

매니는 또한 피트 시거와 함께하는 나의 첫 번째 콘서트를 마련했다. 나는 언제나처럼 또 지각을 했고, 내가 그곳에 도착했을 때 피트는 이미 그의 첫 공연 곡들을 끝내 가고 있었다. 그곳은 아주 작은 홀이었다. 너무 작다는 생각이 들었다. 하지만 피트는 밴조를 치며 구슬프게 노래했고, 모든 것이 질서정연해 보였다. 그는 무대에서 내려와 내게 인사했다. 무대 위로 올라간 나는 몹시 당황했다. 이삼백 명가량 되는 학생들이 바닥 여기저기에 앉아 있을 뿐이었다. 나는 관객에게 인사를 한 뒤, 혹시 누군가가 무대 뒤쪽에 앉아 있지 않을까 해서 뒤를 돌아보았고, 그제야 내가 잘못된 방향을 바라보고 있었다는 사실을 발견했다. 피트는 마지막 곡을 무대 위까지 올라와 앉은 넘칠 정도로 많은 군중을 향해 불렀던 것이다. 갑자기 숨이 턱 막혀 왔다. 나는 심장이 판초 밑에서 쿵쿵거리기 시작하는 것을 느끼며 첫 곡을 시작했다. 노래 중간에 숨을 크게 삼켰고, 바짝 마른 목을 적실 만한 침을 모으려고 노력하는 동안 계속해서 기타 줄을 퉁겼다. 노래가 중단되었고, 그것도 대단히 볼썽사납게 중단되었기 때문에(내 공연에서는 꽤 드문 일이었지만) 나는 무언가를 말하기로 결심했다. 하지만 목소리가 제대로 남아 있는지, 아니면 내가 숨을 삼키는 순간 사라졌는지를 우선 알아봐야 했다. 나는 대충 이렇게 말했던 것 같다. "오, 정말 많이 오셨군요." 그러고는 겨우 마음을 추스르고 노래를 계속했다.

첫눈이 왔다. 나는 퍼킨스 학원에서 해고되었다. 맨발로 다니고 보헤미안처럼 보인다는 이유였다. 얼마 안 있어 나는 하버드 광장의 블루스 동료인 에릭 폰 슈미트와 함께 콘서트에서 노래했다. 그리고 뉴욕에서 열린 격식 없는 파티에 참석했다.

1959년 겨울쯤엔 마이클도 나도 서로가 없는 삶을 상상할 수가 없었다. 그러나 나는 내 안의 악령들로 인해 상태가 좋지 않았다. 때로는 길을 잃고 몸을 떠는 방랑자처럼 따뜻한 품을 갈구했고, 때로는 추파를 던지며 정복하려 했다. 나는 보통 고등학생들이 사용하는 표현인 'P. T.'(아슬아슬하게 유혹하면서 몸은 허락하지 않는 여자)의 완벽한 예였고, 유혹은 하되 잠자리는 거부한다는 점에서 나 스스로에게 내가 과거에도 그랬듯 여전히 "품행이 방정하다"고 말할 수 있었다. 마을에 한 마돈나가 있었다. 그녀는 술을 마시지도 마약을 하지도 문란하지도 않았다. 하지만 어쩐지 그녀는 창녀 같았고 그녀의 악령들은 제멋대로 날뛰고 있었다. 수년 뒤 마이클이 내게 말했다. 그것이 바로 나를 사랑하게 된 이유였다고. 그가 숭배했던 '성녀'와 그가 구제하고 싶었던 '창녀' 그 두 가지 모습을 내가 다 가지고 있었다고.

다시 보스턴으로 돌아가, 어느 날 나는 마이클과의 싸움에 지치고 제정신이 아닌 상태로 정신과 의사의 진료실에 앉아 있었다. 의사는 내가 마이클을 떠나면 무슨 일이 일어나리라 생각느냐고 물었다. 나는 눈을 감았고, 지구가 폭발하고 아주 작디작은 형체가 암흑을 맞닥뜨리는 모습을 보았다.

어느 날 밤 정신을 차리고 보니 내가 여행용 가방을 들고 기타를 둘러멘 채 그리니치빌리지의 거리 모퉁이에 혼자 있었다. 누군가가 나를 받아 주었다. 누구였는지는 전혀 기억이 나지 않는다. 나는 맥두걸 거리를 걸어 내려가 카페에서 죽쳤다. 먹지도 자지도 않았다. 나는 마리화나를 피우고 마약에 관해 이야기하는 사람들을 만났다.

며칠 밤 동안 나는 나를 아찔하게 손짓해 부르는 악령들을 따라갔다. 새벽까지 잠을 자지 않았고, 몸이 아팠고, 밀타운(밀타운, 리브리엄, 발륨은 모두 진정제의 상표명—옮긴이)을 먹었다(이전에는 리브리엄을, 그 이전에는 발륨을 먹었다). 동이 틀 무렵이 가장 괴로웠다. 죄의식의 금속 같은 싸한 맛이 목 뒤로 미끄러져 척추를 달려 내려가 위 속으로 흘러 들어가는 것을 맛보아야 했으니까.

하버드 광장으로 돌아가는 것이 좀 더 안전했다. 나는 미미와 가까워졌고, 함께 듀엣을 연주하기도 했다. 하버드 광장엔 '나의 사랑스러운 하버드 남자들'이 있었다. 미미와 나는 그들과 사랑에 빠졌고, 그들은 우리와 사랑에 빠졌다. 우리는 둘 다 모파상의 작품 속에 등장하는 변덕스러운 인물인 무쉬 같았다. 굳이 비교하자면 무쉬는 자신의 모든 사랑스러운 남자들과 잠자리를 같이했고, 또 그 남자들은 다른 남자들과 그녀를 공유해야 함에도 그녀를 사랑했다는 점이 다르다면 다를까. 우리의 남자들은 마치 자신들 가운데 결국 가장 진실하고 순수하다고 판명된 남자만이 결혼에 성공하게 될 멕시코 숫처녀들을 사랑하듯이 우리를 사랑하는 것에 만족하는 것 같았다. 소중한 구디, 스타인, 토드. 소중한 파이퍼, 쿠트, 빌리 B. 그리고 소중한 지노.

하루는 광장을 가로질러 애덤스하우스로 운전해 가고 있는 중이었다. 마이클이 서점 앞에 나와 있는 것이 보였다. 어떤 아름다운 여자의 입술에 키스하려고 그가 몸을 앞으로 기울이고 있었다. 그녀는 머리칼을 뒤로 넘겨 둥글게 말아 올린 세련된 머리를 하고 있었고, 성숙해 보였다. 나는 욕지기와 현기증이 나는 상태에서 거리에 차를 세웠고, 마이클이 우리의 약속 시간보다 늦게 기숙사 안으로 휙 들어갈 때까지 오랫동안 기다렸다. 내가 기숙사 안으로 들어갔을 때, 그는 하품을 하며 들고 있던 책을 내려놓았다. 나는 처음으로 그가 거짓말하는 것을 지켜보았다.

방학을 했고 1960년의 여름이 왔다. 마이클은 다시 트리니다드의 집으로 갔다. 나는 뱅가드 레코드에서 나의 첫 번째 음반을 만들기 위해 뉴욕으로 갔다.

우리는 브로드웨이의 지저분한 구역에 위치한 맨해튼 타워스 호텔에서 작업했다. 무도장은 지역 주민들과 그들의 손님들을 위한 브랜디 응접실로 변신하는 수요일을 제외하고는 매일 이용할 수 있었다. 나는 내가 난쟁이처럼 보일 만큼 커다랗고 곰팡내 나는 방에서, 뉴욕에서 가장 더러운 깔개 위에 맨발로 선 채 세 개의 마이크에 대고 노래를 불렀다. 두 개는 입체 음향용으로 바깥쪽에 있었고, 나머지 하나는 단청용으로 중앙에 있었다. 아름다운 발라드 〈메리 해밀턴〉은 예행연습 없이 한 번에 녹음이 끝났다. 나는 몇 시간 동안 녹음했고, 그런 다음 메이너드와 음향기사와 함께 로스트비프 샌드위치를 먹으러 갔다. 3일 안에 우리는 열아홉 곡을 녹음했고, 그 가운데 열세 곡이 나의 첫 번째 정식 솔로 앨범에 수록되었다.

부모님은 다시 서부로 이사할 계획이었고, 나는 계속 동부에 머물 예정이었다. 부모님과 매니와 함께 집에서 모임을 가졌다. 매니가 이런저런 질문을 할 때 나는 마음이 뒤숭숭해서 부모님에게 답변을 맡긴 채 말을 아꼈다. 내가 계속해서 꺼낸 유일한 말은 나이트클럽에서는 노래하고 싶지 않고 정기적인 콘서트를 하고 싶다는 것이었다. 매니는 충분한 규모의 관객만 확보된다면 일이 성사되도록 기꺼이 노력하겠다고 말했다. 그 자리에는 지독한 긴장감이 흘렀다. 부모님도 없이 정말로 내가 독립하게 된다는 사실에 온몸이 마비되는 느낌이었다. 갑자기 내가 어떤 중요성이나 크기를 가진 별이 아니라 아주 보잘것없는 존재인 것처럼 느껴졌다. 앞으로 더 이상은 벽난로 옆에서 차 한 잔을 들고 축음기에서 흘러나오는 바이올린이나 첼로, 피아노곡을 들으며 나를 기다리고 있는 엄마의 모습을 볼 수 없을 것이었다. 하지만 나는 그런 것에 대해 생각할 수 없었다. 나는 그저 침묵을 지켰고 창밖을 응시했고, 다른 사람들로 하여금 나의 미래를 논의하게 했다.

그때 티아 이모가 포도주 한 잔을 손에 들고 집 안으로 들어섰다. 늘 자신의 '노래하는 작은 새'라고 여기고 있는 아이에 대해 놀라운 이해력을 가지고 있는 그녀가 활기 있게 등장했을 때, 나는 약간 긴장이 풀리는 기분이었다. 어쨌든 티아는 내가 내 인생에서 다음 계단을 오를 수 있고, 그로 인해 죽지 않으리라는 점을 느끼게 만들어 주었다. 매니는 콘서트를 열어 주기 위해 노력하기로 했고, 나는 클럽 47에서 이틀간의 밤 공연과 발라드 룸에서의 주말 공연은 계속하되 나이트클럽 공연은 하지 않기로 결정했다.

나의 부모님이 떠났다. 마지는 사라졌다. 데비는 사랑에 빠졌다. 고교 시절 친한 친구였던 맥두가 나와 함께 살려고 동부로 이사했다. 우리는 엘리베이터는 없고 침실 하나에 거실과 부엌과 욕실이 있는, 하버드 광장에서 몇 블록 떨어진 곳에 위치한 4층짜리 아파트를 발견했다. 우리의 공통점은 우리가 둘 다 교수의 딸이라는 점이었다. 우리의 차이라면 그녀는 금발에 매우 예쁘고, 우리가 졸업할 때 약속한 대로 결혼할 때까지 숫처녀로 남겠다는 맹세를 여전히 지키고 있다는 점이었다.

나는 맥두의 굉장한 가슴에 매료되었다. 바닥에 반듯이 누워 공상에 잠겨 있을 때조차도 브래지어를 했든 안 했든 그녀의 가슴은 봉긋이 솟아 있었다. 그녀는 밤마다 거대한 플라스틱 롤러로 머리를 말았고, 지나칠 정도로 위생적이고 깔끔했으며, 혈색 좋은 흰 피부에다 상냥한 성격을 가지고 있었고, 비트족을 추구했다. 그래서 그녀는 검은색 팬티 스타킹을 샀고 립스틱 바르는 일을 그만두었다. 한동안 우리는 아파트를 수리하고 샐러드를 만들고 독립적인 기분을 느끼면서 멋진 시간을 보냈다.

마이클과 나는 거실에서 어울렸다. 그림을 그리고 이야기를 하고 사랑을 나누고 싸우기도 했다. 맥두는 머리에 롤러를 가득 말고 근사한 몸에 수건을 두른 채 침실 문밖으로 얼굴을 빼꼼 내밀고 고음으로 "실례"라고 외치며 욕실로 날아갈 듯이 달려갔다.

어느 날 밤 마이클과 나는 영화관에 갔다. 영화 마지막 장면에서 존 우드워드는 길모퉁이에 홀로 남겨져 젊은 애인과 함께 차를 몰고 가 버리는 남편에게 고래고래 소리를 질렀다. 집으로 돌아오는 길에 나는 욕지기가 났고, 집에 도착하자마자 침대 위에 무너지듯 드러누웠다. 마이클은 내가 존 우드워드 같다고 말했다. 오히려 나는 내가 그 사랑스러운 젊은 애인 같다고 생각되었다. 나는 마이클에게 화제를 바꾸자고 했다. 하지만 그는 내게 차라리 내가 토하지 않을 거라고 말해 주는 편이더 나을 거라고 했다. 그러더니 주방으로 가서 아보카도 바나나 샌드위치를 만들어서는 요란하게 씹으면서 침실로 어슬렁거리며 돌아왔다.

갑자기, 정말 갑자기 구토증이 사라졌고, 벼룩시장에서 우리가 함께 구입한 업라이트 램프를 지금 내가 발가락으로 감고 있음을 알아차렸다. 꿈같은 느린 동작으로 그것을 들어 올려 마이클을 향해 던졌다. 그것은 마이클의 머리에 정통으로 맞았다. 아보카도 바나나 샌드위치 위로 그의 입이 벌려진 채 굳어 버렸고, 나는 나대로 눈에 뵈는 게 없었다.

나는 고질라마냥 벌떡 일어나 거실로 향했다. 처음 내 눈에 들어온 것은 양초가 꽂힌 포도주 병과 색색의 덩어리로 똑똑 떨어지는 일 년치 분량의 밀랍이었다. 나는 그것의 목을 움켜잡고는 벽을 향해 힘껏 던졌고, 와장창 소리와 함께 유리 파편이 흩어지고 밀랍 조각이 날아가는 광경으로나마 보상받았다. 나는 이미 부엌으로 향하고 있었다. 첫 번째 목표물은 금속 커피포트였다. 다행히 약간 움푹 파인 정도였지만, 오래된 커피 찌꺼기가 벽에 얼룩을 남겼다. 나는 찬장의 접시들로 향했다. 마이클이 내 뒤로 바짝 다가와서 "이런 멍청한…… 너 미친 거야?"라고 말하며 내 팔꿈치를 움켜잡았다. 분노로 힘이 배가된 나는 몸을 돌려 조용하면서도 단호하게 그의 머리를 움켜쥐고 잡아당겼다. 그리고 동시에 미친 듯이 그의 발목을 걸어찼다. 그는 내 발의 공격에서 벗어나기 위해 깡충깡충 뛰었고, 내 손아귀에 잡힌 자신의 곱슬곱슬한 머리털을 구하기 위해 내 손목을 죄었다. 그러고는 충격과 분노로 욕설을 퍼부었다. 나는 마침내 손을 풀었고 눈물을 흘리며 무너지듯 주저앉았다.

마이클은 떠났다. 머리칼을 매만져 넘기며, 하지만 분명히 동요된 상태로. 나는 바닥에 괸 축축한 커피 찌꺼기 위에 앉아서 가슴이 미어지도록 흐느껴 울었다. 집으로 돌아온 맥두가 나를 일으켜 세웠고 자초

지종을 물었다. 이야기가 끝났을 때쯤, 나는 마이클을 다시는 보지 않기로 결심했다. 내가 그의 모든 물건을 상자 안에 싸서 거실에 내놓자 맥두가 상자에 이중 자물쇠를 거는 것을 도왔다. 나는 상자 하나에 "난 널 다시는 보고 싶지 않아"라고 적은 메모지를 핀으로 꽂아 놓았다. 진이 다 빠져 버린 나는 자러 갔다. 아침이 되어 바스락거리는 소리에 잠에서 깼다. 맥두가 발끝으로 나를 지나쳐 욕실로 들어가는 소리가 들렸다. 미간에 벽돌 한 장이 놓인 것처럼 머리가 무거웠다. 그때 갑자기 비명 소리가 들려왔고, 내가 간신히 몸을 일으킬 수 있을 때쯤 아름다운 파란 눈을 마스카라 얼룩 위로 크게 뜬 맥두가 내 침대 옆 문간에 서 있었다.

"마이클이 욕실 창문으로 올라오려고 해!" 그가 칸막이를 치우고 창문을 열고 맥두의 목욕물이 있어야 할, 김은 모락모락 피어오르지만 물은 얼마 채워지지 않은 거품이 담긴 욕조를 뛰어넘어 들어왔다.

맥두야, 네가 어디 있든 사과할게. 그리고 네가 아무래도 비트족이 될 수 있을 것 같지 않아 집으로 돌아간다고 말했을 때, 너는 전혀 울 필요가 없었어. 하버드 광장에서 보낸 거친 모험을 추억하며 네가 잠시라도 웃을 수 있기를 바랄게.

마이클과 나는 새롭게 출발할 방법을 모색했다. 그는 뉴잉글랜드를 답답해했다. 나 역시 움직일 때가 되었다고 느꼈다. 우리는 캘리포니아로 가는 일을 논의하기 시작했다.

2
청바지와 목걸이

1960년 가을에 나는 다양한 포크 그룹, 컨트리 그룹들과 더불어 래드클리프, 트리니티, 휘튼, 예일 등 주로 대학들을 순회하며 콘서트를 열었다. 11월 5일에는 뉴욕 92번가 Y에서 첫 번째 솔로 콘서트를 개최했고, 아무런 어려움 없이 800석을 채웠다. 베닝턴대학에서 콘서트를 마친 뒤, 마이클과 나는 새로 산 코베어 승용차에 하이파이 전축을 싣고 하버드 광장과 그의 학교 그리고 나의 음악 무대를 떠났다. 내가 잠시 서부 연안에서 살아야겠다고 설명했을 때, 매니는 울었다. 나 또한 흘러나오는 눈물을 애써 삼키고 있었는데, 그가 내 일에 대해 성가시게 잔소리를 하자 점점 짜증이 났다. 우리는 여전히 '악수 협정'을 맺고 있었던 터라, 나는 그에게 콘서트를 하러 다시 돌아올 테니 서부 연안에서 내가 할 수 있는 일이 뭐가 있는지 한번 알아보면 될 거라고 퉁명스럽게 상기시켰다. 나는 서부 연안으로 이사하는 일에 대해 부모님께 미리 말씀드리지 않았다. 반 정도 이동했을 때 편지를 쓸 계획이었다. 그들의 조애니가 공식적으로 무직의 대학 중퇴자(아버지와 어머니가 염려하는 부분)와 함께 내 돈(나 이외의 모든 사람들이 염려하는 부분)으로 혼전 동거(아버지가 염려하는 부분)를 하고 있다는 사실에 순응할 시간을 주기 위해서였다.

마이클과 내가 캘리포니아에 도착한 크리스마스 시즌에 맞춰 내 음반이 출시되었다. 나는 《존 바에즈》가 전국 100대 베스트셀러 음반에서 3위로 비상하는 것을 놀라움 속에서 지켜보았다. 마이클은 삐딱한 눈으로 지켜보았지만, 내 음악이 우리의 일용할 양식이었으므로 대놓고 말로 표현하지는 않았다.

우리는 캘리포니아 카멜 하이랜즈의 도로에서 조금 떨어진 곳에 있는 방 하나짜리 집에 자리를 잡았다. 마이클은 책을 쓰기 시작했고 나는 집안 살림을 했다. 우리는 개와 고양이 그리고 마이클의 하버드 동창생을 통해 알게 된 새로운 친구들과 더불어 아주 독특한 공동체를 이루었다. 그들은 우리를 따뜻하게 환영했고 돌봐 주었다. 윌리엄스 부부의 집은 거리 바로 맞은편에 있었는데, 그들의 아이들은 물론이고 마이클과 나처럼 60년대 초반의 방황하는 영혼들도 그들의 가족이 되었다. 산지기인 돈 도너와 그의 아내 로자 도너는 전설적인 러시아 유대인 이민자였는데, 우리 집 바로 위쪽에 살았다. 돈은 내게 요리하는 법을 가르쳐 주려 했다. 나는 우리가 부엌이라고 부르는 비좁은 방에 불법으로 버너 두 개짜리 요리용 핫플레이트를 가져다 놓았다. 신시아 윌리엄스는 아이를 키우는 엄마이자 비범한 부동산 중개업자였는데, 마이클이 집과 관련된 일을 할 수 있도록 일거리를 찾아 주었다. 훌륭한 새 친구들은 우리를 젊고 엉뚱한 커플로 받아들였고, 우리의 곤궁한 처지를 알고 관대함과 친절을 베풀어 주었다.

생활환경은 음악을 하는 데 그리 바람직하지 않았다. 하지만 다른 선택의 여지가 없었다. 나는 《폭풍의 언덕》의 캐시 같았다. "히스클리프를 사랑하니?"라는 질문에 "내가 바로 히스클리프야!"라고 대답한 캐시처럼, 나는 내가 마이클의 일부라고 느꼈다. 우리는 서로 떨어질 수 없었고 서로가 다른 누군가와 함께 있는 모습을 상상할 수 없었다. 마이클은 나의 시인이었고, 천재적인 재주가 아직 발현되지 않은 고통받는 예술가였다. 그는 돈 도너와 함께 탁구를 쳤고 프랑스어로 책과 철학을 논했다. 돈은 마이클을 게으르긴 해도 매우 유쾌하다고 생각했다. 마이클은 스틸 드럼 음악과 나의 브라질 카니발 음반에 맞춰 춤을 추었고, 그의 눈은 다른 어느 누구보다도 반짝였으며, 우리는 자주 사랑을 나눴다. 그는 나를 때로는 경멸했고 때로는 숭배했다. 그가 나를 숭배할 때면 불안정한 나를 배려했고, 그리고 나는 그 모호한 4년 동안 그의 성녀이자 창녀로 남아 있었다.

하이랜즈의 집에 있는 동안, 나의 사회적·정치적 양심과 음악은 무질서한 생활방식과 마이클과 함께하겠다는 결심에 의해 무뎌졌다. 그는 어떠한 사회적 활동에 대해서도 관심이 없었다. 특히 그것이 나와 연관된 어떤 것이라면. 심지어 비폭력에 심취된 나를 공상적이고 비현실적이라고 보았다. 그를 안 이후로 내가 유일하게 참여했던 공공연한 공적 활동은 보스턴 아레나에서 열린 핵무장 해체에 관한 공개 토론회였다. 세인(SANE, 1957년에 설립된 핵실험 반대·세계 평화를 제창하는 미국의 민간 조직―옮긴이)이 그것을 후원했는데, 그 토론회장에서 에리히 프롬은 날아오는 달걀 두 개에 얼굴을 맞기도 했다.

하이랜즈에 터를 잡자마자 나는 곧 콘서트를 위해 동부 해안으로 떠났다. 그리고 그해 내내 집과 공연장을 오갔다. 그 여름에 또 다른 앨범을 만들었고, 늦가을에는 오랫동안 기대했던 단독 콘서트를 뉴욕 타운홀에서 개최했다. 나는 《빌보드》인가 《버라이어티》에서 "존 바에즈 S.R.O. 타운홀, 뉴욕"이라고 인쇄된 부분을 읽었던 것을 기억한다. 나는 대체 'S.R.O.'가 뭘까 고민했고, 마침내 그것이 틀림없이 '즉시 매진'(Sold Right Out)을 의미하는 것이라고 해석했다. 왜냐하면 정확히 그런 일이 일어났기 때문이다(나는 나중에 그것이 '스탠딩 석만 있음' [Standing Room Only]을 의미한다는 것을 알게 되었다).

나는 1961년에 20회의 콘서트를 가졌는데, 어쩌면 200회도 가능했을 것이다. 적어도 매니는 그렇게 말했다. 나는 엄청난 돈을 벌어들였다. 재미있었던 것 같다. 하지만 혼란스럽기도 했다. 어쩌면 나는 훨씬 더 많은 돈을 벌 수 있었을 것이다. 하지만 그다지 흥미가 생기지 않았다. 나는 코카콜라를 광고하는 조건으로 5만 달러를 제안받았다("이리 와요, 거기 아름답고 상냥한 숙녀분들, 코카콜라를 마셔요. 최고예요!"). 나는 매니가 내게 어떻게 조언할지 갈등했다는 것을 알고 있다. 하지만 어쨌든 논쟁할 만한 것은 없었다. 왜냐하면 나는 매니에게 이렇게 말했으니까. "매니, 나는 코카콜라를 마시지도 않잖아요"(1965년에 내가 비틀스와 함께 여행하고 있을 때, 누군가가 자동판매기 한 대를 대기실 안으로 가져왔다. 하도 엄격하게 경호가 이루어지고 있는지라 멤버들 중 아무도 복도로 나갈 수 없었기 때문이다. 그 기계는 이미 음료들을 갖추고 있어서 따로 동전을 넣을 필요가 없었다. 그저 버튼만 누르면 공짜로 청량음료를 마실 수 있었다. 당시 비틀스는 이미 백만장자가 몇 번이나 되고도 남았을 때였지만, 마음속으로는 여전히 노동자 계급의 리버풀 시민이었고, 공짜로 음료수를 마실 수 있다는 긴장감과 흥분을 떨칠 수 없었다).

마이클과 내가 그해 말에 빅서로 이사했을 때, 나 역시 크기는 작지만 그와 동일한 정체성의 혼란을 겪었다. 한 달에 35달러로, 우리는 (거실과 식당도 겸하는) 침실 하나와 아주 작은 욕실과 주방이 있고 벽장은 없는 오두막을 빌렸다. 우리는 개 네 마리와 고양이 여러 마리를 키웠다. 어느 날 오후 우리는 손전등을 사기 위해 몬터레이에 갔다. 점심시간이라 철물점 문이 닫혀 있기에 길모퉁이를 배회하다가 진열창을 통해 영국 자동차들을 구경했다. 우리는 결국 6천 달러의 수표를 썼고, 은색 재규어 XKE를 타고 빅서까지 운전해 돌아왔다. 나는 보통 제대로 입으면 청바지 차림이었고, 그렇지 않을 때는 할머니들이나 입을 만한 가운 차림이었으며, 우리 집은 돼지우리 같았다. 시트 두 장을 가지고 번갈아 빨아 썼는데, 손으로 비벼 빤 까닭에 불꽃 무늬를 남기며 마르곤 했다. 우리 집에는 전화기도 없었다. 그래서 매니가 콘서트 일정을 조정하기 위해 전화를 하면, 나는 비가 오든 진눈깨비가 날리든 땅이 진창이든 바다안개가 짙게 끼든 간에 전화기가 비치된 산막으로 달려가야 했다. 나는 돈을 아끼려고 연유를 사서 물과 1대 2 비율로 섞어 마셨다. 그러면서도 친구들을 위해 실크 블라우스와 차를 사 주는 것은 예사로 여겼다. 어머니가 "이런, 애야, 부족한 것 없는 널 위해 우리가 크리스마스 선물로 뭘 사 줘야 할까?"라고 물었을 때, 나는 "시트 몇 장과 베갯잇과 프라이팬 어때요?"라고 대답했다.

나는 동부에서 레스터 플랫, 얼 스크러그스와 더불어 콘서트를 열었다. 그들은 남부 출신으로 당시 가장 유명한 블루그래스(미국 남부의 컨트리 음악의 하나—옮긴이) 뮤지션들이었다. 우리의 합동 공연은 전례가 없는 일이었고, 공연장을 채운 도시 거주 힐빌리들(시골 사람, 특히 미국 애팔래치아산맥 남부의 산악 지대 주민들을 가리킴—옮긴이)과 대학의 지식인들 사이에서 다소 익살스러운 반응을 불러일으켰다. 플랫과 스크러그스 그리고 나는 서로의 팬 층이 대조되는 것을 좋은 마음으로 받아들였고, 그것을 빠르게 성장하고 변화하는 포크 음악계에서 또 하나의 기억할 만한 현상으로 여겼다. 어떤 기자는 내가 "고뇌하는 지식인들을 위해 노래한다"고 쓴 적이 있다. 나는 그 리뷰를 보고 매니에게 말했다. "하지만 나는 지식인이 아닌걸." 상업 음악의 흐름에서 거의 전적으로 벗어나 활동하면서 그런 광범위한 악명을 얻은 반항적이고 맨발의 비주류파 여성이라는 점 때문에, 나는 반문화(counter-culture)의 여걸이라는 이름을 얻었다. 내가 그 지위의 중요성을 완전히 이해했든 못했든 간에.

집으로 돌아온 뒤에는 정신과 상담 시간을 곱절로 늘렸다. 점점 늘어나는 압박을 해결하기 위해 일주일에 네 번 간 적도 있었다. 아무도 일하지 않는 섬으로 표류해 들어갈 수 있도록 내 돈을 들여 나의 애인을 위해 배를 만들고 양말을 깁는 나는, 진정 헌신적인 연인이었던가? 그러나 그즈음 나는 알고 있었다. 만약 그가 배를 탄다면, 나는 그와 동행하지 않으리라는 것을.

가을이었다. 어느 날 저녁 누군가 우리를 밖으로 불러냈다. 우리의 머리 위에는 오렌지색에서 심홍색으로 불타는 하늘이 담요처럼 덮여 있었고, 바다가 그것을 거울처럼 반사시켰다. 작은 배 두 척이 수평선에서 서로에게 다가가고 있었다. 그리고 우리는 해안에서 이웃들과 더불어 하루를 마감하며 놀라움으로 고개를 내저었다. 우리의 얼굴은 석양빛을 받아 붉게 빛났고, 마침내 배들은 하나가 되어 얼마 동안 움직임을 멈춘 것 같았다.

크리스마스가 왔다. 새해가 밝았다. 고래들이 허공을 향해 물줄기를 분출하는 장관을 연출하며 남쪽으로 이동해 가는 모습이 현관문을 통해 보였다. 내 안 어딘가에서 내가 표현할 수 없는 결심이 서기 시작했고, 그와 더불어 평온의 순간이 찾아왔다. 이제 나는 마이클에게 말할 수 있었다. 나는 콘서트를 위해 미국에 있어야 하고, 그가 항해를 시작한다 해도 그 배 위엔 내가 있지 않을 거라고. 마이클은 내가 점점 더 독립적이 되어 간다는 것을 알았다. 그리고 나를 더욱 옥죄는 것으로 반응했다. 내 담당 의사는 마이클에게 "다소 도움을 받을 필요가 있다"고 제안했다. 마이클은 격분했다. 아픈 사람은 자기가 아니라 나라는 것이었다.

하지만 이제 나는 공인된 '스타'였고, 내 일에서 통제력을 갖게 되면서 일도 덜 두려워졌다. 공연마다 조금씩 말솜씨가 늘었고, 공연 후 대기실에서는 비폭력과 간디에 대해 설교하는 철학자 대우를 받았다. 마이클이 동행하면 나는 말수가 줄었고 아예 입을 닫는 경우도 있었다.

우리는 여름에 멕시코를 여행하기로 했다. 멕시코 여행은 내가 항해만큼이나 두려워하는 일이었다. 멕시코에 가면 상한 음식을 먹게 되고, 그럼 결국 토할 수밖에 없다. 7월이 되자, 우리는 재규어에 짐을 싣고 남쪽으로 향했다. 멕시코에서 두려움으로부터 해방될 수 있는 유일한 시간은, 아카풀코의 가장 비싸면서도 저속한 호텔들에서 200미터 남짓 떨어진 곳에 위치한 해변에 머물 때뿐이었다. 하루에 1.5달러만 내면 해먹과 담요와 우리가 먹을 신선한 새우와 직접 만든 토르티야와 코카콜라를 얻을 수 있었다. 나는 배에서 하역된 새우가 곧장 냄비 안으로 들어가고, 토르티야가 사정없이 치대진 뒤 어떤 세균도 살아남을 수 없을 때까지 요리되는 모습을 지켜보았다. 나는 안심하고 그것들을 먹었고 콜라를 마셨다. 그 밖의 일정은 거의 악몽에 가까웠고, 나는 체중이 줄었다. 나는 내 음반들이 멕시코에서 예술가 그룹과 중상류층 지식인들에게 알려져 있다는 사실을 알게 되었다.

미국으로 돌아와 몹시 앓았다. 폭풍우가 치는 내내 어떤 거대한 천막

안에서 공연을 하고 있었는데, 굉음과 함께 천둥이 울렸을 때 나는 하늘이 쪼개진다고 생각했고 그렇게 되길 바랐다. 하얀 옷을 입은 천사가 와서 나를 일으키고 내 이마를 시원한 물로 씻겨 준 뒤 자장가를 불러 주길 바랐다. 열이 올랐고 위에 경련이 일었다. 나는 점점 줄어드는 신경의 예비전력에 의지하여 살고 있는 것 같았다. 바로 그 순간, 나의 두 번째 음반이 출시되어 첫 번째 음반보다 더 잘되고 있을 때, 《타임》이 나를 주인공으로 표지 특집 기사를 쓰기로 결정했다. 현기증이 엄습하는 사이사이 나는 유화 초상화를 위해 자세를 잡았다. 나는 죽을 것 같았고, 그것은 초상화에 정확히 묘사되었다. 집으로 돌아와 《타임》과 인터뷰를 마치려 애를 쓰다 결국 병원에 실려 갔고, 영양부족 및 탈수증에다 귀와 코와 목과 폐와 위에 각양각색의 바이러스들이 서식하고 있다는 진단을 받았다. 나는 환자복 차림으로 몸무게를 쟀고, 간호사는 46킬로그램이라고 기록했다. 나는 콩팥처럼 생긴 대야를 침대 밑으로 밀쳐 넣으며 나를 반갑게 맞이하는 차가운 시트 사이로 기어들었다.

면회는 철저하게 통제되었다. 마이클도 예외는 아니었다. 의사가 한 차례 방문하여 이것저것 지시를 내리고 가면, 나는 더 없이 행복하게 혼자 남겨져 몸을 씻고 잠이 들었다. 침대는 내가 몹시도 갈망했던 흰 옷 입은 천사였다. 간호사들이 마이클의 전화를 내게 연결하면, 그의 목소리가 나의 형언할 수 없는 평화에 침입했다. 그는 신경질적으로 흥분해서 무슨 일이 벌어지고 있는지를 물었다. 나는 그가 죽기를 진심으로 바랐다.

몸이 좀 회복되자 사람들을 만나러 돌아다녔다. 레일린이라는 특별한 어린 여자아이를 만났다. 그 아이는 검은 머리에 긴 속눈썹이 있는 검은 눈을 가졌고, 매우 창백했으며, 마치 자기와 내가 전생에 자매였기라도 한 것처럼 내게 미소를 지었다. 그녀는 신장 문제로 위독한 상황이었다. 아이의 엄마는 딸이 죽을 거라고 생각했다. 그 아이는 전혀 어린 소녀처럼 행동하지 않았다. 오히려 현명한 나이 든 여자 같았다. 그 아이는 내게 의사들이 자신을 두고 살 가능성이 별로 없다고 소곤거리는 소리를 들었다고 말했다. 그러고는 어깨를 으쓱하고 졸린 듯 눈을 깜박이더니 뭐라 말로 표현할 수 없는 미소를 지었다. 그 아이는 모든 것을 다 아는 것처럼 보였고 죽음을 두려워하지 않는 것 같았다.

그 아이는 죽지 않았다. 나는 그 아이의 가족과 친구가 되었다. 최근에 그녀는 누군가를 통해 나의 주소를 알았고, 두 아이들과 함께 우리 집에 들렀다. 그녀는 그 어느 때보다 아름다웠다. 머리칼은 허리까지 내려왔고 화장하지 않은 얼굴이었다. 그녀의 아이들이 게이브가 오랫동안 방치해 놓은 산더미 같은 레고를 가지고 놀고 있는 동안, 우리는 결혼과 이혼과 아이들의 삶이 어떻게 흘러가는지에 대해 이야기를 나눴다. 그녀는 어깨를 으쓱했고 눈을 깜박였고 25년 전과 똑같은 방식으로 미소를 지었다. 아니, 100년 전이었던가?

하루는 간호사가 어떤 여자아이가 준 거라며 내게 이상한 메모를 건네주었다. 메모는 내 차를 세차해도 되겠느냐는 내용이었다. 나는 팬이 보낸 것이라고 짐작했다. 다음 날 또 다른 메모가 내게 전달되었고, 그 기묘한 여자아이가 복도에서 기다린다고 간호사가 알려 주었다. 나는 기꺼이 그녀를 만나겠다고 말했다.

햇볕에 그을려 가무잡잡한 피부에 해진 옷을 입은 생기발랄하고 수줍어하면서도 반항적으로 보이는 한 여자아이가 불쑥 들어왔다. 그녀는 멋진 광대뼈와 예쁜 코를 가졌고, 회색의 약 상자처럼 생긴 니트 모자 때문에 이마 위에 짓눌려져 삐죽삐죽 나와 있는 금발머리 아래에

용케 두 눈을 숨기고 있었다. 이따금 그녀의 눈이 삐죽삐죽 비어져 나온 머리칼 뒤에서 시선을 던졌다. 그러나 그녀는 몹시도 수줍어했고 신경질적으로 웃었고 얼굴을 붉혔다. 내게 이야기할 때는 손동작을 크게 했고, 그렇게 함으로써 자신이 불안하다는 것을 숨기려고 애썼다. 그녀와의 첫 만남에서 알게 된 사실은, 그녀가 집에서 행복하지 않다는 것, 아버지를 숭배한다는 것, 말을 탔다는 것, 해변 위에서 잠을 잤다는 것, 스테이크와 화장실 휴지와 다른 기본적인 필수품들을 훔쳤다는 것, 그리고 쉬지 않고 몇 시간 동안 서핑을 할 수 있다는 것이었다. 그녀는 열일곱 살이었고 이름은 킴이었다.

그녀가 떠난 뒤 나는 기분이 한결 가벼워지는 것을 느꼈다. 마이클이 병실에 들러서 도발하는 듯한 태도로 발을 침대 위에 올려놓았을 때도 별로 신경 쓰이지 않았다. 2주 후에 퇴원했을 때 나는 그룹 치료를 받으러 갔고, 모두에게 마이클을 잃을까 봐 두렵다고 말했다. 내가 내뱉은 말들이 나를 공포 속으로 밀어 넣었다. 기타와 노래 연습을 하는 대신 울었고, 마이클을 은밀히 그리고 조마조마하며 지켜보았다. 병원에서 받은 치료가 거의 허사로 돌아가고 있었다.

〈후트내니 쇼〉를 위한 예비 방송이 로체스터에서 촬영되고 있었다. 매니는 ABC가 굴복하여 정치적인 신념을 이유로 출연을 금지당한 피트 시거를 초대할 경우를 대비해 내가 가까이 있기를 원했다. 집을 벗어나는 것에 안도하며 나는 짐을 싸서 길을 나섰다. 엄마가 동행했고 우리는 동부로 갔다.

나와는 달리 피트 시거는 음악과 생활양식, 사회적인 관심사 그리고 인격이 잘 어우러져 있었다. 나는 포크 음악의 아버지를 블랙리스트에 올린 것은 어처구니없다고 여겼고, 만약 그를 초대하지 않는다면 나 역시 초대를 거부하겠다고 말했다. 피트와 나는 하트포드에서 노래했다. 해외 전쟁 참전용사들이 그곳에 모여 항의 시위를 벌였다. 불행히도 나는 리무진으로 그곳에 도착했다. 그 노인들이 격노하여 소리를 지르고 주먹을 흔들면서 차 창문으로 바짝 다가왔을 때, 나는 이런 내 처지가 전혀 아귀가 맞지 않는 것 같아 몹시 당황스러웠다. 나는 나가서 그들과 대화를 시도하려고 했다. 하지만 매니는 두려워했고 나를 곧장 대기실로 데려갔다. 공연이 끝난 뒤, 지역 경찰이 나를 호위하겠다고 제안했지만, 나는 거절했다(리무진만으로도 충분히 상황은 안 좋았으니까). 하지만 그들은 내 말을 무시했고, 우리가 도시를 빠져나갈 때까지 오토바이를 타고 사이렌을 울리며 우리가 탄 차를 앞뒤에서 호위했다. 나는 그 모든 관심에 우쭐했다. 경찰이 받은 지시는 설사 내가 다친다 해도 그것이 시 관할구역에서 일어나지 않도록 만전을 기하라는 것이었다는 사실을 알고 있었지만 말이다.

나는 아주 근사해진 옛 남자 친구를 우연히 마주쳤다. 그는 지난 4년간의 질풍노도 같았던 내 삶의 이야기를 들어 주었고, 나를 저녁 식사에 초대했으며, 금줄에 사랑스러운 작은 보석이 달린 목걸이를 사 주었다.

순회공연 도중에 리버사이드 드라이브에 있는 지노 포어맨의 집으로 가, 클라크와 마이리의 회색 소파 위에 앉아 허드슨 강 너머 'SPRY' 팻말을 내다보았다. 그리고 일시적인 기분에 휩싸여서, 나는 마이리의 필기도구를 집어 들고 소파에 앉아 마이클에게 편지를 썼다. 4년이나 사귀었으면 작별 편지가 적어도 1페이지는 되어야 한다는 것 말고는 아무런 느낌도 들지 않았다. 하지만 생각나는 거라곤 고작 "개들은 개집에 넣어 두고 고양이들은 사람들에게 나누어 주고 집은 깨끗이 청소해 주고 집세를 지불해 줘. 나는 돌아가지 않을 거야"가 전부였다. 비록 추신으로 그의 사랑스러운 눈에 관한 말 몇 마디와 처음 세 달은 얼마나 멋졌는지를 덧붙였지만. 편지를 다 쓰고 나자 나는 명주실처럼 몸이 가벼워지는 것 같았다. 그리고 킴에게 편지를 썼다. 그 편지 내용 역시 그녀의 눈에 관한 이야기였다고 생각한다.

그때 나는 마치 '새로움'이라는 이름의 커다란 막대기로 이마를 한 대 얻어맞은 느낌이었다. 나는 내게 목걸이를 선물했던 옛 남자 친구를 만났고, 우리는 몸이 얼어 버릴 것 같은 추위 속에서 저녁을 먹을 수 있는 괜찮은 장소를 찾아 뉴욕 시내를 돌아다녔다. 그리고 마지막에는 '21클럽'으로 갔다.

우리는 그의 아파트에서 밤을 보냈다. 나는 밤중에 소파로 건너갔다. 새로운 남성성에는 내가 참을 수 없다고 느끼는 무언가가 있었다. 새로운 팔, 새로운 다리, 새로운 가슴 위의 새로운 털. 구애를 당하는 것은 오랜 갈증 끝에 우물에서 물을 마시는 것과도 같았다. 즉석에서 느낀 친밀함이 나를 우물 속으로 밀어 넣는 것 같았다. 공기가 필요했던 나는 지노의 집으로 가서 킴에게 다시 편지를 썼다.

그로부터 얼마 후, 나는 엄마와 함께 일리노이 주 샴페인에 있는 한 호텔에 있었다. 나는 욕실 서울을 보며 머리를 빗었고, 목걸이의 작은 보석이 줄 위에서 반짝이는 모습과 그것이 멋지게 내 드레스의 요크 위에 놓여 있는 모습을 눈여겨보았다. 사실 나는 거울 속에 비친 내 모습을 아주 관대한 시선으로 응시하고 있었다. 아주 오랫동안 성난 작은 매듭처럼 뭉쳐 있던 피부 표면 아래의 그 모든 작은 근육들이 마치 아주 많은 예쁜 리본들이 풀리듯 스르르 풀렸다. 심각한 갈색 얼굴이 약간은 마음에 들기까지 했다. 그 얼굴은 조명만 제대로 받으면 실제로 꽤 낭만적이기도 했고…… 글쎄 정확히 예쁘다고는 할 수 없지만 '매력적'이었고, 최근 들어 사람들이 내게 자주 말하듯이 '카리스마'가 넘쳐 보였다.

문을 두드리는 소리가 들렸다. 문을 열자마자 시야에 들어온 것은 창백한 마이클의 얼굴이었다. 나는 그의 등장에, 그리고 그를 별로 동정하지 않는 나 자신에게 충격을 받았다. "우리 얘기 좀 하자"라는 그의 말에 나는 "콘서트 끝나면"이라고 간단히 대답했고, "한 번도 만난 적 없는 3천 명의 사람들이 나보다 더 중요하다는 거야?"라는 질문에는 그저 "응"이라고 대답했다. 무대에 오르기 직전에 신경과민 발작이 왔고, 화상실에 있던 사람들을 쉬이 쫓아내고는 비닥에 몸을 웅크려야 했다. 엄마와 나는 결국 웃고 말았다. 왜냐하면 마이클을 본 충격으로 발작을 일으켰다는 것과 함께 나는 여전히 그를 보지 않을 수 없다는 것을 알았기 때문이었다. 콘서트가 끝난 후 나는 마이클의 방에서 그와 밤을 보냈고, 작별 인사를 하려 애썼다. 그는 깊이 뉘우쳤고, 사과했고, 약속을 남발했고, 불안정했고, 지나치게 피곤했고, 찌든 담배 냄새가 났다. 나는 슬립 차림으로 침대 위에 앉아서 내 생각이 창밖으로 날아가는 것을 막으려 애썼고, 목에 걸린 예쁜 목걸이를 손가락으로 만지작거렸고, 내가 그저 몇 시간 더 머무른다면 어쨌든 그도 상처를 덜 받을 거라고 생각했다.

캘리포니아의 집으로 돌아왔을 때, 나는 마땅히 지낼 곳이 없었다. 그래서 '카멜 리버 인'이라는 호텔에 거처를 정했다. 거기에는 따로 작은 별장들이 있었다. 나는 스테레오와 음반과 몇 가지 요리기구와 옷가지를 챙겼다.

킴이 태양 광선처럼 내 인생에 갑자기 다시 등장했다. 나는 그녀에게 별장 뒤쪽에 있는 아주 작은 방을 쓰게 했다. 그녀는 마치 야생동물처럼 그곳으로 숨어 들어갔다. 그녀는 정신과 상담을 받아야 할 시간 동안 새로운 은신처에서 예의 그 우스꽝스러운 모자를 눈 위로 눌러 쓴채 그곳에서 내리 잠을 잤다. 우리는 가브리엘 포레(프랑스의 작곡가이자 오르간 주자—옮긴이)의 레퀴엠과 E. 파워 빅스가 연주하는 바흐, 글렌 굴드가 녹음한 〈골드버그 변주곡〉 그리고 내가 소장하고 있는 50년대 중반부터 현재까지의 로큰롤 히트곡들을 들었다.

"그거 알아요?" 나는 정신과 상담의에게 말했다.

"아뇨, 뭔데요?"

"나는 킴이라는 여자애에 관해 공상을 하곤 해요."

"글쎄요, 그만두는 게 좋겠군요."

"좋아요."

그리고 사흘 뒤.

"내가 당신에게 얘기했던 그 공상들 기억해요? 말씀하신 대로 그만뒀어요. 대신 밤에 꿈을 꾸고 있죠."

"그러면 그것 역시 그만두는 게 좋겠군요."

그리고 1주일 뒤.

"서, 낮에 공상하는 것도 그만두고, 밤에 꿈을 꾸는 것도 그만뒀어요. 이제는 연애를 할까 해요."

그때가 1962년이었다.

"음." 그가 잠시 생각하더니 말했다. "사람들 앞에서는 손을 잡지 말아요."

깊이 흐르는 저수지가 있었다. 여성 전용 수영장이었다. 그러한 서늘하고 사적인 장소들에서 킴과 나는 거리낌이 없었다. 조용하고 저항 없는 바다에서, 그 옆 따뜻한 해변에서, 우리는 길고 긴 안도의 한숨을 내쉴 수 있었고, 우리가 마침내 이해받을 수 있음을 알았다. 우리에겐 오직 부드러운 손길만을 허락하는 하얗고 부드러운 하복부가 있었다. 해변을 따라 "세상에 대항하는 우리들" 사이에 암묵적 동맹이 이루어졌고, 그것이 우리가 신화의 세기로부터 물려받아 우리에게 내재해 온 원한을 씻겨 내 주었다.

나는 킴과 나 자신을 거리를 두고 지켜보려 애썼다. 그러나 킴의 성스러운 부드러움을 생각하고 지켜보면서 거리를 유지하는 일은 점점 더 어려워졌다. 나는 내가 느끼는 것에 대해 혼란스럽지 않았다. 내가 무엇을 느끼는지는 너무도 확실했기 때문이다. 내 혼란의 근원은 내가 무엇을 느끼는지가 아니라 내가 느끼는 것으로 무엇을 할 것인가에 있었다. 내가 원했던 것은 데이지 꽃밭에서 그녀와 함께 누워 그녀를 안고, 또 그녀에게 안겨 아마도 서로 입을 맞추는 일이었을 것이다. 내 환상은 거기까지였다. 내가 겪는 혼란은 주로 다른 사람들이 어떻게 생각할 것인가를 떠올렸을 때 왔다.

킴은 함께 서핑하는 남자 친구를 불러내서 그에게 맥주 여섯 병을 들이마시는 시합을 신청하는 것으로 자신의 혼란에 대처했다. 그녀는 맥주 한 더미를 쌓아 놓고 스테레오 볼륨을 참을 수 없을 정도로 높이고는 방목장의 망아지처럼 그의 앞에서 앞뒤로 내닫곤 했다. 그녀는 로큰롤 사운드에 관한 대화로 그를 억지로 끌어들였고, 병맥주를 꿀꺽꿀꺽 마셨고, 대개 병적으로 흥분했다. 그러다 완전히 취하면 이렇게 말하곤 했다. "좋아, 이리 와." 그러고는 자기에게 혹해 있는 그 가엾고 유순한 젊은이를 밖에 주차되어 있는 그의 차로 이끌었다. 그들은 틀림없이 건초 위에서 뒹굴 터였다. 나는 어째서 그녀가 그와 더불어 자신의 시간을 낭비하는지 이해할 수 없었다. 오후에 우리는 음악을 틀어 놓고 침대 위에서 서로 손도 건들지 않은 채 누워 있곤 했다. 한번은 그녀가 자는 동안, 그녀 옆에 그렇게 누워 있었던 적이 있다. 포레이의 레퀴엠이 끝나 갈 무렵, 천사들이 하늘로 올라가는 소리가 들려오는 것 같았다. 마치 순수한 황금의 빗방울들이 우리 주위로 떨어지고 있는 것처럼 느껴졌고, 나는 감사의 눈물을 흘렸다.

우리는 아쿠아벨바와 베이럼을 사서 진탕 마셨다. 그녀는 잠긴 욕실 문 뒤에서 오랫동안 샤워를 했고, 거대한 증기 구름과 함께 티셔츠와 반바지 차림의 깨끗하고 감미롭고 생기 있는 모습으로 나왔다. 어느 날 나는 그룹 치료 시간에 하이킹 부츠와 무릎까지 올라오는 양말과 무지개 색 멜빵이 달린 반바지와 티셔츠 몇 벌을 겹쳐 입고 헤어밴드를 한 채 나타났다. 의사가 모두에게 내가 어떻게 보이느냐고 물었다. 어떤 사람은 "예술가 같다"고 했고, 어떤 사람은 "행복해 보인다"고 했고, 또 어떤 사람은 "히피 같다"면서 내가 "미친 사람"처럼 보인다고 했다. 그들 모두 옳았다.

어느 날 밤, 우리는 작은 별장의 은밀한 곳에서 아주 가볍고 짧게 입을 맞췄다. 내 핏속에 흐르는 청교도적 기질이 비난하듯 손가락을 흔들며 내 얼굴에 불쑥 모습을 드러냈다. 나는 킴의 눈을 들여다보았다.

"음, 우리가 무엇을 하고 있는지 알고 있니?" 내가 부드럽게 말했다.

"무슨 말을 하는 거예요?"

"글쎄, 내 말은…… 넌 너무 어리고, 때론 내가 마치 너를 네가 이해할 수 없는 무엇인가로 이끌어 가는 것처럼 느껴져서 말이야."

"날 무엇으로 이끌어 간다고요?" 그녀가 벌떡 일어나 모자를 푹 눌러 쓰더니, 가슴이 터질 듯한 목소리로 울부짖으며 문 쪽으로 돌격했다. "그건 더러워요! 당신은 더러워요! 난 몰라요. 모른다고요."

그러고는 15분 동안 그녀는 집 앞 자동찻길에서 사납게 날뛰었다. 격노하고 눈물을 닦아 내고 코를 훌쩍이고 고개를 저으며, 의심과 공포 속에서 자기를 건드리지 말라며 두세 번 저항한 끝에, 그녀는 차를 타고 해변으로 나가자는 내 말에 동의했다. 그곳에서 우리는 치유하는 듯한 소금기 어린 바람 속에서 이리저리 거닐었다. 아니, 차라리 그녀는 성큼 내달았고 나는 걸었다고 해야 정확할 것이다. 나는 그녀에게 말을 걸려 했고, 그녀는 나한테서 도망치려 했다. 그러나 결코 몇 미터 이상은 벗어나지 않았다. 동 틀 무렵, 그녀는 아이답게 상처를 자신의 마음에서 밀어냈고, 얼마 후엔 마치 그런 일이 언제 일어났냐는 듯 지워 버렸다. 만약 내가 그 일을 다시 언급하지 않는다면, 그녀 역시 그러지 않으리라는 것을 알았다. 내가 더러운 늙은 호색녀처럼 느끼지 않게 되는 데는 그보다도 오랜 시간이 걸렸다. 하지만 그것은 전적으로 나의 문제였다.

킴과 내가 마침내 정말로 사랑을 나눴을 때, 그것은 훌륭했고 너무나 자연스러웠다. 나는 의아해졌다. 사회에 대해서, 그리고 나에 대해서 그렇게 안달복달할 일이 뭐람?

나는 카멜밸리의 언덕에 집을 지으려고 건축가를 고용했고, 그가 모든 계획을 짰다. 킴은 어디든 나와 동행했다. 우리는 공공장소에서는 여전히 친구로 통하려고 애썼다. 나는 킴에게 모터사이클을 사 주었고, 우리 두 사람을 위해 각각 도베르만을 한 마리씩 구입했다. 내 것은 암컷이었는데 발육이 나쁘고 지속적인 보살핌을 필요로 해서, 나는 그 녀석을 전기담요를 넣은 통 안에 넣어 데리고 다녔고 어디를 가든 담요의 플러그를 꽂았다. 킴의 것은 아주 팔팔한 수컷이었다.

내 친한 친구 하나가 자동차 사고로 죽었을 때, 킴과 나는 병원에서 살다시피 했다. 우리 두 사람 모두의 친구였던 그의 아내 콜린 역시 쇄골과 갈비뼈가 부러지고 수많은 골절상을 입은 데다 남편을 잃어 낙심한 상태였다. 그녀가 걱정스러웠다. 2주 동안 우리는 병원을 들락거렸다. 킴은 병실 안으로 휙 들어왔다 휙 나가곤 했다. 콜린은 우리를 보며 웃었다. 그녀는 내가 솔직해질 수 있는 유일한 친구였다. 비록 다른 모든 사람들이 어쨌든 알고 있었다 하더라도 말이다.

킴과 나는 콜린을 위해 뭔가 특별한 일을 하기로 결심했다. 우리는 우선 예쁜 실내복을 찾아 아이매그닌 백화점으로 갔다. 그녀의 환자복은 침울해 보였기 때문이다. 우리는 평상시처럼 반바지와 티셔츠와 헤어밴드 차림에 맨발로 의류 매장을 누비고 다니기 시작했고, 곧 금실로 장식된 청록색 인도 비단으로 만든, 바닥까지 길게 내려오는 가운을 걸친 마네킹을 발견했다.

"저건 200달러예요." 판매원이 말했다. "이쪽 선반을 보는 게 나을 텐데요. 가격대가 더 저렴하거든요."

"그런데 아주머니, 거기 있는 옷들은 모두 보기 흉한 걸요." 내가 말했다. "우리는 저 200달러짜리 예쁜 옷이 맘에 들어요." 그녀가 옷을 포장하기 전에, 나는 그녀에게 아이매그닌 상표를 떼어 달라고 부탁했다. 지나치게 생색내는 것처럼 보였기 때문이다.

콜린은 우리가 사 준 옷을 무척 좋아했고, 침대에서 여왕처럼 몸을 일으키고 앉아, 얼마나 이 상황이 정상이 아닌지, 앞으로 뭘 어떻게 하면서 살아야 할지 모르겠다는 심정과 함께, 심지어 이제는 차도 없다고 넋두리를 했다. 킴과 나는 서로를 흘긋 보았고, 병원 문을 나서자마자 파란색 차를 찾으러 황급히 떠났다. 우리는 밝은 파란색 팔콘을 그 자리에서 현금을 주고 샀다. 그런 행동이 물건을 사는 가장 영리한 방법은 아니었지만 확실히 가장 재미있기는 했다. 콜린의 세 아이들에게만 비밀을 알려 준 채, 우리 모두는 병원에서 만났다. 우리는 비탄에 잠긴 여왕에게 침대에서 나와 산책을 좀 하도록 권했고, 그녀를 계단 쪽으로 유인했다. 나는 그녀가 어째서 우리가 모두 동시에 정신이 나가 버렸는지를 의아해하며, 여왕의 비단옷을 입고 물 위를 떠다니듯 걷던 것을 기억한다.

계단 꼭대기에서 우리가 말했다. "좋아, 이제는 정문 쪽으로 가 보자구요." 그때 그녀의 아들이 그녀의 손에 팔콘의 열쇠를 쥐어 주었다. 그녀는 유리 출입문을 통해 보도 쪽에 불법 주차되어 있는 반짝반짝 빛나는 파란색 차를 보고 상황을 이해했다. 우리는 손을 붙잡고 그녀를 밖으로 끌어냈고, 그녀의 주위를 돌며 서로 앞다투어 허튼소리를 지껄여 대면서 어릿광대와 강아지처럼 춤을 추었다. 화장을 하지 않은 그녀의 얼굴은 유령같이 창백하고 고요하고 아름다웠다. 그녀는 우리를 보고 웃음과 울음을 동시에 터뜨리고는 고개를 저으며 생각에 잠겼다. 그리고 나는 그녀가 앞으로도 살면서 내내 이렇게 생각할 거라고 짐작했다. "딕이 여기 있다면 얼마나 좋을까."

두 달이 지났고, 킴과 나는 카멜밸리의 언덕에 있는 집을 임대했다. 그곳은 사진가 브렛 웨스턴 소유의 유리로 만든 집이었다. 골짜기에 있는 내 집은 한창 공사 중이었다. 미미와 작가인 그녀의 남편 리처드 파리나가 근처로 이사했고, 우리는 서로 자주 만났다. 킴의 모터사이클이 산산조각이 나서 새로 사 주었다. 우리는 티셔츠와 반바지와 샌들과 테니스 신발과 부츠로 가득 찬 옷장을 가지고 있었다. 내 동생은 킴과 내가 그냥 친구일 뿐이라고 리처드와 논쟁했다. 아버지와 어머니는 자주 찾아오지 못했다. 부모님이 방문했을 때, 아버지는 눈치채지 못한 듯 보였고, 어머니는 별로 신경 쓰지 않았다. 우리는 디너파티를 열었다. 한편 나는 2년제인 몬터레이대학에서 강의 몇 개를 수강했는데, 수업에 지각하고 중요한 시험에 낙제하고 자물쇠 번호를 잊어버리는 등 되풀이되는 악몽을 극복하기 위해서였다.

나는 킴에게 스포츠카 오스틴 힐리를 사 주었다. 순회공연을 할 시간이 돌아왔을 때, 우리는 몇 가지 결정을 내렸다. 그녀가 나와 동행하되 고등학교 졸업장을 따기 위해 통신교육 과정을 수강하고 내 음반과 영수증을 챙기기로 했다. 우리는 장거리 침대차에서 멋지고 낭만적인 시간을 보냈고, 렌터카를 타고 사막을 가로지르는 길고 험한 드라이브를 즐겼다. 우리는 침대 두 개가 있는 방을 고집했고, 한 침대에서 자곤 했다. 그런 다음 다른 침대에서는 위아래로 방방 뛰어 짓구겨 놓았다. 하지만 그런 정도로 사람들이 속아 넘어가지는 않았을 것이다.

그해 여름, 나는 남부의 흑인 대학에서 일련의 콘서트를 개최했다. 그투어 어디쯤에서 킴과 사이가 나빠졌다. 휴식을 위해 집에 머물러 있을 때, 나는 이 남자 저 남자에게 쉽게 마음을 빼앗겼다. 특히 매일 사이드카가 달린 까만 모터사이클을 몰고, 우리가 가장 좋아하는 아침 식사 장소에 출현하는 훤칠한 금발머리 남자에게. 그 사이드카에는 사납게 생긴 도베르만 한 마리와 검은 고양이 한 마리가 타고 있었다. 그 매력적인 금발은 내 쪽에는 전혀 눈길을 주지 않았는데, 오히려 그것이 몹시 나의 흥미를 끌었다.

어느 날 아침 그 남자가 떠날 준비를 하며 검은색 장갑을 끼고 있을 때, 나는 그에게 천천히 다가가 멋진 도베르만을 쓰다듬어 봐도 되는지를 물었다. 그가 웅얼거리듯 개에게 지시를 내렸다. 개의 이름은 사탄이었다. 사탄은 얌전히 있으라는(말하자면, 날 죽이지 말라는) 지시를 받아서인지 머리를 양처럼 수그린 채 쓰다듬는 것을 허락했다.

"그러면 저 고양이는요?" 내가 물었다.

"새틴이오. 나는 잭이고. 그리고 당신이 누군지도 알아요."

그가 저녁 식사에 나를 초대했고, 킴은 그 멋진 소식에 침실을 엉망으로 만들어 놓는 것으로 반응했다.

"임신이나 하지 말아요!" 현관으로 가는 도중에 킴이 잠시 멈춰 서서 내 쪽으로 몸을 기울인 채 내뱉듯이 말했다.

"그러지 않을 거야, 킴." 가슴이 내려앉는 것을 느끼며 내가 말했다. 그것은 우리가 함께했던 무모하지만 좋았던 시간들의 끝이 시작됨을 의미했다. 그녀는 요란한 소리와 함께 집으로 돌아와 재규어를 몰고 싶다고 말했다. 나는 힐리 정도면 꽤 적당하다며 재규어는 안 된다고 했다. 나는 그녀가 힐리를 타고 집에서부터 감히 멀리는 못 벗어난 채 언덕을 오르락내리락하면서 기어를 맹렬하게 바꾸는 소리를 들었다. 그리고 그녀가 얼마나 상처 입기 쉬운지, 그리고 내가 얼마나 신중하게 행동하고 싶어 하는지를 알았다. 나는 그 정체 모를 낯선 사람과 함께 저녁을 먹으러 갔다.

다시 여행을 하는 중에, 우리는 그녀의 운전면허를 두고 싸웠다. 그녀는 몇 차례 경미한 교통법규 위반으로 면허가 취소되었고, 이제는 뉴욕 면허를 얻기 위해 내가 불법적인 서류에 서명해 주었으면 했다. 내가 거절하자 그녀는 내가 자기를 위해 어떤 것도 하지 않으려 한다고 비난했다. 이런저런 모욕에 대한 대답으로, 나는 그녀의 뺨을 세차게 때렸다. 그녀가 방을 떠났을 때(나로 하여금 평정심을 잃게 만든 데 대해 다소 의기양양해 하며), 나는 오랫동안 생각했다. 그런 다음 그녀에게 가서 이제 우리의 관계를 끝낼 때라고 솔직하게 말했다. 왜냐하면 이제 관계는 수명을 다했고, 만약 우리가 서로에게 지나치게 많은 상처를 주지 않는다면 나중에라도 다시 친구가 될 수도 있을 테니까. 킴은 훌륭했다. 그녀는 자존심이 대단했다. 자신의 비통한 마음을 위엄 있게 받아들이려 했고, 자신의 물건들을 챙겨서 즉시 떠났다. 나는 그녀가 어디로 가는지 확신하지 못했다. 그녀는 친구들에게 간다고 말했고, 나는 그녀에게 얼마간의 돈을 주었다. 우리는 97번가와 리버사이드 드라이브의 모퉁이에서 차갑고 매서운 바람을 맞으며 오랫동안 포옹했다. 나는 커다란 외투를 입고 더러운 뉴욕 보도 위에 떨어진 무언가를 줍기 위해 몸을 구부리던 그녀를 기억한다. 그것은 아마도 그저 작은 종이거나 티켓 같은 것이었을 텐데, 그녀는 바람에 계속 달아나던 그것을 자신의 발 아래 잡아 놓은 뒤 와락 잡아채 올리더니 소매로 코를 훔치고는 가 버렸다.

1972년에 나는 버클리대학 신문사에서 온 젊은 리포터와 이야기를 나누고 있었다. 그는 내게 이성애자인지를 물었다. 나는 아무 생각 없이 이렇게 대답했다. 만약 10년 전에 했던 연애를 포함한다면, 나는 양성애자라고. 그가 쓴 기사가 인쇄되어 나오고 나서야, 나는 그가 우리 집에서 대어를 낚아 갔음을 깨달았다. 공정하게 말하자면, 그는 우리가 논의했던 다른 사안들에 대해서도 썼고, 성애 문제는 그 문맥 안에서 거론했다.

다음 날 아침, 데이비드와 내가 헤어졌을 때 게이브의 양육을 거들어 주던 좋은 친구인 게일이 침실 안으로 머리를 쑥 들이밀더니 이렇게 말했다. "신문사에서 사람이 왔는데, 혹시 누구한테 레즈비언이라고 말한 적 있어?"

"꺼지라고 해." 그게 나의 대답이었다.

30분 후 게일이 다시 나타나 말했다. "한 명은 거실에, 또 한 명은 마당에 와 있어."

나는 한숨을 쉬고 옷을 차려입었다. 제기랄, 이 상황에서 어떤 여자가 잠옷 차림으로 그들을 맞아 주다니 아주 잘된 일이군(레즈비언이라고 소문이 난 마당에 게일이 잠옷 차림으로 그들을 맞이했으니 오해가 더 커지겠다는 의미이다—옮긴이).

당시 그들에게 대답한 것과 마찬가지로 만약 지금 똑같은 질문을 받는다 하더라도 나는 이렇게 말할 것이다.

나는 스물두 살 때 한 소녀와 연애를 했다. 멋진 경험이었다. 그것은 내가 한 남자와의 연애를 아주 불행하게 마무리한 뒤, 부드러움과 이해가 필요했을 때 벌어진 일이었다. 사람들은 우리들 모두의 내면에는 동성애적 기질이 있다고 말하기를 좋아한다. 그리고 나는 내 안의 동성애가 그 당시에 발현되었고 그 덕분에 내가 모든 사람들에게 차갑고 신랄하게 되는 것을 막아 주었다고 생각한다. 나는 서서히 나아졌고, 킴과의 연애 이후로는 다른 여자와 연애한 적이 없으며, 또 그러고 싶은 욕구를 의식적으로 가진 적도 없다.

그런데 나의 공상은 어떠한가?

왈츠, 삼바, 스윙 그리고 탱고를 출 수 있는 누군가가 리무진을 타고 와서 나를 커다랗고 고풍스러운 티파티 댄스장으로 데려간다. 나는 까만 벨벳 브이넥 이브닝드레스 차림에 클립으로 고정되는 라인석 귀걸이와 라인석 목걸이를 하고 있으며 은색 댄스화를 신고 있다. 우리는 프랑스어와 영어를 반반 섞어 가며(영어만으로도 충분하지만) 세계정세에 관해 지적인 대화를 나눈다. 그리고 중간에 차를 마시기 위해 잠깐씩 쉬면서 근사하고 멋지게 춤을 춘다. 춤이 끝났을 때, 그가 나를 집으로 데려다 준다. 그가 파리에 있는 자신의 아내에 대해 말하는 동안, 나는 자동차 핸들 위에 얹힌 하얀 장갑과 백미러에 비치는 리무진 운전기사의 검은 눈을 바라보며 그 순간을 즐긴다.

지난날의 바람들

오늘 아침, 산뜻 흐린 하늘에도 불구하고 세탁물을 밖으로 가지고 나가 원형 빨랫줄에 빨래를 널고는 밝은 빛깔의 빨래집게로 고정시켰다. 몸집이 큰 독일산 셰퍼드와 자그마한 쉘티가 자기들에게 공을 던져 주길 바라며 내 발 주변에서 춤을 췄다. 내가 노란 빨래집게를 향해 손을 뻗었을 때, 개들이 빨래 바구니를 뒤집어엎었다. 나는 그들을 부드럽게 야단치기 시작했고, 수건과 양말들을 집어 올리기 위해 몸을 숙였다. 돌아온 내 손이 반짝였다. 손은 아직 세공하지 않은 보석들로 가득 차 있었다. 내가 이슬을 피하기 위해, 입고 있던 청치마를 획 잡아당기며 엎어진 바구니 위로 몸을 구부리려 하자, 내 목이 오랫동안 잊고 있던 한 가지 기억을 고통스럽게 와락 붙잡았고, 눈물이 빠르게 내 얼굴을 타고 내려와 자신만의 빛으로 반짝이는 에메랄드들 위로 떨어졌다. 석류석과 사파이어도 있었고 루비도 있었다. 그리고 다이아몬드도 있었다.

10년 전 나는 당신에게 커프스단추를 사 주었지.

당신은 내게 무언가를 가져다주었어.

추억이 무엇을 가져올 수 있는지는 우리 둘 다 알고 있지.

추억은 다이아몬드와 러스트를 가져온다네.

Ten years ago I bought you some cufflinks

You brought me something

We both know what memories can br지ing

They bring Diamonds and Rust.

다만 그것은 10년이 아니라 20년 전의 일이었다. 나는 코를 훔치며 일어섰고, 빨래한 것을 널었다.

내가 밥 딜런을 처음 만난 건 1961년 그리니치빌리지의 '저즈 포크 시티'에서였다. 그다지 인상적이지는 않았다. 귀밑까지 내려오는 머리에 앞 머리카락이 곱슬곱슬했던 그는 도시에 사는 시골 사람처럼 보였다. 그는 연주를 할 때 펄쩍펄쩍 뛰었고, 들고 있는 기타 때문에 몸이 왜소해 보였다. 그는 낡아서 색이 바랜 데다 두 치수나 작은 가죽 재킷을 입고 있었다. 볼은 아직 젖살이 가시지 않은 듯 여전히 부드러웠다. 그러나 그의 입은 아주 멋졌다. 부드럽고 관능적이고 어린애 같고 신경질적이고 과묵했다. 그는 자신의 노래를 만들고 자신의 노랫말을 내뱉었다. 노랫말은 날카롭지도 고르지도 않았지만 독창적이고 참신했다. 그는 엉뚱하고 새로웠으며 말로 표현할 수 없을 만큼 지저분했다. 공연이 끝난 뒤 그는 내 테이블로 안내되었고, 우리에게는 '만남'이라는 역사적인 사건이 시작되었다. 그는 예의 바르게 웅얼거리며 미소를 지었고 즐기는 듯한 표정으로 긴장하여 그곳에 서 있었다. 나는 포크 현장의 늙은 미망인이 된 듯한 느낌으로 셜리 템플을 한 모금 마셨고, 마이클이 사라져 버리기를 바랐다. 나는 바비(밥 딜런의 애칭—옮긴이)에 관해 신나게 이야기할 수 있는 자유를 원했다. 하지만 마이클의 의심 많고 심문하는 듯한 시선 밑에서는 그렇게 할 수가 없었다. 이 남자가 비범하고 사람들의 마음을 움직인다는 데는 의문의 여지가 없었다. 그러나 그는 그저 이제 막 내 관심을 조금 끌기 시작했을 뿐이었다.

내가 밥에 대해 기억하는 다음 이미지는 어느 날 밤에 저즈 포크 시티의 문간에서 본 모습이다. 내 동생 미미가 어디 있는지를 묻는 그의 얼굴은 코듀로이 역무원 모자 밑에서 창백했다. 그가 미미에게 관심을 갖는 것에 내심 질투가 났다. 하지만 그럭저럭 웃으면서 그를 놀릴 수 있었다. 그는 무척 왜소해 보였고 몹시 어려 보였다. 나는 그보다 고작 6개월 먼저 태어났지만, 그의 엄마뻘 되는 것처럼 느껴졌다.

빅서에 있는 집으로 돌아왔을 때, 동부 해안 친구들 가운데 몇 명이 내게 앨버트 그로스먼이 밥 딜런에게 접근했으며 밥이 '크게' 성공할 거라는 얘기를 했다고 말해 주었다. 나는 회의적이었다. "엘비스 프레슬리보다 더 크게"라고 그들이 말했다. "웃기고 있네"가 나의 대답이었다. 웅얼거리는 콧소리로 툭툭 내뱉듯이 노래하던 그 멋대가리 없는 추레한 녀석이 떠올랐다. "그러게." 그들 가운데 한 명이 계속 말을 이었다. "돈을 얼마나 벌어들일 건지에 대한 이야기가 나왔을 때 딜런이 가장 먼저 한 일이 뭔지 알아? 혼자서 구석으로 가더니 자기 친구들이 누가 될지 목록을 끼적이더래. 만약 자기가 부자가 된다면, 알아 두어야 할 테니까." 나는 그냥 웃었다. 하지만 작아서 몸에 꽉 끼는 재킷을 입은 반항적으로 생긴 촌뜨기가 돈에 관심을 갖고 있다고는 상상하기 힘들었다.

지금 난 낙엽이 흩날리는 풍경 속에 당신이 서 있는 걸 보고 있어요.
당신 머리칼 위에 눈이 쌓였군요.
지금 우리는 그 초라한 호텔 창문을 내다보며 미소를 짓고 있죠.
워싱턴 광장 너머…….
Now I see you standing with brown leaves falling all around
and snow in your hair
Now we're smiling out the window of that crummy hotel
over Washington Square…….

워싱턴 광장이 내려다보이는 그 허름한 호텔은 하룻밤에 12달러였다. 룸서비스도 없었고, 마약중독자들과 마약 밀매꾼들, 전환 과정에 있는 성전환자들, 젊은 알코올중독자들 그리고 뉴욕 거리의 수상한 하층민들의 단골집이었다. 그곳에 있으면 내가 마치 '비트족'이라도 된 듯 느껴졌고, 밥은 자기 집처럼 편안해했다. 나는 밥에게 품이 낙낙한 검은색 정장 재킷을 사 주었는데, 대체로 잘 맞았다. 그는 경계하는 듯했지만, 흰색 셔츠와 거칠고 불투명한 보라색 암석으로 만든 커프스단추 한 쌍에도 굴복하고 말았다. 나는 사랑에 빠지는 중이었다.

우리는 방에서 각자의 이력에 관해 인터뷰에 응하고 있었다. 어쩌면 그날 오후야말로 내가 밥을 가장 가깝다고 느꼈던 때가 아닌가 싶다. 신만큼이나 연륜 있는 눈을 한 그는 겨울 잎처럼 연약했다. 그는 자기 몸보다 큰 재킷을 입고 새 커프스단추를 한 채 소파 위에 앉아 몸을 한시도 가만두지 못하는 어린아이였고, 나는 그의 엄마였다. 그러나 나는 또한 영적인 누이이자 동료 무법자였다. 그가 잭이라면 나는 퀸이었다. 우리는 지하의 쌍둥이 스타였다. 우리는 그리니치빌리지에서 함께 빈곤

속에서 지내며 신화를 살아 나가고 있었다. 우리는 바람 부는 거리들을 돌아다녔고, 맥두걸 거리에서 늦은 아침을 먹었다. 우리가 내쉰 숨은 하얀 구름이 되어 섞인 뒤 공기 중에 걸렸다. 그리고 내 입장에서 엄밀하게 말하자면, 우리 둘은 그때 그 자리에서 죽을 수도 있었다.

밥은 즉각적이고 놀라운 이미지들로 저속하게 말했다. 그리고 그가 보는 것의 대부분은 그의 눈으로만 볼 수 있는 것들이었다. 그가 사람들에게 털어놓는 생각들은 대개 미완성이었다. 수년 전, 매사추세츠의 숲길을 걷고 있을 때, 나는 등 없는 의자에 앉아 한 손으로는 무릎에 놓인 커다란 화판을 붙잡고 다른 손으로는 그 위에다 맹렬하게 그림을 그리고 있는 한 여자를 우연히 만난 적이 있다. 그녀는 이따금씩 위를 올려다보며 나무들을 유심히 관찰했다. 나는 그녀에게 인사를 건넸고 그녀의 창작품을 잠시 눈여겨보았다. 그림 속에는 악귀, 괴물, 뱀 그리고 고야 풍의 올가미처럼 생긴 눈들이 가득 차 있었다. 나는 호기심을 억제하지 못하고 바보 같은 질문을 했다. "무얼 그리고 있나요?" 그녀가 흘긋 올려다보더니 물결 모양의 나무들을 손으로 가리키며 기분 좋게 말했다. "오, 그저 제 눈에 보이는 것들이요." 나는 밥이 가지고 있는 환상들 가운데 가장 온건한 것이라고 해봐야 천문학적인 속도로 질주하는 미친 환각의 세계일 거라고 상상했다.

그가 다정하게 구는 일은 드물었고, 곤경에 처한 사람들을 위해 손을 내미는 일도 거의 없었다. 하지만 이따금씩 다른 아웃사이더들, 히치하이커들, 부랑자들에게 갑작스럽게 관심을 드러내기도 했고, 그들이 보살핌을 받는지 일부러 살펴보기도 했다. 그는 사람들의 마음을 움직였고 보호 본능을 자극했다. 그는 말로 표현할 수 없을 만큼 흰 손을 끊임없이 움직였다. 그의 손이 담배를 입으로 가져가는가 싶더니 목에

난 털을 사정없이 잡아당겼고, 그러다 담뱃재가 재킷 위로 우수수 떨어졌다. 그는 자신의 생각과 이미지들의 중심에서 기능하는 것처럼 보였다. 그리고 마치 미친 사람처럼 그 생각과 이미지들에 의해 삼켜졌다.

그의 유머는 건조하고 사적이고 근사했다. 때때로 그는 낄낄 웃기 시작했다. 한 번에 조금씩, 그의 입술이 진심에서 우러나는 미소에서 당혹스러운 듯 비죽이 내밀었다가 이내 일자로 꼭 다물곤 했다. 그러다 경련이 일어난 듯 웃음이 비어져 나오면서 다시 미소가 되었고, 때로는 씩 웃다가 웃음으로 이어졌다. 나는 그가 자신의 별스러운 상상 가운데 하나를 나와 공유하려 할 때, 혹은 내게 어떤 가사 구절이 무엇을 의미하는지 물을 때 항상 우쭐한 기분이 되었다. 내 기억이 정확하다면 그는 이렇게 말했던 것 같다. "제기랄, 대체 당신은 그걸 어떻게 알았지?" 한번은 그의 요청으로, 그리고 그를 즐겁게 해주기 위해 한 곡 전체를 해석해 주었다. 그는 깊은 감명을 받은 표정으로 이렇게 말했다. "있잖아, 내가 뒈지면 사람들이 내 노래들을 가지고 빌어먹을 해석을 하네, 어쩌네, 하겠지. 그들은 빌어먹을 쉼표 하나까지 해석하려 들 거야. 근데 그치들은 그 노래들이 무얼 의미하는지 몰라. 제기랄, 나도 모르는데, 뭐."

우리가 함께 노래하고, 웃고, 희롱하고, 정신 나간 짓을 하고, 이야기하고, 영화를 보고, 모터사이클을 타고, 잠을 자는 시간들은 앞으로도 많이 예정될 터였다. 하지만 그리니치빌리지에서 함께한 그날 이후로 나는 그와 그저 함께 있다는 자연스러움을, 우리가 서로에게 행동하고 말한 어떤 것도 사후에 비판하거나 경계하지 말아야 한다는 서로 간의 이해하는 마음을 다시는 느끼지 못했다. 그날 이후로 계속, 우리는 마치 태풍의 눈으로부터 거칠게 몰아치는 바람 속으로 천천히 이동해 나가는 것 같았다. 태풍의 눈에서 벗어나 첫 번째 세찬 바람에 두들겨 맞는 순간, 그 충격 때문에 내 손에서 그의 손이 떨어져 나가 버렸다.

바비는 뉴욕 우드스톡에 있는 앨버트 그로스먼의 집을 봐 달라며 나와 미미와 그녀의 남편 딕(리처드) 파리나를 초대했다. 딕과 밥은 글을 썼고, 미미는 노래를 하면서 주부 노릇을 했으며, 나는 공연 다니는 사이사이 그들과 어울렸다. 밥은 350트라이엄프 모터사이클을 갖고 있었는데, 나는 그것을 타고 숲과 비포장도로를 돌아다녔고, 때론 그의 뒤에 타고 함께 달렸다. 우리가 우드스톡에 머물던 그달의 대부분을, 밥은 방구석에 있던 타자기 앞에 서서 적포도주를 마시고 담배를 피우면서 몇 시간 동안 무자비하게 자판을 두들겼다. 한밤중에도 잠에서 깨어 툴툴대며 담배를 잡아챘고, 다시 타자기 쪽으로 비틀거리며 갔다. 그는 전신 수신기에서 자동으로 찍혀 나오는 수신용 테이프처럼 노래들을 만들어 냈고, 나는 그가 그것을 쓰자마자 재빨리 훔쳐 읽었다.

할 수만 있다면, 나는 우드스톡에서 바비와 보낸 시간들에 대한 용솟음치는 열정을 결코 드러내려 하지 않았을 것이다. 그런데 나는 그것을 집으로 보내는 편지에서 발견했다. 그 편지에 딸린 흥미로운 다른 편지와 함께.

1964년 여름

사랑하는 엄마

이건 아빠한테 보여 주지 않는 게 좋겠어요. 바비 딜런이 쓴 편지거든요. 지난달, 전 바비와 매우 가까워졌어요. 우린 정말 재미있었죠! 이것저것 모든 게요. 아무튼 제가 말했어요. "오늘 엄마에게 편지를 쓸까 해." 그러자 그가 펄쩍 뛰어오르더니 말했어요. 자기가 내 흉내를 내서 편지를 쓰겠다고요. 그리고 저더러 거기에 서명해 주겠다고 약속하래요. 약간 음란한 내용이에요. 그는 한 시간 동안 편지를 쓰며 낄낄댔어요. 그는 아름다워요. 저한테 아름다운 외투와 드레스와 귀걸이도 사 줬어요. 그와 함께 있으면 마냥 즐거워요. 우리는 서로가 자유를 원한다는 걸 이해하기 때문에 서로를 결코 구속하지 않아요. 그저 좋은 감정과 실없는 웃음과 충만한 사랑뿐. 저는 그의 비범한 재능을 즐겨요.

음반 녹음이 끝났고, 한 달 안에 나올 거예요. 책도 곧 출판될 거구요. 혼자 집으로 갈 생각이에요. 이번 여행 내내 재미있었어요. 대부분의 시간을 바비와 함께 보냈죠. 하지만 잠시 다시 혼자가 되고 싶고, 아이라하고도 시간을 보내고 싶어요. 제가 도착할 때쯤엔 제 집이 다 지어져 있겠죠. 덴버에서 비틀스를 만날 예정이에요. 저는 그들을 정말 좋아해요. 그런 다음 기차를 타고 집으로 갈 거예요. 혼자 있으면 좋을 거예요. 바비는 매우 훌륭한 사업가예요. 그는 제게 LA에 사는 사업 고문의 명함을 줬어요. 제 빌어먹을 변호사들, 매니저들 등등을 다루는 데 도움이 될 거라나요. 그들은 좀 죄어칠 필요가 있으니까. 바비는 자신의 일들을 놀랍도록 잘 처리해요. 엄마는 짐작도 못할 거예요. 그는 정말 똑똑해요. 모든 것이 근사하죠. 미미와 딕은 그렇게 근사하진 않아요. 하지만 그럴 때도 있고 이럴 때도 있는 거니까요. 제 집이 완성되면 바비가 와서 얼마 동안 저와 함께 지낼 거라고 생각해요. 하지만 그는 9월 8일에 순회공연을 시작해요. 우리가 얼마나 재미있게 지내는지 보시면 엄마도 기쁘실 거예요. 전 그를 정말 사랑해요.
사랑해요. 사랑해요.

사랑스런 조애니

사랑하는 엄마

저예요. 저는 우드스톡의 앨비 삼촌네 집에 있어요. 정말 좋은 집이
죠. 엄마도 여기 와 보셔야 할 텐데. 수영장도 있고, 없는 게 없어요. 저
는 엄마도 아시는 그 사람이랑 함께 있어요. 딕과 미미도 근처에 있지만
엄마도 아시는 그 사람이 저를 붙잡은 이후로 거의 보지 못했어요. 엄만
절 믿어 주셔야 해요. 저는 계획했던 대로 관리인의 집에서 지내려고 했
어요. 그러니까 저는 모든 준비가 되어 있었죠. 어쨌든 미미랑 제가 시내
에 도착하자마자 처음 한 일은 그곳에 가는 거였어요. 엄마도 아시다시
피 저는 피곤해졌고 이미 정오가 지났는지라 잠을 좀 자야겠다 싶어 글
쎄 침대에 들어갔는데, 맙소사 제가 담요를 젖혔더니 세상에 이불 밑에
누가 숨어 있지 않겠어요? 그래요, 바로 그 사람이에요. 그러니까 엄마
가 절 믿으실지 안 믿으실지 모르겠지만 신에게 맹세코 그가 베게 밑에
공처럼 몸을 말고 있더라니까요. 엄마, 저도 완전 놀라 자빠져서 일단 미
미를 소리쳐 불렀어요.

미미가 복도로 뛰어 내려왔지만 그게 무슨 소용이 있겠어요? 엄마도
아시는 그 사람은 그저 천천히 일어나 바닥으로 뛰어내리더군요. 엄마,
그는 머리칼을 허리 아래까지 치렁치렁 늘어뜨린 채 마치 1년 동안 목
욕을 안 한 것처럼 고약한 냄새를 풍기는 구질구질한 스웨터를 입고 있
었어요. 정말이지 끔찍했어요. 제 말은, 그러니까 심지어 그 쿠바인 알프
레도조차 나중에 이렇게 말했다더군요. "맞아, 정말 끔찍하군." 아무튼
미미는 그곳에 있는 그를 보더니 몸을 돌려 달아났어요. 엄마, 그 애가
그냥 내빼더라니까요. 들어 보세요, 글쎄, 엄마도 아시는 그 사람은 전혀
시간을 낭비하지 않았어요. 그는 무슨 석기시대 사람이라도 되는 양 나

를 침대 위로 던졌어요(그는 나흘 정도 면도도 안 했다구요. 엄마, 맹세코 나흘이요). 엄만 제가 얼마나 피곤한 상태였는지 아시잖아요. 그러니까 제 말은, 제가 저항할 처지가 아니었다는 거예요. 그리고 그가 무슨 말인가를 하고 있었는데, 저는 한마디도 못 알아듣겠는 거 있죠. 그러니까 제가 어떤 영화에서도 그런 말은 들어 본 적이 없다는 거죠. 그는 "헤이, 이리 와, 이리 와"를 반복하고 또 반복했어요. 음, 엄만 절 잘 아시죠? 제가 이전에 들어 보지 못한 새로운 것들에 대해서라면 사족을 못 쓰는 거요. 그 사람이 저를 좌우하거나 뭐 그랬다고 생각하시진 마세요. 엄마, 전 그저 함정에 빠진 거예요.

어쩌면 그 두 번째 정신과 의사의 말이 옳았는지도 몰라요. 전 제 자신에 대해 잘 알지 못하나 봐요. 어쩌면 그가 "조애니, 내 사랑, 당신은 그저 당신 자신을 몰라"라는 그의 말은 옳았는지도 몰라요. 어쨌든 엄마도 아시는 그 사람이, 더 나은 표현을 찾기가 힘든데, 이제 막 저를 덮쳤어요. 그것은 어떤 해적이 무서운 속도로 돛대를 휘감아 내려오는 식은 아니지만 그래도 좀 이상해요. 그는 정말로 눈 깜짝할 사이에 저를 손에 넣었단 말이죠. 글쎄, 엄마라면 어떻게 하시겠어요? 저는 모든 수단과 방법을 동원해서 저항했어요. 정말 끝까지 저항했단 말이에요. 그 빌어먹을 코를 물어뜯고, 급소를 차고, 그의 배꼽에서 피가 나올 때까지 목 뒤를 손톱으로 할퀴었죠. 엄마, 제가 그의 귀에 얼마나 바람을 세게 불어 넣었는지, 아 글쎄, 그의 눈이 튀어나오는 줄 알았다니까요. 하지만 그때 그가 그 얼간이 같은 짓을 하더라고요. 제 말은, 그가 여전히 "이봐, 이리 와, 이리 와"라고 중얼거리더라니까요.

그런데 이번엔 그가 시를 읊기 시작했어요. 제가 그의 팔꿈치를 할퀴고 꺾으려 할 때 그가 저를 '라모나'라고 부르기 시작했어요. 맹세코 처음엔 전 그게 무슨 게임인 줄 알았어요. 그는 계속해서 "애쓸 필요 없어"라느니, "존재하다"라느니 같은 말들을 했고, 맹세코 심지어 뛰어난 시골의 입술 어쩌고 했다니까요. 엄마, 저는 싸울 수가 없었어요. 제 말은, 그저 싸울 수가 없었다고요. 그래요, 마치 정신이라도 잃은 것처럼요.

그래요, 그리고 전 여기서 깨어났어요. 한 달 동안 공연을 하지도 못했죠. 매니가 끊임없이 전화하고 있어요. 승리자가 된 그놈이 계속 수화기에 대고 웃기는 목소리로 "아니, 그녀는 여기 없어"라고 말했죠. 엄마도 아시는 그 사람은 "모든 게 다 괜찮아"와 "아무 문제없어"라는 말만 반복하고 있어요. 그래요, 자, 이제 전 가야 해요. 엄마도 아시는 그 사람이 영화를 제작하고 있는데, 준비하는 동안 제가 자기 이마를 문질러 주길 원해요. 전체적으로 모든 게 괜찮은 것 같아요. 집은 잘 진행되고 있어요. 참, 전 제 차를 엄마도 아시는 그 사람에게 양도했어요. 그래요, 그가 말했어요. 그래야만 물건을 소유하는 데서 오는 걱정거리가 사라질 거라고요. 뭐, 제가 생각하기에도 그런 면이 조금은 있는 것 같아요. 전 사실 그리 많이 신경 쓰진 않았을 테지만요. 하지만 아무튼…… 그 사람이 그 차를 팔았어요. 그가 그렇게 하는 게 더 낫겠대요. 왜냐하면 이제 제가 운전하게 해 달라고 그를 성가시게 조르지 않아도 되니까요. 엄마, 그는 세상에서 가장 질 나쁜 운전자거든요. 제 정신과 담당의는 그를 싫어해요. 하지만 그건 또 다른 이야기이고, 그것에 대해선 나중에 다시 편지 쓸게요.

자, 그럼 안녕히 계세요.

추신.

메이너드 솔로몬이 안부 전하래요.

그리고 엄마가 언제쯤 돌아올 건지 계속 물어봐요.

좋아, 안녕.

제 걱정은 마세요.

오, 또 추신!

전 저의 아주 조그마한 사진을 줬어요.

엄마가 아는 그 사람에게요.

그는 그걸 자신의 차 안에 붙여 놓았죠.

엄마, 전 괜찮아요.

제발 제 걱정일랑 하지 마세요.

모든 것이 지나가고 모든 것이 변해요.

오, 엄마, 엄마, 전 당신을 너무 사랑해요.

오 엄마!

브라이스와 폴린에게 안부 전해 주세요.

오오! 여기 엄마도 아시는 그 사람이 오고 있어요.

엄마에게 편지 쓰는 모습을 그에게 들키고 싶지 않아요.

이제 그만 써야겠어요.

사랑해요.

조애니

밥이 가진 카리스마는 그에게 사실상 사생활이라는 걸 허락하지 않았다. 모든 사람들이 그의 측근이 되고 싶어 했고, 뭔가 재기 넘치는 말을 해서 그를 웃기고 싶어 했으며, 나중에 그들이 그 순간을 되새기며 자신을 특별하게 느낄 수 있도록 어떤 식으로든 그의 흥미를 끌고 싶어 했다. 비록 나는 점점 커져 가는 딜런 팬들의 세계에서 사람들이 탐낼 만한 위치에 있었지만, 나 역시 똑같은 마음이었다. 그는 우리 모두가 추구하는, 아주 드문 순간들을 제외하고는 우리 모두와 일정한 거리를 유지했다.

나는 밥에게 집착하지 않는 한 사람이 되길 소망했다. 하지만 나의 소유욕은 지독했다. 어느 날 저녁, 나와 미미와 딕 그리고 몇몇 다른 친구들과 더불어 음식점에서 식사를 하고 있을 때, 밥이 맞은편에 앉아 있는, 가장 나중에 도착한 순례자의 애원하는 듯한 시선을 포착했다. 밥이 그녀의 시선을 맞받아 응시하자, 미미와 나는 두 마리의 성난 늙은 암탉처럼 꼬꼬 울면서 그 가엾은 여자의 창백한 안색과 가련하고 약간은 제정신이 아닌 듯한 표정, 그리고 판에 박힌 듯 볼품없는 옷차림에 대해 이것저것 헐뜯기 시작했다. 나는 밥이 취하면 걸신들린 듯 음식을 먹어 댄다는 것을 알고 있었다. 그래서 그의 방황하는 눈이 충혈되고 흐려질 때까지 그의 잔을 채우고 또 채웠다. 그런 다음 그에게 디저트를 권했다. 그가 디저트 한 접시를 끝내자마자, 나는 또 다른 접시를 그의 턱밑에 들이밀었다. 그러면 그는 마치 그것이 사라져 버리기를 바라는 것처럼 다소 쓸쓸한 표정으로 포크를 가져갔다. 그러고는 그것을 먹었고, 더 많은 포도주와 커피와 함께 그것을 삼켰다. 마침내 그 여자가 밥의 점점 더 빈번한 응시에 반응하여 날 듯이 테이블을 가로질러 와서는 아무런 예의도 차리지 않고 우리 테이블에 앉았다. 그러고는 의자 속으로 꼴사납게 주저앉으며 시선을 그에게 고정시켰다. 그는 취했고 우쭐했고 역겹고 무례했다.

나는 이중으로 격분했다. 반은 밥이 그 여자에게 관심을 갖는 것에 대한 질투였고, 나머지 반은 그 여자가 밥에게 관심을 갖는 것에 대한 질투였다. 대개는 나를 향하던 숭배의 시선이 이제는 내 옆자리에 앉은 주정뱅이에게 향하는 걸 보았을 때 생긴 분노였다. 나는 화장실에 가서 씨근거렸고, 미미는 밥에게 화를 터뜨렸다. 다음에 기억나는 일은 내가 뒷골목으로 나와 밥을 기다렸다는 것이다. 나는 그가 나를 찾으러 나와서 "미안해. 대체 무엇에 씐 건지 모르겠어. 내가 정말로 원하는 건 당신과 함께하는 것뿐인데, 내가 어떻게 그렇게 바보 같을 수 있었는지" 따위의 멋진 말을 해주길 바랐다. 그런데 그는 그저 배가 아파 죽겠다는 둥, 대체 자기가 무얼 먹은 거냐는 둥 쓸데없는 소리만 되풀이했다. 나는 그에게 먹은 것을 말해 주었고, 그가 가엾게 느껴지기 시작했다. 바위처럼 딱딱한 배가 그의 티셔츠 아래에서 부풀어 올랐고, 그는 비참해 보였다. 그래서 결국 나는 그를 집까지 태워다 주었다. 나는 매번 모퉁이를 돌 때마다 그가 내리기도 전에 커스터드 파이 두 개와 피칸 퍼지 케이크 하나를 토해 낼 거라고 확신했지만, 그는 잠이 들었고 코를 골았다. 나는 그를 깨워 일으켜서 침대로 들어 옮기다시피 해야 했다. 그는 곧바로 순진한 얼굴로 곤히 잠들었다.

1963년 8월에 나는 순회공연을 했고, 4년 전에 밥 깁슨이 나를 위해 그랬던 것처럼 나의 콘서트에 바비를 초청했다. 당시 내 콘서트에는 1만 명이나 되는 관객이 모였다. 나의 작은 방랑자를 내 무대 위로 끌고 올라가는 것은 굉장한 실험이자 도박이었다. 물론 결국엔 그와 내가 이기긴 했지만. 밥에 대해 들어 본 적이 없는 사람들은 종종 그에게 몹시 화를 냈고, 그가 자신의 날것의 이미지들과 무도함과 유머의 곡조들로 세계 최고의 결혼 상대자인 여가수의 명랑하고 쾌활한 곡조를 방해하려 할 때면 그에게 야유를 퍼붓기도 했다. 나는 그 무례한 자들에게 마치 교사라도 된 듯 손가락을 흔들면서, 이 젊은이는 천재이니 노래를 한번 음미해 보라고 권유했다. 그들은 들어 주었다.

공연을 다니던 중, 하루는 밥과 함께 호텔 주차장에 도착해서 그에게 체크인을 해 달라고 부탁했다. 안내 데스크에 도착했을 때, 나는 따뜻하게 환영을 받았다. 하지만 밥은 호텔 측으로부터 불쾌한 시선을 받고 있었다.

"내 친구가 묵을 방이 있나요?" 내가 물었다. 그들은 방이 없다고 대답했다.

밥은 로비 맞은편에 있는 스탠드 재떨이 주위를 기웃거리고 있었다. 예술가적인 눈에는 그가 시인처럼 보일 테지만, 훈련되지 않은 이들의 눈에 그는 차라리 부랑자로 보였다. 나는 보호 본능과 더불어 격렬한 분노가 치밀었다. 나는 호텔 경영진에게 만약 딜런 씨를 위해 '정말 좋은 방'을 내주지 않으면 다른 곳으로 가겠다고 말했고, 그제야 그들은 서둘러 방 하나를 마련해 주었다. 나는 밥에게 사과했고, 그는 전혀 개의치 않는다고 대답했다. 하지만 그날 저녁 콘서트가 끝났을 무렵, 그는 〈당신의 배가 들어올 때〉(When Your Ship Comes In)라는 제목의 노래를 완성했다. 그것은 원한과 격분에 찬, 강하면서도 서정적인 노래였다.

나는 밥이 쇼맨십에 반하는 퍼포먼스에서 보여 준 것과 같은 카리스마를 실제로 경험한 적이 없다. 무대 위의 그의 모습에서는 이상하게도 그 장소와 어울리지 않는 어떤 쓸쓸함이 있었다. 심지어 지금도 그는 20년 이상의 경력을 지닌 로큰롤 가수이고, 그의 한마디 말이나 한 번의 찌푸림만으로도 매니저와 관중, 경호팀 그리고 공연 스태프들을 혼자서 통제할 수 있지만, 조명이 켜지고 관객들이 기대에 차 함성을 지를 때면 그는 관객을 등진 채 하모니카를 한두 번 불안하게 만지작거리면서 힘겹게 무대에 오른다. 그가 관객과 마주할 때, 그는 차라리 어두운 거실에서 체스를 두고 싶어 하는 것처럼 보인다. 어떤 면에서는 정말 그럴지도 모른다.

이따금 그는 지독히 행복해 보였다(훨씬 나중에 1975년 '롤링 썬더 레뷰' 투어에서처럼). 모자를 밝은색 꽃으로 장식하면서 행복해했고, 무대 위로 경쾌하게 걸어 나오면서 행복해했고, 관객과 만나는 걸 행복해했다(나는 그가 시력이 좋다고는 생각하지 않는다. 언젠가 순회공연을 하는 동안 베를린의 한 수영장에서 그와 이야기를 나눈 적이 있다. 그는 내가 앉아 있겠거니 생각한 쪽으로 시선을 가늘게 뜨고 쳐다보았다. "나 여기 있어, 밥." 나는 내 왼쪽에 있는 의자 몇 개를 가리키며 말했다. 그는 내가 가리키고 있는 쪽을 가는 눈으로 넘겨다보았다. "당신, 얼마나 멀리 볼 수 있지?" 그가 모자 달린 실내복 차림으로 그곳에 섰을 때 내가 물었다. "오, 안과 의사가 그러는데 내 눈이 점점 나아지고 있대." "밥, 얼마나 멀리 볼 수 있느냐고!"). 한동안 그는 밝은 색상의 스카프를 두르고 얼굴을 하얗게 분칠했으며, 밴드를 향해 씩 웃고 메이크업 뒤에서 스스로에게 미소를 지었으며, 관객에게 우스갯소리를 하곤 했다. 관객은 그의 말들이 마치 산 위에 세워진 신성한 판석에서 막 솟아 나오기라도 한 것처럼 그것들은 해독하려고 애썼다. 나는 그가 모든 사람들을 향해 스스로 어처구니없는 농담을 즐기고 있다고 생각했다. 하지만 그건 중요하지 않았다. 그의 노래는 강렬했고, 연주자들은 매혹적이었으며, 무대는 광란의 서커스였다. 롤링 썬더 투어에서 나는 그의 공연을 결코 놓치지 않았다. 내가 생각하기에 그의 공연의 핵심은 강렬함과 노랫말이었다.

밥이 '일렉트릭 사운드로 전환하기' 전에는, 그저 그와 기타 그리고 계통 없고 장엄하면서도 신비로운 노랫말뿐이었다.

밥이 자신의 소맷자락 위 수많은 금덩어리들을 흔들어 떨어내듯 비어 있는 페이지 위로 떨어뜨리던 그 가사들은, 영묘하지만 고풍스러운 발라드로부터 나를 데리고 나와 1960년대의 컨템퍼러리 음악 현장으로 인도하기 충분한 노랫말들이었다. 적어도 한 번 이상, 나는 무대 위에서 노래를 하다 말고 중간에 말한 적이 있다. 그 느낌이 그토록 강했던 것이다. "할 말이 있어요. 하지만 그게 무엇인지는 몰라요……. 그것은 이 가엾은 우리의 낡은 세계와 관련이 있을 거예요." 그러고는 그 노래를, 동정심과 인간적 고투의 깊이와 관심을 전달하고자 했지만, 어느 면에서는 지나치게 개인적이어서 점점 더 시대의 절박한 사안들과는 거리가 먼 것처럼 느껴지는 그 발라드를 마저 불렀다. 내가 처음 〈신은 우리 편에〉(With God on Our Side)를 콘서트에서 불렀을 때, 밥은 나와 함께 공연하는 중이었다. 나는 그 곡의 가사를 간신히 암기한 상태였고, 공연장은 매우 더웠다. 내 등허리의 잘록한 부분으로 땀이 흐르고 있었고 무릎 뒤에도 땀이 흘러내렸다. 나는 긴장했고 흥분했고 들뜬 상태였다.

그때까지 나의 음악과 깊은 사회적 관심사들을 통합한 노래들은 〈지난밤에 매우 이상한 꿈을 꾸었네〉(Last Night I Had the Strangest Dream)와 〈우리 승리하리라〉 그리고 흑인 영가 몇 곡이었다. 밥의 노래들은 정의와 불의의 개념들을 갱신하려는 의지 같았다. 설사 정의에 관한 것이 아니라 하더라도, 그의 이미지와 사회 현상에 대한 거부 때문에, 그의 노래들은 국내에서 점점 증가하는 사회·정치적인 문제들에 대한 반감을 표현하고 있다고 생각하게 만들었다.

〈시대가 변하고 있다네〉(The Times They Are A-Changin')만큼 우리의 세대를 잘 대변할 수 있는 노래는 없을 것이다. 인권운동이 만개했고, 이 나라를 갈기갈기 나누고 상처 입히고 수백만 명의 사람들에게 돌이킬 수 없는 상흔을 남긴 그 전쟁이 거대한 폭풍처럼 다가오고 있었다. 전쟁이 시작되면, 나는 수천 명의 사람들과 더불어 그것에 대항하는 전쟁을 시작할 터였다. 우리는 밥을 다른 것들에게 잃게 되었지만, 최초의 공식적인 총탄이 발사되었을 때 우리의 무기고를 노래들로 채워 준 것은 밥이었다. 〈거센 비〉(Hard Rain, 미사일이나 폭격을 의미한다─옮긴이), 〈전쟁의 명수들〉(Masters of War), 〈시대가 변하고 있다네〉, 〈신은 우리 편에〉 그리고 마지막으로 〈바람만이 알고 있다네〉(Blowin' in the Wind)는 60년대를 살아남아 독일 보이스카우트의 캠프파이어 노래에서 하얏트하우스 뮤직 파티 연주곡으로, 또한 전 세계의 사회적 양심을 노래하는 가장 잘 알려진 송가가 되었다. 밥 딜런의 이름은 60년대의 급진적인 운동과 떼려야 뗄 수 없는 관계가 되었고, 좋든 싫든 역사책에서 그는 저항과 사회변혁의 지도자로 통하게 되었다. 짐작컨대, 그는 어느 쪽이든 별로 개의치 않을 것이다.

1980년대인 지금도, 비뚤어진 심상으로 장식된 아름다운 사랑 노래 〈안젤리나여, 안녕〉(Farewell, Angelina)이라는 한 곡만으로도 4만 명에 달하는 프랑스 축제를 즐기는 관객들을 60년대의 의미 있는 시절로 돌아가게 하고, 그들에게 힘을 갖고 있다는 느낌을 주기에 충분하다. 왜냐하면 몇 분 안에 그들에게는 "모든 일들이 일어날 테고" 삶이 목적을 가진 듯 보일 것이고, 모든 사람들이 변화를 일구어 냈던 그 시절의 꿈의 일부가 될 것이기 때문이다.

그리고 그건 말이야, 사랑하는 밥, 그렇게 나쁘지 않아.

나는 우드스톡을 떠나 카멜밸리의 집으로 갔어. 당신은 얼마 뒤 그곳으로 와 머물 계획을 세웠지. 나는 당신과 미미, 딕의 배웅을 받으며 기차에 올랐고, 나중에 당신이 기차역에서 곧장 공중전화 박스로 가서 사라를 불러냈다는 말을 들었어. 사라라는 사람이 존재한다는 사실조차모른 채 나는 추억과 노래, 얼마간의 환멸, 그리고 앨버트 집의 벽장에서 발견한 파란 나이트가운(당신은 내가 그걸 가져도 된다고 말했지)을가지고 행복하게 떠났어. 12년 뒤, 마침내 사라를 만나 친구가 되었을때, 우리는 그 원조 방랑자가 우리에게 양다리를 걸치던 시절에 대해 몇시간 동안 이야기를 나눴지. 나는 사라에게 이렇게 말했어. "밥은 선물을 많이 해주는 편은 아닌 것 같아요. 그런데 한번은 내게 초록색 코르덴 외투를 사 준 적이 있어요. 그리고 우드스톡 집에 있던 예쁜 파란색나이트가운을 내가 가져도 된다고 했죠." 그러자 사라가 말하더군. "오!그게 어딜 갔나 했더니."

당신이 카멜밸리로 왔을 때, 우리는 캐너리로에 있는 커피하우스에갔고, 빅서 해안을 오르락내리락하며 드라이브를 했고, 200달러를 주고 업라이트 피아노를 샀지. 당신은 타자기를 허리 높이의 어도비 벽돌구조물 위에 올려놓고 언덕을 마주한 채 커다란 부엌 창문 앞에 서 있었어. 그때 당신이 쓴 곡들 가운데에는 〈사랑은 그저 네 글자의 단어〉(Love Is Just a Four-Letter Word)와 〈해티 캐럴의 외로운 죽음〉(The Lonesome Death of Hattie Carroll)이 있었지. 어느 날 저녁, 당신은 말을 하는 동안 내가 만든 스튜에서 고기만 골라 먹었어. 다른 사람몫으로는 채소와 감자만 남겨 두었지.

당신과 나는 그 여름 내내 '우리의 미래'에 대해 장난스럽게 이야기를나눴어. 심지어 아이 이름도 지었던 거 기억해? 아마 섀넌이라는 이름이었던 것 같아. 내 기억으로는 어느 날 당신이 내게 전화를 했어. 당신이 우드스톡으로 돌아간 뒤의 일이었지. 수화기 너머로 파티가 벌어지고 있는 것 같은 소음이 들려왔는데, 당신이 결혼 어쩌고 하면서 웅얼거렸어. 내가 "싫어" 하고 말했던 게 기억나. 그건 구혼이 아니었어. 그건 아마도 두 사람의 인생을 결혼으로 애매하게 결합시키는, 우리가 즐겨했던 장난과 게임의 애매한 연장이었을 거야. 내 기억으론 그래. 당신은 분명 다르게 기억하겠지. 기억이라는 걸 하고 있다면 말이야.

그해 여름 일어나거나 일어나지 않았던 일에도 불구하고, 우리는 1965년 3월과 4월에 미국의 단기 콘서트 투어에서 함께 노래하기로 계획했다. 매니가 포스터를 책임졌는데, 그것은 우리 두 사람 모두에게 승인을 얻어야 했다. 경비는 정확히 반으로 나누기로 했고, 에릭 폰 슈미트가 도안한 포스터 디자인이 마침내 승인되었다. 밥의 머리를 내 머리보다 약간 더 높게, 그리고 내 이름을 그의 이름보다 약간 더 높게 하여, 어쨌든 처음 딱 보기에 어느 한 사람이 다른 사람보다 더 부각되지 않도록 했다.

매진 사례에다 격찬하는 논평이 쏟아지는 등 우리의 공연은 하나의 사건이었다. 공연 시간은 정확히 반으로 나뉘어졌다. 오프닝 공연과 마무리 공연은 함께했고, 전반 40분 공연은 내가, 중간 휴식 후 후반 40분 공연은 밥이 했다. 우리는 즐거운 시간을 보냈다. 차로 오랫동안 여행했고 대단한 공연을 했으며 비틀스를 만났다.

〈집에 쓴 편지〉

사랑하는 모두들

때로는 내가 너무 운이 좋아 어이가 없을 지경이야. 그 아름다운 비틀
스와 만나고 이야기 나누고, 아니 그들과 그저 같은 방에 함께 있을 수
만 있다면 자신의 오른팔과 다리를 기꺼이 내놓을 사람들이 적어도 만
명은 될 거야. 내 느낌 역시 그리 많이 다르지는 않았다고 해야겠지. 알
고 보니 나는 보도진들에 의해 비틀스의 기자회견장으로 안내된 거였
어. 그들이 그곳에 있는 나를 발견하고 만나기를 요청했고, 나는 그들의
'공연'을 무대에서 지켜보았어. 그리고 그들과 함께 그들의 리무진을 타
고 공연장을 떠나 경찰차와 모터사이클의 호위를 받으며 호텔까지 갔어.
나는 그들과 함께 그들이 묵는 방으로 올라갔고 끔찍하게 시끄러운 파
티를 할 거라고 상상했지만, 그들은 모두를 내보내더군. 존 레논, 폴 매
카트니, 조지 해리슨, 링고 스타, 이렇게 우리 다섯은 새벽 세 시까지 그
저 둘러앉아서 킥킥 웃고 장난치고 노래를 불렀어.

나는 명성과 관심, 밥과의 교제를 사랑했다. 하지만 곧 우리의 진짜
차이점들이 드러났고 우리 관계를 지배하기 시작했다. 한번은 내가 그
에게 어떻게 해서 〈전쟁의 명수들〉 같은 곡을 쓰게 되었느냐고 물었다.
"그게 잘 팔릴 거라는 걸 알았지"가 그의 대답이었다. 그땐 그의 대답
을 믿지 않았고 지금도 믿지 않는다. 나는 사회 변화에 대한 그의 적극
적인 참여가 노래 만들기에 한정되어 있다고 생각한다. 내가 알기로는,
그는 결코 시위를 하러 나간 적이 없다. 확실히 그는 결코 어떤 식의 시
민적 저항도 한 적이 없다. 적어도 내가 아는 한에선 말이다. 나는 언제

나 그가 그저 책임을 원하지 않는다고 느꼈다. 한번은 그가 〈전쟁의 명수들〉을 불러 달라고 요구하는 어린 관객들에 관해 내게 말한 적이 있다. "그들은 나를 내가 아닌 어떤 것으로 여겨." 그러고는 농담을 했고, 나한테 그들과 '모든 것들'을 알아서 처리해 줄 것을 부탁했다. 나는 그에게 최선을 다하겠다고 말했다.

우리는 어딘가 밖에 나와 있었다. 나는 우리의 길이 제각기 갈라져 서로 다른 방향으로 가고 있는 현실을 괴로워하며 풀잎을 홱 잡아당겼다. 내가 우리를 다르게 만드는 게 뭐냐고 그에게 물었다. 그가 말했다. "간단해. 당신은 당신이 무언가를 변화시킬 수 있다고 생각하지만, 나는 아무도 그럴 수 없다는 걸 알지." 나는 그의 생각에 화가 났다. 어쩌면 그는 평화의 퀸인 나와 대비시켜 로큰롤의 킹이 되려 했는지도 모른다.

어느 날 우리는 공연이 시작되기 전에 먹을 것을 사러 나갔다. 밥은 내가 '구토 재킷'이라고 이름 붙인 옷을 대기실 옷걸이에 걸어 놓은 채로 나갔다. 나는 그가 온 마음을 다해 아끼는 그 혐오스럽고 너무 작아 몸에 꽉 끼고 낡아빠진, 이제는 시중에 판매되지도 않는 그 영국 재킷 말고 뭔가 다른 옷을 입게 만들려고 무던히 애를 써 오던 중이었다. 나는 일시적으로 이겼음에 틀림없다. 우리가 햄버거를 먹으러 갔을 때, 그는 다른 옷을 입고 있었으니까. 그리고 우리가 돌아왔을 때, 그 재킷은 사라지고 없었다. 나는 마음이 몹시 언짢았다. 밥은 얼굴이 빨개져서 195센티미터 거구의 흑인 경비에게 "당장 꺼져 버려!" 하고 비명을 질러 댔다. 그 경비는 슬며시 자리를 피했다. 밥이 나를 향해 계속해서 소리를 질러 댔다. 그의 얼굴이 일그러지고 핏줄이 튀어나오고 눈 가장자리가 빨개졌다. 나는 침착함을 유지하면서 그에게 말했다. "내게든 세상의 어느 누구에게든 결코 그런 식으로 말하지 마. 난 내 대기실에 있을 테니까 리허설할 준비가 되면 알려 줘." 나는 방에서 나갔다. 구경하던 사람들에게는 내가 힘의 기둥처럼 보였겠지만 내 속은 엉망이었다. 리허설 때 밥은 괜찮았다. 그리고 그의 공연은 굉장했다. 나는 공연이 끝난 후 나름 재기발랄한 논평을 했다. 그의 공연이 평소보다 훨씬 더 훌륭한 걸 보니, 그가 종종 화를 낼 필요가 있겠다고 말이다. 그러자 그가 자기는 화가 나지 않았으며 이전에도 결코 화를 낸 적이 없다면서 또다시 폭발했다.

우리가 유럽으로 떠날 때쯤에는 서로에 대해 무언가를 알게 되었다. 밥은 나를 자신의 영국 투어에 초대했고, 나는 감격했다.

때때로 나는 생각해. 1965년 봄의 그 영국 투어에서, 당신은 모든 현실로부터 떨어져 나왔다고. 당신은 찬사로 뒤덮였고, 병적으로 흥분한 팬들에게 쫓겼고, 자유주의자와 지식인들, 정치인들, 언론의 관심을 한 몸에 받았으며, 나 같은 바보들의 진심 어린 숭배를 받았지. 나는 당신이 결코 진짜로 회복했다고 생각하지 않아. 당신은 나를 초청했어. 나는 당신이 함께 무대에 올라 노래하자고 초청한 것으로 짐작했어. 그것이 내게 얼마나 멋진 일이었을지 당신은 알아? 나는 미국에 당신을 소개했지. 그리고 그 호의를 돌려받는 것은 자연스러운 일일 뿐만 아니라 당신의 투어 직후에 이루어지는 나 자신의 투어를 위해 완벽한 도움이 되었을 거야. 그런데 명백히 그것은 당신의 계획에 없던 일이더군.

우리가 히드로 공항에 착륙했을 때, 나는 당신한테서 멀찍이 떨어져 있겠다고 결심했어. 이것은 분명히 당신의 기회니까. 당신은 전형적인 딜런식 기자회견을 했지. 커다란 백열전구를 가지고 장난을 치고 대답 아닌 대답으로 보도진을 당혹케 했어. 그런 대답들 가운데 어떤 건 유쾌하고 재미있기도 했지만. 당신 주변으로 사람들이 쇄도했고, 당신은 문 쪽으로 향했지. 그리고 눈 깜짝할 사이에 당신은 주위를 둘러보았고, 나를 보았고, 손을 뻗었어. 내가 그 덧없는 순간과 애원하는 듯한 몸짓을 상상했었냐고? 당신은 상처 입기 쉬운 야생동물처럼 보였지. 당신의 팬들이 당장이라도 당신을 게걸스레 꿀떡 삼킬 것만 같았어. 하지만 나는 그 순간에 당신의 손을 잡는 것이 부적절하다고 생각했어. 그래서 수많은 트위드 재킷과 레인코트들이 당신을 삼켰을 때, 나는 고개를 젓고 격려하듯 웃는 얼굴로 뒤에 물러나 있었지. 나는 우리가 나중에 언젠가 이야기를 나눌 수 있으리라고 생각했어. 모든 분위기가 가라앉고 당신이 그저 조용히 차 한잔을 원하게 될 때 말이야.

그것은 결코 조용히 가라앉지 않았지. 그리고 도대체 어째서 당신은 나와 조용히 차 한잔하는 걸 원하지 않았던 거지? 그들은 당신을 신으로 여겼어. 나는 당신을 내 친구로 여겼지. 당신과 무대 위에 함께 서고 싶었고, 그 성공과 흥분을 함께하고 싶었어. 당신은 그 투어가 온전히 당신의 것이 되기를 바랐지. 만약 내가 모든 이성을 잃을 정도로 망연자실하지 않았다면, 나는 런던브리지를 조용히 방문한 후 귀국 비행기를 탔을 거야.

그 투어 내내 나를 그런 성가신 존재로 만들었던 건 사랑이 아니었어, 밥(확신컨대 당신은 내가 불행하다는 것조차 모르고 있었겠지만). 그것은 절망이었어. 나의 짧지만 기념비적인 성공의 이력에서 처음으로 누군가가 내 모든 무기를 내 눈 앞에서 훔쳐 갔어. 나는 그저 하릴없이 죽치고 있어야 했고 아팠어. 우리 두 사람 모두의 친구이자 당신의 여행 동반자이며 나의 자살 통제 센터인 뉴워스가 없었다면, 나는 완전히 무너져 버렸을 거야. 어느 날 밤, 나는 울면서 뉴워스의 방으로 갔어. 그는 내 어깨에 팔을 두르고 내 볼과 턱으로 엄청나게 흘러내리는 눈물을 닦아 주었지. 그리고 내게 짐을 싸서 집으로 돌아가라고 간청했어.

"하지만 밥이 날더러 와 달라고 부탁했단 말이야. 그가 내게 부탁했다고." 내가 항변했어.

"알아, 하지만 그는 너한테 무슨 일이 벌어지고 있는지 전혀 알지 못해. 모르겠어? 밥은 그저 저기서 실을 잣고 있고, 그것을 혼자 하길 원해."

어느 날 아침, 대규모의 수행원들이 리버풀로 향하는 리무진 안으로 우르르 몰려 들어가고 있었다. 모두들 어디에 앉아야 하는지 몰라서 우왕좌왕했다. 밥은 어느 누구에게도 함께 앉자고 하지 않았다. 나는 그가 요청한 어떤 새로운 초대 손님을 염려했고, 밥에게 대놓고 물었다. "당신은 오늘 아무개가 당신 옆에 앉아야 한다고 생각하지 않아?"

밥의 얼굴이 곧바로 불쾌감으로 흐려졌다. "여기 앉아야 한다고? 여기 앉아야 한다고? 그들이 어디에 앉든 빌어먹을, 내가 전혀 상관할 바 아냐. 각자 알아서 앉으라고 해." 그는 무리들이 각자 우왕좌왕하도록 남겨 둔 채 리무진 안으로 들어갔다. 나는 그의 뒤를 따라 차에 올랐다. 그가 일간신문 더미를 집어 들더니 혼자 읽기 시작했다. 그의 시선이 내가 인터뷰한 부분에 가닿았다. 그때 나는 상황이 좋지 않았고, '진짜 밥 딜런은 어떤 사람이냐'는 질문을 받았더랬다.

나는 순간적으로 정직하게 대답할까를 고민하며 머릿속으로 이런저런 말들을 만지작거렸지만, 이내 마음을 고쳐먹고 간단하게 말했다. "밥은 천재예요."

"이게 대체 뭐야?" 밥의 기분이 흐려지고 있었다.

"뭐가 대체 뭐라는 거야?"

"당신이 내가 천재라고 말했다는데, 그게 대체 무슨 뜻이냐고!" 나는 짐짓 침착한 표정을 지어 보였다.

"그건 다른 어떤 말도 생각나지 않을 때 하는 말이야, 로버트."

"당신이 어떻게 뻔뻔하게 나를 천재라고 부를 수 있는 거야?"

"그럼 당신은 내가 정말로 생각하는 걸 곧이곧대로 말했어야 한다고 생각해?"

때때로 나는 내가 정말로 그에게 무슨 일이 벌어지고 있는지를 아는 유일한 사람이었다고 생각했다. 그 첫 번째 투어에서 밥은 극도로 버릇이 나빠졌다. 그는 사보이 호텔 벽에 사진들을 붙여 놓고 음식을 산더미처럼 주문하여 자기 주위에 쌓아 놓게 했는데, 그 모든 비용은 앨버트가 부담했다. 방 안에는 그가 타자기에서 과일껍질 벗기듯 써 내는 새로운 노랫말들을 칭찬하는 아첨꾼들로 가득 찼다.

나 역시 아첨꾼이었다는 사실을, 그땐 미처 깨닫지 못했다. 나는 여전히 함께 노래하자는 요청을 받으리라는 희망에 필사적으로 매달려 있었다. 내가 노래하는 것을 듣고 싶다는 영국 젊은이들의 요청이 있었음에도 불구하고(그를 지나치게 보호하는 그의 스태프들은 결코 그 말을 밥에게 전달하지 않았을 것이다), 나는 초청되지 않았다. 나는 상처를 입었지만 여전히 성깔 있는 여왕이었다. 오래전에 왕좌에서 물러났지만 이빨로 권력에 대한 꿈을 꼭 붙들고 있었다. 어느 날 밥은 우연히 들른 어떤 이국적인 음식점에서 저녁 식사를 한 뒤 탈이 나 침대에 드러누웠고, 그것으로 그 투어는 끝이 났다.

나는 런던에서 나만의 콘서트를 열었다. 표는 모두 매진되었다. 하지만 그걸 즐기기에는 몸이 좋지 않았다. 특히 남아 있는 수행원 거의 대부분이 호텔에서 밥과 함께 머물러 있었기 때문에 더욱 그랬다. 그 첫 번째 콘서트 이후로도 수많은 콘서트들을 성공적으로 치러 낼 터였지만, 당시의 나로서는 알 수 없는 일이었다. 나는 내가 나 자신의 일과 엄청난 수의 추종자들과 나만의 목소리를 갖고 있다는 점을 잊고 있었다. 영국과 유럽의 수많은 팬들이 지난 5년 동안 나를 응원해 왔고, 그 원조 방랑자에 대해서는 전혀 신경 쓰지 않는다는 것을 그때는 떠올리지 못했다.

밥은 나를 자신의 방으로 초대한 적이 없었다. 하지만 나는 어쨌든 간에 선물을 주기 위해 그의 방으로 찾아갔다. 내가 로열 앨버트홀에서 데뷔하는 모습을 보기 위해 런던에 와 있던 어머니와 아버지가 나와 함께 갔다. 밥에게 줄 파란색 비엘라 셔츠를 들고, 나는 초대받지도 예고하지도 않은 채 그의 방문을 두드렸다. 방문 두드리는 소리에 대답한 사람은 사라였다. 나는 이전에 그녀를 한 번도 본 적이 없었다. 그녀는 밥을 간호하기 위해 왔고, 알고 보니 다른 모든 사람들은 그녀가 거기 있다는 사실을 내가 모르게 하려고 조심하던 터였다. 그녀는 사랑스러운 얼굴에 침착하면서도 미심쩍은 듯한 표정을 띄운 채, 나한테서 그 포장된 선물 꾸러미를 받았다. 그러고는 커다란 검은 눈을 깜박이며 고맙다고 부드럽게 말한 후 문을 닫았다.

3장

지평선을 보여 주세요

Joan Baez

1

멤피스의 검은 천사

"누군가가 마틴을 깨워야 해요."

"그 누군가가 나는 아니겠지요, 안 돼요.(웃음)"

"사람들이 벌써 거의 두 시간 넘게 교회에서 기다리고 있다고요. 누군가는 그를 깨워야 해요. 이렇게 계속 자도록 내버려 둘 순 없어요."

"글쎄요, 그는 침대 위에 몸을 던진 자들 가운데 가장 피곤에 지친 늙은 검둥이야. 그러니 난 그를 깨울 수 없어요."

"존, 당신은 어때요? 그에게 노래 한 소절이라도 불러 주면서 좀 부드럽게 깨워 봐요."

"나요? 그를 깨우고 싶지 않은 건 나도 마찬가지라고요!"

나는 미시시피 주 그레나다의 흑인 구역에 있는 소박한 집의 침실로 안내되었다. 그 집에는 마틴 루터 킹 주니어와 그의 수행원 몇몇이 머물러 있었다. 아이라와 나는 그곳 아침 식사 모임에서 그들과 합류했다. 1966년 가을이었다. 문이 내 뒤에서 조용히 닫혔다. 나는 몇 초간 기다렸다가 그의 얼굴이 향해 있는 침대 옆쪽으로 걸어갔다. 그는 죽은 듯이 곯아떨어져 있었다. 너무도 평화로워 보여서 아주 조그마한 소리도 내고 싶지 않았다. 새하얀 베갯잇이 검은 머리에 눌려 움푹 패어 있었다. 그는 커다란 초콜릿 천사 같았다. 나는 그를 좀 더 자세히 보려고 몸을 구부렸다. 꼭 감긴 아이다(베르디 오페라 〈아이다〉의 여주인공인 에티오피아의 왕녀―옮긴이)와도 같은 눈이 위로 비스듬히 기울어져 있었고, 속눈썹은 완전한 곡선을 이루며 위로 휘어져 있었다. 짙고 숱 많은 눈썹은 부드러운 갈색 피부 위에서 윤곽이 뚜렷했다. 주름은 없었다. 유명한 작은 콧수염은 이 나라가 배출한 가장 훌륭한 웅변가의 커다랗고 잘생긴 입술 위로 돌출되어 있었는데, 그 입술은 대낮의 잠이 행사하는 중력에 의해 축 늘어져 있었다.

나는 다시 침대의 다른 쪽 측면으로 돌아가 팔걸이에 풀을 먹인 하얀 장식 냅킨이 덮인 낡은 의자 위에 앉았다. 그리고 작은 목소리로 노래하기 시작했다.

나는 가난한 슬픔의 순례자
이 넓은 세상을 홀로 여행하네…….

나는 브링엄 교회의 한 소프라노한테서 배운 대로, 특별한 리듬 없이 길게 이어지는 자유 형식의 음조를 사용해서 불렀다.

내일을 위한 어떤 희망도 없지만
천국을 내 집으로 만들려 애쓰고 있다네.

그 초콜릿 색 작은 언덕은 움직이지 않았다.

때론 흔들리고 때론 밀리기도 한다네, 오오.

선율이 높이 날아올랐다.

때론 어디로 가야 할지 모른다네, 음.
하지만 왕 예수가 계신다는 걸 안다네, 오오.
그리고 천국을 내 집으로 만들려고 애쓴다네.

그 초콜릿 덩어리가 내가 앉은 의자를 마주할 때까지 몸을 굴렸다. 내내 커다랗고 유쾌한 신음 소리를 내면서.

"천사의 노랫소리라고 믿었어요. 한 곡 더 불러 줘요, 존…… 음, 아름답군." 그는 졸린 듯이 미소를 짓고 있었는데, 내가 다음 소절을 시작할 때쯤엔 표정이 다시 사라졌다. 나는 교회에서 그를 기다리고 있는 사람들이 걱정되었다. 하지만 나는 그저 노래를 계속했다. 마침내 앤디 영이 문을 살짝 열고 고개를 들이밀더니 반쯤 미소를 지으며 말했다. "알아봤어야 했는데." 우리는 함께 신의 검은 사자를 깨워 일으켜 또 다른 도시의 군중에게 가서 말씀을 설교할 수 있도록 커피를 잔뜩 먹었다.

그의 연설을 얼마나 사랑했던가. 때때로 나는 내가 현장에 있을 때 그가 더 열렬하게 비폭력에 관해 연설했다고 생각한다. 그는 그저 "비폭력!"이라고 외쳤을 뿐인데 내가 그와 함께하는 사람들 무리처럼 변했다고 언젠가 그가 언급한 적이 있기 때문이다. 열여섯 살도 되지 않은 나이에 내 마음을 사로잡은 현상이 나타났는데, 그 주인공인 두 명의 성인 가운데 한 명을 만나고 알고 함께 일할 수 있는 축복을 얻은 것은 기적 같은 일이었다. 그 현상은 인도에서 마하트마 간디가 혁명적인 정치 도구로 세계에 소개하고, 다시 마틴 루터 킹이 미합중국에 들여온 급진적인 비폭력 개념이었다.

간디는 말했다. 인도가 해야 할 일은 영국의 총구 앞에 놓인 인도 사람들을 해방하는 것이며, 동시에 영국의 총구 뒤에 놓인 영국인들을 해방하는 것이라고. 똑같은 규칙이 미국 남부에도 적용되고 있었다. 그럴 수 있었던 주된 이유는 킹이 백인들도 자신의 형제들이라고 진정으로 믿었기 때문이다. 나아가 추종자들이 적어도 그의 말을 믿고 비폭력의 수단을 완강하게 고수할 만큼 충분히 그를 사랑했기 때문이다.

1963년에 킹이 워싱턴에서 "내겐 꿈이 있습니다"라는 그 유명한 연설을 했을 때, 나도 그곳에 있었다. 그날은 엄청난 날이었고, 그날에 관해서는 수없이 묘사되어 왔다. 나는 단지 이 말만을 하고 싶다. 내 마음에 걸린 훈장들 가운데 하나는 내가 그날 그 자리에서 노래했다는 이유로 나 자신에게 수여한 것이었다고. 뙤약볕 아래서, 나는 원조 무지개 연합(인종적·민족적·문화적 배경이 다른 소수파의 연합 정치 세력을 비유적으로 표현한 말—옮긴이)을 마주한 채 35만 명의 군중을 이끌며 〈우리 승리하리라〉를 선창했다. 그리고 친애하는 킹 박사가 준비해 온 연설문을 제쳐 두고 자신을 도구 삼아 천둥 치듯 신의 숨결을 토해 낼 때, 나는 그의 곁에 있었다. 나는 내 머리 위로 자유를 보았다. 그리고 그것이 사방으로 울려 퍼지는 소리를 들었다.

내가 남부에 처음 간 것은 1961년의 일이다. 나는 정기 콘서트 투어 중이었고, 공민권운동(civil rights movement)에 대해서는 거의 아는 바가 없었다. 그것은 어쩌면 내가 아직 마이클로부터 진짜 세계로 이동하지 못했기 때문일 것이다. 하지만 공연장 어디에도 흑인들은 보이지 않았고, 설사 그들이 왔다 해도 출입이 허락되지 않는다는 사실을 알게 되었다. 그다음 여름에 나는 만약 흑인들이 공연장에 들어오는 것이 허락되지 않는다면 노래를 부르지 않겠다는 내용을 계약서에 명기했다. 공민권운동은 계급과 정신에서부터 팽창하기 시작했다. 나는 남부로 돌아왔고 어쨌든 내 콘서트에 흑인들이 오지 않았음을 발견했다. 그들은 나에 대해 한 번도 들어 본 적이 없었기 때문이다. 우리는 지역 NAACP(전국흑인지위향상협회)에 전화해서, 그들이 한 번도 들어 본 적이 없는 누군가를 도와 공연장에서 인종차별 철폐를 위해 자원봉사할 수 있는지를 문의했다. 그때쯤 나는 〈오, 자유〉(Oh, Freedom)와 〈우리 승리하리라〉를 부르고 있었고, 인종차별 철폐 투쟁에 완전히 동조되어 있었다. 그 정도의 수준에 만족하지 못한 나는 다음부터는 흑인 학교에서 노래를 부르리라 결심했다. 설사 내가 흑인들에게 알려져 있지 않다 하더라도, 학생들은 단순히 호기심에서든 지루함을 달래기 위해서든 내 노래를 들으러 올 것이다. 1962년, 약간의 협상 끝에 매니는 심남부 지역 네 개의 흑인 대학들을 포함하는 투어 계획을 짰다. 나는 그곳에 매니와 킴과 함께 갔다. 그 대학들 가운데 가장 기억할 만한 곳은 앨라배마의 버밍햄에 있는 마일스대학일 것이다.

우리는 킹 박사와 그의 수행원들과 함께하기 위해 이틀 정도 일찍 도착했다. 우리는 그들과 더불어 백인과 흑인이 모두 투숙할 수 있는 유일한 곳인 개드스톤 모텔에 머물렀다. 버밍햄은 시위와 시민불복종(civil disobedience) 운동이 잘 조직되어 있었다. 그리고 우리는 다음 며칠에 대한 기대로 몹시 들떠 있었다.

일요일 아침에 우리는 침례교 예배당으로 갔다. 그 젊은 설교자의 예배당에는 신도들이 가득 들어차 있었다. 그의 설교는 "자정에 노래 부르기"라고 불렸다. 사람들이 일어나 신념을 표명했다. 그들은 천국에 대해 이야기하는 대신 자유를 위해 감옥에 가는 것에 대해 말했다. 한 여자가 일어나, 자신과 다른 엄마들은 아이들이 감옥에 가는 것을 두려워하지 말아야 한다고 말했다. "우리에게 남은 길은 감옥에 가는 일밖에 없으니까요. 갇히는 것은 부끄러운 일이 아니라고 나는 늘 배웠어요. 아니고말고요. (신을 찬양하라!) 우리의 위대한 지도자 마틴 루터 킹 박사의 예를 본받아 감옥에 가는 것은 오히려 영광입니다!" 킹의 이름이 언급되자, "그래요…… 그럼요, 암!"이라는 커다란 동조의 목소리들과 긍정의 끄덕임과 울음소리와 콧노래가 시작되더니 예배당 전체에 울려 퍼졌다. 갑자기 성가대가 노래를 하기 시작했고, 통로 맞은편의 한 노인이 "행복에 겨워 정신을 잃고" 뻣뻣해졌다. 바스락 소리가 나는 흰옷을 입은 네 명의 여자들이 그를 밖으로 옮겼다. 그들은 그에게 연신 부채질을 해주면서도 노래를 이어 갔다. 나는 창피한 줄도 모르고 눈물에 흠뻑 젖었다. 옆에 있던 킴이 몸을 떨기 시작했다. 몸집이 크고 사랑스러운 한 흑인 여자가 와서 킴이 입은 블라우스의 윗단추를 풀어 주고 그녀에게 부채질을 해주었다. 그러고는 '북쪽'에서 온 순진한 백인들에게 상냥하게 미소를 지어 보였다.

그때 설교자가 말했다. "운 좋게도 오늘 우리에게는 우리 모두의 친구가 있습니다. 우리의 투쟁에 동참하기 위해 북부에서 왔죠." 나는 생각했다. 오, 맙소사, 지금은 안 돼요. "우리는 그녀에게 단상으로 올라와 우리를 위해 간단한 노래를 불러 달라고 청할 예정입니다." 그는 말을 이었다. "조앤 양…… 존 바이에즈……" 사람들이 웅성거리며 몸을 움직거렸다. 그리고 이런 수상한 시절에 자신들의 집회에서 과연 다른 무슨 일이 일어날 수 있을까 궁금해했다. 나는 설교단으로 올라가서 〈우리 무릎 꿇고 함께 빵을 먹읍시다〉를 불렀다. 사람들이 나와 함께 부르기 시작했다. 나는 내 음반에 실린 깨끗한 백인의 목소리와는 전혀 다른 목소리로 노래를 불렀다. 나는 예배당, 바로 그곳에서 내가 받아들인 영혼과 함께 노래했다. 사람들이 인정하듯 고개를 끄덕이기 시작했다. 주름 진 노인들의 얼굴에 혼란과 기쁨의 미소가 떠올랐다. 그때 나는 〈스윙 로〉(Swing Low)를 불렀고, 사람들이 흥을 타기 시작했다. 손수건들이 나오고 부채 부치는 속도가 두 배로 빨라졌다. 한 쌍의 사람들이 "암요, 주여!"를 외쳤다. 그리고 그때 자홍색 모자를 쓴 한 노부인이 뻣뻣해지더니 결국 밖으로 실려 나갔다. 나는 두려웠지만 계속해서 노래를 불렀다. 왜냐하면(독자들도 짐작했겠지만) 나는 성령을 입었기 때문이다.

이튿날은 대규모 체포와 연행이 일어난 첫날이었다. 파란색 소형 탱크를 타고 시내를 돌아다닌 일로 유명한 경찰서장 불 코너는 소방 호스와 최루가스와 공격견과 체포를 준비하라고 명령을 내렸다. 나는 격노했다. 콘서트를 개최해야 했기에 나의 형제자매들과 함께 연행되는 일은 절대로 생겨선 안 되었다. 나는 공연장으로 출발할 시각에 맞춰 호텔로 돌아오겠다고 매니에게 약속했다. 그리고 킴과 함께 시위차를 타고 버밍햄 전역에서 온 아이들이 모여 있는 교회를 향해 출발했다. 나는 뒷좌석에서 고개를 숙여 얼굴을 가렸고, 킴은 바닥에 몸을 웅크렸다.

교회는 이미 통로를 왔다 갔다 행진하고 신도석을 채우고 박수치고 노래하고 영창하고 이야기하고 웃고 떠드는 아이들로 가득 들어차 있었다. 시끄러운 소음 너머로 주기적으로 새로운 집단이 그날의 가장 인기 있는 단어인 '자유'를 노래하기 시작했다. "모든 사람들에게 필요합니다⋯⋯"라든지 "모든 아이들에게 필요합니다⋯⋯"라든지, 심지어 "불 코너에게 필요합니다⋯⋯"라는 식으로 매번 가사를 바꿔 가며 시작했고 "아멘"의 곡조에 맞춰 반복해서 노래했다. "자유, 자유, 자—유, 자—유를!"

그 예배당에는 킴과 나 말고도 백인 한 명이 더 있었다. 용감한 바버라 데밍이었는데, 그녀는 그날 행진을 함께했고 시민불복종을 실천했다. 그리고 버밍햄 감옥에 수감되어 그녀의 잘 알려진 《감옥 수기》(Prison Notes)를 썼다.

한 조직가가 마이크를 잡더니 군중에게 말했다. "버밍햄의 모든 감옥을 동원해도 그곳을 방문할 계획을 가지고 있는 모든 사람들을 수용하기에는 공간이 충분치 않음을 깨달았을 때, 불 코너는 그 상황을 브리핑할 것이고, 그러면 어떤 부유한 백인들이 자신들의 테니스 코트를 기부할 것입니다." 환호성과 웃음소리가 사방에 퍼졌다. 한 번도 테니스 코트를 본 적이 없는 몇몇 아이들의 기대에 찬 속삭임도 들려왔다.

나는 10대 소녀들 몇 명과 친구가 되었다. 그들은 나와 함께 웃고 이야기하고 노래했다. 떠날 시간이 왔을 때, 나는 스카프로 머리를 감싸고 그들의 손을 잡고 앞문으로 당당하게 걸어 나갔다. 우리들은 재잘거리며 킥킥 웃었고, 곤봉을 마치 추처럼 흔들고 있는 수많은 경찰관들 앞을 지나갔다. 그러자 그 곤봉들이 마치 바람 한 점 없는 늪의 에스파냐 이끼들처럼 흔드는 것을 멈추었다. 나는 가장 밝은 피부의 흑인 소녀만큼이나 검었고, 내가 원하기만 하면 꽤 흑인처럼 말할 수도 있었다. 경찰은 약간 헷갈린 듯했다. 킴은 체포되지 않겠다는 약속과 함께 교회에 머물러 있었다. 나는 매니를 만나 마일스대학으로 가는 차편을 기다리기 위해 개드스톤으로 무거운 발걸음을 옮겼다.

우리가 캠퍼스에서 마주친 첫 번째 광경은 〈마일스대학은 자유를 원한다!〉를 노래하며 잔디를 가로질러 행진하는 흑인 중학생들의 긴 행렬이었다. 저마다 다양한 검은 피부를 가진 그들은 춤을 추었고 발걸음을 내디딜 때마다 손뼉을 쳤으며 서로를 장난스럽게 밀쳤다. 역설적이게도, 나는 앨라배마 전체에서 가장 비정치적인 흑인들에게 노래를 부를 예정이었다. 그 시각, 운동에 참여한 모든 사람들이 시내에서 연행되고 있었다.

어쩌면 그날은 그 편이 더 나았는지도 모른다. 우리가 주최자들 가운데 몇몇과 이야기를 나누며 그 잔디에 들어섰을 때, 놀라운 일은 이미 시작되었다. 여기저기서 백인들이 작은 집단을 이루거나 혹은 두세 명씩 짝을 이루어 도착하는 모습이 보였다. 그들은 그저 조용히 잔디밭을 가로질러 걸어와 본관 앞까지 갔다. 사실 그들의 등장은 자연스럽게 보였어야 했지만, 몹시 낯설어 보였다. 우리의 주최자들 또한 그 조용한 도착을 말없이 응시하고 있었다. 그들 가운데 한 명이 생각에 잠겨 말했다. "백인들이 이 캠퍼스에 발을 들여놓은 것은 이번이 처음입니다."

강당은 천천히 최대한 가득 채워졌다. 중앙 부분은 백인들과 약간의 흑인들로 이루어졌고, 가장자리는 대부분 흑인들이 차지했다. 나는 무대 공포증 이상의 무언가를 느꼈다. 나는 내 인생을 염려하고 있었다. 우리를 둘러싼 모든 곳에서 혁명이 진행되고 있었다. 만약 어떤 백인 사업가와 가족이 내가 부르는 〈아름답고 상냥한 처녀들〉(Fair and Tender Maidens)을 듣고 싶다면, 이 부글부글 끓는 열기로 가득 찬 공연장에 와서 직접 관객으로 섞여야 했다.

나는 무대 위로 걸어 나가 인사를 했고 큰 소리로 아우성치는 내 심장과 싸웠다. 첫 곡을 부르려는데 발코니 쪽에서 크게 쾅 하는 소리가 났다. 모든 근육이 경련을 일으켰고 몸 전체가 온통 욱신거렸다. 나는 두려움으로 정신을 잃겠거니 생각했다. 고개를 끄덕이고 어깨를 으쓱하며 속삭이듯 내뱉는 감탄의 말이 청중들 사이로 물결쳤고("의자가 넘어졌나 봐"), 그러자 내 심장도 천천히 진정되기 시작했다. 나는 노래하고 이야기했다. 아무도 지루해 보이지 않았다. 어쩌면 그것은 수 킬로미터 떨어진 시내의 중심부에서부터 뿜어져 나오는 강한 흥분과 열기를 여기에서도 일부분 느낄 수 있었기 때문인지도 모른다. 바로 그 시각 시내에서는 젊은이들이 체포되어 죄수 호송차에 실려 가고 있었다. 노래하고 기도하면서, 뼛속까지 두려움을 느끼면서도 서로가 서로에게 위안을 주면서, 서마다 신의 눈으로 보기에 옳은 일을 하고 있다는 확신으로 용기를 얻으면서. 눈에 선한 듯 그려지는 그 젊은이들의 모습이 내게 용기를 주었다. 콘서트는 아름다웠다. 마지막 곡은 〈우리 승리하리라〉였다. 청중들이 모두 일어나 손을 잡고 노래를 따라 부르며 몸을 좌우로 흔들었다. 그들의 노래는 조용했고 아직은 확신이 없었다. 많은 사람들이 울고 있었다.

몇 년이 지난 뒤, 나는 워싱턴의 영향력 있는 진보주의자에게 이런 이야기를 들었다. 그녀는 그날 그곳에 있었는데, 자신의 바로 옆에 유명한 우익 뉴스 칼럼니스트가 앉아 있었다고 한다. 그는 그녀에게 그저 호기심 때문에 와 본 거라고 설명했다. 하지만 마지막에는 그도 그녀와 함께 일어나 손을 맞잡고 노래를 불렀으며, 다른 사람들처럼 그 역시 눈물을 흘렸다고 한다. 그녀는 그 콘서트가 자신의 인생에 엄청난 영향을 끼쳤다고 말했다. 그건 내 경우도 마찬가지였다.

경찰이 소방 호스를 사람들에게 겨누고는 발사했다. 사나운 경찰견이 돌격하자 무지막지한 송곳니가 누덕누덕한 소맷자락을 뚫고 사람들의 살 속에 사정없이 박혔다. 경찰의 손에 들린 곤봉이 춤을 추었고 사람들이 쓰러졌다. 그리고 킹 목사는 감옥으로 갔다. 전 세계가 지켜보았다. 모든 양심 있는 사람들이 자신의 생각과 기도와 에너지와 공감과 편지들을 흑인 공동체와 더불어 제출했다. 이제 흑인 공동체는 빠른 속도로, 그리고 비폭력의 위대한 위엄을 가지고 떨쳐 일어나 미국 역사에서 처음으로 우뚝 섰다. 킹 목사가 말했다. "있잖소, 당신이 등을 꼿꼿이 하고 있으면 사람들은 당신 등에 올라타지 못하는 법이오!" 다음 도시로 가는 기차 안에서, 개드스톤 모텔이 폭탄 테러를 당했다는 소식이 들려왔다. 다행히 다친 사람은 없었다.

킹과 내가 처음으로 진지한 대화를 나눈 것은 1965년의 일이었다. 사우스캐롤라이나에서 열린 남부기독교지도자회의(SCLC)가 열리는 동안, 나는 앤디 영의 주선으로 킹을 만나러 갔다. 우리는 킹의 방문 앞에 멈춰 섰다. 그때 킹의 목소리가 분노와 좌절로 높아지는 게 들려왔고 나는 위장이 꼬이는 걸 느꼈다. 앤디가 문을 두드리기 전에 잠시 기다렸고, 우리는 미끄러지듯 방 안으로 들어갔다. 제임스 베블과 제시 잭슨이 그곳에 있었고, 성실성과 관련하여 무언가를 들먹이며 킹을 비난하고 있었다. 킹은 손에 음료를 들고 있었고 그의 눈은 눈물로 번득였다. 그는 더 이상 부담감을 감당할 수 없으며, 그저 멤피스로 돌아가 자신의 작은 교회에서 설교하고 싶고, 이젠 지도자가 되는 일에 지쳤다는 말만 되풀이하고 있었다. 눈물방울이 볼 위를 타고 강인한 턱뼈 위에서 멈췄다. 킹과 함께 일하는 한 여성이 욕실 세면대 위로 몸을 구부린 채 울고 있었다. 나는 들어가 그녀를 껴안아 주었다. 그녀가 내게 무언가를 설명하고 싶어 하든 안 하든 상관없이, 나는 그저 조금이라도 위로가 되어 주고 싶었다.

처음엔 나도 우리의 위대한 지도자가 술에 취해 욕을 하고 미친 사람처럼 지껄이는 데다가(당시 호텔 방의 장면에다가 내가 들었던 소문들을 덧붙인다면) 어쩌면 외도를 하고 있었는지도 모른다고 지레짐작하고 충격을 받을 뻔했다. 그러나 나는 그의 인간적인 약점을 목격한 일로 충격을 받기보다 오히려 안도했다. 나는 그가 그의 '약점' 때문에 비난을 받게 되리라는 것을 알고 있었다. 그러나 그가 할 수 있고 될 수 있는 것보다, 아니 그가 이미 우리에게 주고 있는 것보다 더 많은 것을 우리가 기대하는 것은 그에게는 매우 잔인한 일이라는 것 또한 알고 있었다. 어쩌면 언젠가 나 역시 비슷한 처지에 처할지도 모르는 일이었다. 나는 미리 이해와 용서를 원했다.

다음 날 우리가 다시 만났을 때 킹은 미소를 짓고 있었지만 살짝 민망한 듯 보였다.

"음." 그가 말을 시작했다. "이제 당신은 내가 성인(聖人)이 아니라는 걸 알겠죠……."

"난 동정녀 마리아가 아니고요." 내가 말했다. "얼마나 다행이에요!"

그레나다에서 아침을 먹기로 계획한 날(킹이 내리 잠을 자 버렸던) 바로 전날, 나는 비록 덜 알려져 있긴 했지만 광기에 찬 훌륭한 설교자 제임스 베블과 함께 킹을 마중하러 공항으로 갔다. 나는 마침내 그와 더불어 막후에서 계획을 듣고 지도력에 관해 이야기를 나눌 수 있게 되었다는 사실에 아찔한 기쁨을 느끼고 있다는 걸 들키지 않으려고 애썼다. 나는 운동 조직이 임대한 차의 창문 쪽에 웅크리고 앉아 이끼로 덮인 푸르게 우거진 상록수들 그리고 나뭇가지들을 향해 기어오르는 관목을 내다보았다.

"맙소사, 이 아래 정말 아름답군요." 내가 과감하게 말을 꺼냈다. 그들은 모두 웃기 시작했고 나를 골려 주기 위해 흑인 억양을 강하게 사용하여 말했다.

"이 아래의 아름다운 경치를 우리는 늪이라고 불러요. 면화를 충분히 따지 못한 사람들은 저 아래에서 잠을 자야 하지요……."

"그렇지, 아주 오랫동안 자야지!"

나는 얼간이가 된 것 같았다. 하지만 모두가 커다랗게 웃음을 터뜨리는 바람에 나도 그들과 함께 웃을 수밖에 없었다.

베블이 자기가 어떻게 '삼보'(sambo, 백인을 속이기 위해 멍청한 흑인 행세를 하는 것―옮긴이)를 해서 살아남았는지 이야기하기 시작했다. 한 번은 바로 이 도로에서 운전을 하고 있었는데, 백미러에 경찰차가 자신의 뒤를 바짝 쫓아오는 모습이 보였다. 그는 긴장을 했고 속도를 올렸다. 당연히 경찰차도 속도를 올렸다. 그는 가속페달을 힘껏 밟아 전속력으로 나아갔다. 자기가 운전하고 있는 고물 자동차가 보안관의 차를 훨씬 앞설 수 있다는 어떤 무모한 환상을 가졌던 것이다. 자연스레 그 경찰관은 불을 번쩍거리고 사이렌을 울리며 짧은 추격 끝에 베블의 차를 따라잡아 갓길로 몰아붙였다. 베블이 차에서 뛰어나와 그 경찰관에게 달려가서는 손에 들고 있는 모자를 배배 꼬며 이른바 '삼보' 행세를 하기 시작했다.

"오, 주여." 그는 둘러대기 시작했다. "나리가 경찰관이어서 정말 기쁩니다요. 저는 어떤 젊은이들이 저를 뒤쫓는 줄 알았지 뭡니까요. 그리고 저는 너무 두려워서 도망을 쳤습니다요. 전능하신 주여, 이젠 죽었다고 생각할 때 나리의 불빛이 번쩍이는 게 보이지 않았겠습니까. 정말이지 감사합니다요. 경찰관 나리, 감사합니다요! 당신과 같은 분이 이 불쌍한 검둥이를 구하러 오실 것 같더라니." 베블의 이야기를 들으면서(비록 그 이야기를 백 번은 족히 들었지만) 모든 사람들이 미친 듯이 웃음을 터뜨리는 걸 바라보며, 내 눈도 분명 반쯤은 튀어나와 있었을 것이다.

공항에 들어서자 우리는 조용해졌다. 백인과 흑인이 함께 여행하는 것은 남부의 어느 곳에서든 위험했다. 그리고 킹 박사를 태우는 일은 훨씬 더 위험했다. 비록 FBI가 그의 안전을 보장하고 있다고는 하지만 말이다. 나는 내가 FBI에 대해 어떻게 느끼는지 이전에는 전혀 생각해 본 적이 없다. 어떤 면에서, 나는 그들이 그곳에 있어서 기뻤다. 그들이 월급을 받고 하는 일이 우리가 KKK단에게 린치를 당하는 걸 막는 일이었으므로. 다른 한편, 그들 가운데 많은 수가 우리를 용인하지 못하는 통상적인 남부인들이었기 때문에, 자기들의 관할 밖에서 우리에게 어떤 사고라도 일어난다면 아주 기뻐했을 것이다.

킹의 비행기가 착륙했다. 그가 공항 직원들을 지나쳐 나오자마자 우리는 그를 차에 던져 넣다시피 하고 출발했다. 놀랍게도 시내로 돌아가는 내내 어떤 진지한 문제도 논의되지 않았다. 농담이 다시 시작되었고, 킹은 이전 체류지에서 가져온 신선한 농담들을 풀어 놓았다. 그것들은 대부분 흑인들에 관한 것이었다. 나는 흑인에 대한 농담을 용납하지 않으려 애썼지만, 모두가 손수건을 꺼내야 할 때까지 웃어 대며 즐겁게 시간을 보냈기 때문에, 나 역시 다음 이벤트가 있기 전까지 그 유쾌하고 대단히 무분별한 농담에 열중할 수밖에 없었다. 다음 이벤트라는 건 바로 음식이었다. 킹은 먹는 것을 무척 좋아했다.

그와 함께 아주 작은 솔 푸드(soul-food, 미국 남부 흑인 특유의 식품—옮긴이) 음식점 안으로 들어갔을 때, 나는 마치 신과 동행하고 있다는 느낌을 받았다. 음식점 안에 있던 손님들의 얼굴에 변화가 일어났다. 그는 모두에게 미소를 지었고, 그들은 공손하게 고개를 끄덕이며 미소를 돌려주었다. 그들 가운데 몇몇은 그에게 다가와 악수를 청하기도 했다. 그리고 어떤 사람들은 그에게 끊임없이 감사의 눈길을 보냈다. 놀란 마음으로 조용히 고개를 저으며 눈물을 닦아 내는 사람들도 있었다. 킹은 왕성한 식욕을 자랑하며 음식을 먹었다. 나 또한 그가 주문한 것과 같은 음식을 시켰던 걸로 기억한다. 디저트로는 사과파이와 아이스크림을 시켰다.

다음 날 우리는 이제까지 모든 백인 학교에 입학이 거부된 흑인 초등학교 학생들과 더불어 학교로 걸어 들어갈 계획이었다. 킹은 교회에 사람들을 불러 모은 뒤, 신의 눈앞에서는 모두가 평등하고, 우리는 백인 형제자매를 사랑해야 하며 그들 가운데 일부는 마음에 병이 들었다는 내용을 설교할 계획이었다. 두려운 작은 행진이었지만, 나는 킹 바로 옆에 있을 것이고 그의 옆에서 죽는 건 꽤 행복한 일이었다.

킹이 도착하기 전에 그 지역 조직가들의 주도로 교회에서 집회가 열렸고, 시내에서 행진이 있었다. 그레나다의 중심가에서 우리는 노래를 불렀고 박수를 쳤고 기도를 했고, KKK단원들을 포함한 그 지역의 시민들에게 인사를 건넸다. KKK단원들은 인도 위에 등 없는 작은 의자를 놓고 앉아 주차시킨 자동 표시기에 몸을 기댄 채 사과 껍질을 벗기기도 했고, 거대하고 불길하게 생긴 스위치블레이드 나이프를 가지고 손톱 때를 후비고 있었다. 한번은 여덟 살 정도 되어 보이는 파란 눈의 주근깨투성이 남자아이 하나가 소형 트럭에서 뛰어내리더니 나에게 다가왔다.

"안녕." 내가 먼저 인사를 건넸다. 나는 아이들이 입술을 비쭉이는 것을 전에도 본 적이 있었다. 하지만 대개는 영화에 나오는 조직폭력배를 따라하는 것이었다. 그 아이가 나를 빤히 쳐다보면서 말했다. "깜둥이 애인!"

"글쎄, 그래, 그런 것 같구나. 네가 굳이 그런 식으로 표현해야겠다면야……. 그런데 네 이름이 뭐니?"

나의 친절함에 놀라 그는 다시 트럭으로 달아났다. 상점들 대부분은 커튼을 쳤고, 점주와 점원은 커튼을 조심스럽게 살짝 젖히고 베니션 블라인드의 틈 사이로 엿보았다. 그 지역의 미장원을 몇 번째인지 모를 만큼 돌았을 때 아주 작은 기적이 일어났다. 조심스럽게 열린 작은 문틈으로 누군가 하얀 손을 내밀었고, 어둠 속에서 소심하게 승리의 브이 자를 그려 보였다. 그녀가 이 책을 읽는다면, 나는 지면을 빌려 그녀의 용감한 행동에 대해 고맙다고 말하고 싶다. 나중에는 모든 여자들이 밖으로 나와 상점 정면에 기대어 서 있었고, 확실치는 않지만 그 순간 우리에게 지지를 표시하느라 직장에서 쫓겨날 위험을 감수한 사람들도 있었을 것이다.

유명한 사람들과 함께 찍은 많은 사진들 가운데, 내가 액자에 넣어 두고 결코 잊은 적이 없는 사진이 하나 있다. 그것은 나와 킹이 미시시피 그레나다에서 학생 행렬의 선두에 서 있는 사진이다. 아이라가 내 뒤에 서 있고, 그 뒤로는 앤디 영, 앤디 뒤로 흑인 아이들의 줄이 길게 늘어서 있다.

그날 그들은 미소로 반짝반짝 빛났다. 자신들의 지도자와 함께 있었고, 무언가 중요한 일을 하고 있었기 때문이다. 킹은 '역사적인 순간들'에 대해 자주 이야기했다. 그리고 그들은 이것이 그 역사적인 순간들 가운데 하나라는 것을 알았다. 머리를 뒤로 묶어 땋아 늘인 여자아이가 내 손을 잡고 있었다. 온갖 채널에서 온 뉴스 카메라와 사진기자 수

십 명이 현장에 있었다. 거리 맞은편에서 한 무리의 백인 아이들이 우리의 목적지와 같은 학교로 향했다. 그들은 이날 특히 창백하고 겁에 질려 있었고 불행했으며, 전혀 '우월한 인종'답지 않았다. 나는 맞은편 보도 위의 그 가련한 작은 무리를 가리키며 킹에게 속삭였다. "마틴, 대체 우리가 지금 뭘 하고 있는 거죠? 이 굉장한 영혼들이 저들과 같아지기를 원해요? 우리는 미치광이가 되어야 해요!" 킹은 마음을 졸이고 있는 카메라맨들에게 위엄 있게 고개를 끄덕였다. 그리고 입술을 거의 움직이지 않은 채 말했다 "으음…… 저 카메라가 돌아가는 동안은 안 돼요……."

학교에서 한 블록 떨어진 곳에 다다랐을 때, 우리는 엄청난 거구의 경찰관에 의해 제지당했다. 내 키는 165센티미터였는데, 킹은 나보다 그리 많이 크지 않았다. 마치 우리가 또 다른 행성에서 온 외계인을 마주하고 있는 듯한 기분이 들었다. 그 경찰관 역시 똑같은 기분이었을 거라 확신한다.

"좋은 아침이네요." 내가 흔들림 없이 말했다. "우리는 이 아이들을 교실로 데려다 주려고 해요."

"이 이상 더 갈 수 없습니다. 오직 학부모들만 이 지점을 넘어갈 수 있어요."

"그래요, 음, 나는 여기 내게 책임을 맡긴 부모님들 가운데 한 분의 편지를 갖고 있어요. 보호자 같은 거죠." 나는 계속 허세를 부렸다.

"미안합니다. 더 이상은 안 돼요." 이런 대화가 몇 분 동안 오간 뒤, 우리는 돌아섰다.

그날 저녁 수억 명의 사람들이 뉴스를 지켜보았고 미시시피의 흑인 학생들이 정식 교육을 받을 권리를 거부당하는 것을 지켜보았다. 그리고 통탄할 일이지만, 사랑의 힘 때문이라기보다 뉴스 매체의 존재 때문에 돌멩이를 던지거나 아이들을 구타하는 사건이 한 학교에서도 일어나지 않았다.

킹이 끔찍한 결단을 내려야 할 때가 왔다. 그는 베트남전쟁에 공개적으로 반대해야 할지 말아야 할지를 결정해야 했다. 흑인들은 이미 그 논쟁적이고 평판이 좋지 않은 전쟁의 최전선에서 싸우며 죽어 가고 있었다. 민권운동의 표어인 "지금 자유를!"은 이미 새로운 차원을 띠고 있었다.

킹은 베트남전쟁을 불법적이고 부도덕석이라고 비판하며 그것에 반대하는 공식 입장을 선택하려 했다. 하지만 그렇게 되면 그와 린든 존슨 간의 직통 라인이 하루아침에 사라질 것이고, 존슨의 사람들도 혼란과 분열 속으로 내던져질 것이었다. 그는 "그래도 내부의 작은 목소리"에 귀를 기울였다. 그것은 양심 또는 인도하는 빛의 퀘이커식 표현이었다. 그리고 내 생각에 킹은 그 대가로 자신의 목숨을 지불했다.

킹과 앤디는 아이라와 내가 감옥에 있을 때 우리를 면회하러 왔다. 나는 오클랜드 체육관에서 남부기독교지도자회의의 활동을 돕기 위해 노래를 부른 적이 있었다. 해리 벨라폰테가 그곳에 있었고, 새미 데이비스 주니어도 있었다. 새미가 무대 위로 올라와 해리의 어깨에 팔을 두르고 그의 멋진 얼굴을 쳐다보면서 말했다. "당신은 이렇게 키도 크고 잘생겼는데 나는 왜 이렇게 작고 못생겼을까?" 그러자 해리가 그를 얼싸안으며 말했다. "내 짐작엔 그것이 바로 신께서 계획하신 일 같은데." 두 사람은 모두 웃었다. 공연이 끝난 뒤, 새미는 베트남에 있는 군인들을 위로하기 위해 떠났고, 나는 오클랜드 모병센터에서 징집 반대를 위한 연좌데모에 참석하기 전에 잠시 눈을 붙이러 갔다. 나는 그곳에서 서른다섯 명가량 되는 여자들과 다수의 남자들과 함께 체포되었다. 내가 그 특정한 사안 때문에 구치소에 수감된 적이 두 번 있었는데, 이것이 그 첫 번째였다. 열흘간의 짧은 수감 생활이었다.

산타리타 재활센터에서 우리의 수감 생활이 막바지에 이르렀을 때, 아이라와 나는 킹이 면회하러 올 것이라는 소식을 들었다. '단골 수감자들'(그들 가운데 반 이상이 흑인이었다)은 흥분 상태였고, 어떠한 상황에서도 킹에게 접근해서는 안 된다는 주의를 받았다. 나는 한두 사람을 면회실에 몰래 들이는 방법을 찾으려 애썼다. 내가 도착했을 때, 킹과 앤디는 칸막이가 있는 작은 방 안의 탁자 앞에 앉아 있었다. 우리는 포옹했고 이야기를 나눴다. 킹은 지쳐 보였다. 피곤하고 체념한 듯한 모습이었다. 나는 죄의식을 느꼈다. 수감 생활은 내게 어떤 실질적인 희생도 요구하지 않았기 때문이다. 나는 몸무게가 늘었고 친구들도 많이 사귀었다. 혼자 있을 수 있는 시간도 충분했다. 나는 소장 보좌관과 교도관들의 독단적인 명령에 협력하지 않음으로써 그들의 인생을 고달프게 만들었다. 하지만 그러면서도 그들에게 노래를 불러 주었고, 때론 잡담을 나누기도 했다. 그리고 그것이 그들에게 더욱더 혼란을 주었다.

저명한 방문객과 이야기를 나누고 있을 때, 칸막이 주위를 엿보는 한 활기찬 검은 얼굴이 내게 격렬하게 손짓을 하고 있었다. 나는 킹과 앤디에게 윙크를 했고, 입술로 '쉿' 모양을 만들었다. 그리고 그 소녀를 손짓해 불렀다. 그녀는 자리에서 일어나 그녀를 맞는 킹의 손을 붙잡아 흔들었다. 그러고는 서둘러 구겨진 작은 종이를 테이블 위에 펼쳤고, 미칠 듯이 흥분하고 긴장한 와중에 연필을 떨어뜨렸고, "젠장"이라고 중얼거렸고, 그에게 사인 한 장만 해주면 안 되겠느냐고 요청했다. 그가

"물론이죠"라고 대답하자, 그녀는 "만세!"를 외쳤다. 그때 소장 보좌관이 부자연스럽게 미소를 지으며 나타났다.

"내가 아이를 이 자리에 초대했어요." 나는 내가 낼 수 있는 가장 달콤한 목소리로 말했다. "제가 규칙을 어긴 것이 아니라면 좋겠는데요."

소녀는 달아났고, 친구들이 기다리고 있는 곳에 도착할 때쯤엔 기쁨을 억누르지 못해 소리를 질러 댔다.

"받았어! 받았다고! 악수도 했어!" 그날 밤 그녀는 영화 보는 것을 금지당했다. 하지만 그녀는 자신의 침상에서 홍조를 띠며 누워 있었다.

"그 빌어먹을 영화 따위가 뭐야. 나는 그와 악수했고 그를 만졌고 그와 이야길 나눴는데. 어떤 것도 내게서 그걸 빼앗아 갈 수 없어!"

용서해요, 마틴.

당신이 죽었을 때, 나는 아무것도 느낄 수가 없었어요. 데이비드와 아이라와 나는 투어 중이었죠. 징병 거부에 대해 이야기하고 노래하고 있었어요. 우리는 동부로 돌아와 어느 값싼 모텔에 묵었죠. 아이라가 데이비드와 내가 쓰는 방문을 두드렸고, 당신이 총에 맞았다고 했어요. 당신이 죽은 다음 날 언론사에서 인터뷰를 하러 왔을 때, 나는 우리의 차이점에 대해 주로 이야기했어요. 당신은 흑인들이 미국 사회에서 자신들의 몫을 갖기를 원했고…… 나는 흑인 보안관과 흑인 공무원이 생긴다 해도 그들이 부패를 일소하는 데 그리 많은 역할을 할 수 없을 거라 생각했다고…… 그리고 그들에게 말했죠. 나는 장례식을 믿지 않으며 가지 않을 거라고. 나는 당신의 장례식과 관련된 기사들을 결코 보지 않았어요.

8년이 지날 때까지 나는 당신에게 작별 인사할 준비가 되어 있지 않왔죠. 어느 날 오후, 진공청소기로 집 안을 청소한 후 텔레비전 채널을 돌리고 있었어요. 개와 고양이들은 이미 자리를 잡고 몸을 죽 펴고 누워 가려운 곳을 긁어 대면서 거실을 온통 털투성이로 만들고 있었죠. 나는 내 옆 깔개를 두드리며 커다란 셰퍼드를 불렀어요. 녀석은 내 곁으로 왔고, 나는 녀석의 귀 뒤를 긁고 코에 입 맞추고 동물들이 얼마나 포근한지, 그 녀석들 덕분에 내가 얼마나 정직할 수 있는지, 얼마나 뒤치다꺼리를 해야 하는지를 생각했어요. 그리고 나는 다시 리모컨을 눌렀죠. 아무 생각 없이 편안하게 긴장을 풀 만한 것을 찾길 바랐어요. 그런데 당신 얼굴이 보였어요. 당신과 코레타가 비행기에서 내리고 있었죠. 그녀는 아름다웠고, 당신은 늘 쓰던 모자를 쓰고 있더군요. 당신들 둘은 모두 부활절처럼 젊고 싱싱해 보였어요. 당신은 언론을 향해 폭력을 사용하지 않고도 변화를 가져오는 일에 온 힘을 다하고 있다고 설명하고 있었죠. 그리고 나는 당신이 내 삶에 준 충격이 마치 폭풍처럼 밀려오는 것을 느낄 수 있었어요. 숨을 곳은 어디에도 없었어요. 어쨌든 난 이미 그 자리에서 꼼짝 못하고 있었고, 그 엄청난 시간들을 되살기 시작했죠. 그때 게이브가 방 안으로 들어왔어요. 그제야 내가 눈물로 범벅이 된 것을 깨달았죠.

"잘 들어 봐, 아가." 내가 말했어요. "엄만 잠시 이런 상태일 거야. 만약 네가 역사상 가장 위대한 사람들 가운데 한 명과 가장 용감한 사람들을 보고 싶다면……."

게이브는 잠시 나와 함께 앉아 있었어요. 그러고는 사람들이 개들에게 공격받는 장면을 보았죠. 나는 그 명령을 내린 불 코너를 가리켰어요. 게이브는 그를 "얼간이"라고 불렀죠. 나는 아이에게 킹은 코너 씨를 그저 마음에 병이 든 자신의 형제들 가운데 한 명이라고 여겼기 때문에 그런 인간조차도 증오하지 않았다고 말해 주었어요.

"그럼, 전 그 사람도 얼간이라고 생각해요." 게이브가 말했어요. 그런 다음 그 아인 내 무릎을 두드리고 내 얼굴을 걱정스럽게 올려다보았어요. 자기가 얼간이라는 말을 해서가 아니라, 아이들은 자신들의 부모가 우는 걸 보고 싶어 하지 않거든요. 하지만 난 눈물을 멈출 수가 없었어요. 나는 그 아이에게 입을 맞추고 엄만 전혀 아무렇지도 않다고, 영화가 끝나면 울음을 그칠 거라고 말해 주었어요. 그 아인 내게 입을 맞추고 사랑한다고 말했고, 곧 밖으로 나가 놀았죠.

다큐멘터리가 장례식 장면으로 끝났어요. 그리고 그 위로 당신이 직접 쓴, 조사(弔詞)를 읽는 당신 목소리가 겹쳐졌죠. "……마틴 루터 킹 주니어는 다른 사람들을 위해 봉사하는 일에 힘썼노라고 말해 주십시오. ……마틴 루터 킹은 누군가를 사랑하려고 애썼노라고 말해 주십시오. ……마틴 루터 킹은 전쟁에 대해 올바른 견해를 가지려고 고심했노라고 말해 주십시오. ……마틴 루터 킹은 굶주린 자들에게 먹을 것을 주고, 헐벗을 자들에게 입을 것을 주고, 감옥에 갇힌 자들을 돌보아 주려고 노력했노라고 말해 주십시오……."

나는 앤디가 목사복 차림으로 왕좌 같은 거대한 의자에 앉아 눈물을 닦아 내는 것을 보았어요. 당신들 둘이 내 가슴에서 당장이라도 내 심장을 도려낼 것만 같았죠. 나는 눈물의 장막을 통해 최후까지 지켜보았어요. 장례 행렬, 노새와 나무 수레, 군중들. '정부의 고관들'도 보이더군요. 내 생각에 그들은 그곳에서 아무런 볼일도 없는 사람들이죠. 내가 그 장례식에 참석하지 않아서 다행이라고 생각해요. 나는 다큐를 보는 내내 작별 인사를 하려고 애썼어요.

그날 이후 다시 9년이라는 시간이 흘렀어요. 그리고 난 알아요. 내가 당신에 대한 글을 쓰고 있는 지금도 내가 여전히 작별 인사를 하지 못한다는 것을. 상관없어요. 그럴 필요가 없는 걸요. 내가 관심을 갖는 건 당신의 육체가 아니라 당신의 영혼이니까. 내가 미시시피 그레나다의 그 작은 방에서 당신을 깨우기 위해 노래했을 때처럼, 당신의 영혼은 내 가슴속에 지금도 살아 있어요.

당신은 내 인생의 일부분이 된 그 어떤 다른 사람들보다도 더, 나의 희망이자 영감의 원천이었어요. 당신의 그 산꼭대기 연설을 들을 때마다 나는 다른 무엇보다도 그 시간과 그 장소가 다시금 오기를 간절히 기도해요⋯⋯. 나의 길이 다시 명확해지기를 기도해요⋯⋯. 다시 거리로 나갈 수 있도록 헌신과 방향에 대한 확신을 다시 얻기를, 그리고 내 인생에서 가장 중요한 일은 신의 의지를 행하는 것이라는 걸 알기를 기도해요. 나이와 죽음과 모든 사소한 것들에 대한 집착을 끝내기를 기도해요. 당신이 "난 지금 그것에 관해 걱정하지 않아요. 난 그저 신의 의지에 따라 행하고 있을 따름이에요"라고 말했을 때, 당신이 알고 있었기를 기도해요. 그분은 당신이 산꼭대기로 오르는 걸 허락하셨고, 당신은 그 위에서 약속된 땅을 보았으니까.

당신의 목소리는 늘 나를 그 산기슭으로 다시 데려다 주죠. 나는 용기가 부족하지 않아요, 마틴. 그저 80년대는 어디서 길이 시작되는지 찾을 수 없는 것처럼 느껴질 뿐이에요.

1. 멤피스의 검은 천사

2

자니가 마침내 총을 가졌네

1963년은 나의 세 번째 음반이 줄시되어 잘되고 있었다. 공연장은 1,800~3,000석 규모의 시 공회당에서 8,000~10,000석 규모의 포레스트힐로, 그리고 20,000석 규모의 할리우드볼로 점차 커졌다. 사람들은 마치 내가 1만 석, 2만 석 규모의 공연장을 거실로, 그곳에 온 모든 사람들을 내 개인 손님으로 만드는 것 같다고 말했다.

나는 불 켜진 집이나 탁 트인 장소에서 노래하는 것을 더 좋아했다. 그래야 사람들을 잘 볼 수 있기 때문이다. 나는 계속 맨발로 무대에 섰다. 대개 소박한 드레스를 입고 목걸이를 착용했다. 머리는 무척 길고 곧았고, 앞머리도 완전히 자라 있었다. 그렇게 해서 성경에 나올 법한 여인의 이미지가 만들어졌지만, 어딘지 우울해 보이기도 했다. 나는 기타 위로 몸을 수그린 채 서서 노래를 불렀다. 그것은 보컬 코치 입장에선 악몽과도 같은 자세였다. 나는 여전히 부드러운 발라드를 많이 불렀지만, 더불어서 〈어메이징 그레이스〉, 〈스윙 로〉, 〈오, 자유〉 그리고 송가인 〈우리 승리하리라〉 등 민권운동의 노래와 정신을 공연에 가미했다. 또한 맬비나 레이놀즈의 달콤한 반핵 노래인 〈저들은 비에 무슨 짓을 저지른 걸까?)(What Have They Done to the Rain?)를 추가했고, 〈조힐〉(Joe Hill)은 딜런의 명곡들과 더불어 내가 가장 좋아하는 곡이 되었다.

이러한 성공에도 불구하고, 내가 열네 살 때 쓴 평화주의에 관한 에세이가 다시 생각나기 시작했고 머리에서 떠나지 않았다. 나는 이제 그저 노래만 하기보다는 내 인생을 가지고 무언가를 더 해야 하는 위치에 있었다. 나는 아주 많은 돈을 벌 능력도 가지고 있었고, 수많은 사람들의 마음을 움직일 수도 있었다. 이 생각이 뿌리를 내리고 뭔가 실체적인 것으로 자라나기까지는 얼마간의 시간이 필요했지만, 그 의도는 이제 명확해졌고 날이 갈수록 더욱 강해졌다.

11월의 어느 이른 아침, 조용한 카멜의 거리들에서 해무가 막 걷힐 무렵, 나는 식료품을 사고 있었다. 그때 점원이 불쑥, 하지만 의미심장하게 말했다. "케네디가 총에 맞았다는군요."

나는 그가 무슨 말을 하고 있는지 이해하지 못했다. 그저 고개를 끄덕였고, 미소를 지었고, 구입한 것들을 차로 운반했다. 그러나 그의 목소리가 머릿속에서 계속 맴돌았다. 이상한 감각이 내 등골을 타고 기어 올라오는 것을 느끼며 나는 라디오를 켰다.

케네디가 총에 맞았다. 그러나 그는 여전히 살아 있었고, 전국은 병적인 공황 상태에 빠졌다. 나는 정확한 이유는 모른 채 내 안에서 히스테리가 꿈틀거리는 것을 느꼈다. 나는 그가 영웅적인 인물이 되기를 바랐지만, 그만큼 그에 관한 신화들도 믿지 않았다. 미미와 딕, 킴과 나는 온실에 모여 그 충격을 함께 느끼고자 애썼다. 나는 아이라에게 전화했다.

"그렇게 멋진 방식으로 죽다니! 국제적으로 유명하고 부유하고, 아마도 세상에서 가장 힘 있는 남자로, 한 아름다운 여성 옆에 앉아, 그리고 '탕!' 하고 끝났잖아! 고통도 없이, 순식간에……. 저렇게 운 좋은 자식을 보았나."

처음엔 아이라의 냉담함에 아연했고, 약간 언짢은 기분도 들었다. 나는 국가적인 광란의 박동에 너무도 깊이 사로잡혀 있었다. 그런데 그때, 나도 그런 영광의 광휘 속에서 빨리 죽고 싶다는 생각이 들었다.

대통령 위원회의 린든 존슨은 조금도 시간을 낭비하지 않았다. 암살 다음 날 아침, 나는 내가 케네디를 위해 노래하기로 한 그랜드 갈라가 (그렇게 기분 좋게 결정한 일은 아니지만) 차질 없이 개최된다는 것을 알리는 전보를 받았다. 쇼는 예정대로 진행될 것이다. 다만 그것은 존슨을 위한 것이 될 것이다. "친애하는 고 케네디 대통령은 꼭 그렇게 되기를 원했을 겁니다." 친애하는 고 케네디의 몸이 채 식지도 않았을 터였다. 나는 그 초대에 고민했고, 때때로 그렇게 해왔듯이 "싫다"고 말하는 것은 지나치게 완고하고 폐쇄적인 태도를 보이는 것이라고 판단했다. 결국 나는 초대에 응하겠다고 대답했고, 쇼에 출연하기로 했다.

늘 보던 당당한 진보적인 배우들과 코미디언들이 그곳에 있었다. 그들은 모두 존 F. 케네디에 대한 진심어린 말들을 수정하고, 이제 린든 존슨을 위해 무언가 적절하긴 하지만 진심은 전혀 느껴지지 않는 말들을 했다.

치렁치렁한 밍크 목도리를 두르고, 주름 장식이 달린 원피스 재킷을 입고, 망사 스타킹을 신고, 하이힐을 신고, 팔꿈치까지 오는 장갑을 낀 진저 로저스가 특색 없는 노래를 불렀다. 마지막 부분에서 그녀는 자신의 멋진 다리를 벌린 뒤 몸을 구부려 그 밍크 목도리를 다리 사이에 밀어 넣었다. 그런 다음 천천히 몸을 일으켜, 짐짓 수줍은 듯 꽉 조인 허벅지들 사이에서 그 긴 털을 다시 끌어당겼다. 그리고 마침내 똑바로 곧추서서 팔로 허공에 브이 자를 그리며 노래를 계속했는데, 그 과도하고도 가련한 밍크는 그녀의 어깨와 몸 이곳저곳을 뛰어다니며 세탁소에 좀 데려가 달라고 애원했다.

내가 피날레의 국가 제창에 합류하지 않겠다고 하자, 연출을 맡은 사람들은 당황했다.

"하지만 모든 사람들이 당신을 찾을 겁니다. 대성공일 거예요!" 그들은 간청했다.

나는 국가를 부르지 않았다. 그리고 어쨌거나 나도 대성공이었다. 내가 노래 한 곡을 재클린 케네디에게 헌정했을 때, 어쩌면 영부인인 버드 여사는 기분이 썩 유쾌하지 않았을지도 모르겠다. 하지만 오히려 대통령의 신용은 얻었다는 말을 나중에 들었다. "상황을 어떻게 이용해야 하는지 알았기" 때문이라고 했다. 나는 노래에 앞서 존슨의 지도력에 대한 무언가 외교적인 말로 시작했다. 젊은이들의 말에 귀를 기울여야 한다고 말했고, 곧장 급소를 공격해 동남아시아의 전쟁에서 철수해야 한다는 사람들의 바람을 표명했다. 그런 다음 〈시대가 변하고 있다네〉를 처음부터 끝까지 불렀다. 공연장 안에 손에 잡힐 듯한 전류가 흘렀다. 격앙된 박수갈채가 쏟아졌다. 신경에 충격이 가해졌다. 어쩌면 그것은 비교적 젊은 사람들의 입장에서, 앞서 등장했던 허식과 저질 취향의 행렬에 대한 반동이었을지도 모른다. 하지만 나는 그날 저녁 앙코르 요청을 받은 유일한 사람이었고, 다시 무대로 올라가 〈바람만이 알고 있다네〉를 불렀다.

집으로 돌아왔을 때는, 이미 존슨을 지지하는 젊은 민주당원들이 이웃에 사는 도너를 통해 나를 포섭하려 애쓰고 있었다. 물론 존슨은 보수파의 좌장 격인 배리 골드워터에 맞서 그의 선거 전략을 짜고 있었다. 도너의 조언은 다채로웠고, 나 자신의 본능이 일러 주는 것과 똑같은 말을 했다.

"우라질 얼간이들." 경멸감이 파도처럼 밀려오는 듯, 그가 머리 뒤로 손깍지를 끼며 말했다. "더럽고 부패한 개자식들이야. 그들 모두가 다 멍청이들이지! 투표는 빌어먹을. 당신 그거 할 거야?"

"뭘 해요?"

"그들은 당신이 자기들을 이끌길 바란다고."

"말도 안 되는 소리예요. 연필이랑 종이 좀 주시겠어요?" 그러고는 그의 십 식탁 앞에 앉아서 존슨 대통령에게 보내는 편지 초안을 작성했다. 나는 그에게 말했다. 그가 동남아시아에서 쓸데없이 참견하는 짓을 그만두고, 이미 그곳에 가 있는, 미 행정부가 '고문단'이라고 부르는 군대를 귀국시키는 즉시 민주당에 투표할 생각이라고. 도너는 흡족한 표정으로 쳐다봤다.

나는 특별히 존슨과 문제가 있는 건 아니었다. 그것은 모든 당략과 대부분의 정치인들과 관련된 문제였다. 그들의 충성은 국가에 대한 것이어야 했다. 중국인이든, 러시아이이든, 미국인이든 또는 탄자니아인이든, 그들은 자기들이 태어난 우연한 출생지를 세계에서 가장 중요한 것으로 간주했다. 그리고 그곳을 기반으로 생계를 이어 가고 있었다. 다른 사람들도 그것을 똑같이 중요하게 받아들였다. 그러나 그들은 미국에 견주어 똑같은 정도의 손해를 입힐 위치에 있지 않았다. 자신들의 미래와 세계의 미래에 대해 심사숙고해야 할 때에, 사람들이 여섯 살로 퇴행해 바보 같은 모자를 쓰고 술에 취해 비명을 지르고 고함을 치고 풍선을 가지고 노는 어느 전당대회를 5분만이라도 지켜본 사람들이라면, 과연 당략이라는 것들을 진지하게 받아들일 수 있을까?

나는 정당 구조의 밖에서 일하는 것을 선호했기에, 유력한 정치 후보자의 선거운동에는 개입해 본 적이 없다. 원칙 때문에 무모하게 도전하여 자신의 재선을 위태롭게 한 몇몇 용감한 하원의원들에게 이따금 수표를 후원하거나 격려의 메시지를 보낸 적은 있다. 나는 1964년에 투표하지 않았고, 1972년에 닉슨에 반대하는 투표를 하기 전까지는 투표소에 가지 않았다.

내가 카멜에서 열리는 소규모 반전 집회에 참가하기로 결심했을 때, 나의 네 번째 음반인 《존 바에즈 콘서트 2부》가 나왔고 잘되고 있었다. 사실 내가 아이라와 함께 그 집회를 조직했는지도 모른다. 하지만 도무지 기억이 나지 않는다. 우리는 30명 정도에 불과했고 꽤 궁상맞아 보였다. 하지만 우리는 카멜에 평화운동을 소개했다. 나의 정신과 상담의가 운전하며 지나가다가 그 모습을 보았고, 나중에 내게 말해 주었다. 우리가 사람들의 신뢰를 많이 얻기엔 지나치게 추레해 보였다고.

버클리의 언론자유운동 조직가들이 내게 접촉해 왔고, 나는 무대 위로 올라가 노래하고 연설했다. 아이라와 나는 비폭력의 주제를 꺼냈고, 점점 지지자를 늘려 갔다. 그러나 그들이 자신들의 행진과 집회에 참여해 달라며 거듭 요청한 것은, 비폭력에 대한 압도적인 관심 때문이라기보다 내가 엄청난 인파를 불러 모았기 때문이다. 나는 그 사실을 알아챘지만 개의치 않고 계속해 나갔다. 노래 부르는 사이사이 간디를 언급했고 몇몇 사람들의 감성과 지성을 움직였으며, 나의 '온건한' 사상으로 '급진' 좌파들의 신경을 긁었다.

하루는 버클리의 유명한 스프라울 홀 건물 맞은편에 있는, 풀이 무성한 언덕 중턱에서 대규모 행진을 이끌었다. 스프라울 홀 계단에서는 대학 평의원들이 중요한 회합을 갖고 있었다. 그 결과에 따라 학생들의 요구 사항이 관철되거나 거부될 터였다. 로널드 레이건이 그 평의원들 가운데 하나였다. 마리오 사비오가 평의회 대변인과 대화할 사람으로 뽑혀 스프라울 홀로 갔다. 기다리는 동안 나는 노래를 이끌었고 다른 사람들은 이야기를 나눴다. 마리오가 화가 잔뜩 나서는 정나미가 떨어진다는 표정으로 돌아왔다. 하지만 가장 비참한 것은 패배감이었다.

그는 충분히 실망할 만했다. 하지만 항의자들은 그와 같은 경우 새로운 힘을 느낄 필요가 있었다. 실망은 전염성이 강하고 결국엔 분노로 바뀌기 마련일 테니까. 다른 사람들이 내게 마이크를 잡아 달라고 요청했는지, 아니면 그냥 내가 잡았는지는 기억나지 않는다. 어쨌든 나는 마이크를 잡았고 그들에게 말했다. 당신들의 힘은 당신들의 것이고, 누구도 그것을 빼앗아 갈 수 없다고. 당신들이 해야 할 일은 오직 그것을 드러내는 것이라고(아마도 이런 취지의 말을 했던 것 같다). 당신들은 버클리를 당신들의 대학으로 만들 수 있고, '스프라우스 홀'을 점거하는 간단한 일을 할 수도 있다. 나는 고래고래 소리쳤고 그 와중에 '스프라울'을 잘못 발음하기도 했다. 그들은 정확히 그렇게 했다.

그들이 스프라울 홀 안으로 들어갔을 때 나도 그곳에 있었다. 수천 명의 학생들과 국내외의 엄청난 보도진들 앞에 서서, 나는 그들에게 말했다. "끌어낼 수 있을 만큼 많은 사랑"을 가지고 그 건물 안으로 들어가라고. 그런 다음 노래를 불러 주었다. 좀 더 '급진적인' 젊은이들 가운데 일부는 내가 심각한 혁명의 순간에 '사랑'에 대해 이야기하는 것을 탐탁지 않게 여겼다. 건물 안에는, 복도와 방들마다 아이라와 내가 이끄는 시민적 저항에 관한 세미나를 비롯해 각종 세미나에 참석한 학생들로 가득 차 있었다. 그리고 짭새들도 다수 있었을 것이다. 나는 노래를 부르며, 처음으로 자신의 힘을 느끼는 사람들의 모습을 기쁘게 둘러보며 돌아다녔다.

아이라와 나는 경찰이 들이닥칠 경우 학생들과 함께 연행되기로 계획했다. 우리는 오랜 시간 기다렸다. 그리고 새벽 두 시 반 무렵, 그날 밤에는 경찰 측에서 체포할 계획이 없을 거라는 판단을 내렸다. 우리는 아침에 다시 돌아올 것을 기약하며 그 건물을 떠났다. 우리가 주차장에서 차를 빼고 있을 때, 경찰이 들이닥쳤다.

그들은 아마도 나를 체포하는 걸 원치 않았을 것이다. 나의 명성이 그들에게 불리하게 작용할 테니까. 우리는 자동차 라디오를 켰고, 학생들과 함께 괴로워했고, 그들이 규율을 지키고 자신들의 위엄도 지키는지를 지켜보았다. 많은 사람들이 규율과 자신들의 위엄을 지켰다. 지친 사람들도 있었고 충분히 이해할 수 있듯 당황하고 겁을 집어먹은 사람들도 있었다. 그러나 만약 이 나라의 백인 중산층 젊은이들 사이에 진정한 비폭력 운동이라는 게 존재한다면, 자신이 비폭력을 실천한다고 해서 경찰관 또한 곤봉을 휘두르지 않는 것을 의미하지는 않음을 그들은 배워야 할 것이다. 그날 밤 그들 가운데 일부는, 노래를 계속 불렀을 때보다 오히려 겁을 집어먹고 당황할 때 더 세고 빠르게 곤봉 세례를 당한다는 사실을 배웠으리라. 하지만 그들의 명예를 위해 말하자면, 그들은 용감했다. 그리고 그들은 두려워했다. 그리고 버클리는 미국의 대학들에서 일어난 새로운 수준의 행동주의와 도전의 시작을 알렸다.

1964년 존슨의 선거 후, 언론자유운동으로 시작된 것이 미국의 베트남 군사 개입에 반대하는 급진적인 운동으로 발전했다. 베트남에서 미군의 존재가 그저 재앙만을 일으키는 걸 보면서, 나는 조용한 깨달음을 얻었고, 국방세 납부를 거부하기로 결심했다. 이 조치는 개인적인 것일 뿐 아니라 정치적이고 공적인 것이었다. 그 무렵 미합중국의 '방위' 비용은 국가 예산의 대략 60퍼센트에 이르렀다. 나는 국세청에 편지를 썼다. 그 편지를 여기에 첨부한다.

친애하는 친구들

내가 하고 싶은 말은 이것입니다.

나는 전쟁을 믿지 않습니다. 나는 전쟁 무기를 믿지 않습니다.

무기와 전쟁은 남자와 여자와 아이들을 너무도 오랫동안 살해하고, 불태우고, 괴롭히고, 망가뜨리고, 끊임없이 다양한 고통 속에 던져 넣었습니다. 현대의 무기들은 한 남자를 눈 깜짝할 사이에 먼지 부스러기로 바수어 버릴 수 있고, 한 여자의 머리카락을 빠지게 하거나, 그녀의 아이를 괴물로 태어나게 만들 수 있습니다. 그 무기들은 거북 뇌 속의 방향감각 세포를 죽여, 그가 가엾은 눈을 천천히 깜박이면서 바다가 아닌 사막을 향해 무거운 발걸음을 옮기게 만들 것입니다. 그는 영문도 모른 채 햇볕에 그을려 죽을 것이고 결국엔 살가죽과 뼛조각 몇 개로 변하겠지요.

나는 자발적으로 내 연 소득세의 60퍼센트를 군비로 내지 않을 것입니다. 내 행동에는 두 가지 이유가 있습니다만, 한 가지 이유로도 충분할 겁니다. 그 누구라도 다른 사람의 생명을 빼앗을 권리를 갖고 있지 않습니다. 그런데 지금 우리는 1초에 수천 명의 생명을, 하루에 수백만 명의 생명을, 일주일에 십억 명의 생명을 앗아 갈 수 있는 무기를 개발하고 조립합니다.

아무도 그렇게 할 권리를 갖고 있지 않습니다.

그것은 미친 짓입니다. 그것은 잘못된 일입니다.

또 다른 이유는 현대의 전쟁이 비실용적이고 어리석기 때문입니다. 우리는 과학자들과 정치인들과 군인들과 심지어 대통령들까지도 모두 결코 사용해서는 안 된다는 데 동의하는 무기에다 1년에 수십억 달러를 씁니다. 이것은 비실용적입니다. '국가 안보'라는 표현은 헛소리입니다. 그것은 우리의 방위 체계를 가리킨다고 하지만 그건 웃기는 소립니다. 나는 그것을 우리의 공격 체계라고 부릅니다. 그것은 끝없이 확장되고 있고, 하나의 끔찍한 살인 기계 위에 다른 살인 기계를 쌓아 올리고 있습니다. 그러다 이런저런 이유로 누군가가 단추 하나라도 누른다면, 우리의 세계가 혹은 세계의 많은 부분이 조각조각으로 분해되어 버리겠지요. 이건 안보가 아닙니다. 어리석음입니다.

전 세계 곳곳에서 사람들이 굶어 죽어 가고 있습니다. 그들은 모든 부와 힘을 가진 이 나라의 도움을 기대하고 있습니다. 그들은 우리의 국가 예산안을 바라봅니다. 그들은 우리를 존경해야 마땅할 겁니다. 그러나 그들은 우리를 존경하지 않습니다. 그들은 우리를 경멸합니다. 그것은 비실용적이고 어리석은 일입니다.

어쩌면 활과 화살이 발명되었을 때, 총과 대포가 발명되었을 때 한계가 그어져야 했는지도 모릅니다. 지금은 모든 것이 잘못되었으니까요. 모든 것이 비실용적이고 어리석습니다.

내가 할 수 있는 것은, 지금 나 자신의 한계를 긋는 일뿐입니다. 나는 더 이상 군비경쟁에서 내 몫을 지원하지 않을 것입니다.

존 C. 바에즈 드림

나는 이 편지를 국세청에 보내고 동시에 언론에도 공개했다.
그 편지가 미국과 세계 전역에 널리 인쇄된 뒤, 국세청 직원 하나가

서류를 들고 우리 집 현관에 나타났다. 그는 내가 어리석은 생각을 버리고 점선 위에 서명을 한 뒤 밀린 세금을 납부하면, 이런저런 곤란을 피할 수 있을 거라고 말했다. 나는 들어와서 커피나 한잔 마시자며 그를 초대했다. 그는 거절했고, 나더러 몬터레이에 있는 자신의 사무실로 제발 와 달라고 간청했다. 나는 어리석게도 그의 요청에 따랐고, 그의 사무실에 들어서자마자 내가 굳이 수고롭게 올 필요가 없었다는 것을 깨달았다. 나는 그가 전화 통화를 끝낼 때까지 언짢은 표정으로 앉아 있었다. 통화를 끝낸 그가 기민하게 내 표정을 살피며, 내 기분이 별로 좋아 보이지 않는다고 말했다.

"좋진 않군요." 내가 말했다. "난 여기 있고 싶지 않아요."

내 말이 무엇을 의미하는지 이해하지 못한 채, 그는 내가 마음을 바꿔 밀린 세금을 납부하면 훨씬 기분이 좋아질 거라고 나를 달래기 시작했다.

"아뇨." 내가 말했다. "당신은 이해하지 못하는군요. 나는 세금을 낼 뜻이 없어요. 그러니 여기 온 것은 아무 의미가 없죠."

"하지만 바에즈 양, 당신은 분명 나쁜 국민이 되고 싶지 않으시겠지요, 안 그래요?"

"내가 보기엔 좋은 국민이 되느냐, 아니면 좋은 사람이 되느냐의 문제일 것 같군요. 만약 좋은 국민이 된다는 것이 어린아이들에게 떨어뜨릴 네이팜폭탄을 만들기 위해 돈을 지불하는 것을 의미한다면, 나는 그것을 거부하고 차라리 좋은 사람이 되는 길을 선택할 거예요." 그가 동요했다.

"당신은 분명 감옥에 가고 싶진 않겠죠." 그가 불길한 어조로 내게 경고했다.

"글쎄요, 나는 언젠가는 감옥에 가리라고 생각해요. 내가 정말로 믿는 것을 포기하는 것보다는 차라리 그 편이 낫지 않을까요?" 내가 대답했다.

"하지만 감옥은 나쁜 사람들을 위한 곳이죠! 범죄자들을 위한 곳이라고요!" 그가 훨씬 더 격앙된 말투로 내게 경고했다.

"예수 같은 사람을 말하는 건가요? 간디? 소로?" 내가 환하게 웃으며 말했다.

"뭐라고?" 그가 말했다.

국세청이 내 집과 차와 땅을 압류했다. 그렇다 해도 내 삶에서 실제로 변한 것은 없었다. 비록 대중은 이해하지 못했지만 말이다. 내가 손에 양철 컵을 들고 길가에 나앉았다고 상상하는 전국 방방곡곡의 사람들로부터 수표가 쇄도했다. 나는 10년 동안 변함없이 국방세 납부를 거부했다. 때때로 국세청 직원이 내 콘서트 장소에 나타나, 공연 주최자의 손에 닿기도 전에 금전 출납부에서 현금을 가져가기도 했다. 물론 정부는 내 돈에다가 벌금까지 가져갔고, 나는 비실용적이라는 비난을 받았다. 하지만 중요한 것은 내가 그들에게 돈을 주기를 거부한다는 점이었고, 그들이 내 돈을 징수하기 위해 많은 시간과 돈을 쓰고 있다는 점이었다. 그러는 사이에 납세 저항운동을 실천하는 사람들이 늘어났고, 베트남전쟁뿐 아닌 모든 전쟁에 대한 비난 여론 역시 커져 갔다.

나는 처음으로 〈자니 카슨 쇼〉에 출연했다. 담당 프로듀서와 나는 '딤소'를 나눴다.

"있잖아요, 존. 우리는 당신이 쇼에 출연할 수 있다고 해서 감격했어요. 자니는 정말로 깜짝 놀랐지 뭐예요. 정말로 환상적이에요."

"고마워요."

"우리는 모든 것들이 무리 없이 진행되었으면 해요. 당신도 알다시피 사람들이 자니를 그렇듯 많이 사랑하는 건 그가 웃음을 주기 때문이죠. 내가 무슨 말을 하는 건지 알죠? 하루를 마무리하는 때이고 곧 잠을 자야 하잖아요. 그리고 음, 당신도 알다시피, 헤헤, 그들은 지금 무엇에 대해서건 생각하고 싶지 않을 거예요. 그저 가볍게 즐기고 싶어 하죠. 그래서 말인데요, 그저 가볍게 갑시다. 그러면 모두가 행복해질 거예요."

"무슨 말을 하고 싶은 거예요?"

"오, 특별히 할 말은 없어요. 다만 한 가지, 그러니까, 음…… 이런 식으로 표현해 보죠. 우리는 자니를 위해 당신에게 이 말을 하고 싶어요. 우리는 당신이 당신의 소득세에 대한 언급을 하지 않았으면 해요."

"도대체 왜 그런 말을 하죠?"

"오, 그저, 자니를 위해서요."

"어째서 당신은 내가 소득세에 대해 말하는 걸 원하지 않죠? 난 사실 그런 말을 할 의도가 없었어요. 하지만 이제 난 그 이유를 알아야겠군요."

"오, 제발! 존, 적당히 장단 좀 맞춰 줘요."

"난 적당히 장단이나 맞춰 주는 사람이 아니에요. 하지만 만약 당신이 내가 소득세에 대해 말하는 걸 원하지 않는 이유를 알려 준다면, 나는 그것에 대해 말하지 않겠어요. 이 정도면 공평한 거래 아닌가요?"

"이봐요, 존." 그는 이제 약간 필사적인 태도로 설명을 시도했다. "내가 당신의 가장 친한 친구라고 칩시다. 내가 디너파티를 열어요. 그리고 수많은 사람을 초대하죠. 당신도 초대하고요. 그런데 내가 당신에게 호의를 좀 베풀어 달라고 부탁해요. 이를테면 파란색 옷은 입지 말아 달라고요. 그런데도 당신은 파란색 옷을 입겠어요?"

"만약 당신이 내 가장 좋은 친구라면, 당신은 알 거예요. 당신이 내게 그 웃기는 요구를 왜 하는지 적절히 설명해 주지 않는다면, 내가 머리부터 발끝까지 파란색으로 치장하고 오리라는 것을 말예요."

우리의 대화가 완전히 교착상태에 빠졌다고 생각한 바로 그때, 작은 사무실에 있던 한 멕시코계 미국인 프로듀서가 나를 자신의 사무실로 불렀다.

"만약 자니의 쇼에서 당신이 당신 세금의 60퍼센트를 납부하길 거부했다고 말한다면, 보고 있던 누군가가 똑같은 일을 하고 싶어질지도 모르잖아요. 그러면 자니의 쇼는 욕을 먹을 수 있죠. 심지어 고소를 당할 수도 있어요. 그들의 결정에 영향을 끼쳤다는 이유로요."

"고마워요." 내가 대답했다. 그리고 나는 소득세에 대해서는 언급하지 않았다.

베트남에 대한 미국의 개입이 깊어지면서, 나는 더욱더 많은 토크쇼 출연 요청을 받았다. 대개 시나리오는 이런 식으로 진행되었다. 테플론 전시나 누비질하는 벌이나 말하는 개 콘테스트가 끝나고 내가 초대된다. 진행자가 전쟁에 대한 나의 입장을 묻는다(당신은 아주 활발한 행동가였는데요, 당신은 틀림없이 활동에 관해 꽤 확고한 생각을 갖고 있을 겁니다). 내가 한 문장을 미처 입 밖에 내기도 전에 그가 말한다. "오, 잠깐만요. '미국이여, 영원히' 세트에서 촬영하다 방금 도착한 본조 그리트를 여기 모셨습니다. 그가 하고 싶은 말이 있다는군요." 그리고 본조 그리트가 자리에 앉은 뒤 이렇게 말한다. "글쎄요, 바이에즈 양, 나는 언제나 당신의 노래를 무척 존경해 왔어요. 하지만 개인적으로 나는 뒤로 물러나 앉아 붉은 역병이 인도차이나와 세계 전역에 스멀스멀 퍼져 나가 마침내 우리나라에 상륙하고 나를 삼켜 버리도록 내버려 두진 않을 겁니다." 그러면 진행자가 말한다. "고맙습니다, 본조. 잠시 광고 후에 돌아오죠." 그리고 나는 거기에 앉아 있다.

다시 방송이 시작되면, 나는 치타처럼 그들에게 돌진하여 본조에게 쏘아붙인다. 만약 당신이 전쟁터에 끌려갔다면 당신은 지금 그 자리에 앉아 있지는 못하겠죠. 아마도 '그곳' 최전선에서 싸우고 있을 겁니다. 그런 다음 나는 스튜디오를 가득 채운, 이 쇼를 보기 위해 지난 6개월 동안 대기자 명단에 이름을 올리고 기다린 보통의 미국 어머니들에게 직접 호소한다. 과연 여러분의 아드님들은 베트남에 가고 싶어 할까요? 매일 아침 5시에 모병센터로 가는 버스에는 과연 나라를 위해 목숨을 버릴 준비가 되어 있는 젊은이들로 가득 차 있을까요? 아니면, 그들은 그저 자기에게 다른 선택의 여지가 없다고 통고하는 편지를 받았기 때문에 공포에 질린 채 그곳에 올라 탄 어린 소년들일까요? 어머니들은 박수를 쳐야 할지 야유를 퍼부어야 할지 모른다. 그때 나는 노래를 부른다. 모두들 아무 생각도 못하고 아연해져 있다. 이렇게 나는 소심함을 재빨리 극복했고, 네트워크 텔레비전 오락 쇼들에서 불가피하게 벌어졌던(그리고 여전히 벌어지고 있는) 그 제스처 게임들을 실제로 즐기기 시작했으며, 그것을 도전으로 여기기 시작했다(아마도 방송에 내보내기 껄끄러운 상황이 발생했을 때 진행 요원이 몸짓으로 중단하라는 시늉을 하는 것을 의미하는 듯하다―옮긴이).

나의 파일에는 1965년에 비키니 차림으로 호숫가를 거닐고 있는 사진이 있다. 사진 속의 나는 꽤 평범하게 보이는데, 물에서 방금 나온 듯한 모습으로 무언가에 약간 정신이 팔린 채 터벅터벅 걷고 있다. 그 사진 뒷면에는 엄마와 아빠 그리고 의미심장하게 '모든 사람들'에게 보내는 편지가 적혀 있다.

사랑하는 엄마, 아빠 그리고 모두들

이 사진은 시어스빌 호수에서 찍은 사진이에요. 인터뷰가 있었어요.

제 삶은 요즘 이상해요. 그동안 편지 쓰지 못한 거 죄송해요. 편지를 쓰지 못하는 것에 대해서는 엄마와 아빠가 늘 용서해 주셨으면 해요.

저는 앞으로 제가 해야 할 일을 선택해야 해요. 지금은 그저 무작정 돌격해야 할 때라고 생각하죠. 저는 평화운동을 시작했으면 해요. 두 달 전쯤에 떠오른 생각이에요. 때가 무르익었고, 전 제가 원하는 건 뭐든 할 수 있다고 느껴요. 가능성은 무한해요. 가을쯤 시작하게 되지 않을까 생각하고 있어요. 정확히 무엇을 하게 될지는 몰라요. 아이라는 자신에게 몇 가지 굉장한 생각들이 있는데, 무엇이든 내가 먼저 생각해 내기를 원해요. 필요하면 자기가 국내에서 가장 훌륭한 조직가들 몇 명을 찾아봐 줄 수도 있대요. 전 그냥 느껴요. 사람들이 뭔가 진짜인 것, 뭔가 진실한 것을 추구하고 모색하고 있다는 것을요. 그 운동은 비폭력적인 것이 될 거예요. 지독하게 모호하죠. 하지만 그것이 무엇인지 정확히 확신하지 못할지라도, 스스로를 정신 무장하는 것이 전혀 해가 되진 않겠죠. 저도 제가 가진 모든 것을 희생할 준비를 해야 해요. 어느 누구도 때가 되기 전까지는 자신이 준비되어 있다는 것을 알아차리긴 어려울 거예요. 제 차와 집과 잠자는 시간, 전 제 자신을 돌봐야 해요.

너무 제 얘기만 해서 죄송해요. 하지만 전 당신들을 위해 적어 두어야 해요. 저는 무언가를 위해 죽을 준비를 해서는 안 돼요. 무언가를 위해 살아야 하죠. 그것은 정말이지 훨씬 더 힘든 일이에요. 비행기 여행을 하고 감옥에서 감기에 걸리는 것처럼요. 무척 힘들잖아요. 하지만 누가 알겠어요? 저는 비트족들이 말하듯이 "고개를 똑바로 들어야" 해요. 어떤 일을 하기 전이든, 하는 중이든, 전 제가 무슨 일을 하고 있는지를 알아야 해요. 그리고 그 일을 한 뒤엔 그것이 틀렸는지 아닌지를 저 자신과 다른 모든 사람들에게 확인해야 해요. 행진이든 철야든 명상이든 무엇이든 말이에요.

와, 저 완전히 긴장해 있어요. 제가 지도자니까요.

저는 사람들을 사랑해요.

도움이 필요할 거예요. 엄마, 아빠의 도움과 모든 사람들의 도움을요. 도와주실 거죠?

사랑해요.

감옥에서 봐요.

이틀 안에 여행을 떠날 거예요.

소식 전할게요.

지극히 자기중심적인 엄마 아빠의 딸

누군가는 세계를 구원해야 했다. 그리고 명백히, 나는 내가 그 일을 해야 할 사람이라고 느꼈다. 나는 '운동'을 위한 준비로서, 자기 정화의 시간을 보냈다. 그저 평소의 행동을 극대화시킴으로써 말이다.

그러던 어느 날, 나는 아이라에게 내가 영원히 무식한 사람으로 남기를 원치 않는다고 말했다. 그리고 좀 더 나를 정식으로 가르쳐 주면 어떻겠느냐고 물었다. 아이라는 내가 그다음 발상을 제안했다고 주장하지만, 내 생각엔 아이라가 그랬던 것 같다. 누가 제안했든 우리의 대화는 '비폭력연구소'라는 이름의 학교를 조직하자는 제안으로 나아갔다.

우리는 친구 두 명에게 도움을 요청했다. 로이 케플러는 훌륭한 지역 서점의 대표이자 제2차 세계대전 때는 대체복무로 정신병원에서 일했고 한국전쟁 때는 감옥에서 노역한 반정부주의자였다. 또한 그는 여전히 완강한 평화주의자였으며, 대단히 점잖은 사람이었다. 그리고 홀리 치너리는 아마도 내가 만나 본 사람들 가운데 가장 총명한 여성일 것이다. 그녀는 엄격한 채식주의자였고 비폭력의 절대적인 옹호자였으며, 우리 네 사람 가운데 유일하게 진정으로 조직화된 사고방식을 가지고 있었다.

학교는 강제하거나 재촉하는 일 없이 세미나 방식으로 운영하기로 했고, 수강료는 최소화하기로 했다. 우리가 읽고 토론할 도서의 목록을 만들고, 그 책들에 대한 토론들로 다양한 세미나를 구성하기로 했다. 세계정세에 정통할 수 있도록 잡지와 신문도 구독하고 다양한 비폭력 활동 관련 간행물과 회보들도 구독할 예정이었다. 그리고 명상도 조직하기로 했다.

내가 사는 곳에서 5분 거리에 있는 카멜밸리의 한복판에서 학교 건물로 쓰기에 완벽한 작은 건물을 찾아냈다. 세미나실로 쓸 만한 큰 방과 주방, 적당한 화장실 그리고 아이라가 거주할 만한 바깥채를 갖추고 있었다. 그 건물을 내 돈으로 구입하고 나서, 우리는 즉시 세미나를 열었다. 학생들을 모으는 데는 전혀 문제가 없었다. 하지만 거리 맞은편에 사는 부부와는 문제가 있었다. 그들은 그때까지 비교적 조용하고 안전한(그리고 내 생각에는 지루한) 삶을 살아왔다. 그런데 이제 자신들의 삶이 공동체에, 사실상 세상에 노출되자, 평화와 안정감을 잃을 위기에 처하게 된 것이다. 공산주의자에다 히피에다 별 이상한 사람들이 그 계곡에 침입하여 자기들의 삶의 방식을 위협하고 있었다.

우리는 카운티 감독위원회 앞에 소환될 때까지 그 학교를 비워 두어야 했고, 몇 주에 걸쳐 법정에 출두해야 했다. 그동안 우리는 지역 공원에서 세미나를 열다가 쫓겨났고, 그 뒤에도 여러 곳을 전전하다 결국 우리 집에서 수업을 진행했는데, 그 또한 불법이었다. 지역의 완고하고 뻣뻣한 보수주의자들이 그 '강직한' 부부를 변호하기 위해 법정에 나왔다. 반면 우리의 지지자들은 몬터레이 만 전역에서 온 사람들이었는데, 영향력을 가진 사람들도 있었고, 그저 평범한 사람들도 있었으며, 우리의 학생들도 포함되어 있었다.

홀리는 갈색 면 스커트와 피터 팬 칼라 블라우스 차림에 두꺼운 안경을 쓰고 머리를 짧게 자른 대단히 인상적인 모습으로 진술했다. 아이라는 늘 그렇듯이 무척이나 매력적이었고, 아마도 우리의 적대적인 통통하고 수다스러운 주부들의 금지된 환상에 호소했을 것이다. 내가 진술할 차례가 되었을 때, 나는 적절한 옷을 입고 적절한 구두를 신고 있었다. 사람들은 우리를 가리켜 '과격파'(lunatic fringe)라고 불렀다. 그래서 나는 "짐작컨대 나는 미치광이(lunatic)에, 아이라의 턱수염은 술 장식(fringe)에 해당되겠군요"('fringe'가 '분파 집단'이라는 뜻과 '술 장식'이라는 뜻을 모두 가지고 있는 데서 바에즈가 말장난한 것—옮긴이)라고 말했다. 여기저기서 웃음소리가 터져 나왔다. 내가 말했다. "나를 반대하는 사람들은 4천 달러짜리 자기네 집값이 떨어질 거라고 걱정하지만, 나역시 집을 가진 사람입니다. 게다가 카멜밸리에 투자한 돈이 1만 달러나 되죠. 나 역시 내가 소유한 부동산의 가치를 걱정합니다." 그런 다음 자리에 앉았다.

막판에 이르러, 그 부인이 지나치게 상심한 나머지 자신의 소송을 무효로 만들고 말았다. 그녀는 우리가 자신의 삶을 견딜 수 없게 만드는 스무 가지 이유를 냅킨에 직접 적어 가지고 왔는데, 우리 때문에 "자기는 정신과 의사의 도움을 구해야만 했다"는 열여섯 번째 조항에 이르러서는, 그녀의 문제들이 재산 문제를 훨씬 넘어섰다는 점이 분명해졌다.

그리고 우리는 아름답고 평화로운 카멜밸리에서 비폭력을 가르치고 공부할 수 있다는 허가를 받았다.

비폭력연구소의 처음 4년 동안, 나는 정기적으로 공부했고, 아이라의 '보조 교사' 역할을 했다. 강연자와 학자와 활동가들이 전 세계에서 왔다. 마틴 루터 킹을 따르는 사람들이 우리와 시간을 공유했다. 그리고 아이라와 나는 남부로 가서 그들의 회의와 모임을 계획하는 일에 참여했다. 때때로 우리는 근처 포트 오드에서 온 두려움에 찬 젊은이들의 방문을 받았다. 그들은 군대를 탈영하여 캐나다로 갈 수 있는 방법을 알고 싶어 했다.

세미나를 시작할 때마다 10분이나 20분 동안 묵언 명상을 했고, 매일 한 시간 동안 묵언 수행을 했다. 그 시간 동안 사람들은 책을 읽거나 잡지를 훑어보거나 껌을 씹거나 담배를 피우거나 정처 없이 거닐거나 십자말풀이를 하거나 잠을 자는 등 기분 전환할 거리를 해서는 안 된다는 주의를 받았다. 일주일에 하루는 오후 내내 묵언 수행을 했다. 어떤 사람들에게는 침묵을 지키는 것이 힘들었고, 또 어떤 사람들에게는 불가능했다. 내게는 어려운 일이었다. 하지만 매우 중요했다.

우리는 비폭력의 개념과 이론, 역사 그리고 그것을 개인적인 관계의 효용에서부터 압제에 항거하는 국제적으로 조직된 방식들에 이르기까지 모든 측면에 적용하는 방법을 연구했다. 더 많이 읽고 주장하고 토론할수록, 나는 그 개념에 더욱더 헌신하게 되었다. 비폭력의 원칙을 단단히 고수하려면 무엇보다도 그 원칙들에 대한 오류 없는 믿음을 가져야 한다는 사실이 명백해졌다. "비폭력은 효과가 있다. 단 어떤 지점까지만"이라고 말하는 것은 아무런 소용이 없었다. 그것은 단지 상황이 지나치게 어려워지거나 행동가가 처벌의 위협을 받거나 기대했던 만큼

빠르게 승리를 얻지 못할 때, 좀 더 편의적인 무언가로 바꿀 때가 되었다는 것을 의미할 뿐이었다. 비폭력을 포기한다는 결정은 이해할 만하지만, 그것은 비폭력을 어떤 원칙이 아닌 단지 변화를 성취하기 위한 전술적인 방법으로 사용하고 있다는 것을 의미했다. 비폭력의 원칙에 따르면, 적이 아무리 잔인하고 비인간적이라 하더라도 그 또한 해방될 필요가 있었다.

나는 할당된 책을 읽었다. 하지만 나의 배움은 대부분 듣기와 토론에서 비롯되었다. 나는 몹시 영적인 상태가 되었고, 며칠 동안 내리 그레고리오 성가를 들으며 보냈다. 무릎을 꿇고 기도하느라고 발이 코끼리처럼 붓기도 했다. 나는 계속해서 투어를 했고, 투어를 하는 중에 비폭력연구소를 홍보했다. 그리고 《안젤리나여, 안녕》(Farewell, Angelina)과 크리스마스 음반인 《노엘》(Noël)을 녹음했다.

나는 1년에 스무 번의 콘서트만을 개최했다. 그러나 몇몇 사람들이 넘겨짚듯이 미래를 위해 몸을 아끼려 했던 것은 아니다. 다만 공연을 위해 여기저기 돌아다녀야 하는 삶이 육체적으로나 정신적으로 건강하지 못하다고 여겼을 뿐이다.

연구소가 성장하자 나는 길 위의 스타 노릇과 집에서의 신의 종노릇 사이에서 동요했다. 버는 돈의 대부분을 기부했고, 비폭력과 관련이 있다고 하면 어떤 요청이 들어오든 50달러에서 5천 달러 사이에서 수표를 지급했다. 내가 개최하는 콘서트들 가운데 많은 것들이 협동조합 보육원, 퀘이커 예배회, 평화 단체들을 위한 자선 공연이었다. 음반 수익이 꾸준히 들어왔으므로 재정에는 어려움이 크지 않았고, 내가 기부하는 액수에도 한계가 없었다.

내 삶은 심원한 기쁨으로 충만했다. 하지만 사실상 재미는 없었다.

나는 재미있게 즐기는 법에 대해서는 많이 알지 못했다. 마치 세상의 모든 사람들이 잘 먹고 잘 입을 때까지 내 개인적인 즐거움이 시작되어서는 안 된다는 것처럼, 나는 지나치게 죄의식을 느꼈다.

나는 나에 대한 신문 기사를 읽는 일을 그만두었다. 그들은 나를 실제보다 더 자기희생적으로 그리거나 혹은 나를 좋아하지 않았고, 이런저런 이유를 들어 나를 사기꾼으로 만들었다.

'릴 애브너'라는 연재만화를 그린 앨 캡이 자신의 만화에 조애니 포애니라 불리는 인물을 소개함으로써 가장 상상력이 풍부하고 부정적인 공격을 시작했다. 만화 속 조애니 포애니는 슬쩍 좌파적인 색깔로 위장한 채 자기는 리무진을 타고 1만 달러짜리 출연료를 받는 순회공연을 다니면서도 입으로는 '빈곤과 굶주림에 대항하여 싸우는 노래'를 부르는, 두 얼굴을 가진 너절한 연예계의 계집이었다. 조애니 포애니는 《포애니같이 들린다면, 그것은 조애니다》라는 음반을 냈고, 거기에는 〈무기를 내려놓아요, 맥나마라〉, 〈징집영장을 불속에 던져 넣어라!〉, 〈베트콩과 함께 콩가 춤을〉 같은 노래들이 실려 있었다. 그 만화와 상황을 돌아볼 때, 나는 그저 어이없다는 듯 웃어넘겨야 했다. 하지만 당시 나는 그러지 못했다. 캡 씨는 내 이름과 대의와 음악 그리고 내 인격까지 더럽히고 있었다. 나는 발끈했고, 분개는 격노로 변했다. 나는 앨 캡을 고소하지는 않았다. 철회를 요청했지만 성의 있는 반응을 얻지는 못했다. 앨 캡은 존 바에즈가 조애니 포애니냐고 묻는 모두에게 공개적으로 아니라고 부인했다.

몇 년 뒤에 나는 이런 글을 읽었다. "악의로 말해진 진실은 그대가 꾸며 낼 수 있는 모든 거짓을 능가한다."(윌리엄 블레이크의 시 〈순수의 전조〉의 53-4행—옮긴이) 그러나 당시 나의 정당한 분노는, 비록 가진 돈의 대부분을 기부하고 있었다 해도 어쨌든 내가 돈을 가지고 있다는 죄의식에서 비롯된 것이었다. 마음 깊은 곳에서 나는 어떤 것도 소유해서는 안 된다고 생각했다. 그는 바로 나의 그런 부분을 찌른 것이다.

앨 캡이 옳았는가? 내 안의 청교도적 성향이 말했다. 내가 간디처럼 무소유로 사는 것을 배우지 않는다면, 나는 결코 간디처럼 완벽해질 수 없다. 간디의 목표는 모든 욕망으로부터 벗어나는 것이었다. 나 역시 벗어나려고 애썼다. 하지만 성공하지 못했다. 나는 내 집과 남자 친구들과 다양한 의상들과 나의 악령들에 애착을 가졌다. 캡 씨는 나를 상당히 혼란스럽게 했다. 그가 살아서 이 글을 읽지 못해 유감이다. 이걸 봤다면 그는 낄낄대며 웃었을 것이다.

부유하고 유명하다는 것에 대해 내가 겪은 혼란은, 1967년에 유럽에 갔을 때 더욱 커졌다. 나는 1966년에 텔레비전 투어로 딱 한 번 그곳에 공연하러 갔을 뿐이었다. 벨기에에서 나는 파리 출신의 사진작가와 사랑에 빠졌다. 그는 어느 잡지에서 나를 취재하는 임무를 맡은 사람이었다. 우리는 브뤼셀 전역을 돌아다녔고, 그는 내 사진을 수백 장이나 찍었다. 우리는 다시 파리로 갔고, 그곳에서 그는 나를 데리고 이브 생 로랑 패션쇼에 참석했다. 시즌 막바지였으므로 쇼가 그다지 흥미롭지 않을 것이라고 그가 말했다. 나는 그가 말하는 시즌이라는 것이 무엇인지 알지 못했다. 하지만 내게 그 쇼는 꽤 흥미롭게 느껴졌다. 그날의 마지막 아이템은 웨딩드레스였는데, 그것은 사실상 새틴 리본이 달려 있고 베일들이 묶여 있는 커다랗고 하얀 케이크 모양을 하고 있었으며, 모델의 팔과 다리가 케이크 밖으로 비죽이 나와 있었다.

우리는 드레싱룸으로 갔고, 그가 5천 달러짜리 드레스를 입어 보라며 건넸다. 아름다웠다. 그가 말했다. "모든 여자들이 평생 한 번쯤은 이런 드레스를 입어 봐야 해요."

그의 스튜디오로 돌아와, 나는 그 드레스를 입고 포즈를 취했다. 하얀색이었고, 자그마한 구슬이 달려 있어 꽤 무거웠다. 드레스 입은 내 모습은 아름다워 보였다. 또한 신비로웠고, 영적이었고, 여왕처럼 느껴졌다. 무척 마음에 들었다. 하지만 나는 울기 시작했고, 드레스를 벗을 때까지 눈물이 멈추지 않았다.

그는 나를 파리의 숨겨진 패션 창고에 데려갔고, 그곳에서 나는 세련된 파란 개버딘 바지 정장과 밝은 황록색 정장을 한 벌씩 샀다. 실크 블라우스 몇 장과 스카프 몇 장 그리고 피에르 가르뎅 구두 몇 켤레도 구입했다. 그런 다음 그는 새 옷으로 갈아입은 나를 데리고 나왔다. 과거의 그 불안정하고 빼빼 마른 멕시코인은 현실의 그림자조차도 되지 못했다. 거친 면직물과 회색 옷들, 잔 다르크와 마돈나 역시 일시적으로 모습을 감췄다. 우리는 개인 클럽으로 갔고, 그곳에서 나는 그와 그의 친구들과 함께 체력이 고갈될 때까지 춤을 췄다. 디제이가 내 노래 가운데 한 곡을 틀었고, 모두가 박수를 쳤다. 내가 더는 발을 움직이기도 힘들게 되었을 때, 우리는 클럽에서 나와 차를 타고 파리 시내를 돌아다녔다. 나는 여전히 아찔할 만큼 행복했다. 어느덧 튈르리 궁전 너머로 동이 터 왔고, 우리는 어느 작은 카페에서 아침을 먹었다. 카페에서 나는 조금씩 흥분이 가라앉았고, 몽롱한 상태로 달걀과 크루아상이 담긴 커다란 접시에 머리를 박고 거의 잠이 들었다. 나는 정말 재미있게 놀고 있었다.

그는 《노엘》과 《존 바에즈》의 재킷 사진들과 내가 쓴 책 《여명》의 표지 사진을 찍었다. 나는 유럽에 매혹되었다. 그 사진작가에게 매혹되었다. 나의 새로운 옷에 매혹되었다. 나는 그 옷들을 다음 해 일본에 갔을 때 기부하기도 하고, 간호사 유니폼과 비슷한 다른 옷들로 바꿔 입었다.

같은 해 나는 오스트리아에 가서 리피차너 계통의 말들을 보았다. 손등에 입을 맞추고 발뒤꿈치를 딱 하고 부딪쳐 인사를 하는 기수가 나더러 수석 승마술 교관과 두어 명의 장군들과 함께 사열대에 앉아야 한다고 고집했다. 나는 기뻤다.

그러고 나서 나는 어떤 백작과 함께 말을 타러 갔다. 그는 수려한 외모를 자랑했지만 그리 좋은 사람은 아니었다. 그의 호화로운 마구간에 있는 수많은 말처럼, 그의 거실에는 여자들이 줄을 서 있었다. 그는 나한테 그다지 흥미가 없었다. 우리가 각자의 말에 올라탔을 때, 그는 내가 점프를 하지 못한다는 걸 알아챘고, 그런 나와 함께 모험 따위 할 수 없다는 걸 깨달았다. 그는 사려 깊은 누이의 손에 나를 맡기고 떠났다. 그리고 숲속에서 왕족다운 활발한 장난을 할 시간이 아직 충분히 남아 있을 때 더 나은 상대를 고르기 위해서 전속력으로 질주해 돌아갔다.

나는 이탈리아로 갔다. 마르코라는 청년이 나를 베네토 거리에 데려갔고, 그곳에서 나는 세련된 꽃무늬 실크 드레스 두 벌을 샀다. 드레스는 내 몸에 딱 달라붙었고, 사막의 바람을 맞아 마치 아라비아 실크처럼 내 무릎 주변에서 펄럭였다. 캘리포니아의 보통 사람들이라면 "난 나 자신에게 만족해"라고 말했을 것이다. 하지만 나라면 내가 세계의 여왕처럼 느껴진다고 말했을 것이다.

그해 여름, 미국에서 짧은 콘서트 투어를 했다. 워싱턴에서는 이미 두 차례 매진 공연을 한 적이 있었다. 그리고 이번 투어를 마무리하며 세 번째 매진 공연을 하기 위해 다시 워싱턴을 찾았다. 그런데 '미국혁명의 딸들'(Daughters of the American Revolution, 미국 독립전쟁 참가자 자손들의 부인 단체—옮긴이)이 내가 그들 소유의 컨스티튜션홀을 사용하는 것을 거부하고 나섰다. 우리가 이미 대여하기로 했음에도 말이다. 나는 매니와 나의 지방 공연 매니저와 어린 시절 친구인 잔느와 함께 유서 깊은 헤이 애덤스 호텔에 방을 잡고 전략을 짰다. 매니가 언론에 전화를 걸었고, 언론이 그 이야기에 달려들었다. 미국에서 처음으로 나를 동정하는 엄청난 양의 보도가 쏟아졌다. 우달 내무부 장관이 내가 워싱턴 기념관 밑에서 무료 콘서트를 열 수 있도록 즉시 허가를 내주었다.

나는 '세계의 여왕' 드레스 가운데 한 벌을 입고, 각종 텔레비전 뉴스쇼와 신문 인터뷰를 하기 위해 우리가 묵고 있는, 낡았지만 호화로운 객실을 춤을 추듯 들락거렸다. 각 텔레비전 뉴스 팀은 헤이 애덤스 호텔을 떠나 곧장 '미국혁명의 딸들'의 대공작 부인인지 뭔지 하는 한 여인을 인터뷰하기 위해 갔다. 그녀는 응접실에 앉아 자신의 주장을 들려주었다. 말인즉슨 '바이에즈' 양은 베트남 등지에 가 있는 우리의 젊은이들에게 나쁜 영향을 주어 반미 의식을 고취하고 사기를 저하시킨다는 것이었다. 공정하게 말하자면, 그녀는 자신의 입장을 설득력 있게 잘 소개했다. 그러나 그날, 세계의 여왕은 그녀가 아니었다. 바로 나였다.

1967년 무렵엔 다수의 언론이 전쟁에 대해 대단히 냉소적인 방향으로 흘러가고 있었다. 우리가 공연장으로 가기 전에 텔레비전 화면으로 본 마지막 장면은, 한 소년과 소녀가 소풍 바구니를 흔들면서 바로 그 콘서트가 열리는 장소로 걸어가는 모습이었다. 그리고 해설자가 말했다. "워싱턴 기념관은 아름다운 저녁이 될 것 같습니다. 이곳은 이미 존 바이에즈의 자선 콘서트를 보기 위해 온 구경꾼들로 붐비고 있습니다……."

다음 날 아침 세계의 여왕이 잠에서 깼을 때, 매니저는 그녀의 침실 문 밑을 신문들로 채워 놓았다. 가장 보수적인 신문은 그녀가 11,000명의 사람들 앞에서 노래를 불렀다고 말했다. 가장 진보적인 신문은 55,000명이라고 했다. 경찰 추산 관객은 40,000명이었다. 모든 게 굉장했다. 하지만 그녀에게 가장 나른한 느낌의 기쁨을 준 것은 갑자기 그리고 우연히 워싱턴을 방문했던 한 오스트리아 백작이 보내온 짧은 편지였다. 커다란 레미 마틴 한 병과 함께 전달된 그 짧은 편지에서, 그는 그날 저녁 식사 때 자신과 동석해 줄 수 있는지를 물었다. 그러나 세계의 여왕은 불룩하게 만들어 놓은 베개에 등을 기대고 몸을 쭉 펴면서 결심했다. 설사 그날 저녁에 아무런 할 일이 없다 하더라도 아주 많이 바쁠 거라고. 그녀는 재미(즉 좋은 것들을 갖고 인생을 좀 즐기는 것)와, 그녀가 자신의 소명이라고 생각하는 것을 섞는 법을 배우는 중이었다. 여왕은 카멜밸리의 집으로 갔고, 자신의 실크 꽃무늬 드레스들을 잘 보관해 두었다.

아이라와 나는 켄터키에 있는 겟세마네 수도원의 한 성자를 만나기 위해 순례 길에 올랐다. 트라피스트회 수사인 토머스 머튼은 저명한 평화주의자이자 베트남전쟁에 대하여 점점 더 공공연하게, 점점 더 강력하게 비판의 글을 써 온 시인이었다. 교단에서는 이미 그에게 한 차례 침묵을 명한 바 있었다. 우리는 학회에서 그의 에세이와 시를 읽고 있었다.

우리가 초대를 받았었는지는 기억이 나지 않는다. 그러나 내가 갔던 것은 확실히 기억난다. 아이라와 나는 우리의 삶을 마술적으로 매만져 주고 우리를 완벽한 사람으로 바꿔 줄 정말로 신성한 누군가를 만나고 싶다는 내밀한 욕망에 대해 서로를 놀려 댔다. 우리는 터무니없는 꿈을 꾸고 있음을 알았지만 그렇다고 그것을 그만두지는 않았다.

수도원이 시야에 들어오자, 나는 일종의 종교적인 흥분 상태에 빠졌다. 그때 나는 수사들이 커다란 두건을 쓴 채 감옥에 갇혀 있기를 바랐다. 왜냐하면 내가 본 첫 번째 수사가 마치 존 바에즈의 팬인 양 수상하게 행동하며 자기 발에 걸려 넘어졌기 때문이다.

토머스가 기운차게 들어와 우리를 따뜻하게 맞았다. 그는 누가 봐도 사랑스러운 사람이었다. 그의 얼굴은 보기 좋았고 명랑했고 친절했다. 그는 따뜻함과 정직함을 뿜어냈다. 어쩌면 아직 희망이 있는지도 몰랐다.

그가 가장 하고 싶었던 일은 수도원 경내를 벗어나 점심으로 먹을 패스트푸드를 얼마간 사는 것이었다. 나는 그가 글루텐 빵 샌드위치와 집에서 만든 벌꿀 주스에 지겹게 물렸을 거라고 생각했다. 지역 패스트푸드 체인점에서 그는 치즈버거 두 개와 초콜릿 밀크셰이크와 감자튀김 큰 것을 주문했다. 아이라와 나는 햄버거와 콜라를 먹었다. 우리 셋은 마치 들 한복판에서 모처럼의 소풍을 즐기는 새끼돼지와 올빼미 그리고 아기 곰 푸우 같았다. 아이라가 올빼미였고, 나는 새끼돼지였다. 토머스는 정말 푸우 같은 모습이었다.

그 맘 좋은 수사가 치즈버거를 어찌나 맛있게 먹는지, 그의 점심 식사 하나만으로도 우리의 여행이 가치 있게 느껴질 정도였다. 나는 우리가 간디, 비폭력, 베트남전쟁에 관해 이야기를 나눴다고 믿는다. 그러나 내가 분명히 기억하는 것은 그가 자신이 속한 종단의 규율에 관해 언급했다는 사실이다. 그는 무엇보다도 여행을 하고 싶어 했다. 그는 방콕을 방문하고 싶어 했지만 허락을 받지 못했다. 수도원장이 무슨 이유에서인지 겟세마네에 머무르는 것이 토머스를 위해 가장 좋은 일이라고 결정했던 것이다. 내겐 그것이 무엇보다 가톨릭교회의 이익을 고려한 결정이라는 느낌이 강하게 들었다. 그는 지나치게 솔직했다. 아이라는 이런저런 논증을 시도했고, 그 논증들 대부분은 서약의 어리석음에 근거하고 있었다. 만약 서약이 토머스의 인생 경험과 예술과 열정을 방해한다면 무엇 때문에 어리석게 서약을 하느냐는 것이었다. 토머스는 언제까지나 명랑할 것처럼 얼굴을 붉히며 그저 웃었다.

소풍을 마치고 우리는 수도원으로 돌아왔고, 수도원을 통과해 다시 나왔다. 좁은 숲길을 따라 얼마간 걸은 뒤, 토머스가 혼자 살고 있는 작은 오두막에 도착했다.

그가 작은 나무 상자를 열더니 아일랜드 위스키 한 병을 꺼냈다. 그와 아이라는 그것을 놀랍도록 빠르고 시원시원하게 들이켰다. 아이라가 말했다. "이봐요, 토머스. 진짜 이야기는 뭡니까? 그런 어중된 지식을 내세우는 지루한 하급 수사들이 당신을 신으로 우러러보는 이런 곳에 계속 있으면 돌아 버릴 것 같지 않습니까?" 토머스는 비록 똑똑치 않은 발음이었지만 꽤 확실하게 대답하곤 했다. 그의 소명이 여기 있고, 그는 여기서 머물 거라고.

"여자들은 어떻게 하고요?" 마치 수천 명의 여자들을 가리키려는 듯 잔을 허공으로 크게 휘저으면서 아이라가 말했다. 토머스는 그가 만났던 한 여성에 대해 무어라 이야기했고, 글쎄, 얼마간 사랑에 빠졌노라고 말했다.

"아하!" 아이라가 족제비처럼 심술궂게 말했다. "그 여자에게 당신은 무엇을 할 겁니까?"

"나는 그녀를 정신적으로 사랑할 수 있소!" 토머스가 손에 든 잔을 방 주위로 크게 내두르며 외쳤다. 약간은 도전적이었다고 생각된다.

"말도 안 돼요." 내가 끼어들었다. "그녀의 육체는 어떻게 하고요?"

"그녀의 육체는 여기 없어요! 그리고 어쨌든 그것은 여기 있을 필요가 없지요."

"만약 그녀의 육체가 여기 있다면요." 내가 계속 물고 늘어졌다. 나는 술을 마시고 있지 않았다.

토머스는 자신이 여전히 그녀를 정신적으로 사랑할 수 있다고 말했다. 하지만 그는 점점 설득력을 잃어 가고 있었다. 그녀가 어디에 살고 있는지를 아이라가 물었다.

"렉싱턴이오." 토머스가 동경을 담은 어조로 말했다.

"우리는 내일 저녁 렉싱턴으로 갈 겁니다." 순간 아이라가 완전히 몰두해서 외쳤다. "저녁 기도를 빼먹고 우리랑 함께 가는 건 어떻습니까? 우리는 루이스빌까지 자동차로 가서 렉싱턴으로 가는 비행기를 탈 겁니다. 자자, 당신은 할 수 있어요!"

놀랍게도 토머스는 1초도 머뭇거리지 않았다. 그는 벌떡 일어나 방 주변을 돌며 춤을 추었다. "그러면 나는 그날 밤을 그녀와 함께 보낼 수 있겠군요. 그리고 다음 날 아침 기도 전에 돌아올 수 있겠죠. 아무도 모르게 말이에요."

나는 기분이 상했다. 나는 한 선하고 지적이고 친절한 수사의 삶을 가지고 심한 장난을 치는 일에 한패가 되고 싶지 않았다.

"아이라!" 내가 책망하듯 말했다. 그러나 그는 책망을 듣는 사람이 아니었다. 게다가 그는 약간 취해 있었다. 말할 필요도 없이 토머스 역시 그랬다.

글쎄, 토머스는 우리와 함께 렉싱턴으로 가지 않았다. 어느 작은 남부의 모텔에서, 술기운을 가시게 만드는 맑은 아침의 빛 속에서, 아이라는 마음을 바꿨다. 나는 그더러 토머스에게 전화하게 했다. 토머스는 아이처럼 실망했다. 하지만 의심할 여지없이 안도하기도 했다. 그때 우리는 그에게 비행기가 만석이라고 말했던 것 같다. 그를 부추겨 계율을 깨게 만드는 것은 우리 자신의 환상을 짓밟는 일이며, 적어도 우리 셋은 모두 그 행동을 후회하게 될 거라고 말할 만큼 뻔뻔하지는 않았으니까.

한동안 꿈을 꾸다

데이비드 해리스가 1967년 산타리타 재활센터에 면회왔을 때, 나는 그에게 진지하게 관심을 갖기 시작했다. 엄마와 나는 67명의 여성들과 더불어 징집을 거부한 젊은이들을 지지하다가 체포되었다. 그 일로 내가 치른 대가는 따지고 보면 아주 작았다. 소녀들의 여름캠프 비슷한 곳에서 45일을 보내면 그만이었다. 내가 그해 10월 짧지만 많은 배움을 얻은 첫 구류를 열흘간 살 때, 데이비드 역시 그곳 남자들 구역에 있었다. 하지만 이번에는 그 스스로 징집을 거부할 준비를 해야 했기에 감옥에 가는 것을 피하고 있었다. 그는 나를 보러 오면서 카우보이모자를 쓰고 있었는데, 키가 188센티미터는 되어 보였다. 그의 미소는 이 세상 무엇보다 달콤했고, 그의 눈은 내 친구 하나가 "곱지 않은 파란색"이라고 부른 색조를 띠고 있었다. 나는 죄수복 대신 돼지우리 같은 방안에서 직접 다림질한 내 개인 드레스를 입었고, 갓 딴 레드베리와 금작화의 짚으로 만든 귀걸이를 했으며, 눈에는 숯과 치약으로 만든 마스카라를 칠했다. 나는 무언가 멋진 사람을 맞이할 준비가 되어 있었다.

면회 시간이 끝난 한 흑인 동료 수감자가 내게 저 카우보이가 누구냐고 물었다. 나는 그녀에게 징병 거부 운동의 지도자라고 말해 주었다. 내 귀는 방문객들과 큰 소리로 떠드는 수감자들의 시끄러운 말소리로 먹먹했다. 나는 침상으로 돌아와 데이비드에 대해 생각했다. 우리는 같은 정치적 과업에 참여하고 있었다. 그는 좋은 사고방식을 갖고 있었다. 그는 베트남에서 미군의 폭격으로 죽어 가는 어린아이들을 걱정했다. 때때로 나는 온통 그 아이들 생각뿐이었다. 나는 형기를 마친 뒤 그를 만나기로 결심했다.

형기가 끝나기 15일 전에, 엄마와 나는 감옥에서 쫓겨났다. 45일을 꽉 채워 가둠으로써 우리에게 교훈을 가르치는 것과 우리를 일찌감치 치워 버리는 것 사이에서 갈등하던 구치소 공무원들이 후자를 택한 것이다. 그들은 더 이상 그 어떤 유명인 방문객들도, 우리의 석방 날짜에 계획된 기자회견도 피하기를 원했다. 내가 집으로 돌아갈 차편을 마련하기 위해 전화를 하려고 하자, 그 소장 보좌관이 막으면서 내가 언론에 알리려 한다고 비난했다. 그녀가 말했다. "걱정 말아요. 우리가 당신들을 태워다 줄 테니." 그들은 우리를 태워다 주었다. 확실히, 어디인지 알 수 없는 곳으로 말이다. 그들은 우리를 거의 버려지다시피 한 오클랜드의 어느 버스 정류장에 내려놓았다. 나는 엄마와 함께 간이식당에 들어가 아침 식사를 주문한 뒤, 전화기로 가서 기자회견을 준비해 줄 사람에게 전화했다. 두 시간 뒤, 우리는 가득 차다 못해 넘쳐흐르는 한 작은 방에서 기자회견을 했다. 그런 다음 나는 또 다른 전화기로 달려가 데이비드에게 전화를 했다.

데이비드, 그는 잘생기고 영리하고 매력적이었다. 서툴고 칠칠치 못하고 상냥했다. 무엇보다도 비폭력에 대한 나의 열정을 공유했다. 그는 훌륭한 연사였다. 이 나라에서 징병제를 없애고, 그런 다음 전 세계의 군대에 반기를 드는 일에 대해 연설했다. 그의 표현에 따르면, 군대는 카드로 이루어진 집이고, 미국은 그 카드 한 벌의 대부분을 소유하고 있으며, 그러므로 만약 누군가가 미국의 카드들을 빼내어 간다면 그 집은 자동으로 무너질 것이라고 정리했다. 그는 사랑스러운 입을 가지고 있었다. 설교를 얼마 동안만이라도 멈춘다면, 충분히 키스를 할 수도 있는 입이었다. 어쩌면 데이비드야말로 나한테 꼭 필요한 사람일지도 모른다고 생각했다. 나만큼 강인하거나 나보다 더 강인한 사람, 그리고 내가 갈망하는 이유가 단순히 특정 스타일대로 머리칼이 떨어지거나 입술이 큐피드의 활처럼 부드러운 곡선을 그리기 때문만은 아닌 그런 사람 말이다.

나는 스탠퍼드대학 위쪽의 언덕에 있는 저항 공동체에서 잠깐 그와 함께 살았다. 나는 예의 그 "조애니를 조심하라"는 식의 판에 박힌 말과 행동을 시작했고, 내가 얼마나 무서운 호랑이인지, 그리고 나를 소유하겠다는 어림없는 생각을 갖지 않는 게 얼마나 신상에 이로운지를 그에게 경고했다. 그는 혹시라도 내가 자기를 거세하고자 마음먹게 되면, 부디 옛 여자 친구가 그랬던 것처럼 자기를 나무에 친친 동여매 놓지 말아 달라고 부탁했다.

데이비드와 아이라와 나는 지방 순회공연을 떠났다. 데이비드는 이미 기소된 상태였고, 우리는 그가 가까운 미래에 감옥에 갈 수밖에 없다는 것을 알고 있었다. 나는 노래 한두 곡을 부르고 비폭력에 관해 짧게 말하곤 했다. 그러면 이어서 아이라가 말했다. 하지만 주인공은 데이비드였다. 나는 그가 연설하는 모습을 지켜보는 게 무척 좋았다. 나는 그에게 매혹되어 있었다.

우리는 석 달 동안 서로에 관해 알아 왔고, 2주 동안 함께 여행했다.

어느 날 밤 위스콘신의 한 모텔 침대에서, 우리는 아이들의 이름에 대해 논의하기 시작했다. 내가 물었다. "당신, 지금 우리가 뭘 하고 있는지 알고 있는 거야?" 그가 말했다. "맙소사!" 우리가 결혼하기로 결심한 것은 바로 그때였다. 나는 엄마한테 전화를 걸었다. "그거 아세요? 저 결혼할 거예요." 엄마가 말했다. "누구랑?" 내가 말했다. "데이비드요." "오, 안 돼." 엄마가 데이비드에 관해 나한테 마지막으로 들은 말은 우리가 했던 싸움에 관한 것이었다. 그때 나는 데이비드에게 아주 넌더리가 난 나머지, 엄마한테 그를 가리켜 몸집이 큰 얼간이라고 욕을 했던 것이다. 전화를 끊은 뒤, 데이비드는 열이 오르고 근육이 아프다며 투덜거렸다. 그러고는 아침이 되자 지역 병원으로 호송되었고, 유행성 독감 진단을 받았다. 물론 나는 그것이 심인성 증상이라고 확신했다. 나에게도 곧 그런 증상이 나타날 터였다.

일주일 뒤, 우리는 뉴욕에 있었다. 아침 7시 반에 호텔 전화벨이 울렸다. 데이비드와 내가 결혼하는지 알고 싶어 하는 AP통신의 전화였다.

"데이비드, AP통신이 우리가 결혼하는지를 알고 싶어 해." 내가 말했다. 그가 몸을 굴렸고 머리를 긁적이더니 말했다. "아무렴 어때?" 그래서 나는 기자에게 그 소문이 아마도 사실일 것이며, 하지만 아직 구체적인 계획은 없다고 알려 주었다.

그날 오후 우리의 결혼 발표 기사가 내 사진과 함께 《뉴욕 포스트》의 1면에 났다. 《뉴욕 타임스》를 비롯한 나머지 국내 신문들도 상세하게 다루었다. 우리는 가능한 한 빨리 사안을 마무리하기로 했고, 웬만하면 평화주의자이면서 주례를 할 만한 사람을 찾았다. 우리는 제대로된 결혼식을 올려야겠다고 생각했다. 그것은 양쪽 부모님들, 나의 두 자매들, 이모, 데이비드의 형, 내 친한 친구들 몇 명 그리고 서부 해안 징병 저항자들의 절반이 참석하는 것을 의미했다. 우리는 모든 사람들을 비행기에 태워 동부로 실어 나르기로 계획을 세웠다. 그러고는 웨딩드레스를 사러 갔다. 나는 미친 듯이 들떠 있었고, 동시에 미친 듯이 겁이 났다. 얼굴이 핼쑥해질 정도로 복통이 시작되었다. 데이비드는 꽤 잘 버텼다. 우리는 실제로 평화주의자 목사와 온통 평화의 표상들로 뒤덮인 파격적인 작은 교회를 발견했다. 그리고 연극을 하기 위해 설계된 교회의 무대 세트 위에서 결혼하기로 했다. 무대 중앙에는 종이꽃들로 뒤덮인 아름다운 나무가 있었다. 목사와 함께 우리는 성공회와 퀘이커교 의식을 혼합한 예식을 계획했다. 데이비드는 온갖 상점을 뒤지고 뒤져 정장 한 벌을 고른 후 이곳저곳을 수선해서 가져왔고, 나는 삭스 5번가를 헐레벌떡 돌아다녔다. 그와 동시에 설사약을 삼켰고, 가족들을 채비시켰고, 퀘이커식 결혼서약에서 신부 측 대사를 외웠다. "나 존은, 데이비드를 맞이하여……." 우리는 '약속'이라는 단어를 빼고, '노력할 것'이라고 말했다. 그리고 '우리 모두가 살아 있는 한'을 덜 무서운 문구로 바꿨다. 무엇으로 바꿨는지는 기억나지 않는다.

결혼식 전날, 내 위장은 절단이 났고 나는 여섯 살 때로 되돌아갔다. 가족들은 안달이 나서 내 침대 주변을 서성거렸고 결국 의사를 부르기로 결정했다. 의사가 왔다. 나는 그에게 무엇이 문제인지를 말했다. "내일 결혼을 해요. 두려움 때문인지 몸이 말을 안 들어요. 장 경련에다 설사도 있어요. 하지만 그건 다 심인성 증상들이에요. 선생님이 제게 정말로 해주셔야 할 일은, 전 괜찮을 거고 독감 같은 거에 걸린 게 아니라고 말씀해 주시는 거예요."

"제가 보잘것없는 진단을 해드려도 될까요?" 그가 내 나이트가운을 들어 올리고 복부 여기저기를 눌러 보면서 물었다 "저는 당신이 이를테면 맹장 수술을 할 필요는 없다고 확신합니다."

"전 열이 없어요." 나는 그에게 알렸다. "그러니까, 열이 없는 한 전 괜찮을 거예요. 어쨌든, 전 열이 없어요." 그는 "입 닥쳐"라고 말하지 않았다. 그는 그저 내 입속에 체온계를 집어넣었고, 자신의 손목시계를 확인했다. 1, 2분 뒤 그가 체온계를 빼고 확인하더니 다시 불만스럽게 중얼거렸다.

"어떤가요?" 내가 물었다.

"39.2도군요." 그가 말했다. 그러고는 체온계를 씻었다.

"죽고 싶어요." 내가 말했다. 그는 매우 동정적으로 보였다.

그가 머리를 꼿꼿이 세운 채 그곳에 서서 물었다. "만약 나 역시 결혼하기 전날 밤에 39.7도까지 열이 올랐다고 말해 준다면 당신에게 도움이 될까요?"

"상황에 따라 다르죠." 내가 말했다. "여전히 결혼한 상태인가요?"

"그럼요." 그가 대답했다. 나는 그가 거짓말을 하고 있다고 생각했다. 하지만 상관없었다. 그는 해야 할 말을 했으니까.

그는 내게 소라진(신경안정제의 하나—옮긴이)을 약간 주면서 그걸 먹으면 토하지 않을 거라고 장담했고, 그 자리에서 당장 삼키라고 했다. 약을 먹자 나는 둥둥 떠다니는 백조의 땅으로 들어갔다.

그날 밤은 데이비드가 친절하고 헌신적인지에 대한 궁금증을 풀 수 있는 기회였다. 나는 행복하게 떠다니다가 이따금씩 공복의 메스꺼움 때문에 깨곤 했다. 나는 작게 신음 소리를 냈고, 그러면 데이비드가 자신의 침대에서 큼직한 모습으로 불쑥 나타나 티스푼으로 젤로나 각 얼음 한 조각을 내 입속에 밀어 넣어 주곤 했다. 몇 초도 안 돼 메스꺼움이 가라앉았고 나는 다시 잠이 들었다. 데이비드가 그사이 잠을 충분히 잤으리라고는 생각하지 않는다. 그렇다고 혼자 내려가 친구들과 취하도록 마실 수도 없었다. 왜냐하면 내가 그의 관심을 온전히 요구하고 있었고, 그리고 아마도 친구들과 술 마시는 것이 자신에게도 너무 성가신 일이었을 테니까.

친애하는 데이비드, 그날 밤 일에 대해 내가 당신에게 고맙다고 말한 적이 있던가? 결혼식 전날 밤을 보내기에 그건 그리 재미있는 방식이 아니었지. 하지만 우리가 함께한 파란만장한 세월과 그 이후 따라온 소란스러운 시간들 뒤에도, 나는 당신이 죽 천사들 편에 있었다고 말해 왔어……

결혼식 날, 데이비드는 몹시 긴장해 있었다. 그는 여전히 해마 같은 짧은 구레나룻과 콧수염을 기른 채였다. 그는 향수를 뿌렸고, 잘 어울리는 정장과 삐걱삐걱 소리가 나는 구두 차림이었다. 나는 바닥까지 치렁치렁 내려오는 그리스식 회백색 드레스 차림에 맨발이었다. 나는 데이비드를 자주 쳐다보았다. 그리고 더 많은 설사약을 삼켰다. 우리는 미처 반지를 준비하지 못했음을 깨닫고, 각자 끼고 있던 반지를 빼서 내 비서에게 던져 주었다. 그녀는 곧장 나가서 금반지 두 개를 사왔다. 약속된 시간이 조금 지나서, 우리는 리무진 안으로 우르르 들어갔고 교회로 향했다. 나는 엄마가 결혼식 때 둘렀던 까만 벨벳 망토를 어깨에 두르고 있었다.
촬영 팀은 교회에 와 있었다. 그들이 나에 관해 찍은 것이라곤 대부분 내가 그 긴요한 녹색 약병을 들어 입술에 대고 있는 모습이었을 것이다. 데이비드는 같은 방의 다른 위치에서 사람들과 정치적 의견을 나누고 있었다. 폴린과 미미가 도착했다. 그때 나는 모든 사람들이 얼마나 아름다워 보이는가 새삼 깨달았다. 엄마와 아빠는 둘째 딸의 결혼을 마뜩지 않아 하면서도 받아들였고, 두 분 모두 참으로 위엄 있고 근사해 보였다. 데이비드의 어머니는 아름다웠고, 좋은 의미에서 인정이 많아 보였다. 그의 아버지는 긴장한 듯 보였지만 기분은 좋아 보였다. 아버지는 군대에 몸을 담은 지 17년째인데, 자기 아들은 평화 데모광과 결혼하려 하고 있었다. 데이비드의 형은 수줍고 상냥한 인상이었는데, 실제도로 그랬다. 우리 자매들은 공주님들 같아 보였고, 실제로도 그랬다. 티아 이모는 행복해 보였다. 그녀는 워낙에 낙관주의자인 데다, 내가 마약중독자나 지방 서커스의 줄타기 곡예사와 결혼하지 않은 걸 매우 기뻐했다.

목사의 손이 떨리고 있었다. 그가 어찌나 친절했던지 나는 울고 싶었다. "아플 때나 건강할 때나"를 말할 차례가 왔을 때 갑자기 그 말들이 생각나지 않았고, 대신 내 입에서 "오, 제기랄"이라는 말이 나와 버렸다. 목사가 내가 말할 대사를 내게 속삭여 주었다. 그리고 데이비드는 내내 멋진 미소를 짓고 있었다. 긴장하기도 했지만 한편 결혼식장의 신랑으로서 그게 가장 자연스러운 표정이었기 때문이다. 우리는 서로 힘을 얻기 위해 손을 꽉 쥐고 있었다. 마침내 예식이 끝났고, 우리는 오래도록 진하게 키스했지만, 아빠가 헛기침을 하고 다른 사람들이 킥킥 웃음을 터뜨리는 바람에 그만둘 수밖에 없었다. 모든 사람들이 박수를 쳤고 샴페인 잔이 돌았다. 바에즈 자매들의 좋은 친구인 주디 콜린스가 노래를 불렀다. 아빠가 사진을 몇 통이나 찍었지만, 무슨 까닭인지 모두 까맣게 나왔다.

나는 샴페인을 마셨고, 친척들과 잡담을 하는 사이사이 데이비드의 옆구리에 바짝 붙어 있었다. 그리고 새로운 이름을 갖는다는 것은 얼마나 재미있는 일일까를 생각하며, 왼손 세 번째 손가락에 끼워진 금반지를 비틀어 돌렸다. 정체성은 말할 것도 없고, 이름을 유지한다는 개념은 그때까지 내 안에서 태어나지도 않았다. 그러나 아내가 된다는 생각, 그리고 바람이지만 엄마가 된다는 생각에 전율이 일었다. 나는 존 해리스가 될 예정이었다. 그리고 데이비드와 함께 수많은 아이들을 낳아서 동시에 세계를 구할 것이었다. 내 오른손 세 번째 손가락에는 여전히 알렉산더 보석이 달린 금반지가 끼워져 있다.

데이비드, 당신은 정말 친절한 사람이었어! 나는 미친 사람이었지. 당신은 미친 사람과 결혼했던 거야. 나는 어느 날 저녁 당신의 어머니와 함께 언덕 중턱으로 산책을 나갔어. 그날 밤 그녀는 나더러 자신을 일레인이라고 불러도 된다고 말했지. 그때 달이 떠오르기 시작했고, 만약 내가 열심히 집중하기만 하면 그것이 도로 내려갈지도 모른다고 생각했어. 그리고 그 생각에 나는 두려워졌지. 어머니가 잠을 자러 집으로 들어갔을 때, 나는 무릎을 턱 아래까지 끌어당긴 채 길가의 쓰레기통들 사이에 누웠어. 당신이 나와서 날 부르지 않았다면 몇 시간이고 그 상태로 그곳에 누워 있었을 거야. 내가 말했지. "나 여기 있어." 당신은 나를 집 안으로 데리고 들어가 불을 피우고 내게 《이상한 나라의 앨리스》를 읽어 주었어. 어느 날 밤, 나는 당신을 만족시키기 위해 흥분제 같은 걸 흡입했는데, 그 때문에 훨씬 더 미친 사람이 되고 말았지. 몸이 뜨거워졌다 식었다를 반복했고, 큰 소리로 책을 읽는 당신이 무서워졌어. 나는 집 안 여기저기를 뛰어다녀야 했고, 갑자기 뛰어내릴까 두려워 창문으로부터 떨어져 있어야 했어. 당신이 말했어. "이봐, 밖으로 나가서 바람 좀 쐬자."

내가 말했지. "안 돼, 너무 추울까 봐 겁나." "그럼, 여기 이 스웨터를 입어"라고 당신이 말했고, 나는 울기 시작했지. "안 돼, 너무 더워질까 봐 겁나." 그런 다음 나는 정말로 엉엉 울기 시작했어. 당신은 내 어깨에 팔을 둘렀고, 나를 달래서 밖으로 데리고 나왔어. 바깥 공기가 내 얼굴에 닿는 느낌이 좋았어. 내가 오줌을 눠야겠다고 말했더니 당신이 이렇게 대답했지. "안 될 거 있나?" 그리고 웃기 시작했어. 하지만 내 감정이 다치지 않도록 자제하려 애썼지. 나는 피튜니아 꽃밭에 쪼그리고 앉아 있었고, 기분이 나아지기 시작했어. 그래서 내가 말했지. "뭐가 그렇게 웃겨?" 당신이 말했어. "우리는 막 만 달러를 들여 욕실을 개축했는데, 당신은 여기 나와서 오줌을 누고 있잖아."

우리는 우리가 '아등바등 산'이라고 부르는 1,000제곱미터의 땅 위에 위치한 로스 알토스 힐에 살았다. 똑같은 모양의 집 두 채가 붙어 있었고, 그 하나가 우리 집이었다. 200미터쯤 떨어진 곳에 아주 낡은 2층짜리 집이 있었는데, 거기에는 여덟에서 아홉 명의 사람들이 공동으로 살고 있었다. 우리는 모두 채식주의자였고, 정원을 가지고 있었다. 데이비드와 나는 피튜니아 화단이 옆에 있는 현관 계단에 나와 앉아 있곤 했고, 지나가던 사람들도 들어와 앉았다. 우리는 이따금 그들에게 차를 대접했다. 데이비드는 그들에게 저항운동에 대해 이야기했고, 나는 이야기를 듣다가 일어나 이리저리 돌아다니다가 빵을 만들러 갔다.

옆집에는 로버트와 크리스티가 살았다. 로버트는 징병 저항자였지만, 결코 운이 트이지 않았다. 둘은 여름에 나체로 돌아다녔다. 나중에 로버트와 크리스티가 이웃이라기보다 가족처럼 되었을 때, 로버트가 종종 연필깎이를 사용하러 우리 집에 오곤 했다. 내가 부엌 테이블 앞에 앉아 있을 때는 그의 샅이 내 눈높이에 있었고, 우리의 거리가 1미터도 되지 않았기 때문에 마음만 먹으면 내가 그곳을 볼 수도 있었다. 데이비드가 체포된 뒤 한동안은 나 역시 옷 입는 걸 그만두었다. 그리고 그 소유지를 공유했던 아등바등 산 공동체 사람들의 대부분이 그렇게 했다. 어느 날 소방차가 울타리 밖에 멈춰 섰고, 열다섯 명쯤 되는 소방관들이 산불을 찾고 있는 척했다. 하지만 망원경을 들여다보는 동시에, 그들은 또한 울타리 너머를 힐끗거렸다. 나는 내가 전혀 노골적으로 느껴지지 않았다. 꿈속에서 갑자기 벌거벗고 브로드웨이를 걷는 느낌이었다고나 할까.

나는 좋은 아내가 되려고 무척 애를 썼다. 악령들이 나를 맹렬하게 공격했고, 나는 스스로를 퀴니(여왕)에서 아내로 변화시키려고 정신과 의사 진료실에서 몇 시간을 보냈다.

데이비드가, 머리는 그다지 좋지 않지만 지독히도 매력적인 문도그(moon dog)라는 이름의 사모예드 개를 한 마리 얻어 왔다. 녀석은 훈련이 불가능했지만, 사람의 마음을 끄는 미소를 가지고 있었다. 데이비드는 녀석에게 우리의 작은 집을 들락날락거리며 마음대로 돌아다니게 했다. 녀석은 미소를 지으며 부엌 바닥과 거실을 덮은 양탄자 위를 온통 진흙투성이로 만들어 놓았다. 그러다 어느 날, 마침내 나는 폭발하고 말았다. 내가 막 집안 청소를 끝내 놓았는데, 밖에서 무니가 한 번 긁고 두 번 짖자 데이비드가 녀석을 집 안에 들여 놓은 것이다. 나는 진흙 자국에 대고 욕을 퍼부었다. "빌어먹을! 데이비드, 난 지금 막 청소를 끝냈단 말이야. 게다가 저 개는 문을 긁어 구멍을 내고 있어."

데이비드가 물었다. "뭐가 더 중요하지? 개야, 나무판자야?" 내가 말했다. "당신이 잊은 게 있어. 나! 내가 더 중요해." 하지만 데이비드는 내가 지나치게 꼼꼼하고 고집이 세다고 말했고, 나는 제대로 된 외식을 해야겠다고 말했다. 그는 음식점에서 시중을 받는 것이 반혁명적이라고 말했고, 나는 그래도 외식을 해야겠다고 말했다. "당신은 책을 사지. 그런데 책을 사는 것은 가난한 사람들이 할 수 없는 부르주아적 호사야. 만약 당신이 책에 쓰는 비용이 한 달에 30달러라면, 내게도 그만큼 쓸 수 있겠지." 어쨌든 그것은 대부분 내 돈이었다. 나는 그저 그가 안달하기를 바랐다. 다른 것이 아닌 나에 대해서!

어느 날 여성운동가 셋이 불만을 토로하기 위해 우리 집을 방문했다. 그들은 징집 반대 포스터를 마음에 들어 하지 않았다. 그것은 폴린과 미미와 내가 모자를 쓰고 길버트와 설리번의 《펜잰스의 해적들》에 나오는 세 처녀와 같은 모습으로 찍은 사진이었다. 그리고 사진에는 이런 표제가 쓰여 있었다. "여자애들(girls)은 '안 돼'라고 말하는 남자애들(boys)에게 '그래'라고 한다." 나는 그것이 절묘하다고 생각했다. 그 여성운동가들은 그 표현을 싫어했다. 왜냐하면 '여자애들'이라고 표현한 데다, 여자들은 누구에게든, 특히 남자에게 '안 돼'라고 대답할 필요가 없어야 한다고 생각했기 때문이다. 그들은 그 포스터를 시중에서 걷어 없애 버리기를 원했다. 나는 정말이지 그들이 무슨 말을 하고 있는 건지 이해가 되지 않았다. 하지만 나는 쉴 새 없이 부엌을 들락날락거리며 샌드위치와 레모네이드를 대접했다. 그동안 그들은 서로를 팔꿈치로 찌르면서 한심하다는 듯한 표정으로 천장을 올려다보고 앉아 있었다. 데이비드는 저항운동에 대해 열변을 토하면서, 여자들을 '아가씨'(chick)라고 불렀다('girl'과 'chick' 모두 젊은 여자를 낮춰 부르는 말로, 성차별적인 단어로 들릴 수도 있다―옮긴이).

우리의 불화에도 불구하고, 나는 성실했다. 매우 성실했다. 심지어 아무엇도 제대로 되지 않았을 때에도. 그리고 나는 밤에 많이 울었다. 그는 끊임없이 인내심을 발휘했고, 모든 것이 잘 해결되기를 바랐다. 때로는 잘되었고, 나는 대단히 자랑스러웠다. 내가 실제로 아내 노릇을 제대로 할 수 있어서 자랑스러웠고, 그러는 동안은 평온하고 행복할 수 있었다.

데이비드가 징집을 거부하자 곧 그에 대한 고발장이 왔다. 그의 재판날, 판사들은 자신들이 재판정으로 들어올 때 사람들이 기립해 있으리라고는 전혀 기대하지 않았을 것이다. 그러나 우리는 서 있었다. 판사들을 위해서가 아니라 데이비드의 변호사인 프랜시스 하이슬러에게 존경을 표하기 위해서였다. 그는 아인슈타인 머리와 칼날 같은 지혜를 가진, 존경을 받는 이름난 노인이었다. 그러면 절차상의 문제를 들어 데이비드를 빼낼 수 있을 것이었다. 하지만 그는 갈등했다. 왜냐하면 그는 데이비드가 도덕적인 동기로 재판정에 선 것을 알고 있었기 때문이다. 그러면서도 그는 기술적인 문제들에서 자신의 훌륭한 솜씨를 기꺼이 보여 주고 싶었을 것이다. 재판정에서는 파촐리 기름 냄새가 났고, 엄마들이 아기를 얼렀고, 우리 모두는 홀에서 꽃을 두른 채 노래를 불렀다.
데이비드는 아름다웠다. 한번은 검사가 그에게 모병센터로 갈 수 없는 어떤 불가피한 이유가 있었는지를 물었다. 나는 눈을 감으며 생각했다. 그래, 데이비드, 당신 때문이었어. 모병센터로 가는 길을 막은 것은 바로 당신 자신이었어. 데이비드가 그 질문에 답변하다가 멈추고 이렇게 말했다. "그래요, 잠깐만요. 그곳으로 가는 길을 막은 것은 바로 나 자신이었어요." 배심원단이 평결문을 가지고 들어왔을 때, 나는 떨기 시작했다. 배심원단에는 퀘이커교도인 여성이 있었다. 우리는 내심 그녀가 자신의 교리에 따라 판사의 훈령에 저항하기를 바랐다. 평결은 유죄였다. 그러자 데이비드가 배심원들에게 한 사람씩 각자의 평결을 말해 달라고 했고, 그녀가 '유죄'라고 말했을 때, 우리는 모두 배신당한 느낌이었다.

내가 임신했을 때, 우리는 순회연설을 다니고 있었다. 우리는 대학으로 갔다. 나는 노래를 불렀고 데이비드는 연설을 했고 젊은이들은 매혹되었다. 나는 데이비드라면 혼자 힘으로도 세계를 바꿀 수 있을 거라고 생각했다. 만약 그것을 카리스마만으로 할 수 있다면, 그것이 하룻밤 사이에 이루어질 수도 있을 거라고 생각했다. 때때로 나는 그가 무슨 말을 하는지 이해하지 못했다. 그리고 나중에서야 다른 사람들 역시 나와 마찬가지였다는 걸 알게 되었다. 그러나 그런 사실이 우리가 앉아서 입을 벌린 채 그의 말을 경청하는 데 방해가 되지는 않았다.

어쨌든 우리는 노스캐롤라이나에 있었고, 나는 아이를 가지려고 매일 밤낮으로 특수 임신 체온계를 사용해서 체온을 쟀다. 그 그래프는 지금이 바로 결정적인 때라고 알려 주었다. 체온계를 입에서 확 빼며 "지금이야!"라고 외치는 건 그리 낭만적인 일은 아니었다.

다음 날, 나는 오랜 친구인 베시와 설거지를 하고 있었다. 그녀는 언제나 나의 알렉산더 보석 반지를 무척 좋아했다. 나는 킴과 함께하던 시절부터 그것을 끼고 있었다. 순간 나는 그것을 내 비누투성이 손에서 빼내고는 그녀에게 가지고 싶은지 물었다. 그녀가 깜짝 놀라 쳐다봤다. 내가 한 번도 그 반지를 뺀 적이 없다는 걸 알고 있었기 때문이다. 사실 그녀는 내가 그것으로 만든 똑같은 모양의 반지를 네 개나 더 갖고 있다는 것을 알고 있었다. 하나는 토파즈였고, 하나는 분홍색이 살짝 감도는 오렌지색 사파이어였고, 하나는 청회색 사암이었고, 나머지 하나는 기억이 나지 않는다. 나는 그 자줏빛 반지를 선호했기 때문에 그 네 개 가운데 어떤 것도 끼지 않았다. 그녀는 내가 손바닥 위에 올려놓고 내민 그 아름다운 집시 반지를 바라보더니 그것을 가져갔다. 그때 나는 내가 임신했다는 것을 알았다.

생리 예정일로부터 열하루가 지난 뒤, 나는 임신 여부를 확인하기 위해 의사에게 갔다. 우리가 진료실에 앉자 여의사가 말했다. "자, 당신에게 좋은 소식이 있어요." 나는 울기 시작했다. 그녀가 말했다. "기다리던 소식이 아닌가요?" 나는 울면서 말했다. "맞아요!" 나는 데이비드에게 전화했다. 하지만 그는 집에 없었다. 운전해서 집으로 돌아가는 길 내내 온갖 환상에 열중했다. 아기 침대를 사고 그 위에 모빌을 달아야지. 데이비드는 감옥에서 출소할 거고(아직 투옥되지는 않았지만) 우리는 온 세상의 큰길과 오솔길을 누비며 비폭력 운동을 이끌겠지. 우리 아기가 자기 발로 아장아장 걸을 수 있을 때까진 데이비드와 내가 번갈아 업고 다니면 될 거야. 우리에겐 점점 더 많은 아이들이 생기겠지. 그 녀석들이 커다란 개 등에 올라타고 작은 고양이들을 껴안고 귀여워하면서 온 방 안을 굴러다니는 모습이라니.

내가 집에 도착했을 때, 집에는 아무도 없었다. 나는 빈둥빈둥 돌아다니며 차를 만들면서 마음을 진정시키려고 애썼다. 차가 멈추는 소리가 들렸고, 나는 문간으로 달려 나갔다. 데이비드의 어머니가 식료품을 한 짐 들고 나타났다. 바로 뒤에 데이비드가 있었다. 일레인은 마치 여름 아침처럼 미소를 지었고, 데이비드 역시 그랬다. 내가 불쑥 "아이가 생겼어"라고 말하기 전까지는. 일레인은 식료품을 거의 떨어뜨릴 뻔했고, 데이비드는 감격해 보려고 애썼다. 그러나 그는 내가 먼저 조용히 자기한테만 말해 주지 않은 것에 상처를 받았다. 나는 곧바로 내 행동을 후회했지만 이미 늦었다. 2주 뒤 새너제이주립대학에서 열린 콘서트에서 나는 똑같은 행동을 하고 말았다. 나는 더 이상 속에 담아 둘 수가 없었고, 콘서트 막바지에 이르러 관객들에게 알렸다. "저 임신했어요!" 데이비드는 그 소식을 다음 날 그가 연설을 하고 있던 동부에서 신문으로 읽었다. 그는 우리의 삶에서 사적인 일들은 모종의 진정한 사생활로 남겨 두길 원했다. 나는 내가 변했고 지금은 다르게 일을 처리한다고 생각하고 싶지만, 또한 내가 그러지 않으리라는 것도 안다. 나는 그런 이야기들을 또 불쑥 내뱉고 말 것이다.

어느 날 나는 머리를 자르기로 결심했다. 나의 긴 머리는 내가 노래를 시작하던 때부터 일종의 트레이드마크였다. 나는 발륨 두 알을 먹고 미장원에 가서 머리를 단발로 자르고는 이탈리아의 영화배우가 된 것 같은 느낌으로 미장원 문을 나섰다.

투어를 끝내고 집으로 돌아온 데이비드가 말했다. "나한테 물어보지도 않고 머리를 자르다니!" 그러고는 농담을 하려고 애썼지만, 그가 상처를 입은 건 어쩔 수가 없었다. 우리의 삶은 삐그덕거리며 나아가고 있었다.

그들이 1969년 7월 15일에 데이비드를 체포하러 왔을 때, 우리는 준비가 되어 있었다. 저항 공동체 사람들이 우리 집 앞뜰에 와 있는 것이 보였다. 그날 나는 끝없이 이어지는 친구들과 지지자들을 위해 빵을 굽고 팬케이크를 만들고 과일 샐러드를 만들며 하루를 보냈다. 그들의 영웅은 곧 가 버릴 터였다. 그가 일상에서 그들과 함께 기꺼이 나누고자 했던 커피와 담배가 닿지 않는 곳으로. 보안관이 그를 덮치러 올 것이라고 의심한 그날, 우리는 따뜻하고 안개 낀 아침 공기를 뚫고 침실 창문으로 흘러 들어오는 플루트 소리에 잠이 깼다. 데이비드의 광적인 지지자들 가운데 한 명이 그리스신화 속 판(Pan)처럼 나무 위에 앉아서 우리를 위해 연주하고 있었다. 피곤하고 신경이 날카로워진 나는 저 남자가 꺼져 버렸으면 좋겠다고 데이비드에게 말했다. "그는 좋은 사람이야. 약간 엉뚱하긴 하지만. 그래도 좋은 의도로 그런 거라고." 나는 오직 데이비드의 친절함 덕분에 기분이 누그러졌다. 그래서 침대에서 일어나 크리스티의 도움을 받으며 나무 위에서 사는 사람들, 태양을 숭배하는 사람들, 싹을 먹는 사람들, 물병자리 새벽의 아이들, 무단 거주자들, 징병 저항자들 그리고 충실한 친구들을 위해 아침 식사를 준비했다. 나는 번번이 차 지나가는 소리가 들릴 때마다 열이 올랐다 내렸다를 반복하며 내내 부엌에 있었다. 그리고 커피와 허브차를 만들며 스스로를 분주하게 만들었다.

오전 당번을 서고 있던 우리의 첩자가 고함을 치면서 현관 쪽으로 달려왔다. 그리고 경찰차가 언덕 위로 올라오고 있다고 알렸다. 데이비드가 만면에 미소를 지었다. 기다림이 이제 막 끝나려 하고 있었다. 밤마다 잠을 설치게 하는 환상들이 아니라 실제로 처리해야 할 현실이 생겼으니, 그의 삶은 훨씬 더 쉬워질 것이었다.

보안관과 그의 조수는 당황했다. 우리는 친절했고 커피와 주스와 집에서 만든 빵을 권하며 그들을 환영했다. 그들은 그 모두를 거절했다. 소파에 앉아 몇몇 사람들과 담소를 나누던 데이비드는 일어나서 따뜻한 악수로 그들을 맞이했고, 그의 태도로 인해 그들은 방금 전보다 더 자신들이 빙충맞고 어리석게 느껴졌을 것이다. 데이비드는 주위에 있는 사람들 모두와 돌아가며 포옹했다. 나는 마지막 순간까지 멀리 서 있었다. 그들은 그에게 수갑을 채웠다. 데이비드가 경찰차 뒷좌석에 올라타기 직전에 손을 들어 승리의 브이 자를 그려 보였다. 나는 그를 껴안고 무슨 말인가 했지만 기억이 나지 않는다. 그들이 그 멋진 날의 열기 속에서 떠나가려 했을 때, 그 보안관의 차 번호판 바로 위에는 징집 반대 범퍼 스티커가 붙어 있었다. 우리는 마지막 웃음을 터뜨렸다. 나는 점점 마음이 평온해지는 것을 느꼈다. 그러다 산책을 하기로 결심했고, 그 날씨 좋고 멋지고 외로운 날의 열기 속에서 오랜 시간 동안 아등바등 산 위를 걸어 올라갔다.

데이비드가 감옥으로 간 뒤 내가 가장 먼저 한 일은, 우리가 함께 만들고 있던 〈견뎌 내라〉(Carry It On)라는 영화를 완성하는 것이었다. 내가 덴버에서 매디슨 스퀘어 가든까지 미국 전역을 순회할 때, 영화 팀이 나를 따라다녔다. 나는 티켓 한 장에 2달러를 청구했고, 얼마의 돈을 벌든 그것을 저항 단체에 주었다. 징병 저항자 둘이 나와 함께 일하고 있었다. 마드라스 슬립오버 셔츠와 고무 비치샌들 차림을 하고 달콤한 목소리로 노래하는 제프리 셔틀레프와 본명은 알려지지 않은 채 헝클어진 머리로 느릿느릿 움직이는 기타 연주가인 폰들이 바로 그들이었다. 우리의 로드매니저는 데이비드가 끌려간 그날 아등바등 산에서 플루트를 불며 나무 위에 앉아 있던 그 미치광이였다. 그는 트럭 기사식당에서 일렬로 앉은 90킬로그램이 넘는 거구의 트럭 운전자들이 몸을 돌려 쳐다보는 동안 테이블에서 벌떡 일어나 접시들을 치우기 시작했다. 그는 또 체크인을 하자마자 호텔 방에서 가구를 모두 치워 버리고는 벽 위에 만다라의 그림을 걸어 놓은 뒤 향과 초에 불을 붙이고 45분 동안 연화좌로 앉아 있곤 했다. 제프리가 그와 합류했고, 두 사람은 건강 음식점에서 사 온 어떤 장치 위에 현미를 요리한 뒤 인삼차를 끓여서 둘 만의 작은 축연을 벌였다. 폰들과 나는 햄버거를 주문했다. 제프리는 무대 위에서 연화좌로 앉았고, 야외 공연장에서 모기들에게 공격을 받을 때는 자기 자신과 싸웠다. 나는 그가 생명에 대한 존경심 때문에 그랬다고는 생각하지 않는다. 그것은 자기 훈련에 대한 강박관념 때문이었을 것이다.

나는 남캘리포니아에서 내 콘서트에 시위를 포함시키자는 몇몇 저항자들의 제안에 따르기로 마음먹었다. 한 청년이 오랜 기간 깊이 고민한 뒤 자신의 징병카드를 돌려보내기로 결심했다. 그는 그 결심을 사람들 앞에서 '공표하기를' 원했다. 그리고 내가 관객 앞에서 작은 의식을 통해 그의 카드를 받아들이기를 바랐다. 나는 좋다고 말했고, 약간의 연극적인 상황을 만들어 냈다. 공연 중간쯤에 내가 다음 노래는 징병 저항자들에게 바친다고 알릴 것이다. 만약 관객 가운데 자신의 징병카드를 바로 그 자리에서 내놓기를 원하는 사람이 있다면, 나는 그것을 기쁘게 받을 것이다. 그 시점에서, 그 청년이 앞으로 나와 자신의 카드를 내게 건네는 것이다. 그것은 효과가 좋았다. 서른 명의 다른 젊은이들 역시 앞으로 나와 자신들의 카드를 내놓았다는 것 말고는. 나는 그들이 저항할 준비가 안 되어 있다는 것을 알고 있었다. 그래서 그들의 카드를 모두 돌려주었고, 그들이 어디에서 징집 상담을 받을 수 있는지 (말하자면 무대 뒤쪽 대기실)를 알려 주었다. 그리고 휴식 시간을 가졌다.

나는 데이비드를 위해 음반을 만들기로 결심했다. 그것은 좋은 선물이 될 터였다. 나는 다시 내슈빌로 가서 열두 곡의 컨트리 음악과 웨스턴 음악을 선곡하여 녹음했다. 마침 예전에 데이비드가 책을 읽을 때 그의 옆모습을 그려 놓은 그림들이 몇 장 있었다. 나는 그것들 가운데 가장 잘된 것을 골랐고, 그의 초상을 중심으로 타로 카드에서 가져온 다채로운 이미지들을 9센티미터 두께로 테두리를 둘러 음반 재킷을 디자인했다. 배경은 은색이었다. 그것은 큰 프로젝트였는데, 무엇보다 내가 모두 딜런 곡으로 이루어진 두 장짜리 앨범을 동시에 녹음하고 있었기 때문이다. 나는 집으로 돌아와서 곧 있으면 태어날 아기에 대해 진지하게 생각했다.

게이브가 태어나기 전, 집 앞에서 사진을 찍었다. 폭풍이 모든 것을 마당 위로 날려 버린 직후 하늘이 여전히 어둡게 인상을 쓰고 있을 때 찍은 것이다. 사진 속 나는 로버트가 오랜 시간 동안 고치려고 벼르고 있던 변기 위에 앉아 있다. 머리가 제법 길었고 카메라를 보며 손을 흔들고 있다. 엄마는 그때가 나의 '히피 시절'이었다고 말씀하시곤 한다.

게일 제르미노가 버클리대학에서 비폭력연구소로 왔다. 그녀는 캘리포니아에 남아 우리의 징집 저항과 비폭력 공동체의 회원으로 일했고, 나중엔 나의 개인적인 조수이자 가까운 친구가 되었다.

나는 분만을 도와줄 게일과 함께 라마즈 자연분만 강좌를 수강했다. 어느 날 밤 나는 갑작스러운 복통으로 잠에서 깼고, 심장이 통제할 수 없을 정도로 빨리 뛰기 시작했다. 나는 흥분과 의심으로 손을 입에 대고 말했다. "진정해." 그리고 복통이 멎는지 확인하기 위해 천천히 일어나 앉았다. 멈추지 않았다. 나는 부엌으로 가서 젤로를 약간 만들어 보기로 했다. 작은 냄비에 물을 채우고 딸기 젤로 상자를 열었다. 반은 바닥에 흘렸고 나머지 반을 사발 안에 털어 넣었다. 포장지까지 끓는 물에 넣는 바람에 그것을 건져 내다가 손가락을 데었다. 나는 포기하고 침대로 돌아갔다. 7시 무렵까지 잠을 잔 걸 보면 복통이 멎었던 게 분명하다.

복통이 나를 다시 깨웠다. 화요일이었다. 데이비드는 화요일마다 전화를 했다. 게일이 건너왔고 우리는 언덕을 내려가 병원으로 갔다. 긴 기다림이 될 거라고 의사가 말했다. 그래서 우리는 다시 언덕 위로 올라왔다. 차를 타고 이동하는 시간은 25분에 불과했지만, 나는 여전히 데이비드의 전화를 기다리고 있었다. 소파 위에 몸을 던진 뒤, 고통을 견디기 위해 숨을 몰아쉬기 시작했다. 몇 시간이 지나갔고 공동체 친구들이 왔다가 갔다. 드디어 호흡이 가빠져 말 소리가 안 나오자, 나는 손을 들어 친구들에게 신호를 보냈고, 그들은 내가 조급하다는 것을 알았다. 우리는 진통이 1분 30초 간격일 때까지 기다렸다가 다시 언덕을 내려갔다. 그동안 내 손은 내내 허공에 들려 있었다. 우리가 떠난 지 5분 뒤에 데이비드가 전화했다.

나는 아이를 앉아서 낳으려고 쭉 생각해 왔다. 그러나 첫 번째 큰 수축이 있은 뒤 끝내 등을 대고 누웠고, 그 뒤 진통이 진행되는 내내 그 상태로 있었다. 어떤 가엾은 인턴이 들어와 나를 시트로 덮어 주었다. 나는 그것을 걷어차면서 빌어먹을 시트 같은 걸 내 몸 위에 덮지 말라고 소리쳤다. 그는 사라졌고, 다시는 내 눈 앞에 나타나지 않았다. 나는 뭍에 놓인 복어처럼 라마즈 리듬으로 호흡을 했다. 의사가 들어와 서두르지 말라고 했다. 계속 그런 식으로 호흡하면 분만을 하기도 전에 정신을 잃을 거라고 했다. 그 이후의 일에 대해서는 기억나는 게 별로 없다. 진통 주사를 맞았다는 것을 제외하고. 나는 의사의 손을 움켜쥐고 손에 힘을 꽉 주면서 목청껏 "빌어먹을!" 하고 외쳤다. 진통 주사만큼 고통스러운 것은 없었기 때문이다. 그들이 내가 누워 있는 침대를 밀고 어딘가로 갔다. 의사가 계속해서 말했다. "힘주고 싶어요?" 나는 겁이 나서 계속 아니라고 거짓말을 했다. 나는 호흡을 지나치게 심하게 하고 있었다. 옆방에서 고양이가 울부짖는 소리가 들리는 것 같았다. 하지만 간호사들은 그것이 나라고 말해 주었다.

나는 마침내 미친 듯이 힘을 주었다. 오, 맙소사. 나는 생각했다. 나는 틀림없이 내 안에서 산 하나를 밀어내고 있는 거야. 그때 의사의 목소리가 들렸다. "건강한 사내아이군요." 나는 정신이 말짱했고 열심히 귀를 기울였고 기분이 너무 좋았고 하나도 아프지 않았고 울고 있었고 아기를 보고 싶었다. 아기는 자주색이었고 끈적거렸다. 나는 그에게 손을 뻗었고 노래를 부르기 시작했다. 〈안녕, 작은 친구〉라는 조 카커의 히트곡이었다. 그들은 그를 내 가슴 위에 잠시 놓았고, 나는 그가 내 아이라는 사실이 믿기지가 않았다. 갑자기 배가 고팠다. 나한테 작은 아들이 생겼다. 그리고 이제 정말 내가 원하는 것은 오직 먹는 것뿐이었다. 그들이 내 침대를 밀고 밖으로 나갔을 때, 엄마가 복도에 있었다. 엄마는 소식을 듣고 카멜에서 차를 몰고 달려왔다. 엄마는 내게 입을 맞췄고 흥분으로 눈물이 가득한 채 두 손을 맞잡았다. 나는 환자복 차림으로 무엇을 먹을까 생각하고 있었다. 그때 간호사가 들어와 말했다. "물 좀 드시겠어요?"

"물은 이미 많이 마셨으니까 이젠 먹고 싶어요."

"구역질이 나진 않았나요?"

"그래요, 내 인생 대부분의 시간 동안 구역질로 고생했죠. 하지만 지금은 아니에요."

그녀는 음식을 가져다주었다. 로버트와 크리스티도 내게 음식을 가져다주었다. 나는 그것을 모두 게걸스럽게 먹어 댔다. 그런 다음 데이비드에게 전화했다. "우리에게 게이브가 생겼어." 우리는 아기 이름을 가브리엘이나 호아킨으로 짓기로 오래전부터 마음먹었다(여자아이의 이름은 생각해 놓지 않았다). 1주일 뒤 나는 데이비드가 내게 썼던 것 중 가장 아름다운 편지를 받았다. 그는 빗속에서 마당을 서성거리면서 병원에서 전화가 오기만을 기다리고 있었다. 전화를 받고 나서 그는 그저 혼자 있고 싶다고 했다. 그래서 청소도구 보관실로 들어가 문을 닫고 앉았다. 그는 자기가 담배를 피우고 있다는 사실을 확인했다. 가끔 확 타올랐다가 잠시 후 흐릿해졌다가 꺼지고, 다시 확 타오르는 붉은 빛을 볼 수 있었기 때문이다. "우리에게 게이브가 생겼어." 내가 그렇게 말했다. 60년대에 우리의 우연한 삶에서 태어났고, 보살핌 속에서 태어났고, 태어나 우리의 꿈속으로 들어왔다. 우리에게 게이브가 생겼다.

가브리엘(게이브)이 태어나고 얼마 안 되어, 우리는 여행을 많이 다녔다. 나는 생트로페의 수영장에서 고무보트를 타고 있는 가브리엘의 사진들을 갖고 있다. 그는 안기거나 업혀서 바르샤바의 주 광장을 지나갔고, 이탈리아의 해변에서 일광욕을 즐겼다. 게일은 나의 변치 않는 동반자였고, 게이브의 대리 엄마였다. 게이브의 열일곱 살 생일을 축하하기 위해 그녀는 차에 싣고 다닐 차량용 응급 도구함과 중국 냄비를 사주었다.

데이비드가 감옥에 갇힌 지 열 달, 그리고 게이브가 태어난 지 열 달이 되어 내게 애인이 생겼다. 나는 몰래 돌아다녔고, 전화기가 울리면 몸이 뜨거워지곤 했으며, 로스앤젤레스에서 밀월을 즐겼고, 내가 끔찍한 사람이 될까 봐 걱정했다. 나는 데이비드가 집으로 돌아오는 것이 두려웠다. 하루는 한 징집 거부자의 아내가 전화를 해서는 자신의 남편이 예정보다 일찍 석방되었다고 말했다. 그가 그냥 현관문 안으로 걸어 들어오더니 자신을 안고 침실로 데려갔다는 것이다. 그녀는 황홀경에 빠진 듯한 목소리였다. 나는 갑자기 땀을 흘리기 시작했다. 나는 게이브에게 집착했다. 새벽에 혼자 그 아이를 품에 안고 그를 위해 자장가를 만들어 주었다. 아등바등 산 저 너머로 고개를 들어 떡갈나무 사이를 응시했고, 해가 유칼립투스 나무들의 꼭대기 나뭇가지에 도달하기를 기다렸다. 나는 게이브와 함께 날개도 없이 조용히 날아가는 말 위에 올라타고 달아났다.

"조용한 회색 말이 새벽의 고삐를 달고…… 그리고 아무도 모른다네. 그 말이 어느 산에서 왔는지를. 그 말은 입에 황금 열쇠를 물고 있다네. 가브리엘과 나 말고는 아무도 그 말을 모른다네. 가브리엘과 나 말고는."

열 달 뒤 우리가 당신을 집으로 데려오기 위해 교도소로 간 날 아침, 텍사스의 날씨는 쌀쌀했어. 게이브는 파란색 모직으로 만든 무릎 반바지에 낙타 털 외투를 입고 있었고, 나는 솜털로 덮인 커다란 아프간 코트 차림이었지. 당신은 내가 당신에게 사 준 정장을 입고 있었어. 취재진이 샌프란시스코 공항에 떼를 지어 몰려와 있었지. 비폭력연구소에서는 당신을 위한 근사한 파티를 마련해 놓고 있었어. 게이브는 캘리포니아 햇살 속에 아장아장 돌아다녔지. 모두들 활짝 웃었고, 우리를 축하해 주는 분위기였어. 나는 발걸음이 얼어붙었어. 당신과 내가 단둘이 시간을 가질 수 있도록 게일이 게이브를 데려갔지.

우리의 집은 무척이나 작았어, 데이비드. 그리고 당신은 무척이나 컸어! 당신이 사내다움을 뽐내며 감옥에서 겪고 들은 이야기들을 들려주었을 때, 나는 화가 났어. 당신은 당신을 숭배하는 팬들에게 그런 얘기들을 반복하고 또 반복했지. 그러면서 저녁으로 뭘 먹고 싶으냐는 내 질문에는 결코 대답하지 않았어(나는 그 팬들을 질투했고, 당신은 저녁 식사로 뭘 먹어야 할지 알 수가 없었지. 아주 오랫동안 아무도 당신에게 그걸 묻지 않았을 테니까). 나는 게이브와 함께하는 시간을 당신과 나누는 것에 대해서는 개의치 않았어. 난 그 아일 내 것이라고 여겼고, 당신에게 그저 빌려 주었을 뿐이라고 여겼거든. 하지만 당신이 실제로 그 애의 아버지이고, 그 아이에 대한, 그 아이의 시간에 대한, 그리고 그 아이의 사랑에 대한 권리를 갖고 있다는 사실이 내게 점점 분명하게 다가오자 나는 격분했어.

우리는 게이브 때문에 헤어진 게 아니야. 내가 바람을 피웠기 때문도 아니지. 비록 그 이유가 꽤 그럴듯하고 그저 지나가는 환상이 아니었더라도 말이야. 우리는 정치적 견해 때문에 헤어진 것도 아니야. 우리가 헤어진 건 우리가 분열되었기 때문이야. 내가 숨을 쉴 수 없었기 때문에, 내가 더 이상 아내가 되기 위해 애를 쓸 수 없었기 때문에, 그리고 그때부터 나는 누구에게도 속하지 않는 사람이었기 때문이야. 소풍을 가거나 신혼여행을 떠나거나 투어 중에 밤을 새워 흥청거리거나 꿈을 꾸느라 이따금 그런 현실을 잊어버릴 때를 제외하곤 늘 그랬지. 우리가 함께한 변덕스러운 3년을 결정적으로 무너뜨리는 마지막 순간에 내가 뼈저리게 알게 된 사실을, 나는 10년이 흐른 뒤에야 나 자신에게 의식적으로 표현할 수 있었어. 나는 혼자 살도록 만들어진 거야. 어쩌면 난 누구와도 한 지붕 밑에서 살 수 없는지도 몰라. 이건 더 이상 내게 커다란 문제가 되지 않아. 때때로 나는 무척, 무척 외로워. 하지만 난 어떻게 해도 당신의 아내 노릇을 제대로 해낼 수 없었을 때 내가 느껴야 했던 그 절망적인 실패의 느낌보다 이런 외로움이 더 좋아.

가족을 만들어 주지 못해 미안하다, 게이브. 나는 내가 좋은 엄마였다고 생각해. 나는 널 매우 많이 사랑해. 널 사랑하는 건 쉬운 일이야. 사람들은 나한테 미운 두 살과 위험한 세 살 그리고 무서운 네 살에 대해 경고했지만, 넌 결코 그런 적이 없었지. 넌 즐거움이었어. 굉장한 즐거움. 넌 또한 애끓는 마음이었단다. 너무 열심히 놀아서 볼이 발개진 채 오리, 곰 그리고 바셋 하운드 인형들 사이에 반듯이 누워 평화롭게 잠이 든 네 모습을 보고 있노라면, 다음 날이 아무리 좋을지라도 그 특별한 순간이 영원히 사라지고 만다는 생각에 서글퍼지곤 했지. 우리는 결코 시간을 되돌릴 수 없으니까. 네가 태어난 그 순간부터 난 널 잃기 시작했던 거야. 엄마는 이 책을 네가 아기였을 때의 이야기들로 가득 채울 수도 있어. 하지만 넌 그걸 싫어하겠지. 그래서 엄마는 그저 몇 가지만 말할 거야. 한 가지를 들자면, 네가 배변 훈련을 거부했던 것 말이야. 우리가 널 어린이집에 보냈을 때 넌 너무 어렸고, 그들은 이렇게 말했지. "우리는 보통 아직 기저귀를 못 뗀 아이는 맡지 않아요. 하지만 저 아이가 기저귀를 뗀 다른 아기들을 보면 아마 며칠 또는 몇 주 안으로 자기도 기저귀를 떼고 싶어질 거예요." 며칠 또는 몇 주라던 것이 몇 주와 몇 달이 되었고, 네가 고정용 핀을 빼서 내게 건네준 뒤 그 기저귀들을 돌돌 뭉쳐서 욕실 휴지통에 휙 던졌을 때, 너는 세 살이었어. 그 뒤로 넌 결코 배변 문제로 실수하지 않았단다.

데이비드와 이혼한 뒤 나는 우드사이드에 살았고, 데이비드는 언덕에서 한 시간 반 떨어진 곳에 살았다. 게이브는 자라서 우리 사이를 왔다 갔다 했다. 우리 둘 다 그런 식의 타협을 마음에 들어 하지 않았다. 그러나 데이비드와 내가 게이브와 함께 시간을 보내길 원했기 때문에 결국 일이 그렇게 되었다.

나는 게이브를 평화행진에 단 한 번도 데려가지 않았다. 또 그를 농장 노동자의 장례식에도 데려가지 않았다.

하루는 게이브가 나의 문제점은 전쟁놀이를 충분히 해주지 않는다는 점이라고 선언했다. 나는 말했다. "좋아, 그럼 우리 전쟁놀이를 하자."

우리는 작은 금속 병정들을 세워 놓고 자기가 맡을 쪽을 선택했다.

"나는 착한 편이에요." 게이브가 말했다.

"알겠어. 그러면 그들은 누구겠니?"

"미국인들이요. 엄마의 군인들은 나쁜 사람들이에요."

"그러면 누가 나쁜 사람들일까?"

"음…… 일본인들이요."

"정말? 넌 그러니까 우리 정원사인 진 같은 사람을 말하는 거니?"

"오! 저, 그럼 그들은 독일인이에요."

"맙소사. 넌 그러면 쇼티 같은 사람을 말하는 게 틀림없구나. 알잖니, 네 생일에 파이를 만들어 준, 독일에서 온 그 남자 말이야."

"저, 엄마, 제발…… 엄마는 지금 게임을 망치고 있어요."

"미안하다, 게이브. 어디 보자. 그들은 덴마크 사람들이야. 반 친구들의 생일과 크리스마스 때 전교생들에게 노래를 불러 준 너희 반의 그 레이첼처럼."

"좋아요."

"그럼 이제 우리 뭐하지?"

"이제 우린 전쟁하는 거예요!" 그가 기뻐서 말했다.

목과 혀, 흐르는 침으로 전투 소음을 만들어 내면서, 게이브는 병사 하나를 진격시켜 한쪽으로 기운 내 쪽의 군대를 쓰러뜨렸고, 내 방어선을 세게 쳐서 전체 대열을 피융! 하고 때려눕혔다. 나는 무력하게 그의 군대를 공격하려고 시도했지만, 뭐 하나 제대로 할 줄 아는 게 없었다. 1분도 안 돼서 장례 절차만 남겨 두고 모든 상황이 종료되었다.

"재미있었어요, 엄마! 우리 이거 좀 더 자주 해요!"

"네가 원한다면 언제든, 아가."

광적인 평화주의자 엄마의 아들이자, 유명한 두 사회 활동가의 아들이라는 중압감에서 벗어나게 해주려고 애쓰는 과정에서, 어쩌면 내가 지나치게 보상해 준 면이 있었는지도 모르겠다. 게이브가 열 살 되던 해에 하루는 나한테 무슨 말을 했는데, 군사 의식을 습관적으로 받아들이고 있지 않음을 보여 주어서 나는 안심했다. 그날 오후 우리는 함께 뉴스를 보고 있었다. 새로운 미사일의 등장과 첫 공개 장면이었다. 미사일이 카메라를 향해 발사대에서 미끄러져 나가는 모습을 여러 고급 장교들이 사랑스럽게 바라보고 있었다. 나는 혐오스럽다는 듯 "윽" 하고 소리를 냈다. 게이브가 짐짓 거들먹거리며 말했다. "엄마가 무슨 생각을 하고 있는지 알아요."

"내가 무슨 생각을 하는데, 게이브?"

"엄마는 '저기 저 커다랗고 새롭게 빛나는 음경과, 그 발기된 것 주변에 서 있는 장군들을 좀 보라지'라고 생각하시잖아요."

"정말 그래, 아들아." 나는 기뻐서 말했다.

《타임》이 '세기의 결혼'이라고 불렀던 것이 깨졌을 때, 우리가 어떻게 헤쳐 나갔을까? 우리가 어떻게 아들 문제를 해결해 나갔을까? 그저 다들 하는 방식이었다. 싸우고, 좌절감에 울고, 게이브의 양육권을 놓고 줄다리기를 하고, 그러다 무너지고, 그리고 우리가 얼마나 구질구질하게 구는지를 깨닫고는 서로를 신뢰하는 법을 배우려 애썼다. 조금씩 그 신뢰라는 게 생겼다. 그렇게 되는 데는 엄청난 노력이 필요했고, 우리는 노력했다. 게이브를 사랑했으니까. 우리 둘 가운데 누구도 옳거나 그르지 않았다. 우리는 그저 가망 없이 어리석고, 소유욕 강하고, 그리고 아이를 사랑하는 부모였을 뿐이다. 우리는 저마다 최선을 다했다. 우리는 지금도 그렇게 하고 있다.

4

우드스톡 페스티벌

우드스톡은 마약과 섹스와 로큰롤이었다. 우드스톡은 코이투스 인
테르룹투스(coitus interruptus, '중절 성교'라는 뜻을 가지고 있다―옮긴
이)의 재니스 조플린, 천재 지미 헨드릭스 그리고 더후(The Who)의 멤
버 로저 달트리의 땀에 젖은 근사한 가슴이었다. 우드스톡은 야생 인디
언처럼 잘생긴 컨트리 조 맥도널드였다. "그러니까 하나, 둘, 셋, 우리가
무엇을 위해 싸우는지 내게 묻지 마. 나는 눈곱만큼도 상관 안 하니까.
다음 정거장은 베트남." 우드스톡은 50만 명의 사람들과 더불어 '취하
는' 마약쟁이 '슬라이 앤 더 패밀리 스톤'(Sly and The Family Stone)
이었다. 우드스톡은 중풍에 걸린 부랑자처럼 구부정했지만 레이 찰스
처럼 노래하는 사팔뜨기 조 카커였다. 우드스톡은 빗줄기와 진창이었
고, 변장한 미군들이었고, 총을 치워 둔 채 배고픈 히피들에게 핫도그
를 만들어 주는 경찰들이었다. 우드스톡은 자유의 황금 도시와 여학
생 클럽 사이에 세워진 장애물 덕분에 대담해진 호숫가에 있는 백인
숙녀들이었다. 그들은 호숫가의 카메라들이 부지런히 움직이며 자신들
의 아름다운 젖가슴에 렌즈의 초점을 맞추고 있다는 사실에는 전혀 아

랑곳하지 않은 채, 어여쁜 팔꿈치에서 물을 뚝뚝 떨어뜨리며 흠뻑 젖은 머리칼을 뒤로 넘겼다. 우드스톡은 웨이비 그레이비(Wavy Gravy)와 호그 팜(Hog Farm, 웨이비 그레이비가 설립한 히피 공동체—옮긴이)이었다. "4만 명을 위한 아침 식사는 어때요?" 그리고 긴 설명이 필요 없는 그의 말, "브라운 애시드(brown acid, 마약의 일종—옮긴이)는 먹지 말아요, 알겠소?" 우드스톡은 록 밴드 '크리던스 클리어워터 리바이벌'(Creedence Clearwater Revival)이 공연하는 소리 위로 잭나이프를 가져가라며 내 귀에 고래고래 소리치는 애비 호프만(Abbie Hoffman)이었다. 물론 나는 가져가지 않았다. 그는 나의 비폭력 사상을 놀리고 있었으니까. 적어도 나는 그렇게 생각했다.

우드스톡? 제기랄, 나는 이미 나의 운을 과신하고 있었다. 10년 동안이나 음악 현장에 있었지만, 나는 여전히 마약을 하거나 백업 밴드를 사용한 적이 없다.

그러나 또 한편 우드스톡은 바로 나, 존 바에즈이기도 했다. 고지식하고, 임신 6개월째이며, 끊임없이 반전을 설교하는 징병 저항자의 아내. 그곳에는 내 자리가 있었다. 나는 60년대의 사람이었다. 그리고 나는 이미 생존자였다.

우리는 비행기를 타고 뉴욕 북부 지역에 도착했다. 나는 재니스 조플린에 이어 엄마를 헬리콥터에 밀어 넣었다. 우리는 헬리콥터를 타고, 조각조각 이어 붙여 놓은 것 같은 농지와, 배낭을 메고 방랑하는 무리들 위로 날아갔다. 재니스가 늘 소지하고 다니는 술병을 부여잡았고, 우리 모두는 문 밖으로 몸을 내밀었다. 바람이 열광에 찬 사람들 속으로 우리를 날려 보냈다. 우리 앞에도, 우리의 주변에도 온통 검푸른 구름들뿐이었다. 그저 별스러운 날씨 때문이었을까? 아니면 역사가 만들어지고 있음을 우리가 감지했던 걸까?

그들은 나를 홀리데이 인의 신혼부부용 방에 배정했다. 로비 이곳 저곳에서 사람들이 좌충우돌했고, 나는 신혼부부용 방을 얻었다. 하지만 내가 그 방을 양보했음이 틀림없다. 이튿날 아침 굉음 소리와 함께 내 방 창문 밖으로 헬리콥터 한 대가 주차장에 착륙하는 걸 보았을 때, 나는 다른 방에 있었으니까. 나는 토스트를 입속에 쑤셔 넣고 조종사를 향해 팔을 퍼덕거렸다. 그는 내 침실 안쪽으로 시선을 둔 채 싱글거렸다. 그는 기다리겠다고 고개를 끄덕였다. 나는 기자 몇 명과 함께 급히 나갔는데, 다른 사람들이 누가 있었는지는 기억이 나지 않는다. 나는 전반적인 분위기에 몹시 도취되어 있어서 그 조그마한 헬리콥터가 천둥번개 치는 소나기구름 부근을 날아가는 것도 개의치 않았다. 우리가 탄 헬리콥터가 그날 황금의 도시 안으로 들어가는 마지막 비행 편이었다. 엄마는 땅이 온통 진창이 되는 바람에 다음 날이 되어서야 겨우 도착했다. 제기랄, 그 미치광이 로드매니저가 운전을 했는데 차를 자꾸만 더 깊은 진창 속으로 빠뜨렸던 것이다. 그러면서 그는 엄마한테 모든 것이 괜찮을 거라고 말했다. 마침내 그는 그냥 차를 세워버렸고 마리화나 한 대를 피웠다. 그러자 모든 것이 괜찮아졌다. 적어도 그에게는.

한편 우드스톡은 엄마에게 마리화나를 권하는 매니이기도 했다. 엄마는 피우지 않았다. 너무 겁이 난다고 했다.

때때로 유명한 사람들은 우리를 둘러싸고 있는 마력을 웃음거리로 삼는다. 그리고 유명하다는 것이 무척 성가실 때도 있다. 그러나 굉장히 멋질 때도 있다! 우드스톡은 그런 멋진 시절 가운데 하나였다. 내겐 백스테이지를 포함하여 우드스톡 축제가 열리는 어느 곳이든 출입할 자유가 있었고, 모든 것에 접근할 수 있는 특별 권한이 있었다. 음식과 음료는 부족하지 않았고, 휴식을 취할 장소도 여유 있게 제공받았다.

심한 뇌우가 강타했을 때(군중이 "비는 안 돼, 비는 안 돼!"라고 합창한 직후였다) 나는 곧바로 밴 안으로 안내되었다. 조 카커의 밴이었다. 고지식하고 융통성 없는 나는 마약쟁이들인 그의 밴드와 어울리면서 잡담을 나누고 맥주를 마셨으며, 마치 그들의 멤버가 된 것 같은 기분을 느꼈다. 비록 그들이 내 농담에 웃을 수 있을 만큼 나를 충분히 잘 알지는 못했지만 말이다. 그때 무대 담당자 한 명이 밴 안으로 머리를 들이밀었다.

"괜찮아요, 존?"

"그래요, 괜찮아요!"

"확실해요?"

"네, 확실해요."

"뭐 필요한 건 없어요?"

"아뇨, 여기 다 있어요. 고마워요."

알고 보니 내가 진통을 시작했다는 소문이 있었다.

정말 그렇다. 우드스톡은 아기 둘이 태어나고 사람 셋이 죽는 곳이었다. 우드스톡은 하나의 도시였다. 그렇다. 그것은 사흘 동안의 특별한 비와 음악의 날들이었다. 아니, 그것은 혁명이 아니었다. 여기저기 진흙이 튀었지만, 그것은 1960년대를 선명한 색채로 반영하는 영상이었다.

나는 한밤중에 노래했다. 나는 그저 그곳 진창에서, 그리고 서로의 팔을 베고 잠이 들었던 그 황금 도시의 주민들 앞에 서서 내가 그 시간에 그들에게 줄 수 있는 것을 주었다. 그리고 그들은 내 노래들을 받아들였다. 그것은 무엇과도 상관없이 겸허해지는 순간이었다. 우드스톡

이전에 나는 도시 전체를 대상으로 노래한 적이 없었다.

당신은 '라이브 에이드'가 무엇을 했는지 아는가? 그것은 지난 10년 동안 해마다 우드스톡 기념일에 내가 언론에게 말했던 것을 증명했다. 또 다른 우드스톡은 결코 있을 수 없다. 그 모든 진창과 영광 속에서 펼쳐진 우드스톡은 60년대에 속했다. 터무니없고 굉장했던 시대, 그리움과 낭만과 갈망의 대상이자, 비극적이고 제정신이 아니었던, 수염 텁수룩하고 보석으로 장식된 시대. 그 시절은 끝났고 결코 다시는 돌아오지 않을 것이다. 나는 그것을 그리워하지 않는다. 그러나 때때로 80년대에 대해 분개한다.

난 그냥 포크 가수가 아니야

60년대 중반 어느 때인가 뱅가드의 메이너드 솔로몬이 시 낭송 음반을 제안했다. 음악에 맞춰 시를 낭송하고 시에 곡을 붙여 노래하는 것, 이 두 가지를 담은 음반이었다. 1968년에 《밥티즘》(Baptism)이라는 음반을 녹음했는데, 거기에는 클래식 반주에 맞춰 랭보, 로르카, 트리스, 프레베르, 블레이크, 조이스, 그 외 몇몇 시인들의 시를 낭송해서 수록했다. 그 음반은 1968년 마지막 넉 달 내내 음반 차트에 올라 있었다. 내 청중들은 명백히 많은 사람들이 가능하다고 생각했던 것보다 훨씬 광범위한 음악적 실험을 견디는 것 같았다.

다음 녹음 일정은 《데이비드의 앨범》(Davids Album)과 《애니 데이 나우》(Any Day Now)를 만드는 것이었다. 모두 딜런의 음악으로 이루어진 더블 음반이었다. 나는 내슈빌에서 녹음하는 게 무척 좋았다. 그리고 밥의 음악이 가진 풍부함과 다양성 덕분에, 나는 그 음반들을 이제껏 녹음해 왔던 것들 가운데 가장 수월하게 녹음할 수 있었다. 난 그저 녹음실 바닥 위에 온통 딜런의 악보들을 펼쳐 놓고 눈을 감은 채 아무거나 가리켰고, 그렇게 해서 선택된 노래들을 불렀다. 《애니 데이

나우》와 컨트리·웨스턴 선집인《데이비드의 앨범》을 만드는 데는 정확히 나흘이 걸렸다.《애니 데이 나우》는 골드 앨범이 되었고,《데이비드의 앨범》은 몇 달 동안 차트 주변을 맴돌았다.《데이비드의 앨범》이 팔린 것은 그것이 컨트리·웨스턴이여서라기보다 당시 나의 강력한 팬들에게 힘입은 바가 크다. 그 음반은 결코 컨트리·웨스턴 차트에는 오르지 못했으니까.

1970년에 뱅가드는《처음 십 년》(The First Ten Years)이라는 두 장짜리 회고 앨범 모음집을 발매했다. 또한 같은 해에《오늘은 오늘 일만》(One Day at a Time)이라는 앨범도 만들었다. 이 앨범은 컨트리 음악쪽으로 기운 음반으로, 제프리 셔틀레프와 함께 부른 세 곡이 포함되어 있었다.《처음 십 년》과《오늘은 오늘 일만》은 모두 수개월 동안 인기 순위에 올랐다.

이런 작업을 하는 몇 해 동안, 다행히도 나는 '상업적'이라는 부담을 짊어지는 것이 어떤 느낌인지 알지 못했다. 내 앨범들은 잘 팔렸고 메이너드 솔로몬은 나를 인기 품목으로 유지하기보다는 예술에 더 관심을 두었기 때문이다. 내 인기가 유지되었던 것은 상당히 정치적이었던 그 시대와 내가 노래를 할 줄 안다는 사실 덕분이었다.

1971년 다시 내슈빌에서 나는《……에게 축복을》(Blessed Are……)을 녹음했다. 내가 만든 곡들이 주로 수록된 첫 번째 앨범이었다.

〈데이비드를 위한 노래〉(A Song for David)는 '어린 것'을 안고 감옥 돌문 옆에서 그를 기다리던 일과, 그와 내가 똑같이 바라보던 별들과, 그의 감방 동료였다가 나중에는 게이브의 대부가 된 얼이라는 노인에 관한 노래였다. 나는 목걸이를 하고 얼굴에 페인트칠을 한 채 산타크루즈 산맥을 통과하는 노선을 따라 도보여행을 하는 사람들에 관한 〈히

치하이커의 노래〉(Hitchhikers Song)도 썼다. 그리고 〈……에게 축복을〉은 굳이 생존자가 되려 하지 않았던 재니스 조플린 같은 젊은이들의 부모에게 바치는 노래이다. 〈최후의, 외로운, 그리고 비참한 사람들〉(The Last, Lonely, and Wretched)은 어느 날 우리 집에 난입하여 우리 집 욕조에서 목욕을 한 그 더럽고 타락하고 정신 나간 남자에 대해 이야기한다. 〈내슈빌 시 경계 밖에서〉(Outside the Nashville City Limits)는 나의 비밀스럽지만 그리 비밀스럽지도 않은 친구와 함께 시골에서 보낸 어느 마법 같은 하루에 관한 노래이다. 그날 그에 대한 나의 사랑은 아름다운 풍경 위로 넘쳐흘렀고, "겨울이 끝나 가는 길목에서는 연약한 어린잎들이 싹을 틔웠으며, 그를 바라보는 내 눈에는 사랑이 넘칠 듯 차올랐다." 〈시간을 도둑맞았을 때〉(When Time Is Stolen)는 그 연애 사건이 끝났을 때에 관한 노래였다. 그리고 나는 필사적으로 마음을 다잡겠다는 듯이 〈가브리엘과 나〉(Gabriel and Me)라는 자장가를 만들었다. 〈밀라노의 왈츠〉(Milanese Waltz)는 게이브를 업고 유럽 곳곳을 여행할 때 쓴 곡이고, 〈마리 플로르〉(Marie Flore)는 프랑스 남부 아를에서 온 나의 열 살짜리 어린 친구에 관한 노래이다. 몇 곡은 순식간에 그리고 갑자기 생각이 났고, 몇 곡은 한밤중에 떠올랐다. 그리고 몇 곡은 애써 공을 들인 결과였다. 모두 지극히 사적인 노래들이었고, 내가 생각하기에 대부분이 5점을 넘지 않는 점수를 주었던 것 같다. 그러나 곡을 직접 쓰는 일은 다른 사람들의 곡을 노래하는 것에서 느끼지 못했던 만족감을 주었다.

데이비드가 감옥에서 《……에게 축복을》의 표지를 그렸다. 그것은 한동안 상위 20위 안에 머물렀고, 결국은 골드 앨범이 되었다. 나는 같은 앨범에 수록된 〈순리에 맡겨라〉(Let It Be)를 발표했고, 그 노래는 상위 50위 안에 나란히 걸렸다.

60년대 후반과 70년대 초반 내내, 나는 혼자서 혹은 제프리와 폰들과 더불어 투어를 계속했다. 그리고 여전히 번 돈의 대부분을 기부했다. 음반 수익의 일부는 징집 저항운동을 하는 데 쓰였다. 대중에게 비친 내 이미지는 분명했다. 젊은 여자, 기타, 노래 그리고 사회적 메시지. 당시 나는 짧은 커트 머리를 하고 있었지만, 대부분의 사람들은 그런 식으로 보지 않았다. 골수팬들에게 나는 여전히 치렁치렁한 머리칼이 허리까지 내려오고 고통스럽도록 깨끗한 소프라노 음색을 지닌 조애니였다. 나는 상업적인 것에 그냥 반대하는 게 아니었다. 그것은 내게 불가능했다. 내 콘서트 소책자에 나는 이런 것들을 써 놓았다.

나는 커서 다음과 같은 사람들이 되고 싶다.

간호사, 수의사, 첼리스트, 영웅, 아름다움.

결코 가수는 되지 않겠다.

나는 가수가 아니다.

나는 노래한다, 나는 싸운다, 나는 운다, 나는 기도한다, 나는 웃는다, 나는 일하고 경탄한다.

……연예계는 나더러 '포크 가수 존 바에즈'에 관해 말해 달라고 한다. 내가 어떻게 '시작했고' 어디에서 노래를 불렀고, 내 침대 밑에는 어떤 월계관들이 먼지 속에 뒹굴고 있는지를.

하지만 나는 당신들에게 간단하게 말해 주겠다. '포크 가수 존 바에즈' 같은 건 없다고.

내가 있을 뿐이다. 스물여덟이라는 나이에 임신 중이며 징집을 거부하고 저항운동을 조직했다는 이유로 투옥되어 이제 막 3년의 형기를 시작한 남편을 가진 나. 여기 앉아서 멀 해거드의 〈집에 돌아와 노랠 불러 줘요〉(Sing Me Back Home)를 들으며…… 베트남, 비아프라, 인도, 페루, 미국에서 죽어 가는 아이들을 생각하는 나.

　……이 모든 와중에, 내가 어떻게 당신들을 즐겁게 해주는 척만 할 수 있단 말인가?

　당신들에게 노래를 불러 주는 것은 맞다.

　당신들을 자극하고, 당신들을 일깨우고, 당신들에게 기쁨이나 슬픔 혹은 분노를 가져다주겠지. 그리고 말할 것이다…….

　생명을 존중하라.

　생명에 모든 것들보다 우선권을 주어라.

　땅보다, 법보다, 이익보다, 약속들보다.

　모든 것들보다.

17년 뒤에 다시 이 글을 읽으니 너무 엄격해 보인다. 그것은 아등바등 산의 피튜니아 화단으로부터 파리의 라파엘 호텔까지, 그리고 로마의 베네토 거리에 이르기까지 길고 긴 여정이었다.

　데이비드가 감옥에 있는 내내, 영화 〈견뎌 내라〉의 작업은 계속되었다. 그것은 임무를 가진 두 사람에 대한 우리의 아름답고도 소박한 다큐멘터리였다. 데이비드가 연설하는 모습, 우리가 이동하는 모습, 우리가 아등바등 산 위 마당에서 나뭇잎 그늘에 가려 얼룩덜룩해진 햇볕 속에 앉아 '혁명'을 계획하는 모습들이 담겨 있다. 그가 감옥에 있는 동안 내가 연 콘서트들도 볼 수 있다. 매디슨 스퀘어 가든에서 열린 2달러 콘서트의 무대 위에는 카네이션이 놓여 있다. 영화의 제목은 질 터너의 노래 가운데 다음 가사에서 빌려 온 것이다.

내 옆에서 걷고 있는 남자가 있다.

내 안에서 이야기하는 목소리가 있다.

내 안에서 말하는 목소리가 있다.

견뎌 내라고, 견뎌 내라고……

데이비드와 내가 헤어지기 바로 전에, 다큐멘터리에 수록된 사운드 트랙 앨범인 《견뎌 내라》가 발매되었다. 거의 같은 시기에 뱅가드의 메이너드 솔로몬과 나는 서로 결별할 때가 됐다는 판단을 내렸다. 어쩌면 그는 내가 무엇이든 기분 내키는 대로 부르고, 집에서 자체 제작한 표지와 함께 앨범을 발표하고, 그런데도 그 앨범을 차트에 올리는 걸 보면서 우리의 관계를 마무리할 시간이 왔다고 느꼈는지도 모른다.

우리는 대체로 좋은 분위기에서 결별했다. 그는 이후 우리가 13년 동안 함께한 나의 음악을 가지고 패키지 앨범과 리패키지 앨범들을 내놓았다. 메이너드가 편지로 또 다른 앨범을 발매했다고 알릴 때마다, 나는 이미 젖이 말랐는데도 젖을 짜 주어야 하는 늙은 암소가 된 기분이 들었다. 하지만 고백하자면, 그 음반들은 꽤 짜임새 있게 만들어졌으며, 오늘날까지도 전 세계에서(이후 새롭게 낸 앨범들보다 더) 꾸준히 잘 팔리고 있다. 내가 뱅가드를 떠날 때, 우리는 〈그들이 차를 타고 남부를 여행한 밤에〉(The Night They Drove Old Dixie Down)를 내놓았다. 이 노래는 팝 차트 5위까지 올랐고 15주 동안 40위권 안에 머무름으로써 지금까지 나의 유일한 '빅 히트 곡'이 되었다.

나는 음반회사 A&M과 계약서에 사인했다. 그것은 참신한 변화였다. 로스앤젤레스의 사무실과 녹음실, 리무진 그리고 스타 대우 등 마치 내가 거물급 인사가 된 것처럼 느껴졌다. 다른 한편, 회사 규모와 인력 때문에 나는 내가 A&M에서 더 많은 예술적인 자유를 갖게 될 거라고 느꼈다. 아무리 A&M보다 더 크고, 심지어 어지러울 정도로 눈부신 회사와 함께 일한다고 해도 말이다.

내 짐작이 맞았다. 그들과 함께한 내 첫 번째 앨범은《그림자에서 오다》(Come from the Shadows)였는데, '빨치산'이라고 불리는 프랑스 저항가요의 가사에서 빌려 온 제목이었다. 그것은 상업적인 앨범이 아니었다. 재킷에는 나이 지긋한 백인 중산층 부부가 반전시위를 하다 체포되는 사진이 실려 있었다. 정치적이지 않은 앨범이라는 것은 아직은 내 상식 밖의 일이었다. 그러나 이 앨범에 수록된 내 자작곡들 가운데 두 곡, 〈감옥 3부작〉(Prison Trilogy)과 〈낯선 이에게 부르는 사랑 노래〉(Love Song to a Stranger)에서, 나는 이전에 매겨진 점수 5점에서 '6점 혹은 7점'의 범주로 올라가고 있었다.

1972년이 끝나 갈 무렵, 나는 크리스마스를 기념하여 하노이를 방문했다. 그리고 귀국했을 때, 나는 음반회사의 악몽이 되어 있었다. 나는 다음 앨범에서는 폭탄도, 사이렌도, 대공화기도, 우는 어머니들도 없을 거라고 A&M에게 약속했다. 하지만 불가사의하게도《아들아, 넌 지금 어디 있니?》(Where Are You, My Son?)가 1973년 차트에 올라 수개월 동안 머물렀다. 마침 나도 그 앨범이 훌륭하다고 생각했지만, 사실 그건 꽤 커다란 행운이 작용한 결과였다. 미국 대중들 사이에서 "자부심 느끼기"는 다행히 아직 크게 유행하지 않은 상황이었다. 그렇지 않았다면, 그 앨범은 발매 즉시 매장되었을 것이다.

칠레에서 발생한 쿠데타에 대한 반발로, 1974년에 나는 피노체트 치하에서 고통받는 사람들을 위해 희망의 메시지가 담긴 에스파냐어 앨범을 녹음했다. 그 앨범은 칠레에서《인생이여, 고마워요!》(Gracias a la

Vida!)라고 불렸다. 녹음실 옆 음식점에서 섭외한 마리아키(멕시코의 거리 악대—옮긴이) 밴드를 비롯해, 〈노 노스 모베란〉(No Nos Moveran)이라는 곡을 녹음하기 위한 농장 노동자들의 코러스와, 칠레인 하프 연주자가 포함된 백업 연주자들의 도움을 받은 대단히 음악적인 앨범이었으며, 내가 가장 좋아하는 앨범 가운데 하나가 되었다. 그 음반은 미국에서 그럭저럭 팔렸고, 에스파냐어권 국가들에서는 아주 높은 판매고를 올렸다.

전체적으로 보았을 때, A&M은 내게 과분하게 잘해 주었다. 그렇다. 나는 나였기 때문에 여전히 잘 팔렸다. 그러나 시대는 변화해 가고 있었다. 비록 수년간 공식적으로 '포크송'을 부르지는 않았지만, 나는 여전히 '포크 가수'로 불렸다.

4장

지금 이곳은 얼마나 가혹한가

Joan Baez

1

국제사면위원회

1972년에 지네타 사강(Ginetta Sagan)이 내 집 현관 계단에 나타났다. 그녀는 몸집이 자그맣고 보기 좋게 통통했다. 짧고 검은 머리에 커다랗고 반짝이는 눈, 그리고 구름 사이로 비치는 강렬한 햇살 같은 얼굴을 가지고 있었다. 그녀는 마구잡이로 묶은 서류 꾸러미를 겨드랑이에 끼고 있었다. 아니, 차라리 무릎에 얹고 있었다고 해야 맞을 것 같다. 내가 기억하기로, 그녀는 정원 옆의 거대한 돌 위에 앉아 있었으니까. 그 만남에 대해 기억나는 것은 별로 없다. 그녀의 강한 이탈리아 억양과 터키, 그리스, 남아프리카, 쿠바 등지에서 고통당하는 죄수들의 모습이 담긴 소름끼치는 사진들을 제외하면 말이다.

지네타는 내게 국제사면위원회라는 기구가 이념이나 인종, 종교와 상관없이 모든 정치적 양심수를 위해 일하고 있음을 알려 주었다.

이후 수년에 걸쳐, 나는 지네타의 믿기 힘든 과거에 대해 알게 되었다. 여기에서 나는 약간의 세부 사실만을 이야기할 것이다. 그녀가 마침내 자신이 과거에 겪은 일들을 책으로 쓰기로 했기 때문이다. 우리 모두가 오랫동안 설득해 온 일이었다. 그 책에는 이 작은 체구의 여인이 열아홉 살이라는 어린 나이에 겪어야 했던 끔찍하고 잔혹한 행위들이 세세히 기록될 것이다. 그녀는 이탈리아 북부의 반나치·반파시스트 저항 단체의 일원으로 활동하다가 체포되었고, 40일 동안 감옥에 갇혀 있으면서 당시의 정보를 캐내기 위해 동원된 갖가지 무시무시한 고문을 당했다. 그녀는 간신히 목숨을 건졌다.

지네타는 활발한 정신, 삶과 아름다움에 대한 사랑, 결코 억압할 수 없는 영혼 그리고 안네 프랑크와 같은 사람들에 대한 믿음 등의 재능을 갖고 태어났다. 그녀는 자주 "세상에는 아름다운 사람들이 무척 많아요"라고 말했고, 그녀의 말을 들을 때마다 "나는 사람들의 마음속에는 선한 구석이 있음을 여전히 믿어요"라던 안네 프랑크의 말이 생각나곤 했다. 나는 그녀가 자기 자신에 대해 이야기하고 있다고 생각한다.

나는 이 집요한 작은 이탈리아인의 권유로 국제사면위원회를 두어 차례 방문했고, 그것이 양심수라는, 즉 인종적 태생이나 종교적 또는 정치적인 신념을 이유로 수감되었지만 결코 폭력을 사용하거나 주창한 적이 없는 사람들의 석방을 위해 일하는 조직임을 이해하게 되었다. 국제사면위원회는 또한 범죄의 성격이 무엇이건 간에 그 범죄를 저지른 사람들을 고문으로부터 해방시키기 위해 노력했으며, 사형제도 폐지에도 앞장섰다. 국제사면위원회는 영국 런던에 본부를 두었고, 뉴욕에 큰 사무실을 갖고 있었다. 지네타는 서부 해안에 활발한 활동을 펼치는 국제사면위원회를 만들고 싶어 했고, 내가 그 일을 돕기를 원했다.

내가 왜 그렇게 국제사면위원회에 마음이 끌렸는지 알기 위해 과거의 기억까지 더듬어 찾아볼 필요는 없을 것이다. 내겐 피부로 느낄 수 있는 결과를 낳는 일이 필요했다. 내가 평생 해왔던 일들, 그리고 앞으로도 계속해서 할 일은 민족국가의 축소나 군비경쟁의 종언 같은, 결코 내 눈으로 확인할 수 없을 것들이었다. 비폭력연구소는 더 이상 나를 자극하지 못했다. 공연을 하느라 자주 여행을 다닌 탓에, 연구소는 오히려 나를 부재하는 안주인 정도로 느끼는 심성 좋은 사람들로 채워져 있었다. 그들은 연구소를 자신들의 것이라고 여겼다. 결혼한 뒤로 나는 아이라와 그리 가깝게 지내지 못했다. 지네타는 자신의 지식과 경험을 나와 기꺼이 나누고자 했고, 에너지와 공감으로 불타오르는 활동가이자 유럽의 지식인이었다. 그녀에겐 세 아들이 있었다. 어쩌면 그녀는 딸을 좋아했을지도 모르겠다.

나는 내 인생에서 1년을 떼어 국제사면위원회 서부 해안 지부를 조직하는 데 헌신했다.

오, 우리는 얼마나 많이 웃었는지! 나는 기록 문서들과 전단지, 소책자, 색인, 서류들과 양심수들에 관한 문헌들에 둘러싸인 채, 우리가 사무실로 사용하는 지네타의 응접실에 앉아 있었다. 어느 날 전화벨이 울려 나는 "국제사면위원회입니다"라고 대답했다. 지네타가 내게서 수화기를 건네받았을 때, 전화를 건 사람이 말했다. "당신의 비서는 누굽니까? 목소리가 아주 듣기 좋은데요!"

우리는 자금을 모으고 편집진을 만나고 가정집을 방문하고 사면위원회 집단을 어떻게 형성했는지에 대해 강연하면서 해안 지방을 정신없이 오르내렸다.

사면위원회는 각 집단들이 네트워크를 이루어 일한다. 한 집단을 이루기 위해서는 여러 사람이 함께해야 하고, 적어도 한 달에 한 번은 모임을 가져야 하며, 런던의 사면위원회에 등록을 해야 했다. 그러면 런던에서 죄수 세 명의 이름을 보내 주었는데, 한 명은 좌익 국가, 한 명은 우익 국가, 나머지 한 명은 제3세계 국가의 죄수였다. 죄수들의 명단을 받으면 편지 쓰기 캠페인을 시작했고, 생각해 낼 수 있는 모든 방법을 동원하여 그 죄수들을 관리하는 당국을 흔들어 놓았다. 그들이 당황하고 성가신 나머지 죄수들을 방면할 수밖에 없도록 만들기 위해서였다. 한 집단에서 감옥으로 수신자 부담 전화를 하여 그 죄수들과 지명통화를 하는 게 어떻겠냐고 의견을 내놓았다. 그들은 24시간 내내 매 시간 전화를 했다. 이 수법은 적어도 일시적으로는 고문을 중지시켰고, 이따금 석방이라는 성과를 낳기도 했다.

사면위원회 집단들이 갑자기 봄날의 수선화들처럼 생겨나기 시작했다. 나는 국가자문국(National Advisory Board)의 일원이 되었다.

CIA가 후원하는 쿠데타가 1973년 9월 11일 칠레에서 살바도르 아옌데의 목숨을 빼앗았다. 그리고 뒤이은 억압은 가공할 만한 것이었다. 자선 콘서트를 열고 기금 모음에 박차를 가하며 내 모든 시간을 사면위원회 일에 쏟아부을 무렵, 우리는 칠레에 집중했다. 망명 칠레인들이 내가 에스파냐어 앨범을 계획하는 일을 도왔다.

산티아고에 의사와 변호사를 한 명씩 보내기 위해서는 2천 달러가 필요했다. 우리는 산티아고에서 고문과 살인이 자행되고 있다는 소문을 들었고, 진압의 희생자들이 억류되어 있는 국립경기장 내부에서 나오는 정보를 얻고자 했다. 지네타가 그녀의 롤로덱스(주소록·전화번호부 등으로 쓰이는 회전식 명함첩―옮긴이)를 뒤지자, 신데렐라의 요정 대모가 마술지팡이로 유리 구두를 만들어 내는 것처럼 명함이 한 장 튀어나왔다.

그 남자는 유명하고 진보적인 백만장자 이탈리아인이었고, 우리 사무실에서 10분 정도 거리에 살고 있었다. 나는 주소가 적힌 메모지를 움켜쥔 채 신발도 없이 차에 올라타고는 황급히 백만장자의 집으로 향했다. 나는 도착한 지 45분 후에 그의 집을 나섰고, 내 손에는 1천 달러짜리 개인 수표가 쥐어져 있었다.

나는 기금 모금자로서 내 한계가 어디까지인지 알게 되었다. 나에겐 어떤 한계도 없었다.

지네타의 남편인 레오나르드와 나는 또 다른 지역의 백만장자를 만나러 갔다. 그는 사실상 사면위원회에 관해 배우는 것보다 나에게 추파를 던지는 데 더 관심이 있었다. 레오나르드와 나는 그 사람한테서는 아무런 성과도 얻지 못할 거라 느끼며, 그에게 지네타를 한 번만 만나 달라고 설득했다. 마침내 그가 동의했다. 그리고 나에게 대놓고 말했다. "저녁 식사에 날 초대해 줘요."

"기꺼이." 내가 대답했다. 그러자 그는 내게 자신이 선호하는 식단을 열거했다. 그는 내가 요리할 거라고 생각하는 것 같았다.

"나는 마이크로톰으로 아주 얇게 자른 생오이를 원해요."

"좋아요." 마이크로톰이 뭘까 궁금해하며 내가 말했다.

"기름에 볶아 자박한 물로 뭉근하게 끓인 뇌 요리도 먹고 싶소."

"문제없어요."

"육두구를 살짝 가미한 시금치 퓌레도."

"네, 물론이지요."

"그리고 디저트로는……." 그가 앞으로 몸을 숙이며 말했다. "디저트로는 초콜릿 수플레를 먹고 싶소. 그런데 난 당신이 그걸 두 개를 만들어 놓았으면 좋겠소. 첫 번째 것을 오븐에서 꺼내고 1분 뒤에 두 번째 것을 오븐에 넣어 두는 거요. 그래야 첫 번째 것이 실패하더라도 두 번째 것으로 대체할 수 있을 테니."

"전부 적어 놓아야 할까 봐요." 내가 공손하게 말했고, 또 그렇게 했다. 나는 레오나르드 쪽을 쳐다볼 수가 없었다. 눈이 마주치는 순간, 우린 서로 참지 못하고 웃음보를 터뜨리게 될 테니까.

"다된 건가요?" 내가 명랑하게 물었다. 그러자 이번에는 고급 와인 이름들을 열거하기 시작했다.

마침내 바깥의 상쾌한 공기 속으로 나왔을 때, 레오나르드와 나는 웃음이 터져 거의 쓰러질 지경이었다.

"그 남자, 믿음이 가요? 오, 맙소사! 지네타에게 빨리 말해 주고 싶어 미치겠어요! 요리 잘하는 크리스틴이 있어서 다행이에요! 그는 내가 요리를 할 거라고 생각하더군요. 그렇게 되면 서부 해안 사면위원회는 그 날로 끝일 걸요! 하하하! 원, 세상에. 이렇게 시간과 노력을 기울일 가치가 있는 사람이어야 할 텐데요!"

나의 수호천사이자, 영국의 만능 일꾼이자, 숙련된 유모이자, 요리사인 크리스틴은 내 요청을 들어주었다. 유럽의 요리 학교들에서 꽤 많은 수료증을 딴 그녀는 조금도 당황하지 않았지만, 우리의 손님에 대해서는 전혀 애정을 느끼지 못했다. 나는 그녀에게 그런 건 전혀 상관없으며, 그저 그 오이들이나 최대한 얇게 잘라 달라고 말했다. 우리가 기부금을 후하게 받느냐 못 받느냐는 그 얇은 오이 조각을 통해 신문의 글자를 읽을 수 있느냐에 달려 있었기 때문이다.

만찬은 흠 없이 진행되었다. 다만 그 뇌 요리를 먹고 웩웩거리는 내 모습을 그가 보고 싶어 한다는 걸 미리 알아채고, 내가 뇌 요리 대신 햄버거를 먹었다는 점을 제외하면 말이다. 크리스틴은 초콜릿 수플레를 하나만 만들겠다고 선을 그었다. 그런데 요리 중에 그것이 아마도 움푹 꺼진 듯했다. 그러나 그녀는 그걸 아주 천연덕스럽게 내놓았다. 마치 애초부터 가장자리는 사발 주변에 들러붙어 있고, 가운데는 장미 덤불 뿌리 주변의 진흙처럼 움푹 들어가 있도록 의도했던 것처럼.

저녁 식사 후, 나는 거실에서 날쌔게 기타를 집어 들고는 가볍게 반주를 마시는 그에게 노래를 불러 주었다. 그동안 지네타와 레오나르드는 애정이 듬뿍 담긴 시선으로 구경했다.

그는 통이 큰 백만장자가 아니었다. 어쩌면 그는 내가 품위 있게 제공할 수 있는 것보다 더한 것을 기대했는지도 모른다. 만약 그가 이 글을 읽고 있다면, 자신이 우리의 수고에 대한 보답으로 준 금액이 어느 정도의 수준이었는지 알고 싶어 할지도 모르겠다. 나는 지금도 록 콘서트에 잠깐 등장하는 것만으로 그 액수의 스무 배는 넘게 벌 수 있다. 뭐, 일이 잘 안 풀릴 때도 있는 법이니까.

매일 밤마다 상근자들 가운데 네댓 명이 자원봉사자들 몇몇과 함께 샌프란시스코까지 한 시간 동안 차를 타고 가서 코스타 가브라스의 영화 〈계엄령〉이 상영되는 곳에서 전단을 돌렸다. 그 영화는 다른 무엇보다 AID 프로그램(1961년에 발족한 미국의 해외 원조 기관으로, 개발도상국에 대한 차관 및 기술 원조, 협력 따위의 일을 담당했다—옮긴이)의 부도덕한 요소를 폭로했다. 그것은 라틴아메리카에서 고문 기술을 교육하는 데 재정을 지원하고 있었다. 우리는 고문에 반대하는 서명을 받았고, 사람들에게 고문이 중세 때보다 더 횡행하고 있으며, 정부의 정책으로 고문이 흔히 사용됨으로써 더욱 위험해졌다는 사실과, 비록 한 걸음 떨어져 있는 듯 보이지만 미국 정부의 손도 결코 깨끗하지는 않다는 사실을 교육시켰다. 나는 그리스의 정치범들을 대표하여 멜리나 메르쿠리(Melina Mercouri)를 위한 콘서트를 열었고, 고문 철폐를 위한 첫 캠페인을 벌이기 위해 뉴욕과 파리로 갔다. 전 세계 사람들이 그 캠페인에 동참했다. 그것이 어떤 방향으로 가게 될지는 아무도 몰랐다.

중간에 한 단체가 그 모임을 붕괴시키고 사면위원회의 평판을 떨어뜨리기 위해 방해 공작을 펼쳤다. 나는 그들한테서 마이크를 빼앗아 노래 한 곡을 불렀다. 질서가 회복되었고, 국제사면위원회에 대한 잠재적인 재앙을 진압한 것으로 믿음을 얻었다. 콘서트에서 나는 그 세 죄수들의 이름과 특별하고 긴급한 행동이 필요한 어느 한 죄수의 이름이 담긴 전단을 사람들에게 배포할 수 있도록 안배해 놓았다. 그 전단에는 그들의 석방을 요구하는 편지를 누구에게, 그리고 어디로 써야 할지에 대한 지시 사항들이 인쇄되어 있었다.

나는 사면위원회와 함께 일하기로 결심했다. 내가 인터뷰하는 신문과 출연하는 라디오 토크쇼에서 국제사면위원회가 어떤 단체인지를 알렸다. 런던에서 전해 오는 사실들이 더 이상 의문시되지 않을 때까지 말이다. 그렇게 되는 데는 1년이라는 시간밖에 걸리지 않았다.

실종자의 어머니들과 안드레이 사하로프와 아나톨리 샤란스키 같은 수많은 사람들을 위해, 그리고 사형제 폐지를 위해 나는 철야 기도와 콘서트와 시위를 계속했다. 나는 국가자문국에 남아 있었다. 사면위원회가 걸음마 단계였을 때부터 키우고 양육해 왔던 터라, 나는 그 일에 굉장한 애착을 느꼈다. 1986년에 U2, 스팅, 피터 가브리엘을 비롯한 많은 사람들과 함께한 국제사면위원회 25주년 콘서트 '희망의 음모' 투어에 참가했던 일은 얼마나 짜릿한 감동이었던지. 그 투어의 결과 국제사면위원회의 회원이 25,000명이나 늘었다.

15년의 세월이 흐른 뒤에도 지네타와 나는 친밀한 관계를 유지하고 있다. 그녀는 내게 정부 관료들과 국가의 수장과 내가 종종 조롱하고 싶었던 사람들을 다룰 때의 외교술과 자제력을 가르쳤다. "절대 문을 닫지 말아요. 당신이 언젠가 그 사람을 필요로 하게 될지도 모르니까." 그녀는 이러한 마음가짐을 좋아했다.

1983년에 열린 《뉴스위크》의 15주년 기념식에서, 나는 메인테이블에서 메리 매카시(Mary McCarthy, 미국의 소설가이자 비평가—옮긴이)의 맞은편에 앉아 있었다. 그날 저녁의 가장 특별한 순서는 비디오로 녹화된 헨리 키신저의 연설이었다. 그가 커다란 화면에 나타났을 때, 나는 스타킹을 신은 내 발을 하이힐에 밀어 넣고 테이블을 떠났다. 그리고 그 녹화 연설이 끝날 때까지 로비에 서 있었다. 나의 온건함과 외교적 처신은 헨리가 주제넘게 코를 들이미는 순간 끝이 났다(헨리 키신저는 1973년에서 1977년까지 미국의 국무부 장관을 역임했으며 미국 정부의 외교정책에 지대한 영향을 끼쳤다. 그의 외교정책은 철저하게 국익 중심이었다. 그는 피노체트의 군사반란을 지원했고, 베트남전쟁에서 북베트남과의 협상으로 전쟁을 지연시켜 수많은 베트남 사람들을 죽였다는 비난을 받았으며, 베트남전쟁에서 중립을 지킨 캄보디아를 폭격하여 킬링필드를 만드는 데 가장 큰 공헌을 하였다. 그러나 오히려 베트남전쟁과 관련하여 노벨 평화상을 받는 등 당시에는 그에 대한 평가가 널리 왜곡되어 있었다. 그러므로 키신저에 대한 바에즈의 반응은 어쩌면 당연하다고 볼 수 있을 것이다—옮긴이).

<u>2</u>

국회의사당을 에워싸다

1972년 봄.

그것은 아이라의 생각이었다.

아이라는 미국의 여성들, 아이들과 더불어 워싱턴으로 가서 손에 손을 맞잡고 미국 의회 주변을 둘러싸자고 했다. 베트남 여성들, 아이들과 연대하겠다는 상징적인 행위를 함으로써, 우리는 더 이상 전쟁을 하는 데 자금을 쓰지 말아야 한다고 요구할 계획이었다. 폭탄이나 네이팜탄을 터뜨리고 폭격을 가하고 가스를 살포하고 그 나라에서 중간에 낀 피해자들을 고문하고 살육하는 일에 더 이상 돈을 대서는 안 되며, 우리는 그러한 폭력이, 적어도 우리 편에서라도 멈추기를 원했다.

그것은 그때까지 워싱턴에서 벌어진 시위 가운데 가장 큰 규모였을 것이다. 나중에서야 알게 됐지만, 그것은 내가 살면서 맡아 온 일들 가운데 가장 어렵고, 가장 힘 빠지고, 가장 타격이 크고, 가장 실망스러운 임무였다. 그러나 한편으로 내가 옳다는 걸 확신할 때 나의 신념이 얼마나 강해질 수 있는지를 배울 수 있었다. 그리고 고의적인 방해를 받는다는 게 어떤 것인지에 대해서도 배웠다.

나는 코레타 킹(마틴 루터 킹 주니어의 부인이자 인권운동가—옮긴이)에게 우리가 나중에 '국회의사당을 에워싼 인간 띠'라고 부르게 된 그 시위를 후원하는 데 동참해 달라고 요청했다. 우리는 검은색과 갈색으로 피부색은 달랐지만 함께 비폭력 활동에 헌신하고 있는 여성이었다. 우리는 뉴욕에서 만났다. 그녀는 그 생각에 꽤 매혹되었고, 지금이 그 일을 해야 하는 역사적인 순간이라고 말했다.

우리는 '평화를 위한 여성 파업'(Women's Strike for Peace)의 코라 바이스에게 그 시위를 조직하는 일에 혹시 도움을 줄 수 있는지를 물었다. 몇 년 뒤 그녀와 나는 하노이 정부에 대한 나의 공개적인 비판을 계기로 사이가 틀어졌다. 그녀는 강성 좌파였을 뿐 결코 평화주의자가 아니었다. 그러나 그녀는 내가 이제껏 만나 온 사람들 가운데 가장 훌륭한 조직가였고, 그 사실은 지금도 변함없다. 어쨌든 그녀는 수락했고, 다른 네 명의 여자들이 새로 합류했다. 에이미 스워들로, 이디스 빌라 스트리고, 바버라 래스킨 그리고 바버라 빅이었다. 그들은 강인했다. 우리는 결코 만만치 않은 팀이었다.

우리는 저마다 맡을 지역과 임무를 전국적으로 나누었다. 나의 첫 번째 임무는 '평화를 위한 또 하나의 어머니'(Another Mother for Peace)와 접촉하여, 우리를 후원하고 그들의 회보에 우리의 행진을 홍보해 줄 수 있는지를 알아보는 것이었다. 알려진 바로는 그들은 급진적인 행동을 한 적도, 시민적 저항을 추진해 본 적도 없었다. 우리는 시민적 저항을 계획하고 있지 않았다. 하지만 워싱턴에서 무언가 일이 잘못되어 간다면 그것을 고려할 수밖에 없었다.

그들은 주저 없이 승낙했다. 그것은 미국의 엄마들과 아이들이 전쟁에 대해 "안 돼"라고 말하는 일이었다. 그들이 어떻게 거기에 동참할 기회를 놓칠 수 있겠는가? 평화운동은 더 이상 '더러운 히피들'과 'KGB 요원들'로만 구성되지 않았다. 그 더러운 히피들은 당연히 그곳에 있었다. 그들 가운데 다수가 FBI가 지급한 가발을 쓰고 있었다. 그리고 KGB 요원들 또한 그곳에 있었다. 그들은 누가 CIA 혹은 FBI 요원인지 알아내려 애썼다. 그러나 진짜 운동에 참여한 사람들은 목사, 가정주부, 변호사, 교육자, 사업가, 정치인, 학생들이었다. 심지어 일부 연예인들도 운동에 참여했다.

코레타의 존재는 그 계획에 내가 줄 수 없었던 어떤 위엄을 주었다. '평화를 위한 또 하나의 어머니'는 우리의 성명서를 10만 부가량 되는 회보에 빠짐없이 끼워 넣을 수 있도록, 예정된 우송 시간을 늦춰 주었다. 그에 대한 반응들이 바로바로 들려오기 시작했다. 어머니들은 말했다. 좋다, 좋다, 천 번이라도 좋다.

동부 해안 사무실로 들려오는 반응 역시 열광적이었다. 아이라와 나는 우리가 수송이나 보급 문제를 고민해야 되는 게 아닌지 불현듯 걱정이 되었다. 마치 10만 인파가 의회를 둘러쌀 것처럼 보였다.

2주 뒤, 코레타가 마음을 바꿨다. 그 계획을 앞두고 우리가 받은 첫 번째 타격이었다. 코레타의 비서가 코라에게 전화했다. 나는 아연해졌고, 저마다 뉴욕, 워싱턴 그리고 애틀랜타에 있는 코라, 에이비 그리고 코레타에게 4자간 전화회의를 요청했다. 잘못된 게 무엇이든 분명히 바로잡을 수 있을 거라고 생각했다. 통화하는 동안, 나는 코레타에게 심경의 변화를 일으킨 것에 대한 타당한 설명을 계속 요구했으나, 그녀는 그저 자신이 마음을 바꾸었고 시기가 좋지 않다는 말만 되풀이할 뿐이었다. 그녀는 이미 우리의 명단에 올라와 있는 수백 명의 여성들 및 단체처럼 참가자가 될 것이나, 나와 함께 올라 있는 공동 발기인의 지도자적 위치에서는 빠지고 싶다고 했다. 나는 그녀에게 2주 전까지만 해도 시기가 완벽할 뿐만 아니라 역사적인 일이라고 그녀가 직접 말했음을 상기시켰다. 그녀는 요지부동이었다. 나는 대체 누가 그녀에게 접근했는지 어림해 보려고 머리를 쥐어뜯었다. 그리고 그 이유도 짐작해 보려 애썼다. 그 행진은 그녀나 그녀의 이미지에 어떠한 해도 입히지 않을 것이 분명했다. 그녀는 내게 후원자들의 이름이 적힌 명단을 요청했다. 그들에게 편지를 써서 자신의 새로운 위치에 대해 알려야 한다는 게 이유였다.

바람이 나의 돛을 때려 쓰러뜨리자, 나는 아이라에게 전화를 걸어 이 일을 계속할 것인지 말 것인지를 논의했다. 우리는 계속 진행하기로 결정했다. 그리고 나는 간디주의자답지 않은 결정을 내렸다. 후원자의 명단을 코레타에게 돌려보내는 일에 신중을 기하기로 말이다.

아이라와 나는 동부로 날아갔다. 우리는 C운하와 O운하 근처에 있는 조지타운 인이라는 별 하나짜리 작은 호텔에 본부를 세웠다. 호텔은 룸서비스가 없었고 단지 우리가 사용할 수 있는 전화 한 대만 갖추고 있었다. 그러나 그 작은 호텔은 비유적으로나 문자 그대로나 다가오는 폭풍을 피할 수 있는 은신처를 제공해 줄 것이었다. 워싱턴 최악의 홍수가 더운 습기를 잔뜩 머금은 구름들 속에서 천천히 힘을 모으고 있었다. 그리고 우리의 행진에 반대하는 조직적인 운동도 국회의사당 안 어딘가에서 힘을 모으고 있었다.

임박한 골칫거리에 대해서는 전혀 알지 못한 채, 우리는 첫 번째 모임을 가졌다. 처음엔 짜릿했다. 방에는 흑인과 백인 가릴 것 없이 강인한 여자들로 가득 찼다. 그들은 모두 참신한 생각들로 넘쳐 났고 일하러 갈 준비가 되어 있었다. 그런데 난데없이 갑자기 누군가가 나를 비난하기 시작했다. 흑인 여자들 가운데 한 명에게 일한 대가를 지불해 매수하려 했다는 것이었다. 분열이 시작되었다. 나는 권력 게임이 벌어지고 있음을 눈치챘고, 노기를 진정시키고 자존심을 적절히 달랠 수 있도록 상황을 정리하려고 애썼다. 나는 문제의 원천을 찾을 수가 없었다. 몇몇 여자들이 특별 모임을 요구했다. 그들은 우리가 행진을 하기 위해서는 '워싱턴 흑인 공동체'의 허락을 얻어야 한다고 말했다. 우리가 말했다. 좋다, 모임을 갖자.

그사이에 각종 단체, 클럽, 교회, 학생, 가족들 다수가 서명에 참여했다. 나는 우리가 본질에서 동떨어져 있는 내분을 조정할 수 있다고 확신했다.

코레타의 비서가 전화를 해서 그 명단을 회송했는지를 물었다.

다음 날 하늘의 문이 워싱턴 위로 거칠게 열렸다. 조지타운 인의 지하실과 주차장을 포함하여 도시의 많은 부분이 물에 잠겼다. 우리는 화가 나서 예의를 잊은 채 앙심을 품고 찾아온 한 무리의 흠뻑 젖은 흑인들에게 호텔 방문을 열어 주었다. 그들은 자신들이 '워싱턴 흑인 공동체 대표들'이라고 주장했다. 그곳에는 아이라와 그의 여성 조직원들 무리가 함께 참석해 있었다. 모두 자리를 잡고 앉느라 순간 경직된 침묵이 흘렀다. 그 잠깐 동안 우리는 사정없이 내리치는 빗소리와 물 튀기는 소리를 들을 수 있었다. 다른 상황에서였다면, 그것의 사나운 기세가 이 이방인들을 결속시켜 줄 수도 있을 법한 소리였다. 나는 환영 인사를 할 셈으로 무언가를 말하기 시작했다. 그러나 메리 트레드웰이 신속하고 분명하게 말을 가로챘다. 그녀는 그 집단의 다른 지도자인 매리언 배리와 부부 관계인 듯 보였고, 무시무시한 탱크 같은 여자였다.

"내가 먼저 말할게요." 그녀가 큰 소리로 알렸다. 그리고 먼저 이야기하기 시작했다.

　그녀는 우리가 워싱턴에서 아무런 볼일이 없다고 말했다. 워싱턴의 흑인들은 백인 시위자들과 평화 데모광들이 도시를 떠나고 나면 거리를 청소해야 하는데, 이젠 그 일이 지치고 넌더리가 난다고 했다. 그날의 사안은 베트남전쟁이 아니라 차라리 흑백의 문제에 더 가까웠으며, 그들은 우리가 그것에 역점을 두어 다뤄야 한다고 했다. 그녀는 우리의 부적절한 행진과 시위를 취소해야 한다고 선언했다. 다른 사람들이 모두 동의한다는 의미로 고개를 끄덕였다.

　나는 혼란스러웠지만 겁먹지 않았다. 사실 나는 화가 치밀었다. 내가 흑인들을 매수하려 했다는 주장은 잊히었다. 문밖에서 사정없이 내리치는 폭풍우와 함께, 나를 비난하는 이유도 자꾸 바뀌는 듯 보였다. 마치 적들이 우리 내부의 가장 취약한 부분을 찾기 위해 이리저리 찔러보고 있기라도 하는 것처럼. 그들은 돌아가며 한 사람씩 최후통첩을 전달했고, 우리는 그것을 듣고 있었다. 그들은 우리가 당장 짐을 싸서 워싱턴을 떠나야 한다고 말했다. 워싱턴은 우리의 도시가 아니라는 것이었다. 나는 그들이 대체 누구인지 궁금해졌다. 한 가지는 분명했다. 만약 이 허튼 수작이 계속된다면, 우리는 서서히 진이 빠지고 말리라는 것. 내가 알고 있는 진상은 절반도 되지 않았다.

　나는 바닥 위에 다리를 포갠 채 앉아 있었는데, 갑자기 내 손가방이 무릎에서 떨어졌다. 손가방 속에서 굴러 나온 것들 가운데 하나는 킴의 사진이었다. 사진 속 킴은 네이팜폭탄으로 뒤덮인 채 알몸으로 사이공의 거리를 달리고 있는 열 살짜리 소녀였다. 말끔한 정장 차림으로 내 옆에 앉아 있던 빼빼 마른 한 흑인이 그 사진을 집어 들더니 비웃음 가득한 어조로 말했다.

"허, 아무래도 이 사진이 당신에게 깊은 인상을 준 모양이군요."

"뭐, 그래요." 내가 대답했다.

"글쎄요, 당신에게 이 말을 해두죠. 아가씨, 이건 아무것도 아니에요. 그녀가 등에 온통 네이팜폭탄을 뒤집어썼는데, 그래서 그게 뭐 어쨌다고요? 그들은 그 물건을 매일 내 이웃에 떨어뜨려요. 당신들은 아마도 그 사실을 모르고 있겠죠. 이 사진은 내게 아무런 의미도 없어요. 아무것도!"

마침내 내가 말할 차례였다. 나는 애를 썼고, 다른 '국회의사당을 에워싼 인간 띠' 조직원들도 한 사람씩 그들을 설득하려고 애썼다. 그들은 우리를 조롱했고, 고함쳤고, 우리를 거부했다. 방문객들은 우리가 자기들에게 굴복하고 워싱턴을 떠나겠다고 말할 때까지 우리와 함께 이 초라하고 침수된 호텔에 머물 것이라고 태도를 분명히 했다.

우리들 가운데 누구도 생각을 바꾸지 않자, '워싱턴 흑인 공동체 대표들'은 우리의 행진이 예정된 바로 그날, 자기들도 진짜 사안들을 다루기 위해 '수뇌부'의 모임을 가질 계획이라고 말했다. 만약 우리가 행진을 계속 진행시킬 정도로 어리석다면, 그들이 나서서 우리에게 벽돌을 집어 던질 거라고도 했다. 바버라 래스킨이 몹시 실망한 나머지 의자 위에 올라서서 목청껏 소리쳤다. "수뇌부라고! 무슨 빌어먹을 수뇌부야?" 우리는 웃었다. 그러나 그들은 차갑고 오만하고 경멸적인 표정으로 우리의 웃음에 대응했다.

새벽 3시쯤 그들은 한 가지 타협안을 불만스럽게나마 받아들였다. "당신들이 말한 것들에 관해 생각할 시간을 줘요. 아침에 당신들에게 전화하지요." 그들은 일어나서 떠났다.

그날 밤 내내 아무 말도 없던 한 남자가 지나가면서 내게 속삭였다.

"한 시간 안에 다시 돌아오겠소." 우리는 궁금했다. 대체 그 사람은 누구일까? 과연 그를 믿어도 될까? 아이라와 나는 불을 껐다. 우리가 이 호텔에 도착한 이래 호텔 맞은편에 내내 서 있던 두 남자도 집으로 돌아갔다. 한 시간 뒤 문을 두드리는 소리가 났다.

만약 이 남자가 아주 이른 아침에 우리를 만나기 위해 돌아오지 않았다면, 우리는 너무도 낙담한 나머지 혼란스러워서 마우마우(1950년대 케냐의 키쿠유족이 시작한 투쟁적인 아프리카 민족운동—옮긴이)의 연극에 속아 집으로 돌아가 버렸을지도 모른다. 그러나 그가 아주 작은 목소리로 말했다. "무언가 수상한 일이 진행되고 있어요. 하지만 워싱턴 흑인들이 6월 22일 아침 9시에 일어나 국회의사당 건물로 가서 당신들에게 벽돌을 던지는 일은 없을 겁니다. 이 모든 것들의 배후에 무언가 있어요. 그 부분은 신경 쓰지 마세요. 당신들의 행진은 옳습니다. 당신들은 옳아요. 계속 밀고 나가세요. 그들이 당신들을 막도록 내버려 두지 마세요." 그리고 그는 떠났다.

우리는 계속 밀고 나갔다. 우리는 그들이 우리를 막도록 내버려 두지 않았다. 그러나 그들로 인해 확실히 우리는 활기를 잃었다.

무엇보다 우리는 모든 흑인 동료들을 잃었다. 한 멋진 여성 자원자는 자신의 차 타이어가 모두 난도질당해 있는 것을 발견했다. 하지만 행진 당일 날 그녀는 군중 속에 있었다. 나는 그것이 개인적인 위험을 무릅쓴 행동이었다고 생각한다.

워싱턴의 흑인 조직원인 줄리우스 홉슨이 병원에서 암으로 죽어 가고 있었다. 우리는 그가 침대에서 담배를 피우고 있는 것을 발견했다. 그의 말에 따르면, 담배 연기 냄새가 몹시도 역겨워서 자신이 느끼는 욕지기를 조금이라도 덜 끔찍하게 만들어 준다는 것이었다. 그는 저간의 사정에 대해 격노했고, 우리의 행진을 막으려는 저 위의 누군가에 의해 사람들이 매수되었다고 주장했다. 그는 설사 자신이 그곳에 있는 워싱턴의 유일한 흑인이라 해도, 자기는 6월 22일에 우리와 함께 가서 행진하겠다고 말했다. 22일 오전에 간호사들은 그가 목발을 짚고 병실을 몰래 빠져나와 복도로 내려온 것을 발견하고는 그를 다시 침대에 눕혔다.

또다시 코레타의 비서가 내게 전화해서 제발 그 명단을 보내 달라고 요청했다.

이제 우리 '반대 세력'은 반전운동의 모든 주요 인사들과 접촉하여, 그들을 6월 22일 흑백 문제에 관한 '수뇌부 회의'에 초청했다. 이미 우리 쪽에 서명한 바 있는 누구에게든. 그것은 엄청난 혼란을 야기했다. 대부분의 좋은 백인 진보주의자들, 그리고 당연하게도 대부분의 좋은 백인 급진주의자들은 우리를 버렸다. 그렇지 않으면 흑인들을 존중하여 그날 그냥 집에 남아 있는 것이 외교적으로 적절한 행동이라고 생각했다. 워싱턴에 살고 있는 우리의 최초 조직원들 가운데 한 사람은, 부담감을 감당할 수 없어 일을 그만두었다. 우리는 새로운 신입회원을 한 사람도 얻을 수 없었다. 기존 회원들에게 연락하여 행진이 예정대로 진행될 것이라고 알리기에도 시간이 빠듯했기 때문이다. 나는 기회가 닿는 대로 텔레비전 뉴스에 출연하기 시작했다. 어느 아침 프로그램으로부터 출연 제의를 받았을 때는 안도감으로 거의 울 뻔했다. 국영방송은 워싱턴의 난투 위에, 그리고 그 너머에 있었으므로, 내가 그 행진에 관해 이야기하고 이 나라의 모든 어머니들과 아이들이 우리에게 합류할 수 있도록, 참여를 독려할 수 있도록 기반을 제공해 줄 터였다. 나는 기운을 차렸다.

나는 앤젤라 데이비스(미국 흑인해방 여성운동가—옮긴이)에게 전화를 걸어 후원자가 되어 달라고 요청했다. 그녀의 이름은 일부 미국의 가정 주부들을 경악시킬 것이다. 그러나 그녀는 여성이었고 흑인이었으며 베트남전쟁에 반대했다. 내가 앤젤라와 이야기를 나누기도 전에 그녀의 비서가 좋다고 말했다. 나는 워싱턴에서 현재 무슨 일이 벌어지고 있는지와 앤젤라가 손을 떼라는 압력을 받을지도 모른다고 설명했다. 앤젤라는 그것에 관해 이미 모두 알고 있으며 크게 신경 쓰지 않는다고 비서가 전했다. 나는 매리언 배리에게 전화했다.

"매리언?" 내가 공중전화로 말했다. "당신이 알아야 할 것이 있어요. 앤젤라 데이비스가 우리와 함께하기로 했어요."

매리언은 한참 동안 아무 말도 하지 않았다. 마침내 그가 입을 열었다. "당신은 그만두지 않을 거야, 그렇지?" 내가 말했다. "만약 내가 그만둔다면, 당신은 나를 존경하지 않겠죠, 그렇지 않나요?" 그가 대답을 했었는지는 기억이 나지 않는다.

그날 저녁 아이라, 엄마와 함께 바버라 래스킨의 집에서 저녁을 먹었다. 시모어 허시가 그곳에 있었다. 그는 재미있고 신랄하고 냉소적이고 언변이 좋았다. 나는 밤샘 모임이 있었을 때 의자 위로 올라가 큰 소리로 외치던 바버라를 흉내 내며 열을 식혔다. 그때 전화가 왔다. 나는 소파에서 내려와 전화를 받았다.

"여보세요?"

"존입니까?"

"그런데요."

"잘 들어 존, 나는 당신에게 얘기하고 싶으니까! 당신 대체 뭘 생각하는 거야? 내 말은, 당신은 앤젤라에게 전화를 할 권리가 없어! 앤젤라는 당신의 재산이 아니야! 만약 그녀가 어느 누군가에게 속한다면 그것은 미국이 되어야 해, 알아들어? 그리고 당신은 앤젤라를 손에 넣을 자격이 없어!"

"앤젤라는 그 누구의 재산도 아니에요." 내가 대담하게 말했다. "그녀는 마침 우리의 행진을 지지하죠. 그뿐이에요."

"너희들의 행진, 빌어먹을 너희들의 행진! 이 아가씨야, 앤젤라는 너희들의 행진에 대해 아무것도 몰라. 잘 들어, 이 아가씨야." 나는 수화기를 귀에서 떨어뜨려 잡았다. 그런 다음 수화기를 손으로 가리고는 방 안에 있는 친구들에게 그 전화선의 다른 끝에서 무슨 일이 일어나고 있는지를 알려 주었다.

"그냥 끊지 그래?"라는 말이 시모어의 시의적절하고 분별 있는 제안이었다. 나는 수화기를 귀에 갖다 대고 잠깐 더 들은 뒤 끊었다. 기분이 시원해졌다. 그러나 동시에 내가 물리적으로 공격을 당한 것 같은 느낌도 들었다. 그리고 두려웠다.

코레타의 비서가 그 명부에 대해 전화했다.

며칠을 남겨 두고 코라가 조지 와일리라는 남자로부터 전화를 받기 시작했다. 그는 '모자복지금을 받는 어머니들의 권리'(Welfare Mothers' Rights)의 수장이자 코라의 친구였다. 그는 행진을 중단해야 한다고 그녀를 설득했다. 그리고 그녀가 순순히 따르려 하지 않자 간곡하게 부탁했다. 그녀는 처음으로 흔들리면서 나에게 우리가 옳지 않은 일을 계속하고 있는 건 아닌지 의문이 든다고 말했다. 나는 그녀에게 만약 여기서 포기한다면 이 자리에서 드러누워 죽어 버릴 거라고 말했다. 그녀는 그가 전화할 때마다 매번 갈등했다. 우리는 그 전화들을 농담으로 바꿔 버렸다. 이를테면 이런 식이다. 내가 아침이 되어 밤사이 기운을 거의 회복한 상태로 사무실에 들어간다. 그러면 코라가 "조지 와일리가 방금 전화했어"라는 말로 나를 맞이한다. 그러면 나는 "안돼에에에에" 하고 비명을 지른다. 그리고 우리는 모두 웃어넘긴다. 물론 그런 반응이 전혀 웃기지 않다는 걸 우리는 알고 있었다.

이디스 빌라스트리고는 결코 겁을 내거나 주저하지 않는 유일한 여성이었다. 그녀는 키가 150센티미터 정도밖에 되지 않았지만 완강했다. 우리가 한 무리의 적대적인 지역 흑인들보다는 윗선으로부터 공격을 받고 있다고 의심한 사람도 바로 그녀였다.

방해 공작은 6월 22일까지, 그리고 당일 내내 계속되었다. 흑인 두 명이 우리의 호텔 맞은편 거리의 모퉁이에 남아 있었다. '워싱턴 흑인 공동체 대표들'은 우리에게 전화하는 일을 그만두었다. 그리고 국내의 다른 사람들에게 전화하여, 그들을 자신들의 '수뇌부 회의'에 초청하는 데 집중했다. 워싱턴에는 계속 비가 쏟아졌다. 뉴욕에서 전화가 왔을 때, 나는 짐을 꾸려 뉴욕으로 날아갈 준비를 하고 있었다. 그것은 아침에 예정된 쇼 출연을 취소하겠다는 전화였다.

"정말 죄송해요. 하지만 우리는 당신 대신에 누군가를 집어넣어야만 했어요. 시기상으로……"

"하지만 그럴 순 없어요! 당신이 말했잖아요."

"뭐, 그래요, 알아요. 하지만 이런 일들은 일어나기 마련이죠. 어쨌든 당신은 기뻐해야 해요. 왜냐하면 당신 대신 출연할 사람이 랠프 네이더거든요. 기본적으로 당신과도 성향이 비슷하잖아요……" 나머지 대화 내용은 기억나지 않는다.

나는 호텔 지붕으로 올라갔다. 그곳에는 비가 내리는 사이사이 햇볕을 받으며 앉아 있을 수 있도록 엄마와 내가 가져다 둔 의자들이 있었다. 나는 몹시 아연했고 낙담한 상태로 몰려드는 구름을 응시하는 것 말고는 할 수 있는 일이 아무것도 없었다. 나는 심지어 울지도 않았다. 내 인생을 엄정하게 돌아보았을 때, 내 기분이 그렇듯 가라앉았던 적은 없었던 것 같다. 흠씬 두들겨 맞은 것 같은, 이렇게까지 무기력하게 느껴진 때도 없었다.

회복이 빠른 아이라는 나의 가장 좋은 치료제였다. 그는 지금 같은 때일수록 변함없이 모든 역경에 대항하여 일해야 한다고 명랑하게 일깨웠다. 만약 자신이 도덕적으로 옳다고 느낀다면 말이다. 그는 그 아침 쇼를 두고 코웃음을 쳤다. 그리고 현재 일이 어떻게 전개되고 있는지에 관해 모두 이야기해 주었다. 어머니와 아이들을 실은 기차 한 대가 뉴욕에서 올 것이다. 그리고 또 다른 기차가 볼티모어에서 올 것이다. 영화배우 캔디스 버겐이 우리와 함께 행진하기로 했다. 미미가 우리와 합류하기 위해 날아왔다. 프레드 해리스 상원의원의 부인이자 존경을 받는 라돈나 해리스가 국회의사당 계단 위에서 집회 의장직을 맡을 것이다. 여자들이 아이다호, 아이오와, 켄터키, 미시시피 그리고 캘리포니아 등 먼 곳에서 워싱턴으로 오고 있다. 샌프란시스코, 팰러앨토, 미니애폴리스 그리고 보이시에서도 동시 시위가 있을 것이다.

만약 코레타가 우리 뒤에서 힘을 발휘했다면, 그리고 만약 '워싱턴 흑인 공동체 대표들'이 1972년 6월을 위해 무언가 나은 일을 하는 데 그들의 시간을 투자했다면, 과연 무슨 일이 벌어졌을까? 갑자기 그게 몹시 궁금해졌다.

21일에 코레타의 비서한테서 전화가 왔다. 코레타는 만약 자신에게 후원자들의 명단을 보내지 않는다면 기자회견을 열겠다고 위협했다. 나는 사과했고, 한 시간 안에 그것을 우편함에 넣어 놓겠다고 말했다.

그것은 더 이상 문제가 되지 않았다(그 이후로 코레타와 나는 화해했다. 그러나 실제로 그때 무슨 일이 벌어졌는지에 관해서는 터놓고 이야기해 본 적이 없다. 나는 몇 년에 걸쳐 그녀에 대해 커다란 존경심을 키워 왔다).

22일 아침, 허리케인 아그네스가 휩쓸고 간 곳은 온통 물바다였다. 우리는 그 행진을 '국회의사당을 에워싼 파도타기'로 고쳐 부를 것에 대해 고려했다. 우리는 혹시 사람들이 행진의 진행 여부를 문의할까 봐 이디스와 아이라를 전화기 앞에 둔 채 우리의 위치로 갔다. 비가 잠시 그쳐 준 덕에, 우리는 2,500명쯤 되는 여자들과 아이들을 교회에 모아, 그곳에서부터 국회의사당까지 행진할 수 있었다. 뉴욕 펜 역에서 행진에 참여하려는 수백 명을 태운 기차가 볼티모어까지 왔다가 홍수 때문에 다시 돌아갔다. 여자들이 기차에 가득 찬 사람들을 조직했고, 뉴욕으로 되돌아가서는 그들의 기치를 높이 들어 올리고 '펜 역을 에워싼 인간 띠'를 진행했다.

바버라 래스킨의 열 살짜리 아들이 집회에서 연설을 했다. 사실 우리의 집회에 '국회의사당을 에워싼 인간 띠'라는 이름을 붙여 준 것도 바로 이 아이였다. 라돈나 해리스와 내가 이 아이를 마이크가 있는 곳까지 들어 올려 주었다. 미미와 나는 노래를 불렀고, 아이들과 놀았고, 베드남 아이들을 위한 미국 시민의 메시지들을 녹음했다. 다른 사람들은 그들의 연방의회 의원들에게 압력을 가했다. 우리가 실제로 국회의사당 건물을 에워쌌을 때, 코라 바이스가 마이크를 잡고 외쳤다. "우리가 국회의사당을 에워쌌습니다! 미국의 여성과 아이들이 국회의사당을 에워쌌습니다!" 우리는 어깨에서 팔이 거의 빠져 나갈 정도로 서로를 끌어당기면서 하나의 온전한 인간 띠를 만들려고 애썼다. 《타임》과 《뉴스위크》 그리고 AP통신을 비롯한 세 개의 방송망 모두가 우리를 취재

했다.

나중에 우리는 국회의사당을 에워싼 사람들의 띠가 단 한 줄이었던 것에 대해 웃었다. 그러나 그러한 상황에서 그것은 그리 나쁘지 않은 광경이었다.

1년이 지나고 나서 친구 하나가 내게 전화를 했다. 방금 워터게이트 청문회 의사록을 읽었는데, '국회의사당을 에워싼 인간 띠'가 닉슨 행정부가 막으려고 애썼던 시위들 가운데 하나였다는 것이다. 물론 명예로운 일이었지만, 그것은 틀림없이 그저 사소하게 지나가는 말로 언급되었음이 틀림없다. 지금껏 그 인용문을 어디에서도 찾을 수 없었으니 말이다. 하지만 미미는 지금도 그들의 음모가 있었다고 생각한다.

3

아들아, 넌 지금 어디 있니?

하노이에 있는 동안 비가 내렸다. 포탄 구덩이들 속으로 빗줄기가 흘러 들어가 흙탕물 가득한 웅덩이를 만들었다. 사람들이 그 폐허 위로 자전거를 들어 옮기고 있었다. 짐을 꾸렸지만 갈 데가 없었다.

며칠 밤에 걸쳐 폭격이 있은 후, 사람들은 도시를 비우고 달아났다. 폭격이 시작된 지 일주일 정도 지나자, 사람들이 다시 도시 안으로 돌아오기 시작했다. B-52 폭격기가 도시의 변두리를 강타하고 있었다. 짐작컨대 사람들은 죽더라도 차라리 집에서 죽자는 심정이었을 것이다. 나는 어디에서도 죽고 싶지 않았다.

이것은 내가 하노이에서 머물렀던 13일 동안의 이야기이다. 13일 가운데 11일 동안 '크리스마스 폭격'이 있었다. 그것은 닉슨 대통령이 대통령의 직위에 있는 동안 내려야 했던 '가장 어려운 결정'의 결과였다. 나중에 밝혀진 사실이지만, '크리스마스 폭격'은 세계 역사상 가장 격심한 폭격이었다.

1972년 12월, 미국 동부에서 순회공연 중이던 나는 코라 바이스로부터 전화 한 통을 받았다. 코라가 회장을 맡고 있는 '교섭위원회'

(Liaison Committee)라는 단체는 북베트남으로 미국인 방문객을 꾸준히 보내고 있었다. 베트남 국민들과 모종의 우호적인 관계를 유지하기 위해서였다. 비록 우리나라는 계속해서 심한 폭격으로 그곳을 생지옥으로 만들고, 그들의 마을을 태우고, 아이들을 네이팜폭탄으로 공격했지만 말이다. 워터게이트 사건이 터지기 전에는, 미국의 군대가 베트남에서 수행하는 잔학 행위들에 대해 이야기하거나 글을 쓰는 사람들에 대해 회의적으로 반응하거나 심각한 골칫거리로 여기고 분노하는 미국인이 많았다.

나는 '미국인들과의 연대를 위한 위원회'라 불리는 북베트남 단체의 손님이 될 예정이었다. 몇 달 동안 북부에서는 심각한 전투가 벌어지지 않았다. 그리고 네 명의 미국인들이 초대되었다. 다른 용건들도 있었겠지만, 하노이의 전쟁 포로들에게 크리스마스 우편물을 전달하기 위해서였다. 게이브는 그동안 아빠와 함께 있기로 했다. 나는 크리스마스 날까지는 집으로 돌아올 수 있겠거니 생각했다.

나는 펜실베이니아 이리의 한 모텔 방에서 손톱을 물어뜯으며 혼자 앉아 있었다. 과연 내가 가진 트럭 한 대 분량의 온갖 신경증들을 달고서 지구 반 바퀴를 돌아 내가 보기 두려워하는 것들을 보고, 먹기 두려워하는 것들을 먹고, 질색하는 밤 비행을 하고, 한 번도 만난 적이 없는 다른 세 사람과 더불어 여행을 할 수 있을까? 나는 사실상 두려움으로 온몸이 마비될 지경이었다. 그리고 스스로에게 넌더리가 났다. 동시에 그 여행에 대한 전망은 점점 더 참을 수 없을 만큼 매혹적이 되었다. 창밖에는 눈이 내리고, 세 살 된 내 아이가 집 밖의 어느 커피숍에서 사랑하는 할머니의 품에 안겨 있고, 내가 그 초라한 모텔 방에 앉아 있는 동안에는, 나는 내가 결코 집에 돌아올 수 없는 여덟 블록 안에 들어가 있게 되리라는 사실을 전혀 예상하지 못했다.

나는 뉴욕의 호텔 방에서 200여 통의 전화를 돌려, 내가 아는 모두에게 하노이를 방문할 예정임을 알렸다.

보수적인 변호사이자 예비역 준장 텔포드 테일러, 진보적인 성공회 목사 마이클 앨런 그리고 전쟁에 반대하는 미오쩌둥주의자이면서 베트남전 참전용사인 배리 로모가 나와 동행할 예정이었다. 우리는 출발하기 두 시간 전에 케네디 공항의 스칸디나비아항공(SAS) 라운지에서 처음 만났다. 우리는 전쟁 포로들에게 전달할 커다란 우편 가방을 전시하면서, 기자회견 내내 그럴듯하게 속여 넘겼다. 또 우리는 카메라와 녹음 장비, 건전지, 필름과 최소한의 옷가지를 지니고 있었다. 우리가 가방 속에 챙겨 넣은 것은 우리보다 앞서 다녀간 사람들이 '연대 위원회' 회원들에게 보내는 개인적인 메시지와 사람들이 가져오길 원하는 것들의 목록이었는데, 그 가운데 체스 세트가 최우선이었다.

우리는 밤에 비행했다. 마이클 앨런과 텔포드는 내 뒷자리에서 술을 몇 잔 들이키더니 시끄럽게 잡담을 나눴고, 배리는 통로 맞은편에서 꾸벅꾸벅 졸았다. 돌이켜 생각해 보니, 목사와 장군(우리는 그들을 그렇게 불렀다)은 다소 불안해 보였고, 베트남 전쟁터에서 포화 세례를 받았던 배리는 아마도 자신이 한때 살인 청부업자 노릇을 했던 곳에 친구로서 돌아간다는 생각에 두려움을 느꼈던 것 같다. 나는 평탄한 비행과 넉넉히 챙겨 온 발륨 덕에 기분이 꽤 괜찮은 편이었다.

나는 덴마크의 어느 호텔을 어렴풋이 기억한다. 그곳에서 우리는 음식점 안으로 흘러들었다가 흘러나왔고, 서로에게 고개를 끄덕였고, 시차에 적응하지 못했다. 또 다른 비행에서 태양이 구름을 뚫고 부옇게 떠오를 때, 내가 텔포드 쪽으로 몸을 기울였던 일이 기억난다. 텔포드가 말했다. "만달레이로 가는 길, 물고기들이 뛰어놀고……." 이어서 내가 마무리했다. "만을 가로질러 중국에도 여명이 천둥처럼 다가온다네." (러디어드 키플링의 시 〈만달레이〉의 한 구절―옮긴이) 나는 굉장한 위선자가 된 듯한 기분이었다. 내가 시를 좀 안다고, 혹은 내가 책을 좀 읽는다고 텔포드가 생각할까 봐 조마조마했다. 나는 그저 기억력이 좋았고, 차를 타고 해변으로 갈 때마다 어머니와 아버지가 그 시를 읊조리는 걸 들었을 뿐이다.

배리는 방콕에서부터 몸 상태가 좋지 않았다. 아마도 베트남으로 돌아가는 것에 대한 그의 내적인 갈등이 폭발한 듯했다. 나는 그에게 다량의 테트라사이클린(항생제의 일종―옮긴이)을 먹게 한 뒤 말을 걸기 시작했다. 방콕 공항에서 생리통이 있었다. 타이항공 제복을 입은 한 여자가 내게 탐팩스(삽입형 생리대―옮긴이)를 용케 찾아다 주었다. 그달 나는 섬뜩하게도 일찍 시작해서 오래도록 생리를 했고, 그 탐팩스는 앞으로 내가 보게 될 마지막 사치품이었다.

어찌어찌하여 우리는 라오스의 비엔티안에 있었다. 우리는 대단히 유쾌한 《뉴욕 타임스》 특파원과 저녁을 먹었다. 그는 씁쓸한 표정으로 자기가 기사를 송고할 때마다 인쇄되기 전에 글이 뭉텅뭉텅 잘려 나간다고 넌더리를 치며 말했다. 저녁 식사 내내 나는 시차의 맹공격을 받았다. 그래서 양해를 구한 뒤 먼저 잠자리에 들었다. 다음 날 우리는 크리스마스 일주일 전에 북베트남으로 들어가기 위해서 임시 혁명정부로부터 비자를 발급받았다.

우리는 뚱한 표정의 러시아인들과 일본인 몇 명과 더불어 우리의 마지막 비행기에 탑승했다. 비행은 짧았고 더웠으며, 러시아인들은 내내 뚱한 표정이었다.

나는 짧은 활주로에서 착륙하여 비행기에서 우르르 나왔던 것과, 누구나 상상할 수 있는 사랑스러운 사람들로 이루어진 단체를 만났던 것을 기억한다. 우리를 맞이해 준 사람들은 모두 남자였다. 그들은 우리에게 꽃을 주었고, 우리의 물건이 세관을 통과하는 동안 의자를 권했다. 콰트가 그 단체의 지도자였다. 활기차고 지적이며 농담을 즐기는 인물이었다. 우리가 그곳에 있는 동안, 콰트의 아내는 폭격이 진행되는 와중에 아기를 낳았다. 그 단체의 어떤 남자는 아내와 여덟 명의 아이를 잃었다. 또 다른 이는 아내와 소식이 끊겨, 우리와 함께 있지 않을 때는 생사 여부도 알지 못한 채 계속 그녀의 행방을 수소문했다. 그러나 그들은 마치 우리에게 개인적으로 주어진 수호천사들처럼 대해 주었고, 세상에서 달리 할 일이 없는 사람들인 것처럼 우리를 돌봐 주었다.

나는 텔포드와 함께 차를 타고 호아빈 호텔로 갔다. 길을 따라 이동하는 수천 명의 사람들과 길게 늘어선 차량들을 지나갔다. 나는 아이들을 바라보고 있었다. 그리고 내가 그들에 대해 들은 것들도 거기까지는 사실이었다. 아이들은 섬세하고 내성적이지만 웃음이 가득했다. 그들은 우리를 흥미롭게 쳐다보았다. 우리가 탄 차가 차량들 사이에 막혀 오도 가도 못 하고 있는 동안, 아이들이 모여들기 시작했다. 한 아이가 나에게 꽃 한 송이를 주었다. 나머지 아이들은 즐거워하며 웃었다. 나중에 나는 그 꽃을 무리의 가장자리에서 구경하던 한 수줍은 어린 여자아이에게 주려고 했다. 하지만 다른 아이들이 허락하지 않았다. 그들은 그 꽃은 내게 준 것이니 내가 간직해야 한다고 말했다(나한테 그렇게 통역해 주었다).

텔포드는 우리와 반대 방향으로 지나쳐 가는 자동차들에 훨씬 더 많은 관심을 보였다. "저것은 체코슬로바키아 차 같은데, 그렇지 않소?"

그가 운전자에게 말을 걸었다. 나는 우리가 각자 사물을 바라보는 방식에 재미를 느꼈다. "저 어여쁜 아이들을 좀 보세요." 내가 그에게 말했다. 그가 대답했다. "어디 말이오?" 그는 진심이었다.

　나는 배리가 차에서 내려 걸어가는 것을 보았다. 나는 생각했다. 그래, 여기 앉아 있는 것은 얼마나 어리석은 짓인가. 나도 차에서 내렸다. 곧바로 여남은 명 정도 되는 아이들이 나를 둘러쌌다. 그들은 내 손을 잡고 나를 어디론가 끌고 가려고 애썼다. 나는 웃었고, 세게 잡아당기는 그들의 손을 거부하지 않았다. 그들이 나를 통상 자전거가 지나다니는 흙길에서 벗어나 훨씬 더 좁은 보행자용 길로 데리고 갔을 때에야, 나는 무슨 일이 벌어지고 있는지를 이해하기 시작했다. 우리는 어느 건물 벽에 붙어 있는 여러 칸의 헛간인 옥외 변소로 향하고 있었다. 당장이라도 부서질 것 같은 담에 물결 모양의 녹슨 철제 '벽' 두 개가 가까스로 기대어져 있었다. 두어 개의 깨진 사발을 버리지 않고 적절한 곳에 놓아둠으로써 그 자체로 아주 발랄한 설비가 되었다. 선택의 여지가 없었다. 나는 아이들을 향해 살짝 고개를 숙였고, 그 구조물로부터 4.5미터쯤 떨어진 곳에 아이들을 남겨 둔 채 곧장 앞으로 가서 입고 있던 트위드 스커트를 그러모아 올렸다. 그러고는 내가 할 수 있는 한 최대한 품위 있게 쭈그리고 앉아 나의 작은 관객들에게 큰 즐거움을 선사했다. 불행히도, 꼬마 관객들 때문이 아니라 70미터쯤 떨어진 곳에서 천천히 지나가는 러시아 호송 부대 때문에, 나는 아무것도 배출하지 못했다. 그러나 일어서면서 대단히 시원하고 만족한 척을 했고, 치마를 매만진 뒤 아이들에게 고개를 숙여 감사의 인사를 했다.

　도시 안으로 들어서자 교통량이 줄어들었다. 거리에는 나무들이, 보도에는 사람들이 열을 지어 서 있었다. 여자들의 아름다움은 아찔할 정도였다. 흰색 블라우스와 검은색 파자마 차림으로, 아기를 업거나 꾸러미를 지고 있었다. 그들은 뾰족한 밀짚모자 아래 호기심에 찬 얼굴을 조용히 들어 올렸다. 치렁치렁한 머리카락은 그러모아 근사하게 땋아 내렸고, 거기에서 빠져나온 몇 줌의 머리칼은 얼굴의 윤곽을 따라 한가로이 나부꼈다. 여자들은 빠르고 무자비하게 나이를 먹었다. 노인들의 얼굴에는 수많은 주름이 자리했고, 그들의 치아는 빠져서 텅 비어 있거나 은색으로 빛났다. 젊은 남자들은 서양 여성들이 몹시 탐낼 만한 피부를 가지고 있었다.

우리는 시장에서 베트남 남자들을 보았다. 그들은 거리 여기저기를 어슬렁거렸고, 불쑥불쑥 비집고 들어오는 카메라들을 응시했다. 우리는 수많은 일간신문에서 그들의 눈을 보았다. 그리고 그들이, 이 부드러운 강철의 남자들이 몸에 총알구멍을 지닌 채 자신들의 논에서 죽어 넘어져 있는 모습을 보았다. 그들은 사이공의 거리에서, 최악의 의미로 서구화되어 있는 듯 보였다. 여기 북베트남의 거리에서 그들의 눈은 의심한다기보다 즐거워 보였다. 우리는 침입자들이었다. 그러나 친구들임에 틀림없었다. 그렇지 않았다면 우리는 방문을 허락받지 못했을 테니까. 대부분의 사람들은 우리와 눈을 마주치자마자 미소를 지었다.

우리는 점심나절에 호아빈에 노착했다. 우리의 호스트들이 우리더러 씻고 좀 쉬었다가 저녁 식사를 하러 다시 모이자고 제안했다. 내 방은 다른 방들처럼 넓은 옛 프랑스 건축양식으로, 천장은 3미터 정도의 높이였고 바닥은 목재로 되어 있었으며, 자그마한 거리가 내다보이는 수수한 발코니가 딸려 있었다. 거리 맞은편에는 가난한 사람들의 조그마한 집들이 옹기종기 모여 있었는데, 앞마당은 진창이었고 열대산으로 보이는 나무들에는 옷가지들이 널려 있었다.

내 방에는 위로 말아 올릴 수 있는 모기장이 갖춰진 1인용 침대가 하나 있었다. 그 옆에는 재떨이, 성냥, 흰 초 그리고 생수 한 병이 놓인 작은 테이블이 하나 있었다. 발코니 근처에는 또 다른 테이블과 의자 두 개가 양쪽에 놓여 있었는데, 그 테이블 위에는 뜨거운 물이 담긴 보온병과 차가 담긴 작은 용기 그리고 컵 두 개가 비치되어 있었다.

거대한 타일이 깔린 욕실에는 커다란 사자 발이 달린 욕조가 있었는데, 맑은 물이 흘러나오기 전에 누런 녹물이 나오는 터라 바닥이 얼룩덜룩해져 있었다. 하노이는 이전에 폭격을 당한 적이 있었고, 어쨌든 수돗물이 제대로 나오도록 유지하는 일은 어려웠다. 변기는 사슬을 당겨서 물을 내리는 방식이었고, 그것도 형편이 좋을 때에나 작동했다. 세면대 위에는 또 다른 물병과 비누 한 개와 낡았지만 깨끗한 수건 두 장이 놓여 있었다.

나는 삐걱거리는 침대 위에 몸을 눕히고 바쁜 도시의 소리들에 귀를 기울였다. 자동차 지나가는 소리는 거의 들리지 않았다. 이름 모를 베트남 음악이 골목 맞은편 스피커를 통해 들려왔다. 그리고 나는 깊은 잠에 빠져들었다.

한 시간 정도 지난 뒤, 나는 위원회 사람들과 공식적인 담화에 참석하기 위해 잠에서 깼다. 우리는 그 지점에서 서로 다른 논의 사항들을 가지고 있었다. 나는 내 방 커피 테이블에서 쾨트와 대화를 나눴다. 그는 내게 우리가 따랐으면 하는 계획에 대해 이야기했다. 지방의 관심 장소들을 여행하고 전쟁기념관들을 방문하고, 추정컨대 미군이 이 나라에서 저지른 잔학상을 우리에게 인식시키고자 하는 북베트남 사람들과 대담을 나누는 일이었다. 사흘째 되는 날에, 그들은 우리를 지프에 태워 깊숙한 시골길을 달려 하이퐁으로 함께 가자고 했다. 하이퐁으로 가는 자동차 여행길은 아름다울 것이다. 한때 하이퐁은 무척 아름다웠으므로.

쾨트가 말할 때, 나는 그의 얼굴을 주시했다. 상냥하고 사려 깊은 얼굴이었다. 참을성 있는 얼굴이기도 했다. 우리는 평화주의에 대해 약간의 대화를 나눴다. 그는 나의 신념을 존경하는 듯했다. 그리고 수많은 나라에서 내가 만나 온 사람들처럼, 그 역시 자신의 나라에서는 평화주의가 차지할 자리가 없다고 판단했다. 나는 그에게 민족해방전선이 한때 프랑스에 맞서 비폭력 전술을 사용해 얼마간의 성공을 이루어 낸 적이 있다는 사실을 아는지 물었다. 그는 예의 바르게 웃었고, 이제는 상황이 달라졌다고 말했다. 나는 누군가를 전향시키기 위해 이곳에 온 것이 아니며, 사람들을 만나 친구가 되기 위해 온 것이라고 말해주었다. 나중에 방공호에서, 나는 바로 쾨트와 추옌이라는 남자를 위해 눈물을 흘렸다. 그들이 어떤 해를 입는다는 생각만 해도 참을 수가 없었기 때문이다. 추옌은 내가 방문 기간을 통틀어 우는 모습을 보게 된 몇 안 되는 사람 가운데 하나였다. 그들은 B-52 폭격기가 추락할 때마다 축배를 들었지만, 그 자리에 내가 있으면 그것을 끝까지 삼갔다. 나는 추옌이 마음 깊은 곳에서는 평화주의자였다고 생각한다.

서녁 식사 때에는 열다섯에서 스무 명가량 되는 사람들이 함께했다. 내가 마시기를 거부한 노란 보드카와 연달아 나오던 맛있는 음식들이 기억난다. 내가 차마 입에 대지 못한 유일한 음식은 새를 통째로 요리한 음식이었다. 부리를 벌린 새의 머리가 그릇 한쪽에 놓여 있었다. 그것만 빼면 나는 신경증들을 잘 통제했고, 사람들이 긴장을 풀고 식사하는 모습을 즐겁게 관찰했다. 쾨트는 물고기처럼 술을 마셨고, 텔포드와 마이클이 거기에 합류했다. 배리는 술 시합에 참여하고 있지 않았지만, 곧 그의 차례가 올 예정이었다.

쾌활함의 정도가 새로운 경지까지 올라가 농담을 하는 수준이 되었다. 먼저 문화의 격차를 해소하기 위해 열두 번 정도는 설명을 해야 알아들을 법한 베트남식 농담들이 오갔고, 그와 비슷한 처지에서 미국식 농담들이 나왔다. 마침내 농담들이 이해되었을 때, 의기양양하고 소란스러운 웃음이 뒤따랐다. 농담 자체에 대해서라기보다 그것을 이해해 낸 감격에 대해서였다. 콰트가 작은 보드카 잔 두 개를 들고 내 자리로 불쑥 찾아왔다. 나는 그의 제안을 거부할 수도 없었지만, 잔을 '단번에' 비울 수도 없었다. 결국 콰트는 보드카가 내 목에 해가 되니 아무도 내게 보트카를 억지로 권해서는 안 된다고 선언했고, 덕분에 나는 난처한 상황에서 벗어날 수 있었다. 배리가 도전을 받고 노련한 배우처럼 상황에 대처했다. 그는 두 잔, 석 잔, 넉 잔을 마셨다. 그 끔찍한 노란 물질이 담긴 작은 잔들을 얼마나 비웠는지는 확신할 수 없지만, 잔을 비운 횟수가 늘어날수록 그의 수줍음은 줄어들고 볼은 붉어졌다.

시끄럽게 떠들고 웃으며 분위기가 고조되었을 때, 콰트가 팔을 허공으로 치켜 올리고 말했다. "자, 음악!" 베트남 가수 둘이 일어섰다. 그들의 목소리는 훈련되어 있었고 수정처럼 깨끗하고 힘이 있었다. 남자들은 아일랜드 테너처럼 노래했고, 여자들은 나이팅게일처럼 노래했다. 나는 기타를 집어 들고 그들에게 어떤 노래를 듣고 싶은지 물었다. 그들은 피트 시거의 노래나 반전 노래면 어떤 것이든 좋다고 말했다. 콰트는 전통음악을 좋아했지만, 이제 그가 좋아하는 노래는 〈쉬, 아가야, 아무 말도 하지 마렴. 아빠가 네게 흉내지빠귀를 사 주실 거야〉(Hush Little Baby, Don't Say a Word, Daddy's Gonna Buy You a Mockingbird)가 되었다.

우리가 한창 소란스럽게 즐기고 있을 때, 나는 불현듯 배리가 극도로 긴장해 있음을 눈치챘다. 그동안 마음속에 묻어 두고 있던 죄의식이 천천히 모습을 드러냈는데, 보드카의 도움으로 이제는 더 이상 참을 수 없어진 것 같았다. 나는 전쟁에서 죽은 모든 베트남 사람들과 미국인들, 처음부터 전쟁터에 나가 싸우기를 거부했던 사람들 그리고 마지막으로 환멸을 느끼고(혹은 각성하고) 싸우기를 중단한 사람들에게 노래 한 곡을 바쳤다. 그리고 그들은 스스로를 용서할 수 없어도, 우리는 그들을 용서할 필요가 있다고 말했다. 나는 베트남 참전용사의 이야기를 담은 〈샘 스톤〉(Sam Stone)을 불렀다. 배리가 고개를 숙이고 그 노래가 끝날 때까지 내내 울었다. 나는 이렇게 짐작해 본다. 다른 사람들이 집에 앉아 국방세를 낼 때, 전장에서 온몸으로 겪어야 했던 참상들이 지금 그의 눈앞에서 다시 펼쳐지고 있으리라고. 나는 그를 향해 진심을 담아 노래를 불렀다. 노래가 끝났을 때, 쾌트가 그에게 보드카 한 잔을 더 권했다. 동시에 배리가 코를 풀고는 웃다가 울었다. 그때 베트남 사람들이 뜻 모를 행동을 했다. 그들은 배리를 테이블의 상석으로 데려가 앉혔다. 그러고는 마치 그를 어떤 해로운 것으로부터 보호하려는 듯이, 그의 주위를 맴돌며 그가 눈물을 그칠 때까지 몇 분 동안 잡담을 하고 편히게 농담을 했다. 이렇게 해서 과거 해병대였던 배리 로모는 용서를 받았다. 그들은 자신들의 정글에서 일어났던 그 일에서 배리가 어떤 역할을 했는지에 대해 일체 아무런 질문도 하지 않았다.

그 뒤로 얼마 동안 농담과 노래로 시간을 보내고 나자 잘 시간이 되었다. 우리는 7시에 일어나 아침 식사를 한 뒤 전쟁기념관으로 안내될 예정이었다. 그들은 우리가 체류하는 동안 미국 음식을 먹고 싶은지 프랑스 음식을 먹고 싶은지, 아니면 베트남 음식을 먹고 싶은지를 물었다.

우리는 모두 베트남 음식을 먹고 싶다고 대답했다. 나는 진이 다 빠져 모기장을 친 침대로 들어갔고, 스피커를 통해 오후 내내 그리고 지금도 연주되고 있는 그 중독성 강한 선율 속으로 빠져들었다.

다음 날 아침 우리는 전쟁기념관을 둘러보았다. 그것은 지루했다. 나는 머리에 총알을 맞아 구멍이 뚫린 아기들과 내장이 진창 위로 쏟아져 나온 여자들의 사진들이 끔찍하게 싫었다. 그 잔혹한 이야기들이 싫었다. 몇 년 동안 그런 이야기들을 보고 들어 왔다. 그것들을 아는 것이 나의 일이었다. 나는 또한 무엇이 폭격을 당했고, 언제 어디에서 당했는지에 대한 설명이 싫었다. 추옌은 내가 안절부절못하고 있는 것을 알아챘다. 그는 내게 동정어린 시선을 주었다. 나는 어깨를 으쓱했고 미소를 지었다.

상세한 설명의 대부분은 텔포드를 향한 것이었다. 그는 전쟁 범죄가 자행되었는지 여부를 판단하기 위해 그곳에 있었기 때문이다. 법률적으로 나는 아무 쓸모가 없었다. 전쟁 자체가 범죄이며, 아이 한 명을 죽이는 것, 마을 하나를 불태우는 것, 폭탄 하나를 투하하는 것이 우리를 깊은 악의 구렁텅이로 집어넣는 행위이므로, 각론에 대해 왈가왈부하는 것 자체가 아무런 소용이 없다는 나의 뿌리 깊은 견해 때문에 특히 더 그랬다. 그러나 텔포드는 지독하게 성실한 사람이었고, 병참과 날짜 등등에 대한 끝없는 질문과 함께 마지막 세목까지 자신의 의무를 수행하고 있었다. 나는 인내심을 가지려고 노력했다. 본국에서 생각하는 신뢰성에 관한 한, 아마도 텔포드가 우리들 가운데 가장 중요한 구성원이었을 것이다. 나 또한 그를 매우 많이 좋아했고, 지도와 세부 사항들에는 지루함을 느꼈지만 그의 지성이 작동하는 방식에는 매료되었다.

우리는 차와 귤을 대접받았고, 마침내 그 작은 건물에서 나왔다. 나중에 선전 활동을 하는 사이사이에 우리는 멋진 산책을 즐겼고, 호수 위 음식점을 방문했다. 그곳에서 내가 여종업원들에게 노래를 해주자, 그들 역시 노래를 불러 주었다. 추옌이 나를 한 음악학교에 데려갔고, 그곳에서 학생들과 나는 한 시간이 넘게 노래를 주고받았다. 그리고 마지막에는 미국의 베트남 개입에 대한 정치적인 토론을 했다. 그때쯤 나는 모든 것을 녹음하고 있었다.

그곳엔 언제나 콰트가 있었다. 미소를 짓거나 웃거나 활기차게 이야기를 하거나 농담을 던지면서도, 우리가 던지는 어떤 질문이든 주의 깊게 귀를 기울이고 우리에게 사정을 설명해 주려고 애썼다. 나중에 방공호에서 콰트의 어떤 말이 내 머릿속에서 계속 맴돌았는데, 그 또한 이런 대화들 가운데 콰트가 무심히 던진 말이었다. 우리는 호텔 로비에 앉아 있었다. 식사 전후에 그곳에 모여 음료를 마시며 이야기를 나누었는데, 그때 내가 콰트에게 만약 이런 미치광이 같은 행동들이 끝나고 그에게 약간의 자유 시간이 생긴다면 무엇을 하겠느냐고 물었다.

"오!" 그의 얼굴이 환해졌다. 그는 안경 너머로, 그리고 나를 너머 자신이 상상하고 있는 것을 바라보았다. "하이퐁 북쪽에 섬들이 있어요. 내가 한 번도 가 보지 못한 곳이죠. 작은 배를 타고 그 섬들 주변을 모두 가 볼 거예요. 시간을 내어 온갖 섬들을 둘러보고요. 그 섬들은 무척이나 아름답다더군요. 베트남 전역이 한때는 아름다웠어요. 하지만 그 섬들은 그 가운데서도 특별하다고 해요." 그는 마치 그 섬들을 잘 알고 있고, 그곳이 자신의 이상향인 것처럼 말했다. 그때까지 그의 삶에 이상향을 위한 시간이 없었다는 것 또한 분명해졌다. 그가 미소를 띠며 말을 이었다. "그래요, 그것이 내가 하려는 일이에요." 그의 미소는 슬프지 않았다. 그것은 윗입술에 힘을 주어 억지로 만들어 낸 웃음이 아니었다. 그것은 진정으로 낙관적이고 기분 좋은 웃음이었다. 그래, 그것이 이 사랑스러운 남자가 하려는 일이구나. 작은 배를 타고 섬에 가는 것. 나는 그게 큰 소망은 아니라고 여겼다. 전혀 지나치지 않았다. 나는 그의 꿈이 꼭 이루어지기를 바란다고 말했다. "모르죠." 그가 말했다. 그리고 웃었다.

호텔 식당에서 맞이하는 두 번째 밤, 그들은 우리에게 베트남 사람들에 관한 애국 영화를 보여 주었다. 베트콩 영화였는데, 그들은 훈련을 하고 기둥을 미끄러져 내려가고 밧줄에 매달려 흔들리고 목표물에 총을 쏘았다. 그들은 평균 열네 살 정도 되어 보였지만, 나는 그들이 그보다는 나이가 더 들었다는 것을 알고 있었다. 인상이 좋은 교관이 베트남어로 그의 후배들에게 대공화기에 대한 시범을 보여 주었다. 그리고 그는 두 개의 작은 합판 비행기로 하나가 어떻게 상대방을 가장 효율적으로 격추시키는지를 보여 주었다. 영웅적인 음악이 내레이션 사이사이에 연주되었다. 나는 양해를 구하고 내 방으로 돌아왔다. 내가 나중에 내려왔을 때, 위원 한 명이 말했다. "피곤하십니까? 낮잠이 필요했던 모양이군요."

내가 그에게 말했다. "전 피곤하지 않아요. 그저 저 영화가 마음에 들지 않을 뿐이에요." 그가 미소를 지었다.

그렇게 이틀이 지나갔다. 더 많은 장소들을 방문해서 전쟁에 대해 기억했고 설명을 들었다. 우리는 하루 세 끼 훌륭한 식사를 했고 재스민 차를 마셨다(나는 이제 재스민 차향을 맡을 때마다 하노이를 생각하지 않을 수 없다). 우리가 짠 일정이 지나치게 빡빡해서, 나는 하이퐁으로 여행하기만을 고대하고 있었다. 일행 없이, 특별한 일정 없이, 하노이의 거리들을 혼자서 거닐고 싶은 마음이 간절했다. 내가 가장 좋아했던 시간은 발코니에 혼자 앉아 그 이상한 음악을 듣거나, 선전 활동 없이 콰트나 추옌과 단둘이 이야기할 때였다.

사흘째 밤에, 나는 깨끗이 씻고 저녁 식사를 하러 아래층으로 내려갔다. 그 시점부터 내 마음은 이제 곧 발생할 일에 대한 강력한 플래시백만을 담고 있을 뿐이다. 나는 그들이 우리에게 다시 영화들을 보여주었던 것을 기억한다. 이번에는 나도 흥미를 느꼈다. 왜냐하면 그 영화들은 아이들에 관한 것이었고, 미군이 사용하는 다양한 종류의 독성 화학물질이 태어나지 않은 아이들에게 어떤 짓을 했는지에 관한 것이었기 때문이다. 나는 우리에 갇힌 고양이가 어떤 가스로 인해 죽는 장면은 물론이고, 똑같은 물질에 의해 원숭이가 죽는 장면이 연달아 나오던 것을 기억한다. 미국인 병사가 작은 오두막에 호스로 불을 뿜는 장면과 비행기들이 수 킬로미터에 걸쳐 정글에 독성의 하얀 연무를 살포하던 장면을 기억한다. 화학물질 때문에 기형으로 태어난 아이의 사진도 있었다. 그녀는 엎드려 있었고 근육이 전혀 없는 것처럼 보였다. 간호사 한 명과 의사 한 명이 그녀 옆에 서 있었다. 그들이 그녀의 팔을 들어 올렸다 놓자 그것이 마치 미꾸라지 한 마리처럼 그녀의 옆에 털썩 떨어졌다.

과빈하고 누려워진 나머지 그 이상 더 보면 실신할 것 같아서, 나는 뒷걸음질 쳐 나 자신을 주위의 상황들 및 사람들과 별개인 아주 작은 것으로 만들고, 내가 그것들을 보지 못하도록 방어막을 세우려고 했다. 바로 그때, 그 모든 익숙한 일련의 퇴행적 감정들의 한복판에서, 감정의 유형들이 난폭하게 흔들렸다.

건물의 전기가 나가고 우리는 암흑 속에 앉아 있었다. 모두가 뻣뻣하게 경직되어 있었다. 미국인들은 불안해했고 베트남 사람들은 조용한 어조로 빠르게 쑥덕거렸다. 그때 나는《오즈의 마법사》의 도로시처럼 소용돌이와 함께 때를 맞춰 제자리로 돌아왔고, 사이렌 소리를 들었다. 영점의 낮은 음역에서 시작하여 고르게 올라가다가 견고하고 일정한 높은 음에 이르러 1, 2초가량 머물렀고, 마치 활공기처럼 다시 첫음으로 미끄러져 내려왔다. 생각나는 거라곤, 우리가 중학교 때 했던 민간 방공훈련뿐이었다. 나는 심장이 두 배로 빨리 뛰는 것을 느끼며 가만히 앉아 있었다. 그리고 베트남 사람들로부터 지시를 기다렸다. 사이렌이 두 번째 울부짖기 시작했을 때, 우리의 호스트들 가운데 한 명이 초 하나를 켰고, 베트남 사람들한테서 떨어져 나와 미소를 띠며 우리에게 조용히 말했다. "미안합니다. 경계경보예요."

얼마나 아이러니한가. 대체 누가 미안하다는 것인가? 하지만 그 아이러니에 대해 생각할 여유가 없었다. 나는 조심스럽게 일어나서 어둠 속에서 무언가에 부딪히지 않는 것에 대해 생각했다. 또한 조심스럽지만 빠른 걸음으로 문을 나와 복도로 인도되어 가면서, 지금 우리는 훈련을 하고 있는 중이라고, 일상적인 훈련을 받고 있는 중이라고 속으로 되뇌었다. 복도 끝에서 꺾어지는 곳에 자전거로 가득 찬 작은 방이 하나 있었다. 우리는 서로 부딪혔고, 뭔가 신랄한 말을 했지만 뭐라고 했는지는 기억이 나지 않는다.

깜박이는 촛불 빛이 반은 도움이 되고 반은 방해가 되었다. 그것이 지나치게 가까이 왔을 때는 눈을 구속했지만 우리에게 유일한 빛이 되어 주었다. 바닥 타일은 고르지 못했다. 우리는 느낌에 의지하여 걸어갔다. 나머지 호텔 손님들이 다른 복도와 다른 층에서 나타나 호텔 뒷문은 그야말로 난리였다. 촛불들이 꺼졌다. 우리는 달빛이 밝은 안뜰로 구르듯 쏟아져 나왔다.

그곳에 마이클과 텔포드가 있었다. 인도 사람, 라틴계 사람 그리고 나중에야 폴란드와 프랑스 사람이라는 걸 알게 된 이들도 보였다.

"무슨 일이죠?" 내가 한 라틴계 사람에게 물었다. 그는 쿠바인이었다.

"그들은 아무것도 몰라요. 어쩌면 비행기일 수도 있죠. 비행기 소리는 들리지 않지만. 우리는 그저 기다릴 수밖에요. 오랫동안 폭격이 없었는데."

폭격? 나는 그 단어를 들었다. 그리고 사이렌이 울린 것은 확실히 그 때문일 거라고 의심했다. 그러나 이 남자가 너무도 당연한 사실인 듯 하늘을 쳐다보며 그렇게 말하는 걸 듣는 것은 또 다른 문제였다. 나는 우리가 바로 방공호 옆에 서 있음을 깨달았다. 인도인들이 농담을 하기 시작했고 모두가 웃었다. 긴장하는 사람은 나밖에 없는 것 같았다. 텔포드는 이전에 교전지대에 가 본 적이 있었다. 배리는 보이지 않았다. 마이클은 나만큼 긴장했을지도 모른다. 그러나 그는 잡담을 이어 갔고 멀쩡해 보였다. 나는 조금 긴장을 풀었다.

키가 큰 한 인도인이 집게손가락을 세우고 말했다. "쉿!" 멀리서 그들…… 비행기 소리가 들려왔다. 모두가 그곳에서 달빛을 받으며 서 있었다. 우리는 더 이상 말을 하지 않았다. 그러나 그 소리가 저 멀리 희미해지자 목소리들이 다시 돌아왔다. 물론 훨씬 조용해졌지만. 사람들이 한숨을 내쉬었다. 내 심장이 다시 요동치기 시작했다. 나는 공포와 더불어 혼자임을 느꼈다. 약간의 농담이 오갔다. 목소리들이 거의 정상으로 돌아왔다.

그리고 그때 '그것'이 덮쳤다.

비행기들이 요란한 소리를 내며 빠르게 다가오고 있었다. 사람들 전체가 한 덩어리로 펄쩍 뛰어올랐고 좁은 계단으로 내려가는 방공호의

문으로 향했다. 어딘가에서 커다랗게 '우르르 쾅!' 하고 소리가 울렸다. 그것이 방공호의 벽을 흔들었고, 아드레날린의 파도가 우리 모두를 휩쓸고 지나갔다. 사람들이 서둘러 계단을 내려갔다. 그 쿠바인이 길고 좁은 의자 끝에 나를 앉혔다. 그것과 마주한 또 다른 길고 좁은 의자가 있었다. 나는 화장실이 가고 싶었다. 또 한 번 폭발이 있었다.

쿠바인이 한 말이라곤 "하마터면 큰일 날 뻔했어요"가 다였다. 그와 다른 경험 많은 사람들은 상황의 심각성을 가늠하려 애썼다.

나는 무슨 일이 벌어지고 있는지 알지 못했다. 마치 빠르게 고도를 높이고 있는 비행기에 내가 탑승하고 있기라도 한 것처럼, 귀의 맥이 요동을 쳤고 귀청이 터질 것 같았다. 쿠바인이 내게 벽에서 떨어지라고 하면서, 침을 삼키면 귀가 뚫릴 거라고 말해 주었다. 나는 양손으로 그의 팔을 움켜쥐었다. 그 잠시 동안 내가 생각할 수 있는 것은 오직 내가 꽉 조이고 있는 괄약근뿐이었다. 공습이 이어지고 있었다. 쿠바인이 내 귀에 대고 소리쳤다. "괜찮을 겁니다. 그들은 들리는 것만큼 가까이 있지 않아요. 걱정 말아요."

그러나 나는 안절부절못하는 사람이 나 하나뿐이 아니라는 걸 알 수 있었다. 그 키가 큰 인도인이 앞으로 고개를 숙인 채 앉아 있었다. 그는 매우 위엄 있는 모습이었다. 사람들이 서로를 쳐다보며 고개를 젓곤 했다. 공습이 잠잠해지자 그들은 천장을 올려다보았다. 공습이 매번 시작될 때마다 그것은 대단히 강력해서 우리는 그 온전한 충격에 거의 그 자리에 쓰러져 기절할 지경이었다. 내 몸의 모든 근육은 바짝 긴장해 있었고 움직일 준비가 되어 있었다. 내가 그 쿠바인의 손을 너무 꽉 부여잡고 있는 바람에 그의 손에 피가 통하지 않을 정도였다. 매번 새로운 충격이 있을 때마다 나는 그의 무릎 위로 몸을 구부렸다. 그의 가슴 옆에 있으면 내가 보호받을 수 있을 거라고 느꼈다. 나는 두려워서 절망적이었다. 나는 그에게 말했다. "겁이 나요."

"알아요." 그가 말했다. "괜찮아요. 잠시 뒤면 당신도 익숙해질 겁니다. 몇 번의 공습을 겪고 나면 베테랑이 될 거예요."

공습을 몇 번 더 겪는다니! 몇 번 더 겪으면 나는 아마도 죽을 것이다. 더 많은 충격, 더 많은 두근거림, 귀청이 터질 것 같은 더 많은 굉음. 나는 고개를 푹 숙였다. 나 역시 그처럼 통제력을 잃고 싶지 않았다. 나는 고개를 꼿꼿이 들리라 다짐했다.

소강상태에 들어섰다. 비행기 소리가 점점 잦아지고 있었다. 나는 꽉 쥐었던 손아귀의 힘을 풀었다. 사람들 사이에서 두런거리는 소리들이 들려오기 시작했다.

"떠나나 봐요."

"그래요, 어쩌면. 하지만 그저 맴돌고 있을지도 몰라요."

"이번 공습에 대한 어떤 소문이라도 들은 거 있습니까?"

"없어요."

"아마도 닉슨이 보낸 때 이른 크리스마스 소포인가 보죠." 우리는 웃었다.

나는 방공호 주위를 둘러보았다. 우리는 한 번에 한 사람씩 지나갈 수 있는 넓이의 콘크리트 계단으로 내려왔다. 240센티미터 정도 되는 좁은 복도가 보였고, 복도 끝이 왼쪽으로 꺾여 있었다. 몇 발자국 가자 오른쪽에 작은 문이 나왔고, 그것은 우리들 대부분이 앉아 있는 시멘트 방으로 이어졌다. 그 방은 3.5미터쯤 되는 길이였고, 너무 좁아서 벽을 따라 세로로 길게 놓인 두 개의 긴 의자들 가운데 하나에 앉으면 반대편에 앉아 있는 사람의 무릎에 거의 닿을 정도였다. 천장 한가운데에는 희미한 빛을 내는 갓 없는 전등이 달려 있었다. 방 저 끝에는 부속 건물로 이어지는 문이 있었다. 그곳은 그 호텔에서 일하는 베트남 사람들을 위한 대피소였다. 그들은 별도의 출입문을 이용했다. 이후로 여러 차례 공습이 있은 뒤에야 배리와 나는 그 조처에 항의했고, 베트남 사람들과 함께 앉기 위해 담요를 가지고 그곳으로 들어갔다.

국제통제위원회(International Control Commission)의 위원으로, 16개월 동안 하노이에 체류해 있는 다섯 명가량 되는 인도인들이 있었다. 쿠바인들은 타고 있던 배가 하이퐁 항구에서 미군의 폭탄에 맞는 바람에 배에서 뛰어내렸다. 세 명의 파텟 라오(라오스 공산주의 자유운동)가 있었고, 그중 한 사람의 아내가 태어난 지 사흘밖에 안 된 아기를 안고 있었다. 프랑스인들은 대부분 방공호로 내려오지 않았다. 그들은 프랑스의 AFP통신(Agence France Press) 사람들로, 호텔 3층에 머물면서 발코니 창문으로 내다보거나, 본사에 보고할 수 있도록 무슨 일이 벌어지고 있는지를 탐색하며 거리를 돌아다녔다.

나는 쿠바인에게 내 소개를 했다. 그의 이름은 몬티였다. 나는 그에게 내가 떨지 않으려 애쓰고 있으며 팔을 빌려 주어서 고맙다고 말했다. 우리 미국인들은 놀라움으로 고개를 저으며 시선을 교환했다. 베트남 사람들은 부속실에 참을성 있게 앉아 있었다. 아이들은 이제 놀기 시작했다. 나는 충격에서 벗어나고 있었다. 화장실이 몹시 급했다는 사실도 잊어버렸다.

우르르 쾅! 이번에는 비행기 소리가 들리기도 전에 폭탄이 터졌다. 나는 숨을 깊이 들이마셨고 토하고 싶었다. 나는 몬티의 손을 다시 잡았고, 심호흡을 하고 기다렸다. 이번에는 고개를 똑바로 들고 있으려고 의식적으로 노력했다. 하지만 부분적으로만 성공했을 뿐이다. 몬티의 설명에 따르면, 우리는 융단폭격 소리를 듣고 있었다. 그것은 마치 천둥 같았다. 사막 지평선 가장자리에서 공기 중으로 던져진 잔가지들 모양으로 플래시가 터지듯 보랏빛 번개가 하늘을 가를 때 '우르르' 따라오는 천둥소리. 간헐적으로 딱딱거리는 대공화기 소리가 호텔 안뜰에서 들려오는 것처럼 느껴졌다. 나는 그것이 지상에서 공중을 향해 쏘아 올리는 무기라는 걸 이해하지 못했고, 그 소리 때문에 나의 공포심은 더욱 극대화되었다.

우리는 그 몇 분을 이겨 냈다. 융단폭격은 혹독했다. 나는 그 비행기들이 다른 곳으로 가 버리기를 기도했는데, 이는 곧 그 비행기들이 다른 어딘가에 폭탄을 떨어뜨리길 기도하는 것과 마찬가지임을 부끄러움과 공포 속에서 깨달았다. 나는 몬티의 손을 뭉개고 있었고, 땀에 젖은 내 몸은 이전처럼 몹시 떨리고 있었다. 그러나 나는 곧 마음을 가라앉히기 시작했다. 귀청을 찢어 놓을 것 같던 소음이 참을 만해지자, 나는 농담이 하고 싶어졌다.

"메이시가 오늘 밤 9시까지 여는지 궁금하군요."

"메이시가 뭡니까?" 그 덩치 큰 인도인이 물었다.

"미국에 있는 백화점이에요. 막바지 크리스마스 쇼핑을 해야 할 게 좀 있거든요." 그들은 웃기 시작했다. 폭격은 이제 먼 곳에서 진행되고 있었다.

"오, 그래요, 크리스마스. 당신네 나라는 재미있는 기념 방식을 갖고 있군요." 쓸쓸한 어투는 아니었다.

"멈춘 것 같네요." 몬티가 말했다. 나는 다시 그의 손을 놓았다. 몸이 나른해지기 시작했다. 구식 구두의 끈을 푸는 것처럼 뭉친 근육을 이완시키는 긴 과정이었다. 그러고는 맥이 빠졌다. 두려움이 사라졌고 남아 있는 것은 가벼운 불안뿐이었다.

베트남 사람들은 부속실에서 쭈그려 앉았던 몸을 움직였다. 사이렌이 낮은 우우웅 소리에서 공습경보 해제 음으로 치솟아 약 15초 동안 머물렀다. 모두가 일어섰다. 말하고 농담하고 생각에 잠긴 채. 그리고 우리는 다시 계단을 올라 달빛 속으로 나왔다.

나는 마이클을 따라 호텔로 돌아가면서, 전기가 나가기 전에 우리가 영화를 보던 방을 지나갔다. 안을 살짝 들여다보았더니, 베트남 사람들이 영화를 다시 상영하기 위해 준비를 하고 있었다. 그들은 마치 아무 일도 일어나지 않았던 것처럼 행동했다.

"맙소사." 나는 마이클에게 투덜거렸다. "사양할래요. 난 자러 갈 거예요."

나는 방공호에서 나온 사람들이 노란 보드카와 맥주를 마시기 위해 모여 있는 로비를 지나쳐 내 방으로 무거운 발걸음을 옮겼다. 배리의 방문이 잠겨 있었다. 그는 공습 내내 잠을 잤던 것이다.

지지직거리는 스피커에서 나오는 음악은 마치 러시아 행진곡 같았다. 그것은 진짜 러시아 음악은 아니었지만, 그 영향력은 확실했다. 나는 이상하게 평온한 느낌으로 발코니 밖으로 몸을 기댔다. 사람들이 평소처럼 돌아다니고 있었다. 유일한 차이점이라면, 멀리서 들려오는 사이렌 소리들과 하늘이 섬뜩하게 환했다는 사실이다.

목욕을 하고 나서 울로 된 긴 나이트가운 안에 몸을 밀어 넣었던 것이 기억난다. 얼마나 순진했는지. 나는 심지어 내 옷들을 쉽게 찾을 수 있도록 잘 펼쳐 놓지도 않고 방의 반대쪽 의자 위에 던져 놓았다. 그러고는 촛불을 켜고 모기장 안 침대 위로 올라갔다. 분명 3분 정도 잠이 들었을 것이다.

귀에 거슬리는 목소리가 내가 이해하지 못하는 언어로 시끄럽게 투덜댔다. 호텔 내부 어딘가에서, 창문을 통해, 모든 것을 덮어 버리고 내머리를 에워싸면서 사이렌이 울렸다. 의심할 여지없는 실제 상황이었다. 복도에서 어지러운 발소리가 들려왔다. 나는 모기장 밑에서 나와 초를 잡으러 손을 뻗었다. 문 두드리는 소리가 났고 마이클 앨런이 들어왔다.

"도움이 필요해요? 나랑 같이 내려갈래요?"

"예, 좋아요. 고마워요. 옷 좀 입고요."

마이클이 초를 들고 문간에 서 있었다. 그가 말했다. "좋아요. 하지만 서둘러요."

나는 손을 더듬어 옷을 찾았지만 외투만 손에 잡혔다. 의자 너머로 기대 긴 속옷을 더듬어 찾아보았다. 그때 하늘이 환해졌고, 마치 발코니에서 들려오는 것처럼 '타다다다다' 하는 소리가 났다. 나는 창문으로부터 뒤로 펄쩍 물러났고 외투를 움켜쥐었다. 마이클이 성큼 달려들어 내 팔을 덥석 잡았다.

"빌어먹을 옷 따위는 신경 꺼요! 빨리 움직입시다!" 내 심장이 목 뒤와 머리에서 요동을 쳤다. 들고 있던 촛불이 꺼졌다. 우리는 어둠 속에서 복도를 이리저리 부딪치며 달려갔다. 창문을 통해 보이는 하늘이 환했다. 무슨 일이 벌어졌고 나는 계단 위에 혼자 있었다. 아마도 마이클은 배리와 텔포드를 찾으러 간 것 같았다. 체커 판 같은 로비의 흑백 타일이 보였고, 그 위를 남자들이 날 듯이 가로지르고 있었다. 갑자기 욕지기가 나고 화가 치밀어서 맨 아래 계단에 털썩 주저앉았다. 이번에는 가지 않으리라고 생각했다. 이건 정말 어리석은 짓이야. 쿠바인 선원들이 지나갔고, 그들 가운데 한 명이 말했다. "이리 와요. 그곳에 머물러 있으면 안 돼요. 위험해요."

"모든 곳이 위험해요. 그게 아주 넌더리가 난다고요."

"제발 이리 와요. 공습이 언제 시작될지 몰라요. 이리 와요. 내가 당신을 데려갈게요." 나는 일어나서 그와 함께 걸었다.

비행기 소리와 함께 내 용기도 사라졌다. 우리는 뛰기 시작했다. 그 쿠바인이 내 팔꿈치를 잡고 있었다. 비행기들이 머리 위에 있었다. 우리는 안뜰을 가로지르는 토끼들처럼 재빠르게 움직였다. 우리가 겨우 그 계단에 도착했을 때, 하늘이 환해졌다. 이번에는 방공호에 사람들이 가득 들어차 있었다. 입구와 복도도 꽉 막혀 있었다. 마이클과 텔포드가 황급히 들어왔다.

폭격이 시작되었다. 귀청이 떨어져 나갈 것 같은 소리가 들려왔다. 그때 내 나이트가운이 펄럭이던 것을 또렷이 기억한다. 나는 다시 통제할 수 없을 정도로 몸을 덜덜 떨고 있었다. 바닥에 몸을 웅크리고 싶었다. 물론 그럴 만한 공간이 없었다. 그래서 나는 계속 서 있었다. 불가사의하게도 나이트가운이 계속 펄럭였다(나중에야 나는 그것이 폭격으로 인한 진동이 만든 외풍 때문임을 알게 되었다). 소강상태에 접어들었다. 마이클 앨런이 내 바로 옆에 있었다. 기도하고 있는 게 분명했다.

비행기들이 돌아왔다. 이번에는 고개가 마이클의 가슴 위로 푹 수그러졌다. 그는 팔을 내 어깨에 둘렀다. 그러나 할 말은 없었다. 만약 있다면, 이것은 지금까지 퍼부은 폭격 중 최악이라는 사실이었다. 영원히 끝나지 않을 것 같은 느낌이 들었다. 심지어 프랑스인들 가운데 몇 명도 우리와 합류했다. 마침내 굉음이 멈췄고, 비행기들이 윙윙거리며 도시에서 멀어지는 소리가 들려왔다. 이번에는 아무도 농담을 하지 않았다. 막 공습경보 해제 사이렌이 울렸을 때, 베트남 사람들이 방공호 문에 나타났다. 우리는 무거운 표정으로 방공호를 떠났다. 베트남 사람들이 배리 로모의 행방을 물었고, 마이클은 그가 침대에 머물고 싶어 한다고 말해 주었다. 그들이 미소를 지었다.

나는 마이클과 복도에 있던 사람들에게 밤 인사를 했고, 내 방으로 가서 손목 발목까지 덮는 긴 속옷과 터틀넥 스웨터와 청바지와 부츠 그리고 외투를 입었다. 나는 차를 조금 만들고 초에 불을 붙이고 전깃 불을 껐다. 그리고 의자에 앉아 생각하려고 애썼다. 그러나 예의 그 음악이 마치 최면제 같았다. 침대에 들기 바로 전에, 나는 작은 카세트 플레이어를 침대 옆 탁자 위에 놓았다.

잠이 든 지 30분도 채 지나지 않았을 때, 스피커에서 목소리가 또 들려왔다. 나는 일어나 앉아서 기다렸다. 다시 목소리가 들려왔다. 단조 롭고 짧게 끊어지는 여자의 목소리가 공들여 메시지를 전달하고 있었 다. 나는 모기장 밖으로 나와 카세트 플레이어를 겨드랑이에 꼈다. 사이 렌이 울리기 시작하는 동시에 복도의 조명이 나갔다. 하늘이 밝아졌다. 비행기 한 대가 엄청나게 빠른 속도로 접근하는 소리가 들렸다. 그것은 다른 비행기들 같은 소리가 아니었다. 나는 달리기 시작했다. 복도에는 나 혼자였다. 다른 사람들은 아직 일어나지 않았거나 이미 모두 아래층 으로 내려갔을 것이다. 창문 옆을 지나는데, '타다다다' 하는 소음을 동반하여 하얀 섬광이 번쩍이는 게 보였다. 그러다 한쪽 무릎을 바닥 에 부딪쳤다. 녹음기가 타일 위로 떨어졌다. 내가 여기서 뭘 하고 있는 거지? 나는 생각했다. 무슨 일이 벌어졌는지는 알 수 없었다. 나는 그저 그 창문을 지나쳐 가기 위해 몸을 낮게 웅크렸다. 누군가 이런 내 모습 을 보았을까 궁금해졌다. 나는 몸을 일으켰고 분명하게 깨달았다. 나는 달리다가 죽고 싶지 않았다. 물론 두려워하다가 죽을 수는 있다. 하지만 달리면서는 아니었다. 나는 녹음기를 시험해 보았고, 그것이 작동하는 것을 확인했다. 사이렌 소리와 달려가는 발소리와 '타다다다' 하는 소리와 그것이 바닥 위로 떨어질 때 '쿵' 하는 소리가 녹음되어 있었다. 좋아. 지우지 않고 그냥 놔두겠어. 강아지처럼 달리는 게 얼마나 민망한 일인지를 나 스스로에게 상기시키기 위해서. 뒤이어 공습이 있던 열하루 동안, 나는 오직 한 번 달렸을 뿐이다. 그것은 방공호에 도착하기까지 도로 두 개를 가로질러야 했던 스웨덴 대사관 직원들의 지시에 따른 것이었고, 그들과 함께였다.

공습이 처음 시작된 날 밤, 모두 열 번의 공습이 있었다. 몬티가 옳았다. 새벽녘쯤엔 나도 베테랑이 되어 있었다. 공습이 비교적 덜할 땐 심지어 모두에게 노래를 불러 주기 시작했다. 마지막 야간 공습 후, 우리가 바깥 공기 속으로 비틀거리며 나왔을 때, 태양이 떠올라 있었고 수탉 한 마리가 안뜰에서 이리저리 뽐내며 걷고 있었다. 여자들이 빨래를 널어 말렸고, 아이들은 마당에서 빈둥거렸다.

놀랍게도 하이퐁으로 가려 했던 여행 계획이 여전히 가능하다는 소식을 들었다. 우리는 물건들을 챙겨서 모두 로비로 내려갔다. 콰트 일행들이 우리에게 헬멧을 하나씩 나눠 주었다. 나는 즉시 내 것을 문 뒤에 남겨 두었다. 내가 그것을 결코 쓰지 않으리라는 것을 잘 알고 있었기 때문이다.

바로 그때, 피곤에 지친 그 베트남 사람들이 마치 자신들이 방금 아이들의 주말을 망친 부모라도 되는 듯 미안해하며, 하이퐁으로 가는 길이 상황으로 보나 위치로 보나 위험하기 때문에 우리가 그냥 하노이에 머물러 있어야 한다고 알렸다. 나는 한편으로는 안심이 되면서도 동시에 실망스러웠다. 나는 이미 방공호에 중독되어 있었다. 탁 트인 길에서 폭탄 세례를 받는 것은 그리 매력적인 일이 아니었다. 그러나 모험의 기대는 좀처럼 사라지지 않았고, 결국 하노이를 벗어나 시골 마을이라도 잠깐 다녀오기로 했다.

우리는 도시의 변두리로 갔다. 텔포드와 나는 같은 차를 타고 전날 저녁에만 해도 마을이었던 곳을 통과해 갔다. 폭격에서 살아남은 작고 초라한 오두막들이 흙탕물로 가득 찬 거대한 포탄 구멍들 사이에 겨우 서 있었고, 사람들은 폐허 속에서 쓸 만한 물건들을 찾아내느라 바빴다. 베트남 사람들은 언제나 우리에게 다친 사람이 거의 없다는 인상을 주었다. 그들은 우리가 희생자 수를 아는 걸 원치 않았다.

내가 포탄 구멍 가장자리에 조용히 서서, 구멍 안을 내려다보았다가 사람들을 올려다보았다 하는 동안, 텔포드가 안내인에게 한 차례 질문들을 던졌다. 그러나 사람들은 우리의 존재를 무시했다. 우리는 차 안으로 다시 들어갔다. 우리가 차를 타고 한때는 시골길이던 벽돌들과 진흙 위를 천천히 넘어가고 있을 때, 한 소녀가 자전거를 끌며 우리 옆을 지나갔다. 그녀가 창문 안을 들여다보더니 운전자에게 뭐라고 말을 했다. 나는 그에게 번역을 해 달라고 끈질기게 요구했다. 그녀가 '닉슨'이라고 말하는 것을 들었기 때문이다.

"그녀가 닉슨에 대해 뭐라고 얘기했나요?" 내가 물었다.

"그녀가 '저 사람들은 닉슨이 말하는 평화를 구경하러 온 건가요?'라고 묻더군요."

갓 생긴 포탄 구멍들의 생김새를 제외하고는 볼 수 있는 것이 아무것도 없어 우리는 호텔로 돌아왔다. 점심 식사 도중에 공습이 있었다. 우리는 모두 "쉿" 소리와 함께 얼마간의 음식을 움켜쥔 채 방공호로 향했다. 이후에도 며칠 동안 공군은 패턴을 정해 놓고 공격을 했다. 밤에는 연속해서, 그리고 정오에 한 번, 점심나절에 한 번 공습이 있었다. 우리는 그사이에 가능한 한 충분히 휴식을 취했다. 그 웃긴 베트남-러시아 행진곡이 이제는 하루 종일 스피커를 통해 연주되었다. 정오 공습이 끝난 뒤 나는 잠을 잤다.

공습이 있던 이틀째 밤은 첫날과 비슷했다. 다만 그만큼 맹렬하지는 않았다. 나는 배리에게 날 도와줄 수 있느냐고 물었다. 나는 끝내 그에게 고맙다고 인사할 방법을 찾지 못했다. 그는 열광적인 마오쩌둥주의자였다. 그가 파시스트적·인종주의적·제국주의적 돼지들에 대해 끊임없이 떠들어 대는 것을 내가 몹시 거슬려 했던 것처럼, 그는 무장투쟁 옹호자들이 '햇볕 회담'이라고 지칭하는 평화주의적인 수사를 좋아하지 않았다. 번번이 사이렌이 '우-우-웅' 울리기 시작하고 도시의 모든 불빛이 꺼질 때마다, 배리가 문간으로 와서 "준비됐소?" 하며 내 손을 잡고 함께 방공호까지 걸어가 주곤 했다. 나는 그에게 심한 폭격이 자행되는 동안 내가 머리를 꼿꼿이 들 수 있게 해 달라고 부탁했다. 시끄러운 충격이 있을 때마다 그 뒤엔 이따금씩 "쯧, 쯧, 쯧"이 뒤따르곤 했다. 그것은 배리가 나더러 턱을 똑바로 들고 있으라고 주지시키는 소리였다.

우리가 논쟁을 이어 가며 방공호에 머물러 있던 어느 날 밤, 우리는 폭력과 비폭력에 관해 논쟁하기 시작했다. 우리는 둘 다 좌절했다. 각자의 주장이 평행선을 달렸기 때문이다. 우리는 상대방의 교리에 대해서 들은 적이 있었고, 서로 상대방이 틀렸다고 굳게 믿었다. 서로의 신념을 주장하다 막판에는 거의 눈물을 흘릴 지경이 되었고, 결국 다시는 그것에 관해 이야기하지 말기로 타협을 맺었다. 내가 배리에게 도움이 되었는지는 모르겠다. 하지만 그는 그 무리 안에서 내가 공포심을 이겨 낼 수 있도록 가장 많은 도움을 주었던 사람이다. 나는 더 이상 간디 이야기를 꺼내지 않았고, 그는 결코 다시는 '사랑의 탄알들'을 언급하지 않았다. 우리는 많이 웃었다. 나는 특히 그가 그렇게 긴 시간 동안 방공호에 함께 있어 준 것에 고마움을 느꼈다. 그는 두려움이라는 것을 몰랐다. 나중에야 안 사실인데, 오히려 그는 밀폐된 방공호에 갇혀 질식사하는 것을 두려워했다.

처음에는 두려움과 걱정을 측정하는 수은주가 내 속에서 치솟아 오르락내리락하는 것이 전적으로 내 통제 밖의 일이었다. 하지만 나중에 가서는, 근처에서 폭탄들이 '우두둑우두둑' 폭음을 내며 폭발하고 있는데도, 농담을 하면서 사람들의 기분을 북돋우기 위해 우스꽝스러운 가사를 붙여 가며 노래하고 있는 나를 발견했다. 하루는 우리가 방공호에서 폭탄이 떨어지기를 기다리고 있을 때, 누군가가 내게 〈쿰바야〉를 불러 달라고 청했다. 중간쯤 노래를 부르는데, 멀리서 도시를 향해 날아오는 비행기 소리가 들려왔다. 나는 녹음기 근처에 웅크리고 앉아 노래를 부르고 있었다. 비행기들이 단조로운 소리를 내며 다가오고 있었고, 점차 그 소리가 커졌다. 다음 가사는 "주여, 아이들을 구원하소서"였다. 2절 중간에 이르렀을 때쯤 우리의 벙커에서 무척 가까운 곳에서 폭탄이 비처럼 쏟아지기 시작했고, 녹음기가 그 충격으로 벌렁 나자빠졌다. 나는 벌떡 일어나서 서 있던 배리를 와락 붙잡은 뒤 계속해서 노래를 불렀다. 마침내 폭격이 멈췄을 때, 누군가가 이번이야말로 조용한 밤에 내게 노래를 청하는 마지막 기회가 될 거라고 말했다.

사흘째 날, 박마이 병원이 폭격을 당했다. 나는 한 여자가 길가에 널브러진 채 죽어 있는 광경을 보았다. 주변의 시체들은 조심스럽게 멍석으로 덮여 가려져 있었지만, 그녀는 그대로 노출된 상태였다. 그녀는 나이가 많았다. 나는 그녀 옆에 누워서 팔을 두르고 입을 맞춰 주고 싶었다. 주변에 사람이 없었다면 그렇게 했을 것이다. 하지만 누군가의 기분을 상하게 하거나, 보도진이 사진을 찍거나, 내가 극적인 연출을 한다고 비난을 받을까 봐 두려웠다. 우리는 북베트남에서 규모가 가장 큰 병원이었던 박마이 병원 주변을 돌아다녔다. 병원장은 심각하게 파괴되어 삼면이 드러나 있는 2층의 병실들을 가리키며 빠르게 이야기했다. 침대들이 층 가장자리에 일부가 비어져 나와 매달려 있었고, 시트 조각들이 바람에 나부끼고 있었다.

우리가 미끄러운 파편 더미 위로 힘겹게 걸어가고 있을 때, 병원장이 벽의 잔해들을 손짓으로 가리키며 "이것은 엑스레이였소" 하고 말했다. 텔포드가 수첩을 꺼냈고, 예의 그 끔찍한 질문들을 반복했다.

한 여자가 붕대를 감은 소년을 등에 업고 바삐 지나가고 있었다. 표정은 굳어 있었지만 볼에는 아직도 마르지 않은 눈물 자국이 남아 있었다. 텔포드가 특정한 포탄 구멍들이 언제 만들어졌는지를 묻고 있었다. 이것은 이번에 갓 만들어진 것인가, 아니면 6월 폭격 때 만들어진 것인가? 그 베트남 사람이 빠른 말투로 모든 것을 설명했다. 콰트가 그곳에 있었다. 그는 내게 다른 사람들이 앞에 가 있는 동안만이라도 더 이상 가지 말고 가만히 앉아 있으라고 권했다. 배리가 나와 함께 있었다. 모퉁이 주변에서 살 타는 냄새가 풍겨 왔다. 우리는 크레인과 몇몇 작은 장비들이 방공호 입구에서 콘크리트와 벽돌을 들어 올리려고 고투 중인 광경을 보았다. 그 안에는 수많은 사람들이 갇혀 있었다. 내가 들은 마지막 소식은 구조 작업이 성공적이지 못했다는 것이었다. 열여덟 명이 그 안에서 죽었다.

추옌이 우는 모습을 내가 목격한 것은 바로 그 병원에서였다. 그는 우리 그룹에서 통역을 하고 있었는데, 갑자기 말없이 다른 곳으로 가 버렸다. 누군가가 그를 불렀다. 그런데 그가 계속 등을 돌리고 있자 위원회의 또 다른 일원이 추옌이 있는 곳으로 따라갔다. 그가 다시 우리와 합류했을 때, 그의 눈은 충혈돼서 눈물이 그렁그렁했다. 나는 잠시 그의 어깨에 팔을 둘렀다. 그는 그저 고개를 저을 뿐이었다. 박마이 참사를 목격한 다음 날 밤이 되어서야, 나는 내 눈과 귀에 담아 두었던 것을 실제로 느끼기 시작했다.

나는 방공호로 내려갔다. 배리가 내 담요를 베트남 사람들 구역에 펼쳐 놓았다. 나는 감기에 걸렸고 몸이 불편했고 심적으로 불안정했다. 잠을 자는 것이 불가능해 보였다. 인도인 한 명이 담요를 가지고 내려와 방공호의 투숙객 구역에 누워 있었다. 배리는 잠이 들었다. 그 작은 벙커는 너무나 습하고 냉기가 돌아서 건강에 결코 좋지 않을 것 같았다. 우리의 호스트들은 위층에 있었고, 호텔 뒷문 근처에 있는 침대에서 세 명씩 돌아 가며 휴식을 취했다. 그들은 내가 지금껏 알고 지낸 사람들 가운데, 가장 인내심이 강하고 가장 용감한 사람들이었다. 눈물이 그렁그렁한 추옌의 얼굴이 눈앞을 스쳐 갔다. 활기차고 명랑한 쾌트의 얼굴도 스쳐 갔다. "하이퐁 북쪽에 섬들이 있어요……. 작은 배를 타고 그 섬들 주변을 모두 가 볼 거예요……." 어느덧 나는 흐느끼고 있었다. 배리가 잠에서 깨어 일어나 앉더니, 나더러 소리 내 울라고 권했다.

"터뜨려요. 당신은 너무 오랫동안 눈물을 안에 담고 있었어요. 이제 맘 놓고 울어요."

내 큰 울음소리가 인도인을 깨웠고, 그는 내게 울지 말라며 달래기 시작했다. 스스로 더 힘들어질 거라고 했다. "안 돼요. 그러면 안 돼요. 여기 귤이 있어요. 먹어 봐요. 좀 나아질 거예요."

"나는 빌어먹을 귤 같은 건 먹고 싶지 않아요." 내가 중얼거리자 배리가 웃기 시작했다. 그는 나더러 울라고 격려해 주었으나, 그 인도인은 그걸 들어주지 않았다. 문화 차이겠거니 싶어, 그에게서 귤을 받았다.

"내가 당신을 위해 껍질을 까 줄게요." 그 인도인이 귤을 다시 잡아채며 말했다. 그는 그저 필사적으로 나를 돕고 싶었을 뿐이었다.

"고마워요." 나는 한숨을 쉬었다.

글쎄, 나는 그저 피상적인 얘기만 했던 것 같다. 나는 내 안에서 정말로 무슨 일이 벌어지고 있는지가 궁금했다. 자신의 인생을 폭탄을 피하는 데 소비했던 아이들이 궁금해졌다. 내가 만났던 아이들은 매우 안정되어 보였다. 나처럼 어린 시절의 모든 증상들과 공포들을 상상으로 만들어 내는 것보다, 차라리 이들처럼 실제로 다뤄야 할 문제를 갖고 있는 편이 더 나을지도 모른다. 스스로를 희생자로 만든 경우와 상황 때문에 희생자가 된 경우 사이에는 내가 그렇듯 자주 생각해 왔던 것과 차이가 있었다. 몇 년에 걸친 치료. 살지 말지를 결정하려 애쓰며 정신병원을 들락날락거렸던 나와 내 친구들. 그리고 여기, 아이들이 늘 전쟁을 경험해야 하는 이곳에서는, 삶이라는 게 어쩌면 더욱더 귀중한 것인지도 모른다. 내가 평생 동안 아시아인들에 대해 들어 왔던 비열한 상투 어구, "그곳에서는 생명이 하찮아" 같은 말과는 오히려 정반대일지도 모른다. 어쩌면 여기 전장에서는 공포를 느낄 시간 따위는 존재하지 않을지도 모른다.

그렇게 시간이 흘러갔다. 열하루 밤낮 동안의 폭격, 그리고 아침마다 폭격의 결과를 보러 나가는 것. 나는 호아빈 호텔의 꼭대기 층에 살고 있는 프랑스 보도기자인 장 토로발과 그의 아내를 알게 되었다. 그들은 두려움이 없어 보였다. 마이클 앨런이 나더러 방공호 밖에서 시간을 좀 가져 보라고 제안했고, 그래서 나는 토로발 부부의 방을 찾아가기 시작했다. 그 프랑스인들과 있으면 재미있고 기분 전환이 되었다. 그들은 내게 커다란 용기를 주었다. 마이클, 장 토로발과 마리 토로발, 텔포드, 프랑스 기자 둘 그리고 배리와 함께 둘러앉았다. 나는 기타를 집어 들고 노래했다. 장이 좋아하는 노래는 브라질의 축제 노래인 〈아테 아마냐〉(Até Amanhā)였다. 그는 밝은 표정으로 가볍게 춤을 추었다. 그리고 마이크를 통해 목소리가 들려올 때마다 장은 책상으로 가서 공습의 횟수를 기록했다. 폭격이 시작되면 나는 기타를 내려놓고 담배를 집어 들었다. 나는 담배를 피우지는 않았다.

어느 날 밤 우리는 토로발 부부의 방에서 잡담을 나누고 맥주를 마시며 대기하고 있었다. 나는 긴장 상태였다. 그날 밤 이미 몇 차례 공습이 있었고, 나는 방공호에서 조마조마하며 견뎠다. 다음 공습이 시작되었을 때, 마이클이 나를 창문 쪽으로 불렀다.

나는 비참한 마음으로 발코니로 나가 이미 이전 공습들로 불타고 있는 도시를 바라보았다. 비행기들이 다가오는 중이었다. 마이클이 그곳에 서서 대담하게 나를 위로하고 있었다. B-52 폭격기의 단조롭게 웅웅거리는 소리가 점점 커지고 있었다. 전쟁이 더욱 가까이 다가오고 있었다. 나는 풀이 죽어 그의 팔을 잡았다. "나는 보고 싶지 않아요." 나는 마리가 있는 쪽으로 갔다. 그녀는 무심하게 담배를 피우며 안락의자에 앉아 있었다. 나는 폭격이 만들어 내는 명멸하는 불빛을 통해 그녀를 볼 수 있었다. 나는 그녀의 손을 잡았다.

"J'ai peur(두려워요)." 내가 말했다.

"Moi aussi(나도 그래요)." 그녀가 말했다. 그녀가 내 손등을 두드렸다. "그저 기다릴 밖에요."

융단폭격의 새로운 파도가 끊임없이 밀려왔다. 마리가 "mon Dieu(맙소사)" 하고 내뱉었다. 갑작스러운 꽹음과 함께 창문이 덜컹거리면서 물건들이 책상에서 떨어졌다. 나는 벌떡 일어섰다.

"Ah, bon, Descendons a l'abri(아, 좋아요, 방공호로 내려갑시다)." 스토아 철학자 같은 장이 차분한 발걸음으로 침실로 들어가 골루아즈(프랑스 궐련 담배 상표의 하나—옮긴이) 상자를 가지고 나오며 말했다. 우리는 천천히 호텔 계단을 내려왔다. 마리가 장에게 서두르라고 말했다. 그러나 그는 그러지 않았다. 그는 단 한 번도 방공호에 간 적이 없었다. 방공호는 또다시 만원이었다. 불꽃놀이가 펼쳐지는 하늘 밑 지하 공간에는 사람들로 빽빽이 들어차 있었다.

복도에 있는 인도인들은 우울해 보였다. 그들은 가벼운 농담을 하거나 나한테 노래를 불러 달라고 요청하지도 않았다. 장은 혹시 격추된 폭격기가 있는지 살펴보려고 줄곧 안뜰로 달려 나갔고, 마리는 안으로 들어오라며 절박하게 그의 이름을 불렀다. 나는 다시 깊게 심호흡을 했다. 10년 전에 도너한테서 들었던 표현이 떠올랐다. 나는 마이클 쪽으로 몸을 돌렸다.

"프랑스어 할 줄 알죠, 그렇죠?" 나는 그의 귀에 대고 소리를 질렀다.

"Oui, un peu(네, 조금요)."

"당신은 이 말을 좋아할 거예요. Je n'ai pas peur. Je tremble avec courage(나는 두렵지 않아요. 나는 용기로 인해서만 떨려요)." 그는 그 표현을 무척 좋아했다. 그 문구는 다양한 언어로 번역되어 방공호 안을 한 바퀴 돌았다. 그동안 배리는 거리를 돌아다니며 하늘에서 폭발한 B-52 폭격기의 수를 세고 있었다.

최초로 격추된 여섯 명의 조종사들에 대한 대대적인 선전이 이루어졌다. 도시 전체에 나붙은 포스터 위의 얼굴들을 보며, 나는 '얼마나 보잘것없는 승리인가' 하고 생각했다. 우리는 그들을 보기 위한 기자회견에 초대되었다. 삼엄한 경비가 그 건물을 둘러싸고 있었다. 그곳에서 그 조종사들은 외신 기자들을 상대로 하는 기자회견에 참석할 예정이었다. 시 공무원들과 군 인사들 그리고 수없이 많은 카메라들과 녹음기들이 있었다. 나는 우리를 위해 마련된 맨 앞 좌석에 앉고 싶지 않았다. 우리 네 사람 모두 두어 줄 뒤에 앉았다. 배리가 내 옆에 앉았다. 그는 좋은 상태가 아니었다. 어쩌면 그는 조종사들한테서 자신의 모습을 보게 될까 봐 두려웠는지도 모른다. 배리는 미군을 '돼지'라고 불렀다. 한편 그는 과연 자신이 완벽하게 '변이'했는지 궁금했을지도 모른다. 텔포드는 무언가를 기록하고 있었다. 마이클과 나는 앞으로 벌어질 일에 대비해서 녹음기를 준비했다.

막상 벌어진 일은 평범했다. '죄수'들이 기자실에 인접한 마당 안으로 호송되어 왔다. 그들은 한 번에 한 명씩 뜰 안에 그려진 원 안으로 이끌려 왔다. 사람들이 그들의 사진을 찍었다. 그들은 붕대를 감은 모습이었고 충격을 받은 상태였다. 나는 그들이 베트남 사람들에 의해 갈기갈기 찢기지 않은 것에 깜짝 놀랐다. 그들은 어려 보였고 가여웠다. 그들은 한 사람씩 마이크 앞으로 나와서 관등 성명과 군번을 댔다. 그들은 보노신들에게 메시지를 전했다. 그들 가운데 한 명이 "이 끔찍한 전쟁이 하루바삐 끝나기를 희망한다"고 말했다. 또 다른 한 명은 그의 아내 샐리에게 사랑을 전했고, 그의 가족이 즐거운 크리스마스를 보내기를 소망했다. 세상에, 그들은 완전히 망각하고 있었다. 이자들에겐 대량 학살의 죄가 있었다. 그런데 그들은 그 사실을 전혀 떠올리지 않고 있었다. 나는 그 기자회견이 무척 거북했지만, 북베트남 사람들이 엄청난 자제력을 가지고 그것을 진행하고 있음을 생각하지 않을 수 없었다. 그리고 나 역시 전쟁이 빨리 끝나기를 희망했고, 샐리와 그 가족이 그들의 아빠를 만날 수 있게 되기를 바랐다. 그가 좋은 소방관이나 삼림보호관처럼 민간 직업을 갖기를 바랐다. 그가 군복을 불태우고 그가 받은 모든 훈장들을 백악관으로 돌려보내기를 바랐다.

우리가 전쟁 포로수용소를 방문한 일은 기자회견 때보다 훨씬 더 기괴했다. 그것은 내가 다른 감옥에서 겪었던 것과 똑같은 관료적 형식주의로 시작했다. 다른 점이라면, 이번에는 교도소장의 사무실에서 차를 직접 대접받았다는 점이다. 해가 지고 있었고, 그것은 어느 때라도 저녁 공습이 시작될 수 있다는 사실을 의미했다. 나는 기타를 들고 있었고, 마이클은 성경책을, 텔포드는 수첩을 그리고 배리는 위 질환 통증을 지니고 있었다. 우리가 무엇을 갖고 있는지, 혹은 우리가 무슨 말을 하고 어떤 행동을 하는지는 사실상 문제가 되지 않았다. 내가 이제껏 보아 왔던 다른 감옥에서와 마찬가지로, 이 감옥에서도 주된 문제는 끝없는 지루함과 고향과 친구와 가족을 향한 그리움이었다. 우리가 그 조종사들에게 그들의 합숙소를 안내받았을 때, 우리는 단단히 감시를 받았다. 전날 밤에 날아온 유산탄이 그들의 막사에 심각한 피해를 입혔다. 그들은 자신들에게 할당된 방공호가 전혀 없다는 점에 화가 난 상태였다. 텔포드 역시 마찬가지였다. 그들은 두려워했다. 그들은 무슨 일이 벌어지고 있는지 이해하지 못했다. 그들 가운데 한 명이 커다란 유산탄 조각을 높이 들어 올렸다.

"이것이 바로 저 천장을 통해 떨어졌어요. 우리는 침대 밑에 숨어 있었죠. 우리가 직접 방공호 비슷한 걸 만들긴 했지만 그리 대단한 것이 못 되죠. 이해가 안 돼요."

"뭐가 이해가 안 간다는 거죠?" 내가 물었다.

"이거요." 치명적으로 생긴 철 조각을 다시 들어 올리며 그가 말했다. "그러니까 저는 무슨 일이 벌어지고 있는지 이해가 안 돼요." 그는 절대적으로 심각해 보였다.

"글쎄요." 내가 과감하게 말을 꺼냈다. "매일 밤 폭탄을 싣고 이곳으로 날아오는 폭격기들이 있어요."

"그건 알아요. 하지만 무슨 일이 벌어지고 있는지는 이해가 되지 않아요." 그가 세 번째 같은 말을 반복했다.

"자, 사실은 정말 간단해요." 내가 설명했다. "사람들이 비행기에서 폭탄을 떨어뜨리면, 그것이 땅으로 떨어져 폭발하고, 사람들과 사물들이 엄청난 위해를 당하죠. 분명 그 폭탄들 가운데 하나 혹은 여러 개가 이곳에서 상당히 가까운 거리에 떨어진 모양이군요. 이곳까지 그 파편이 날아온 것을 보면 말이에요."

그가 고집스럽게 주장했다. "하지만 제 말은, 키신저가 말했거든요. 평화가 가까워졌다고요. 그가 그렇게 말하지 않았나요?" 그 순간, 어린아이가 엎은 컵에서 우유가 쏟아져 흘러나오는 것처럼, 비꼬고 싶은 마음이 스르르 빠져나갔다. 나는 울고 싶었다.

"그가 그렇게 말하긴 했죠." 나는 기대에 찬 조종사에게 말해 주었다. "어쩌면 그는 진심이 아니었는지도 몰라요. 그들은 거짓말을 많이 한답니다."

마이클이 무릎을 꿇고 기도했다. 그들은 그와 함께 무릎을 꿇었다. 나는 크리스마스 분위기를 깨지는 말아야겠다고 생각하며 주기도문을 노래했다. 그런 다음 그들에게 듣고 싶은 곡이 뭐냐고 물었다. 그들은 만장일치로 〈그들이 차를 타고 남부를 여행한 밤에〉를 신청했다.

나는 크게 웃으며 그들의 신청곡을 불러 주었다. 그리고 우리는 모두

〈쿰바야〉를 불렀다. 이상한 나라에서 길을 잃은 전투기 조종사들이 미국 준장과 목사, 마오쩌둥주의자 그리고 평화주의자와 함께 서서, 모두들 '적'의 감시 아래 손에 손을 맞잡고 눈에 눈물을 담을 채 노래를 불렀다. "더 이상의 폭격이 없도록, 주여, 쿰바야……." 그들을 한 명씩 안아 준 뒤에 우리는 그곳을 떠났다. 내가 그들 중 한 명한테서 들은 마지막 말은 "가능하다면…… 이곳에서 우리를 빼내 주세요"였다.

집으로 돌아오는 길에 텔포드가 내게 말했다. 포로수용소에 방공호가 없다는 사실은 베트남에 와서 목격한 것들 가운데 가장 역겨운 것이라고. 수용소의 관료들은 내게 방공호가 건설되고 있다고 재차 보증했다. 실제로 죄수들 스스로가 방공호를 파고 있었다.

저녁 식사 때 배리와 텔포드가 서로에게 폭발했고, 끝내 배리가 다른 테이블로 이동했다. 나는 배리가 어떤 지지를 필요로 한다고 느껴, 접시를 들고 그가 앉아 있는 곳으로 갔다. 그것은 우리 무리 안에서 생긴 첫 번째 불화도, 마지막 불화도 아니었다. 마이클이 중재를 했고, 텔포드는 배리와 내가 공유한 것과 비슷한 침묵의 협정을 맺은 듯 보였다. 마이클은 선량한 마음씨와 약간의 설교와 이야기 솜씨를 발휘하여 이 상황을 봉합했다. 배리는 교회를 무척 싫어했지만, 마이클이 떠들썩하게 분위기를 띄운 덕에 긴장을 푸는 것 같았다.

그 주 막바지로 향하면서, 우리는 공항이 폭격을 당했고, 공항 건물뿐만 아니라 활주로가 심각한 피해를 입었다는 소식을 듣게 되었다. 우리의 출국이 다소 지연될 수밖에 없는 상황이었다.

크리스마스가 가까워졌지만 공습은 줄어들지 않았다. 이따금 중국 비행기 한 대가 착륙했다가 이륙했다. 중국을 경유해 가려고 해도, 우리에겐 중국 비자가 없었다. 내가 가장 좋아하는 휴일을 호아빈 호텔에서 축하하게 되리라는 것이 분명해졌다.

베트남 사람들이 호텔 로비 한가운데에 놓인 탁자 위에 60센티미터 높이의 트리 모형을 세우고, 그 위에 몇 조각의 장식들을 매달아 놓았다. 그것은 평화의 왕자가 세상 사람들이 서로에게 조금 더 친절하기를 희망하며 우리 모두의 죄를 씻겨 주기 위해 세상 속으로 오셨다는 유일한 시각적인 표지였다. 그것은 바에서 5미터 정도 사이를 두고 놓여 있었다. 마이클과 나는 호텔 투숙객들과 우리의 호스트들을 위해 로비에서 간단하게 예배를 하기로 계획했다. 나는 우리의 호스트들이 적어도 즐거워는 할 거라고 생각했다. 공습이 일시적인 소강상태에 들어섰다. 나는 24시간 사격 중지가 시작되었기를 바라고 있었다.

크리스마스와 관련한 수많은 이야기들이 있다. 그것들은 사랑과 희생과 부활과 용서로 충만하다. 그 이야기들은 그 시대의 아이들과 그 시대의 기쁨과 그 시대의 마법에 관한 것들이다. 해마다 그것들은 반복해서 이야기되어, 지치고 나이든 영혼에 생기를 불어넣고 온기를 전해 준다. 그것들은 단지 불가사의한 환상에 불과하더라도 진실이 된다. 왜냐하면 크리스마스는 그것을 축하하는 사람들 사이에 정다운 분위기를 만들기 위해 불문의 알리바이를 가질 수 있는, 1년에 단 한 번뿐인 날이기 때문이다. 그것은 사랑이 평소보다 조금 더 자라는 날이다. 내게 크리스마스는 참으로 멋진 날이다.

나는 1972년의 미국 대통령과 국무장관에게 크리스마스가 어떤 의미였는지 알지 못한다. 그러나 진실한 영혼의 일부가 그들로부터 빠져나갔다. 분명히 워싱턴DC 어딘가에 표준시간대 차트가 있었을 것이다. 그들은 그날이 하노이에서 크리스마스이브였다는 사실을 알고 있었을 것이다. 설사 '진짜 세계'에서는 아직 크리스마스이브가 아니었을지라도 말이다.

마이클이 영어로 기도를 이끌었고, 우리의 상황에 어울리는 내용을 즉석에서 생각해 내 짧게 설교했다. 로비에는 겨우 스물다섯 명밖에 나와 있지 않았다. 나는 기타를 들고 크리스마스 정신이 무엇을 의미하든 그것을 공유할 준비가 되어 있었다. 그날은 내 평생 가장 이상한 크리스마스이브였다. 나는 〈벚꽃나무 캐럴〉을 불렀다. 마이클이 프랑스어로 주기도문을 낭독한 뒤, 내가 칼립소 버전으로 주기도문을 노래했다.

감기로 머리가 멍했지만 목소리는 제대로 나오고 있었다. 하늘에 계신 우리 아버지여, 당신의 이름을 거룩히 여기게 하옵소서. 얼마나 이상하고 처량한 크리스마스인가. 우리에게 일용할 양식을 주옵시고, 당신의 이름을 거룩히 여기게 하옵소서. 어쩌면 콰트는 그 섬에 가게 될지도 모른다. 그것이 그를 위한 나의 기도였다. 우리의 모든 죄를 사하여 주옵시고, 당신의 이름을 거룩히 여기게 하옵소서. 주여, 게이브를 축복하고 지켜 주옵소서. 그 아이에게 행복한 크리스마스를 주옵소서. 그리고 그 애의 아빠도 보살펴 주옵소서. 우리가 우리에게 죄지은 자들을 사하여 준 것처럼, 당신의 이름을 거룩히 여기게 하옵소서. 나는 내 가족이 우리가 보낸 마지막 전신을 받았는지 궁금하다. 나는 그 편지에 우리는 모두 잘 있으며 그들이 즐거운 크리스마스를 맞이하기를 소망한다고 말했다. 집에 대해서는 생각하지 않는 편이 최선이었다. 그리고 우리를 유혹에 빠지지 말게 하옵시며, 당신의 이름을 거룩히(그때 폭탄 하나가 도시 어딘가에서 터졌다. 나는 계속해서 노래를 불렀다) 여기게 하옵소서. 그러나 다만 우리를 악에서 구하옵소서.

불이 꺼졌다. 나는 노래를 멈췄다. 프랑스인들이 내게 계속하라고 말했고, 베트남 사람들은 우리더러 방공호로 가라고 요청했다. 사이렌이 시작되었다. 마이클은 욕을 했다. 사람들이 초를 켰고, 나는 계속해서 노래를 하려고 애썼다. 목소리가 너무도 작게 나와서 나는 그것이 다른 누군가의 목소리라고 생각했다. 폭탄이 우리의 행방을 알아채지 못하도록 내가 목소리를 낮추고 있었음을 나중에서야 깨달았다. 나는 호텔이 산산조각으로 날아가거나 내 목소리가 돌아오기를 기다리며 기타를 아무렇게나 쳤다. 나는 소절 하나를 생략했고, 어지럽게 섞이는 발소리와 프랑스인들의 격려와 사이렌의 마무리 음들 속에서 주기도문을 끝냈다. 아멘, 아멘, 아멘, 아멘, 당신의 이름을 거룩히 여기게 하옵소서.

"그 개자식들." 방공호로 서둘러 가면서, 나는 마이클에게 말했다. "내가 참을 수 없는 게 한 가지가 있다면, 그건 공연 도중 방해를 받는 거예요." 마이클은 공습이 시작된 이래 작은 소리로 끊임없이 욕을 해댔다.

그날 저녁 우리는 자정미사에 갔다. 나는 거의 공황 상태까지 가 있었다. 교회에는 사람들이 가득 차 있었고 거리 밖에는 군인들과 경찰들이 열 지어 서 있었다. 공습이 일어날 경우 사람들을 방공호로 이끌 응급 부대임이 분명했다. 미사는 끔찍했다. 목사는 베트남어, 프랑스어 그리고 독일어로 설교했다. 그가 설교문을 낭독할 때마다, 그는 이전보다 점점 더 거만해지고 차가워졌다. 이번엔 내가 배리에게 약간 도움이 되었다. 만약 내가 작은 목소리로 그가 계속해서 불평하도록 독려하지 않았다면, 그는 연단으로 달려 올라가서 그 목사의 목을 졸랐을 것이다. 헌금 접시가 돌았을 때, 배리는 쾌트가 그것을 무시하는 것을 기쁘게 지켜보았다. 마이클은 신의 집 안에 있는 것에 너무도 감동하여 스스로를 그럭저럭 종교적인 열정 상태로 몰아붙였다. 나는 그가 성찬식에도 참여했다고 생각한다. 텔포드는 심각해 보였고, 퀘이커 예배회에서의 아버지를 생각나게 했다. 환한 조명들과 함께 이동하는 뉴스 카메라들은 내가 공개적으로 분노를 터뜨리는 것을 막아 주었다. 성가대가 익숙한 크리스마스 캐럴들을 프랑스어로 불렀다. 나는 그것을 녹음기에 녹음했다. 미사가 끝났지만, 나는 미사 시작 무렵보다 조금도 경건해진 느낌이 들지 않았다. 그저 호텔로 돌아가서 침대에 눕고 싶었고 하루 온종일 어떤 사이렌 소리나 비행기나 폭발 소리도 듣고 싶지 않았다.

나는 소원을 이뤘고 열여섯 시간 동안 내리 잤다. 아마도 우리 모두가 그랬을 것이다. 우리의 호스트들조차도 휴식을 취했다. 24시간의 휴전은 놀라운 느낌이었다.

나는 그때 내가 느꼈던 무언가를 여기서 말하고자 한다. 그 '휴전'의 시간 동안 엄청난 심리적 변화, 그리고 아마도 신체적 변화가 내 안에서 일어났다. 24시간이 끝나 갈 무렵엔 극도의 피로감과 수면, 고요함이 오히려 지루하게 느껴졌다. 오랫동안 준비했던 연극 공연이나 짜릿한 콘서트 투어 뒤에 오는, 무언가 맥이 빠진 듯한 느낌. 이상해 보이긴 하지만, 그리고 여러 날 동안 내가 두려워한 것이지만, 내 안의 무언가가 진실로 칼날 위에 사는 삶을 그리워하는 것 같았다. 이것을 말하면서 나는 부끄러움을 느끼게 될지도 모른다. 그러나 나는 제2차 세계대전을 겪은 사람들이 자신들의 경험에 대해 나와 똑같은 심정으로 표현하는 것을 들은 적이 있다. 공습이 일어나는 동안에는 적어도 내가 살아 있다는 것을 느낄 수 있었다. 왜냐하면 나는 내 삶을 아끼고 있었으니까. 그것은 예전에는 결코 느낀 적이 없는 일이었다. 그렇다면 내가 그 흥분을 그리워한다고 인정하는 것을 어째서 부끄러워해야 하는가? 그것을 다시 소망하는 것은 미친 짓이며, 수백 명의 더 많은 사람들과 나 자신에게조차 죽음이 다시 오기를 바라는 일이기 때문이다. 그리고 아니나 다를까 공습이 재개되자마자 나는 하노이를 벗어나고 싶었고, 점점 더 나의 집과 게이브를 그리워하게 되었다. 나는 다시 한 번 두려워졌다.

폭격이 특히 격심했던 밤이 지나고 다음 날 아침, 우리는 융단폭격으로 인해 황폐화된 칸 티엠이라는 상업지구로 안내되었다. 그곳은 지금까지 본 어떤 광경들보다 우리를 더욱 뒤흔들어 놓았다. 우리의 호스트들조차도 충격을 받은 것 같았다. 어쩌면 그 공습이 새벽녘에 일어나는 바람에 미처 수습할 시간이 없었는지도 모른다. 사람들은 황망히 이동하거나 그저 가만히 서서 폐허가 된 그 지역을 마주한 채 수군거리며 고개를 내저었다. 우리는 진흙과 벽돌과 파편 위를 몇 미터쯤 걸어가면서, 바로 얼마 전까지만 해도 거리였던 곳에 줄지어 있던 작은 건물들 안을 응시했다. 폭격으로 내부가 다 드러난 건물 안에서 한 여자가 삶의 파편들을 조용히 줍고 있었다. 혼자 울고 있는 남자도 있었다. 그리고 좀비처럼 자신들의 집 터 여기저기를 방황하는 살아남은 가족들도 있었다. 폐허 곳곳에서 망자를 위한 애도의 상징인 하얀 머리띠들이 나부끼고 있었다.

전날 밤만 해도 건물이었던 것들의 긴 열을 빠져나온 뒤에, 우리는 훨씬 더 고르지 못하고 미끌미끌한 구역을 힘겹게 지나갔다. 그곳만 지나면 탁 트인 너른 지대가 나올 터였다. 수백 명이 자전거를 끌고 우리 옆에서 무거운 발걸음을 내디뎠다. 몇몇은 그 폐허를 바라보았고 몇몇은 그저 계속 걸었다. 나는 시선을 위쪽으로 들어, 나를 향해 비틀거리며 걸어오는 사람들의 행렬 한가운데에서 나이가 아주 많은 노인을 보았다. 그는 길고 하얀 턱수염과 인자한 얼굴을 갖고 있었는데, 미끄러질 경우를 대비해 손을 바닥을 향해 늘어뜨린 채 몸을 앞으로 구부리고 있었다. 그의 걸음걸이가 다시 불안정해졌을 때, 나는 반사적으로 손을 뻗어 그의 손을 잡았다. 그는 내 도움을 피하지 않았다. 그가 나를 올려다보더니 내 눈을 깊이 응시했다. 순간 긴장하는가 싶었으나 밝게 웃으며 고개를 끄덕였다. 그가 말했다. "당케 쉔! 당케 쉔!(고맙습니다)" 그리고 내 손을 양손으로 꼭 잡았다. 그가 머리를 숙였고, 나도 그에게 머리를 숙여 인사했다. 그리고 그는 가 버렸다.

나는 또한 한 여자가 작은 잡석 더미에 앉아, 허벅지를 주먹으로 탕탕 치며 지독한 절망으로 울고 있는 모습을 보았다. 그녀는 구슬프게 울다가 탄식하다가 울부짖었다. 그러고는 자신만의 불행의 섬에 앉아 비참하게 흐느꼈다. 그녀의 남편이 다소 당황한 얼굴로 그녀의 손을 잡고 부드럽게 당기면서 어서 일어나 함께 가자며 작은 소리로 꾸짖었다. 그녀는 일어서려고 해봤으나 자신의 모든 힘과 자존심과 분별력을 앗아가 버린 슬픔에 굴복해야 했다. 울어요. 나는 말하고 싶었다. 제발 울어요. 눈물샘에 아무것도 남지 않을 때까지, 모래시계를 돌려놓을 시간이 될 때까지 울어요. 나의 상식은 그녀에게 가까이 가는 것을 만류했다. 그러나 나는 그럴 수가 없었다. 나는 그녀 옆에 쭈그리고 앉아 그녀를 안아 주었다. 몇몇 사람들이 사방에서 일어나는 수많은 장면들을 구경하듯 우리 모습을 구경했다. 자포자기의 순간 동안 그녀는 소리 내어 울부짖으면서 내게 자신의 온 무게를 기댔다. 그러다 불현듯 나를 올려다보았고, 내가 낯선 사람일 뿐만 아니라 외국인임을 알아보고는 계속 흐느껴 울면서도 행동이 눈에 띄게 거북해졌다. 나는 즉시 일어나서 배리 쪽으로 돌아가는 길을 찾았고, 그의 손을 잡았다.

우리는 달의 한 조각을 연출해 놓은 듯한, 커다랗고 돈을 많이 들인 영화 세트장처럼 보이는 곳에 도착했다. 사람들이 사망자들의 숫자를 외치며 진흙과 쓰레기에 둘러싸인 포탄 구멍 한가운데에 서 있었다. 오늘만큼은 그들도 우리가 폭격의 결과를 정확히 알기를 원했다. 사망자의 숫자가 수백 명에 이르렀다. 흰 머리띠는 그 달에서 살아가는 주민들이 착용하는 복식의 일부였다. 어린아이들 가운데 몇몇은 신이 나서 웃고 떠들었고, 보조 출연자들처럼 이 포탄 구덩이에서 저 포탄 구덩이로 기어오르고 있었다. 많은 사람들이 느릿느릿 걸어왔다. 배리가 한 포탄 구덩이 가장자리로 나를 안내했다. 우리는 한때 사람들이 살았던 집 꼭대기 위를 걷고 있었다. 여기에는 구두 한 짝이, 저기에는 반쯤 묻힌 작은 스웨터가, 땅속에는 쑤셔 박힌 깨진 접시 조각이, 그리고 축축해진 페이지들이 서로 들러붙은 채 펼쳐져 있는 책 한 권이 있었다. 카메라를 든 보도진이 그곳에 있었다. 배리와 나는 장 토로발과 그의 통역관 바로 뒤에서 걷고 있었다.

9미터나 되는 깊은 구덩이의 반대편에서, 한 여자가 3미터에서 3.5미터 정도 되는 땅 위를 성치 않은 다리로 헤매면서 땅을 향해 이상한 노래를 부르고 있었다. 처음에 나는 그녀가 자신이 무사하고 가족이 죽음을 면한 것에 대해 기쁨의 노래를 부르고 있다고 생각했다. 그러나 점점 가까이 갔을 때, 그녀의 노래가 이상하게 들리기 시작했다. 그녀는 혼자였다. 토로발이 통역관에게 그녀가 무슨 노래를 부르고 있는지를 물었다. 통역관은 몇 초 동안 바짝 귀를 기울이더니 그에게 말했다. "그녀는 이렇게 말합니다. Mon fis, mon fis, ou etes vous maintenant, mon fils?(아들아, 아들아, 넌 지금 어디 있느냐, 아들아?)"

오, 세상에. 이 가늠할 길 없는 깊은 슬픔이라니. 나는 그 자리에 풀썩 주저앉아 얼굴을 가리고 흐느꼈다. 그 여인의 아들은 그녀의 발 밑 어딘가에서 순식간에 쌓인 진흙 무덤에 갇힌 채 누워 있을 것이다. 그리고 그녀는 부상당한 늙은 고양이처럼 다리를 절뚝이며, 마지막으로 아이를 보았던 곳을 그저 왔다 갔다 할 뿐이었다. 지금은 아무 짝에도 쓸모없는 노래를 신음처럼 부르며. 아들아, 넌 지금 어디 있느냐?

배리가 나를 일으켜 세우며 말했다. "이제 그만 갑시다." 내가 제대로 걷지 못하자 그가 부축했다. 나는 진창에 넌더리가 났고, 포탄 구덩이에 넌더리가 났고, 죽음에 넌더리가 났다. 나를 위해서가 아니라, 여기에서 그토록 오랜 세월을 살아온 이 사람들을 위해. 우리는 프랑스인 무리의 좀 더 젊은 일원 옆을 지나갔다. 그러자 그가 격노했다. "아, 좋아요. 이제 뭐라고 말하겠소, 어? 당신은 여전히 평화주의적 사고방식을 고수하는 겁니까? 이 모든 일을 겪은 뒤에도, 여전히 무기를 내려놓으라고 말할 참이오?" 나는 그 달 표면 같은 곳을 손으로 가리켰다. "이것이 내 마음을 바꿔 놓을 거라고 생각해요?" 나는 조용히 분노하며 말했다. "당신은 바보예요." 그때 갑자기 그가 배리에게 손짓으로 무슨 신호인가를 보냈다. 내가 눈치채지 못하도록 한 것이었지만, 그가 가리킨 것은 우리가 있는 곳에서 한두 걸음쯤 떨어진 파편 더미 위에 놓인 한 아이의 손이었다. 마치 손목 관절에서 빠져 나온 인형의 손 같았다. 그리고 그 인형의 나머지는 어디에서도 찾을 수가 없었다. 배리가 나를 차로 데려갔다.

칸 티엠을 방문한 뒤, 절망의 분위기가 우리들 전체에 퍼졌다. 토로발은 몸이 안 좋았다. 그의 아내의 말에 따르면 그는 어떤 것도 목으로 넘길 수가 없다고 했다. 그는 소화불량이라고 말했다. 그러나 그것은 극도의 혐오감에 더 가까운 증상이었다. 그는 2년 동안 하노이에 있었다. 베트남의 아이들은 기운이 고갈되고 핏기가 사라진 것처럼 보였다. 나는 베트남 사람들처럼 옷을 입기 시작했다. 검은색 파자마 바지에 샌들 그리고 내 셔츠와 외투를 입었다. 나는 집이 생각날까 봐 두려웠다. 텔포드는 공습이 있는 동안 촛불에 비추어 참을성 있게 책을 읽었다. 프랑스 남자들은 피곤해 보였다. 파텟 라오와 그들의 갓난아이는 더 이상 계단을 오르락내리락할 수 없었다. 엄마의 몸이 무척 아팠기 때문이다. 나는 전날 밤 오빠를 잃은 한 여자한테서 체스 다섯 세트와 보석을 샀다. 그녀는 내가 잠시 자신을 껴안도록 내버려 두었다. 우리의 베트남 호스트들이 외출해서 게이브를 위한 점퍼를 사 왔다. 아이를 곧 만날 수 있다고 나를 안심시키려는 행동이었다. 우리는 이미 두 번이나 공항 검문소에서 발걸음을 돌려야 했다. 비행기가 없었다. 그리고 우리 모두의 마음속에서 조금씩 형성되고는 있었지만, 차마 입 밖으로는 내지 않았던 소름끼치는 상상이 마침내 목소리가 되어 나오기 시작했다.

그러한 상상이 입 밖으로 처음 표현된 건 토로발 부부의 숙소에서였다고 나는 생각한다. 우리는 맥주를 마시며 담배를 피웠고, 그때 누군가가 떠듬떠듬 그런 말을 했다. 그건 완벽하게 말이 됐다. 그 무렵 미국 행정부의 전략은 북베트남을 폭격함으로써 협상 테이블에 도로 앉히려는 것이 분명했다. 하지만 그 전략은 효과가 없었다. 새로운 러시아 미사일들이 B-52 폭격기를 마치 살찐 까마귀라도 되는 양 공격을 가해 모욕적으로 하늘에서 몰아내는 일도 벌어졌다. 그 무렵 닉슨은 미국 국민들로부터 완전히 고립되어 있던 나머지, 자신이 국민들의 신용을 잃었으며(극단적인 우익과 바보들을 제외한) 모두가 가진 분별력의 한도를 넘어섰다는 사실을 인지할 방법이 전혀 없었다. 크리스마스 당일, 트리 한 그루가 백악관에 배달되었다. 가지들은 모두 부러져 있었고 장식들은 박살이 나 있었다. 메시지는 분명했다.

어째서 미 행정부는 B-52 폭격기와 팬텀 전폭기를 여러 대 잃는 전략을 고수했을까? 그저 핵폭탄 한 방으로 하노이를 지구상에서 영원히 지워 버릴 수도 있었을 텐데 말이다. 분명 중국이나 러시아는 베트남 같은 작은 '품목'을 두고 앙갚음하지는 않을 것이다. 아냐, 친애하는 배리, 중국은 어떤 일도 하지 않았을 거야. 흔히 말하듯이, 우리는 꼼짝없이 당할 수밖에 없는 상황이었던 거야.

이 시점에서 쾌트는 우리의 기운과 희망을 북돋우기 위해 이벤트를 준비했다. 그는 마치 우리가 실제로 살아서 하노이를 떠나기라도 할 것처럼 일련의 고별 만찬을 계획했다. 나는 그 가운데 두 차례의 파티를 또렷이 기억한다. 그때 우리는 다시 술을 마시고 웃고 음악을 연주하고 하노이 체류 기간 동안 만났던 많은 사람들에게 작별 인사를 했다. 그 파티들 가운데 하나에서 한 여자가 우리에게 베트남어로 노래를 불러 주었고, 우리에게 눈물 어린 목소리로 자신의 아들이 전방에 있으며 자신이 좋아하는 노래를 우리를 위해, 그리고 아들을 위해 영어로 부르겠다고 말했다. 그녀는 함께 박수를 쳤고 내 옆에서 몸을 흔들며, 그리고 눈물을 참으면서 스티븐 포스터의 노래를 한 줄 한 줄 불렀다. 그녀는 그 노래의 뜻을 몰랐다. 그저 발음만 따라서 부를 뿐이었다. 우리가 어쨌든 그 노래를 이해할 수 있었던 것은 우리 모두 그것을 고등학교 음악 시간에 배웠기 때문이다. 그러나 그 노래는 이루 말할 수 없을 만큼 아름답고 감동적이었다. 마이클은 발작처럼 헛기침을 하기 시작했고, 심지어 텔포드의 눈도 젖어 들었다. 나는 그녀와 함께 노래하려고 애썼다. 그러나 음을 유지할 수 없었다. 그녀는 높이 올라갔다가 낮은 음에서 쉬었다. 그리고 매번 쉴 때마다 그녀의 눈에서는 눈물이 왈칵 쏟아졌다. 노래가 끝날 무렵 그녀의 목소리는 흔들리고 있었다. 그녀는 내게 팔을 뻗어 말했다. "쌩큐, 쌩큐." 그에 대해 나는 아무 말도 할 수 없었다. 나도 그들이 좋아하는 노래들을 불렀다. 그리고 콰트가 보드카를 돌렸다.

다른 작별 만찬에서 공습이 있었다. 우리는 노래를 부르며 방공호로 들어갔다. 포탄 아래서, 두 여자가 굽히지 않고 맑은 눈으로 노래했다. 비행기 소리를 압도하는 아코디언 반주에 맞춰 하나처럼 들리는 두 목소리로, 완벽한 화음을 이루며 노래했다. 나는 그들이 노래를 부르는 그 몇 분 동안은 약간의 위엄을 가지고 죽음을 대면할 수 있었다고 생각한다. 파티가 끝난 그날 밤, 우리는 토로발의 발코니로 나가 서 있었다. 배리에게 자극을 받아, 그리고 비행기들이 돌아오기를 기다리며 밤 공기를 들이마셨다. 그는 내가 두려움에 감연히 맞서 하늘을 쳐다보면 기분이 나아질 것이라고 설득했다.

배리가 부드럽게 말했다. "만약 당신이 정말로 용기를 갖고 싶다면, 노래를 부르게 될 겁니다."

나는 노래를 부르기 시작했다. "오, 자유여." 처음에는 조용히 그리고 점점 더 대담하게. "노예가 되느니 차라리 무덤에 매장되리라……" 목소리가 크고 확실하게 나왔다. 나는 몇 소절을 더 불렀고, 노래가 끝났을 때는 아래 거리의 작은 방공호들에서 박수 소리가 들려왔다. 나는 배리를 보며 미소를 지었다.

"봤죠?" 그가 말했다. "당신 덕분에 저 사람들의 기분이 한결 좋아졌어요."

나는 얼마간 더 노래를 불렀다. 나는 등화관제 내내 노래를 불렀다. 노래를 부르면서 많은 것을 느꼈다. 만약 내가 죽는다면, 아들을 그리워할 일도 없을 거야. 그러다가, 아냐, 내가 죽는다면 그 아이가 나를 그리워하겠지. 나는 여전히 죽고 싶지 않았다. 나는 밑에서 걸어 다니는 사람들만큼 용감하지 않았다. 나는 절박하게 내 삶에 매달려 있었다. 그러나 나는 노래하고 있었다.

"아무도 내 마음을 바꾸지, 바꾸지, 바꾸지 못할 거야. 자유의 땅으로 걸어가……."

그 공습 동안에는 폭탄이 투하되지 않았다. 만약 폭탄이 투하되었다면 상황은 아주 달라졌을지도 모른다. 그러나 어쨌든 상황이 그랬으므로 나는 발코니에서 의기양양한 기분이 되어 방 안으로 들어왔다.

우리는 중국을 경유하여 하노이를 떠나기로 결정했다. 중국 비행기들은 여전히 하노이 임시 활주로에서 착륙을 시도하는 유일한 비행기였기 때문이다. 그러려면 통과 비자를 얻으러 중국 대사관을 다녀와야 했다.

텔포드, 마이클, 배리 그리고 나는 오후에 15분 일찍 도착했다. 우리는 어둑어둑하고 음침한 낡은 프랑스식 건물 안으로 인도되었고, 호찌민과 마오쩌둥의 사진들이 걸려 있는 복도를 지나, 역시 호찌민과 마오쩌둥의 사진들이 걸려 있는 응접실로 안내되었다. 두 명의 통역관이 배석했는데, 한 명은 우리에게 중국어에서 베트남어로, 다른 한 명은 베트남어에서 영어로 통역해 주었다. 배리는 내 맞은편에 앉아 자신이 사랑하는 마오쩌둥의 대사관 안에 있는 것에 대한 기쁨을 감추려 애쓰고 있었다. 대사관 직원들이 우리에게 중국 맥주를 대접했고 담배를 권했다. 오랜 기다림 끝에 마침내 대사가 도착했다. 우리는 인사를 하려고 일어섰다. 그런데 그가 한 말이라곤 "흐음"이 전부였다. 그는 작은 안경을 끼고 마오쩌둥 재킷을 입고 있었다. 그는 자리에 앉아서 다시 "흐음" 하고 내뱉었다. 이윽고 그가 통역관에게 말했고, 그 통역관이 다른 통역관에게, 그리고 또 다른 통역관이 다시 우리에게 말했다.

"대사님께서 최근 잠을 못 주무신다고 말씀하십니다."

우리는 의자에서 불안하게 몸을 움직이면서 그의 말에 대한 적절한 대답을 생각하려고 애썼다. 그러나 그가 다시 말했다.

"대사님께서는 그 이유가 밤새도록 계속되는 폭격 때문인 것 같다고 말씀하십니다."

"당연히 그러실 테죠. 당연한 일입니다." 텔포드가 말했다.

"대사님께 우리 역시 잠을 잘 이루지 못한다고 말씀드려 주세요. 그리고 폭격에 대해서도 사과드린다고요." 내가 과감히 말을 꺼냈다. 그것은 통역되었고, 다시 대사가 말했다. "흐음."

"대사님께서 오늘 당신들이 왜 여기 와서 자신을 만나려 하는지 알고 싶어 하십니다." 그는 우리가 여기 왜 왔는지 빌어먹을 만큼 잘 알고 있다고 나는 생각했다.

"저기." 이제 우리의 대변인으로서 텔포드가 말할 차례였다. "대사님께서는 하노이를 벗어나는 방법을 찾는다는 것이 몹시 어렵다는 사실을 분명히 알고 계실 겁니다. 그리고 우리는 중국 비행기들이 그나마 규칙적으로 기능하는 유일한 것들이라고 알고 있습니다." 통역이 이어졌다.

"대사님께서는, 그것이 당신들이 중국 대사관을 방문한 유일한 이유인지를 알고 싶어 하십니다."

"오!" 텔포드가 서둘러 말했다. "아닙니다, 물론 아니지요. 귀국길에 당신의 위대한 나라의 아주 작은 부분이나마 구경할 수 있다면, 멋진 경험이 될 거라고 진심으로 생각합니다."

텔포드, 이 위선자 같으니. 나는 생각했다. 당신이 누굴 속일 수 있다고 생각하나요? 그때 마이클 앨런이 맥주에 대해 품평했다. 중국 맥주는 정말 훌륭하군요. 북경에서 만들었다고요? 훌륭해요! 배리는 의자 위에서 머뭇거리고 있었다. 어쩌면 북경 맥주 한 병을 기념품으로 얻을 방법을 고민하고 있었는지도 모른다. 대사는 우스꽝스러울 정도로 속을 알 수가 없었고, 의심할 여지없이 우리를 궁지로 몰아넣으며 즐기고 있었다.

"저는 무례하게 굴고 싶지 않습니다." 내가 불쑥 말했다. "하지만 제발 대사님께 말씀드려 주세요. 저 개인적으로 말씀드리자면, 저는 몹시 겁이 나고 가능한 한 빨리 이 도시에서 빠져나가고 싶어 미치겠습니다. 그리고 그것이 제가 오늘 대사님을 만나러 온 이유입니다." 대사는 다시 "흐음" 하며 희미하게 미소를 지었다. 마이클과 배리가 웃었다. 텔포드가 어떻게 반응했는지는 기억이 나지 않는다.

얼마간의 잡담 후에, 대사는 직원을 시켜 우리의 여권을 걷었다. 그는 다음 날 우리에게 비자를 줄 예정이었다. 그것은 아마도 그가 지금껏 내내 하려고 의도했던 일이었을 것이다. 우리는 흥분과 안도감을 억제하려고 애썼다. 나는 그에게 돌진하여 그를 포옹하고 싶었다. 그러나 그것은 누가 봐도 부적절해 보였다. 우리는 모두 일어나서 몸짓과 말로 고마움을 표시하고 악수를 하고 절을 했다. 배리는 내내 아무 말이 없었다. 그리고 이제 그의 순간이 도래했다. 우리가 출구를 향해 막 줄지어 나아가고 있을 때, 그가 손을 주머니 안으로 찔러 넣더니 전쟁에 반대하는 베트남 퇴역 군인 단추 한줌을 그러모았다. 그러고는 잔뜩 몸이 굳은 채 대사 앞으로 다가가 그 단추들을 티 테이블 위에 놓았다. "저는 파시스트 제국주의 침략자들을 박멸하기 위한 당신들의 싸움에서 당신들 편입니다." 이해할 수 없는 짧은 말과 함께 건네진, 역시나 이해할 수 없는 로고가 박힌 작은 단추 더미를 응시하는 대사의 얼굴에는 당황스럽다는 표정이 역력했다. "오, 맙소사, 배리." 내가 그에게 중얼거렸다. "그는 당신이 대체 뭘 한 건지도 알지 못해요."

"그는 이해할 거요." 배리가 말했다.

호텔 방으로 돌아와 세 번째로 짐을 쌌다. 우리가 실제로 하노이를 떠날 수 있게 될 것 같은 기분이 들기 시작했다. 나는 발코니 창에서 그 음악을 들으며 사람들에 대해 생각하고 귀국에 대한 희망을 즐기고 싶었다. 밤새도록 공습이 있을 것이다. 그러나 중국 비행기는 올 것이라는 낙관적인 분위기가 전반적이었다.

아침을 먹은 뒤, 우리는 짐과 녹음기와 카메라와 선물을 끌고 로비에서 마지막으로 만났다. 다시 한 번 나는 헬멧을 뒤에 남겨 두려고 시도했다. 그러나 차에 탔을 때, 나는 그것이 내 발치에 놓여 있는 것을 발견했다. 우리는 차 세 대에 나눠 타고 세 번째로 공항으로 향했다. 다시 한 번 골조만 남은 철도역과 부서진 오두막집들과 포탄 구덩이들을 지나 부교(浮橋)에 도착했다. 나는 발륨 두 알을 먹었다. 그 부교는 강을 건너기 위해 남겨 놓은 유일한 길이었다. 차량들이 반 시간 동안 한 방향으로 갔고, 그런 다음 반 시간 동안 반대 방향으로 갔다. 나는 좌석에 움츠리고 앉아 사이렌 소리를 기다렸다. 공습 도중에 그 다리 위에서 발이 묶이는 것이 내가 상상하는 최악의 상황이었다. 그 것은 차에서 나와 차 밑으로 기어 들어가는 것을 의미했다. 그렇게 되면 헬멧을 두고 싸움이 일어날 것이다. 나는 우리가 완벽한 목표물이 되리라고 확신했다. 자동차로 다리를 건너는 데 걸린 시간은 한 시간 정도였다.

공항의 의자들은 우리가 2주 전에 도착했을 때와 마찬가지로 열을 지어 놓여 있었다. 그러나 지붕은 반이 날아갔고, 벽들도 일부분만 남아 있었다. 파편들이 로비 구석에 한데 모아져 있었고, 바닥은 비질과 물걸레질이 되어 있었다. 그러나 여기저기 마무리가 제대로 안 되어 있었고 끝없이 먼지가 나왔다. 바가 영업 중이었다. 나는 화장실이 어디 있냐고 물었고, 부분적인 프라이버시만 겨우 보장받을 수 있는, 딱 그만큼만 멀쩡한 작은 방으로 안내되었다. 배관 시설은 고장이 나 있었다. 깨진 창문을 통해 러시아 사람 몇 명과 베트남 사람 몇 명, 부상당한 폴란드 군인들 한 무리가 우리와 같은 비행기를 타기 위해 속속 도착하는 모습이 보였다.

우리는 밖에서 피해 상황을 둘러보며 돌아다녔다. 잡석 더미를 자세히 보며 이리저리 거닐다가, 나는 한 포탄 구덩이의 반쯤 내려간 자리에서 두껍게 쌓인 진흙 속에 일부가 묻혀 있는 금속 조각 하나를 보았다. 나는 조심스럽게 내려가 그것을 진흙에서 빼냈다. 의심할 여지없이 가지 위에 앉아 있는 새 모양으로 녹아내린 비행기 조각이었다. 로비에 사람들이 가득 들어차 있었고, 나는 곧 공습이 있으리라 생각했다. 전화벨이 울렸고, 모두가 정류장 앞의 마맛자국 모양으로 구멍 난 구역을 가로질러 공항 방공호를 향해 어슬렁거리며 갔다.

관 속에 있는 두 명을 포함해 폴란드 군인이 열한 명 있었다. 몬티가 탔던 배처럼, 그들의 배도 하이퐁 항구에서 폭탄에 맞았다. 우리가 방공호 바로 근처에 도착했을 때, 사람들이 대화를 나누기 시작했다. 그 폴란드인들 가운데 몇몇이 내게 사인을 요청했고, 나는 고맙게 여기며 그들과 악수했다. 다른 사람들은 부상으로 몹시 고통스러워하면서 그저 구경을 했다.

우리는 방공호 안으로 안내되었다. 누군가가 초를 켜기 전까지 그곳은 칠흑같이 어두웠다. 쩔쩔매며 계단을 내려가려고 애쓰는 한 뚱뚱한 부인이 있었다. 방공호는 지하 묘지 같았다. 촛불을 든 사람이 우리를 따라잡을 때까지 각각의 방은 까맣게 어두웠다. 열 명 남짓 되는 우리는 작고 아늑한 방에 도착해서 앉아 기다렸다. 폴란드인 한 명이 출입구에 서 있었다. 나는 배리와 마이클 옆에 있었다. 가까운 곳에 부상당한 폴란드인 한 명이 고개를 무릎 사이에 파묻은 채 앉아 있었다. 모든 폴란드인들이 지쳐 있었고 폭격 쇼크를 받은 것처럼 보였다. 멀리서 비행기 소리가 들려왔다. 벙커 안에 있는 모든 군인들은 뻣뻣하게 경직되어 있었다. 한 사람이 울기 시작했다. 나는 손을 뻗어 가장 가까이 있는 한 명의 머리를 쓰다듬었다. 그가 피곤한 표정으로 올려다보더니 다시 고개를 숙였다. 나는 노래를 부르기 시작했다. "쉬, 아가야, 아무 말도 하지 마렴. 아빠가 네게 흉내지빠귀를 사 주실 거야." 나는 그의 머리를 계속 쓰다듬었다. "만약 그 흉내지빠귀가 노래하지 않으면, 아빠가 네게 다이아몬드 반지를 사 주실 거야." 저 빌어먹을 비행기들을 하늘에서 없애 버리고, 이 친구들을 여기서 벗어나게 해주길. "만약 그 다이아몬드 반지가 유리라면……." 나는 노래를 끝냈고 비행기들은 가 버렸다. 우리가 일어나 천천히 바깥 공기를 향해 걸어갈 때는 아무도 말을 하지 않았다.

중국 비행기가 착륙하고 있었다. 군인들은 너무나 피곤해서 미소를 지을 수도 없었다. 우리는 활주로로 다시 걸어가 줄을 섰다. 관들이 제일 먼저 실렸다. 그다음이 폴란드인들, 그다음이 미국인들이었다. 우리는 계단 하나를 오를 때마다 콰트와 추옌과 다른 사람들에게 계속 손을 흔들며 작별 인사를 하고 또 했다. 비행기는 작고 더웠다. 중국어 안내 방송이 나온 뒤에 중국 음악이 스피커를 통해 흘러나왔다. 엔진에 시동이 걸렸다. 비행기가 부서진 활주로를 달려 나가는데, 이제는 작게 보이는 우리의 호스트들이 여전히 손을 흔들고 있는 모습이 창문으로 보였다. 갑자기 그들이 동시에 고개를 돌려 다른 쪽 하늘을 보았다. '분명 B-52 폭격기가 돌아오고 있는 거야'라는 생각이 퍼뜩 들었다. 그러나 바로 그때, 마치 아무 일도 벌어지지 않았다는 듯 그들은 다시 고개를 돌렸고, 우리를 보며 계속 손을 흔들었다. 비행기가 완전히 이륙하여 그들이 마맛자국 난 땅 위에서 점이 될 때까지.

우리는 새해 첫날 뉴욕에 안전하게 도착했다. 내 아들 게이브가 샌프란시스코 국제공항에 모인 군중들 속에서 앞으로 나와 자기 몸집만큼이나 큰 아카시아 꽃다발을 건네주었다. 그리고 이렇게 말했다. "안녕 엄마." 나는 그를 들어 올려 안고 말했다. "안녕 아가." 그러고는 그에게 도쿄 공항에서 산 장난감 소방차를 주었다.

귀국하고 첫 2주 동안, 나는 데이비드의 집에서 머물렀다. 그곳에서 나는 대부분의 시간 동안 잠을 잤고, 남은 시간을 신문, 잡지와 인터뷰하는 데 썼다. 매번 소파 위에서 잠이 들 때마다, 나는 게이브가 온 집안을 돌아다니며 큰 소리로 외치는 소리를 들었다. 그가 내 머리 위에 통카 트럭을 떨어뜨리거나 내 배 위에 고양이를 떨어뜨리거나 혹은 내 가슴 위에 몸을 던질 때에만 나를 깨울 수 있었다. 그러면 나는 그를 붙잡아 안고는 며칠 내에 기운을 차리면 함께 놀아 주겠다고 말했다. 나는 밤에 초를 켜 놓고 잤다. 비행기가 위로 지나가고 내가 침대에서 벌떡 일어나 앉아 외투를 찾아 주변을 더듬을 때, 내가 집에 있다는 사실을 재빨리 알아차릴 수 있도록 말이다. 그러나 내 정신의 일부분은 여전히 하노이에 있었다.

완전히 기력을 회복한 뒤에야 나는 내 집으로 돌아갔고, 내가 베트남에서 녹음했던 열다섯 시간 분량의 카세트를 들었다. 거기에는 사이렌 소리, 폭탄 터지는 소리, 팬텀 전폭기 소리, B-52 폭격기 소리, 대공화기 소리, 아이들의 웃음소리, 몬티의 말소리, 베트남 사람들의 노랫소리, 방공호에서 부르는 내 노랫소리가 녹음되어 있었다. 나는 거칠게 편집했고, 그 결과를 음반회사로 가져가서 내가 할 수 있는 한 최선을 다해 하노이에서 보낸 나의 크리스마스 이야기를 녹음했다. 그것은 일부가 노래로 되어 있는 하나의 긴 시였다. 그것은 공습이 이루어지는 동안 스웨덴 대사관의 방공호로 달려가는 것으로 시작한다. 얼마간의 폭격이 있은 뒤, 칸 티엠의 늙은 여자가 뇌까리듯 노래한다. "오, 아들아, 넌 지금 어디 있니?" 그 타이틀곡의 마지막은 다음과 같다.

오, 방공호의 사람들이여!
당신들은 내게 어떤 선물을 주었던가.
내게 미소를 지어 주고 조용히 당신들의 고통을 나누게 해주었지.
나는 그저 완전한 겸허함으로 절을 하며
우리가 일으킨 일들에 대해서
용서를 구하고 또 구할 뿐이라네.

우리가 총알로 죽이려 했던
그 검은색 파자마의 문화
우리가 우리의 영혼을 팔아 지불한
열 지어 놓은 자그마한 관들은
여자들과 남자들에게서 좀처럼 보이지 않는 영혼을 세웠다네.

박마이의 흰 꽃은 분명히
다시 한 번 피어나리라.
나는 전쟁이 끝났다는 소식을 들었는데,
아들아, 넌 지금 어디 있니?

이 앨범의 제목은 《아들아, 넌 지금 어디 있니?》(Where Are You Now, My Son?)이다. 그것은 베트남 국민들에게 보내는 나의 선물이다. 그리고 살아남은 데 대한 고마움의 기도이다.

4

인생이여, 고마워요!

1973년, 나는 국제사면위원회의 기금을 마련하는 야외 파티에서 해롤드 에델스탐 대사를 만났다. 그는 1973년 쿠데타의 시기에 칠레로 간 스웨덴 대사였다. 그리고 나는 그에 관해 이런 이야기를 들은 적이 있다.

어느 날 밤, 아옌데의 암살에 뒤이은 피비린내 나는 몇 주 동안, 거리마다 공포와 잃어버린 희망과 시체들로 가득 차 있을 때, 누군가 에델스탐 씨에게 소식을 가져왔다. 군사정권의 탱크들이 산티아고의 멕시코 대사관으로 밀고 들어와, 만약 안에 있는 사람들이 투항하지 않으면 불을 지르겠다고 위협한다는 내용이었다. 결국 피노체트의 군인들이 대사관 창문을 통해 총부리를 찔러 넣었다. 하지만 대사관에 있던 사람들은 단호하지만 헛된 저항을 하려는 참이었다. 최후통첩이 탱크의 휴대용 확성기로부터 흘러나왔다. 이것은 전적으로 무법의 쿠데타였으므로, 대사관 안에 있던 사람들의 생명이 위험하다는 데는 의심의 여지가 없었다.

그때 에델스탐 대사가 머리 위에 스웨덴 깃발을 들고 그의 직원들과 더불어 탱크 옆을 지나 멕시코 대사관으로 들어갔다. 그리고 모든 사람들을 밖으로 데리고 나와 그들을 그 깃발의 보호 아래 스웨덴 대사관 안까지 호위했다. 그들은 멕시코로 돌아가는 수송 편이 마련될 때까지 그곳에서 머물렀다.

"제가 제대로 알고 있나요?" 내가 그에게 물었다.

"그래요, 대체로." 그가 단조로운 스칸디나비아 억양으로 대답했다. 대사는 키가 크고 마르고 귀족적이었으며, 손은 백짓장처럼 깨끗했다.

"왜 그러셨어요?" 내가 물었다.

그가 웃었다. 마치 훌륭한 농담을 즐기는 것처럼.

"간단합니다." 그가 말했다. "나는 불의를 묵인할 수가 없었어요. 그런 단순한 명제를 결코 잊을 수는 없죠."

베네수엘라에서 개최된 나의 1974년 콘서트는 주지사가 경기장으로 들어가는 출입문들을 일찌감치 열어 두는 바람에 진을 빼긴 했지만, 덕분에 흥분과 자극을 받으며 시작되었다. 학생들로부터 인기를 얻기 위해서였는지, 아니면 문을 새로 다는 데 돈을 쓰고 싶지 않아서였는지는 알 수 없다. 어쨌든 문을 닫아 놓았다 해도 흥분한 군중들이 그것을 부수고 말았을 것이다. 좌익이면서 다인종적 배경에 극도로 똑똑하고 강인한 젊은 여성 프로모터인 마리아는 몹시 분개했다. 그녀는 주지사의 변덕 때문에 어쩔 수 없이 손해를 봐야 했다.

학교 경기장에서 콘서트 규칙은, 그 누구도 경기장 안에 들어와서는 안 되고 모두가 관람석에 앉아 있어야 한다는 것이었다. 이전의 비슷한 경험으로 볼 때, 나는 그 규칙이 전적으로 비현실적임을 알고 있었고, 그것은 대부분이 학생들로 이루어진 6,000여 명의 관객뿐만 아니라

나 자신에게도 그다지 매력적이지 않았다.

관람석은 꽉 채워졌다. 젊은 베네수엘라 포크 가수가 무대를 열었을 때 관객은 함성을 질렀고 고함을 치며 발을 굴렀다. 그녀의 노래들은 대부분의 관객과 마찬가지로 대단히 정치적이었다. 그녀의 공연이 끝나고 짧은 휴식 시간이 이어졌다. 내 소개가 들리자, 나는 몇몇 사람들과 함께 드넓은 운동장을 우르르 가로질러 걸어가서 무대가 될 단상 위로 올라갔다. 첫 음을 내뱉는 동시에 관객들이 관람석에서 일어나 경기장 위로 세차게 몰려들기 시작했고, 여세를 몰아 내가 서 있는 작은 무대까지 달려 나왔다. 학생들의 얼굴은 활기가 넘쳤고 아름다웠다. 우리는 무대에서 경기장으로, 또 경기장에서 무대 위로 고함을 치며 대화를 했다. 그런 상태라면 우리는 두 곡이 끝나기도 전에 가족적인 분위기를 형성할 수 있을 것이었다.

내가 막 두 번째 곡을 시작했을 때 전기가 나갔다. 관객들이 이구동성으로 야유를 보냈고 음향 장비 주변으로 혼란과 부산함이 이어졌다. 나는 무대 가장자리에 쭈그리고 앉아 군중 속의 다양한 개인들과 더불어 잡담을 나눴다. 그들의 문법책 영어와 나의 기초 에스파냐어 교재 속 에스파냐어가 교환되었다. 전기 문제 탓에 일은 진척되지 못했지만, 그렇다고 심하게 짜증이 난 사람도 없는 것 같았다. 그날 저녁은 라틴계 사람들 특유의 느긋함으로 진행되고 있었다.

그 대학 총장이 학생들이 관람석으로 돌아갈 때까지 음향을 끄도록 지시했다는 소문이 돌기 시작했다. 매니가 팔꿈치로 밀치면서 군중 속을 뚫고 단상 한쪽으로 왔다. 잠시 동안 "응?"과 "뭐라고?"를 연발한 끝에, 그는 마침내 내가 원하는 것을 이해했고 총장과 협상하여 1분간의 전기를 얻는 데 성공했다. 나는 맨 앞줄의 학생들과 대화를 이어 가다가 이따금씩 일어나서 마이크를 가볍게 두드려 보았다. 이윽고 총장이 1분간 전기를 켜는 데 동의했다는 소식이 흥분된 목소리로 전해져 왔다. 하지만 그것은 단지 내가 모두에게 자리로 돌아가 달라고 말할 수 있도록 하기 위한 조치였다. 나는 마치 중학교 궐기대회와 같은 상황에 갇힌 느낌이었다. 그때 학생감은 7학년생들 모두가 강당의 배정된 구역으로 돌아가지 않으면 다시 교실로 돌아가야 한다고 말했다. 전기가 돌아왔다.

"우리에게 전기를 돌려주신 것에 대해 총장님께 감사드리고 싶습니다." 나는 문법에 맞지 않는 무척 서툰 에스파냐어로 불쑥 말했다. "총장님께서도 보시다시피, 관객은 질서 있게 행동하고 있으며, 여기 경기장 안에서 어떠한 문제도 일으키지 않습니다. 저는 노래 한 곡을 총장님께 바침으로써 저의 고마움을 표현하고 싶습니다. 만약 총장님께서 음향을 그대로 내버려 두시면, 제 노래가 마음에 드신 걸로 이해하겠습니다. 대단히 고맙습니다. 우리 모두가 총장님께 감사하고 있습니다."

어쩌면 총장은 내가 너무 무식해서 어떠한 해도 되지 않으리라 느꼈는지도 모른다. 음향은 그대로였고, 모두가 멋진 저녁을 보냈다. 관객과 나는 민중의 이름으로 이상한 승리를 즐겼고, 총장은 결국 그날 밤의 영웅 비슷한 것이 되었다.

나는 콘서트의 많은 부분을 칠레의 유혈정권 아래에 있는 피난민들과 죄수들에게 바쳤다. 당시는 쿠데타가 발생한 지 1년밖에 되지 않았고, 수많은 칠레인들이 목숨을 지키기 위해서 베네수엘라로 도망쳐 왔기 때문이다. 그때는 미처 알지 못했다. 그런 칠레인들의 훌륭한 표본이 주지사 옆자리에 앉아 내 콘서트를 관람하고 있었다는 사실을.

콘서트가 끝난 뒤, 나는 프레지아 배리아라는 이름의 베네수엘라 여성 작가의 집에서 열린 만찬에 초대되었다. 참석한 사람들은 열 명 정도에 불과했는데, 거기에는 그녀의 아이들과 오를란도 레텔리에르 (Orlando Letelier)라는 이름의 한 남자가 포함되어 있었다.

나는 오를란도에 대해서 들은 적이 있었다. 특별한 사람들에 대해서는 으레 사랑과 경외감이 담긴 이야기들이 돌기 마련이고, 또한 그런 이야기들은 불가피하게 사람들의 귀에 들어가기 마련이니까. 쿠데타가 발발하기 전 주미 칠레 대사였던 그는, 쿠데타가 일어나면서 투옥되었으며, 그를 알고 있는 모든 사람들에게 힘의 원천이 되는 인물이었다.

그가 도착한 뒤 우리가 소개되었을 때, 나는 그의 머리가 빨간 것을 보고 놀랐다. 만약 고야가 주근깨를 가진 명랑하고 머리칼이 빨간 사람을 그려 달라는 부탁을 받았다면, 그는 아마도 오를란도 레텔리에르의 모습을 그렸을 것이다. 그는 고야가 그렇게도 자주 그리고 잘 묘사했던 홀쭉한 몸매에 라틴 귀족의 자태를 갖고 있었다. 오를란도의 손은 그가 동료 죄수들과 무리를 지어 한 구역에서 다른 구역으로 도망칠 때 울타리에 찢긴 상처가 여전히 아물고 있는 중이었다. 그는 아픈 손으로 기타를 연주하며 노래하고 싶어 했고, 칠레의 민속춤인 쿠에카를 추고 싶어 했다. 그는 지난 수년간을 함께했던 친구들과 여전히 행복해 보였고, 이야기와 웃음과 노래와 농담으로 가득 차 있었다. 사람들의 부추김에 나는 일어서서 웃음과 박수의 한가운데로 나왔고, 그와 함께 쿠에카를 췄다. 나는 그저 손수건을 허공에 흔들고 오를란도의 발 움직임을 따라하면서 이 모든 즐거움과 재미를 느끼며 행복한 바보처럼 히죽거리는 것밖에는 달리 할 수 있는 게 없었다. 상관없었다.

힘이 빠지면서 춤이 느려졌고, 오를란도는 좀 더 심각하고 훨씬 더 부드럽게 이야기를 하기 시작했다. 아이들은 잠자리에 들었고, 밖에서는 귀뚜라미들이 습한 밤공기를 마시며 합창을 했다. 나의 에스파냐어는 형편없었기 때문에, 나는 그저 음절들과 구르는 'r'과 마찰음 's'에 귀를 기울이면서, 오를란도 같은 남자를 칠레의 혹한 섬에 가두는 것이 얼마나 지독하게 어리석고 사악한지에 대해 생각하는 것으로 만족했다. 기적적으로, 그는 죽지 않았다. 그는 풍부한 영혼과 수양된 정신으로 추위와 배고픔, 매질, 굴욕, 궁핍 그리고 공포를 싸워 이겨 냈다. 꼭 그만큼 기적적으로, 그는 살해되지 않고 지금 여기 있었다. 상처를 회복하여 미소를 짓고, 속삭이듯 이야기하고 있었다. 가끔 그는 눈물이 북받쳐 오르는 걸 참는 듯했고, 친구들도 눈물을 훔치곤 했다. 그리고 나는 이 남자에 대한 따뜻한 애정으로 심장이 터질 것 같았다. 그때 침묵의 파도에서, 마치 우리들 모두 동시에 똑같은 숨을 들이마신 것처럼 방 안의 무언가가 변했다. 우리 모두는 갑자기 그리고 강렬하게, 최근에 오를란도가 뒤에 남기고 떠나 온 무시무시한 현실에 대해 인식하게 되었다. 그 순간, 우리가 이른 새벽의 고요함 속에서 숨을 죽였을 때, 긴 백색의 비명 속에서 흉악한 죄악들이 부화하고 있었다. 그것을 막는 것은 우리의 힘이 닿지 않는 일이었다.

집으로 돌아와서 나는 책을 써 보기로 결심했다. 나는 수년 동안 글을 쓰지 않았고, 무엇을 말하고 싶은지 확신하지 못하는 상태에서 계속 긴 '백색의 비명'이라는 주제로 되돌아갔다.

1976년 어느 날 아침, 내가 타자기 위의 단어들과 씨름하고 창밖을 응시하는 일을 번갈아 가며 하고 있을 때, 내 비서가 예고도 없이 서양협죽도가 심겨 있는 길을 통해 집으로 들어왔다. 그녀의 수그러진 이마에는 근심의 주름이 자리하고 있었다. 그녀는 상냥한 마음씨를 가진, 아주 유능하고 감정이 풍부한 여성이었다. 나는 그녀의 자세와 태도를 통해 그녀가 나쁜 소식을 가지고 왔음을 직감할 수 있었다. 그녀는 내 앞에 앉아서 떨리지만 절제된 어조로 말했다. 그녀의 눈은 내 반응을 예상하고 이미 눈물로 가득 차 있었다. 내가 기억하는 다음 일은 부엌에 앉아, 덜덜 떨리는 머그잔 안에서 출렁이는 커피를 응시하며, 내 이가 제어할 수 없을 정도로 딱딱 부딪치는 소리를 냈다는 것이다. 나는 칠레의 정치범들을 위한 자선 공연에서 노래를 부르기 위해 동부를 방문했고, 다시금 오를란도와 함께 시간을 보낸 적이 있었다. 그는 독특하고 참신하고 특별한 사람이었다. 서로 전혀 모르는 사람으로서 쿠에카를 추며 우정을 만들고 다진 첫 만남에서부터 그는 내가 느꼈던 그대로였다.

나는 오를란도의 장례식에 참석하기 위해 워싱턴으로 날아갔다. 그리고 행진에 앞서, 공원에 모인 충격을 받고 깊이 상처 입은 외교관들과 학자들, 시인들, 관료들, 망명자들, 노동자들, 학생들 그리고 정치인들 사이를 돌며 노래를 불렀다. 행진은 장중하고 가슴이 찢어질 듯이 슬펐다. 낮고 굵은 목소리가 휴대용 확성기를 통해 안개 낀 아침 햇살을 뚫고 크게 들려왔다. "Compañero Orlando Letelier!(오를란도 레텔리에르 동지!)" 그러자 무거운 발걸음으로 걷던 수천 명의 조객들이 대답했다. "Presente!(있으라!)" 확성기의 목소리가 다시 외쳤다. "Ahora!(지금!)" 군중이 받았다. "Y siempre!(그리고 영원히!)" 우리들 가운데 꽃을 가진 사람들이 열 앞으로 나와 오를란도가 잠든 장소에 꽃을 놓았다.

그의 차에 폭탄이 설치되어 있었다. 그것이 대사관 거리에서 폭발했고, 그와 그의 젊은 동료 로니 모펏이 죽었다. 암살자는 칠레의 비밀경찰인 DINA에서 보낸 전문적인 청부살인업자였다. 그는 유죄 답변 거래를 함으로써 그 기소에서 중요한 목격자가 되었다. DINA 직원 두 명이 기소되었으나 끝내 재판을 받지는 않았다. 그리고 두 명의 쿠바 망명객이 유죄가 확정되었다. 미국 정부의 입장은 잘 봐줘야 의심스러운 정도였다. 왜냐하면 CIA가 군사 쿠데타를 재정적으로 지원했고, 아엔데 정부의 전복뿐만 아니라 지금까지 라틴아메리카의 가장 능률적인 독재자인 아우구스토 피노체트 장군의 임명도 후원했기 때문이다.

행진은 세인트매튜 성당에서 끝났다. 장례식 예배 전에, 나는 공산당의 밉살스러운 당원들과 싸우며 사람들이 자리를 잡는 것을 도왔다. 그들은 신도석의 첫째와 둘째 자리를 차지하려고 했다. 나는 그것이 나에게 주어진 일인 것처럼, 그 구역은 가족을 위해 마련된 자리라고 말하면서 그들을 단호하게 다른 곳으로 안내했다. 그들은 평소보다 나를 더욱 싫어했다. 나는 그들이 이 재기 넘치고 춤도 출 줄 아는 외교관의 정신을 자기들의 것이라고 주장하려 애쓰고 있음을 알고 있었다. 그리고 나 역시 그들에게 분노를 되갚아 주었다. 오를란도는 어떤 특정한 한 정당보다 더 큰 사람이었다. 그의 정신은 시인들 속에 있어야 마땅하다.

나는 대미사에서 노래를 불렀다. 꽉 들어찬 회중 가운데 오를란도의 아내 이사벨과 그의 잘생긴 네 아들이 함께했다. 이사벨의 사슴 같은 눈은 울어서 부어 있었다. 나는 〈인생이여, 고마워요!〉를 불렀고, 시선을 군중 위로 높이 두었다. 많은 사람들이 울기 시작했기 때문이다. 나는 로니 모핏의 젊은 남편이 설교단 위에서 힘겹게 분투하며 말을 잇던 것을 기억한다. 분노와 슬픔이 그를 잠식했고 눈물과 말은 하나가 되어 있었다.

나는 집에 돌아와 이사벨과 그녀의 네 아들에 대해 생각했고, 장례미사 동안 대주교가 이곳저곳으로 움직일 때 내가 그의 길에 계속 방해가 되는 꿈을 꿨다. 나는 오를란도가 관 안에 다시 누워 있는 광경을 보았다. 그의 얼굴은 갓 흘린 피에 흠뻑 젖어 있었고, 심홍색으로 번들거리는 해골과 얼마간의 살점만이 남아 있었다. 그에게 입을 맞추자 내 입술이 피로 물들었고, 그때 해골이 내 쪽을 살짝 돌아보았다. 마치 무언가를 요구하는 것 같았지만 오직 절망에 찬 신음 소리밖에 나오지 않았다.

몇 주 동안 나는 책을 계속 쓰려고 노력했다. 그러다 그것을 치워 버렸고 10년 동안 다시는 글 쓰는 걸 시도하지 않았다.

내가 1977년에 노벨 평화상 수상자인 베티 윌리엄스와 메어리드 코리건을 처음 만났을 때, 그들은 "안녕하세요, 제인!(Hellay, Jane!)"이라고 말했고, 나는 '맙소사, 그들은 나를 제인 폰다와 혼동하는구나'라고 생각했다. 그러나 그것은 그저 벨파스트(영국 북아일랜드의 수도―옮긴이)의 억양이었을 뿐이다.

1976년에 북아일랜드를 방문했을 때의 기억 두 가지.

도시 북쪽의 길가를 따라 쳐 놓은 산울타리 위에 서리가 수정처럼 내려앉았다. 한 쌍둥이의 엄마가 아이라와 그의 새 아내 몰리와 나에게 그해 8월에 있었던 최초의 즉흥적인 평화행진에 대해 이야기하고 있었다. 그녀가 말했다. 어머니들이 서로를 향해 다가갔다. 가톨릭교도들이 한 방향에서 걸어갔고, 다른 방향에서 개신교도들이 걸어왔다. 그들은 그 만남에서 무슨 일이 벌어질지 전혀 알지 못했다. 그녀는 맨 앞줄로 떠밀렸다. 그녀가 커다란 유모차에 쌍둥이를 태우고 있었기 때문이다. 사람들은 그 누구도 쌍둥이를 해치고 싶어 하지 않을 거라고 생각했다. "그러니까" 그녀가 말했다. "엄마들과 아이들, 유모차들이 침묵과 두려움과 놀라움 속에서 그 두 지역을 갈라놓은 커다란 기름통 장벽들을 지나, 서로에게 그저 다가가고 있었죠. 이전에는 한 번도 그런 적이 없었어요. 아무도 그 장벽을 건넌 적이 없었죠. 그런데 여기 폴스 로드 위에서 2천 명이나 되는 사람들이 서로를 향해 다가갔던 거예요."

그리고 그들은 만났다. 그들은 환호했고 포옹했고 울었고 자신들이 방금 해낸 특별한 일을 믿을 수 없었다. 그런 다음 그들은 공원 안으로 들어가 이야기하고 또 이야기했다. 서로에게 차를 마시자며 초대했고, 그날 이후의 계획을 만들려고 시도했다. 하지만 그들 가운데 아무도 그 날 이상을 바라보고 싶어 하지 않았다. 주문이 깨질까 두려워서, 그들은 심지어 공원을 떠나고 싶어 하지도 않았다.

그들이 말하기를, 아들의 무덤 앞에 앉아 떠나길 거부하며 밤낮을 울던 한 미친 여자가 있었다고 한다. 그녀의 아들은 친구들을 방문하러 갔다. 그 친구들은 문 두드리는 소리를 들었고, 금방 나간다고 외쳤다. 그런데 문 두드리는 소리가 갑자기 필사적이 되었다. 이윽고 기관총 소리가 들려왔다. 그들이 문에 다다라 그것을 열었을 때, 그 소년은 현관 안으로 쓰러졌다. 그는 죽어 있었다. 그의 재킷에는 고르지 못한 십자가 무늬의 총알구멍이 나 있었고, 그 모든 작은 구멍들에서 피가 쏟아져 나왔다.

발가락이 곱을 정도로 추운 날이었다. 우리는 아일랜드의 평화 시민들과 더불어 화합, 평화, 자유 그리고 아일랜드를 그토록 황폐화시킨 해묵은 분열의 종식을 위해 행진했다. 행진을 마친 뒤, 우리는 벨파스트로 가기 위해 차에 올라타 시동을 걸었다. 덜거덕 소리만 날 뿐 아무 일도 일어나지 않았다. 내 기억에 내가 그렇듯 겁에 질렸던 적은 하노이를 벗어나는 부교 위에서와 이때뿐이었다. 나는 당연히 차에 폭탄이 설치되어 있고, 우리가 탄 차가 완전히 폭파될 거라고 확신했다. 그러나 나와 동행한 아일랜드 친구들은 그 찰나의 순간만 주저했을 뿐, 우리는 다시 대화를 이어 나갔다. 그들은 이미 말한 적이 있었다. 자신들은 이제 굳이 차 밑을 살펴보지 않는다고. 만약 저승으로 가게 된다면 그냥 가면 그뿐이라고.

나는 그곳에서 만난 메어리드를 기억한다. 신의 숨결이 그녀를 마치 맑은 여름의 산들바람처럼 어루만졌다. 그녀는 미소 그 자체였다. 그녀는 기도였다. 그녀는 무한히 그리고 부단히 용감했고, 무장을 하지 않은 채 즐거운 얼굴로 '적'의 거리와 집 안으로 들어갔다. 어떤 사악함도 그녀 주변을 둘러싸지 못했으며 심지어 건드릴 수도 없었다. 나는 그녀가 지금도 여전히 그 모든 것들임을 확신한다. 그녀는 이 글을 읽고 좋아하지 않을 것이다. 그녀는 다른 몇몇 성인들과 마찬가지로 나서지 않는 사람이기 때문이다. 신이 당신을 축복하기를, 메어리드 코리건. 그리고 신이 아일랜드의 그 용감한 여성들을 축복하기를. 그들은 짧지만 이례적인 순간 동안, 세계에서 가장 폭력적인 나라들 가운데 한 곳에서 대규모의 비폭력 전투를 수행했다.

안드레이 사하로프와 엘레나 보네르가 고리키로 추방되기 하루 전에, 나는 그들에게 그저 인사를 하고 안녕을 기원하기 위해 전화를 했다. 나는 그들과 통화하려면 으레 지독하게 복잡한 과정을 거쳐야 할 거라고 생각했다. 3분 정도가 걸렸다.

"당신의 통화 상대자가 모스크바에서 전화를 받았습니다." 교환원이 말했다. 마치 로스앤젤레스에 사는 사람과 통화를 하는 것 같았다.

나는 생각했다. 맙소사, 얼마나 효율적인가. 그리고 그제야 이런 생각이 떠올랐다. 대체 무슨 말을 해야 하지? 어떤 언어로 말해야 하지?

"여보세요?" 나는 대담하게 대화를 시도했다.

"Da?(네?)" 1만 마일 떨어진 곳에서 대답이 왔다.

"음…… 영어 할 줄 아세요?"

"Nyet!(아니오!)"

"Parlez-vous Francais?(프랑스어 할 줄 아세요?)"

"Nyet!(아니오!)"

"Sprechen Sie Deutsch?(독일어 할 줄 아세요?)"

"Nyet!(아니오!)"

"오." 나는 얼마나 바보 같은지, 이게 내가 생각할 수 있는 전부였다. "저는 존 바에즈입니다. 음, 국제사면위원회?"

"Da?(네?)"

"제가 다시 전화를 하는 게 낫겠군요." 나는 바보가 된 기분으로 소리쳤다. 그리고 전화를 끊었다. 나는 모스크바 아파트의 방 안 가득한 그 손님들이 머리를 긁적이며 틀림없이 KGB가 무슨 새로운 계략을 꾸미고 있다고 생각하는 모습을 상상했다. 나는 지네타에게 전화했다.

"이런, 나는 멍청이에요." 내가 말했다. "그가 바로 거기서 전화를 받고 있었다고요."

"다시 전화해서 그들에게 노래를 들려줘!"

물론이고말고. 나는 다시 전화했고, 3분 정도를 기다렸고, 다시 사하로프 씨와 연결이 되었고, 소리를 질렀다. "존 바에즈입니다. 국제사면위원회에 있어요. 안녕하세요, 안드레이 사하로프! 안녕하세요, 엘레나 보네르!" 그러고는 〈우리 승리하리라〉를 5절까지 연달아 불렀다. 각 절이 끝날 때마다 수화기 너머에서 이런 소리가 들려오곤 했다. "Da! 그래요! 좋아요, 그래요, 제발 계속해요. 아내에게 수화기를 넘길게요!" 나는 계속 노래했고, 그들은 수화기를 이 사람에게서 저 사람에게로 넘겼다. 마지막에 나는 외쳤다. "안녕히 계세요! DA SVIDANYA!" 그들은 한 꺼번에 소리를 질렀다. 나는 전화를 끊었고, 침대 위에 앉아서 울었다.

1978년 여름에 나는 러시아로 가서 사하로프 부부를 만났다.

레닌그라드 광장에서 산타나와 비치보이스 그리고 내가 출연하는 대규모 콘서트가 열릴 예정이었다. 나는 러시아어 강좌를 들었고, 러시아인들로부터 많은 사랑을 받는 불라트 오쿠자바라는 음유시인의 아름다운 러시아 노래를 배웠고, 게이브를 캠프에 보냈고, 산더미 같은 껌과 사탕, 카세트와 음반 그리고 데님 소재의 옷들로 가방을 꾸렸다. 또 사하로프를 방문할 경우를 대비하여 그의 의붓딸인 타냐에게 연락했다. 러시아 방문 소식은 대규모 기자회견에서 발표되었다. 비치보이스가 서프보드를 자랑했고, 카를로스 산타나가 평화와 사랑에 대해 말했다. 나는 소련에 대한 어떤 선입견도 없이 간다고 말했다. 그리고 인권에 대해서는 아무런 언급도 하지 않았다.

러시아 정부는 콘서트가 열리기로 예정되어 있던 2주 전에야 그것을 돌연 취소했다. 그들은 어떤 해명도 하지 않았다. 그저 우드스톡에 몰려드는 규모만큼이나 많은 사람들이 공연장으로 몰려들 것이고, 모두가 청바지를 입고 로큰롤에 맞춰 춤을 출 것이며, 서구의 타락자들처럼 행동하리라는 점을 뒤늦게나마 헤아렸으리라는 게 내 짐작이다.

나는 격분했고, 관광비자를 신청해서라도 사하로프를 방문하기로 결심했다. 그렇게 해서 나는 그와 엘레나를 만났다. 나는 《샌프란시스코 크로니클》의 존 와서먼과 사진작가이자 번역가인 그레이스 바네케와 함께 갔다. 우리는 미리 시간을 안배해서 곧장 그들의 아파트 건물 안으로 걸어 들어갔다. 계획대로 작은 승강기를 탔고, 승강기에서 내려 오른쪽으로 꺾었다. 그러고는 마치 수백 번은 차이고 부서진 것처럼 보이는 문을 두드렸다.

나는 그 노벨 평화상 수상자와 그의 아내가 할머니와 할아버지라는 것을 알고 있었다. 침묵 속에서 그리고 매우 감동적으로, 그들은 우리가 가져온 그들의 아이들이 보낸 편지들과 테이프들을 받았다. 그리고 천천히 한 장 한 장, 한 면 한 면을 꼼꼼히 읽고 열심히 들었다. 나는 일단 자리를 비켜 주었다가 다음 날 다시 오겠다고 했다. 우리는 모르는, 하지만 그들 방식으로는 분명 그리워했을 사람들과의 생생한 접촉을 조용히 마음껏 누리게 해주고 싶었다.

우리는 저녁 식사 대접을 받았다. 안드레이는 그 식사 자리에서 결코 잊을 수 없는 두 가지를 말했다. 그는 그 한 가지를 내가 노래 한 곡을 끝낸 직후에 말했다. "당신도 알다시피 KGB가 듣고 있어요."

"네, 그러리라고 생각해요." 내가 대답했다.

그가 말했다. "뭐, 왜 안 그러겠어요? 그들도 인간인 걸요."

다른 하나는 나한테 미국으로 돌아가서 해야 할 일이라고 그가 생각하는 것이었다. 그는 미국이 핵무기와 그 밖의 다른 것들을 포함한 병력을 증강하도록 촉구해야 한다고 말했다. 그것이 러시아인들을 상대하는 유일한 방법이라는 것이다.

"당신은 노벨 평화상을 받은 사람이 아닌가요?" 내가 물었다.

그가 웃었다. 그러나 그리 시원한 웃음은 아니었다. 나는 언제나 생각해 왔다. 평화를 위한 상이 하나 있다면 인권을 위한 상이 또 하나 있어야 한다고. 그리고 용기를 위한 세 번째 상도 있어야 한다. 사하로프 부부는 뒤의 두 가지 상을 받았어야 했다.

5장

마침내 자유!

Joan Baez

1
밥 딜런과 두 여인

밥은 스카프를 두르고 꽃을 화환처럼 둥글게 장식해 놓은 챙이 넓은 회색 펠트 모자를 썼고, 귤색의 세로줄 무늬 셔츠와 조끼와 청바지를 입고 카우보이 부츠를 신었다. 그는 밴드와 함께, 그리고 친구들과 더불어 두 시간 동안 공연했다. 그 외에도 여러 사람이 그 쇼에 출연했다. 스칼렛 리베라라는 식욕부진 환자처럼 보이는 손금쟁이가 있었다. 그녀는 허리까지 폭포수처럼 쏟아지는 검은 머리에 적갈색 립스틱을 발랐고, 깃털과 원형 모양의 작은 쇳조각들을 주렁주렁 달고 앞뒤로 흔들면서, 그리고 이따금씩 시선을 들어 밥을 응시하면서 집시 바이올린을 연주했다. 데이비드 맨스필드라는 작은 천사는 스틸 기타와 바이올린과 피아노를 연주했다. 그는 곱슬머리에 예쁘장하고 하얀 얼굴을 가지고 있었다. 그래서 하루는 롤링 썬더 투어에 참여한 여자들이 그에게 날개와 후광을 씌우고 짧은 바지만 입힌 채 우리 앞에서 바이올린을 연주하게 했다. 또 깨끗한 피부와 눈 주위에 다크서클이 있는 백색증의 키가 큰 남부인이, 짐작하건대 할복을 한 한 일본 처녀에 대한 7분짜리 노래를 불렀다. 로저 맥권이 무대 위로 올라와 〈밤색 암말〉(Chestunt

Mare)을 불렀고, 그가 마지막 소절을 부를 때쯤 잭 엘리엇이 그의 목에 올가미 밧줄을 던졌다. 어느 날 밤에는 잭 엘리엇이 완전히 벌거벗은 채로 트레일러들 사이를 누볐다. 카우보이 킹키 프리드먼은 챙이 넓은 카우보이모자에 가죽바지 차림으로 '야아' 하고 외치며 무대 위로 올라가서 〈엘 파소에서 온 머저리〉(Asshole from El Paso)를 불렀다. 그레타 가르보와 중서부 매춘부를 섞어 놓은 것 같은 로니 블레이클리는 매일 밤 피아노 앞에 앉아, 늑대 울음소리 같은 애끊는 소리를 반복하고 또 반복하는 코러스와 더불어 길고 슬픈 노래를 불렀다. 그녀는 마릴린 먼로처럼 입술을 살짝 벌렸다. 마치 누군가가 그 작고 둥근 구멍 안에 빨대를 찔러 넣고 자신에게 밀크셰이크를 제공하기를 기다리는 것처럼. 나는 그녀가 입술을 다물고 있는 모습이 한 번이라도 내 눈에 띈다면 그녀에게 백 달러를 주겠노라고 말했다. 웃음과 광기를 제공하는 것은 뉴워스였다(뉴워스는 아주 오래전 런던 투어에서 나를 구원해 주었던 친구이다. 나는 밥을 만나기 오래전부터 뉴워스와 친구였고, 미미와 내가 보스턴 근처의 벨몬트에 살았을 때 놀러 오곤 했다. 그는 우리의 기운을 북돋워 주었고, 우리를 웃게 해주었다). 그는 커다란 빨간 코와 녹색 나일론으로 된 머리 타래를 가진 광대 분장을 했다. 그리고 무대 위로 올라가 밥과 함께 〈빈센트 반 고흐는 어디로 갔는가〉(Where Did Vincent Van Gogh?)를 불렀다. 밥은 투명한 플라스틱 가면을 쓰고 있어서 마치 밀랍 인형처럼 보였다. 로니는 다른 사람들이 분장한 모습을 보고는 인조다이아몬드로 된 불꽃 모양의 장난기 넘치는 안경과 베레모를 쓰고, 볼에는 하트 모양을 예쁜 윗입술 위에는 크고 검은 콧수염을 그려 넣었다.

밴드 리더인 롭 스토너는 섹시한 눈과 마맛자국을 가진 잘생기고 야심만만한 친구였는데, 그는 밥이 그 투어에 대해 만들고 있는 영화(밥 딜런은 1975년에 〈레날도와 클라라〉[Renaldo and Clara]라는 영화를 만들고 감독했다. 밥 딜런은 존 바에즈와 자신의 아내 사라 딜런과 더불어 이 영화에 직접 출연했다—옮긴이)에서 많은 분량의 연기를 했다. 나는 그 영화에 관해 들어서 알고 있었다. 1964년의 영국 투어 동안 만든 기록영화인 〈돌아보지 마〉(Don't Look Back)와 달리, 들리는 소문에 따르면 이 영화는 연기와 플롯과 장면과 인물을 가진 것이라고 했다. 나는 내가 그 영화에 출연하는 것을 거부했다는 소문을 들었다. 기타 치는 사람들, 드럼 치는 사람들, 조명 팀과 음향 팀 등 여러 사람들이 그 영화에 참여했다. 그래서 어느 날 나는 빨간 곱슬머리 가발을 쓰고, 티셔츠에 벨트를 하고, 긴 부츠를 신고, 메이크업(과도한 크기의 까만 매력점 한 쌍을 포함해)을 좀 하고, 초록색 껌을 입 속에 집어넣고 딱딱 소리를 내어 씹으면서 간들간들 걸어가 영화의 한 장면이 촬영되고 있는 호텔 발코니 위로 올라갔다. 작고 동그란 검은 쇳조각들이 달려 있는 카우보이 셔츠에 올백 머리, 선글라스로 한껏 멋을 낸 롭 스토너가 그곳에 있었다. 나는 발코니 난간 위에 걸터앉아 다리로 그를 감싸고는 입 속에서 초록색 껌 뭉치를 꺼내어 그의 볼에 붙였다. 그런 다음 마맛자국이 난 그의 멋진 얼굴을 잡고 그에게 프렌치키스를 했다. 그런 식으로 나는 내가 그 영화에 출연하고 싶다는 의사를 전한 것이다.

어느 날 나는 캐나다의 한 농장에서 딜런과 함께 눈 위를 무거운 발걸음으로 돌아다니며 '장면'을 연출하고 있었다. 나는 30분을 들여 인조 속눈썹을 붙였고, 검고 긴 곱슬곱슬한 새로운 가발을 썼다. 나는 멕시코 창녀를 연기하고 있었다. 롤링 썬더 투어에 참여한 여자들은 모두 창녀를 연기했다. 그 장면은 밥이 나를 오두막 쪽으로 떠밀고 가는 것으로 시작되었다. 사실 플롯과 대본이 없었기 때문에 등장인물들은 우리가 해 나가는 대로 "발전되었다." 나는 그 오두막으로 들어가 우리와 함께하는 유일한 진짜 배우인 주인공 해리 딘 스탠튼 곁으로 가만가만 다가갔다. 그는 선한 남자 역할을 연기하기 위해 할리우드에서 온 사람이었다. 그리고 그와 나는 〈쿠쿠루쿠쿠 팔로마〉를 부르고 에스파냐어로 이야기하고 사랑에 빠지고 그런 다음 키스하기로 되어 있었다. 그때 딜런(아니, 어쩌면 잭 엘리엇이었는지도 모른다. 잘 기억이 나지 않는다)이 난입했고, 나는 내 옆의 새로 발견한 주인공에게 용기를 얻어 심한 멕시코 억양으로 그를 질책했다. 날은 추웠지만 나는 궁금했다. 내가 이 전무후무하게 어리석은 프로젝트에서 대체 무엇을 하고 있는지, 그리고 과연 딜런이 그것을 심각하게 여기고 있는지 말이다. 샘 셰퍼드가 그곳에 있었다. 아마도 그것을 연출하거나 극본을 쓰고 있었을 것이다. 그러나 각본이랄 것도 없었고, 연출이랄 것도 별로 없었다. 밥은 카메라 뒤에 서서 혼자 낄낄거리고 분주히 돌아다니면서 모두로 하여금 그가 마음속에 그렸던 장면을 연기하게 했다. 딜런은 그 유쾌한 작은 즉흥극들로 자기가 어느 날 밤 꾸었던 꿈의 내용을 표현하고 있었다.

어느 날 메인 주 포틀랜드 호텔에서 앨런 긴즈버그가 무도장을 가득 메운 마작을 하는 사람들에게 시를 읽어 주었다. 카메라들이 그의 낭독에 놀란 유대인 공동체의 반응을 촬영했다. 그들은 아주 부드러운 내용으로 시작했다가 안경 뒤에서 눈을 동그랗게 뜬 채 흥분하면서 거웃이 나 있는 질에 대해 외치며 끝내는, 턱수염을 길게 기른 이 세계적으로 유명한 문학 인사에게 어떻게 반응해야 할지 몰랐다.

또 다른 날 우리는 버스를 타고 뉴욕 북부의 집시 구역에 있는 알로 거스리를 보러 갔다. 그곳은 바가 있는 음식점이었다. 모두가 둘러 앉아 뜨거운 야자술을 마시는 동안 밥은 장면을 연출해 보려고 무모하게 시도하는 중이었다. 그때 나이 든 집시 부인이 나를 발견하고는, 나더러 자신의 방으로 함께 올라가자고 말했다. 그곳에서 그녀는 잠잘 때 베고 잔다는, 자수가 놓인 작고 때 묻은 베개를 보여 주었다. 그 베개에는 그녀의 죽은 남편의 유골이 담겨 있었다. 그녀는 내게 자기는 결코 외롭지 않다고 말했다. 침대 위에는 구슬로 장식된 색이 바랜 흰 새틴 이브닝드레스가 놓여 있었다. 그것은 발목까지 내려왔고, 새틴 보디스 위에 레이스로 띠가 둘러 있었다. 그 옆에는 자수가 놓인 구식 오페라 핸드백과 가짜 진주와 인조다이아몬드로 만든 목에 딱 붙는 목걸이가 있었다.

"이 드레스를 입어요." 그녀가 명랑하게 말했고, 나는 그렇게 했다. 그것은 나에게 꼭 맞았다. 그녀는 지저분한 볼에서 눈물을 닦아 냈고, 마치 현자처럼 고개를 저으며, 자기는 내가 누구인지는 전혀 알지 못하지만 어쨌든 내가 이곳에 오리라는 걸 이미 알고 있었다고 말했다. 그러고는 그 드레스와 핸드백과 목걸이가 모두 내 것이라고 했다. 그런 다음 그녀는 내게 입을 맞췄고, 내려가서 사람들에게 보여 주라고 말했다. 그 계단통을 미끄러지듯 내려가면서, 나는 확실히 마법에 걸린 것처럼 느껴졌다. 모두들 나를 발견하더니 "오오" "아아"를 연발했고, 밥은 나와 '장면'을 찍기로 결정했다.

그 장면이 시작되기 전에 우리는 작은 호숫가로 걸어 내려갔다. 그날은 회색빛 하늘에 해가 낮게 걸려 있는 추운 가을날이었다. 나는 맨발이었고, 우리는 나무 아래 서서 정상적인 사람들처럼 조용히 이야기를 나눴다(무슨 이야기를 나누었는지는 기억이 나지 않는다). 아주 잠시 동안 우리는 또 다른 시간으로 돌아갔다. 우리가 열아홉 살 때, 사방에서 낙엽이 날리는 가운데 머리에 눈을 맞으며 서 있던 그때로……. 나는 우리가 주위를 둘러보면, 그 마법이 멈추리라는 것을 알고 있었다. 그러나 나는 개의치 않았다. 우리는 '장면'을 찍기 위해 다시 언덕으로 올라갔다. 카메라 앞에서 나는 머릿속에 떠오르는 것들을 있는 대로 말했다. 나는 밥에게 어째서 한 번도 내게 사라에 대해 이야기하지 않았느냐고 물었다. 그리고 그 옛날 우리가 결혼했다면 어떤 일이 벌어졌을 것 같은지를 물었다. 그는 말을 잘 지어내지 못했다. 그래서 나는 그 질문들에 대해 스스로 답했다. 아마 잘 안 됐을 거야. 왜냐하면 나는 너무 정치적이고 당신은 거짓말을 너무 많이 하니까. 당황한 그는 손바닥을 바 위에 올려놓고 미소를 지으며 그냥 서 있을 뿐이었다. 내 질문은 그에게 새로운 것이 아니었지만, 그로서는 달리할 수 있는 게 없었다.

기차에서 사라는 밥의 무릎 위에 앉아 있었고, 아이들은 자리에서 올라갔다 내려갔다 하며 흩어져 놀고 있었다. 딜런의 아이들 네 명, 게이브 그리고 게이브의 친구인 이기. 나는 사라를 보면 질투가 날 거라고 생각했다. 하지만 질투가 나지 않았다. 오히려 그녀가 안쓰럽게 느껴졌다. 그녀는 엄마가 되기에 지나치게 연약했다. 그녀의 피부는 하얗고 투명했고, 눈은 커다랗고 까맸다. 얼굴의 모든 것이 연약해 보였다. 눈 밑의 다크서클과 이마에 난 잔주름들이 그녀의 기분이 변할 때마다 나타났다가 사라지곤 했다. 머리칼은 검은 천사의 머리칼처럼 가늘고 솜털 같았다. 또한 삐죽 내민 입술과 완벽한 코, 높은 아치 모양의 눈썹을 갖고 있었다. 사라는 겨울이면 추위를 많이 탔다. 그녀는 에너지가 부족해 보였다. 우리는 서로를 보며 미소를 지었다. 그리고 어느 날 모든 것에 대해 이야기하기 시작했다. 말하자면 밥에 대해서. 그녀는 신중했다. 그녀는 충실했다. 그러나 나는 우리가 그녀의 남편에 맞서 어떤 면에서는 생존의 동맹을 결성했다고 느꼈다.

밥과 사라는 일상의 실제적인 문제들을 다루는 데 서툴렀다. 나는 끊임없이 그들에게 수건을 건네고, 물과 커피를 대령하고, 담뱃불을 붙여 주고, 그들의 아이들을 돌보고, 그들이 저녁 식사 테이블에 함께 앉도록 애썼다. 이런 내가 그들에게 무슨 의미인지 알 수 없었다. 때때로 나는 내가 남성적 인물이라는 생각이 들었다. 그게 아니라면, 다른 시공간에서 온 행동이 굼뜨고 겨울에는 늑대처럼 창백한 이상한 존재들, 이를테면 신들이 '너희들끼리 알아서 꾸려 가'라며 내던져 버린 두 명의 허둥대는 생명체들을 위한 보호자라고 생각했다.

사라는 다리 위에서 고요한 물을 굽어보며 서 있는 것을 두려워했다. 나는 그녀의 공포증이 토하는 것에 대한 나의 두려움보다 훨씬 시적인 공포증이라고 생각하여, 그녀에게 〈고요한 밤바다〉(Still Waters at Night)라는 노래를 만들어 주었다.

어느 날 나는 밥처럼 옷을 차려입었다. 밥이 쓴 것과 비슷한 모자, 꽃과 스카프, 셔츠와 조끼, 담배, 펜으로 그린 짧은 턱수염 그리고 카우보이 부츠를 완벽하게 갖춰서. 나는 밥이 촬영하고 있는 방 안으로 천천히 걸어 들어가서는, 경호원늘 가운데 한 명의 옆으로 가만히 다가가 밥의 목소리로 말했다. "커피 한 잔 갖다 주지." 그가 1초도 안 되어 커피를 내 앞에 대령했다. "담배 좀 주지." 내가 말했다. "빨리!" 불을 붙인 담배가 적당한 거리를 두고 내 앞에서 타들어 갔다.

"괜찮았어요?" 내가 씩 웃으며 경호원을 올려다보면서 본래 내 목소리로 물었다.

"맙소사! 당신이었어요, 존?"

"그럼요, 정말 끝내주지 않았나요?"

밥조차도 깊은 인상을 받았다. 결국 나는 밥 딜런이 되어, 내가 사라에 대해 쓴 노래를 부르는 것으로 마무리되는 얼빠진 장면을 연기했다. 밥은 자신의 노래를 밥 딜런에게 팔러 온 무명의 뮤지션을 연기했다. 나는 밥 딜런을 연기했고, 그 무명의 뮤지션에게 무례하게 대했다. 사라가 방 안으로 들어와서 머리를 곧추세우고는 고개를 저으며 웃었다. 그러고는 자리에 앉아 몽롱하고 야릇한 표정으로 지켜보았다. 나는 노래를 끝냈고, 딜런스럽게 무뚝뚝한 말투로 몇 마디를 했고, 그 장면은 끝이 났다.

"오케이." 밥이 말했다. "그걸로 됐어."

"난 다시 해야겠는데." 내가 그의 목소리로 말했다. 그는 몹시 화가 난 것처럼 보였다.

"이것 봐, 왜 이래. 제기랄, 그거 괜찮았어, 좋았다고."

"이것 봐, 왜 이래. 제기랄, 그게 빌어먹을 누구의 장면이야. 그건 하나도 안 좋았어. 난 다시 해야겠다고." 내가 얼마간의 담뱃재를 바닥에 버리고 가발을 홱 잡아당기며 더러운 성질을 드러냈다. 우리는 그 장면을 다시 찍었다. 스스로 만족한 나는 내 방으로 가서 하얀 터번을 두르고 사라가 되는 것을 연습했다.

"당신 그 울새 알하고 다이아몬드에 대한 노래 부를 거야?" 밥이 리허설 첫날에 물었다.

"뭐 말이야?"

"알잖아. 파란 눈과 다이아몬드에 대한 것⋯⋯."

내가 말했다. "오, 〈다이아몬드 앤드 러스트〉(Diamonds and Rust)

말이군. 내 남편 데이비드를 위해 쓴 곡 말이지? 그가 감옥에 있을 때 쓴 거야."

"당신의 남편을 위해서?" 밥이 말했다.

"그래, 그게 누구에 대한 거라고 생각한 거야?" 내가 발뺌했다.

"오, 이봐! 빌어먹을, 내가 뭘 알겠어?"

"신경 쓰지 마. 좋아, 그거 부를게. 당신이 좋다면."

몬트리올에서 나는 다시 창녀 역할을 맡기로 했다. 새 가발을 쓰고 인조 눈썹을 붙이고 검은색 가터벨트와 레이스들을 두르고 소방차처럼 빨간 캐미솔을 입고는 내 방에서 어정거리고 있었다. 담배를 피우고 적포도주를 마시며, 은막에서의 스타덤을 향해 한 발짝 더 나아갈 준비를 하고 있었다. 그런데 그때 밥이 나를 부르더니 마음을 바꿨다고 말했다. 내가 사라가 되고 사라가 창녀가 되어야 한다고 했다. 나는 내가 그가 되고 그가 사라가 되어야 한다고 제안했다. 하지만 그는 내 말을 재미있어 하지 않았다. 그는 그 장면을 연기하는 우리 세 사람을 생생하게 마음에 그리며 창조적인 격앙 상태에 있었다. 의상을 담당하는 여자가 내게 사라의 옷을 가져다주었다. 흰색 터번과 겨울 코트와 장갑. 나는 로비의 소파 옆에서 혼자 사라를 연습했다. 그때 작은 목소리 하나가 내게 질문을 했다. 연신 자신의 작은 근심거리를 털어놓는 사람은 게이브가 아니라 밥과 사라의 아이들 가운데 한 아이였다. 나는 등을 돌린 채 대답을 해주었고, 그런 다음 이제는 집중해야 하니 저리 가서 놀라고 타일렀다. 그 아이는 내가 자기 엄마가 아니라는 것을 전혀 모른 채 내 말대로 했다. 스스로 만족하여, 나는 그 인물로 남아 그 장면이 요구하는 것이 무엇이든 하기 위해 출발했다.

사라는 슬립을 입고 구불구불한 긴 가발을 쓰고 밥과 함께 침대에서 키스하고 있었다. 나는 그 현장을 덮쳐서 소동을 일으키게 되어 있었다. 실망스럽게도 그들은 계속해서 카메라들을 멈추게 하고는 내게 이것저것을 바꾸라고 말했다. 보아하니 내가 사라 노릇을 하는 것이 그들에게는 섬뜩하게 느껴지는 모양이었다. 나는 재빨리 캐릭터를 바꾸지 못했으므로, 그 장면은 평소보다 훨씬 허접스럽게 마무리되었다.

첫 번째 롤링 썬더 투어는 1975년 12월 9일 매디슨 스퀘어 가든에서 끝이 났다. 밥의 동의하에 의상 담당 여성이 나를 새 모자와 꽃들, 밥의 의상, 하얀 얼굴, 색칠한 짧은 수염을 포함하여 완벽하게 분장시켜 주었다. 쇼의 후반부는 똑같은 기타와 차림새와 목소리와 몸짓을 가진 두 명의 딜런으로 시작했다. 열 줄쯤 뒤에서 보았을 때 우리를 구분해 주는 유일한 차이점은 우리가 입은 청바지의 옆모습이었다. 내 것은 엉덩이 쪽이 불룩했다.

쇼가 진행되는 동안, 나는 '마사 앤 더 반델라스'(Martha and the Vandellas)의 〈거리에서 춤을〉(Dancing in the Streets)에 맞춰 춤을 추었고, 〈다이아몬드 앤드 러스트〉를 포함하여 20분간 공연을 했다.

두 번째 롤링 썬더 투어는 출발이 좋지 못했다. 나는 그 쇼에서 내 지위와 출연료가 좀 더 이익이 되도록 바뀌어야 한다고 생각했으며, 충동적인 기분이 들었다. 밥은 내 머리가 데뷔 때와 마찬가지로 길어야 한다고 생각했다. 내가 머리를 기르면 내 앨범들이 다시 팔리기 시작할 거라고, 언젠가 내게 말한 적이 있었다. 그러나 나는 롤링 썬더 투어 중간에 머리를 잘랐다. 하루는 플로리다 잭슨빌에 있는 연습실에 들어가는데, 밥이 내게 말했다. "당신 머리에다 대체 무슨 빌어먹을 짓을 한 거야?"

"당신 얼굴에다 대체 무슨 빌어먹을 짓을 한 거야?" 내가 대답하자 그가 뿌루퉁해졌다. 그는 나와 연습하거나 심지어 나중을 위해 시간을 정하려고도 하지 않았다. 나는 감기에 걸렸고, 침대로 가서 자기 연민에 빠졌다. 그리고 밥에 대한 얼간이 같은 노래를 썼다. 가사 중에 이런 말이 있다. "우리에겐 공통점이 별로 없어. 하지만 우리는 너무도 닮아 있지." 그것이 가사 전체의 요점이 되는 부분이었다. 우리에겐 공통점이 별로 없었고, 지금도 그렇다. 하지만 그는 나의 신비한 형제였다. 우리는 시간과 상황에 의해 엮인 거리의 쌍둥이였다.

나는 침대에 누운 채로 정면을 노려보면서 코를 훌쩍였다. 10년 전에도 나는 영국에서 이런 모습으로 누워 있었던 적이 있다. 밥의 좋은 그리고 충직한 종복들 가운데 하나이자, 취미로 골동품 차를 모으는 유대인 수산업계의 거물인 루이스가 '여왕'을 위해 무슨 일을 할 수 있을지 알아보기 위해 예고도 없이 방문했다. 루이스는 약간 도착적인 데가 있었지만, 상황에 밀릴 땐 언제나 내게 친절하고 사려 깊었다. 지금은 위기 상황이었다. 왜냐하면 첫 번째 콘서트가 이틀 뒤로 다가왔는데 밥과 나는 연습을 전혀 하지 않았고, 나는 집으로 돌아가겠다며 으름장을 놓고 있었기 때문이다.

나를 분별과 투어로 돌아오도록 부추기는 건 그리 어렵지 않았다. 밥이 방문을 했고, 심지어 약간은 친절하기까지 했다. 그가 나간 뒤, 뉴워스가 방 안으로 뛰어 들어와 이탈리아 억양으로 소리를 질렀다. "그녀가 살아났네! 여왕이 살아났네!" 그는 창문을 열어젖히고, 커다랗고 무질서한 호텔 단지의 구내를 향해 다시 그 말을 외쳤다. 나는 갑자기 기분이 좋아졌다. 그러나 내 얼굴에 쇄도하는 울긋불긋한 안색과 이 웃음을 멈출 수 없다는 사실이 당황스럽기도 했다.

나는 봄의 두더지처럼 밖으로 고개를 쑥 내밀었다. 밥의 숙소 구내에 적갈색 머리와 구세군 복장을 한 소녀가 이끼로 뒤덮인 두 그루의 커다란 나무들 사이에 팽팽하게 줄을 매 놓고 그 위를 걷고 있었다. 그녀는 자기의 이교적 명상을 분별 있게 실행했고, 밥에게는 쓸모 있는 부류의 사람이었으며, 그 투어가 열리는 대부분의 시간 동안 우리와 함께 지냈다. 사방에 뮤지션 천지였다. 밥은 이제 그 예쁜 카우보이모자 대신 수건 같은 것을 두르고 있었다. 모두가 날염 스카프를 하고 머리에 찢어진 천을 두른 채 이곳저곳을 방황했다. 나는 그들을 따라하지 않다가 투어 막바지에 이르러서야 2.5미터 길이의 에스파냐산 빨간 비단 스카프를 터번처럼 둘렀다. 그리고 인도의 왕과 왕후들이 으레 왕족의 보석을 붙이는 이마 한가운데에 번쩍번쩍 빛나는 브로치를 붙였다. 롤링 썬더 공연은 내가 생각했던 것보다 멋지지도 재미있지도 않았다. 그리고 나는 내가 음악적으로, 정신적으로, 정치적으로 그리고 다른 모든 방식으로 스스로를 엄격하게 제한하고 있음을 깨닫기 시작했다.

사라가 투어 느지막이 나타났다. 비행기에서 내려 미친 여자 같은 모습으로, 구겨진 옷들이 담긴 바구니를 들고, 머리는 헝클어지고 눈 주위에는 다크서클이 가득한 채 표류하듯 돌아왔다. 이틀 사이에 그녀는 내가 그녀의 '힘'이라고 부르는 것을 회복했다. 밥은 그녀를 무시했고, 대신 그가 우연히 알게 된 현지 여성인 곱슬머리 몹시가 호텔 로비에서 조금 떨어진 무도회장에서 그가 리허설을 하는 동안 피아노 위에 올라앉아 있었다. 사라가 사슴 가죽 옷을 입고 에메랄드 목걸이를 하고 숨이 막힐 듯한 강하고 달콤한 오일을 바른 채 앞문에서 활기차게 나타났다. 그녀는 서름서름한 태도로 내게 인사했고, 딱히 특별한 주제 없이 무심하게 나와 이런저런 이야기를 나눴다. 하지만 그녀는 내내 무도

회장의 잠긴 문을 주시하고 있었다. 나는 그녀가 그 방에 마법을 걸고 있다는 인상을 받았다. 그리고 밥이 가지고 있는 계획이 무엇이건 간에 곧 좌절될 것이라는 인상을 받았다. 그 방으로 들어가는 문이 열리고 몹시가 구르듯이 나왔다.

"누구죠?" 크고 나른하고 의심스러운 눈으로 그 여자를 곁눈질하며 사라가 물었다.

"어떤 열성팬이에요. 아무도 그녀를 좋아하지 않죠." 내가 대답했다. 그것은 사실이었다. 오히려 우리는 그 줄타기하는 소녀를 더 좋아했다. 그녀는 사라가 주변에 있을 때는 조용히 사라졌다. 그러나 몹시는 제멋대로 구는 훼방꾼이었고, 나는 내가 얼마나 사라를 지지하고 있는지를 깨달았다.

내가 다음으로 기억하는 것은 밤 공연의 무대 뒤에서 벌어진 일이었다. 이상하게 활짝 열린 대기실 문을 통해, 사슴 가죽 옷을 입고 오일을 바른 사라의 모습이 보였다. 그녀는 등받이가 곧은 의자 위에 올라앉아 있었고, 그녀의 남편은 모자도 없이 혼란스러운 표정으로 그녀 앞에서 한쪽 무릎을 꿇고 있었다. 그것은 마치 무성영화 같았다. 밥은 하얗게 분칠한 얼굴로 찰리 채플린 아이라이너를 하고 있었고, 사라는 얼음장 같은 분위기에 눈썹을 짙게 칠하고 립스틱을 옅게 바른 모습이었다. 그날 밤 나는 〈로랜즈의 슬픈 눈을 가진 숙녀〉(Sad-Eyed Lady of the Lowlands)를 불렀고, 그것을 사라에게 바쳤다.

때마침 밥의 생일이 돌아왔고, 경기장 안에 모인 만 명의 사람들이 비가 내리는 가운데 그에게 노래를 불러 주었다. 그는 노래가 끝날 때까지 고개를 앰프 사이에 고정시키고 있었다. 그러고는 〈세찬 비가 쏟아질 거야〉(A Hard Rain's A-Gonna Fall)를 열창하기 시작했다. 그날 밤 우리는 밥을 위해 케이크를 갖춘 뒤죽박죽 파티를 열었다. 그는 술에 취했고 녹초가 된 것 같았다. 나는 그를 그의 방까지 데려다 주었다. 그는 약하게나마 내게 추파를 던졌다. 나는 그에게 그 자리에 꼼짝 말고 있으라고 말하고는 사라를 찾으러 갔다. 그리고 사라에게 밥을 인도했다. 그들 모두 빙충맞게 웃었고 약간은 기분이 좋아 보였다. 그리고 나는 "생일 축하해"라고 말한 뒤, 스스로를 꽤 대견해하며 내 방으로 돌아갔다.

투어는 북서쪽 어딘가에서 다소 굴욕적으로 느슨해졌다. 날씨가 점점 추워졌다. 나는 내 방이 마음에 들지 않았고, 향수병에 시달렸고, 내 삶이 미치광이의 집에서 낭비되고 있다고 느꼈다. 게다가 나는 밥을 그리 많이 보지 못했다. 그래서 내가 다른 동료들 몇몇과 함께 식사를 하고 있는 테이블로 그가 왔을 때 무척 놀랐다. 그는 투어를 연장하자며 나를 설득했다. 우리는 계속해서 서부 해안으로 콘서트들을 계약해야 하고 그런 다음엔 우리가 가고 싶은 곳 어디든 가서 콘서트를 해야 한다는 것이었다. 그는 우리의 쇼가 지금까지 투어 공연 가운데 가장 훌륭한 공연이라고 말했다. 나는 집에 가고 싶다고 말했다.

"어째서? 롤링 썬더에 없고 집에 있는 게 뭔데?"

"내 아들과 내 정원. 그리고 내가 해야 할 일들."

"그래? 이를테면 어떤 거?"

"한 가지 예를 들자면, 제정신으로 살아가는 거!"

"이봐, 설마 당신이 집에서는 조금이라도 덜 미칠 거라고 말하는 건 아니겠지?" 그는 호텔 욕실 잔으로 무언가를 꿀꺽꿀꺽 마시고 있었고 비틀거리기 시작했다.

"우리는 하녀들과 선생들과 가정교사들, 뭐, 그런 사람들을 고용해서 영원히 여행을 다닐 수 있어. 아이들에게도 무척 좋을 거야. 그들은 그저 하나의 작은 무리로 변할 테니까. 게이브에게도 좋을걸. 당신 없이는 그것을 할 수 없어, 조애니." 그것은 정말로 흥미롭게 들렸다. 그리고 그는 계속해서 내가 얼마나 멋지고 특별한지에 대해 아찔할 정도로 장광설을 늘어놓았다. "사실 말이지, 당신은 유일한 사람이야. 당신 말고 다른 사람들은 모두 어쨌든 결코 중요하지 않아. 그들은 빌어먹을 하등의 의미도 없단 말이야. 당신이 가장 중요한 사람이라고." 그가 단호히 고개를 끄덕이며 말했다.

"고마워, 밥. 그런데 당신 취했어." 그는 얼마간 더 그렇게 계속했다. 그러나 결국엔 한쪽 무릎을 꿇고는 우리가 의남매가 되어야 한다고 말하면서 주머니칼을 더듬어 찾았다. 그는 칼날을 세워 손목 주변에 아무렇게나 휘둘러 댔다. 나는 그에게 잠깐만 기다리라고 부탁한 뒤, 웨이터에게 깨끗한 스테이크 칼을 얻어 왔고, 그것을 스카치에 담갔다가 우리의 피부에 그어 그저 피를 낼 수 있을 정도로만 작은 생채기를 냈다. 그리고 우리는 손목을 서로 맞댔다. 그는 술에 취해 행복하게 고개를 끄덕였고, 이제 이것은 평생 가는 것이라고 말했다.

"무엇이 평생 가는 것이라는 거야, 밥?" 내가 물었다.

"나와 당신." 그가 꽤 진지하게 말했다.

어찌되었든 롤링 썬더 투어는 성공적이었다. 적어도 음악적으로는 그랬다. 나는 몇 년 후 '유럽 1984'가 성사될 수 있었던 것은 롤링 썬더 투어 덕분이었다고 생각한다. 몇 년 동안, 이따금 밥과 나는 유럽을 순회하며 공연하는 것에 대해 이야기해 왔다. 전적으로 상황이 좋고 거금을 벌어들일 수만 있다면 그가 유럽 투어에 나설 거라고 나는 생각했다. 우리의 유럽 쪽 프로모터의 성화에, 나는 그와 함께하는 짧은 투어를 제안했다. 그러나 그는 안 된다고, 절대 안 된다고 말했다. 그는 산타나와 함께 라틴아메리카에 갈 예정이었다. 일단 그편이 쉬웠고, 그곳 사람들은 아무것도 모를 테니까(내 짐작에, 적어도 노래의 의미에 대해서는). 그들이 요구하는 음악을 해야 한다는 압박도 덜할 테고, 그러면 자기가 내키는 대로 더 자유롭게 할 수 있을 테니까.

나의 프로모터인 프리츠 라우와 그의 동업자 호세 클라인은 유럽에서 위대한 딜런-바에즈 합동 콘서트를 조직하자는 15년 된 꿈을 가지고 있었다. 밥과 내가 라틴아메리카에 대해 이야기한 지 한 달 뒤, 그들이 내게 전화해서 "그가 하겠대! 그가 그것을 하고 싶대!"라고 말했을 때, 사실 나는 그들이 밥의 구미가 당길 만한 좋은 제안을 생각해 낸 모양이라고 추측했다. 나는 회의적이었다. 그 투어는 이미 딜런-산타나 투어로 계획되고 있었기 때문이다.

나는 공연 규모와 포스터와 광고에 들어갈 이름의 순서에서부터 공연 순서와 공연 길이에 이르기까지 모든 것을 미리 합의하자고 주장했다. 나는 주로 밥과 내가 동등하게 경비를 지불할 것과 쇼의 어디쯤선가 함께 무대에 올라 공연할 것, 그리고 산타나가 오프닝 공연을 맡을 것을 주장했다.

많은 것이 약속되었지만, 서면으로 작성된 것은 아무것도 없었다. 모든 것이 에둘러 이야기되고 추정되고 혹은 단순히 소망되었다.

투어가 있기 전 몇 주 동안, 나는 밥과 연락을 취하려고 애썼다. 그러나 연락이 닿지 않았다. 나는 호세에게 이 사태를 처리해 달라고 요구했다.

"밥이 나와 함께 노래를 부를 의도가 있다는 보장이 필요해요."

"빌 그레이엄이 오늘 그것에 대해 그에게 이야기할 거야."

"쇼의 순서에 대해서는 이야기가 어떻게 진행되고 있죠?"

"모든 것이 프랑크푸르트로 출발했어. 그리고 내 생각에는 다른 사람들도 함께 갈 거야." 개인 매니저가 있었다면 그 시점에서 내가 손을 떼도록 만들었을 것이다. 1978년에 매니와 헤어진 이후로 나에겐 개인 매니저가 없었다.

프리츠와 호세의 요청에, 나는 기자회견과 텔레비전 록 쇼와 성대한 딜런-바에즈 행사를 선전하기 위해 인터뷰를 했다. 프리츠와 호세처럼 나는 앞뒤 생각 없이, 그리고 점점 커지는 흥분과 함께, 딜런과의 재회 공연을 향해 나아가고 있었다. 첫 번째 쇼가 시작되기 이틀 전까지도 밥과 연락이 닿지 않았다. 나의 '의형제'에게 연락을 하기 위해 애쓰는 과정은 이렇게 진행되었다.

"여보세요, 존이에요. 밥이랑 통화하고 싶은데요."

"오, 안녕하세요, 존. 저, 알 수가 없네요. 그가 방금 전까지 여기 있었던 것 같은데. 나중에 그더러 당신에게 전화하라고 할게요."

"아니, 난 지금 당장 그와 통화하고 싶어요. 기다릴 수 있어요."

"이런, 음. 방금 어딘가에서 그를 본 것 같은데, 음……."

새로운 목소리.

"안녕하세요, 존. 스탠리에요. 뭘 도와드릴까요?"

"아마 없을 거예요, 스탠리. 난 당신을 모르거든요. 당신이 밥을 내놓을 수 있다면 몰라도……" 여러 번의 짤까닥 소리와 수화기를 막은 채 약간의 대화가 오간 뒤에, 밥은 더 이상 나를 떼어 낼 수 없다는 걸 깨닫고 마침내 '황송하게도' 전화를 받아 준다. 그는 그저 투덜거리기만 한다. 나는 우리가 쇼를 위해 두어 곡을 미리 연습해야 하지 않겠느냐고 제안한다. 그는 지독한 반응을 하고, 나는 그가 '예행연습'이라는 단어에 거부반응을 일으킨다는 사실을 깨닫는다. 그가 마침내 말한다. 우리가 "몇 곡을 미리 불러 볼" 수는 있다고.

나는 그를 만나 "몇 곡을 미리 불러 보기" 위해 함부르크로 날아갔지만, 그와 통화할 때만 해도 있었던 호텔에 그는 있지 않았다. 다음 날까지 시내에 없을 거라는 사실만 알게 되었을 뿐이다. 실제로 그는 전용 비행기를 타고 자신의 공연 시간에 딱 맞춰 도착할 예정이었다.

그렇게 해서 빌 그레이엄의 조직과 프리츠와 호세의 '슈메털링'(프리츠가 나에게 지어 준 애정 깊은 별명으로, '나비'를 의미한다) 사이에서 프리츠와 호세의 중재가 시작되었다. 그리고 그렇게 해서 내가 이제껏 겪었던 일들 가운데 가장 힘 빠지는 일련의 사건들이 시작되었다. 그것과 비교할 수 있는 것은 오직 허리케인 아그네스가 강타한 와중에 국회의사당 둘레를 에워쌌던 일뿐이었다.

어쨌든 첫 번째 콘서트는 내가 약속을 받았던 모든 것에서 적어도 외형 면에서는 충실했다. 카를로스 산타나(그의 마음씨를 축복하소서)가 자신의 자존심을 창문 밖으로 벗어던지고 오프닝 공연을 했다. 비가 내리고 있었고, 공연이 열린 경기장의 표는 반밖에 팔리지 않았지만, 나의 공연은 성공적이었다. 밤의 공연 중간 휴식 시간에 나는 그에게 다가갔다. 다른 때에는 경호원들에게 둘러싸여 있는 터라 접근이 불가능했다. 그는 코를 후비면서 홀로 서 있었다.

"안녕, 밥." 내가 말을 걸었다.

"우리가 무언가를 같이하기로 되어 있었나?" 그가 말했다.

"그럼, 내 생각엔 뭔가를 같이하는 게 적절할 것 같아. 관객은 그런 걸 기대하고 있을 테니까."

"제기랄, 빌어먹을 등 때문에 죽겠어." 그가 코를 파는 것을 멈추고

등을 문지르기 시작했다. 그러고는 얼굴을 잔뜩 찡그린 채 절뚝거리며 가 버렸다. 나는 내가 그의 등에 끔찍한 고통을 주고 있음을 짐작했다. 그래도 나는 여전히 우리가 재회 공연을 하고 있다고 생각해서 밥에게 말했다. 빌 그레이엄이 어쩔 수 없다는 듯이 내게 제안한 대로 그와 산타나가 〈바람만이 알고 있다네〉를 부를 때 내가 무대 위로 올라가 두 사람과 합류하겠다고 말이다.

"물론, 당신이 그러고 싶다면야." 가엾은 밥이 말했다.

결과는 좋지 않았다. 귀에 좀 거슬렸다는 게 후한 평가였을 정도니까. 나의 투어 매니저인 빅 레드가 나를 그로부터 떼어 내려는 운동을 시작했다. 하지만 나는 밥과 마찬가지로 빌 그레이엄의 자산인 산타나 이후에 등장하기 위한 전투에서 졌고, 결국 내가 오프닝 공연을 맡게 되었다. 나는 보수가 좋은 여덟 번의 콘서트에서 하차할 만한 재정적인 상황에 있지 않았다. 그러나 매번 새롭게 강등된 위치가 나의 의지를 꺾으려 했다.

베를린에서 어느 날 저녁, 프리츠와 호세가 나를 공연 시간 15분 전에 무대에 세우려고 애썼다. 통금 문제가 있다고 그들은 말했다. 현지 상황은 오락가락했다. 공연 시간 30분 전이 되었을 때, 물에 젖은 17,000명의 독일인들이 빗속에 서서 자신들이 겪고 있는 불편함에 대해 나를 탓하고 있었다. 나는 공연 시간보다 10분 늦게 무대 위로 올라갔다. 관객들은 흠뻑 젖어 있었고, 비참했고, 술에 취했고, 그리고 심술이 잔뜩 나 있었다. 나중에, 어둠이 내리고 비가 그쳤을 때, 나는 밥의 쇼를 보러 갔다. 별들이 반짝이고 있었고, 밝은 색색의 조명들이 무대 위에서 춤을 추고 있었다. 이미 그때는 그와 함께 노래하는 것에 대해 그를 귀찮게 하는 걸 그만둔 때였다. 물론 통금은 그에게 아무런 영향을 미치지 못했다. 그는 평소대로 연속 두 시간 동안 공연을 했다. 그날 밤 나는 머리에서부터 발끝까지 아파서 침대에 누워 있었다. 주로 목과 눈 뒤와 위가 아팠다. 새벽 3시에 잠에서 깨 밖으로 나가 6시까지 베를린 거리들을 돌아다녔다.

내 방에는 거대한 단풍나무가 내다보이는 전망 창이 있었다. 나는 소파 쿠션들을 바닥 위에 정렬시켰다. 그곳에 누워, 버려진 책의 페이지들처럼 부드럽게 펄럭이는 잎들을 눈여겨 들여다보기 위해서였다. 이파리들은 저마다 색깔이 조금씩 달랐다. 나는 그 사랑스러운 나뭇가지들 안으로 들어가, 나무의 상냥한 팔 안에서 4시간 동안 쉬었다. 가볍게 졸면서, 천천히 치유되면서.

나는 정오에 일어났고, 프랑스 콘서트를 구제하는 데 집중하기로 결심했다. 나는 호세에게 전화를 해서 우리들 셋의 프랑스 공연 포스터와 광고들을 개인적으로 조사해 줄 것을 부탁했다. 나는 공정한 광고 경비 집행을 요구했고, 그렇지 않으면 출연하지 않겠다고 말했다. 그는 내게 그렇게 하겠다고 약속했고, 아마도 시도는 했을 것이다. 그러나 그는 실패했다. 빈의 사우나에서, 어떤 유명한 오스트리아인의 뼈만 앙상한 하얀 무릎 위로, 나는 파리의 일간신문《리베라시옹》의 한 제호에 나온 광고를 보았다. 겨우 읽을 수 있을 만한 크기의 활자로, 존 바에즈는 다시 한 번 특별 출연자로 광고되어 있었다.

나는 빌에게 전화해서 파리로 가지 않겠다고 말했다. 그는 내가 더 많은 돈을 원한다고 생각했다. 아니라고 말했다. 밥과 다시 노래하고 싶은 거냐고? 아니! 내가 말했다. "너무 늦었어요." 이제 다시는 밥과 함께 노래하는 일은 없을 것이다. 빌이 목소리를 높이기 시작하자 나는 전화를 끊었다. 마치 증기탕에 들어갔다가 얼음물에 몸을 담갔다가 안면 마사지를 받고 손톱 손질을 한 뒤 퀘이커 예배회에 다녀온 기분이었다. 나는 거의 3주 만에 처음으로 마음이 편안해졌다. 폭풍처럼 전화들이 밀려오고, 전보와 위협이 이어졌다. 나는 프랑스 언론에 텔렉스로 나의 파리의 공연 취소에 대해 외교적인 양해를 구하는 메시지를 보냈다. 파리의 프로모터가 자체 기자회견을 소집해서, 바에즈 부인은 분명히 공연장에 나타날 것이며, 그 반대의 어떤 소문들도 거짓이라고 말했다.

이번 한 번만은 다행히도, 우리의 엉성함이 나에게 유리하게 작용했다. 우리는 빌 그레이엄과 어떤 구속력 있는 계약도 하지 않았다. 내가 괜한 협박을 하는 게 아니라는 것이 분명해졌을 때, 파리의 프로모터는 만약 바에즈 부인이 나타나지 않는다면 그것은 그녀가 경솔하고 파리 시민들을 냉대하고 싶어 하기 때문이며 그녀는 결코 다시는 파리에서 공연하지 못할 것이라고 발표했다.

그는 홍보전에서 이기고 있었다. 나는 비록 잠은 잃었지만, 흙탕물에서 빠져나올 수 있었다. 나는 이탈리아로 갔다. 빌이 에스파냐에서 날아와 나를 설득하여 내 마음을 바꿔 보려고 애썼다. 나는 우쭐했다. 내가 그 투어를 떠난다면, 내가 어떤 대우를 받았는지에 대해 어느 누구도 눈치채지 못할 거라 생각했다. 빌은 나를 법정에 세울 수도 있다는 탄원과 회유 사이에서 온갖 방법을 동원했다. 그는 "당신에게 그 무대를 포기할 수 있는 능력이 있는지 생각해 보길 바랍니다"라든지, "물론, 당신이 밥과 노래하게 되리라는 보장은 결코 없었어요. 그건 그저 희망일 뿐이었죠"라는 식의 말을 했다. 마침내 그가 포기했을 때, 나는 그에게 커다란 사발에 담긴 네 가지 맛 아이스크림을 주문해 주었다. 그는 전투에서 지는 것에 익숙하지 않았고, 모종의 보상이 필요했기 때문이다. 나는 결국 그에게 벌금을 지불했다. 예상했던 일이었다. 그러나 한 달이 넘도록 내 자존심과 영혼이 학대당했을 일을 생각하면, 돈을 지불하는 것은 아무것도 아니었다.

내가 딜런을 마지막으로 본 것은 코펜하겐의 무대 뒤에서였다. 그날 밤 나는 멋진 공연을 했고, 이탈리아로 가는 비행기를 타기 전에 산타나의 공연을 조금 보고 있었다. 이탈리아에서는 나만의 엄청난 성공적인 투어가 진행 중이었다. 빌이 다가와 내가 떠난다는 소식을 들었다고 말했다. 그는 밥의 중책 노릇을 하고 있었다.

"당신이 정말로 떠날 예정이라면, 밥이 당신과 이야기를 나누고 싶다는군요."

내가 웃었다. "내가 그저 떠나는 척을 하는 거라면 굳이 말하고 싶지 않고요?"

'밥이 당신과 이야기를 나누고 싶을 때'라는 말은, 곧 내가 그가 있는 곳으로 가야 한다는 것을 의미했다. 그가 내 쪽으로 올 일은 결코 없을 테니까.

"난 여기 있어요." 내가 기분 좋게 말했다.

"그는 그의 방에 있어요. 저기 계단을 지나……."

"만약 내가 나가는 길에 우연히 그의 방 앞을 지나간다면, 나를 잡아요. 나는 10분 안에 떠날 거니까. 하지만 나는 시간이 얼마 없어요."

경호원들이 나와 그의 신성한 방 사이에 배치되어 있었다. 내가 지나갈 때 그들이 내게 몰려들었다.

"그는 이 안에 있어요." 그들이 가리켰고, 나는 그 문을 통해 안내되었다. 마치 성당 안을 들어가는 것처럼 경건한 침묵 속에서.

밥은 정장처럼 보이는 옷차림으로 머리를 문 쪽으로 향한 채 소파 위에 누워 있었다. 그는 눈을 감은 채 발을 소파 팔걸이에 올려놓고 있었다. 내가 들어가자 그는 펄쩍 뛰었고, 그래서 나는 그가 깨어 있다는 것을 알았다.

"일어나지 마." 내가 농담조로 말했다. 그는 움직이지 않았고 내가 다가가자 그저 나를 올려다볼 뿐이었다.

"오, 그래. 이봐, 난 피곤해. 정말 피곤해."

"그래, 뭐, 당신은 그리 근사해 보이지 않네. 몸은 좀 챙기고 있는 거야?"

나는 몸을 숙여서 땀이 밴 그의 이마에 입을 맞췄다. 이마는 하얀 분가루로 덮여 있었다. 영국인들의 표현을 빌리자면, 그는 산울타리를 통해 뒤로 끌려온 것처럼 추레한 모습을 하고 있었다.

그가 졸린 눈으로 방을 둘러보았다.

"내 생각에 당신을 텔레비전에서 보는 꿈을 꾼 것 같아. 적어도 나는 그게 꿈이었다고 생각해. 그 차이를 구별하기는 힘들어. 당신은 파란 스카프를 하고 있었지. 그건 정말 멋진 스카프였어!"

"그건 꿈이 아니었어, 밥. 그것은 빈에서 방송하는 프로그램이었으니까."

"제기랄, 지금 농담하는 거야. 나는 내가 생각했던 것보다 더 피곤한 게 틀림없어." 밥의 손이 내 스커트 밑으로 들어와 내 무릎 뒷부분과 허벅지를 만졌다.

"와, 당신은 훌륭한 다리를 가졌군. 그 근육들은 대체 어디서 난 거야?"

"연습하면서." 내가 말했다. "나는 일어서서 연습을 많이 하거든." 나는 그의 손을 스커트 밑에서 빼서 그것을 그의 가슴 위에 올려놓았다.

"그러니까……." 그가 고양이처럼 몸을 부르르 떨고 손을 앞으로 쭉 펴면서 말했다. "벌써 떠난다고?"

"그래, 가야 해."

"어째서?"

"비행기를 타야 하거든. 내가 탈 비행기는 말이야, 내가 직접 가서 타야 하는 거거든. 그것이 와서 날 태워 가지 않아."

"이곳에 머물면서 나중에 무언가를 함께하고 싶지 않아?"

"노래 말이야?"

"그래, 함께 뭔가를 하는 거지."

"아니, 난 그렇게 생각하지 않아, 밥. 그런 식으로는 아냐. 나는 제대로 하고 싶었어, 당신도 알다시피. 하지만 잘되지 않았지. 어쩌면 나중에 또 기회가 있겠지. 가야 해."

"아쉽군. 당신은 스스로 즐기고 있었던 거지?"

"그래, 밥. 그것은 내가 세상에서 가장 좋아하는 투어였어." 나는 그에게 다시 입을 맞추고 떠났다.

안녕, 밥. 당신은 팜 에이드에서 행복해 보였어. 어쩌면 나는 당신과 관련된 이 모든 것들을 쓰지 말았어야 했는지도 몰라. 하지만 쓰고 보니, 어쨌든 이건 사실 나에 관한 이야기잖아, 안 그래? 이 글이 당신에게 영향을 줄 일은 없을 거야. 엘비스의 죽음은 당신에게 영향을 주었지. 나는 그것과도 역시 관계가 없어.

2
낯선 이에게 부르는 사랑 노래

나는 어린 시절 친구인 잔느와 내 친구이자 예전 사업 매니저인 낸시와 낸시의 친구와 프리츠 그리고 호세와 더불어 베를린으로 가는 중이었다. 잔느는 호세에게 열중하고 있었다. 낸시에겐 그녀의 친구가 있었다. 프리츠는 네덜란드 진을 마셨고 함께 잠을 잘 아름다운 여자들을 찾아냈다. 나는 외로웠다.

프랑크푸르트 공항에서, 나는 나 말고는 모두가 같이 잘 상대를 가지고 있다고 한탄했다. 낸시는 내 말을 알아듣더니 얼굴에 주름을 잡고 생각에 잠긴 채 공항 라운지를 이리저리 천천히 거닐기 시작했다. 그녀는 나를 행복하게 만들기 위해서라면 신선한 크림을 가지러 영국 해협이라도 헤엄쳐 건널 사람이었다. 그녀가 갑자기 멈춰 서더니 손을 둥글게 말아 입을 덮고는 라운지 맞은편의 무언가에 집중했다.

"저기 보여?" 그녀가 내 갈비뼈를 찌르면서 물었다.

"뭐? 뭐가 보이는데?"

"저기!" 흥분한 그녀가 손으로 누군가를 가리키며 말했다. "저기!"

한 젊은 남자(차라리 소년이라고 해야겠지만)가 발치에 싸구려 여행 가

방 하나를 둔 채 조용히 앉아 있었다. 햇볕에 그을린 아름다운 얼굴과 어깨 길이의 갈색 머리가 햇볕에 바래 금발이 되어 줄무늬처럼 뒤섞여 있는 그는, 키가 작았고 독일의 겨울 추위를 막기엔 너무 얇은 가죽 재킷을 입고 있었다. 그리고 정말로 사랑스러웠다.

"저 남자를 데려다 줄까?" 낸시가 지나치게 큰 목소리로 말했다.

"낸시, 쉿!"

"자, 원해? 그는 근사하잖아." 그리고 그녀는 돌진했다. 나는 얼굴이 뜨겁게 달아오르는 것을 느꼈고 창피했다. 나는 쳐다보지 않았다. 낸시가 햇볕에 그을린 그 귀여운 미소년을 팔짱을 껴서 끌고 왔다. 그는 커다란 갈색 눈을 갖고 있었고, 비죽 나온 천사 같은 입과 멋진 몸매와 바람에 따라 나뭇잎처럼 떠다니는 듯한 연약한 분위기를 풍기고 있었다. 그는 깨끗했고, 나한테 아무런 해도 입히지 않을 것 같았다. 나는 당황했지만, 그는 못 견디게 매혹적이었다.

"이 사람은 앤디야!" 낸시가 자랑스럽게 소개했다. "포크 음악을 좋아한대." 앤디가 수줍게 미소를 지었다. 그는 끔찍한 치아를 가지고 있었다. 나는 개의치 않았다. 낸시가 그를 내 옆에 앉혔다.

"촌? 촌 베츠?"

"그래요, 존 베츠." 내가 말했다.

호세와 프리츠가 우리 쪽으로 와서 그와 독일어로 이야기를 나눴다. 대화가 진행되면서 그들의 얼굴이 부드러워졌다. 나는 낸시에게 대체 저 젊은이에게 무슨 말을 한 거냐고 물었다. 보아하니 그는 영어를 전혀 할 줄 모르는 것 같았다. 낸시는 자신이 성공적으로 해낸 일에 대해 요란하게 떠들어 대면서 웃기 시작했다. 낸시의 웃음소리는 흥분과 음량과 전염성에서 그 어떤 것과도 비교할 수가 없었다. 대기실에 있던 승객들이 자리를 옮겨 구경했다.

"난 그저 그에게 다가가 이렇게 말했지. '여기 앉아도 될까요?'" 그녀가 깔깔거리며 웃었다. "그는 자기가 영어를 슈프레헨(말하지) 못한다고 하더군. 그래서 내가 말했지. '완벽해요! 존 바에즈를 알아요?' 그는 바로 이해하지는 못했어. 그래서 내가 손으로 이렇게 기타 치는 흉내를 냈어. 그가 마침내 알아채고는 미소를 지으며 말하는 거야. '야, 야, 촌 베츠!' 그래서 내가 그의 팔을 잡아채서는 이쪽으로 끌고 왔지. 사랑스럽지 않아? 나는 그가 멋지다고 생각해!"

앤디는 우리가 탑승하기로 되어 있는 비행기를 타고 베를린으로 갈 예정이었다. 잔느가 자리를 바꿔 주어서 그는 1등석에서 내 옆에 앉았다. 우리는 집에서 가출한 두 명의 아이들 같았다.

"이건 햇볕 때문에?" 내가 햇볕에 탄 그의 손과 팔을 가리키며 짧은 독일어로 말했다.

그가 강한 독일어 억양으로 대답했다.

"오, 그래요. 나는 다이빙을 합니다. 스리랑카에서. 나는 태양을 사랑합니다. 나는 독일을 싫어합니다. 너무 추워요."

"베를린에서 열리는 내 콘서트에 오고 싶어요?"

"네, 호세가 내게 말합니다. 나는 갑니다."

나는 부드럽게 그의 팔짱을 끼고 그의 멋진 구릿빛 손을 잡았다. 그리고 머리를 그의 어깨에 기대고 그의 머리를 내 머리 위에 놓은 채 잠이 들었다. 비행기가 착륙을 시도하고 있을 때, 나는 오랫동안 끼고 있던 커다란 터키석 금반지를 빼서 그의 손가락에 끼워 주었다.

"당신의 성은 뭐죠, 앤디?"

"왓?(뭐라고요?)"

그렇게 해서 우리는 그를 '앤디 왓'이라고 부르게 되었다.

앤디 왓은 투어 내내 우리와 함께 지냈고, 뒤이은 에스파냐 투어에서도 우리와 동행했다. 그는 다른 사람들과 어울리지 않았고, 산책을 했고, 담배를 피웠고, 녹음된 테이프를 들었고, 콘서트를 즐겼고, 그의 '가족'을 무척 좋아했고(그는 우리를 '가족'이라고 불렀다), 스리랑카와 태양을 꿈꿨고, 그리고 나와 사랑을 나눴다. 더할 나위 없이 행복한 시간이었다.

3

노 노스 모베란

나는 프랑코 정권 치하의 에스파냐에서 노래하는 걸 거부해 왔다. 그가 죽고 1년 뒤인 1977년에야 그곳에서 첫 무대를 가졌다. 40년 동안의 투쟁, 그리고 내전과 프랑코 정권 동안 겪어야 했던 수많은 패배 이후 마침내 권력을 얻은 터라, 에스파냐의 진보주의자와 사회주의자 그리고 공산주의자들 사이에는 많은 환희와 혼란이 있었다.

1974년에 군사 쿠데타의 주역이었던 일군의 대령들이 몰락한 지 몇 주가 채 지나지 않았을 때, 나는 그리스에 있었다. 이틀에 걸쳐 군부독재의 종언을 열광적으로 경축하며 흥청거린 뒤, 그리스 국민들은 다시 불안한 마음이 되어 자신의 껍질 속으로 되돌아갔다. 사람들은 자유에 적응할 수가 없었다. 그들은 자유가 갑자기 왔던 것처럼 그것이 갑자기 사라질까 봐, 그리고 마치 봄이 되면 나타나는 나비들처럼 자신들이 정치적인 그물에 걸려들고 공포가 다시 시작될까 봐 두려워했다. 똑같은 상황이 에스파냐에서도 벌어지는 것처럼 보였다. 많은 사람들이 방향을 잃고 두려워했다. 그들이 프랑코 치하에서 살아남기 위해 서로의 용기와 허세가 필요했던 것처럼, 이제는 그가 마침내 죽었다는 사실을 재

확인하기 위해 그것이 필요했다.

보수적인 에스파냐 사람들은 언제나 내 음반을, 특히 《인생이여, 고마워요!》를 샀다. 비록 자유 투쟁과 관련된 두 곡이 원본에서 검열을 받아 삭제되었지만 말이다.

마드리드에서 우리는 리츠 호텔에 머물렀고, 그곳에서 앤디와 나는 스위트룸을 얻었다. 우리는 도착하는 대로 욕조에 물을 받아 몸을 담그고 방에서 발견한 샴페인을 마셨다. 공연 프로모터와 호텔과 공산당에서 보낸 장미들이 옆에 가지런히 놓여 있었다.

크리스마스 기간에, 나는 우리의 투어 과정을 스케치한 그림들이 담긴 거대한 책을 프리츠에게 주었다. 내가 세밀화 잉크로 번개같이 그린 카툰들이었다. 그 가운데 마드리드에서 열린 기자회견 모습을 스케치한 것이 있다.

"세뇨라 바에즈, 왜 이제야 에스파냐에 왔나요?"

"세뇨라 바에즈, 어째서 이전에는 에스파냐에 오지 않았나요?"

"마드리드를 좋아하십니까?"

"밥 딜런 씨도 함께 왔나요? 만약 그렇다면, 이유는요? 만약 그렇지 않다면, 이유는요?"

"제가 이해하기로 당신은 이제 더 이상 정치에 대해서는 신경 쓰지 않고 오직 돈 버는 일에만 신경 쓴다더군요."

"어째서 이곳 콘서트에서는 입장료를 받는 겁니까? 공짜 콘서트가 되어야 한다고 생각하지 않습니까?"

"결혼했습니까?"

"어째서 당신의 계약서에는 당신이 롤스로이스를 타고 이동해야 한다는 조항이 있는 겁니까?"

"세뇨라 바에즈, 어째서 당신은 내일 상업적인 텔레비전 쇼에 출연하는 겁니까? 그것이 에스파냐 전역에서 가장 상업적인 쇼라는 걸 알고 있나요?"

나는 내 인생에서 그렇듯 많은 소문들을 들어 본 적이 없었다. 가장 황당한 거짓말은 롤스로이스였다. 나는 우스갯소리로 그들에게 에스파냐 프로모터가 롤스로이스 두 대를 구할 여력이 없기 때문에 한 대를 요구했노라고 말해 주었다. 모두가 그 말을 메모장에 열심히 끼적이는 것을 보고, 나는 재빨리 알렸다. 내가 농담을 한 것이며, 롤스로이스를 타지도 않을뿐더러 요구한 적도 없다고 말이다. 그러나 오늘날까지 나의 흰색 롤스로이스 신화는 에스파냐에서 계속 살아 있다.

다음 날은 텔레비전 쇼가 있을 예정이었고, 그것은 고되고 어려운 일이 될 터였다. 나는 그것이 〈자니 카슨 쇼〉와 라스베이거스 나이트클럽이 결합된 것이라 상상했고, 실제로 그랬다. 프리츠는 이 쇼에 명운을 걸었다. 모두들 '에스파냐 전체'가 오후 다섯 시에 이 쇼를 보기 위해 하던 일을 멈춘다고 말했기 때문이다. 첫 번째 출연자가 번쩍이는 디스코 조명을 받으며 미리 녹음된 음악에 맞추어 립싱크를 할 예정이었다. 그런 다음 유럽의 유명한 록그룹인 보니 엠이 나올 것이고, 그다음에 검은색 커튼이 내려와 모든 화려한 치장들을 가려 어둡지만 위엄 있는 분위기로 바뀌면 내가 등장할 것이었다. 나는 세 곡을 부를 예정이었으며, 내 공연과 더불어 그 쇼는 끝날 것이었다. 인터뷰도 없을 것이고, 다음 출연자가 등장해 그 분위기를 깨지도 않을 것이었다.

나는 세 곡으로 가능한 한 가장 적절하고 강력한 조합을 만들기 위해 열심히 고심했다. 그 가운데 두 곡은 에스파냐어로 부를 예정이었다. 나는 에스파냐어로 된 소개말을 외웠다.

스튜디오는 신경을 괴롭혔다. 폐쇄공포증을 일으킬 것 같은 아주 작은 대기실이 자리한 지하 미로에서, 앤디가 나와 함께 있어 주었다. 나는 에스파냐어를 연습하고, 그날 저녁을 기대하려 애쓰며 서성거렸다. 그 쇼는 생방송으로 진행될 예정이었다. 갑자기 프리츠의 비명과도 같은 날카로운 목소리가 들려왔다. 프리츠가 그런 소리를 내는 것은 드문 일이 아니었다. 그러나 오늘 밤 그의 목소리는 발광에 가까웠다. 그는 강한 독일어 억양으로 이렇게 고함치고 있었다.

"그녀는 스타요! 대체 빌어먹을 보니 엠이 누구란 말이오? 아무도 주인공 뒤에 무대에 올라가지 않아!" 신속한 번역과 광란의 발소리와 애원하는 목소리들, 그런 다음 다시 비명 같은 목소리가 이어졌다.

"그녀는 오직 검은색 커튼과 함께 노래할 거야. 그리고 그 계약서에 정확히 인쇄되어 있는 그대로 그녀가 그 쇼를 끝낼 거라고. 그렇지 않으면 쇼는 없을 거요, 알겠소?"

그가 문간에 나타났다. "걱정할 건 아무것도 없어. 단지 저 머저리들은 내가 내 손으로 자기들을 죽일 거라는 걸 알아야 해. 오, 그래, 물론 비폭력적으로."

우리는 결국 검은색 커튼을 가졌고, 그 쇼를 마무리했다. 그것은 작은 스튜디오였다. 맨 앞줄에 앉은 사람들은 무대에서 좀 더 잘 보였는데, 에스파냐 중상류층에서 신중하게 선택된 사람들이었다. 부잣집 아이들도 몇 명 있었던 것 같다.

나는 무대 가장 가까이에 앉은 여자의 진주목걸이를 생생하게 기억한다. 그녀는 아름다운 손가락으로 목걸이와 주변을 재빨리 쓰다듬었다. 비록 나의 정치적 성향과 이미지를 미심쩍어 하면서도, 자신의 정선된 좌석을 높이 평가했고, 그날 저녁 칵테일을 마시며 자신의 친구들에게 할 말을 많이 갖고 있을 터였다. 그녀 주변의 관객들도 햇볕에 멋지게 태운 얼굴과 단정히 빗질한 머리와 우아하게 차려입은 건강한 몸을 자랑했다. 앞에서 노래하기에 쉬운 관객들이 아니었다. 나는 내 공연이 스튜디오 밖의 수백만 명의 사람들에게, 이 정선된 집단과는 아주 다른 에스파냐 사람들에게 생방송되고 있는 상황임을 스스로에게 일깨워야 했다. 나는 기자회견에서 좌익 저널리스트들의 불평을 이해했고, 내가 계획한 대로 밀고 나갔다.

다음에 발생한 일은 결코 누구도 계획한 적 없는, 그리고 결코 잊을 수 없는 그런 진기한 사건들 가운데 하나가 되었다.

나는 반파시스트 저항운동의 가장 잘 알려진 여자 영웅에 대해 이야기했다. "저는 노래 한 곡을 그 저항운동에서 보여 준 용기로 유명한 아주 용감한 여성에게 바치고 싶습니다. 저 역시 정의를 위해 싸우는 병사입니다. 그러나 저는 총 없이 비폭력으로 싸웁니다. 그러나 많은 존경심을 가지고, 저는 이 노래를 라 파시오나리아(La Pasionaria)를 위해 부릅니다."

그 말은 전기쇼크 총과 같은 효과를 일으켰다. 그 진주목걸이를 한 숙녀는 목걸이를 만지작거리던 손을 멈췄다. 그리고 점잖은 커플들 가운데 일부는 이해할 수 없다는 표정으로 서로를 흘긋거렸다. 나는 내가 라 파시오나리아를 기리기 위해 고른 노래를 시작했다. 그것은 저항 세력의 성가들 가운데 한 곡이자 영어로는 〈우린 흔들리지 않으리〉라고 알려진 노래, 〈노 노스 모베란〉이었다. 그것은 내 에스파냐어 앨범에서 검열 삭제된 노래들 가운데 한 곡이었으며, 40년 동안 에스파냐에서는 공개적으로 불리지 못한 곡이었다. 나는 노래했다. "우니도스 엔 라 루차, 우니도스 엔 라 비다, 우니도스 엔 라 무에르타!(투쟁에서 함께 삶에

3. 노 노스 모베란

425

서 함께 그리고 죽음에서 함께!)" 그것은 느리게, 리듬감 있게, 구슬프고 감정에 호소하는 단순한 언명을 노래하기 시작했다. "우리는 흔들리지 않으리. 마치 물가에 서 있는 나무처럼 우리는 흔들리지 않으리."

당시 나는 이 단순한 노래가 그렇듯 많은 사람들에게 충격을 줄 것이라고 전혀 예상하지 못했다. 나는 보석으로 치장한 여성들과 햇볕에 탄 남자들이 그 노래에 대해 뒤섞인 반응을 보였다는 것을 알고 있었다. 나는 그것을 그들의 내리깐 검은 속눈썹과 옅은 미소에서 볼 수 있었다. 그러나 그 노래가 끝나 갈 때쯤엔, 심지어 그들도 그 촬영기사들처럼 눈물을 닦아 내고 일어나서 합창에 동참했다. 우레와 같은 박수갈채가 있었고, 에스파냐 상업 텔레비전에서 나의 공연은 이렇게 끝이 났다.

무대 뒤 계단으로 사람들이 쇄도했다. 어딘가에서 갑자기 나타난 그들이 눈물을 흘리며 나를 포옹하려 했다. 프리츠가 헐떡이며 소리치고 있었다. 호세와 잔느 그리고 낸시가 계단을 봉쇄하려고 애를 썼다. 나는 대기실 문을 닫고 앤디에게 어깨를 으쓱해 보였다. 뒤이어 일어난 일들의 대부분은 기억나지 않는다. 그러나 잔느가 최근에 내게 말하기를, 그녀는 당시 군중이 그 비좁은 복도에서 통제 불능 상태가 되어 버릴까 봐 두려웠다고 한다. 그들 뒤에는 오직 하나의 출구만이 있었는데, 복도에는 사람들로 가득 차 있었다. 차까지 어떻게 이동했는지도 모르겠다. 사람들이 밀고 밀치고 내 머리카락을 잡아채고 내 얼굴과 어깨와 손을 만지려고 안간힘을 썼다. 어찌어찌 프리츠가 내 옆에 있었고, 침착하게 나를 우리의 차로 안내했다.

우리가 차 안으로 들어가 자리를 잡았을 때, 벤츠를 탄 한 남자가 우리 바로 옆에 차를 멈추고 나를 불러냈다. 나는 창문을 내렸다. 그의 얼굴이 마음에 들지는 않았지만 미소를 지었고, 그에게 손을 흔들었다.

"당신은 에스파냐의 정치에 관여해서는 안 됩니다." 그가 말했다.

나는 손바닥을 둥글게 오므려 내 귀에 댐으로써 내가 그의 말을 이해하지 못했음을 알려 주었다. 그는 불길한 경고를 반복했고, 부자연스럽게 미소를 지어 보이더니 신호등이 바뀌자마자 미끄러지듯 나아갔다.

"저거 협박이었어?" 내가 아연해서 물었다.

"빌어먹을 파시스트." 프리츠가 말했다. "프랑코가 죽은 지 아직 1년도 채 되지 않았다는 걸 기억하라고."

텔레비전 쇼에 대한 압도적인 반응 덕분에 그 사건은 잊혔고, 벤츠 운전사는 그에 걸맞은 지위로 떨어졌다(그저 '운전사'에 불과한 사람으로 기억되었다는 의미이다—옮긴이). 사람들은 내가 〈노 노스 모베란〉과 '라 파시오나리아'의 이름을 입 밖에 내는 순간 주문이 깨졌다고, 비록 무덤에 묻혔지만 '위대한 프랑코 장군'을 여전히 감싸고 있던 보호벽 같은 침묵의 층이 뚫렸다고 말했다. 에스파냐의 거실과 바에서 열광적인 축하와 포옹, 키스, 눈물, 건배가 있었다. 가난한 자들의 군대에 대한 희미한 기억이 다시금 새로운 힘을 얻었고, 또 그 기억으로부터 새로운 힘이 생겨났다. 줄지어 놓인 자그마한 관 속에 누워 있는 아이들이 다시금 기억되었고, 그들의 어머니들이 눈물로 그 아이들을 다시 흔들어 달랬으며, 그들의 아버지들이 이마에 입을 맞췄다. 나는 에스파냐에게 치유와 환희의 선물을 가져다주었다. 그리고 좌익은 내가 에스파냐에서 가장 상업적인 텔레비전 쇼에 출연한 것을 용서했다.

그 쇼의 제작자는 해고되었다. 그는 나의 선곡을 알고 있었고, 간섭하지 않기로 한 그의 결심으로 인해 일자리를 잃었다.

우리는 도시의 혹독한 소음을 떠나 숲의 공기를 마셨고, 성당들을 방문했다. 나는 불 켜진 초와 무릎 꿇은 귀의자와 피투성이 심장과 스테인드글라스 창문과 구유 속의 아기 예수상과 면류관과 소리 멎은 파이프오르간과 훌륭한 철 세공품과 수세기 된 돌의 곰팡내 그리고 속삭임으로 전달되는 탄원들로 가득한 어느 예배당에서 무아지경에 빠졌다. "아, 끔찍한 일이 일어났네, 오후 다섯 시에!"(에스파냐의 극우파에 의해 살해당한 시인이자 극작가인 가르시아 로르카의 시 〈이그나시오 산체스 메히아스를 애도하며〉의 한 구절—옮긴이) 나는 무릎을 꿇고 게르니카의 아이들의 영혼을 위해, 그리고 그들의 어머니와 아버지들을 위해 기도했다. "그라시아스 아 라 비다." 삶이여, 감사합니다! 삶은 내게 너무도 많은 것을 주었다. 미소와 눈물, 너무나도 많은 행진으로 인해 피곤해진 내 발들…… 나는 내게 에스파냐 정치에 접근하지 말라던, 머리를 반질반질하게 뒤로 넘긴 그 파시스트를 위해 기도했다. 그리고 나의 전투 무기인 내 목소리와 그것을 사용하고픈 욕망에 감사했다.

나는 운전사가 우리가 차에서 내려 밖에 있을 때 우리의 대화를 녹음하고 방대한 분량의 기록을 했다는 사실을 알지 못했고, 광적인 팬으로 가장한 사진사가 흥미 있는 사진들을 찍어 신문사에 팔아넘긴 사실 또한 알지 못했다. 그리고 리츠 호텔의 룸서비스 웨이터들이 모종의 대가를 받고 우리를 감시하고 있었던 것도 알지 못했다. 며칠 뒤 한 가십 칼럼에서 우리의 사생활에 대한 기사를 읽고 나서야 그 사실을 알게 되었다. 그 칼럼에는 누가 누구랑 잤는지(그들은 호세와 내가, 그리고 앤디와 잔느가 잠자리를 같이한다고 썼다. 하지만 무슨 상관이랴!), 우리가 무엇을 먹고 마시는지, 우리가 무엇을 입는지, 그리고 우리가 무슨 이야기를 하는지가 소개되어 있었다. 그다지 흥미롭지 않은 정보는 양념을 치고 잘 매만져서 그럴듯하게 포장을 해 놓았다.

그 기사가 나왔을 때, 우리는 이미 바르셀로나에 있었다. 그리고 내겐 벌써 새로운 걱정거리가 생긴 터였다.

가엾은 멍청이인 나는 바르셀로나가 카탈루냐 지방에 있다는 사실을 알지 못했다. 그리고 자연히 그 사람들의 대부분은 에스파냐어가 아니라 아마도 프랑스 남부 지역 방언과 비슷한, 하지만 내 귀에는 전혀 구분이 불가능한 카탈루냐어를 쓴다는(혹은 선호한다는) 사실도 알지 못했다. 나는 바르셀로나 콘서트를 위해 에스파냐어 노래들과 에스파냐어로 된 소개말을 준비했다. 내가 무대 위로 성큼 걸어 나갔을 때, 관객들은 나를 열광적인 환호로 맞이했다. 그러나 내가 열심히 연습한 구문과 표현들을 외워 말했을 때, 관객들의 반응은 그리 열광적이라 할 수 없었다. 나는 에스파냐어로 노래를 했다. 미지근한 반응이 이어졌다. 책에 나온 모든 믿을 만한 재주들을 부린다고 부렸는데, 어찌된 일인지 계속 헛다리만 짚고 있다는 느낌이 들었다. 끔찍했다.

그날 저녁 내 목숨을 구해 준 사람은 카탈루냐의 가수이자 작곡가인 조앙 마누엘 세라(Joan Manuel Serrat)였다. 나는 그의 음악을 알고 있었고, 그는 아름다운 얼굴과 아름다운 목소리와 깊은 이해심을 갖고 있었다. 두 번째 콘서트가 있기 전에, 마누엘이 그의 수행원들과 엄청나게 큰 꽃다발을 들고 내 분장실 안으로 밀고 들어와서 내 의자 옆에 쭈그리고 앉더니, 내가 카탈루냐어로 그저 한두 마디 정도만 하면 그날 저녁은 마법처럼 풀릴 거라고 설명했다. 나는 그에게 당신의 노래인 〈로시뇰〉을 외웠다고 말했고, 그는 완벽한 선곡이라고 대답했다. 그는 또한 내게 〈노 노스 모베란〉의 카탈루냐어 가사를 알려 주었고, 나는 그것을 발음대로 받아 적었다. 나는 "좋은 밤입니다," "고맙습니다," "천만에요" 같은 말들도 카탈루냐어로 외웠다. 그런 다음 마누엘은 결정적인 한 방을 귀띔했다. 그의 말에 따르면, 프랑코가 권력을 잡았을 때 카탈루냐 정부의 대통령 조제프 파라델라스(Josep Farradellas)는 프랑스로 추방되었다고 한다. 그는 프랑코가 죽을 때까지 사랑하는 조국을 보지 못했고, 프랑코가 죽고 나서야 의기양양하게 귀향을 하여 대통령으로 재임명되었다. 그가 국민들 앞에 다시 섰을 때, 그는 분명하게 "Bon anite, amigas y amiks! Ja estoc aqui!(좋은 밤입니다, 신사 숙녀 여러분! 제가 여기 있습니다!)"라고 말했으며, 그러자 카탈루냐 시민들이 행복감으로 열광했다고 한다.

마누엘은 내가 그저 무대 위로 걸어 나가 "Bon anite, amigas y amiks! Ja estoc aqui!"라고 말하기만 하면 되며, 그러면 만사가 다 괜찮아질 거라고 했다.

나는 그 이야기에 흥분했고, 충분히 감동을 받았다. 내가 말하고 싶은 모든 말들을 카탈루냐어 발음으로 미친 듯이 갈겨썼다. 마누엘이 나를 포옹했고, 내게 행운을 빌어 주었다. 그리고 나는 또 다른 콘서트를 위해 무대 위로 나갔다. 내가 마이크 앞에 서서 그가 제안한 그대로 시작하자, 공연장은 관객들의 열광으로 당장이라도 무너져 내릴 것 같았다. 인정받았다는 것에 대한 이 사람들의 자부심은 병적인 흥분에 가까웠다. 나는 외워 둔 몇 마디의 말을 했고, 그 뒤에는 내가 어떤 곡을 선택하든 아무런 문제가 되지 않았다. 〈도보로 여행하는 가엾은 이방인〉(Poor Wayfaring Stranger)을 부르던 도중, 나는 관객들 사이에서 구슬픈 하모니카 선율이 스며 나오는 것을 들었다. 8천 명의 사람들이 야유했고, 그 방해자에게 조용히 하라고 지청구를 주었다. 하지만 나는 말했다. "오, 아니에요. 괜찮아요. 그가 연주하도록 내버려 두세요!" 하나의 길고 절묘한 절이 이어지는 동안, 그 카탈루냐 뮤지션은 그렇게 자신의 영혼을 쏟아 냈다. 기타 하나와 목소리 하나, 흐느끼는 하모니카 외에는 어떤 소리도 존재하지 않았다.

저녁 자락의 끝에 다다라, 나는 〈로시뇰〉을 불렀고, 그와 더불어 수천 개의 초가 켜지면서 공연장이 대낮처럼 환해졌다. 카탈루냐 사람들은 자신들의 언어로 된 그 노래를 그저 듣고만 있지 않았다. 매우 기쁘게도 그 노래는 그들이 모두 아는 노래였고, 그들은 자리에서 일어나 각자 손에 든 촛불의 흔들리는 불빛을 받으며 모든 가사를 따라 불렀다. 나는 〈노 사렘 무구트〉(노 노스 모베란)를 그 행복한 소음 위에서 시작했다. 이제 관객은 너무도 벅찬 감동에 떨고 있었다. 초에 다시 불을 켤 때 눈물이 흘렀고, 무대 위로 꽃들이 날아왔다. 공직에 재직하는 내내 공개적으로 프랑코를 부인했던 한 상원의원이 내 초대에 무대 위로 올라왔다. 조앙 마누엘 세라도 나왔다. 그리고 우리는 모두 〈우리 승리하리라〉를 불렀다. 카탈루냐 사람들도 손에 손을 맞잡고 몸을 흔들면서 함께 노래를 불렀다. 지상에서의 투쟁이 끝난 그들은 눈물 가운데 미소를 지었다. 그리고 말쑥하게 머리를 넘긴 파시스트가 운전하는, 하얀 뼈들이 가득 실린 프랑코의 차는, 장군이 앉을 작은 공간만을 남겨 둔 채 죽음의 계곡 어딘가에서 자취를 감췄다.

마드리드 콘서트.

지나치게 많은 보도진. 지나치게 많은 사진사들. 앤디가 나를 위로해 주기 위해 그곳에 있었다. 나는 지난 공연보다 더 좋은 공연 목록을 준비해 놓고 있었다. 나는 진한 갈색 가죽 스커트와 갈색 부츠를 신고 솜털이 있는 작은 스웨터와 장미색, 베이지색, 진초록색의 이브 생 로랑 스카프를 예쁘게 주름을 잡아 목에 둘렀다. 그리고 경기장 안에 모인

만 명이 넘는 에스파냐 사람들에게 노래하기 위해 성큼 걸어 나갔다.

사진사들이 마치 훈련된 시민군처럼 내게 카메라 플래시를 마구 쏘아 댔다. 나는 두 곡을 부르는 동안 그들을 무시했다. 그런 다음, 가능하면 'por favor'(친절을 베풀어) 한 곡을 더 부를 때까지만 찍고 그만 둘 수 있겠느냐고 물었다. 분노와 기꺼이 싸우려는 그들의 자세는 내게 충격을 주었다. 그러나 다음 노래를 끝내고 나는 다시 시도했다. 이번에는 서툰 에스파냐어로. "제발, 시엔테 테, 우스테드, 포르 파보르, 에스 무초 루이도 파라 미, 로스 포토그라포스!(소음이 심하니 친절을 베풀어 사진을 그만 찍어 주세요!)" 나의 사랑스러운 미소가 목표에 도달하지 못한 채 입가에 걸려 바르르 떨고 있었다. 카메라들이 서로를 밀어제치면서 "Aqui! Mira, Joan, aqui!(여기요! 존, 여기 좀 봐요!)"라고 외쳐 대는 미치광이들의 바다 위로 계속 찰칵거렸다. 군중이 그들에게 앉으라고 고함쳤고, 그들은 군중에게 맞고함을 쳤다. 나는 평정심이 해제되는 걸 느꼈다. 혼돈 속에서 나는 한 곡을 더 불렀지만 영 마음에 들지 않았다. 그들이 증오스러웠고 절망감에 휩싸였으며 내가 작아지는 느낌이 들었고 좌절했다.

경호원들이 양쪽에서 움직여 들어오기 시작했다. 그들은 자신들에게 익숙한 유일한 일, 그러니까 강제로 그 사진사 무리를 무대 바로 앞 좌석에서 밀어내는 일을 하기 시작했다. 맙소사, 지금 뭐 하자는 거지? 군중은 나의 곤경을 이해했다. 그들 역시 콘서트를 결딴내는 그 혼돈스러운 상황에 넌더리를 냈다. 그러나 그들은 또한 각자의 기억 속에 억압과 야만적 행위와 경찰 앞에서의 무력감을 담아 두고 있었다. 이제 상황은 내 경험과 그것을 바로잡을 능력 너머로 복잡해져 가고 있었다. 사진사들은 격노해서 고함을 쳤고, 경호원들은 점점 더 난폭하게 밀어

냈다. 그들이 거의 막 제거되었을 때, 한 작은 밉살스러운 개자식이 키가 큰 경호원의 팔 밑으로 머리를 쑥 내밀고는 마지막 한 장의 스냅사진을 찍을 준비를 했다. 무의식적인 격분의 몸짓에서, 나는 오른손으로 왼쪽 팔꿈치 안쪽을 도끼로 베는 동시에 왼쪽 팔을 구부려 주먹을 쥐었다. 에스파냐 사람들이 '모욕적'(butifarra)으로 간주하는 몸짓이었는데, 내 딴에는 격한 어조로 "꺼져!"를 표현하기 위해 했던 행동이었다. 플래시가 꺼지고 군중이 와자하게 웃음을 터뜨렸다. 그 사진사는 마치 총에 맞은 듯한 표정이었다. 나는 순간적으로 안도감을 느꼈다. 공연은 계속되었고, 불 켜진 초들과 멋진 합창으로 끝이 났다. 대성공이었다. 나는 앞서 발생한 추잡한 사건들은 기억에서 거의 지워 버렸다. 그러나 진짜 쇼는 그때부터였다.

기자회견이 호텔에서 예정되어 있었다. 나는 신이 나 있었고, 어떤 주제에 대해서도 성의 있는 답변을 할 준비가 되어 있었으며, 얼른 시작하기를 학수고대했다. 나는 수행원들을 이끌고 총총걸음으로 갔다.

"저기 안으로 들어가지 마세요." 난데없이 우리들 옆으로 등장한 한 여자가 말했다.

나는 순간 걸음을 멈췄다.

"어째서요? 내 기자회견인데요." 나는 그녀의 간섭에 짜증이 나서 말했다. 나의 에스파냐 프로모터는 살짝 당황한 듯 보였다.

"그들은 화가 났어요." 그녀가 말을 이었다.

"화가 나다니요, 누가요?" 나 자신이 화가 나서 물었다. "그게 무엇이든 내가 처리할 겁니다."

아무도 나서서 내게 말해 줄 수 없었던 이유는, 그 사진사에 대한 나의 매력적인 몸짓이 "꺼져!"보다는 좀 더 심각한 무엇을, 그들의 어머니들과 관련된 무엇을 의미하며, 최근에야 자유를 얻은 에스파냐 언론은 가톨릭 엄정주의를 기반으로 반응한다는 사실이었다. 나의 숙녀답지 못한 몸짓 탓에 모욕을 당한 데다 경호원들의 대응에 화가 난 보도진은 나에 대항하여 신디케이트를 형성했고, 취재 거부를 선언했다. 글쎄, 완전히 취재 거부라고는 할 수 없었다. 적어도 그들은 그곳에 있었으니까. 백 명 혹은 그보다 더 많은 인원이.

나는 이 모든 상황을 이해하지 못한 채, 마치 내 생일파티를 망쳐서 심술이 난 응석받이 아이처럼, 그리고 나의 매력으로 그들을 매혹시켜 그 어리석은 흥분 상태로부터 빠져나오게 할 수 있으리라 자신하며, 마이크 앞으로 성큼 다가섰다. 그리고 미소를 지어 보이면서, 질의응답 전에 사진 찍기를 원하는지 아니면 질의응답 후에 사진 찍기를 원하는지를 물었다.

나의 백만 달러짜리 미소는 재미있다는 표정에서부터 분노의 표정에 이르기까지 다양한 반응들과 맞닥뜨렸다. 그리고 나는 복도에서 만난 그 여성이 내게 말하려던 것이 무엇이었는지를 기억하려 애썼다.

"무슨 문제가 있는 건지 제게 말해 주고 싶은 분 안 계세요?" 내가 마침내 물었고, 한 남자가 의자에서 벌떡 일어나 인쇄된 페이지를 읽기 시작했다. 자신의 감정으로 구두점을 찍듯 본문의 내용을 강조하면서. 그의 동료들은 고개를 끄덕이고 불만스러운 어조로 동조하면서 그를 부추겼다. 나는 그를 마이크 앞으로 불러 세웠다. 그는 무거운 발걸음으로 올라와 그 긴 불만의 목록을 읽었다. 요컨대 자기들이 여자이자 외국인인 나에게 모욕을 당했다는 것이었다.

그들은 내가 그 경호원들을 불렀다고 생각하는가? 그들은 내가 부르지 않았다는 것을 알고 있었다. 그렇다면 그것은 정말 몸짓 하나 때문이었나? 여기, 새롭게 해방된 에스파냐에서? 그는 계속해서 고래고래 소리를 쳤다. 나는 프리츠를 살짝 엿보았다. 그는 공포에 질려 보였다. 나의 에스파냐 프로모터도 마찬가지였다. 나는 두렵지 않았다. 그저 혼란스럽고 조급할 따름이었다. 통역이 이루어졌다. 그가 꽉 쥐고 있는, 두 페이지에 걸쳐 갈겨쓴 내용의 최종 요점은 내게 사과를 요구한다는 것이었다.

"물론, 저는 여러분께 사과할 겁니다." 내가 즉시 말했다. "저는 분노의 순간에 이루어진 제 몸짓이, 그 분노가 정당하다고 느낍니다만, 이곳 에스파냐에서는 그렇게 심각한 의미를 지니고 있는지 전혀 몰랐습니다. 제가 무례했던 점에 대해서, 그리고 제가 여러분을 모욕한 점에 대해서 사과드립니다."

침묵.

사과보다 더 예기치 않거나 김빠지게 하는 것은 없었다. 그들은 명백한 싸움을 원했다. 한 남자가 일어서서 나를 향해 종주먹을 들이대며 에스파냐어로 소리쳤다. "그 몸짓의 의미를 몰랐다는 게 무슨 뜻이요? 물론 당신은 알고 있었소. 당신은 여행을 하고 전 세계를 돌아다닙니다. 나는 당신이 그런 명백한 사실에 무지했다는 말을 받아들일 수 없소."

동조하는 불평불만의 소리가 군중으로부터 흘러나왔다.

"미안하지만 당신이 틀렸어요. 만약 제가 어떤 즉흥적인 몸짓이 갖고 있는 함의를 알았다면, 도대체 무엇 때문에 제가 언론과 불화하고 이와 같은 공격에 노출되면서까지 굳이 그런 몸짓을 했겠어요? 그리고 맞아요. 저는 세계 곳곳을 여행해 왔습니다. 그리고 사실 제가 화를 내면서 비슷한 짓들을 한 것도 이번이 처음은 아니에요. 지금껏 그런 행동들은 5분도 안 돼서 거의 잊혔습니다. 다시 한 번 저의 무지에 대해 사과드립니다."

침묵.

"당신이 우리에게 사과하는 것으로는 충분하지 않소! 당신은 대중에게 사과해야 합니다. 어째서 당신은 대중에게 사과하지 않았던 거요?"

"선생님, 말씀드렸다시피 첫째, 저는 제가 저지른 결례의 진정한 성격을 알지 못했어요. 둘째, 관객은 웃었습니다. 저는 그들이 재미있어 한다고 생각했어요. 화가 난 것은 여러분들뿐이었죠. 관객이 아니라."

그들은 스스로에게 그리고 서로에게 얼마간을 더 구시렁댔다.

"하지만." 나는 과감히 말했다. "저는 분명히 저로 인해 상처를 받았거나 모욕감을 느낀 어떤, 그리고 모든 에스파냐 분들께 말할 겁니다. 저의 무례와 무지에 대해 겸허히 사과드린다고요."

여전히 이어지는 구시렁대는 소리.

"그리고 이제, 만약 여러분이 기자회견을 하고 싶다면, 저는 기꺼이 할 준비가 되어 있습니다."

그들은 좀 더 많은 질문을 했지만, 사진은 전혀 찍지 않았다. 나는 동요했다. 분명 내 얼굴 위에는 상처 입은 표정이 떠올랐을 것이다. 그러나 나는 절대 당황하는 속내를 드러내 보이지는 않았다. 내가 정말로 무슨 잘못을 그렇게 저질렀는가? 군중 앞에서 내가 얼마나 강인했는가! 오늘 밤 모든 사람들이 침대에 들었을 때, 나는 울 것이다. 앤디는 이해할 것이다. 그리고 나를 안아 줄 것이다.

다음 날 아침은 지금까지보다 더 나빴다. 우리는 신문 몇 장을 사기 위해 산책을 나갔다. 그리고 모든 신문 가판대의 벽과 집게에 걸려 있는 '라 세뇨라 바에즈'의 가장 보기 흉한 사진을 보았다. 예쁜 의상에 반해 심술이 잔뜩 오른 분위기, 흐릿한 신문 인쇄용지에서는 거의 파악하기 힘든 불쾌한 표정, 그리고 그 유명한 주먹. 가장 웃긴 제목들 가운데 하나는 '부티파라 콘 라 기타라'(butifarra con la guitarra)였다('기타를 든 소시지' 정도의 뜻이 될 텐데, 'butifarra'는 '카탈루냐 소시지'를 의미하기도 하고 '성적으로 모욕적인 몸짓'을 의미하기도 한다—옮긴이). 나는 망연자실했다. 그리도 열심히 일했고, 그리도 열심히 노래했고, 전 세계의 모두가, 아니 적어도 에스파냐 전역의 모두가 나를 사랑한다고 여겼는데, 그들은 여기 이 끔찍한 사진을 인쇄해 놓고는 나의 에스파냐 투어 전체를 하나의 거대한 실수인 것처럼 만들어 버린 것이다.

나의 가엾은 얼굴은 내가 나의 '가족'과 더불어 줄지어 선 신문 가판대들 옆을 지나가면서 점점 더 침울해졌다.

프리츠가 나를 애써 위로하며 말했다. 기사들 자체는 훌륭하다고. 내가 에스파냐에서 엄청난 성공을 거뒀으며 마드리드를 내 손바닥 안에 두었다고. 그 사진은 단지 수천 부의 판매를 보장하기 위한 것이라고……. 하지만 나는 아무 말도 들리지 않았고 하염없이 눈물만 흘렸다. 그리고 비참한 작은 먹구름이 깔린 에스파냐를 떠났다. 비행기를 타면서 나는 《인터내셔널 헤럴드 트리뷴》 한 부를 샀다. 그리고 그 똑같은 악몽 같은 사진이 나를 올려다보는 것을 발견했다. 그 아래의 짧은 표제에는, '라 바에즈가 에스파냐 군중을 제어할 수 없게 되자 경찰을 요청했다'고 씌어 있었다.

4
지구의 지친 어머니들

아름다운 로라 보나파르트는 아르헨티나 출신의 정신분석가였다. 1976년 6월 11일, 그녀는 집에서 생화학자인 남편이 끌려가는 것을 목도했고, 이후 다시는 그를 보지 못했다. 그녀가 역시 '실종된' 딸을 찾으러 갔을 때, 그녀에게 신원 확인을 위해 주어진 것은 작은 단지 안에 들어 있는 딸의 손이었다.

1981년 봄에 아르헨티나를 방문했을 때, 나는 최루가스를 맡았고, 호텔에서 쫓겨났고, 공개적으로 노래 부르는 것을 방해받았으며, 폭탄 테러 위협으로 기자회견이 두 번이나 중단되었다. 폭탄 해체반이 왔고 폭탄 두 개를 수거해 갔다.

실종자의 어머니들은 말한다. 자기들 가운데 아이들이 죽었다는 사실을 알고 있는 사람이라면 운이 좋은 사람이라고. 그러면 애도를 할 수 있고, 결국엔 잊고 새로운 삶을 시작할 수 있다는 것이다. 그들은 밤 시간이 가장 힘들다고 말한다. 밤이 되면 잃어버린 아이들의 모습이 어둠 속에서 그들의 눈앞을 지나가기 때문이다.

나는 칠레에서도 공연을 금지당했다. 그러나 학생들이 '음악의 밤'

을 조직하여 공연을 한 적이 있다. 경찰들은 커다란 승합차를 타고 와서 공연장을 완전히 에워쌌고, 외부의 스피커를 통해 콘서트 내용을 들었다. 단지 이틀 동안 전단을 돌리고 입소문을 냈을 뿐인데, 7천 명의 사람들이 공연장에 모습을 드러냈다. 공연장 곳곳에는 피아노 연주자들, 바이올린 연주자들, 노래하는 그룹들, 춤꾼들, 시인들, 교수들, 작가들 그리고 배우들이 있었다. 검열을 당하고 투옥되고 억류되고 고문당했던 사람들이 있었다. 그들은 1973년 쿠데타 이래 공개적으로 공연을 하지 못했던 사람들이었다. 나는 그러한 문화적인 행사가 7년 동안 없었다고 들었다.

가장 이상한 곳은 브라질이었다. 그곳에서 나는 공개 기자회견을 가졌다. 그리고 내가 원하는 건 뭐든지 말할 수 있었다. 그러나 대중 앞에서 노래할 수는 없었다.

나는 어떤 학생 콘서트에서 겨우 공연하기로 했다. 그러나 공연 직전 경찰이 호텔에 나타나 내 서류들이 제대로 정돈되어 있지 않다고 말했다. 우리는 그것을 순서대로 정리했다. 경찰서장이 현장에 있었다. 이 모든 외국인들이 그의 관할서에 서서 그의 면전에다 서류를 흔들어 대야 하다니, 대체 이게 뭐란 말인가. 그는 내 추궁에 내가 노래하는 것을 자신이 막았음을 인정했다. 나는 그 건물 앞으로 나가 관할구역 표지 아래서 〈인생이여, 고마워요!〉를 목청껏 노래했다.

그러자 과거에 바로 그 관할서에서 고문당한 적이 있는 파란 눈을 가진 한 멋진 국회의원이 나를 데려가 청중 한가운데에 앉혔다. 갑자기 정적이 흘렀다. 나는 노래를 부르기 시작했다. 그곳을 꽉 채운 사람들이 나와 함께 노래했다. 우리가 떠나기 위해 일어섰을 때, 그들 역시 일어나 〈카미난도〉, 즉 〈바람만이 알고 있다네〉를 불렀다. 이렇듯 옳은 일을 막는 것은 불가능할 때가 있다.

귀국길에 우리는 니카라과로 갔다.

"대사께서는 좀 더 기다리실 수 있을 겁니다." 내무부 장관인 토마스 보르헤스 장군이 나의 콘서트 막간에 에스파냐어로 말했다. 그러는 동안 그의 10대 경호원들이 나의 대기실 구석구석과 벽장들을 총부리로 이리저리 쑤시고 있었다. 보르헤스는 나보다 키가 작았다. 그는 거만하게 시가를 뻐끔뻐끔 피우며 나의 몸매를 어림했다. 나는 콘서트 후에 미국 대사를 방문해야 된다고 그에게 말한 바 있었다.

"당신과 식사를 하겠어요. 단 한 가지 조건이 있어요." 내가 그에게 말했다. "그 구역질 나는 시가 좀 꺼 주시죠."

그는 나를 저녁 식사 자리에 데려갔을 뿐만 아니라, 식사 후에는 소모사 정권(Somoza, 44년 동안 니카라과를 지배한 일가. 산디니스타 민족해방전선의 사회주의혁명으로 1979년에 실각했다—옮긴이)의 방위군들로 가득 찬 감옥에도 데려갔다. 그는 불행하고 권태롭고 더러운 수감자들로 가득 찬 지저분한 검은 독방으로 다가가 간수에게 문을 열라고 말했다. 그의 경호원들은 밖에 머물렀다. 그는 감옥 안으로 성큼 들어갔다. 키 큰 죄수들 옆에 서니, 그가 작은 그루터기처럼 보였다. 그는 한 소년의 얼굴을 응시했다.

"몇 살이지?" 그가 물었다.

"열여섯 살이요."

"여기 얼마나 있었지?"

"3년입니다." 그 소년이 의아해하며 말했다.

"죄목이 뭐지?"

"아버지가 방위군이었습니다. 아버지가 체포될 때 함께 있었어요. 그래서 저도 잡혀 왔습니다. 그것 말고는 아무 죄도 없습니다."

"네 물건을 꾸려라. 너는 집으로 간다."

그 소년은 몇 초 동안 눈을 동그랗게 뜨고 멍하게 서 있더니, 곧 자신의 몇 가지 소지품들을 챙겨 와락 끌어안았다.

보르헤스는 스스로에게 매우 흡족한 듯 보였다. 그리고 두 개의 방에서 그런 퍼포먼스를 반복했다. 그런 다음 우리를 위층의 특별 구역으로 데려갔다. 그곳에서 그는 감정이 북받치는 듯했다. 그는 빈 방에서 멈춰 섰고 조용해졌다. 나는 다음 일을 짐작할 수 있었다.

"Aquí está donde(여기가 바로)…… 그들이 나를 3년 동안 가둬 두었던 곳이오. 그들은 6개월 동안 내 두 손목을 사슬로 결박해서 이 창살에 매어 두었소. 그래서 나는 누울 수조차 없었지. 내 머리에는 마대 자루가 씌워져 있었소. 6개월 동안 아무것도 볼 수가 없었소."

"어째서 당신은 이곳에 돌아와 스스로를 괴롭힙니까?" 내가 물었다.

"그때의 내 모습을 잊지 않기 위해서요. 나는 나 자신에게 약속했소. 잊지 않겠다고."

그곳에 머문 시간 동안, 우리는 역사가 반복되는 모습을 충분히 목격할 수 있었다. 마르크스주의는 노동자들의 전 영역에서, 젊은이들의 모든 집회에서, 시 광장의 모든 교련 훈련에서 뿌리를 내리기 시작했다. 그리고 미국 행정부는 늘 그래 왔듯, 그것이 마치 비밀리에 육성하려는 공산주의이기라도 한 것처럼, 니카라과 사람들이 미국에 대항할 군대를 건설하도록 만들기 위해 가능한 모든 일을 하고 있었다. 망각에 대한 얘기가 나와서 말인데…… 미 행정부는 소모사를 잊은 것일까? 아니면 미국 역사책에선 소모사가 좋은 사람으로 평가되는 것일까?

6장

머릿속에서 음악이 멈췄다

Joan Baez

1
박해받는 자들에게 축복을

로스앤젤레스 교외의 작은 집 거실에서, 나는 방 안을 가득 메운 베트남 공산주의자들에게 〈오, 자유〉를 불러 주었다. 내가 그 방 안으로 들어간 순간부터, 모든 것이 7년 전 하노이에서 겪은 시간들을 떠올리게 했다. 그들의 부드럽고 깨끗한 황색 피부의 촉감, 제 얼굴에 맞게 정확한 위치에 쓰고 있는 안경, 마치 미니어처로 작업을 하는 특별한 디자이너가 재단한 것 같은 수수하면서도 단정한 회색 정장, 그리고 베트남어와 프랑스어와 서툰 영어로 콧노래를 부르듯 부드럽게 말꼬리를 흐리는 그들의 목소리. 이윽고 헤어져야 할 순간이 되자 우리 대부분은 눈에 눈물이 고여 있거나 볼을 타고 흘러내렸다. 입으로는 따뜻하게 작별 인사를 했지만, 가슴이 찢어질 것 같은 표정들을 하고 있었다.

나는 하노이를 자주 떠올리지도 쉽게 기억하지도 못한다. 때때로 밤에 나는 침대에서 비틀거리며 일어나 잠들어 있는 나를 깨운다. 심장이 방망이질을 하고 가슴과 이마가 갑자기 맹렬하게 스며 나오는 땀으로 축축해진다. 내가 누구이고 어디에 있는지를 확인하기 위해 내 마음이 황망히 움직일 때, 조용한 우드사이드 시내 위로 제트기가 평소보다 낮게 지나가는 소리가 들려온다.

그 전쟁이 끝난 지 5년이 지나서, 그리고 내가 폭탄 아래에서 시간을 보낸 지 7년이 지나서, 나는 다시 한 번 베트남 사람들을 위한 집회에 참석했다. 이번에는 그 전쟁에서 우리를 패배시킨 공산당 정부에 대항하기 위해서였다.

1979년에 나는 세계의 여느 사람들과 마찬가지로 베트남에 대해 생각하고 싶은 마음이 없었다. 동남아시아에 대해서라면 한시바삐 잊고 싶은 서구의 무관심 아래에, 캄보디아에서는 무시무시한 대량 학살이 자행되었다. 비록 양심적인 언론이 캄보디아의 대량 학살에 대해 보도하긴 했지만, 서구는 그에 대해 이렇다 할 항의를 제기하지 않았다. 한편 좌익은 '혁명정부'가 자행하고 있는 또 다른 불명예에 대해서 문제 삼기를 꺼렸다. 우익은 늘 입에 달고 살던 "거봐, 내가 뭐랬어" 말고는 달리 할 말이 없었고, 그것은 전혀 도움이 되지 않았다. 나 역시 별다른 관심을 두지 않았고, 폴 포트의 초토화 정책이 가져온 황폐함에 대해서만 단지 희미하게 알고 있을 뿐이었다.

어느 조용한 아침, 두 명의 '표류난민'이 나를 방문했다. 그들 가운데 한 명은 '도안 반 토아이'라는 이름을 가진, 과거 사이공의 학생이었다. 그는 60년대에 반정부활동으로 구엔 반 티우 정권하에서 투옥을 당한 바 있다. 다른 남자는 '후에 후'라는 이름의 불교 승려였는데, 공산당 정권에 의해 승직을 박탈당했다. 그들은 말씨가 부드럽고 품위가 있었다. 그들이 물었다. 60년대에 그리도 베트남 사람들을 걱정했던 그 많은 미국인들은 지금 어디 있는가? 베트남 사람들에겐 다시금 그들의 도움이 필요했다. 그러나 도움을 얻을 길이 없었다. 그들은 베트남의 인권유린에 대해 길게 묘사하기 시작했다. 나는 마음속으로 번민했다. 넘처나는 감옥, 굶주림에 가까운 식단, 밀폐된 '코넥스' 상자 안에서의 질식. 지식인들과 의사들, 치과 의사들, 건축가들, 예술가들, 노인들 그리고 미국인들과 연관이 있는 사람들은 누구라도 새로운 정권에 덜 열정적이라는 의심을 받아 재교육 센터로 끌려가야 했다. 일부는 집으로 돌아왔지만, 많은 사람들이 그러지 못했다. 이들은 내가 그들을 도와줄 수 있는지를 알고 싶어 했다.

나는 1976년에 베트남이 인권 상황을 개선해 줄 것을 요구하며 하노이 정부에 보내는 온건한 어조의 편지에 서명했을 때 맞닥뜨렸던 압박감을 기억했다. 그 편지에는 그곳에서 우리의 길고 파괴적인 주둔에 대해 사과하는 내용도 들어 있었다. 코라 바이스와 나는 크게 충돌했다. 그 편지가 거의 주목을 받지 못하자 압박은 완화되었고, 그 사안은 결국 흐지부지되고 말았다. 그런데 이제, 그것을 다시 조명할 시기가 된 모양이었다.

나는 지네타를 포함해 다섯 명의 조사 집단을 꾸렸다. 우리는 주로 파리에서 다방면에 걸쳐 조사했고, 1976년에 이미 하노이의 인권유린 정책들을 실감하고 공공연하게 비난하기 시작한 유명한 좌파 프랑스 저널리스트들을 찾아다녔다. 우리는 불교 공동체와 가톨릭 공동체들, 프랑스와 베트남 외교관들 그리고 예전에 민족해방전선에서 싸웠던 사람들, 망명자들, 난민들에게 의지했다. 그들 가운데 일부는 한때 임시혁명정부를 지지했고, 해방 후에는 영웅으로서 고국에서 환영받으리라 기대하던 사람들이었다. 그들은 이제 자신들이 '기피 대상'임을 깨달았으며, 고국으로 가는 비자를 얻는 것이 불가능하다는 사실을 알게 되었다. 계속해서 되풀이되는 그들의 이야기는 내가 도안 반 토아이와 후에 후한테서 들은 이야기들과 별반 다를 바가 없었다.

프랑스와 일본의 피비린내 나는 예를 본받아 미국이 베트남에서 저지른 모든 일들이, 평시(peacetime) 사회가 발전하거나 번영하는 것이 불가능하다는 정치 풍토를 창조해 냈다. 미국은 무자비하게 폭탄을 터뜨렸고 산과 도시와 교외를 불태웠다. 그리고 이제는 하노이를 인정하기를 거부했다. 미국은 한때 하노이에게 약속했던 배상금을 주려고 하지 않았고, 따라서 베트남은 앙갚음을 하지 않겠다는 약속을 깨뜨렸다. 부역자들에게는 화해를, 그리고 모두에게는 자결권과 민주적 자유를 부여하겠다는 약속 역시 깨뜨렸다.

우리가 조사한 바에 따르면, 하노이는 자신의 자원들을 파괴하고 있었다. 내부에서는 베트남을 재건할 수 있는 사람들을 감금하였다. 하노이 자체 통계로는 5만 명의 정치범들이 수용되어 있다고 했고, 많은 망명자들은 그것이 8만 명에 이른다고 말했다. 그런데 우리가 믿을 만한 정보에 근거해 계산한 정치범들의 추정치는 거의 20만 명에 육박했다. 그것은 사면위원회의 파일들에 있는 어떤 나라와 비교해 보아도 큰 숫자였다. 우리는 가능한 한 빨리 우리의 조사 결과를 밝히려고 시도했다. 그러나 내 친구들 중에는 여전히 스탈린의 강제노동수용소를 비난하기에는 적절한 때가 아니라고 생각하는 사람들이 있었다.

나는 베트남사회주의공화국에 공개서한을 작성했고, 그것을 지지하는 서명들을 모으기 시작했다. 서명을 모으는 것은 쉽지 않았다. 결국 81명의 사람들이 서명했다. 대부분의 좌파들이 서명하기를 거절했을 때, 나는 충격을 받지 않았다. 심지어 제인 폰다가 서명하지 않기로 결정했을 때에도 놀라지 않았다.

나는 제인 폰다 앞으로 우리가 함께하는 것이 얼마나 중요한지를 설명하는 길고 신중한 편지를 썼다. 제인과 나는 이전에 그저 짧은 시간 동안 만남을 가졌을 뿐이었다. 우리는 결코 함께 일한 적이 없었다. 나는 존경하는 배우이자 나와 더불어 베트남전쟁을 강력하게 반대했던 그녀에게 편지를 썼다. 그녀는 그에 대한 답변으로 나와 25명의 공동서명자들에게 서한을 보냈다. 그것은 동정적인 어조였지만 우리의 제안을 거절하는 내용이었다.

"나는 베트남에 어느 정도의 억압이 존재한다는 것을 의심하지 않습니다. 심지어 당신이 베트남에서 벌어지고 있다고 주장하는 행위들에 대해 내가 무지할 수도 있음을 인정합니다. 하지만 나 스스로 조사를 해보았고 공평한 눈으로 보려고 애써 왔습니다. 그런데 나는 당신의 고발이 사실임을 확인할 수 없었습니다." 그녀는 이어서 내 자료들이 의심스러우며, 설사 억압이 발생했다 하더라도 예측된 피의 학살이 가져왔을 억압보다는 나쁘지 않다고 말했다. 그런 다음 그녀는(혹은 그녀를 위해 편지를 써 준 누구든) 커다란 부주의함을 보이고 말했다. "어쩌면 우리는 베트남 사람들이 하룻밤에 그 수백만 명의 사람들을 자유롭게 해주리라고 기대하는 건지도 모르겠습니다……" 우리가 추정한 숫자는 수백만 명보다는 훨씬 적었다. 그녀는 내가 "근거 없는 주장을 다시 생각하기를" 희망했다. 나의 주장으로 인해 마치 내가 공산주의보다는 죽음이 낫다고 믿는 미국의 가장 편협하고 부정적인 분자들의 편에 서 있는 것처럼 보였기 때문이다. "비록 당신의 분석에 동의하지는 않지만, 그리고 당신이 하고 있는 일이 끼칠 영향에 대해 걱정하지만, 나는 여전히 당신과 대화를 나누기를 기대합니다. 나는 당신의 우상파괴주의에 많은 흥미를 느끼며, 우리가 서로를 좀 더 완전하게 이해할 수 있기를 소망합니다." 나는 그때 '우상파괴'라는 단어를 사전에서 찾아봤어야 했는데, 지금은 또 잊어버렸다. 적어도 그녀는 경건하지는 않았다.

나를 막으려는 캠페인이 시작되었다. 마치 내가 악덕 속에 살고 있는 것처럼 느껴졌다. 과거에 알던 사람들이 "그저 이야기를 나누고 싶다"며 갑자기 연락을 해왔다. 그들은 내가 그 편지를 중단하게 만들기 위해 모든 방법을 시도했다. 나는 한밤중에 식은땀을 흘리며 깨어났다. 내가 순진한 거라는 둥, 도안 반 토아이가 CIA 요원이라는 둥, 내가 우익에게 이용을 당하고 있는 거라는 둥, 내가 모든 판단력을 잃었다는 둥, 최후통첩과 암시들이 가득 찬 전화가 끝도 없이 울려 댔다.

지네타가 뉴욕에 있는 베트남의 유엔 대사와 이야기를 나눠 보려 했다. 그는 그녀를 간단히 무시했다. 몇 주에 걸친 준비 끝에 우리는 편지를 발표할 준비를 마쳤다.

베트남사회주의공화국에 보내는 공개서한

4년 전, 미국은 베트남에서 20년간의 주둔을 끝냈습니다. 그런데 축하의 원인이 되어야 할 기념일이 비탄의 시간이 되었습니다.

당신의 나라에서 100년 동안 외세가 자행한 잔인함, 폭력 그리고 억압이 오늘날 현재의 정권하에서 계속되고 있다는 것은 비극적인 아이러니가 아닐 수 없습니다.

수천 명의 죄 없는 베트남 사람들이, 그들 가운데 많은 사람들의 유일한 '범죄'가 양심에 따른 것임에도, 체포되고 감옥과 재교육 수용소에 억류되어 고문을 받고 있습니다. 전쟁으로 찢긴 베트남에 희망과 화해를 가져오는 대신, 당신의 정부는 베트남 사회의 많은 부분에서 성취된 의미 있는 진보를 그늘지게 하는 고통스러운 악몽을 조성했습니다.

1977년 2월, 당신의 정부는 약 5만 명의 사람들이 투옥되어 있다고 진술했습니다. 저널리스트들, 편견 없는 관찰자들과 망명자들은 현재 정치범의 숫자를 15만 명에서 20만 명 사이로 추산합니다.

그 정확한 합계가 얼마든, 그러한 사실들 하나하나가 모여 무서운 현실을 형성합니다. 《르몽드》와 《옵서버》에서부터 《워싱턴 포스트》와 《뉴스위크》까지, 지구 곳곳의 언론들에 검증된 보고서들이 올라왔습니다. 우리는 노동자들과 농부들, 가톨릭 수녀들, 불교 승려들, 표류난민들, 예술가들, 전문가들 그리고 민족해방전선과 나란히 싸웠던 사람들을 포함해 수많은 베트남 사람들로부터 다음과 같은 잔혹한 이야기들을 들었습니다.

- 감옥에는 수천 명의 '억류자들'로 넘쳐나고 있다.
- 사람들이 사라져 다시는 돌아오지 못한다.
- 사람들은 재교육 수용소들로 이송되어 상한 쌀로 겨우 연명하고, 손목과 발목이 함께 결박된 채 쭈그려 앉도록 강요당하고, '코넥스' 상자들 안에서 질식당한다.
- 사람들의 손과 발로 아직 폭발하지 않은 지뢰밭을 치우게 하는 등 그들을 인간 지뢰 탐지기로 사용한다.

많은 사람들이 삶을 지옥으로 여기고 죽음을 바라고 있습니다. 재통합과 자결이라는 대의를 지지하고 그것을 위해 투쟁했던 희생자들은 다름 아닌 남자들, 여자들 그리고 아이들입니다. 평화주의자로서, 종교 집단의 일원으로서, 혹은 도덕적이고 철학적인 근거로 구엔 반 티우와 구엔 카오 키의 독재 정책을 반대했던 사람들입니다. 당신 정부의 전체주의적 정책들이 질색하는 창조적인 표현에 헌신하는 예술가들과 지식인들입니다.

국제사면위원회와 많은 사람들이 감옥의 현황에 대한 편견 없는 조사를 할 수 있도록 해 달라고 요청했지만, 아직 답변을 받지 못한 상황입니다. 남편과 아내, 딸과 아들의 안부를 묻는 가족들의 문의도 무시되고 있습니다.

그렇게도 많은 미국인들이 남베트남 정부와 미국의 참전에 대해 반대했던 것은 인권과 자유, 자결이라는 기본 원칙들을 변치 않고 지키겠다는 서약 때문이었습니다. 우리가 이렇듯 인권에 대한 당신들의 잔인한 경시에 대항하여 목소리를 내는 것 또한 바로 그와 동일한 서약 때문입니다. 60년대에 그랬던 것처럼, 지금 우리는 목소리를 높입니다. 당신들의 국민들이 살아갈 수 있도록 말입니다.

우리는 투옥과 고문을 끝내 달라고 당신들에게 호소합니다. 국제적인 중립적 입회인이 당신의 감옥과 재교육 수용소를 감사할 수 있도록 허락해 달라고 호소합니다.

우리는 당신들이 국제연합의 일원으로서, 귀국이 서약한 보편적 인권 선언과 민권과 정치권에 대한 국제 규약의 교의들을 따를 것을 촉구합니다.

우리는 당신들이 언명한 자유와 인간 존엄성의 기본 원칙들에 대한 헌신을 재확인해 줄 것을 촉구합니다. 베트남에 진정한 평화를 확립하기 위해서.

존 바에즈(국제인권기구 후마니타스 회장)

공동서명자:

Ansel Adams	Bill Graham
Edward Asner	Lee Grant
Albert V. Baez	Peter Grosslight
Joan C. Baez	Thomas J. Gumbleton

Peter S. Beagle

Hugo Adam Bedau

Barton J. Bernstein

Daniel Berrigan

Robert Bly

Ken Botto

Kay Boyle

John Brodie

Edmund G 'Pat' Brown

Yvonne Braithwaite Burke

Henry B. Burnette, Jr.

Berb Caen

David Carliner

Cesar Chavez

Richard Pierre Claude

Bert Coffey

Norman Cousins

E. L. Doctorow

Benjamin Dreyfus

Ecumenical Peace Institute Staff

Mimi Farina

Lawrence Ferlinghetti

Douglas A. Fraser

Dr. Lawrwnce Zelic Freedman

Terence Hallinan

Nat Hentoff

Rev. T. M. Hesburgh, C.J.C.

John T. HitchcockArt Hoppe

Dr. Irving L. Horowitz

Henry S. Kaplan, M.D.

R. Scott Kennedy

Roy C. Kepler

Seymour S. Kety

Peter Klotz-Chamberlin

Jeri Laber

Norman Lear

Philip R. Lee, M.D.

Alice Lynd

Staughton Lynd

Bradford Lyttle

Frank Mankiewicz

Bob T. Martin

James A. Michener

Marc Miller

Edward A. Morris

Mike Nichols

Peter Orlovsky

Michael R. Peevey

Joe Fury	Geoffrey Cobb Ryan
Allen Ginsberg	Ginetta Sagan
Herbert Gold	Leonard Sagan, M.D.
David B. Goodstein	Charles M. Schultz
Sanford Gottlieb	Ernest L. Scott
Richard J. Guggenhime	Jack Sheinkman
Denis Goulet, Sr.	Grace Kennan Warnecke
Jerome J. Shestack	Lina Wertmuller
Gary Snyder	Morris L. West
I. F. Stone	Dr. Jerome P. Wiesner
Rose Styron	Jamie Wyeth
William Styron	Peter Yarrow
Lily Tomlin	Charles W. Yost
Peter H. Voulkos	

우리는 그 편지를 《뉴욕 타임스》, 《워싱턴 포스트》, 《로스앤젤레스 타임스》 그리고 《샌프란시스코 크로니클》 등 4대 일간지에 싣기 위해 53,000달러를 모금했다. 그러나 그것이 인쇄되기 전에, 나는 유엔 대사를 만나야겠다고 생각했다. 그리고 그것이 로스앤젤레스의 방 안을 가득 메운 그 공산주의자들에게 노래를 하며 내가 하고 있던 일이었다.

지네타와 나는 대사와 그의 많은 보좌관들을 차와 케이크와 여기저기 마이크가 숨겨져 있는 꽃다발을 사이에 두고 만났다. 그때 나는 대사에게 예의바른 최후통첩을 제시했다. 국제사면위원회 대표단이 6개월 내에 베트남에 입국해서 그들이 선택한 곳에 자유롭게 출입하는 걸 허락하겠다는 서면 약속을 하노이 측에서 해주지 않으면, 우리는 이 편지 전문을 인쇄하겠다고 말이다.

대사는 내가 완전히 잘못된 정보에 따라 그릇된 길로 가고 있다고 장담했다. 그는 베트남의 인권이 세계 최고라고 주장했다. 나는 참을성 있게 들은 뒤, 슬프게 미소 지으며 말했다. 그는 그가 할 일을 한 것뿐이다. 그리고 이제는 내가 내 할 일을 할 차례였다.

그 만남에는 나름대로 밝은 순간이 있었다. 대사는, 혁명 후에는 유감스럽게도 언제나 일부 죄수들을 학대하는 예외적인 경우들이 있다는 점을 인정했다. 그는 우리가 알고자 하는 것이 무엇이든 기꺼이 개인적으로 조사하겠다고 말했다. 147센티미터밖에 되지 않는 지네타가, 현재 베트남에 억류되어 있는 죄수들의 상황에 대한 서류들이 가득 들어 있는 작은 휴대용 여행 가방을 끌어냈다. 그녀는 그것을 무릎 위에 올려놓은 뒤 열었다. 그리고 산더미 같은 섬뜩한 증거 뒤에 거의 가려진 채 앉아서, 커다란 갈색 눈을 장난스럽게 반짝이며 쾌활하게 이야기했다. 그녀의 반짝이는 갈색 눈은 열여섯 나이에 친구들과 동료들이 유린당하는 모습을 보았고, 파시스트들이 옥방과 지하 감옥에서 자신의 젊은 몸에 가하는 어두운 잔학 행위들을 외면하기도 했다. 그녀는 벌거벗었고 그들의 부츠는 광이 났으며, 그녀는 더러웠고 그들은 아침의 상쾌함을 느꼈으며, 그녀는 젊었고 그들은 그 젊음을 더럽혔다. 그러나 그들은 그녀의 정신과 의지를 알 수 있었고, 그것을 대면하면서 그들이 패배할 수밖에 없음도 인정해야 했을 것이다.

그녀는 여행 가방을 휙 열고, 그 하나만으로도 하노이 정부에 불명예를 가져올 수 있을 문서 더미를 드러내 보였다. 대사는 마음을 가다듬으며, 마치 어린아이를 달래듯이 손을 들고는 지금은 적절한 시점이 아닌 것 같다고 말했다. 지네타는 자신이 멋지게 목적을 달성한 것을 알고 이렇게 말했다. "오, 물론이죠! 대사님은 무척 바쁘시겠지요! 제가 이 문서들을 나중에 대사님께 보내 드리겠습니다."

우리는 오렌지 꽃들과 연무 속에 자리 잡고 있는 그 작은 하얀 집을 떠났다. 내 머리는 서로 충돌하는 생각들과 감정들로 긴장된 상태였고, 흘러나오려는 눈물 때문에 코가 막혀 있었다. 나는 곧바로 오한이 들고 열이 나서 침대에 누웠다. 나는 힘과 원기를 보충할 필요가 있었다. 머지않아 나를 향한 맹공격이 시작될 터였다.

그 편지가 인쇄되었을 때, 모든 지옥이 굴레에서 벗어나 활개를 치기 시작했다.

나는 CIA *끄나풀*로 불렸다.

"CIA *끄나풀*이자 KGB 요원으로 불리다니 영광이네요." 나는 응수했다. "내가 뭔가 옳은 일을 하고 있음이 분명하군요. 만약 두 기관이 모두 내게 보수를 지불한다면, 나는 부자가 될 수 있을 텐데요."

나는 베트남 인민들을 '배반'했다는 비난을 받았다.

"어떤 베트남 인민들을 말하는 거죠?" 내가 물었다.

나는 적어도 내가 알고 있는 사실들이 틀릴지도 모른다는 가능성을 충분히 고려하고 있지 않은가?

"지금이라면 어떻게든 내가 도울 수도 있을 텐데, 때를 놓쳐 연락이 아예 불가능하게 될지도 모르는 정치범 한 명의 기분을 상하게 하느니, 나는 차라리 의도적으로 세계 어느 곳이든 정부 관료들의 기분을 상하게 하겠어요(만약 내가 오해한 것이라면, 나중에 그분들께 기꺼이 사과할 겁니다)."

이름난 좌익 변호사인 윌리엄 쿤슬러는 내가 유독 베트남을 콕 집어 비난하는 것을 "잔인하고 터무니없는 행위"라고 말했다. 그리고 그는 거기에다 이 말을 추가했다. "나는 사회주의 국가들에 대한 공공연한 공격들을 믿지 않는다. 설사 그곳에서 인권유린이 발생했다고 해도 말이다." 그는 비록 우스꽝스러울지언정, 적어도 일관되고 정직했다.

나는 이름난 평화주의자인 데이브 델린저의 반응보다는 쿤슬러의 반응이 훨씬 낫다고 생각한다. 그가 한 말들 가운데 첫 부분은 나도 동의한다. "레닌주의 혁명이 어떤 독립적인 사고를 허락하리라고 믿다니, 당신은 순진한 게 틀림없소. 만약 '우리' 편이 이겼다면 베트남에서 일어났을 법한 일들에 대해 많은 미국인들 역시 전적으로 순진했을 거요. 하지만 나는 그러한 환상을 갖고 있지 않소. 그렇다고 내가 그 범죄적인 전쟁에 대해 조금이라도 덜 반대하지는 않았겠지만 말이요. 그러니 내가 지금 충격 받기를 기대하지 말아요." 그렇다면 왜 그는 베트남의 인권 상황에 대해 비난을 지지하지 않는 것일까? "베트남에는 엄청난 문제들이 산적해 있소. 사실상 우리에게 책임이 있는 문제들이죠. 베트남 정부는 그 문제들을 극복하려고 애쓰고 있을뿐더러 베트남 인민들의 삶을 개선해 나갈 거요. 그런데 이런 시점에서는 그 어떤 성명이든, 베트남 정부에 해를 끼치려는 시도에 이용될 수밖에 없소."

'베트남에 대한 진실'이라는 수수한 제목이 붙은 전면 광고가 《뉴욕 타임스》에 게재되었다. 56명의 진보 좌파들이 서명했고, '털끝만큼의 증거 문서'도 없이 수천 명의 사람들을 '양심수'라고 부른다며 나를 비난했다. "(사실 그들은) 예전의 야만적인 정권들에게 복무했던 40만 명의 관리들이다……" 서명자들은 나와 미국의 대중에게 장담했다. "베트남은 지금 역사상 어느 나라도 누려 본 적이 없는 인권을 구가하고 있다." 그리고 베트남 인민들은 지금 "무상으로 교육과 의료서비스와 건강관리를 받으며, 미국의 국민들이 아직 성취하지 못한 인권을 누리고 있다."

데이비드 맥레이놀즈, 돈 루스, 필립 베리건 등의 사람들이 유포한 또 다른 공개서한은, 현재의 인권유린에 대해서는 딱히 입장을 밝히지 않은 채 베트남과의 화해를 촉구했다. 나는 사실상 하노이 정부를 인정하는 것을 지지했다. 만약 화해가 미국에게 유리했다면, 분명 베트남이 독재정치를 한다는 사실이 이전에 화해를 방해하는 요소는 아니었을 것이다. 그러나 이번 경우에는 베트남과 화해한다는 것이 미국에게 유리하지 않았다.

베트남의 유일한 공식적인 반응은 베트남 입회인인 딘 바 티가 국제연합에 전달한 것이었다. 그 내용인즉슨, 나의 비난은 "근거가 없으며 베트남 인민들에 대한 중상모략"이라는 것이었다.

우익으로부터 나온 반응은 물론 훨씬 더 역겨웠다. 윌리엄 F. 버클리는 나와 나의 공동서명자들을 "새롭게 발견된 인도주의자들"이라고 칭송했고, 우리의 '위법 행동'들을 용서하는 데 엄청난 관대함을 보여 주었다. "성서가 우리에게 가르치듯이 방탕한 아들은 언제나 환영받는다. 그가 능장을 부리는 것에 대해서는 신경 쓰지 마라." 레이건 주지사는 그의 주간 라디오 방송에서 나를 칭찬했다. 그러나 우익의 총아로서 나의 지위는 결코 오래가지 않았다. 1981년에 실종자들의 어머니들을 방문하기 위해 아르헨티나와 칠레로 갔을 때, 나는 그 지위를 단번에 박탈당했다. 한편 그 사안을 이념적 가리개 없이 바라보는 전 세계의 많은 사람들 편에서 매우 건강하고 감동적이고 위안을 주는 반응들도 있었다.

그건 그렇고, 베트남 내부에서는 과연 그 편지가 어떤 효과를 가져왔을까? 나는 약간의 즉각적인 변화가 있었다고 들었다. 하노이 정부는 대부분의 정부들이 하는 방식으로 반응했다. 그들은 국제적인 비난을 결코 달가워하지 않았다. 많은 죄수들이 석방되었고, 베트남을 보호하고 있던 신비한 분위기를 걷어 내는 일은 이제 더 이상 불가능한 것이 아니었다. 그럼에도 1987년의 상황은 여전히 냉혹했다.

2
제 콘서트에 오시겠어요?

동부 해안에서 순회공연 중이던 1979년에, 잔느와 나는 표류난민을 태워 오기 위해 남중국해로 제6함대를 보내자는 의견을 냈다.

우리는 워싱턴DC로 갔다. 내 요청으로, 나는 한 칵테일파티에서 당시 해군차관이었던 상냥한 말씨의 남자를 소개받았다. 그는 내가 반전활동가 존 바에즈라는 사실을 알고도 아무런 문제가 없어 보였다.

"표류난민을 구하기 위해 남중국해로 제6함대를 보내기 위해서는 무엇이 필요할까요?"

"내 상관의 명령이죠."

"어떤?"

"대통령이요."

"누군가가 그 명령을 얻어 내기 위해 애써 보는 건 어떨까요?"

"당신이 직접 물어보는 건 어때요?"

그날 저녁 나는 캘리포니아에 있는 지네타와 의논했다.

"백악관 잔디에서 표류난민들을 위한 대규모 콘서트를 여는 건 어때?"

나는 생각했다. 글쎄, 백악관 잔디는 아니야. 하지만 근처에서 콘서트를 하고 백악관까지 촛불행진을 하는 것은 괜찮을지도 몰라. 1979년 7월 19일에 링컨기념관에서의 콘서트를 계획하고 행진 허가를 받는 데까지 며칠밖에 걸리지 않았다. 나는 카터 대통령에게, 그 행진은 전혀 항의의 성격을 띠는 것이 아닌, 오히려 표류난민들을 위해 인도주의적인 노력을 하고 있으며, 이를 지지하는 미국 국민들로부터의 응원을 드러내는 성격이 될 수 있다고 설명하는 편지를 썼다. 그 편지는 대통령에게 직접 전달되었다. 나는 구출 임무를 띤 제6함대를 파견할 것을 제안했고, 대통령을 콘서트에 초대했다.

그는 오지 않았다. 그러나 만 명의 사람들이 콘서트에 참석했다. 콘서트가 끝났을 때, 우리는 촛불을 들고 백악관까지 행진했다. 우리는 문 앞에서 기도했고, 그런 다음에 나는 호텔로 돌아갔다. 호텔에 도착하여 텔레비전을 켜자, 때마침 지미 카터가 백악관 잔디 위로 나와 커다란 철제 울타리 내부에서 남중국해로 제6함대를 보내겠다고 발표하는 장면이 나왔다. 나는 사실 여부를 확인하기 위해 그 해군차관에게 전화를 걸었고, 그는 그것이 사실이며 대통령이 다음 날 아침 9시 무렵에 내게 전화할 거라고 말했다. 정말로 대통령이 전화를 했고, 우리는 서로 축하 인사를 나눴다.

1979년 10월, 우리는 워싱턴DC로 돌아와 유니스 케네디 슈라이버의 도움으로 기금 조달을 위한 모임을 조직했다. 그날 저녁 모임은 에드워드 '테드' 케네디가 대통령에 입후보한다는 발표가 있기 24시간 전에 열렸고, 우리는 표류난민들을 위한 저녁이 테드를 대통령으로 만들기 위한 집회로 변질될 수도 있겠다는 생각에 당황했다. 그래서 나는 칩 카터(지미 카터 대통령의 아들―옮긴이)에게 전화를 했고, 그에게 이곳에 와서 저녁 내내 내 옆에 있어 달라고 부탁했다. 그는 친절하게도 내 부탁을 들어주었다(그의 마음씨에 축복을). 다음 날 신문은 모두 테드, 칩 카터('카터를 대통령으로'라는 글귀가 적힌 배지를 달고 있었다) 그리고 내 사진들로 도배되었다. 우리는 그 기금 조달 모임에서 돈을 잃었지만, 표류난민들에 관한 많은 화젯거리를 만들어 낼 수 있었다.

베트남이 라오스를 침략했고, 수천 명의 사람들이 '자유를 찾아' 도망치거나 헤엄을 쳤다. 캄보디아는 미국의 폭탄들이 남겨 두고 간 폐허와 혼란을 틈타 번창하는 크메르루주 치하에서 여전히 고통받고 있었다. 라오스와 캄보디아의 '육지난민들'은 아직 '뉴스'로도 취급되지 않는 실정이었다. 잔느와 나는 남아시아로 가서 베트남과 라오스와 캄보디아의 난민수용소들을 방문하기로 결심했다. 어쩌면 우리가 그들의 곤경에 세상의 이목을 집중시킬 수 있을지도 모를 일이었다.

우리는 타이로 날아갔고, 방콕에서 난민 노동자들과 저널리스트들과 텔레비전 뉴스 팀으로 가득 찬 북부 타이로 가는 밤기차를 탔다. 보도진은 북쪽의 몽(Hmong) 난민수용소로 가고 있었다. 나는 다음 날 그곳을 방문하여 콘서트를 열어 노래를 부를 예정이었다. 몽은 타이로 탈출해 들어온 라오스 고지대 종족의 난민들을 일컬었다.

침대차의 문과 벽은 짙은 마호가니 재질이었는데, 낡은 조명과 오래된 유리 속에서도 빛이 났다. 복도는 무척 좁아서 두 사람이 서로 지나가려면 몸이 바짝 닿을 수밖에 없었다. 우리는 잉그리드 버그먼이 1인용 침대차에 앉아서 담배를 피우며 험프리 보가트를 그리워하는 모습을 상상했다. 음료를 충분히 마시고도 여전히 험프리 보가트를 발견하지 못한 나는 잔느와 나의 객실 침상으로 돌아가 동양의 신비로운 기차의 덜커덕덜커덕 탕탕거리는 소리를 들으며 잠을 잤다. 새벽에 잠에서 깬 나는 옷을 입고 객실 밖으로 나와, 농부들과 황소들이 일찌감치 일하고 있는 논 위로 붉은 태양이 떠오르는 걸 복도에 서서 바라보았다. 논은 희미한 아침 안개 속에서 형언할 수 없을 정도로 고요했다. 나는 태양이 노란빛으로, 다시 흰빛으로, 그리고 쳐다볼 수도 없을 만큼 환한 빛으로 변하는 것을 지켜보았다.

우리는 땀에 젖고 허기진 채, 사람들이 꽉 들어찬 승합차를 타고 울퉁불퉁한 언덕길을 올라갔다. 타이 운전사의 테이프에서 존 바에즈의 〈쿰바야〉가 흘러나오고 있었다. 그는 내게 그 카세트테이프의 표지를 보여 주었다. 머리가 길고 검은 동양 소녀의 사진이 담겨 있었다. 나는 그녀가 타이 사람일 거라고 추측했다.

"뭐라고 씌어 있는 거죠?" 내가 물었다.

"'존 바에즈의 최고 히트곡들'이라고 씌어 있네요."

"농담이죠!" 내가 믿을 수 없다는 어조로 말했다. 나는 누가 내 저작권료를 가져가는지 궁금했다.

수용소에 가까워졌을 때, 우리는 네거리에서 한 무리의 사람들을 만났다. 그들 가운데에는 우리와 동행한 촬영 팀도 있었다. 그들은 신이 나서 우리를 큰 소리로 부르며 인사했다.

"해변에 도달하려고 애쓰는 라오스인 무리가 있어요. 막 라오스에서 헤엄쳐 온 사람들이죠. 그런데 타이의 국경 순찰대가 그들이 돌아가지 않으면 총으로 쏘겠다고 위협하고 있어요."

나는 누가 그러한 명령을 내렸는지를 물었다. 그들은 수용소의 어떤 타이 대령의 이름을 댔다. 그들은 강으로 가서 카메라를 들이대어 타이 국경 순찰대를 막아 볼 작정이었다.

수용소에 도착했을 때, 나는 그 대령을 만나고 싶다고 요청했다. 그는 키가 작고 뚱뚱하고 얼굴에 기름기가 자르르한 남자였다. 그는 자신의 지위에 만족할뿐더러 강둑의 상황에 대해서도 잘 알고 있었다. 그는 영어를 할 줄 알았다.

"삶과 죽음을 결정할 힘을 갖는다는 것은 멋진 일임에 틀림없겠지요. 대령님께서 지금 이 순간 그렇듯이." 서로에 대한 소개가 끝난 뒤, 내가 과감하게 말했다. 나는 그의 취약점이 어디 있는지 알아보기 위해 그의 미소와 눈을 눈여겨보았다. 당연히 그의 자존심이겠지 생각했다.

"대령님께서는 본인이 어떤 사람이라고 말씀하시겠어요?" 내가 그에게 물었다. 그가 웃었다. 나는 대답을 기다리지 않고 말했다.

"뭐, 상관없겠죠. 그동안 당신이 어떤 종류의 남자였든 간에, 오늘만은 신의 남자가 되어 강의 저 가엾은 사람들에게 삶을 돌려주시면 어떨까요? 당신도 아시다시피, 그들의 생사는 당신의 처분에 달려 있어요." 그가 다시 웃었다. 그리고 정말로 그렇게 걱정이 되는지를 물었다.

"저는 당신 앞에 무릎을 꿇고 그들을 살려 달라고 간청할 수도 있을 만큼 저들을 걱정하고 있어요." 내가 말했고, 재빨리 그의 앞에 무릎을 꿇었다. 그는 무척 당황했다. 그는 미소를 거두고 몸을 숙여 내 팔을 잡아 나를 일으켰다. 사람들이 우리 주위에 모여들었다. 나도 내가 왜 그렇게 충동적이었는지 궁금했다. 그리고 시간이 촉박했기 때문임을 깨달았다. 강에 있던 사람들은 지금쯤 모두 물에 빠져 죽었을지도 모를 일이었다.

"제 콘서트에 오시겠어요?" 내가 물었다. "꼭 오셔야 해요. 그 사람들이 모두 안전하게 강변에 닿았다는 소식을 들으면, 저는 매우 특별한 콘서트에서 노래를 할 겁니다. 그리고 노래 한 곡을 대령님께 바치겠어요." 나는 손을 뻗어 그의 손을 잡았고, 진심을 담아 흔들었다. 그 자리에서 걸어 나갈 때, 내 무릎은 몹시 떨리고 있었다. 내가 임무를 성공적으로 마쳤는지는 알 수 없었다. 그러나 지금은 그 대령이 자신의 양심과 홀로 대면하도록 내버려 두어야 할 때였다.

나는 임시 막사에서 차를 마셨다. 그리고 많은 언론과 인터뷰를 했다. 네트워크 텔레비전 소속 사진기자 한 명이 웅웅거리는 카메라 뒤에서 말했다. "당신은 당신의 음반 판매를 위한 명성을 쌓기 위해 이곳 일에 열중한다는 비난을 받았습니다."

"그런가요?" 내가 대답했다. 이 어리석은 머저리 같으니라고. 나는 생각했다. 당신은 어디인지도 모를 이곳까지 멀리 와 있어. 《인콰이어러》의 표제 하나를 채우기에 충분한 인간적인 관심사들에 둘러싸인 채, 어깨 위에 20킬로그램이나 되는 기계 장치를 올려놓고 균형을 잡고 있다고. 그런데 그런 멍청한 질문이나 하고 있군.

"아, 그렇군요." 내가 말했다. "나는 내 앨범들을 팔아 치우러 언제나 라오스 국경으로 옵니다. 여기에는 커다란 시장이 서거든요. 특히 수용소에."

수용소 관리가 내게 밝은 파란 리넨 드레스 한 벌을 주었다. 가슴에 아름다운 몽족 문양을 수놓은 손으로 직접 짠 드레스였다. 나는 그것을 콘서트에서 입기로 했다.

수천 명의 난민들이 큰 행사가 열린다는 소식을 듣고 구경하러 왔다. 그들은 흥분으로 몸을 움직이며 흙바닥에 앉았다. 그들은 내가 누구이고 왜 자기들에게 노래를 불러 주는지 궁금해했다. 나는 내가 이들에게 어떤 사람으로 알려져 있는지 전혀 알지 못했다. 그러므로 내가 이 장소에서 어떻게 소개되는지도 알 수 없었다. 라오스인들은 공연에 와서 대단히 진지하고 열정적인 춤을 추었다. 그들의 표정은 자국민들과 지켜보는 많은 이방인들로부터 존중을 요구하고 있었다. 우리는 우리가 시작한 일을 성취해 가고 있는 중이었다. 우리는 라오스의 '육지난민들' 이 저녁 뉴스에 나오게 만들었고, 그 과정에서 그들에게 좋은 시간을 만들어 주었다.

땅거미가 질 무렵, 우리는 수용소를 떠나 언덕 중턱의 커다란 집에서 멈췄다. 라오스에서부터 강을 헤엄쳐 온 200명가량 되는 비참한 영혼들을 보기 위해서였다. 그들은 충격을 받았고 아파했고 기운이 없었고 젖어 있었다. 그들은 느린 동작으로 방황하거나 가만히 한 곳을 응시하며 앉아 있었다. 헤엄쳐 오는 도중에 얼마나 많은 사람들이 물에 빠져 죽었는지 누가 알겠는가? 그러나 여기, 물에 젖은 생존자들이 있다. 그들은 지금 살아 있고, 그들의 폐는 공기를 들이마시고 그것을 다시 밀어내고 있다. 누군가가 그들에게 음식을 준다. 그들의 위장은 그 음식을 받아들이고 소화할 것이다. 그런 다음 그들의 눈이 감기고, 그들 삶의 잿더미 속에 감춰져 있던 자그마한 희망의 불씨가 다시금 타오르기 시작할 것이다. 그 불씨를 부채질해 키우는 것은 대부분 아이들의 몫이 될 것이다. 다음 날이 되면 그 아이들은, 만약 비가 내리지 않는다면 다시 재잘거리고 여기저기 기웃거리기 시작할 것이다. 그리고 마침내 새로운 환경에서 무언가를 보고 웃게 될 것이다. 어쩌면 그 대령은 그날 밤 달게 잠을 잤을 것이다.

우리는 또 다른 대령을 만났다. 그 남자는 마르고 까무잡잡하고 구석구석까지 사근사근하고 잘생겼지만, 위험하게 능란했다. 우리는 그를 만나기 위해 방콕의 한 칵테일파티에 갔다. 그가 우리에게 필요한 헬리콥터를 가지고 있었기 때문이다.

그는 숙녀들을 좋아했다. 그가 칠판 위로 지도를 끌어 내리고는 가리켰다. "당신은 저곳으로 가고 싶은 거죠?" 우리는 미소를 지었고, 눈을 깜빡거리며 말했다. "그래요, 저곳이 바로 우리가 가고 싶은 곳이에요."

"당신들이 합리적으로 저곳에 가는 유일한 방법은 헬리콥터를 타고 가는 것입니다." 그가 우리에게 알려 주었다.

"하루 동안 헬리콥터를 빌려 달라고 당신을 설득하려면 무엇이 필요할까요?"

그가 웃었다. "당신은 아주 유명한 가수라지요, 안 그렇소?"

"그래요." 노래 한 곡에 헬리콥터 한 대, 바로 내가 생각했던 그대로였다. 나는 그에게 〈스윙 로〉를 불러 주었고, 그는 그곳에 앉아 흡족한 표정으로 노래를 들었다. 그는 내가 그 살벌한 베트남 사람들에게 반전 노래들을 불러 줘야 한다고 말했다. 그리고 우리를 수용소 두 곳으로 데려다 줄 헬리콥터와 조종사를 마련해 주기로 했다.

가장 먼저, 나는 딱정벌레를 기억한다. 그것은 내가 지금껏 보아 왔던 것보다 더 컸다. 심지어 어릴 적에 바그다드에서 보았던 것보다도 더. 바그다드에서 나는 열 살밖에 되지 않았고, 딱정벌레는 통카 트럭보다 더 커 보였다. 우리 앞에서 흙길을 가로질러 가던 놈은 까맸고 반짝반짝 빛났고 바이킹의 투구처럼 생긴 뿔을 달고 있었다. 나는 그 녀석에게 몸을 구부려, 부서지기 쉬운 다리들의 뾰족한 끝을 세밀히 관찰했다. 그 순간 전율이 내 등을 타고 오르내렸다. 수용소 관리들이 나더러 가져가라며 죽은 딱정벌레를 주었다. 나는 기뻤다. 그러나 일주일 뒤 던져 버려야 했다. 고약한 냄새가 나기 시작했기 때문이다.

나는 기절할 것처럼 피곤했다. 그러나 사람들을 만나고, 그들의 참혹한 경험을 듣고, 그들이 이야기를 끝냈을 때마다 무슨 말을 했는지 모르겠다는 식의 일련의 절차들을 거쳐야 했다. 공연 전에는 늘 그랬듯이 내가 유명한 가수이며, 내가 그들을 위해 공연한다는 발표가 있었다. 그들을 즐겁게 해주고 기운을 북돋워 줄 수 있는 짧막한 노래를 생각해 내기 위해 머리를 굴리는 동안, 아이들이 기대에 차서 내 주위로 모여들었다. 〈나는 나의 수탉을 사랑한다네〉가 가장 성공적인 레퍼토리였다. 그 노래는 동물들의 울음소리로 가득 차 있었다. 나는 내 양을 사랑한다네, 매에에에에. 나는 나의 암소를 사랑한다네, 음매애애애애애 등등. 나는 바보가 된 기분이었다. 그러나 아이들을 활짝 웃게 만들 수 있었다.

우리는 다음 수용소에서도 똑같은 패턴을 반복했다. 폭정과 감금과 고문과 죽음으로부터 탈출하려는 소름끼치고 무시무시한 이야기들을 녹음했다. 아이들은 언제나 그곳에서 고통에 저항하고, 죽음에 저항하고, 희망 없음에 저항하고 있었다. 그리고 아이들은 언제나 내일을 위한 준비가 되어 있었다. 심지어 모든 것을 잃었을 때조차도.

두 번째 수용소에서, 우리는 캄보디아 국경에서 벌어진 유혈 사태에 관한 소문을 들었다. 수천 명의 사람들이 그날 저녁 타이로 쇄도해 들어왔다. 그들은 아파했고 굶주려 있었다. 그들 가운데 일부는 빈사 상태였다. 우리는 두 번째 수용소를 떠나면서 캄보디아 국경으로 데려가 달라고 조종사와 흥정했다. 그는 상관에게 전화했고, 안 된다는 답변을 들었다. 그러나 그 안 된다는 말이 확정적으로 들리지는 않았다. 우리는 고집했다. 조종사는 계속해서 반대했지만, 끝내 우리를 국경까지 태워다 주었다.

우리는 어찌어찌 차를 얻어 타고 그 이상은 갈 수 없다고 들은 검문소까지 갔다. 그들은 위험하다고 말했다. 캄보디아를 점령하고 있는 베트남 군인들이 국경을 향해 로켓을 발사하고 있었다. 우리는 성가시게 졸라 댔다. 연줄을 동원하고 전화를 몇 통 돌렸다. 어느 칵테일 바에서 만난 적이 있는, 타이 말을 하는 멋진 남자가 우리를 지지해 주었다. 국경 경찰은 우리가 검문소를 통과하여 언덕을 향해 걸어갈 때 어쩔 수 없다는 듯 어깨를 으쓱했다.

흙길은 갑자기 몰려든 사진기자들로 가득했다. 느닷없는 풍경이긴 했지만 길가를 따라 멀리 덤불 속에서, 나무 그루터기 위에 누워 있거나 쭈그려 앉아 있는 사람들이 보였다. 몇몇 사람들은 천 조각들로 달개 지붕을 만들고 있었고, 어떤 사람들은 임시로 만든 장작불 위로 깡통에 무언가를 요리하고 있었다. 길가에 누워 있던 한 소년이 내 시선을 붙잡았고, 나는 그에게 다가갔다. 그의 눈은 깜박거렸지만 몸은 움직이지 않았다. 피부가 매우 가무잡잡하고 피골이 상접해 있었다. 옷은 누더기였고 몸에는 먼지가 켜켜이 덮여 있었다. 나는 그 옆에 쭈그리고 앉았다. 내가 올려다보았을 때, 그 모든 사람들이 느린 동작으로 움직이고 있는 것처럼 보였다. 반대로 사진기자들은 기삿거리를 사냥하며 이리저리 분주히 움직이고 있었다. 두 명의 사진기자들이 까치처럼 재잘재잘 지껄이다 서로에게 걸려 곱드러지면서 까딱하면 그 소년의 머리를 밟을 뻔했고, 마침 내가 그 광경을 이루 말할 수 없는 충격으로 목격했다. "개자식!" 내가 금방이라도 그들을 집어 던질 것처럼 벌떡 일어나 소리쳤다. "멈춰! 그만 멈춰! 여기서 꺼져!" 그들은 몇 걸음 뒤로 물러났다. 물론 그 와중에도 나를 촬영하고 있었다. 나는 자제력을 찾았다. 우리는 그 어린 소년의 이야기가 타전되기를 원하는 것이지, 한 일본 사진기자를 덤불 속으로 내쫓는 성질 급한 스타의 이야기가 타전되기를 원하는 것은 아니었다.

나는 일어나서 잔느의 팔을 잡았다. "누가 이 아이를 병원으로 데려갈 수 있을까?" 나는 몹시 흥분하여 중얼거렸다.

그녀는 로이터통신에서 일하는 한 청년을 찾아냈다. 그가 다가와서 쭈그리고 앉아 소년의 이마를 짚어 보더니, "쯧쯧" 혀를 차고는 소년을 팔로 안아 올렸다. 그가 몇 발자국 걸어가자, 타이 군인들이 그를 둘러싸고 총을 겨누면서 타이 말로 그 소년을 데리고 아무 데도 갈 수 없다고 말했다.

그는 그저 "이 어린 소년은 너무 아픕니다. 나는 그를 병원으로 데려가고 있어요"라고 말할 뿐이었다. 그러고는 주저하지 않고 돌아서서 가무잡잡하고 께느른한 표정의 소년을 안고 길을 따라 터벅터벅 걸어 내려갔다. 군인들은 모두 동시에 고함을 치면서 그를 에워쌌다. 그러나 그는 매우 미안하게도 자기는 타이 말를 할 줄 모른다고 말했고 계속 걸었다. 그 작은 소년은 그 광경과 자신의 머리 위에서 교환되는 두 개의 낯선 언어들을 아무런 움직임 없이 보고 들을 뿐이었다. 군인들은 화가 나서 그 반역자와 그가 안고 있는 아이를 향해 총을 겨누었지만, 이미 그가 그들로부터 큰 걸음으로 멀어지자 격분하여 포기했다. 사진기자들은 계속해서 사진을 찍었다.

나는 CBS 카메라에 대고 말을 하며 도랑에 서 있었다. 내 등 뒤로 언덕과 국경과 '킬링필드'로부터 느리게 움직이는 탈출 행렬이 펼쳐졌다. '킬링필드'는 프놈펜의 몰락과 뒤이은 참화에 관한 내용의 영화 제목으로 유명해진 단어였다. 근처에서 로켓이 폭발했다. 나는 놀라서 거의 혼이 빠질 지경이었지만, 바로 평정심을 회복했다. 전쟁의 소리들이 그날 저녁 뉴스거리를 보장할 터였다.

잔느가 커다란 눈에 눈물을 가득 담은 채 내게 다가왔다. "저기 뒤에 아기가 있어, 조애니. 나는 바로 저기 저 아이가 엄마의 팔 안에서 죽어 간다고 신에게 맹세해. 우리가 뭔가 할 수 있는 일이 없을까?"

사실 그 아기는 이미 숨이 멎은 상태였다. 우리가 할 수 있는 건 아무것도 없었다.

침묵 속에서 근처 마을로 향하는 승합차를 타고 덜컹거리며 가는 동안, 나는 잔느의 어깨에 팔을 둘러 주었다. 마을에 도착해서 우리는 우리의 촬영 팀과 친구들, 기자들과 자리를 같이했다. 음료 몇 잔을 마시며 서서히 충격에서 벗어나고 있을 때, 로이터통신의 그 사랑스러운 청년이 고개를 불쑥 들이밀더니 명랑한 목소리로 알렸다. 그 어린 소년은 무사하며, 병원에 도착한 이래 네 번이나 식사를 했다는 것이었다.

방콕으로 돌아갔을 때, 우리는 거리에서 한 친구를 우연히 만났다.

"오늘 밤 피터 콜린스의 아파트로 꼭 와야 해! 한 《뉴욕 타임스》 기자가 4년 동안 캄보디아 친구의 행방을 수소문했는데, 방금 그를 찾았다는 거야! 거의 기적이나 마찬가지라고. 우린 모두 그 남자가 죽었다고 생각했거든. 그는 넉 달 동안 정글에 있었대. 나무껍질 같은 걸로 연명하면서 말이야……."

나는 시드니 셴버그와 디스 프랜이 보도진과 대사관 직원들로 장사진을 이룬 방 안 소파 위에 함께 앉아 있던 모습을 결코 잊을 수 없다. 두 사람 모두 말을 많이 하지 않았다. 시드니는 원래 수줍은 성격이었고, 프랜은 연신 손으로 입을 가렸다. 영양부족으로 치아가 몹시 썩었기 때문이다. 우리는 프랜이 겪은 지난 4년간의 여정을 알 수 없었다. 친구를 남겨 두고 프놈펜을 떠나야 했던 그 미국인의 고뇌와 죄의식도, 또한 이러한 기괴한 재회에 대한 그들의 기쁨도 알 수 없었다. 단지 킬링필드에서의 악몽 같은 4년을 살아남은, 그들의 서로에 대한 따뜻한 우정의 깊이를 가늠할 뿐이었다.

나는 잔느와 함께 파리 센 강의 좌안에 위치한 르노 호텔의 아름다운 바에 앉아 있었다. 우리는 폭신폭신한 의자에 푹 파묻히다시피 한 채 보드카 토닉을 마시며 우리의 삶과 우리가 방금 동남아시아에서 목격했던 것들에 대해 이야기를 나눴다. 잔느는 테이블 위에 다리를 올려놓았다. 그녀는 내가 그녀에게 준 낡은 갈색 페라가모 부츠를 새것처럼 보이도록 광채가 나게 닦아서 신고 있었다.

우리는 수용소와 국경에서 겪은 일들로 여전히 멍한 상태에서, 그 난민들과 함께 시작했던 일을 계속하기 위해 지금 여기서 무엇을 할 수 있을지를 논의했다. 내 주변에는 여전히 그 공개서한에 대한 반응들에 대해 시시각각 적극적으로 조치를 취하려는, 혈기 넘치는 사람들이 있었다. 우리는 스스로를 '후마니타스'(인간다움)라고 불렀다. 나는 잔느의 머릿속에 무언가가 떠올랐다는 것을 그녀의 발이 앞뒤로 흔들리는 모습으로 알아챘다. 술기운이 조금씩 올라오고 있었다.

"당신, 후마니타스 이사장 어때?" 그녀가 물었다.

"응?"

"후마니타스의 이사장이 되는 거 어떻게 생각하느냐고!"

"좋네."

잔느의 지도 아래, 그리고 크론-TV(KRON, NBC의 캘리포니아 지역방송사 ─옮긴이)와 《샌프란시스코 이그재미너》와 협력하여, 후마니타스는 캄보디아 난민들을 위한 기금 조달 모임을 발족시켰다. 그리고 1979년 크리스마스 주간까지 10주에 걸쳐 125만 달러를 모금했다. 첫 주요 조직 모임 후 그녀는 자신의 부동산 중개 일을 휴업한 채, 우리가 모금한 돈이 어떻게 지출되었는지를 감독하기 위해 수용소들을 두 차례 더 다녀왔다. 동전 한 닢도 빠지지 않고 곧장 영양, 음식, 의료 프로그램으로 쓰였다. 나는 그것을 알고 있었다. 그녀가 그 돈을 직접 가지고 갔기 때문이다. 그리고 거기서 그녀의 마음에 드는 프로그램을 발견하지 못했다면, 아마도 그녀가 직접 그것들을 만들어 냈을 것이다. 실제로 그녀는 우리가 CARE(미국대외원조물자발송협회)와 함께 공동 후원하는 '어머니와 5세 이하 아동들을 위한 급식 프로그램'을 만들어 낸 바 있다.

캠페인이 끝나 갈 무렵, 잔느가 후원하는 베트남 가족이 샌프란시스코에 도착했다.

재니 타이, 그녀의 남편인 쿠옹 헌 그리고 그녀의 오빠 민 타이는 가지고 있던 모든 것들을 팔아 치운 뒤, 46명의 사람들과 더불어 15미터 길이의 배에 몸을 구겨 넣었다. 발 디딜 틈 없이 꽉 찬 그 배는 베트남에서부터 남중국해의 이름 모를 바다로 나아갔다. 재니에겐 여덟 살 된 아들 타이가 있었는데, 그는 쇠약하고 아팠다. 그들이 배에 오른 날 밤, 그는 열이 39.4도까지 올랐다. 그들과 그 일행은 다행히 살아서 수용소에 도착했다. 우리는 그곳을 방문한 기간 내내 그들과 만났고, 잔느는 그들을 입양하기로 결정했다.

그들은 캘리포니아에 도착해서 잔느와 함께 머물렀다. 처음 며칠 동안 그들은 두꺼운 담요 밑에서 몸을 움츠렸다. 우리가 아무리 많은 옷과 담요들을 그들의 몸 위에 쌓아 올려도 오한은 멈추지 않았다. 잔느는 난방 온도를 올리고 그들의 방에 별도의 전열기를 가져다 놓았다. 하지만 그들은 여전히 몸을 떨었다. 오한에도 불구하고 재니의 오빠는 도착한 지 48시간이 채 지나지 않아 일자리를 얻었고, 그녀의 남편은 1주일 안에 중국 음식점에서 일하게 되었다. 얼마 지나지 않아 재니도 그 지역의 2년제 대학(ESL 프로그램)에서 일하게 되었고, 아들 타이는 서니베일초등학교에 입학했다.

6년 뒤 1986년 1월, 그들 가족은 귀화 시민으로서 자신들의 새로운 지위를 축하하기 위해 잔느와 나를 데리고 밖으로 나갔다. 타이는 평균 신장의 귀엽고 성실한 학생으로 자랐고, 머리를 폭포 모양처럼 빗었으며, 광둥어와 영어를 했지만 베트남어는 하지 못했다. 그리고 이름을 앤디로 바꿨다. 그는 나를 존 이모라고 부르며, 여전히 수탉 노래를 기억했다.

3

변화의 물결 속으로
(1975~1979)

1975년 당시, 나의 로드매니저이자 웃기는 친구이자 옛 애인인 버니의 격려로, 나는 단호히 '비정치적인' 앨범을 취입하기로 결심했다. 《아들아, 넌 지금 어디 있니?》를 만드는 과정에서 나는 개인적으로 열다섯 개의 테이프를 편집하여 한 면 전체에 수록했고, 피아노를 연주했고, 폭탄 공격과 음악을 나란히 배열하는 것을 도왔다.

《다이아몬드 앤드 러스트》에서는 처음으로 오직 음악에만 신경을 썼다. 작곡을 하고 신시사이저를 연주했다. 기타로 재즈 소곡도 만들었다. 밴드가 그 곡을 좋아하자, 집에 가서 3절로 된 노래 가사를 썼고, 그것을 진짜 노래, '아이들과 재즈에 관한 모든 것'으로 만들었다. 나는 프로듀서인 데이비드 커션바움과 다투지 않았고, 무엇이 팔리고 무엇이 팔리지 않을지에 대한 그의 제안들에도 거스르지 않았다. 나는 그의 제안들과 타협했고 마음을 편하게 먹었다. 불가피하게 우리는 '신나는' 노래들을 찾는 것에 대해 토론을 해야 했다.

가수라면 어느 정도 '신나는' 노래들을 가지고 있어야 한다. 하지만 '신나는' 노래들은 나의 음악 역사의 일부가 아니며, 내가 다른 누군가의 밴드와 어울리고 술을 한두 잔 마시거나 에스파냐어로 노래하지 않는다면 자연스럽게 나오지 않았다. 우리는 스무 곡에서 서른 곡 가까이 '신나는' 노래들을 검토했고, 그나마 내가 덜 싫어한 곡은 올맨 브라더스 밴드의 리처드 베츠가 쓴 〈푸른 하늘〉(Blue Sky)이라는 유쾌한 소곡이었다. 그것은 나의 흥미를 썩 끌지는 못했지만 딱히 거슬리지도 않았다. 나는 그 곡이 앨범을 매우 잘 마무리했고, 여러 가지 면에서 《다이아몬드 앤드 러스트》는 이제껏 내가 만든 앨범들 가운데 최고의 것임을 인정해야 했다. 이 앨범은 결국 골드 앨범이 되었다.

만약 내가 광범위한 국제적인 청중을 갖는 걸 원하지 않았다면, 나는 구태여 타협을 해야 할 필요조차 못 느꼈을 것이다. 그때나 지금이나 인정해야 할 것은 내가 제한된 배급망을 가진 무명의 꼬리표를 달고 있다는 것을 기꺼이 받아들이려 하지 않았다는 점이다. 최근까지도 이러한 결정은 나로 하여금 미국의 한 음반회사와 거리를 두게 만들었다. 과거에 나는 변화하는 음악적 흐름 속에서 예술가로서 살아남는다는 것이 얼마나 어려운 일인지를 잘 몰랐다. 상업적인 규모에서, 포크 음악은 이제 과거의 것이 되었다.

나는 내가 복용해 왔던 약 중에서 유일하게 처방받지 못한 약을 먹기 시작했고, 그것을 이후 10년 동안 복용했다. 나는 퀘일루드(진정제의 일종)를 정말 사랑했다. 그걸 조금 마시면 무대 공포증이 줄어들고 성만족도가 향상된다는 것을 발견했다. 나는 그것을 구하는 것이 불가능해졌을 때에야 비로소 복용하는 걸 그만두었다. 가끔 그것이 그립다. 그러나 그것을 더 이상 구할 수 없다는 것에 안도한다.

버니는 내 삶에 점점 더 많은 영향력을 행사하고 있었다. 그는 내가 가벼운 기분으로 즐기면서 음악 자체를 위해 노래하도록 격려했다. 내가 미국에서 한 밴드와 더불어 순회공연에 나섰을 때, 그는 심지어 카를로스라는 근사한 로드매니저를 소개해 주었다. 카를로스는 나보다 열 살이 어린 곱슬머리의 멕시코 사람이었다. 그는 비단결 같은 피부와 빙하라도 녹일 것 같은 커다란 검은 눈과 한 번에 며칠 동안 나를 웃게 만드는 유머 감각과 나로 하여금 적절한 긴장감을 유지하게 만드는 시시각각 변하는 분위기를 갖고 있었다. 이런저런 것들을 감안하더라도 투어는 성공적이었다. 예를 들면 배신당한 느낌이 들어 울고 있는 포크 순수주의 팬들, 당황한 정치꾼들 그리고 내가 여전히 충분히 여유롭지 않다고 느끼는 최근에 생긴 새로운 팬들 말이다. 우리는 투어 도중 《모든 무대로부터》(From Every Stage)를 녹음했고, 그것을 1976년에 발표했다. 한 장은 어쿠스틱으로, 다른 한 장은 밴드와 보컬들로 이루어진 더블 앨범이었다. 나쁘지 않은 앨범이었다. 그러나 거기에는 "이 앨범을 가장 기분 좋게 바라볼 수 있는 방법…… 나는 지금 휴가를 보내고 있다. 나는 지난 10년간 휴가를 가져 본 적이 없다"와 같은 민망한 말들이 여기저기 쓰여 있었다. 이를테면 나는 하루에 세 끼니를 먹고, 감옥 옥방에서 살지 않고, 콘서트로 돈을 벌고, 카를로스와 사랑을 나누는 것에 대해 죄의식을 느꼈다.

이 무렵 내 목소리에 문제가 생기기 시작했다. 나의 '고통스러울 정도로 깨끗한 소프라노'에 뭔가 문제가 생길 수도 있다는 생각은 단 한 번도 가져 본 적이 없었다. 그러나 이제 두 가지가 명백해졌다. 첫째, 나는 더 이상 소프라노가 아니었다. 그리고 사실상 높은 음을 내는 것 자체에 어려움을 느끼고 있었다. 둘째, 나는 목이 간질거리는 느낌 때문에 음과 음 사이에서 끊임없이 헛기침을 했다. 그런데도 나는 내 목이 결코 망가질 수 없다고 여겼고, 이후 3년 동안 이 문제들을 무시했다.

1976년 롤링 썬더 투어에서, 나는 많은 노래들을 썼다. 최고의 것은 〈걸프의 바람〉(Gulf Winds)이었고, 우리는 그것을 A&M에서 나오게 될, 나의 다음 음반이자 마지막 곡의 제목으로 정했다. 그 앨범에 수록된 대부분의 노래들은 사실상 그리 흥미롭지는 않았다. 그러나 재킷 사진은 아름다웠다. 스튜디오에서 찍은 내 사진을 하와이의 하늘과 샌타모니카 해변 위에 겹쳐 놓은 것이었다.

버니는 나를 매니로부터 꾀어내는 데 성공했다. 매니는 과거에도 지금도 본질적으로 포크 음악의 흥행주였다. 나는 새롭게 되고 싶었다. 나도 모르는 사이에 나는 시간과 나이를 거스르는 경주를 시작하고 있었고, 갑자기 최신 유행에 정통하고 멋있고 근사하고, 내가 과거에는 결코 이루지 못한 모든 것이 되고 싶었다. 버니의 권유로, 나는 내 인생에서 가장 어리석은 '이직'을 하고 말았다. A&M을 떠나 포트레이트라는 적극적이고 유능한 작은 음반회사로 간 것이다. 포트레이트는 CBS의 자회사가 될 거라는 소문이 있었다. 버니는 대부분 옳았지만, 이번 것은 명백한 오판이었다.

나는 《바람에 날려》(Blowin' Away)를 녹음했다. 재킷이 끔찍하긴 했지만 좋은 앨범이었다. 버니와 나는 결별했고, 수년 뒤에 다시 친구가 되었다. 낸시가 버니의 자리를 이어받았고, 결국에는 사업 매니저로서 나와 함께 유럽과 미국을 여행했다. 나에게 매니저가 없다는 사실은 이제 나를 제외한 모두에게 분명해지고 있었다. 《바람에 날려》의 재킷 사진에서, 나는 은색 경주용 자동차 재킷을 입고 제2차 세계대전 때 사용되었을 법한 비행용 고글을 끼고 재킷 소매에 미국 국기를 달고 있었다. 그것은 사실 우스꽝스럽게 보일 수밖에 없었다. 하지만 한편으로는 음악과 삶의 방향에 대한 나의 혼란 상태를 반영하고 있었다.

내 인생의 서른아홉 번째 해에, 마침내 나는 보컬 코치가 필요하다고 판단했다. 세 사람이 동일한 인물을 추천했다. 그래서 나는 팰러앨토의 라모나 거리로 총총걸음을 쳐 갔다. 끈적끈적한 목소리가 힘겹게 음계를 오르락내리락하는 것을 듣고는, 나는 문도 두드리지 않고 그대로 들어갔다. 그 끈적끈적한 목소리의 학생이 떠나고 나서야 로버트 버나드가 내게 온전히 시선을 돌렸다.

"무엇이 문제인 것 같아요?"

"목소리가 제대로 나오지 않아요. 높은 음을 내는 데 곤란을 겪고 있죠."

"당신은 직업적으로 노래합니까, 아니면 그저 취미로 노래합니까?"

"나는 직업적으로 노래를 부릅니다."

"아, 알겠어요. 음, 여기 이 서식을 작성하는 게 어때요? ……이름이 뭐죠?"

"존……."

"오, 하하, 존 뭐요? 서덜랜드요? 하하!"

"아뇨, 존 바에즈."

"오, 이런! 오, 맙소사! 오, 재미있군요! 생각도 못했어요!" 그는 토마토처럼 얼굴이 붉어졌고, 크게 소리 내어 웃지 않기 위해 손을 입에 올려놓았다. 크게 웃는 것은 노래하는 목소리에 결코 좋지 않았다. 어쩌면 그것 때문에 버나드 씨와의 보컬 교습이 무척 재미있었는지도 모른다. 우리는 소리 내어 웃지 말아야 했으니까.

목소리가 제대로 나오기 시작했을 때, 나의 '산업'과 관련된 일들은 산산조각 나기 시작했다. 《바람에 날려》는 그리 잘되지 않았다. 나는 "훌륭한, 훌륭한 남자야. 당신은 그를 좋아하게 될걸"이라는 말을 들었던 포트레이트의 임원과 끔직한 저녁을 보냈다. 그는 다음 앨범은 잘 팔릴 수 있는 인기 작곡가가 쓴 것이어야 한다고 암시함으로써 나의 알팍한 포용력을 한계에 다다르게 했다. 나는 물론 "잘 팔릴 수 있는 인기 작곡가"에 해당되지 않았다. 작곡가로서 나는 어떻겠냐는 내 제안에 "오, 물론이죠. 당신의 노래 가운데 한 곡 정도는 해가 되지 않겠지요"라는 대답을 들었을 때, 그것은 명백해졌다. 나는 오래도록 극도의 분노 상태에 빠졌고, 두툼한 손가락과 나쁜 태도를 가진 그 포트레이트의 덩치 큰 얼간이를 증오했다.

나는 더 이상 내가 '유망한 상품'으로 간주되지 않는다는 사실을 파악하지 못했다. 나는 《정직한 자장가》(Honest Lullaby)를 녹음하기 위해 머슬숄스로 갔다. 나는 그 앨범을 위해 나 자신을 죽였다. 낸시와 나는 사진작가 요세프 카쉬와 함께 재킷 사진을 촬영하기 위해 영하 9도의 오타와로 날아갔다. 사진은 아름다웠다. 노래들은 잔잔했고, 앨범은 변화하는 시간들과 헤비메탈의 도래를 견뎌 내기 힘들 것이었다. 그러나 나는 앨범을 소개하기 위해 홍보가 될 만한 모든 토크쇼에 나갔다. 앨범을 광고하는 것은 싫었지만, 그것을 해야 한다는 것을 이해했고 결국 그렇게 했다.

《정직한 자장가》가 발매된 바로 그날, 포트레이트가 이 앨범을 '버렸다'는 나의 믿음과는 별도로, 이 앨범과 관련하여 실제로 일어난 일들에 대해 다양한 견해들이 있었다. 그중 한 가지는 내가 당시 뉴욕의 CBS 레코드 사장과 벌였던 싸움 때문에 비싼 대가를 치렀다는 것이었다.

나는 이스라엘에서 노래를 부를 예정이었다. CBS는 나를 위해 유명한 축제에 출연 계약을 해주었다. 그것은 훌륭한 발상처럼 들렸다. 그 공연이 당시에 점령 지역이었던 곳에서 열린다는 사실을 발견하기 전까지는 말이다. 나의 신념에 따라 나는 그곳과 계약을 취소하고 대신 텔아비브와 카이사레아에서 두 번의 매진 콘서트를 열었다. 몇몇 사람들은 피켓을 들고 콘서트에 항의했지만, 예상했던 것보다 많은 이스라엘 사람들이 마음을 열고 나의 콘서트를 감상했다.

이스라엘에서 돌아오는 길에, 뉴욕에서 나는 그 음반에 대해 이야기하기 위해 CBS 사장에게 전화를 했고, 지나가는 말처럼 CBS의 사람들이 나를 점령 지역의 공연에 출연시키려 했다는 사실을 언급했다. 그는 미친 듯이 화를 냈다. '점령 지역'이라니, 그게 무슨 뜻인가? 그 땅은 언제나 유대인에게 속해 있었고, 자기는 그 땅으로부터 자신을 바다 속으로 밀어 넣으려 하는 그 빌어먹을 아랍인들을 몰아내기 위해서라면 죽을 각오로 싸우겠다고 했다.

"허드슨이라고 해야 하지 않을까요?(CBS 사장은 허드슨 강이 있는 뉴욕 주에 거주했다―옮긴이)" 내가 딱딱하게 되받았다.

누군가가 먼저 전화를 끊었다. 아마도 그였을 것이다. 회사 사장에게 그런 식으로 말하고도 내 일을 지킬 수 있을 만큼의 힘이 이제는 내게 없다는 사실이 그때는 떠오르지 않았다. 생각이 났다 해도 내 태도가 달라지지는 않았겠지만.

내가 비록 음악의 세계에서는 시간을 초월한 아티스트라 할지라도, 적어도 미국에서는 더 이상 시대에 맞는 인물이 아니라는 사실을 아주 천천히 발견해 나가는, 고통스럽고 굴욕적인 길을 걷기 시작한 때가 바로 그즈음이었다.

7장

중년으로 돌진하며

Joan Baez

시간의 장막들

1966년에 개봉된 영화 〈모건〉(카렐 라이츠 감독의 영국 영화. 원제는 Morgan: A Suitable Case for Treatment—옮긴이)에서, 정신적으로 불안정하고 사랑스러운 주인공이 자신이 사랑하는 기가 막히게 바보스러운 여성에게 슬픔에 잠겨 사과할 때 이런 말을 한다. "당신이 내 환상에 부응하는 유일한 것이었어."

1963년 워싱턴에서 민권 행진이 이루어지는 동안, 나는 말런 브랜도의 실물을 처음 보았다. 그는 나와 20피트쯤 떨어진 곳에서 취재기자들과 구경꾼들에 둘러싸인 채 서 있었다. 나는 자줏빛 드레스에 맨발로 국회의사당 기둥에 기대어 서 있었다. 나는 그의 얼굴을 똑똑히 보려고 애썼다. 그가 그저 한 번만이라도 이쪽으로 시선을 돌려서 내 눈을 똑바로 바라보기를 바랐다. 그가 군중 속으로 자취를 감추었을 때, 심장이 너무도 심하게 방망이질해서 몸이 다 떨릴 지경이었다.

열세 살 무렵, 7학년 미술 선생님이 나를 영화관에 데리고 갔다. 〈줄리어스 시저〉가 상영 중이었다. 은막 위에서 매부리코를 가진 애송이 배우가 "친구들이여, 로마인들이여, 동포들이여, 내 말을 들어 주시오……"라고 말하며 큰 걸음으로 이리저리 거닐고 있었다. 그동안 우리 미술 선생님인 엘바이라 테레사 풀룸보는 팔걸이를 움켜쥔 채 신음 소리를 냈다. 나는 그 사람에 대한 그녀의 반응을 이해할 수 없었다. 그는 맹수 같은 눈을 갖고 있긴 했다. 그리고 정말로 멋진 가슴의 소유자였다. 영화 초반에 그가 로마의 내각에 들어가 로브를 입기 시작하는 장면에서 그의 가슴이 노출되었다. 나는 집으로 돌아가는 내내 풀룸보 선생님을 놀렸다.

누군가가 나를 〈욕망이라는 이름의 전차〉와 〈워터프론트〉를 동시에 상영하는 영화관에 데려간 것은 2년 뒤의 일이었을 것이다. 그리고 얼마 후 나는 〈위험한 질주〉를 보았다. 세상이여, 안녕. 나는 파란 번개에 맞았다. 그가 그곳에 있었다. 승리를 거머쥔 근사한 다크호스, 애송이, 상처 입은 아이, 반항아. 내가 지금껏 보았던 가장 매력적인 남자. 진정한 성적 광상곡이자, 강하면서도 유약하고 화강암처럼 단단하면서도 새틴처럼 부드러운 모순된 매력을 지닌 남자. 거기에 더하여 그는 연기를 할 줄 아는 것 같았다. 그게 아니라 해도 사람들은 그의 넘치는 카리스마에 압도되어 그한테서 믿을 수 없을 정도로 엄청난 배우라는 인상을 받았다. 오늘날까지 나는 어느 것이 진실에 더 가까운 건지 모르겠다. 어느 쪽이든 상관없지만.

나는 처음으로 영화배우에게 정신을 잃을 정도로 마음을 빼앗기고 말았다. 몸이 후끈 달아올랐다. 괜히 울적해지고 공상에 잠겼다. 나는 그가 오토바이를 타고 지나가다가 나의 길고 검은 머리와 갈색 피부와 맑고 명민해 보이는 눈에 한눈에 반하기를 마음속에 그리고 기도했다. 그는 나를 어디론가 데려가고 싶어 할 것이다. 그곳이 어디든. 오토바이를 타고 길고 짜릿한 여행 끝에 우리가 목적지에 도착했을 때, 말런 브랜도는 머리가 온통 헝클어지고 얼굴이 붉게 상기된 내게 키스를 할 것이다. 나의 환상 속에서 그는 부드럽고 열정적으로 내게 키스하고 또 키스했다. 해변에서도 키스했고, 느릅나무 밑에서도, 해질녘의 사막에서도 내게 키스했다. 내가 학교에서 7교시 수업을 모두 마치는 동안에도 우리는 키스했다. 밤에 세 시간 동안 숙제하는 내내, 설거지와 내가 혼자 할 수 있는 온갖 허드렛일을 하는 내내, 우리는 키스했다. 오직 가족이 모두 모이는 식사 시간에만, 그들이 나의 비밀을 의심하지 않도록 우리는 키스를 멈췄다. 이 사랑은 진짜였고, 그리고 내 것이었다.

그러한 공상들 속에서 나는 장식 술과 가죽 끈과 깃털로 장식된 구슬이 달려 있는 부드러운 사슴 가죽의 인디언 옷을 입고 있었다. 그 장식 술과 가죽 끈과 깃털들은 나의 가망 없이 납작한 가슴을 가리기 위해 교묘하게 배치되어 있었다. 그리고 전체적인 옷차림은 영리하게도 나의 허벅지 중간 정도까지의 길이라서, 나의 가늘고 보기 좋은 구릿빛 다리들을 완전히 드러냈다. 우리는 결코 키스 이상의 진도는 나가지 않았다(50년대 중반에는 나도 그랬지만 열다섯 살이면 아직 숫처녀이거나 혹은 숫처녀에 가까운 사람들이 여전히 많았다. '거의 숫처녀에 가깝다'는 것은, 열정과 혼란을 제어하기 어려운 상태에서 재빠르게 찾아낸 머큐리나 그 비슷한 자동차의 뒷좌석에서, 그리고 되도록이면 두꺼운 깔개나 둥글게 만 방석 위에서, 우리의 귀중한 처녀막을 '경험이 풍부한' 어떤 선배의 집요한 손에 포기한다 하더라도, '갈 데까지 갔다'고 간주되는 성교는 적어도 그때까지는 불가능하다는 것을 의미한다. 어쩌면 다음 여름에는 '갈 데까지 가는 것'이 가능할지도 모르겠다).

나의 환상 속의 말런은 이 모든 것을 이해했다. 그리고 단순히 기다랗게 잡아 늘인 플롯들과 거친 오토바이 드라이브, 언제나 예의 그 똑같은 키스에서 정점에 이르는 시나리오의 연속을 처음부터 끝까지 연습하는 데 만족했다. 성적이 떨어지고 살이 빠지는데도 불구하고, 이 연애는 지루한 풋내기와 진짜 관계를 경험하는 것보다 훨씬 더 단순했다. 한때는 나도 지루한 풋내기들의 여드름과 불완전함을 충분히 받아들일 수 있다고 생각했다. 그러나 그들은 이제 잘해 봐야 거슬렸고, 최악의 경우엔 정말로 역겹게 느껴졌다. 그 지역에서 아무리 인기 있는 남자라고 해봤자, 눈이 부실 정도로 빛나는 말런에 비하면 창백한 그림자에 불과했다.

이러한 열정은 두 달간 지속되었다. 새로운 영화를 보든, 새로운 영화를 다시 보든, 옛 영화를 재탕하든, 브랜도의 영화를 볼 때마다 새로운 열정에 다시 뜨겁게 불이 붙곤 했다. 그는 왕이었다.

열여덟 살 때, 나는 엄마와 함께 몰래 나가서 〈젊은 사자들〉을 보았다. 녹아 흘러내리는 봉봉 과자를 손에 쥔 채 우리는 몇 년 동안이나 동일한 대상에게 열을 올려 왔다는 사실을 서로에게 고백했다. 아버지는 말런의 이마가 약간 벗어진 것에 대해 신랄한 말을 했다. 그러나 나의 우상을 비방하려는 아버지의 시도는 내게 전혀 영향을 미치지 못했다. 나는 〈젊은 사자들〉을 네 번 보았다. 주로 말런의 목 뒤에 깃들어 있는 은발에 가까운 금발머리의 뾰족한 끝을 보기 위해서였다.

60년대 후반 어느 때, 나는 마침내 어떤 대의를 위한 돈을 모금한다는 합법적인 구실을 가지고 말런 브랜도를 만났다. 그와 인사를 나누기 위해 그의 집 현관 입구에 다가섰을 때, 그가 내게 치자나무를 건넸다. 나는 지금도 아련하고 향기로운 안개를 통해 그 하얀 치자나무를 볼 수 있다. 그는 신사였고 재미있다고도 말할 수 있다. 그는 내게 자신이 행복하다고 말했지만, 모든 것에 대해 다소 지쳐 있고 다소 슬퍼 보였다. 우리는 우리가 다른 사람들의 환상의 대상이라는 이유로 맞닥뜨려야 했던 광적인 팬들에 대한 이야기들을 공유했다. 비록 그는 어느 정도 나이를 먹어 가고 있었지만, 그의 눈은 젊은 사자의 눈과 야생의 것들과 그리고 나의 모든 공상들과 어렵지 않게 조화를 이루었다. 시간은 하나의 장막이었다. 그 치자나무가 천상의 향을 갖고 있었던 것처럼 그 만남에 대한 나의 기억들에는 페이소스가 무겁게 깔려 있었다.

언젠가 누군가가 이런 말을 한 적이 있다. 다른 유명인들을 만나는 것은, 배들이 서로 지나칠 때 서로에게 잠깐 뱃머리를 내렸다 올리는 것과 같은 거라고. 나 역시 그것을 알게 되었다. 그러나 어떤 환영들은 평생 동안을, 그리고 많은 장막들을 통해 오래 머무르는 것 같다.

최근에 나는 친구 한 명과 다섯 번째인가 여섯 번째로 〈부두에서〉를 보러 갔다. 〈위험한 질주〉와 동시상영 중이었다. 내가 바람처럼 찢어 버린 그 장막들을 통해 나는 다시 사춘기로, 나의 환영으로 돌아갔다. 말런 브랜도를 클로즈업하는 장면들을 보며, 나는 다른 사람들에게 들릴 만큼 흥분했고, 다른 여자들이 일제히 내뱉는 소리에 내 신음 소리를 보탰다. 나는 '자니'(〈위험한 질주〉에서 말런 브랜도가 맡은 역할—옮긴이)를 박해하는 자들에게 야유를 퍼부었고, 마지막 장면에서 그가 바이크를 타고 어디론가 바람처럼 떠나갈 때 나오는 그의 미소를 기다렸다. 카메라가 뒤로 물러나고, 돌아가던 낡은 필름이 깜박이면서 정지되었다. 관객은 박수를 치면서 환호했고, 서로를 익숙하게 느꼈다. 그러다 그 따다닥 소리를 내는 낡은 회색의, 흑백의 인화물이 백만 번째 돌아가자, 경건한 몽환의 경지 속으로 가라앉았다. 〈부두에서〉가 상영되기 시작했다. 그곳에서 나는 한 시간 반 동안 앉아, 눈앞에서 벌어지는 마법의 기꺼운 희생자가 되었고, 눈물을 아낌없이 부끄러움 없이 볼 위로 외투

위로 떨어뜨렸다. 무한함을 다시 한 번 내게 가져다줘요. 그것을 내 손에 쥐어 주든가, 아니면 내 눈앞에 내놓아요. 에메랄드 목걸이를 주든가, 아니면 말런 브랜도가 주연한 오래된 고전을 보여 주면 될 거예요.

마지막으로 〈부두에서〉를 본 지 한 달 뒤에, 나는 말런 브랜도를 직접 보았다. 6만 명이 넘는 사람들로 채워진 경기장에서 자선 콘서트가 열리고 있었다. 바람이 불고 춥고 흐리고 비가 올 것 같은 날씨였다. 말런은 아메리카 인디언들을 위한 기부금을 얻기 위해 그곳에 있었다. 나는 그의 목소리를 백스테이지로 사용된 진흙투성이 야영장에서 들었다. 마크 앤터니의 〈내 말을 들어 주시오〉(Lend me youreahs)의 성숙한 버전이라고 할 수 있는, 넘치는 활기와 힘이 함께 분출되는 희미하게 익숙한 비음. 호기심이 나를 압도했고, 나는 무대로 향했다. 그는 그 대의를 위해 기부해 달라며 사람들의 감정에 호소하고 있었다. "저는 5천 달러는 기부할 겁니다. 만약 금전적인 기부가 힘들다면 여러분의 마음을 주세요."

나는 그의 뒤통수를 보았다. 그의 머리는 길고 희끗희끗했고 뒤로 빗어 넘긴 모습이었다. 그는 비폭력과 형제애에 대해 말했고, 둥글게 오므린 손가락으로 머리를 매만졌다. 연설을 끝냈을 때, 그는 팔을 허공으로 들어 올렸다. 그는 주먹을 꽉 쥐어 '민중에게 힘을'이라는 메시지를 표현했다. 6만 명의 관객들이 일제히 큰 소리로 성원했고, 엄청난 환호와 우레와 같은 박수 소리가 이어졌다. 말런이 연단에서 내려와 기다리고 있던 보도진과 팬들의 무리 속으로 걸어 들어갔다. 그에게 들러붙은 군중 속에 아주 작은 틈이 생겼고, 거기로 나는 그의 얼굴을 보았다. 그는 창백하고 피곤에 지치고 위엄이 있었다. 그리고 늙었다. 장막들이 걷혔다. 놀라운 것은, 그가 몹시 창백하고 거의 투명에 가깝게 보였다는 것이다. 내 기억 속의 그는 가무잡잡한 청년이었다. 지금 그는 연푸른 멕시코 셔츠 위에 재킷을 여미지 않은 채 입고 있었고, 특징 없는 바지와 까만 카우보이 부츠를 신고 있었다. 그리고 체중이 많이 불어 있었다. 마치 수년간 만나 온 평생 친구이기라도 한 것처럼, 나는 여전히 그에게 끌렸다. 아니, 그 이상이었다. 그는 나와 피를 나눈 남매 같았다. 어쩌면 그때 당시에는 내가 그의 엄마였는지도 모른다. 그가 내 시선을 붙잡았을 때, 내 마음속에는 그러한 생각들이 자리하고 있었다.

나는 미소를 띠었다. 그를 포옹하리라 생각했다. 그가 미소를 되돌려 주었고, 나를 향해 걸어왔다. 모세가 바다를 가르듯이, 사람들이 그를 위해 길을 터 주었다. 나는 그를 얼싸안았다. 나는 우리가 마치 열두 번의 전쟁을 함께 치른 전우들처럼 느껴졌다. 그는 내가 멋져 보인다고 말했다. 그리고 내게 젊음을 유지하는 비결이 무엇이냐고 물었다. 당신의 두뇌입니까, 아니면 뭡니까? 나는 그에게 내 젊음의 비결은 두뇌라고 말해 주었고, 그를 다시 포옹했다. 그는 빌어먹을 만큼 뚱뚱했다. 그러나 그것은 문제가 되지 않았다. 나는 지난 20년간 그가 내게 얼마나 많은 의미였는지를 말해 주고 싶었다. 나는 그의 달콤한 미소가 보고 싶었다. 무언가 우스운 이야기를 해서 그를 웃게 만들고 싶었다. 그때 사회자가 나를 소개했다. 나는 비명을 지르고 함성을 터뜨리는 6만 명의 사람들과 마이크를 마주하기 위해 바람 속으로 나아갔다.

내 공연이 끝나고 나서, 나는 사람들의 행렬을 뚫고 다시 말런에게 갔다. 우리는 때마침 무대에서 공연 중이던 록그룹의 시끄러운 소리 위로 서로에게 고함을 쳤다. 그와 대화를 나누면서 나는 그를 주의 깊게 쳐다보았다. 장막들이 펄럭이며 지나갔다. 나는 그의 입가의 주름들과 그 작고 곧은 치아, 그리고 크고 작은 극장에서 수천 번, 심지어 한 번은 직접 응시했던 그 눈을 쳐다보았다. 우리는 시간이 만든 화환 속에서 있었다. 우리는 세월 속에 싸여 있었다. 우리는 내내 군중들과 대의들과 이런저런 것들에 대해 이야기를 나누었다. 서로의 목소리를 제대로 들을 수 없었기 때문에, 하나의 생각을 제대로 완성시키는 건 불가능했다. 나는 그에게 어째서 그렇게 일찌감치 늙기로 결심했는지 물어보고 싶었다. 또한 기분은 어떤지, 이제까지 인생은 어떠했고 지금은 어떤지, 지금 자신을 어떤 사람이라고 생각하는지, 그리고 행복한지를 묻고 싶었다. 말런은 예전 은막의 주인공의 유령이었는지도 모른다. 그러나 그는 위엄이 있었고 심지어 현명하기까지 했다. 말런은 늙은 사자 같았다. 그는 여전히 정글의 왕이었다.

나는 내 평생의 사랑을 그리 쉽게 포기하지 않는다. 나는 그에게 몸을 기울여 그의 귀에 대고 이야기했다. 나는 그에게 말해 주었다. 그는 내 인생의 커다란 부분이었다고. 그리고 종종 당신의 꿈을 꾼다고. 꿈속에서조차 그가 등장하지 않을 때도 있지만 말이다. 나는 그가 나에게 큰 의미가 되어 준 것에 대해 감사했다. 그는 혼란스럽고 약간은 정신이 딴 곳으로 가 있는 듯 보였다. 그날은 너무 시끄러웠고 너무 춥고 혼란스러웠다. 그러다 문득 우리가 사진기자들에 둘러싸여 있음을 알았다. 그래서 나는 그를 보며 그저 미소만 지었다. 나는 사랑으로 가득차 있었다. 늙은 사자들은 자신들이 결코 보지 못할 백만 개의 눈들을 위해 자신의 청춘을 온전히 바쳤다. 그러나 사람들이 그것에 대해 충분히 고마워할지는 모르겠다.

2
지금 나는 프랑스에 있다

1983년 7월 14일 바스티유 기념일, 프랑스의 대통령이 콩코르드 광장의 오벨리스크의 발치에서 군대를 사열한다. 그는 시가 세운 거대한 나무 연단에서 경의를 표할 것이다. 7월 15일에 내가 그곳에서 공연할 수 있도록 연단을 남겨 두어도 된다는 시의 허가가 떨어졌다. 그것은 비폭력 투쟁에 헌정하는 콘서트가 될 것이다.

나는 극도로 흥분해 있다. 우리는 '사건'을 만들어 내기 위해 라디오에 광고를 내고 포스터를 붙이고 텔레비전 방송도 타고 입소문도 퍼뜨려야 한다.

그 전에 나는 독일 투어를 위해 프랑스를 떠난다. 물론 위경련도 함께 가져간다. 오벨리스크 밑에서 콘서트를 개최하는데 아무도 안 오면 어쩌지? 커다란 나무 연단 위에서, 나 혼자서, 관객 수만큼의 경찰들과 함께. 윽. 마리 앙투아네트가 그곳에서 홀로 처형을 당했다지.

뷔르츠부르크에서 파리의 소식을 듣는다. 내각에서 문제가 있어요. 미안합니다, 바에즈 부인. 경찰의 허가가 나지 않네요. 경찰의 허가 없이는 콘서트를 열 수 없습니다.

Voilá la France(프랑스답군).

내가 누군가의 기분을 상하게 했던 거야. 어쩌면 문화부 장관일지도 몰라. 바스티유 기념일 공식 경축 행사에서 노래해 달라는 그의 초대를 거부했으니까. 어쩌면 그의 아내의 기분을 상하게 한 건지도 모르지. 그녀가 나를 위해 녹음해 준 노래를 부르지 않기로 결정한 일로 말이야.

나는 문화부 장관에게 전화한다.

"Je suis désolée, Madame Baez, mais nous n'avons pas la permission de la Préfecture de Police(미안합니다, 바에즈 부인. 우리는 경찰로부터 허가를 받지 못했어요)."

어쩌면 프랑스 프로모터의 잘못인지도 모른다. 그런데 오히려 그녀는 공무원들에게 욕을 퍼붓는다. 그 무엇도 그녀를 막을 수 없을 것이다.

하루가 가고 이틀이 간다. 나는 투어 중이다. 매일 아침 나는 프랑스로부터 콘서트가 확정되었다는 전화가 오기만을 기다린다. 확정되기 전까지는 광고를 할 수가 없다. 우리는 경찰의 허가를 얻기 위해 파리와 관련된 모든 연줄을 동원한다.

독일 투어 후, 내겐 휴식이 필요하다.

나는 노르망디 카니지에 있는 사랑하는 나의 성으로 간다. 글쎄, 그것은 사실 내 성이 아니다. 그것은 800년 동안 젊은 백작의 가족이 소유하던 것이다. 그는 그저 내가 그것을 내 집처럼 사용하도록 허용해 주었을 뿐이다. 모든 경찰은 바스티유 기념일에 근무를 서느라 피곤할 것이다. 그런데 콘서트가 개최되면, 2천 명의 경찰력이 지역에서 차출되어야 한다.

6일 남았다.

나는 다른 시간 속에서 이리저리 배회한다. 야생화를 꺾고 말을 타고 꿈을 꾼다.

5일 남았다.

나는 프랑스의 영부인 미테랑 부인에게 전화한다. 내 친구이다. 하지만 방금 시골로 떠났다고 그녀의 비서가 말한다. 나는 서툰 프랑스어로 그 비서에게 나의 곤경을 설명한다. 부인은 내게 남겨진 유일한 기회입니다(그것은 사실이다).

나는 전화를 끊고 17세기의 방에 늘어뜨려진 호화로운 붉은색 커튼을 우울하게 쳐다본다. 그 커튼들이 나의 무기력을 조롱한다. 부인은 결코 나의 전언을 받지 못할 것이다. 나는 모든 빌어먹을 노력을 포기하고, 성 관리인이 살고 있는 작은 집 잔디밭 위에 누워 데이지 꽃을 꺾고, 나의 사랑스러운 마부인 셰르 아미(소중한 친구)에게 키스를 보낸다.

셰르 아미는 여덟 살 때 말 위에 올라, 거대하고 따뜻한 녀석의 목을 얼싸안고 바람처럼 시간의 테두리를 날아갔다. 오직 헐떡이는 소리와 말발굽 소리만을 들었고, 녀석의 갈기와 자신의 얼굴에 흐르는 눈물만을 느꼈다. 열 살 때는 눈 속에서 자신의 개와 함께 잠을 잤다. 그가 적막 속에서 일을 하고 먹기 위해 집으로 돌아갈 때, 그는 심장을 숲에 남겨 두었다. 그는 나의 셰르 아미가 되기 전에, 나의 야만인이었다. 그는 여전히 덫으로 독사를 잡고, 잡은 것들을 호수 옆 키 큰 풀숲에 놓아주면서 그들에게 말을 건다.

각료들 따위 나가 죽으라고 해. 나는 여기 누워 벌들이 붕붕거리는 소리를 들을 거야. 그리고 오늘 밤 성이 잠들고 나면, 잠옷 위에 모피 코트를 걸치고 셰르 아미와 함께 달빛 속을 산책할 거야. 그는 호수들 사이의 키 큰 풀숲에서 나를 기다리겠지. 나는 그와 함께 말을 타고 그의 다락방으로 갈 거야. 그의 어깨와 목 사이에 내 머리를 기대고, 그의 잘생긴 턱뼈와 부드러운 뺨에 내 코를 파묻은 채, 건초와 밀 먼지 냄새를 맡을 거야. 누가 파리와 위경련이 필요하대?

성 지붕의 슬레이트 널빤지 위에 수백 개의 해가 춤추는 것을 지켜보는 내 얼굴에는 미소가 퍼진다.

그때 히스클리프(《폭풍의 언덕》의 남자 주인공)처럼 팔 위로 소매를 말아 올린 셰르 아미가 온다.

"전화 왔습니다, 바에즈 부인."

"내게요, 셰르 아미? 어디에서요?"

"프랑스공화국의 대통령이요." 그가 놀린다. 그런데 그의 긴 머리칼 사이로 그의 아버지가 그 돌집 창문에서부터 흥분하여 손을 흔드는 것이 보인다.

"와!" 그가 고함친다. "당신 전화예요! 프랑스예요! 그래요! 그가 프랑스어로 얘기해요. 울랄라!" 그 장난기 많은 노인은 치아들 사이에 빈 구멍 하나를 드러내며 나를 보고 씩 웃는다. 그는 그의 아들과 똑같은 아름다운 눈을 가졌다. 다만 그의 눈은 파란색이고 눈가에 주름이 있다. 그가 한쪽 눈을 찡긋하며 내게 나무 상자에 담긴 전화기를 건넨다.

"여보세요?"

"Bonjour, Joan Baez?(좋은 아침입니다. 존 바에즈입니까?)"

"Oui, c'est moi-même(네, 전데요)."

"C'est François ici(저는 프랑수아입니다)."

"François qui?(프랑수아 누구요?)"

틀림없이 농담일 거야.

"François Mitterrand, le président(프랑수아 미테랑입니다. 대통령이죠)." 그리고 그는 말하기 시작한다. 그러나 내 마음은 이미 창문 밖으로 날아가 버렸다. 도대체 그가 내게 무슨 말을 하는 거지?

"C'est à dire, clamez-vous, tranquillisez-vous." 그가 내게 긴장 풀고 걱정하지 말라고 말한다. 내 상태가 좋은 날에는, 발음이 정확한 사람이 내게 프랑스어로 말할 때 나는 반 정도 이해할 수 있다. 나는 그가 내게 콘서트가 열릴 거라 말하고 있다고 생각한다. 그리고 그는 엘리제궁에서 열리는 오찬에 나를 초대하겠다고 말한다. 수요일에. 내가 이해한 내용은 그 정도이다.

나는 그에게 콘서트에 대해 다시 설명해 달라고 부탁할 수 없다. 그래서 그에게 대단히 감사하다고 말하고는 전화를 끊는다. 콘서트가 올해 열린다는 건지 내년에 열린다는 건지 모르겠다.

나의 프로모터가 수화기 너머로 비명을 지른다. "믿을 수 없어요! 그가 당신에게 직접 전화를? 농담이죠? 정말 대단해요!"

"하지만 그가 무슨 말을 했는지 제대로 이해를 못 했어요."

"경찰이 허가를 해줄 건지 말 건지 알아볼게요." 딸깍 소리와 함께 그녀가 전화를 끊는다.

따르릉.

"경찰은 아무것도 아는 바가 없다고 말하네요. 미칠 것 같아요. 그들 말로는 공연이 없대요."

나는 내 방으로 가서 거품 목욕을 한다. 욕조 위 높이, 천장 위의 채광창에 무게 없는 파리 떼들이 갇혀 있다. 나는 무언가 예쁜 옷을 걸치고 마구간 맞은편 집에 있는 연로한 백작부인을 찾아간다. 샴페인을 마시며, 나는 그녀에게 나의 비참한 상황을 말한다. 그리고 타일 바닥 위에 나의 승마 부츠로 이런저런 모양의 그림자를 만든다.

그녀는 60대이다. 의사이자 보수주의자에, 물론 귀족이다. 그녀는 지금의 정부를 운영하는 이 변변치 않은 사회주의자 무리들을 인정하지 않는다. 그녀가 젊었을 때 독일인들이 성을 점령했고, 폭격을 맞아 잡석 더미로 변한 지역 정신병원의 환자들을 수용하는 데 이 성을 사용했다.

"보름달이 뜨면 그들이 창문으로 뛰어내리는 게 보였다오." 그녀가 내 방 쪽을 가리켰다. "물론 완전히 미친 사람들이었지요."

우리는 수백 년에 걸친 눅눅한 냄새와 거미줄 쳐진 포도주 병들에 둘러싸인 채, 성의 주방에서 함께 저녁을 먹는다.

나는 오래된 복도를 거닐면서 미련이 남은 듯한 그림자들과 음울한 그림들을 지나친다. 나는 그들을 볼 때마다 웃곤 한다. 하얀 가발을 쓰고 쓸모없는 하얀 손 위에 새 한 마리가 올라앉은 못생긴 숙녀한테서는 치즈 냄새가 나고, 나는 그녀의 새 너머로 나를 본다. 나는 그녀에게 혀를 내민다. 그날은 실망스러운 날이다. 나는 이제 그 콘서트가 내년에 열린다고 확신하기 때문이다. 창밖 아래의 호수 쪽을 응시한다. 백조들이 마치 두 개의 하얀 깃털처럼 신비롭게 미끄러져 나아간다.

방이 엉망이다. 이제 짐을 꾸리고 파리로 가서 엘리제궁의 오찬에 참석해야 한다. 욕실 거울 속에서 낙담한 얼굴이 나를 응시한다. 현관 쪽에서 발자국 소리가 들린다.

백작부인이다. 승마바지 차림으로 내내 서두르고 있다. 획획.

"조애니! 당신에게 할 말이 있어요! 누군가가 콘서트가 열린다고 말하는군요!"

"누가요?"

"모르죠." 그녀가 현관에서 숨이 차 헐떡인다. 그녀의 빨간 머리가 두드러져 보인다. "각료들 밑에서 일하는 어떤 무서운 남자예요."

우리는 소리가 울리는 끝없이 긴 복도를 다시 통과한다. 믿을 수가 없다. 나는 한숨을 쉬고 다시 한 번 전화를 받는다. 긴장을 해서인지 손이 땀으로 끈끈하다. 그 남자가 말한다. "그래요, 경찰이 명령을 받았으니 허가를 얻게 될 겁니다."

나는 결국 참지 못하고 말한다. "오, 누가 그 명령을 내렸는지 궁금하네요."

그가 말한다. "오! 그 명령은 아주 위에서 왔어요."

"그렇군요. 그러리라고 생각했어요." 나는 혼자서 흡족해한다. 행복하다. 행복한 것 이상이다. 아찔해진다.

셰르 아미가 파리까지 태워다 준다. 그는 파리를 싫어한다. 그러나 성에서부터 라파엘 호텔까지 경로를 외워 둔다.

나는 샤워를 한다. 그러나 코와 이마에 다시 땀이 송골송골 맺힌다. 워낙 덥기도 하고 대통령과의 점심 식사 시간이 다가와서이기도 하다. 나의 리넨 바지에는 얼룩이 묻어 있고 내가 가져온 유일한 벨트는 내 하이힐과 어울리지 않는다.

그날, 셰르 아미와 나는 새벽에 해변에서 말을 타고 경주했다. 그런 다음 우리는 김을 뿜어내는 말들의 옆구리를 식히기 위해 녀석들을 파도 속으로 경중경중 몰고 들어갔다. 나는 폭이 낙낙한 자줏빛 인디언 치마를 입고 있었다. 흰 포말을 머금은 바닷물이 그것을 제 것이라 우기며 달려들었을 때, 치마는 검게 변했고 두 배나 무거워졌다. 하지만 그때의 나는 지금과는 다른 나였다.

자갈길을 가로질러 호화로운 계단 위로 올라간다. 이전에도 이곳에 와 본 적이 있다. 그리고 석고처럼 하얀 와이셔츠 가슴판과 목에 금색의 열쇠 꾸러미를 건 남자를 알고 있다. 그가 흰 장갑을 낀 손으로 내게 미소를 지으며 대기실로 안내한다. 나는 홀로 남겨진다. 나 말고는 오직 낮의 유령들과 태피스트리들이 있을 뿐이다. 얼마쯤 시간이 흐른 뒤 연미복 차림의 남자들이 와서 복도를 통해 벽난로가 있는 방으로 나를 안내한다.

내가 이 방을 처음 본 것은 그 보수적인 대통령(지스카르 데스탱을 가리킴―옮긴이)과 차를 마셨을 때였다. 그때는 우리 둘밖에 없었고, 그는 내 맞은편에 너무도 멀리 앉아 있었기 때문에 그의 말이 거의 들리지 않았다.

내가 미테랑 부부를 처음 방문했던 때, 이 방은 가족들로 가득 차 있었고 개들이 깔개 위에서 뒹굴뒹굴하며 편안하게 가려운 곳을 긁고 있었다.

이번에는 대통령의 측근 한 사람만 참석해 있다. 대통령 내외가 도착할 때까지 나는 그와 이런저런 이야기를 나눈다. 그들이 도착했다는 말에 우리는 일어선다. 나는 곧장 영부인에게 가서 그녀를 포옹한다. "저를 도와주시기 위해 이렇게 와 주시다니, 정말 고맙습니다." 나는 외워두었던 말을 건넨다. "안녕하십니까, 대통령 각하, 전화 통화에서 실례가 많았습니다. 저를 용서해 주세요. 하지만 아시다시피 제가 의례에 맞는 적절한 어법을 잊고 편한 말투를 사용하여 큰 결례를 저지르게 될까 봐 두려웠습니다." 대통령은 그저 살짝 미소를 지을 뿐이다.

우리는 모두 자리에 앉는다. 방은 방송 카메라들로 가득 차 있다. 하얀 장갑들이 음료들을 은쟁반에 받쳐 내온다. 나는 진토닉 잔을 손에 들고 바지 위의 얼룩에 대해서는 잊은 채 간디에 대해 이야기한다.

대통령은 예의가 바르다. 그는 자신이 군인이라고 말한다.

내가 그에게 말한다. "그래요, 저도 알고 있습니다. 저도 군인입니다."

다니엘 미테랑이 미소를 짓고 있다. 그녀는 언제나 미소를 짓는다. 그리고 장난을 아주 좋아한다.

"검은색 커튼이 준비가 될까요?" 내가 묻는다.

"그래요, 당신은 검은색 커튼도 갖게 될 겁니다."

"경찰이 커튼 위에 부러진 총을 그려 넣는 것은 아마도 허락하지 않겠지요?"

영부인이 끼어든다. "그건 안 돼요. 남편이 허락하지 않아요."

"그날은 바스티유 기념일 다음 날이 아닙니까!" 그가 나를 나무란다. 나는 미소를 짓는다. 시도한다고 해서 해될 일은 없으니까.

카메라들이 퇴장한다. 그러나 격식은 남아 있다.

나는 순백의 식당과 거대한 식탁 중앙에 놓인 파스텔 색조의 절묘한 꽃다발이 무척이나 마음에 들었다. 다니엘은 나와 아주 멀리 떨어져 있고, 대통령이 내 왼쪽에 그 측근이 내 오른쪽에 있다. 오늘은 통역 말고는 다른 누구도 없다.

대통령이 말을 하자, 영부인이 팔꿈치를 기대어 식탁 맞은편의 그를 응시한다. 그녀는 손가락으로 뺨을 눌러 움푹 들어가게 한다. 그리고 양손을 오므려 코 주위를 감싼다. 그녀는 말을 하려다 멈추더니 갑자기 머리를 뒤로 젖힌다. 그가 그녀에게 질문을 한다. 나는 그녀가 그에게 빠져 있다고 생각한다.

대통령이 내게 프랑스어로 꿈을 꾸는지를 묻는다. 내가 대답한다. "그럼요, 제가 프랑스에 있을 때는." 그는 나를 좋아한다. 그러나 내게 무슨 말을 해야 할지 모른다. 그는 교양 있는 지식인이다. 나는 교양 있는 집시이다.

커피가 벽난로 방으로 들어온다.

나는 대통령을 위해 노래를 한 곡 부른다. 그는 콘서트에 오지 않을 테니까. 그는 기분이 좋아 보인다. 그의 아내는 그가 기분이 좋은 것을 보고 덩달아 기분이 좋아서 어린 소녀처럼 미소를 짓는다.

나가는 길에 나는 두 사람의 볼에 입을 맞춘다. 열쇠를 가진 그 집사가 나를 책상으로 안내하더니 묻는다. "저를 위해 앨범에 사인해 주시겠어요?" 나는 그렇게 한다. 그런 다음 그의 볼에도 입을 맞춘다.

그날 밤 나는 국영 텔레비전에 출연하기로 한다. 그들은 그 벽난로 방을 보여 주고 내게 묻는다. "대통령에게 무슨 이야기를 했습니까?"

"간디요." 내가 말한다.

대통령이 다른 채널에 나타난다. 한 국가의 수장에게 국경일에 앞서 건네는 많은 질문들 가운데, 그들은 우리가 점심 식사를 하며 무슨 이야기를 나누었는지를 묻는다.

"간디요." 그가 말한다. "존 바에즈는 진지한 예술가이자 진지한 투사입니다."

다음 날 나는 셰르 아미와 함께 샹젤리제 거리를 걷는다. 아이스크림 판매원이 "당신은 존 바에즈가 아닙니까?"라고 물은 뒤, 그녀의 친구에게 내가 내일 밤에 광장에서 노래를 부를 거라고 말한다. 나는 안심한다.

7월 14일. 아침 일찍부터 도시에는 탱크 굴러가는 소리가 우르르 울린다. 셰르 아미와 나는 믿기지 않는다는 표정으로 호텔 창문 밖을 응시한다.

7월 15일. 끔찍한 위경련이 났다. 콘서트에는 5천 명밖에 오지 않을 거라고 확신한다. 신문의 어디에도 콘서트 얘기가 없다.

셰르 아미가 내 얘기를 비웃으며 5만 명 이상 올 거라고 장담한다.

그는 내가 욕실에 가는 것을 돕는다. 나는 욕실 타일 바닥에 누워 서늘함에 흠뻑 젖는다. 그러나 경련은 여전하다. 나는 진통제를 먹는다.

프리츠와 호세가 독일에서 날아왔다. 그들은 나를 보러 왔다. 그러나 나는 창백한 얼굴로 옷을 반만 걸치고는 배 위에 뜨거운 물이 담긴 파란색 물병을 얹어 둔 채 누워 있다. 그들은 독일인들이고 나에게 무슨 말을 해야 할지 모른다. 그래서 그들은 무대를 점검하러 밖으로 나간다. 나는 백작부인의 병원에 전화한다. 그녀는 즉시 그녀의 삐걱거리는 가방을 들고 온다.

"오, 나의 가엾은 조애니. 물론 당신은 틀림없이 극도로 긴장을 했겠지." 그녀가 손으로 내 이마를 짚어 보며 말한다.

"긴장한 게 아니라 완전히 굳어 버렸어요. 다섯 시간밖에 안 남았는데……."

그녀는 나의 맹장을 검사하고는 알약을 준다. 그제야 그녀의 눈에 나의 구깃구깃해진 슬립이 들어온다. 그리고 갑자기 그것을 다른 방식으로 본다. 그녀의 시선이 방 안을 빠르게 훑는다. 나는 단번에 그녀의 머릿속에서 셰르 아미의 이미지를 본다. 그녀는 방금까지만 해도 전혀 알지 못했다. 의심은 했지만 결코 알지는 못했다.

"그는 다른 방에 있어요, 브리짓." 내가 그녀에게 말해 준다.

"그래, 물론." 그녀가 말한다. 그리고 그를 불러들여 무엇을 해야 할지 이런저런 주의를 준다.

"네, 부인. 네, 부인." 그가 담배를 비벼 끄며 대답한다. 그녀는 두 시간 안에 나를 다시 검사할 것이다. 그리고 내게 말하겠지. 통증이 지속되면 알약을 한 개 더 먹으라고.

셰르 아미가 나를 데리고 욕실을 들락날락한다. 나는 타일 위에 반듯이 눕는다. 그리고 알약 한 개를 더 먹는다.

메스꺼움이 사라지기 시작한다. 셰르 아미가 바닥이 지나치게 차다고 넌지시 말한다. 그리고 마치 병원 잡역부처럼 내가 침대로 가는 것을 돕는다. 우리는 프랑스어로만 대화한다.

"감자처럼 창백해서 사과 마녀처럼 보이는 나를 어떻게 사랑할 수 있지?"

"당신의 이가 다 빠지고 당신의 머리에 머리카락이 세 개만 남아도, 나는 당신을 사랑할 거예요."

나는 웃기 시작한다.

"내 할머니처럼? 할머닌 입을 벌리고 주무셔. 파리들이 왱왱거리며 할머니의 입속으로 들어가지." 나는 좀 더 웃는다.

"할머니의 머리는 이제 텅 비었어. 바람이 한쪽 귀로 불어 들어가면, 다른 쪽에서는 나뭇잎들이 나온다고."

그가 미끄러지듯 내 옆에 누워 나를 안는다. 몸이 조금 나아지는 것 같다. 나는 그의 심장 소리가 나의 히스테리를 격퇴하는 소리를 듣는다. 그런데 나는 그 소리에 제정신이 드는 게 아니라 잠이 들고 만다.

7시. 우리는 그 기념물로 차를 타고 간다. 이미 5천여 명의 사람들이 그곳에 모여 가능한 한 무대 가까이에 자리를 잡는다.

콘서트는 9시에 열릴 예정이다. 나는 눈을 감고 휘파람을 부는 것처럼 입 모양을 해서 가슴에 있는 모든 공기를 내보낸다.

약기운을 천천히 떨쳐 내며 무대에 올라 마이크를 시험한다.

똑똑.

다른 지역에서 휴가 중에 차출된 호기심 많은 경찰들이 구경하기 위해 천천히 다가온다. 몇몇 학생들이 야유를 보내자 나는 부끄러워진다.

"Ne sois pas bête!(바보같이 굴지 마!)" 내가 말한다. "바보같이 굴지 말아요! 이 경찰들은 휴일에, 그것도 한여름에 세 시간 동안 땀에 젖은 채 버스를 타고 이곳에 온 거예요. 여러분처럼 본인의 선택에 의한 것이 아니죠. 그리고 이 콘서트는 그들을 위한 것이기도 해요." 나중에 나는 그들의 모자에 사인을 해준다. 아주 많은 경찰들의 모자들에.

모든 거리와 인도에서 사람들의 흐름이 꾸준히 이어지고 있다. 그들은 시끌벅적하게 혹은 조용하게 앉아서, 기념물 주변에 물결 일렁이는 바다를 만든다. 오렌지색 석양의 파르스름한 가장자리에 은색 동전의 3분의 2만 한 달이 걸려 있다. 내가 열 살 때 아버지와 함께 자전거를 타던 개선문이, 신경질적인 자동차 경적 소리와 화가 나서 밀쳐 대는 팔꿈치들에 둘러싸인 채, 여전히 온전한 햇살을 받으며 서 있다.

나는 기타를 조율하려 애쓰며 트레일러에 앉아 있다. 그러나 문틈으로 인파를 확인하느라 줄곧 벌떡벌떡 일어난다. 일본인, 독일인, 미국인, 영국인, 스칸디나비아인, 동인도인, 이탈리아인 그리고 여러 나라의 사람들. 이들은 곧 기쁜 은총을 노래하며 한 가족이 될 것이다. 그리고 나는 에디트 피아프에 대한 미국의 응답이 될 것이다. 이미 나는 프랑스의 토양 위로 절반쯤 이식되었다. 참새가 아닌 흉내지빠귀로. 흉내지빠귀는 새들의 모든 언어들을 흉내 낸다. 오늘 저녁은 그 새들의 거룩한 노래가 될 것이다.

어둑어둑한 하늘 위로 달이 떠오른다. 조명이 개선문으로 가는 샹젤리제 대로 위를 비춘다. 그리고 내 노래들이 지붕의 발코니에서 다시 튕겨져 나와 공기 중으로 흩어진다.

경찰들과는 아무런 '사건'도 일어나지 않는다. 오히려 경찰들은 노래에 귀를 기울이고 박수도 친다. 나는 간디, 마틴 루터 킹, 그린햄 코먼의 여성들(1980년대에 런던 근처의 그린햄 코먼 지역에 미군이 사용하게 될 영국 공군기지가 들어설 계획이었으나, 주민들이 5년간의 비폭력 저항을 벌인 끝에 그 계획을 백지화시켰다—옮긴이), 실종자들의 어머니들에게, 그리고 사형제를 폐지한 프랑스의 대통령에게도 노래를 바친다.

나는 하얀 날개를 달고 군중 위로 날아간다. 하늘에서 바라보니, 땅 위의 모든 것이 희미하게 가물거린다. 나는 수만 명의 사람들이 일어나서 앙코르를 합창하는 광경을 지켜본다. 그들은 희망으로 가득 차 있다. 희망은 웃음처럼 전염되기 마련이다. 나는 밤하늘에서 나의 날개들로부터 희망과 노래와 웃음을 본다.

나는 성공에 거나하게 취해 호텔로 돌아와 셰르 아미를 팔 안에 안는다. 그는 오늘 열심히 일했다. 그리고 내기에서도 이겼다. 군중은 12만 명으로 추산되었다. 나는 딱 10만 명으로도 만족할 것이다.

셰르 아미는 작은 경련과 함께 온몸의 뭉친 근육들을 풀고 나서 잠이 든다. 하지만 나는 오늘 잠이 올 것 같지 않다.

나는 화려하게 장식된 창문으로 가 거대한 벨벳 커튼을 열어젖히고, 그것을 두껍게 꼬아 놓은 금색의 끈과 색이 바란 장식 술로 묶는다. 소파 위에서 나는 머리를 기대기 위해 베개 세 개를 세워 두고, 무릎을 받치기 위해 네 번째 베개를 적당한 위치에 놓아두고는 늘 입던 구깃구깃한 슬립 차림으로 늘어지게 눕는다. 그리고 창문 밖 거리의 가로등 불빛을 받은 나뭇잎들이 부드러운 밤바람에 몸을 떠는 모습을 지켜본다. 그들은 거리 맞은편의 회색 건물들을 배경으로 나의 주의를 끌기 위해 속살거린다. 내가 저절로 떠오르는 혹은 떠오르지 않는 생각의 이미지들 속으로 가라앉으려 할 때마다 천 개의 새벽이 나를 다시 획 끌어울린다. 매번 다시 돌아올 때마다 나는 미소를 짓는다. 파리의 회색 거리들로부터 날아오르는 새들의 첫 번째 지저귐 소리에 잠을 깨는 것은 너무나도 황홀하다.

늦은 아침, 하얀 피부와 커다란 갈색 눈을 가진 마리 플로레가 나를 방문한다. 자그마한 체구 위에 스카프와 얇은 천을 두르고 있다. 지난 여름의 가운을 입은 어린 티타니아(셰익스피어의 《한여름 밤의 꿈》에 나오는 요정 나라의 여왕으로 오베론의 아내이다—옮긴이)이다. 마리 플로레는 내가 15년 전에 남프랑스에서 만났던 열 살짜리 어린 소녀이다. 나는 꿈속에서 벽을 응시하며 미소를 짓고 있다. 마리 플로레와 셰르 아미와 내가 김이 모락모락 나는 카페오레를 손에 들고 아침 햇빛 속에 앉아 있다. 우리는 육중한 붉은 휘장으로 만들어진 틀 안에 있다.

우리는 천천히 짐을 꾸리고 크루아상과 딸기와 신선한 크림을 주문한다.

오늘은 공짜다. 완전히 공짜다.

셰르 아미가 우리를 성까지 데려다 준단다. 그러나 서두를 건 없다. 우리는 오후가 되어서야 킥킥거리며 현관으로 구르듯 달려 나온다.

"밤새도록 춤을 출 수도 있었어." 나는 4층의 복도를 빙글빙글 춤을 추듯 걸어가면서 갑자기 하이 소프라노로 노래한다. 그러고는 들고 있던 가방들을 떨어뜨린다. "그러고도 더 추자고 졸랐을걸." 내 목소리가 '더 추자고'라는 단어 위에서 아치를 그리며 퍼덕인다. 이제 우리는 계단 꼭대기에 있다. 두 명의 메이드가 리넨룸에서 머리를 쑥 내밀고 지켜보다가 혀를 차더니 이내 미소를 지으며 몸을 기댄다. 어쨌든 나는 오늘 내가 원하는 건 무엇이든 할 수 있다.

나는 난간에서 원을 그리며 돈다.

"나는 날개들을 펼치고 천 가지 일도 할 수 있었어." 그러면서 첫 번째 층을 반쯤 내려온다. 마리 플로레와 셰르 아미가 내 바로 뒤에 있다. 나는 메인 플로어로 가는 내내 고개를 끄덕이고 방문 앞에 있는 호텔 손님들에게 고개 숙여 인사한다. 달리고 깡충깡충 뛰어서 마침내 피날레를 위해 접수 데스크로 다가간다. "나는 춤을 출 수도 있었어. 춤을 출 수도 있었어. 춤을 출 수도 있었어…… 밤새도록!" 나는 한 손을 허공에 두고 다른 손으로 황동 난간 기둥을 감싸 쥔 채 지나가는 사람들을 내 상상의 관객으로 삼아 허리를 굽힌다.

접수처의 두 사람이 박수를 친다. 우리는 숙박비를 지불한다. 나는 노래를 다시 시작한다. 그 우아한 복도 끝에 거대한 꽃다발이 있기 때문이다. 꽃다발에도 노래를 불러 주어야 한다. 거리에 나와서도 나는 멈추지 않는다. 옆집의 미장원까지 내내 춤을 추며 가서, 물에 젖은 생쥐 꼴로 앉아 있는 사람들의 머리를 가볍게 두드리고, 허공에 가위를 들고 서 있는 모든 동성애자들에게 입을 맞추고서야 드디어 끝이 난다.

밖은 근사하다. 우리는 너무 웃어서 힘이 다 빠질 지경이다. 우리는 보도 위에 주저앉는다. 나는 셰르 아미의 무릎 위에 머리를 기댄다.

"앙투아네트 부인(마리 앙투아네트는 마리 플로레와 이름이 같다. 그녀는 오벨리스크 앞에서 처형당했다—옮긴이), 당신이 겪은 불쾌한 경험에 대해 미안하게 생각해요." 나는 마리 플로레에게 말한다. "그런데 개인적으로 나는 그 오벨리스크에서 매우 즐거운 시간을 보냈답니다."

사랑해, 게이브

오늘따라 철저히 혼자라는 기분이 들었다. 자기 연민의 외로움 같은 것이 아니었다. 그것은 학부모 주간인 오늘, 세인트마크스쿨의 미식축구 경기에서 내가 우습게도 어울리지 않는 자리에 와 있다는 날카로운 인식에서 비롯된 것이었다.

데이비드와 나는 보스턴 외곽 소도시에 있는 게이브의 대학 예비학교로 날아갔다. 물론 각자 개별적으로 움직였다. 우리는, 나의 요청에 데이비드가 게이브의 양육 대부분을 맡아 줄 만큼 좋은 관계를 유지하고 있었다. 열두 살 사춘기 소년인 게이브에게는 어깨를 두드려 주고 가끔은 엉덩이를 토닥여 줄 단단한 남자의 손이 필요했다. 성적과 스포츠와 관련해서 누군가가 필요했다. 무엇보다도 게이브에게는 가족이 필요했다. 데이비드와 그의 아내 레이시는 그렇게 해줄 수 있었다. 그리고 여동생 한 명도 생길 예정이었다. 나는 다시 한 번 나의 아들을 놓아 주려고 시도했다.

나는 그저 그 게임을 구경하러 가서, 관중석에 옹기종기 모여 비를 맞으며 응원하는 부모들 사이에 끼여 있는 것이 옳은 일이라고 생각했다. 언젠가는 게이브가, 그때 내가 학교에서 빌린 거대한 초록색과 흰색의 줄무늬 우산 밑에서 적절한 때에 "블루, 파이팅!"을 외치려고 애쓰는 모습을 보며, 정말로 창피하게 생각했었는지를 나에게 말해 줄 것이다. 혹은 데이비드가 나와 1미터 떨어진 곳에 서서, 나와 마찬가지로 학교에서 빌린 빨간색과 하얀색 줄무늬 우산 밑에서, 서툰 패스에 투덜대고, 코치에게 이래라저래라 훈수를 두고, 세인트마크스쿨이 힘과 신장과 기술에서 우위인 팀의 저지선을 뚫으려고 고투할 때마다 예상 가능한 간격을 두고 "밀어붙여, 게이브!"라고 소리를 지르며 엔드 존까지 부산스럽게 내려온 걸 과연 창피하게 생각했었는지도 말해 줄 것이다.

나는 게이브에게 줄 우산을 구하려고 그 애의 여자 친구인 리사와 더불어 캠퍼스 주변을 급히 뛰어다녔다. 그녀는 단정한 차림새에, 금발머리와 우윳빛 피부와 가는 발목을 가진 상냥한 상급생이었다. 전 아내로서 내가 생각하기에 그날의 일정에서 가장 중요한 항목은 데이비드가 그 게임에 참석했다는 것과 날씨가 음울했다는 것이었다.

두 번째 쿼터 중간에 나는 경기장 쪽으로 터벅터벅 걸어갔다. 나는 빨간색 카우보이 부츠와 코듀로이 스커트에다, 안에 받쳐 입은 옷의 하얀색 옷깃이 살짝 겉으로 보이도록 풀오버 스웨터를 입고 그 위에 품이 낙낙한 청재킷을 걸치고 있었다. 나는 고상한 엄마와 활동적인 엄마의 분위기가 적절히 섞여 있는 모습이기를 바랐다. 그 우산은 다섯 명을 보호할 수 있을 정도로 충분히 컸다. 내가 경기장에 도착했을 때, 세인트마크가 1점을 획득했다. 그러나 마지막 몇 분 동안 그들은 원정팀에 의해 호되게 당하기 시작했다. 관중석은 한산했다. 대단히 헌신적이고 끈질긴 부모들과 친구들만이 관중석에 나와 있을 뿐이었다. 다른 사람들은 굽 낮은 신발과 버버리 코트 차림으로 엔드 존에서 50야드 떨어진 비가 들이치지 않은 도서관 베란다에 서 있었다. 데이비드는 관중석에 서서 구깃구깃한 파란색 옷가방을 머리 위로 든 채 "디 파이팅!"을 외치고 있었다. '디'가 누구인지는 곧 밝혀질 테니, 나는 인내심을 발휘하기로 결심했다. 그러나 '디'의 정체는 결코 밝혀지지 않았다.

"데이비드! 당신 우산 어디 있어? 리사가 당신에게 가져다준다고 했는데."

"오!" 그는 흠뻑 젖은 경기장에서 서로에게 맹렬하게 부딪히고 짓밟히는 한 무리의 진흙투성이 몸들한테 눈을 떼지 않은 채 말했다. 지금에 와서 돌이켜 보니, 당시 그는 내가 그 자리에 없는 편이 낫다고 여겼던 것 같다. 나는 리사에게 화가 났다. 갑자기 그녀가 내 아들에게 부족해 보였다. 그리고 나는 들고 있던 거대한 우산을 데이비드와 함께 쓰려고 애썼다. 관중석 의자는 비에 흠뻑 젖어 있었으므로 모두가 서 있어야 했다. 데이비드는 187센티미터의 장신이었음에도 몸을 수그려서 우산을 함께 쓰려는 노력을 전혀 하지 않았다. 그런데도 자기가 들어주겠다고 하지 않은 걸 보면 내가 우산을 들고 있는 모습이 그의 눈엔 무척 편해 보였나 보다.

경기장 위의 아이들은 쏟아지는 빗줄기 탓에 마치 땅 위로 노출된 채 전투 중인, 빨간색과 파란색 원뿔을 뒤집어쓴 땅벌레들처럼 보였다.

"누가 게이브지?" 내가 과감히 물었다.

"등 번호 85번. 힘내라, 블루! 이봐, 낮게 쳐, 낮게 쳐!"

나는 사이드라인을 훑어보았다. 85번 선수는 여전히 하얀 바지와 가볍게 얼룩진 저지 셔츠 때문에 두드러져 보였다. 그의 우아하게 생긴 엉덩이 위에 적절하게 진흙 얼룩이 묻어 있었다.

"엉덩이에 저 진흙 얼룩은 게이브가 약간은 경기를 했다는 걸 의미하는 거야?"

"아니, 그건 그저 준비운동 때문에 생긴 거야."

"오." 내가 말했다. 그리고 생각했다. 신이시여, 게이브가 그저 조금만이라도 경기장에서 뛰게 해주세요. 그 애보다 큰 누군가를 때려눕히고 진흙투성이가 되게 해주세요. 데이비드가 몹시 투덜대고 있어서, 나는 세인트마크가 못하고 있다고 짐작했다. 나는 경기에 집중하면서 무슨 일이 벌어지고 있는지 알아내기로 결심했다.

사이드라인에 있던 모든 사람들이 점점 더 시끄러워지고 있는 걸 보니, 중요한 플레이가 이루어지고 있는 모양이었다. 데이비드는 짜증과 흥분으로 제정신이 아니었다. 고래고래 훈수를 두는가 하면, 한 손으론 허공에 주먹질을 하면서 다른 손으로는 그의 구겨진 파란 옷가방을 한결같이 꼭 쥐고 있었다. 리사가 빨간색과 하얀색 줄무늬 우산을 가지고 도착했다. 데이비드는 기분이 좋았고, 흠뻑 젖은 관람석 뒤의 방수포를 떨어뜨렸다. 만약 내가 1미터보다 더 가까이 있었다면 우리가 빌린 세인트마크 우산들의 살 끝이 서로 부딪쳤을 것이다. 나는 데이비드가 그의 우산을 약간은 바비큐 포크처럼 사용하고 있다고 생각했다. 나는 비켜섰다.

게이브의 룸메이트인 스테판이 도착했다. 그는 맨발이었고 구겨진 검은색 타이와 물들인 바지와 셔츠와 스카프 차림이었다. 학부모 주간에 대한 경의로, 왼쪽 귓불에 뱀 모양이나 십자가 모양 따위의 귀걸이도 달지 않았고, 염소수염도 밀어 버렸다. 그와 리사와 나는 초록색과 흰색 줄무늬 우산 아래 서 있었다. 그가 출전 선수 명단에서 게이브를 발견했다.

"지나치게 깨끗하네요. 그의 바지가 지나치게 하얗다고요." 그가 말했다.

"쉿! 그는 아직 경기를 뛰지 않았잖니."

"저도 알아요. 하지만 그는 우리가 기다리는 동안 그냥 진흙 속에 몸을 던져 뒹굴 수도 있었어요."

나는 스테판이 무척 마음에 들었다. 그가 미식축구에 대해 느끼는 방식은 내가 느끼는 방식과 비슷했다. 그 역시 게이브를 사랑하고 게이브를 친구라고 여기면서도, 여전히 미식축구가 야만적이라 생각하고 있는지 모른다.

"저기, 녀석이 나왔어요." 스테판이 말했다. 그리고 나는 게이브가 경기장 위로 달려가는 것을 보았다.

평화주의자 엄마의 마음을 어떻게 설명할 수 있을까? 나는 내 아들을 지구상의 다른 어떤 것들보다, 다른 어떤 사람들보다 더 사랑한다. 나는 미식축구에는 전혀 관심이 없다. 그렇지만 그가 너무도 자랑스러워서 가슴이 터질 것 같았다. 그는 결코 싸움을 좋아한 적이 없었다. 그리고 이제 열다섯 살의 나이에, 키가 180센티미터나 되고, 상냥하고 명석하고 나른하고 구제할 도리 없이 잘생겼다. 어쩌면 그는 앞으로 다시는 손가락 하나도 까딱하지 않기로 결심할지도 모른다. 그에게는 모든 것이 너무도 쉽게 왔기 때문이다. 친구들, 기회들, 수많은 여자 아이들, 칭찬과 탄복. 이제 처음으로, 그는 자신의 수동성에 대항하여 전쟁을 치르려 하고 있었다. 미식축구를 하려면 빨리 움직여야 하고 사람들에게 돌진해야 하며, 어쩌면 누군가를 다치게 할 수도 있고, 분명 스스로를 다치게 할 수밖에 없다. 게이브가 막 자신보다 몸집이 큰 녀석에게 달려들었다. 그 큰 녀석이 일어서서 게이브와 맞붙어 싸우다가 그를 내동댕이쳤다. 격분한 게이브는 계속해서 그 녀석의 저지 셔츠를 단단히 움켜쥐었다. 내가 내 동생이나 언니랑 싸울 때 그들의 블라우스를 부여잡았던 것처럼. 게이브는 다시 그 녀석을 거의 쓰러뜨리다시피 했다. 나는 그것이 정당한 플레이인지 아닌지 궁금했다. 나는 게이브가 누군가를 경기장 위에, 아니면 경기장 밖으로 사정없이 패대기칠 만큼 진짜로 화가 난 것인지 궁금했다. 나는 브루클린의 한 엄마에 관한 윌리엄 스타이그의 만화를 기억했다. 그녀는 창문 밖으로 몸을 내밀고 자기 아들이 어떤 불량배 녀석과 주먹다짐을 벌이는 것을 보고 있었다. 그녀는 이렇게 외쳤다. "그 녀석을 혼내 줘, 자니. 박살을 내 버려. 코에다 한 방 제대로 먹여 주라고!" 나는 이제 그녀를 이해했다.

스톰이 우리가 모여 있는 곳으로 어슬렁거리며 다가왔다. 그녀는 스테판과 마찬가지로 세인트마크스쿨의 '예술가 단체'의 일원이었다. 발은 커다랗고 축축한 남성용 슬리퍼에, 손은 요즘 유행한다는 커다랗고 꼴사나운 외투 주머니에 찔러 넣은 모습이었다. 그녀의 금발에 가까운 머리칼은 머리 한쪽에 몰아 두었고, 머리칼을 밀어 버린 다른 쪽 귀 주변의 피부는 온통 소름이 돋아 있었다. 또한 그녀의 한쪽 귀에는 까만 고무 거미가, 다른 쪽 귀에는 진주 모양의 싸구려 귀걸이가 매달려 있었다. 펑크스타일의 소매에서는 그녀의 문제들이 보였고, 커다랗고 예쁜 얼굴에서는 많은 상처들이 보였다. 그녀는 코치의 딸이었다.

"게이브는 어디 있어요?" 그녀가 우리에게 다가와 물었다.

"그는 경기를 뛰고 있어." 내가 말했다. 우리는 모두 전투를 치르는 땅벌레들을 보았고 헬멧과 어깨 보호대가 '우드득' 부딪치는 소리를 들었다.

"우-우-우, 윽, 웩! 끔찍한 게임이군요! 서로들 저렇게 끔찍하게 부딪쳐대고 뼈를 부러뜨리다니. 정말 이 게임의 취지를 모르겠다니까요. 맙소사, 대체 왜 굳이 저런 짓을 하는 건지!" 그때 데이비드가 이쪽을 쳐다보자 그녀가 말했다. "이런."

게이브는 다시 경기장 밖으로 나왔다. 이번에는 훨씬 더 진흙투성이에 엉망인 모습이었다. 하나님, 감사합니다. 하늘에는 여전히 먹구름이 가득했지만 비는 연무로 변했고, 벤치들은 말라 가고 있었다. 게이브는 주위를 한번 둘러보고 나서 우리들의 머리 너머로 하늘을 바라보았다. 나는 그의 넓은 이마 아래에서 심각한 표정을 짓고 있는 잘생긴 파란 눈을 보았다. 이런, 빌어먹을 날씨 같으니. 그게 우리 게임을 망쳤어, 하고 말하는 듯 일부러 꾸며 낸 찡그린 얼굴. 그러나 "그때 무슨 생각을 했느냐"는 내 질문에 그는, "아빠가 내 경기를 어떻게 생각하실까를 생각했어요" 하고 대답했다. 실제로 그때 나는 게이브가 시선을 내려 관중석을 볼까 봐, 일부러 바삐 스테판과 이야기를 나누려던 참에, 그가 아빠의 시선을 포착하는 것을 보았다. 그 순간 홍분과 불안과 사나운 표정은 눈부신 미소로 변했다.

여기까지 글을 쓴 나는, 10분 동안 멍하니 타자기 앞에 앉아 있었다. 데이비드가 게이브에게 거울에 비친 것처럼 똑같은 모습으로 돌려 준 미소에서 내가 보았던 것을 어떻게 묘사해야 할지 고민하면서. 자부심, 기쁨, 아버지들에 대한 소년들의 고백하기 힘든 사랑.

나는 데이비드의 얼굴을 일부밖에 보지 못했다. 그러나 그의 미소를 알고 있었다. 아들과 마찬가지로 부끄러움 없고 자부심 넘치는 환한 미소. 이거야, 게이브. 그 미소가 말했다. 인생이란 건 생존에 관한 거야. 그리고 너는 생존하는 법을 배우고 있는 거란다. 그것은 미식축구와 큰 상관은 없어. 하지만 넌 오늘 아주, 아주 잘했어. 그리고 넌 다 괜찮아질 거야. 그리고 게이브가 말했다. 봐요, 아빠! 전 제 유니폼을 진흙투성이로 만들었어요. 조금은 바보 같죠. 하지만 전 재미있게 즐기고 있고 아빠가 절 사랑한다는 걸 알아요. 그리고 비록 비가 왔지만 모든 게 다 멋졌어요, 안 그래요? 그들이 더 이상 기쁨을 억누르지 못하게 된 순간, 넓게 번져 나가던 그 미소들은 동시에 소리 없는 웃음으로 터져 나왔다. 서로를 빼닮은 웃음이었다.

세인트마크스쿨은 처참하게 졌다. 그러나 우리들 중 누구도 상관하지 않았다. 데이비드가 경기장 위로 가장 먼저 달려 나갔다. 그의 손에는 카메라가 들려 있었다. 그는 게이브를 품속에 폭 안았다. 그리고 그들 둘은 그곳 진창 속에서 한 발 한 발 이동해 가면서 경기 내용을 다시 검토했다. 적어도 나는 그렇게 생각했다. 게이브가 헬멧을 벗었고, 아빠와 리사와 더불어 포즈를 취했다. 그런 다음 나와 데이비드와 함께, 그리고 모두와 함께 사진을 찍었다. 데이비드는 우스꽝스러운 거대한 어깨 보호대를 하고 있는 게이브의 독사진을 근접사로 두 장 더 찍었다. 밀어 붙여, 게이브. 넌 다 괜찮아.

바웬사에게 바치는 노래

얀코프스키 신부가 교구장으로 있는 교구회관에서, 덴마크 종(種)의 커다란 얼룩무늬 개 한 마리가 식탁 바로 옆에서 발을 쭉 뻗고 자고 있었다. 고기 냄새에 잠이 깬 녀석은 염치도 없이 늘어진 턱살을 내 무릎 위에 슬쩍 들이밀고 머리를 얹었다. 그러더니 귀를 쫑긋 세우고 눈을 치켜뜨고는 내 얼굴과 고기 접시를 번갈아 쳐다봤다. 내가 폴란드에 관해 글을 쓰기 시작했을 때 가장 먼저 떠오른 것은 바로 이 녀석이었다.

그다음으로 기억나는 건 이런 것들이다. 그단스크의 회색 하늘과 가죽으로 얼굴을 감싼 조선소의 노동자들, 겨울 외투를 겹겹이 껴입은 아이들이 털모자 속에 얼굴을 파묻은 채 세찬 바람에 몸을 휘청거리며 루블린을 따라 뻗어 있는 꽁꽁 얼어붙은 길을 줄지어 걸어가는 모습, 묘지 기슭에서 눈에 미끄러져 넘어지자 어색한 미소를 지으며 손수레를 일으켜 세우던 부인, 얀코프스키 신부가 살을 에는 차가운 밤공기로부터 나를 구해 후덥지근한 객실로 데리고 들어갔을 때 문간에서 얼굴을 심홍색으로 물들이던 젊은 사제 카지미에르츠, 조선소 기념탑 앞에서 추위에 떨면서도 삼촌의 말 한마디 한마디를 성실하게 통역해 주던 너무나도 하얀 얼굴에 몹시도 깊은 눈과 소박한 꿈을 가진 얀코프스키 신부의 조카 매치. 그리고 레흐 바웬사가 있었다.

어째서 레흐 바웬사인가? 매우 간단하다. 그는 금지된 폴란드연대자유노조(솔리다르노시치)의 논쟁할 여지없는 지도자이자 세계 역사상 세 번째로 대중 비폭력 운동을 이끌고 있는 빛과 같은 존재이기 때문이다. 그를 따르는 사람들이 폭력을 지양하는 것은 어쩌면 그저(혹은 주로) 그들이 가진 지성의 힘 때문일 수도 있고, 그들의 명민한 역사의식 때문일 수도 있다. 아니면 전술적인 판단에 따른 것일 수도 있다. 그러나 나는 레흐가 마틴 루터 킹 박사와 같다고 생각한다. 킹이 경찰서장 불 코너를 자신의 형제로 여겼던 것처럼, 레흐는 야루젤스키 장군이 인류라는 가족 안에서 자신의 형제임을 알고 있다. 그리고 나는 어떤 면에서는 레흐 덕분에 많은 폴란드인들이 비폭력의 도덕적 필요성을 믿고 있다고 느낀다.

그러한 믿음은 돌풍이 몰아치던 어느 가을 날 지네타의 주방에서 시작되었다. 우리는 작고 둥근 테이블 앞에 앉아서 차를 홀짝이며 프랑스어로 말하고 있었다. 그녀는 이탈리아 억양으로, 나는 엉터리 문법과 제한된 어휘로. "Mais, tu sais que je vais en Pologne?(그런데 내가 폴란드에 가는 거 알고 있어?)" 지네타가 말했다. 그녀는 젊은 시절의 악령을 찾아내어 대면하기 위해 아우슈비츠를 방문할 작정이었다. 오래전에 나치에게 붙잡혀 고통을 당했던 것 말고도, 그녀는 홀로코스트에서 양친을 모두 잃었다. "함께 가지 않겠어?" 그녀가 갑자기 물었다.

"나도 아우슈비츠를 방문해야 해요?"

"아니! 물론 아냐! 하지만 다른 곳을 몇 군데 방문할 수 있지." 그녀의 눈이 빛났다. 그녀는 나의 꿈을 알고 있었다.

"좋아요." 내가 말했다. "레흐 바웬사와 저녁 식사를 함께 할 수 있다면야."

"좋아, 멋지군!" 그녀가 펄쩍 뛰며 두 팔로 만세를 불렀다. "이 작은 테이블에서 이렇게 많은 일들을 계획하다니!" 그러고는 몸을 구부려 나를 껴안고 양 볼에 입을 맞췄다.

5주 뒤, 그러니까 호주에서 콘서트 투어를 마친 뒤 시드니에서 싱가포르로, 바레인으로, 런던으로, 파리로 비행하고, 이틀 동안 친구들을 방문하고, 그리고 제네바로 이동해 지네타와 합류하고 나서야 나는 바르샤바에 도착했다. 춥고 추운 바르샤바.

열두 시간 뒤, 여전히 시차에 적응하지 못한 상태에서, 우리는 우리를 바르샤바에서 예닐곱 시간 거리에 있는 그단스크로 데려다 줄 작은 차로 걸어가서 피진(pidgin) 독일어를 하는 운전사와 수인사를 나눴다. 내 발치에는 초코바, 엠앤엠즈 초콜릿, 껌, 존 바에즈 티셔츠들이 담긴 노란 비닐 가방이 있었다. 기타 케이스에는 다이어 스트레이츠(Dire Straits, 영국 출신의 4인조 그룹—옮긴이)와 U2, 폴 영, 홀 앤 오츠(Hall and Oates, 미국의 팝 듀오 그룹—옮긴이) 그리고 내 노래가 녹음된 카세트테이프가 들어 있었다.

도시에서 한 시간쯤 벗어나자, 차의 카세트 플레이어가 테이프를 여러 개 씹어 먹더니 끝내 멈춰 버렸다. 이제 우리에게 남겨진 건 하나된 평화로운 영혼과 낡아 빠진 작은 차가 내는 덜거덕 소리뿐이었다.

좌석에 앉아 있는 지네타는 과거의 기억에 몰두해 있는 게 분명했다. 그녀는 한밤중에 나치로 위장한 지하조직 남자 셋과 차를 타고 자유를 찾아 탈출했다. 그들은 어둑어둑한 수녀원 입구에서 기다리고 있는 한 수녀의 품속으로 그녀를 인계했다.

폴란드 시골의 상황은 열악했다. 땅은 양분이 부족해 회색빛을 띠고 있었다. 길가에는 나무들이 줄지어 심겨 있었으며, 하얀 자작나무들로 줄무늬를 이루고 겨우살이의 윤곽으로 덩어리진 자그마한 숲들이 보였다. 꼭대기에 철조망이 둘러쳐 있는, 두꺼운 벽으로 둘러싸인 군부대가 수 마일에 걸쳐 뻗어 있었다. 그리고 마치 무심코 생각나게 하려는 듯이 커다랗고 흉물스러운 러시아 탱크가 길가에 서 있는 것도 눈에 들어왔다. 지네타와 나는 뾰족한 지붕들 끝에 견고하게 자리 잡은 커다란 황새 둥지들의 수를 세었다. 회색 전함들이 정박된 바다 위에는 해가 창백한 원반 모양으로 떠 있었다. 우리가 그단스크에 도착했을 때, 아직은 햇빛 한 자락이 남아 있었다.

운전사가 기차역에서 공중전화로 전화를 했고, 그런 다음 우리는 커다란 시계 아래에서 기다렸다. 주변으로 통근자들이 무리를 지어 이동하고 있었다. 빨간색 카우보이 부츠와 그것에 어울리는 목도리를 한 나는 별 수 없이 눈에 띄었다. 짙은 감색의 수수한 외투조차 길이와 스타일 면에서 화려해 보였다. 7분쯤 뒤에 차 한 대가 보도 쪽에 서더니 남자 셋이 내렸다. 그들은 노동자의 거친 손과 담갈색 재킷, 좋은 미소 주름을 갖고 있었다. 나는 그들 쪽으로 걸어갔다. 그들은 내 손에 입을 맞추며 환영 인사를 하고는 우리를 데려다 준 운전사에게 짧은 인사말을 건넸다. 시내에서 우리는 차선을 이리저리 변경해 가며 그들을 따라 교외를 질주했다. 거대한 아파트 건물들이 오른쪽과 왼쪽에서 어렴풋이 보이기 시작했다. 마침내 우리는 주차장에 들어섰고, 조용한 혼란 속에서 차에서 내렸다. 표시되지 않은 비밀경찰차들이 사방에 뚜렷이 보였다.

"겁낼 필요 없어요." 과거의 생생한 기억이 떠오르는지 지네타의 눈이 휘둥그레지기에 내가 재빨리 말했다. "친구들이 우리와 함께 있어요." 나는 그녀의 어깨에 팔을 둘렀다. 우리는 남자들을 따라 건물 쪽으로 갔다. 아늑한 분위기에서 이루어질 가족 식사와 일곱 명의 아이들, 잘 어울려 섞이는 훌륭한 통역, 레흐의 아내 다누타 그리고 몇몇 친구들을 마음속에 그리며 나는 음침한 계단을 오르기 시작했다. 내 손에는 미국의 퇴폐 문화가 가득 담긴 비닐 가방이 꼭 쥐어져 있었다. 나는 아이들이 몇 살인지, 그들이 애완동물을 기르는지가 궁금했다. 남자들 가운데 한 명이 나를 앞질러 지나가면서 NBC에 관해 뭐라고 말했다. 그 순간 휴대용 카메라 조명의 흔들리는 빛이 보였다. 나는 립스틱을 찾아 급히 주머니 속에 손을 넣어 보았지만 이미 늦은 상황이었다. 뒤쪽에서 텔레비전 조명이 쏘아보는 가운데 레흐가 기쁨으로 얼굴을 빛내며 현관에 서 있었다.

아무튼 나는 그가 그렇듯 어린 학생 같을 거라고는 생각하지 못했다. 너무나 유명한 아름다운 콧수염 뒤에서, 그는 사나워 보이기는커녕 수줍은 미소로 나에게 꽃을 내밀며 환영 인사를 건넸다. 방 안을 가득 채운 사람들도 이 멋진 만남을 흡족하게 바라보고 있었다.

"당신은 포옹 받는 것을 좋아하지 않는다고 오리아나 팔라치에게 말했다지요?" 내가 말했다. 그가 궁금한 표정으로 미소를 지었다. 그리고 내 말이 통역되었을 때 모두가 웃었다. 레흐가 팔을 뻗어 나를 포옹했다. 나는 폴란드에서는 양 볼에 번갈아 가며 세 번 입을 맞춘다는 것을 배웠다.

황새들의 둥지와 연기 없는 굴뚝의 살풍경을 지나온 터라, 나는 이곳에서 밝고 따뜻하고 활기찬 분위기를 느꼈다. 그는 하얀 셔츠에 회색 양복 상의를 입고 있었다. 옷깃 위에는 '검은 성모마리아'(Black Madonna) 배지가, 그리고 가슴 주머니 위에는 폴란드연대자유노조 배지가 꽂혀 있었다. 그는 자랑스러워 보였고, 기분이 좋아 보였으며, 열중해 있는 것 같았다. 그의 동료들이 현관과 복도에서 머리를 내밀었다. 그러나 다누타와 아이들은 보이지 않았다. 레흐는 집주인 노릇을 제대로 못하는 것에 대해 사과했다. 현재 가택연금 상태라 자신이 원하는 대접을 할 수 없다고 설명했다.

상황은 좋지 않았지만 우리는 서로 격식을 차리는 사이사이 바보들처럼 벙글벙글 웃어 댔다. 카메라들이 부지런히 찍어 대는 동안, 우리는 소파로 가서 앉았다. 레흐는 계속해서 자신의 상황을 설명했다. 그는 '건강 문제'로 아파트에 연금되어 있었다. "그들이 이번에는 그것을 스트레스라고 부르더군요." 사실을 설명하자면, 그는 최근 정부의 선거를 공개적으로 비난하는 바람에 활동이 금지되었다. "하지만 당신이 도착하기만을 기다리는 사람들이 아주 많습니다. 오늘 저녁에도 200여 명의 사람들이 읍내에 있는 작은 모임에서 당신을 기다리고 있을 겁니다. 장시간 여행으로 녹초가 되었겠지만, 그들을 만나 주실 수 있겠습니까? 그리고…… 혹시…… 노래도 불러 주실 수 있겠습니까?" 그는 내가 미처 대답을 하기도 전에, 다음 날 아침에는 미사가 있을 예정이라고도 설명했다. "어쩌면 미사 때도 노래를 부르게 될지 모르겠습니다. 그리고 가능하다면, 그래요, 이렇게 많은 부탁을 하다니, 정말 곤란하시겠지요. 그래도…… 일요일 저녁 브리지다 교회에 모인 대중들을 위해 당신이 콘서트를 열어 줄 거라고 기대해도 되겠는지요?" 그는 무릎 위에 팔꿈치를 괴고 손을 불안하게 움직였다. 그리고 최악의 대답을 예상하며 걱정으로 이마에 주름을 잡은 채 구부정하게 앉아 있었다. 아마도 그는 내가 얼굴 마사지를 받고, 머리를 손질하고, 필레미뇽 스테이크와 크레페 플람베와 그에 어울리는 포도주 몇 잔으로 저녁 식사를 하고, 뜨거운 브랜디로 목을 축이고, 미용을 위해 휴식을 취하고, 폴란드의 예쁜 장신구들을 쇼핑하기 위해 가이드를 동반한 그단스크 투어를 마치기 전까지는 대중 앞에 나서지 않겠다고 대답할 거라 예상하는 모양이었다.

"들어 봐요, 바웬사 씨." 마침내 말할 기회를 얻은 내가 그에게 말했다. "저는 순전히 이기적인 마음으로 이곳에 왔습니다. 저는 당신을 만나고 싶었고 당신과 시간을 보내고 싶었습니다. 왜냐하면 당신을 무척 존경하니까요. 당신의 가족과 더불어 식사하는 일보다 제게 더한 기쁨을 주는 유일한 것은, 당신과 이곳 사람들에게 얼마간 쓸모 있는 일을 하는 것입니다. 저는 조금도 피곤하지 않습니다. 아주 기분 좋게 취한 기분입니다. 그리고 오늘 밤에 사람들 앞에서 말하고 노래할 수 있다면 행복할 것입니다. 내일 아침 미사에서 노래하는 것도, 그리고 모레 저녁에 콘서트를 여는 것도 제겐 아주 행복한 일이 될 것입니다. 자, 이제 제가 뭘 좀 마셔도 되겠습니까? 그런데……." 나는 말을 이었다. "다누타는 어디 있습니까? 전 그녀를 만나 보고 싶습니다. 그리고 당신의 아이들에게 사탕과 껌을 나눠 주는 이 민망한 일을 얼른 끝내고 싶습니다만."

여섯 명의 잘생긴 아이들이 일제히 문 앞에 나타나, 방 안으로 구르듯 들어왔다. 마치 액자 속 아름다운 그림에서 툭 튀어나온 것 같았다. 아이들의 볼은 발그레하고 눈은 맑았다. 그들은 일렬로 서서 나를 바라봤다. 임신한 다누타가 갈색 코듀로이 작업복 차림으로 문간에서 나타났다. 그녀는 아름다웠고, 피곤해 보이긴 했지만 이 모든 상황을 이해하는 듯했다. 나와 포옹하기 위해 몸을 앞으로 내밀면서 그녀가 생각에 잠긴 표정으로 말했다. "그래요, 아이들에게 사탕을 주셔도 돼요."

나는 가방 안을 뒤적거렸다. 그런 다음 위대한 백인 사냥꾼처럼 서서, 기대에 잔뜩 부풀어 있는 아이들의 통통한 양손에 비닐 포장된 풍선껌과 초콜릿을 나눠 주었다. 이런 정치적인 환경 속에서도 아이들은 여전히 아이들이며, 셀로판 포장지의 부스럭거리는 소리와 달짝지근한 설탕맛과 커다랗고 우스꽝스러운 풍선 불기를 무척 좋아한다는 생각이 새삼 떠올랐다.

그들은 엄마와 함께 방을 나갔다. 레흐가 다시 이야기를 했다. 그는 쓸데없는 말은 단 한마디도 하지 않겠다는 듯 미간을 좁히고 이마를 바짝 당기며 신중히 말을 고르고 있었다. 그러나 그의 눈 바로 뒤에서, 그리고 볼 전체에서는 언제라도 거칠게 질주할 준비가 되어 있는 무모함 같은 게 엿보였다. 그는 직접 말로 표현하지는 않았지만 내일 있을 회합 가운데 한 곳에 참여할 수도 있음을 에둘러 암시했다. 그러고는 방 안을 둘러보았고, 작은 몸짓과 함께 방이 도청되고 있음을 넌지시 알렸다. 나는 그가 경찰의 허를 찌르고 금지된 장소에서 금지된 날에 나타났다는 사실을 기사들을 통해 알고 있었다. 그를 다시 만날 수 있다는 확신에 기분이 좋아졌다.

"짧은 콘서트 한번 할까요? 여기에서?" 내가 물었다. 레흐가 얼굴을 붉혔고 방 안이 흥분으로 수런거렸다. 다누타가 우리와 함께 있지 않다는 사실을 염두에 두고 내가 기타를 조율할 때, 카메라 조명이 다시 켜졌다. 동시에 부엌에서 불평하는 말이 들려왔다. 다누타 또한 내 노래를 듣기 원했다.

"부끄러운 줄 아셔야 해요, 레흐." 내가 나무랐다. "만약 우먼리브(Women's Lib, 여성해방을 주장하는 여성들—옮긴이)가 미국에서 이 소식을 듣는다면, 날 가만두지 않을 거라고요." 나는 소파 한쪽으로 옮겨

앉으며 레흐에게 다누타가 앉을 자리를 만들라고 에둘러 일렀다. 그가 내 쪽으로 움직였고, 아내에게 무의식적으로 손을 내밀었다. 그러고는 그녀가 집안에서 실질적인 주인이라는 긴 설명을 했다. 다누타가 조용히 와서 앉았다.

아이들이 껌을 씹으며 방 안으로 다시 쏟아져 들어와 가족사진을 찍을 때와 같은 익숙한 대열로 섰다. 나는 〈인생이여, 고마워요!〉를 노래했다. 고르지 못한 앞머리 밑으로 보름달 같은 잘생긴 얼굴을 가진 작은 아이 하나가 오버올 차림으로 문간에 서 있었다. 그는 얼굴을 찌푸린 채 맹렬히 집중을 하며 나를 뚫어지게 쳐다보았다. 나는 엄숙하고 아름다운 그 표정을 놀려 주고 싶었다. 그러나 그렇게 하면 아이가 민망해할 수도 있었다. 게다가 레흐가 다누타의 손을 잡고 있었고 방 안에는 이미 고요한 주문이 걸려 있었다.

덩치가 크고 얼굴이 넓적하며 깨끗하게 면도를 한 안경 낀 남자가 방 안으로 들어오자 레흐가 일어섰다. 얀코프스키 신부였다. 그가 지네타와 나를 교구회관에 묵도록 초대했고, 우리는 그의 초대를 받아들였다. 신부는 곧 자리를 떴다.

레흐와 이야기를 나눌 수 있기를 얼마나 원했던가! 하지만 우리에겐 대화 시작과 동시에 우리가 얼마나 마음이 잘 맞는지를 확인할 수 있을 만큼의 시간밖에 남아 있지 않았다. 한 사람은 늘 최신 유행에 따라 옷을 입는 집시였고 또 한 사람은 노동조합의 조직가였지만, 우리는 비폭력 원칙을 고수한다는 공통점을 갖고 있었다. 그리고 우리 둘 다 현실적이고, 똑같이 못 말릴 정도로 고집이 세며, 결코 매수되지 않는 성격이었다. 우리는 비폭력에 관해, 그리고 임의로 일어난 주먹싸움 같은 폭력과 국가의 조직된 폭력 사이에 질적인 차이가 있는지에 관해 짧게 의견을 나눴다. 레흐가 말했다. 이제는 아이들에게 매를 들겠다고 위협하면, 아이들이 오히려 그가 노벨 평화상 수상자임을 일깨워 준다고. 레흐는 이 세상에는 두 가지 부류의 사람들이 있다고 했다. 일하면서 자신의 삶과 사회를 운영하며 하루하루를 살아가야 하는 사람들과, 저기 위에서(그가 손을 허공에 대고 흔들며 단어를 골랐다. 방 안에 있던 모든 폴란드인들이 그 단어가 결정되기 전까지 시끄럽게 논쟁했다) 반짝반짝 빛나는 사람들. 나는 반짝반짝 빛나는 누군가였다. 그리고 생각했다. 당신 역시 빛이 나는 걸요. 나는 간절히 희망했다. 언젠가는 그가 피곤을 모르는 통역과 함께 자유롭게 나무 밑에 앉을 수 있게 되는 날, 다시 폴란드로 돌아가 반짝반짝 빛나는 것에 대해, 그리고 두려움이 어떤 맛인지, 황새의 둥지가 얼마나 무게가 나가는지, 웃음이라는 것이 얼마나 경이로운지에 대해 이야기 나눌 수 있게 되기를.

레흐의 아파트에서 나와 도시로 돌아가는 동안 날이 어두워져 버렸다. 얀코프스키 신부가 레흐가 예배 보는 장소인 브리지다 교회의 뾰족탑 밑에 있는 교구회관 마당에서 우리를 맞이했다. 그곳에서 나는 덴마크 개 코라와 노동자들, 친구들, 저널리스트들 그리고 학생들을 만났다.

지네타와 나는 우리가 묵을 방으로 안내되었다. 흰색 레이스 커튼과 소파 그리고 책 읽기에는 좀 어두운 램프와 숨 쉬기에는 지나치게 뜨거운 열기를 내뿜는 라디에이터를 갖춘 방이었다. 그러나 곧 저녁 먹을 시간이 되어 우리는 그곳에 잠깐 머물렀다가 곧 나와야 했다. 신선한 햄과 돼지고기, 샐러드, 달걀, 사탕절임, 포도주 등 특별한 음식들이 준비되어 있었다. 평소와 마찬가지로 나는 지나치게 흥분한 탓에 음식이 들어가지 않았다. 몸집이 큰 얀코프스키 신부는 양껏 먹었고 집주인으로서 우리를 접대했다. 그리고 젊은 사제들과 방문객들, 교구 관리인들이 커다란 타원형의 식탁을 채웠다. 우리는 훌륭한 도자기 그릇에 음식을 대접받았다. 이제 코라는 내가 자신을 쓰다듬어 주고 나면 슬쩍 햄 조각을 건네리라는 것을 터득했다.

저녁 식사를 마친 뒤 열 명 남짓 되는 우리 일행은 모자를 쓰고 코트를 입은 뒤 안마당을 거쳐 그 너머로 예정에 없던 산책을 했다. 마치 음모라도 꾸미려는 듯 나지막한 목소리로 속삭였고 가끔씩 터져 나오는 웃음소리가 인적 없는 거리에서 메아리쳤다. 나는 생각했다. 그래, 지금 나는 여기 그단스크에 있다. 그리고 몇 분 뒤에는 아마도 사람들 앞에서 이야기하고 노래하게 될 것이다. 나는 기쁘다. 걱정도 무대 공포증도 없이, 오직 누군가가 나를 필요로 한다는 기분 좋은 느낌. 그리고 나의 기운과 목소리를, 투쟁 속에서 살고 특별한 방식으로 나의 진가를 인정하는 사람들에게 빌려 주고 싶은 욕망만이 존재할 뿐이다.

200여 명의 사람들을 마주하고 보니, 폴란드연대자유노조의 정신이 한창 고투 중이라는 것을 알 수 있었다. 이 사람들은 불요불굴의 힘과 굳은 의지의 역사를 가지고 있다. 나는 그 점을 상기시켰다. 그리고 그들에게 새로운 희망과 결의를 확인시켜 주기 위해 노래했다.

이어서 나는 두 젊은 남자를 소개받았다. 그들은 오래된 기타 줄을 어깨에 메고 싸구려 기타를 서툴게 치면서 커다란 분노와 열정으로 노래를 불렀다(좌익과 우익의 투쟁을 감히 똑같이 생각한다는 이유만으로도, 나는 두 진영 모두에게 비판을 받게 될 것이다. 그러나 칠레, 엘살바도르, 과테말라의 지하조직이 연주하는 기타 선율이 폴란드와 소련에서 연주되는 기타 선율과 똑같다는 사실에 대해 이의를 제기할 사람은 아무도 없을 것이다). 그리고 우리는 〈도나 도나〉(Donna Donna)를 부르며 마무리했다. 사람들이 꽃을 들고 다가왔을 때, 얀코프스키 신부가 나를 군중들 사이로 이끌었다. 나는 귀마개와 커다란 외투, 빨간 목도리, 부츠와 층층이 쌓인 꽃다발들에 파묻힌 채 밤공기 속으로 다시 걸어 들어갔다.

교구 관리인들 가운데 한 명을 위한 영명축일(같은 이름을 가진 성인의 축일—옮긴이) 파티가 열렸다. 서른 명쯤 되는 사람들이 하얀 식탁보가 덮인 테이블에서 식사를 하고 있었다. 긴 식탁 하나가 중앙에 놓여 있고, 양 끝에 짧은 식탁이 하나씩 놓여 있었다. 나는 보드카를 마셨고 고기도 배불리 먹었다. 테이블 맨 끝자리에 앉아 있던 젊은 몇 사람이 자리에서 일어나 방을 떠나더니 온통 상기된 얼굴로 다시 돌아왔다. 홀 바로 맞은편에서 음악과 춤이 진행되고 있다는 걸 알 수 있었다. 내 옆 자리에 앉은 남자가 말했다. "저도 춤을 춰야겠어요." 이윽고 모든 사람들이 춤을 추었다. 폴란드 투스텝이었는데, 나는 네댓 명과 이 춤을 연습한 뒤 얀코프스키 신부에게 다가가 춤을 청했다. 그가 고개를 끄덕이더니 내 손을 잡고 위엄 있게 댄스 플로어로 이끌었다. 그러고는 나를 무장해제시켜 자신의 팔 안에, 그리고 풍채 좋은 배 쪽으로 바짝 끌어안았다. 우리가 커다란 원을 그리며 춤을 추자 모든 사람들이 추던 춤을 멈추었다. 나는 웃으면서 얀코프스키 신부의 가무잡잡하고 조각 같은 완강한 턱 너머로, 입을 가리고 있는 손이 가리키는 쪽을 슬쩍 보았다. 빙글빙글 도는 춤이 끝나고 나자, 나는 온몸이 후끈거렸고 비트처럼 발개져 있었다. 신부는 사제복 차림으로 사람들의 칭찬에 일일이 답례하며 천천히 걸어갔다.

얀코프스키 신부의 조카 매치는 열기로 달아오른 방에서 나와 함께 발을 높이 쳐들고 스텝을 밟으면서도 나를 지극히 조심스럽게 안았다. 그는 내게 다양한 질문들을 쏟아 냈다. 다이어 스트레이츠를 아십니까? 우드스톡에서는 어땠나요? 노래를 시작한 건 언제죠? 폴란드를 좋아하십니까? 매치의 반짝이는 파란 눈은 하얀 얼굴 때문에 더없이 깊어 보였고, 곡선을 이루는 긴 눈썹에 감싸여 있었다. 코는 완벽하게 곧았고, 입은 풍부하고 부드러웠다. 하얀 치아는 그의 코만큼이나 곧았다. 유령처럼 수척하지만 천사같이 아름다운 이 젊은이는 훌륭한 댄서였다. 〈에스파냐 할렘의 장미〉(Rose in Spanish Harlem) 끝자락에서 나는 파트너를 바꿨고, 요리사를 비롯하여 모두와 춤을 추었다. 요리사는 나를 취하게 만들려고 작정이라도 한 듯 나에게 끊임없이 보드카를 권했고, 결국 폴카를 추는 와중에 방이 빙글빙글 돌기 시작했다. 나는 외투들 속에 주저앉아서, 이제는 자야 할 시간이라고 생각했다.

젊은 사제 카지미에르츠가 나를 방까지 다시 안내해 주었고, 의심할 여지없이 내가 방에 도착해서야 겨우 문장을 완성시켜, "만약 당신이 무엇이든 필요한 게 있다면, 제 방은 바로 옆에 있습니다. 바로 여기요, 알겠죠?" 하고 내게 알렸다. 나는 고맙다는 대답과 함께 그의 불타는 볼에 입을 맞췄다. "나는 멋진 저녁을 보냈어요. 그리고 당신은 훌륭한 댄서예요. 훌륭한 댄서." 그는 "오, 아니에요, 그래요, 저, 고마워요, 잘 자요"라는 말과 함께 날아갈 듯이 계단을 내려갔다.

하얀 누비이불에 폭 싸여 있는 지네타는 커피 테이블 위에 올려놓은 거대한 꽃다발 더미 옆에 있으니 평소보다 훨씬 더 작아 보였다. 나는 동정녀 마리아의 섬뜩한 초상화 밑에서 행복한 피로감에 미소 짓고 있는 지네타의 모습을 사진으로 담았다. 그림 속 마리아는 눈물을 흘리고 있었고, 피 묻은 심장을 아기 예수 앞에 내밀고 있었다.

나는 어둑어둑한 새벽 6시에 일어나서 옷을 차려입었다. 미사 때 나는 회중의 측면에 위치한 성가대석의 앞줄에 앉았다. 왼쪽으로는 회중이 보였고, 제단 앞에 있는 얀코프스키 신부가 내 앞쪽에, 그리고 레흐가 오른쪽에 있었다. NBC와 BBC는 사방에 있었다. 거대한 교회 안은 몹시 추웠지만, 다양한 연령대의 사람들과 부모님 발치 바로 앞줄에서 방한복으로 꽁꽁 싸맨 채 줄지어 앉아 있는 아이들로 가득 차 있었다.

얀코프스키 신부의 목소리가 울려 퍼졌다. 그 목소리는 그의 정신과 행동처럼 힘 있고 명료했다. 회중이 노래로 화답했다. 레흐 또한 노래했다. 내가 바로 옆에서 손바닥 크기만 한 녹음기를 들고 있는 것을 의식했는지 다소 수줍은 목소리였다. 나는 의식에 귀를 기울이며 도취되어 있었다. 문득 '나도 가톨릭 신앙을 공유했으면 좋았을 텐데'라는 생각을 했다. 교회는 바로 이렇게 사람들의 힘이 되어야 하고, 만남의 장소가 되어야 하며, 변함없이 영적 자양분을 공급하고 정치적인 고향이 되어야 한다는 생각도 들었다. 레흐가 나를 팔꿈치로 슬쩍 찔렀다. 얀코프스키 신부가 고개를 끄덕였다. 나는 준비한 대로 앞으로 나가, 제단 바로 뒤에 서서 기타 반주 없이 〈인생이여, 고마워요!〉를 불렀다.

오르간 반주와 함께 소프라노 목소리가 교회 뒤에서 노래하기 시작했다. 나는 은 접시가 사람들에게 전달될 때 다시 노래했다. 그리고 성찬식이 있었다. 교회 안은 사람들로 미어터질 것 같았다. 많은 사람들이 자리가 없어 서 있어야 했다. 미사가 끝나 갈 무렵, 사람들이 손을 허공에 들더니 손가락으로 승리의 표시를 그리며 갑자기 노래를 부르기 시작했다. 레흐 역시 손을 들었고, 나도 손을 들었다.

우리는 모두 안마당으로 줄지어 나왔다. 밖에는 눈이 내리고 있었다. 수천 명에 이르는 사람들이 교구회관으로 향했다. 거친 얼굴과 지친 몸으로 사람들은 위협적일 만큼 한목소리를 내어 무언가를 외쳤다. 그들이 내가 노래하기를 원하고 있다고 통역이 귀띔했다. 나는 차가운 공기가 내 성대를 마비시킬 거라고 설명했다. 그래서 얀코프스키 신부, 레흐와 함께 위층으로 올라가 창문 앞에 섰다. 잠시나마 교황이 된 듯한 기분이 들었다. 마이크가 우리들 앞에 준비되었다. 사람들의 모자와 목도리와 속눈썹 위로 눈이 목화솜처럼 쌓이자 그들이 또다시 무언가를 외치기 시작했다.

"그들이 예지 포피우스코(Jerzy Popieluszko, 폴란드 공산정권 치하에서 고문 살해된 가톨릭 사제로, 2009년에 가경자로 선포되었다—옮긴이)에 대해 노래하고 있습니다. 사제 말입니다." 통역이 말했다.

"그래요, 나도 그에 대해 알고 있어요." 끔찍하게 살해된 그를 떠올리며 내가 말했다. 예전에 잡지에서 그의 어머니와 아버지의 사진을 본 적이 있다. 그들의 늙고 주름진 얼굴에 나타난 고통과 충격 그리고 상실에 따른 두려움과 되돌릴 수 없음에 나 또한 눈물을 흘렸다. 얀코프스키 신부가 내게 마이크를 건넸다. 나는 일찍이 마틴 루터 킹이 이끌던 혁명의 나날들 이후로 그러한 용기와 성품을 본 적이 없었노라고 군중에게 말했다. 그리고 〈누구도 나를 변절시키지 못하게 하리〉(Ain't Gonna Let Nobody Turn Me 'Round)를 불렀다. 노래가 끝나자 사람들이 다시 한목소리로 무언가를 외치기 시작했다. 그러자 이번에는 레흐가 창문에서 물러나더니 방 한구석으로 재빨리 몸을 숨겼다. 그의 얼굴이 웃음으로 물결쳤고 또다시 홍조로 발그스레해졌다.

"뭐예요?" 내가 다그쳤다. "뭔데요!"

"사람들이 당신에게 요청하기를, 당신의 대통령에게 보내는 인사말을 전해 달라는군요."

나는 웃기 시작했다. 통역이 말했다. "그들은 그저 농담을 하고 있는 겁니다." 하지만 그건 거짓말이었다. 그들은 농담을 하는 게 아니었고, 그것이 상황을 더욱 웃기게 만들었다.

그날 밤 콘서트에서, 나는 레흐를 위해 만든 노래를 불렀다. "생일 축하해요." 이 노래는 러시아의 중요한 고위직에 있는 어떤 사람을 비꼬는 가사를 담고 있었다(이 노래의 제목은 〈Happy Birthday, Leonid Brezhnev〉이다—옮긴이). "얼마나 굉장한 심장이 당신의 가슴에서 뛰고 있는 걸까요. 가슴에 훈장을 마흔아홉 개나 달고 있으니 말이에요." 사람들이 머리를 뒤로 젖히면서 웃어 댔고, 급기야는 눈가와 뺨의 주름들에 고인 눈물을 닦아 낼 지경에 이르렀다. 마지막 절에 이르기 전까지는 가사 내용이 대체로 냉소적이었다. 하지만 노래의 마지막 절은 레흐와 노동자들과 '검은 성모마리아'를 기리는 내용으로 채워져 있었다. 그리고 마지막에, 정부가 레흐의 입을 막는 것을 가리켜 이렇게 말한다. "우리는 당신의 목소리를 들어요, 레흐 바웬사. 그래요, 우리는 당신의 목소리를 들어요, 레흐 바웬사." 이 가사는 계속 반복된다. 노래가 이 부분에 다다랐을 때, 사람들이 따라서 부르기 시작했다. 가사가 반복될 때마다 사람들의 목소리는 점점 더 커졌다. 레흐는 다음 날 그것을 비디오로 보게 될 터였다. 사실 그는 그 장면을 세 번 돌려 보았다.

공연이 끝난 후, 예전에 정치적 양심수로 복역했던 사람이 내게 검은색과 빨간색 묵주를 주었다. 그가 감옥에 있을 때 빵 조각과 재, 치약, 플라스틱 따위를 녹여서 만든 것이었다. 그 안에는 정교하게 조각된 아주 작은 조선소 파업, 폴란드 독수리의 날개들 그리고 검은 성모마리아의 상징들이 새겨져 있었다. 솜털이 보슬보슬한 모자를 쓴 체구가 작은 한 노부인이 내게 박엽지에 싸서 파란 리본으로 묶은 무언가를 건넸다. 내 옆에 서 있던 청년이 휘파람을 불며 말했다. "그거, 초콜릿이에요."

저녁 식사 때 얀코프스키 신부가 내게 아름다운 검은 성모마리아 그림을 금색 액자에 넣어 선물했다. 가뜩이나 지쳐 있었던 터라 당장 바깥 공기를 쐬지 않으면 왈칵 눈물이 터질 것만 같았다.

"매치." 내가 속삭였다. "우리 코라를 데리고 산책이나 좀 할까요?"

그렇게 해서 매치와 카지미에르츠, 코라와 함께 우리는 한밤중에 칼바람을 맞으며 그단스크의 구시가지로 산책을 나갔다. 발밑의 땅이 얼어붙은 대리석처럼 반들반들했다.

우리는 계엄령 이전에는 빛과 사람들로 북적였던 옛 광장인 마리아츠카 거리로 향했다. 우리 셋은 팔짱을 끼고 있었는데, 경찰차 한 대가 우리 옆을 미끄러지듯 지나갔다. 가슴이 죄어 왔고 불편한 느낌이 나를 꿰뚫고 지나갔다. 3주 전에 경찰이 열아홉 살 된 학생을 체포했다. 그가 학생증만 소지했을 뿐, 계엄령 이후 발급된 적절한 신분증을 소지하지 않았다는 이유에서였다. 경찰은 그 학생을 데려가서 의식을 잃을 정도로 폭행했고, 열흘 뒤 그는 사망했다. 4만 명의 사람들이 그를 애도하러 왔다. 그러나 서방에서는 그 일과 관련해 어떤 소식도 듣지 못했다. 나는 두 친구를 내 옆으로 바짝 끌어당겼다. 그들에게 어떤 해가 닥친다는 건 상상하기도 싫었다. 바로 그때 코라가 광장 맞은편의 어떤 형체를 쫓아 맹렬하게 달려들었다. 개가 달려오는 기세에 그 형체가 공포로 얼어붙었다. 카지미에르츠가 멈추라고 소리쳤지만 소용이 없었다. 코라는 어리고 혈기가 넘쳤다. 그리고 수정 같은 공기는 지나치게 상쾌했다. 코라는 그 굳어 버린 형체에게 힘차게 달려가 그 주변을 돌며 춤을 추었고, 그의 손을 핥았든지 아니면 그러려고 했다. 아무튼 희미한 가로등 불빛으로는 그렇게 보였다. 이윽고 코라가 귀를 쫑긋 세우고 눈을 반짝이면서 우리에게 뛰어오다가, 카지미에르츠의 엄한 목소리를 듣고는 갑자기 멈춰 섰는데, 그 서슬에 대리석같이 얼어붙은 보도 위를 쭈르륵 미끄러지더니 바닥 위에 납작 엎드렸다. 카지미에르츠가 잠시 녀석을 부드럽게 야단쳤다. 그러고는 몸을 구부려 녀석의 머리와 목을 안심시키듯 쓰다듬어 주었다. 녀석의 목걸이가 짤랑거렸다.

교구회관으로 돌아와, 우리 셋은 내 방에서 다이어 스트레이츠에 관해 이야기를 나눴다. 내가 곧 폴란드를 떠나 사흘 안에 그들을 만날 예정이었기 때문이다. 카지미에르츠가 말했다. "그들더러 폴란드에 와 달라고 말해 주세요. 그들을 만나기 위해서라면 하룻밤에 젊은이들이 백만 명은 모일 거라는 것도요." 나는 그 젊은 사제에게 《존 바에즈 베스트》를 주었다. 그러자 곧장 자신의 방으로 가서 그것을 턴테이블 위에 올렸다. 그리고 매치는, 글쎄…… 이미 그는 U2 티셔츠와 록큰롤 카세트테이프 세 개와 존 바에즈 카세트테이프와 '라이브 에이드' 티셔츠를 갖고 있었다.

나는 라디에이터를 끄고 누비이불을 덮고 누운 채로 오랜 시간 깨어 있었다. 내 베개에서 1미터도 떨어져 있지 않은 인적 없는 안마당 위로 눈이 종이처럼 조용히 떨어지고 있었다.

바르샤바로 돌아가기 전에, 얀코프스키 신부와 매치가 나를 데리고 조선소 기념탑을 방문했다. 우리는 그 기념탑 맞은편에 있는 커다랗고 흉물스러운 아파트 건물을 지나쳤는데, 그때 매치가 그 건물을 올려다보며 말했다.

"하루는 군중 속에 있던 한 남자가 행진 중에 저 창문들 가운데 하나를 올려다보았어요. 그리고 그가 말했죠. '있잖아, 저 창문이 왠지 수상해.' 그런데 그 위에 총을 가진 남자가 있었어요. 그리고 아니나 다를까, 그 저격수가 그를 쏫죠(shooted)."

나는 잠시 생각했다.

"그를 쏘았죠(shot)." 내가 고쳐 말했다. "그 저격수가 그를 쏘았죠."

"오, 맙소사! 제가 '쏫죠'라고 했나요? 그거 불규칙동사지요?"

"그래요, 매치. 불규칙동사예요."

나는 잠깐 동안 생각했다.

"그 남자는 죽었나요?"

"오, 그래요. 물론 그는 죽었어요."

나는 다누타를 위해 니나리치 향수 한 병을 보냈다. "성인(聖人)과 함께 살기 위해서는 순교자가 되어야 한다는 걸 전 이해해요"라고 적힌 메모와 함께. 그리고 레흐에게는 할아버지가 내게 물려준 십자가와 청록색 존 바에즈 셔츠와 "다음번에 만날 때는 어쩌면 우리도 낚시를 하러 갈 수 있을지 몰라요……"라고 적힌 메모를 보냈다.

차가 안뜰에서 하얀 연기를 뿜어내고 있었다. 그때 얀코프스키 신부가 팔을 흔들면서 나타나더니, 루블린에 있는 가톨릭대학의 누군가로부터 전화가 왔으며, 그는 내일 당장 내가 그곳을 방문하여 학생들을 위해 콘서트를 열어 주길 바란다고 전했다. 나는 한숨을 내쉬고는 이곳에서 보내는 마지막 하루 동안 늦잠 자는 것을 생각했다. 바르샤바의 차가운 호텔 방에서 이불을 뒤집어쓰고 몸을 곱송그리고 누워, 전화기는 먹통인 채로 두고 아무런 일정도 없이. 그러나 얀코프스키 신부가 몸을 뒤로 젖히며 거대한 검은 독수리처럼 양팔을 펼치고는, 루블린은 (한 손을 흔들며) 일본과 (다른 손을 흔들며) 오스트레일리아 사이에 있는 유일한 가톨릭 학교라고 말했다. 내가 대답했다. "그래요, 제가 가서 노래할게요." 그러나 그들은 내 말을 믿지 않았다. 얀코프스키 신부가 전화기를 들고, 그들이 깜짝 놀라서 던지는 질문들에 하나하나 대답해 주었다. 그녀는 당신에게 아무것도 청구하지 않을 거요. 그녀는 아무도 동반하고 있지 않고, 어떤 장비도 지니고 있지 않아요. 그러니 당신들이 모든 걸 완벽하게 준비해 놓는 것이 좋아요. 그렇지 않으면 당신들을 가만두지 않을 거요. 알겠소?

나는 요리사부터 신부들까지 모두에게 입을 맞췄다. 카지미에르츠는 올라오는 홍조를 하얀 옷깃 아래로 밀어내리려고 애썼지만 소용이 없었다. 코라가 나의 귀마개를 입에 물고 계단을 내려왔다. 나는 녀석에게서 침으로 끈적거리고 거뭇해진 귀마개를 받았다. 그리고 녀석에게도 입을 맞춰 주었다. 녀석은 내 입맞춤에 대한 답례로 내 코에서 이마까지 크게 핥아 주었다.

폴란드의 도로에서는 벤츠가 경주용 차가 된다. 그단스크에서 바르샤바까지는 다섯 시간밖에 걸리지 않았다. 우리는 이동하는 내내 음악을 들었다. 나는 운전사에게 카세트테이프 하나를, 그리고 그의 아내를 위해 초콜릿 바를 주었다.

호텔 방에 도착해서, 나는 침대 위에 홀로 앉아 울음을 터뜨렸다. 두 시간 뒤 지네타가 눈길 위를 여기저기 떠돌다가 돌아왔다. 우리는 복도를 서성이며 이런저런 잡담을 나눴다. 이따금 지네타가 걸음을 멈추고 나를 붙잡아 세워 무척 피곤해 보인다며 걱정을 했다.

저녁 식사 때 나는 먹다 남은 꽃양배추 요리를 방으로 가져가도 되겠느냐고 물었다. 그들은 다시 새것을 준비했다. 김이 모락모락 나는 거대한 경단 같은 양배추가 접시 위에서 미끄럼을 타고 있었다. "그걸 내 방으로 가져다주길 원하느냐고요? 오, 고맙지만 사양하겠어요. 내가 할게요." 달리 할 일이 없는 웨이터들은 내가 접시를 엎지르지 않으려고 균형을 잡으며 외투와 목도리와 지갑을 챙겨 비틀비틀 식당을 나가는 모습을 지켜보았다.

나는 네 시간 뒤 침대에서 잠이 깨었다. 불은 켜 둔 상태였고, 옷들은 바닥 위에 쌓여 있었고, 창틀에 놓인 꽃양배추는 차갑게 식어 있었다. 내 손으로 직접 꽂은 것이 분명한 이어폰이 여전히 귀에 꽂혀 있었다. 아, 그래, 핑크 플로이드였지. 그들은 전쟁 진혼곡인 〈더 파이널 컷〉(The Final Cut)에서 나를 폭탄으로 공격하고 맹포격해서 잠들게 만들었다. 나는 눈을 감았고 여섯 시간을 내리 더 잤다.

루블린은 세 시간 거리였으나 동쪽으로 갈수록 더 추워졌다. 세찬 눈바람이 도로의 시야를 가렸고 바람을 거슬러 걷는 여자들을 뒷걸음치게 만들었다. 관객들은 자리를 확보하기 위해 문을 부수어 버렸고, 작은 무대 위를 가득 채운 것은 물론이고 저 멀리 복도까지 줄지어 있었다. 교사들은 강의를 포기했고 반 전체가 공연을 보러 왔다. 나는 젊은이들을 위해 비교적 신곡들을 불렀다. 그들은 내게 노래 두 곡을 불러 주었다. 그리고 다이어 스트레이츠에게 전해 달라며 내게 묵주와 편지들을 주었다. 내가 떠날 때, 그들은 내가 이곳에 왔다는 사실이 여전히 믿기지 않는다고 말했다.

바르샤바로 돌아오자, 한 남자가 로비에서 나를 기다리고 있었다. 그는 내가 정치범 두 사람을 만나 주었으면 했다. 그들은 현재 석방된 상태였다. 하지만 짐작하건대 그들은 분명 감옥 안에서 보낸 시간이 감옥 밖에서 보낸 시간만큼 길었을 것이다. 그들은 지식인 집단에 속하는 사람들로, 귀족적인 생김새에 예쁜 아이들을 둔 부부였다. 남편은 나의 노래를 들었고, 다른 손님들이 앉아 있는 동안 혼자서 조용히 방 안을 거닐었다. 그는 빛나는 눈을 가지고 있었다. 그는 내게 바르샤바에 살고 있는 98세 된 노인에 대해 이야기해 주었다. 그 노인은 나이가 몇이냐는 질문을 받자 이렇게 대답했다고 한다. "그게 참 큰 골칫거리라네. 이젠 운동을 하기 위해 물구나무를 설 때 벽 가까이에서 해야 하거든. 그래야 발을 벽에 기댈 수 있으니 말일세."

오, 나는 당신들 모두를, 당신들의 유머와 지혜를 그리워할 것이다. "자유는 무엇을 의미할까요?" 비공식적인 보도기관에서 온 한 남자가 내게 물었다. 깊이 생각한 끝에 나온 내 대답은 냉혹했다. "어쩌면 두 종류의 자유가 있는지도 몰라요. 우선 태어날 때부터 존재하여 당연한 것으로 간주되는 자유가 있습니다. 미국에서 내가 누리는 자유처럼 말이죠. 그리고 스스로 쟁취해야 하는 자유가 있어요. 그래서 그것을 조금씩 쟁취할 때마다 그 작은 승리를 음미하고 축하하게 되는 그런 자유 말이에요. 미국에는 언론의 자유가 있지만, 의미 있는 말을 하는 사람들은 점점 줄어들고 있죠. 생각의 자유가 있지만, 창조적인 사고를 하도록 우리를 독려하는 건 아무것도 없어요. 선택의 자유가 있지만, 우리들이 하는 선택들이라곤 도덕적으로나 정신적으로나 점점 더 질이 떨어질 뿐입니다. 그런데 자유를 쟁취하기 위해 싸워야 하는 여기에서는 또 하나의 정신이 창조됩니다. 그 교구 안마당에서 그랬던 것처럼요. 사람들은 저마다 노래하고, 아이들을 소중히 여기고, 이웃을 돌보죠. 나는 지금 동구와 서구에 관해 말하고 있는 게 아닙니다. 나는 투쟁에 관해 말하고 있는 것입니다."

<u>5</u>

위 아 더 월드

세계 역사상 가장 큰 규모로 이루어지는 로큰롤 쇼 '라이브 에이드'
의 미국 측 첫 공연 주자가 되는 기회를 얻었다. 그다지 감격하지 않은
척을 하기 위해서는 어떤 종류든 내숭이 필요한 법이다. 하지만 그건
나한테는 없는 덕목이었다. 나에게 주어진 시간은 최대 6분이었고, 나
는 프라임타임에서 열한 시간 전에 경기장 안이 덜 채워진 상태에서 공
연을 하기로 되어 있었다. 마감 제한이 있는 모든 국제적인 텔레비전,
라디오 뉴스, 신문, 잡지와 마감 제한이 없는 수많은 매체들이 내가 그
공연의 오프닝 주자라는 이유만으로 최소한 내 공연을 보도할 것이다.
비록 캘리포니아에 사는 나의 많은 친구들은 새벽 6시에 시작되는 오
프닝 공연 내내 자고 있겠지만, 프랑스에 사는 내 친구들은 아마도 오
후 3시에 그 장면을 볼 것이다. 어찌 되었든 나는 또 하나의 '역사적인
순간'으로부터 어떤 의미를 만들어 낼 수 있는, 6분이라는 시간을 가지
고 있었다. 그 6분을 계획하기 위해 6주라는 시간 여유도 있었다. 그리
고 분명 적절한 노래와 적절한 말이 적당한 시간에 떠오를 것이다. 나
는 한껏 도취되어 있었다.

초대장이 왔을 때 나는 투어 중이었다. 사방에서 흥분의 기운이 감돌고 있었다. 텔레비전 기자들이 눈을 번뜩이면서 우드스톡과 라이브 에이드가 어떻게 같고 어떻게 다른지, 그사이에 무슨 일들이 일어났는지를 물었다. 룸서비스 직원들과 거리의 많은 사람들은 누가 가장 최근에 초대를 받았는지, 누가 깜짝 출연을 하게 될지 떠도는 소문들을 나누었다. 열아홉 살 된 한 소녀는 매사추세츠 주 앤도버의 보도 위에 서서 꿈꾸듯이, 그러나 단호하게 말했다.

"전 필라델피아에 갈 거예요."

"그래?" 내가 놀라서 물었다. "어디서 표를 얻었지?"

"오, 표는 없어요. 어쨌든 그곳에 가야 해요. 당신도 알다시피, 그것은 우리의 우드스톡이니까요."

로큰롤의 세계를 뭔가 신비롭게 바라보는 분위기가 생겨나기 시작했고, 그것이 내 마음을 어지럽혔다. 화려한 세계에서 살던 사람들이 갑자기 희생과 헌신의 삶을 살겠다며, 우리의 부를 나눔으로써 세상을 바꿀 것이라는 암시가 있었다. 나는 "기아의 종언을 위한 평생의 헌신"이라는 표현을 적어도 한 차례 이상 들었다. 그런 말을 들을 때마다 나는 몸이 오그라드는 것을 느꼈다.

우리 사무실에서 조사한 바에 따르면, 국제적인 자선행사 기획자인 밥 겔도프는 독재자와 암상인들 그리고 관료적 형식주의에 속을 사람이 아니었다. 게다가 그는 우리가 의식에서 경제에 이르기까지 모든 것을 개조하지 않는다면 50년 안에 굶주림이 사라지는 일은 없으리라는 사실을 알고 있을 만큼 충분히 똑똑했다. 한편, 미국에서는 '심신통일 훈련(EST) 기아 프로젝트'에서 비롯된 표어가 새롭게 등장했다. 즉 "오늘부터 시작하는, 세계 기아 퇴치를 위한 약속"에 관한 대단히 부풀려지고 비현실적인 이야기였다. 그것은 굶지 않는 우리들을 불안하게 만드는 기아라는 개념 자체가 하룻밤 사이에 지구상에서 사라질 수도 있다는 대단히 그릇된 인상을 주었다. 우리는 그저 이 불가사의한 헌신을 할 필요가 있었고, 로큰롤 뮤지션들은 이제 이런 거대한 사회변혁의 최전방에 있었다.

사실 우드스톡 이래로 이번 행사만큼 거대함에 접근하는 사건은 없었다. '어마어마해'(awesome)라는 단어가 유행했다. 라이브 에이드는 어마어마할 것이었다. 모두가 그것을 알고 있었다. 우리는 모두 그곳에 있기를 원했다. 나는 누가 이 공연에 참석할지를 결정하는 유명한 프로모터 빌 그레이엄과 매니저들 사이에 피 튀기는 협상과 약식 차용증서의 물결을 상상했다. 따라서 한 기자가 우리 연예인들을 마치 대의를 위해 희생하는 사람들로 묘사한 것은 아주 민망한 일이었다. 그렇다. 우리는 모두 필라델피아로 가는 데 소요되는 경비를 자비로 지불했다. 나는 뉴욕 셔토쿼에서 출발해 아침에 필라델피아에 도착해야 했고, 그걸 가능케 하는 유일한 방법은 1,700달러를 들여 비행기를 임대하는 것이었다. 그 돈은 희생이 아니었다. 투자였다.

나는 나의 6분에 대해 생각하기 시작했다. 첫 공연 곡으로 〈어메이징 그레이스〉(Amazing Grace)는 의심할 바 없는 선택이었다. 그러나 많은 젊은이들은 이 노래를 모른다. 그리고 그들은 자기들이 좋아하는 로큰롤 노래들의 귀에 익은 부분과 후렴을 제외하고는 함께 따라 부르지 않을 것이다. 나는 모든 젊은이들이 알고 있으면서 따라 부를 만한 후렴과 심지어 사회적인 내용도 담고 있는 노래 한 곡을 부르기로 했다. 나는 소니 카세트 플레이어에서 《프라이빗 댄서》(Private Dancer, 티나 터너의 다섯 번째 솔로 앨범—옮긴이)를 빼고 《위 아 더 월드》를 집어넣었다. 완벽했다. 중장년 세대와 카메라들을 위해 〈어메이징 그레이스〉를 2절까지 부른 뒤, 자연스럽게 〈위 아 더 월드〉를 시작하는 거다. 행운이 따른다면 적어도 4~5만 명이 나를 따라 노래할 것이다. 나는 이어폰을 획 잡아 뺐고 거울을 보며 씩 웃었다. 내가 말한다. "80년대의 아이들이여, 좋은 아침입니다! 이것은 여러분의 우드스톡입니다!" 그러고는 춤을 추기 시작한다. 노래를 들으며 가사를 받아 적고, 스톱워치로 짧은 연설 시간을 재면서 저 멀리 호수 위에 떠 있는 바보 같은 스티로폼 백조들을 내다보며 서 있는데, 갑자기 나의 6분 전체가 떠올랐다.

"어메이징 그레이스. 우리의 재능을 인정하고 감사하는 마음(grace). 다른 사람의 곤궁함을 느끼는 자비로움(grace)." 마음을 움직인다는 것은 선한 분위기 속에서 선한 기운에 감동을 받는다는 것이다. 80년대의 아이들은 대대적이고 통합적인 규모로 그런 선함을 경험할 필요가 있었다. 어쩌면, 정말로 어쩌면, 머지않아 있을 이 대규모 미디어 이벤트는 어쨌든 일부 사람들의 마음을 움직일 수 있을 터였다.

나는 새벽 4시 반에 잠이 들었고, 30분마다 잠에서 깼다. 부활절 달걀 사냥을 앞둔 여섯 살짜리 아이처럼 흥분해서 말이다. 그리고 7월 13일까지, 어쩌면 그 이후로도 얼마 동안은 그러한 흥분 상태가 계속될 터였다.

필라델피아에 도착했으나, 공항에는 마중 나온 사람이 아무도 없다. 우리는 택시를 잡아타고 경기장 옆을 지나간다. 밖을 내다보니 경기장 주차장은 벌써 승용차와 밴과 트레일러들로 가득 차 있다. 가슴을 풀어 헤친 젊은 남자들이 홀터넥 셔츠를 입은 젊은 여자들을 안고 차량 지붕 위에 앉아 있다(홀터넥 셔츠를 입은 여자들은 우드스톡과 라이브 에이드를 구분하는 첫 번째 눈에 띄는 특징이다). 그들은 먹고 마시고 서로에게 고함을 치면서 해돋이를 재촉한다. 택시 운전사가 우리더러 콘서트 때문에 이곳에 왔느냐고 묻는다. 우리는 그렇다고 대답한다. "혹시 당신도 노래를 합니까?" 그가 백미러를 통해 나를 응시한다. 그리고 내 이름을 묻는다. 내가 이름을 알려 주자 그는 우리를 태운 채 나무로 돌진할 뻔한다. 이럴 수가. 제 아내는 당신의 앨범들을 모두 소장하고 있답니다, 어쩌고저쩌고. 운전사는 아주아주 행복해한다. 그리고 믿기지 않는다는 듯 고개를 저으며 미터기를 끈다. 그는 우리를 조용히 포시즌 호텔로 데려다 준다. 믹 재거와 티나 터너, 돈 존슨과 듀란듀란을 비명으로 맞이하기 위해 줄을 서 있던 젊은이들은 나를 전혀 알아보지 못한다. 나는 혼자 미소를 짓고 택시 운전사를 포옹하고 그의 아내를 위해 사인해 준다. 호텔은 전체가 파스텔 색조이고, 늘 그렇듯 완벽하다. 그러나 오늘 밤 이 호텔의 로비는 로큰롤 뮤지션들과 보도 관계자들 그리고 무리 지어 다니는 소녀 팬들과 도박사들로 가득 찰 것이다.

2시쯤 나는 호텔 내 방에 있다. 피곤하고 신경이 곤두선다. 뭘 입어야 하지? 나는 여행 가방을 뒤집어엎고는 공연 때 입을 옷을 고르기 위해 온 바닥에 구닥다리 옷들과 깃털들을 늘어놓는다. 3시쯤이 되면, 나는 마침내 노란색 낙하산 치마와 암청색 블라우스를 다림질하고, 커다랗고 둥근 은장식이 달린 벨트와 숟가락 모양의 금속들이 연결되어 있는 목걸이, 그리고 인조다이아몬드로 장식된 19달러짜리 검정 샌들을 찾아낼 것이다. 나는 하프슬립을 찾기 위해 20분을 더 투자한다. 짜증스럽게 욕을 하며 작은 트렁크 짐들을 모두 비우고 나서야, 옷장에 걸어 둔 드레스 안에 처박아 놓았던 그것을 발견한다. 침대 위에 몸을 던지자마자 나는 곧장 졸기 시작한다. 전세가 역전되어, 나의 아드레날린이 멀미약과 피로에 항복하고 만다.

군인처럼 기상나팔 몇 분 전에 잠에서 깬다. 5시 30분 모닝콜에도 마치 몇 시간 동안 깨어 있던 것처럼 들리도록 애쓰며 명랑하게 대답한다. 재빨리 샤워를 하고 잠시 목을 푼다. 다행히 전날 저녁 콘서트와 같은 유연한 목 상태가 그대로 유지되고 있다. 노래하고 옷을 입고 화장을 하고 커피와 달걀과 토스트를 준비한다. 하지만 토스트만 겨우 목으로 넘어갈 뿐이다. 메리가 나의 숟가락 목걸이에 윤을 낸다. 잔느와 나머지 일행은 7시가 되자 모두 로비에 내려와 모여 있다. 나는 공연자들의 첫 물결 앞에서 주변을 둘러본다. 아침 시간은 록큰롤 뮤지션들을 애처롭게 만든다. 그들은 정상적인 사람들보다 더 핏기가 없다. 심지어 포 탑스(Four Tops) 같은 흑인 그룹도 창백해 보이는 건 마찬가지이다. 그들 또한 7시 반에는 경기장에 가야 한다. 그러나 전반적으로 유쾌하고 떠들썩한 분위기이다. 록큰롤 뮤지션들은 이동하면서도 서로 재치 있는 말들을 주고받기 때문이다.

7시 반쯤이 되면, 바깥은 이미 기온이 26도가 넘는다. 우리는 경기장 주변에서 노숙을 한 듯 보이는 몇몇 사람들을 가까스로 피해 가며 경기장 안으로 밀려 들어간다. 표를 들고 있는 사람들의 긴 줄이 주요 출입문을 향해 조금씩 움직인다. 사람들은 대부분 깨끗하고 밝아 보인다. 우리는 무대 뒤쪽으로 신속하고 효율적으로 안내되고, 나는 구석진 장소에 세워 놓은 에어컨이 나오는 밴에 자리를 잡는다. 나는 도착해서부터 공연 후 한 시간까지 그 밴을 사용할 수 있다. 그 이후엔 다음 그룹이 그 밴을 사용할 것이고 나는 백스테이지 통행권을 가지고 혼자서 호사스럽게 돌아다닐 것이다. 필라델피아에서 전도유망한 록 밴드인 후터스가 내 옆에 있는 밴을 사용한다. 우리는 서로 인사한다. 나는 젊고 잘생긴 로큰롤 뮤지션들한테서 무엇이 그날의 주요한 주제가 될지를 듣는다. "저는 당신의 음악을 듣고 자랐어요!" "제 어머닌 당신의 앨범들을 모두 가지고 있죠." "당신을 만나다니 대단히 영광입니다." 얘야, 만약 내가 너의 천사 같은 작은 입에 대해 무슨 생각을 하는지 안다면 넌 그렇게 말하지 않을 거야. 나는 속으로 대답해 준다. 그러나 나는 그들 각자에게 도리에 맞는 엄마 같은 포옹을 해주고, 그들이 믿어야 하는 것을 믿도록 내버려 둔다. 나는 나의 트레일러로 물러나 적어도 30분 동안은 혼자 있게 해 달라고 부탁한다. 그런 다음 나의 공연 세트를 검토하고 또 검토한다. 인사, 80년대 아이들의 인정, 뉴웨이브(반항적이고 냉소적이면서도 거칠고 공격적인 펑크 록에 대한 반작용으로 일어난 음악—옮긴이)적인 기도 그리고 노래들. 갑자기 위가 아프고 현기증이 난다. 한 의사 친구가 음료라도 마시고 긴장을 놓지 말라고 말한다. 나는 소다 팝을 마시고 백스테이지를 서성거린다. 그곳에서 거의 한 시간 반이나 있었지만, 그 시간이 마치 5분처럼 느껴진다.

공연 스태프들이 와서 나를 분장실로 호위해 간다. 가는 도중에 입 안의 모든 침이 증발해 버린다. 나는 화장실이 절박하다. 그러나 화장실은 너무 멀고 어쨌든 아무 소용도 없을 것이다. 나는 꼼짝 않고 의자에 앉아 물을 홀짝이며 메리에게 어느 누구도 내게 말 걸지 않게 해 달라고 부탁한다.

분장실을 떠날 시간이다. 우리는 긴 터널로 내려가 무대로 이어지는 계단을 오른다. 사진을 찍기 위해 나를 한쪽 구석으로 안내하지만, 그 탓에 집중력이 흐트러진다. 내가 말한다. "지금은 말고요, 제발, 나중에 찍읍시다." 나는 다시 앉는다. 그리고 다시 멍해진다. 마침내 나는 무대 왼쪽의 커튼 앞으로 인도된다. 마치 아이를 치과에 데려가는 부모처럼 메리는 앞에서 잡아당기고 잔느는 뒤에서 민다. 나는 영화 〈뻐꾸기 둥지 위로 날아간 새〉의 남자 주인공 잭 니컬슨이 9시 정각에 관중에게 환영 인사를 하기 위해 무대에 오르려고 준비하는 것을 지켜본다. 나는 한쪽 무릎을 꿇는다. 바닥과 가까이 있으면 왠지 더 편안해질 것 같아서다. 빌 그레이엄 역시 내 바로 옆에서 한쪽 무릎을 꿇고 있는 것이 눈에 띈다. 갓 면도를 하고 깨끗한 하얀 셔츠를 입은 밥 딜런은 아주 멋져 보인다. 우리는 딜런-산타나-아무개 여자의 투어 이래로 줄곧 사이가 좋지 못했다. 그러나 오늘 그는 이미 나에게 인사를 했고, 지금은 불안한 아이처럼 미소를 짓고 있다. 나 역시 웃고 있다. 나는 밥에게 다가가 포옹하고 볼에 입을 맞춘다.

잭 니컬슨이 거대하고 아름답게 채색된 얇은 커튼 앞으로 안내된다. 이제 그날이 진짜로 시작된다. 관중들의 함성 소리를 들으니, 1965년 콜로라도 덴버의 레드 록스 원형경기장에서 처음으로 비틀스를 보았을 때가 생각난다. 비틀스가 총총걸음으로 무대 위로 나갔을 때, 하늘이 섬광전구들로 밝아지면서 밤이 대낮처럼 환해졌고, 아이들이 비명을 질러 대는 통에 나는 손으로 귀를 막고 소리를 질러야 했다. 만약 그때 휠체어 탄 사람들이 벌떡 일어나 빙글빙글 돌며 왈츠를 췄다 해도 나는 조금도 놀라지 않았을 것이다.

잭이 무언가 말을 하고 있다. 그러나 군중의 함성 때문에 뭐라고 하는지 잘 들리지 않는다. 내 심장이 미친 듯이 방망이질한다. 얇은 커튼을 통해 수천 개의 까닥까닥 움직이는 머리와 흔들리는 팔이 보인다. "주여, 신이여, 아버지, 어머니, 저는 당신들의 손에 있나이다." 나는 혼잣말을 한다. 이내 커튼이 열리고 〈잃어버린 전주곡〉(Five Easy Pieces)의 주연 배우이자 재미있고 상냥한 잭 니컬슨과 포옹한다. 그런 다음 나는 롤러코스터에 올라 안전벨트를 맨다. 스위치가 켜지고 나는 몸을 돌려 군중을 마주한다. 내가 받은 첫인상은 내 앞에 펼쳐진 광경이 앞서 내가 상상했던 것과 정확히 일치한다는 점이다. 경기장은 아직 충분히 채워지지 않았다. 군중은 흥분으로 미쳐 있다. 유일하게 충격을 준 점이라면, 미국에 대한 자부심으로 도취된 낙관적인 군중의 획일성이다. YUMARF들. 젊고(Young), 성공 지향적인(Upwardly Mobile), 미국의(American) 록(Rock) 팬(Fan)들.

"80년대의 아이들이여, 좋은 아침입니다! 이것은 여러분의 우드스톡입니다. 아주 늦었지만요." 거대한 함성이 인다. 나는 그것을 찬동으로 여긴다. "여러분의 쌈짓돈이 배고픈 아이들을 먹이기 위한 음식에 쓰인다는 건 좋은 일입니다. 오늘 우리의 몫을 시작하는 훌륭한 방법으로, 여러분과 함께 감사 기도를 드리는 것보다 더 좋은 방법이 생각나지 않습니다. 기도는 너무나도 많은 사람들이 아무것도 가지지 못한 세상에서, 우리가 가진 많은 축복들에 대해 저마다 신에게 감사를 드리는 것입니다. 우리가 이 은총을 말할 때, 또한 우리는 가슴과 영혼 깊숙이 손을 뻗어 이렇게 말할 겁니다. 그들의 상처, 그들의 고통 그리고 그들의 불편을 이해하기 위해 우리 삶의 안락함으로부터 조금이나마 움직일 것이라고. 그렇게 되면 그들의 삶은 더욱 풍부해질 것이고, 우리 삶은 진짜가 될 것입니다. 놀라운 은총, 얼마나 달콤한 소리인가요……."

나는 사람들의 반응에 기분이 좋아진다. 비록 그들은 이미 무척 흥분한 상태라 어떤 것에도 환호성을 질렀을 테지만 말이다. 그럼에도 그날 아침은 선하고 너그러운 기운이 사방팔방으로 퍼져 있다. 나는 며칠이 지난 뒤에야 내가 말하고 노래한 것들이 많은 사람들에게 감동을 주었음을 알게 될 것이다. 사람들이 감동을 받는 것이야말로 내가 바라는 모든 것이다.

　무대를 내려올 즈음에는 기온이 32도까지 올랐다. 나의 일행과 나는 포 탑스와 우연히 마주친다. 그들은 자신들의 트레일러에서 웃으며 커피를 마시고 있다. 그러는 동안 예쁜 흑인 여성 넷이 졸린 눈을 한 채 마스카라가 뭉친 속눈썹 사이로 오지 오스본을 지그시 쳐다본다. 그리고 그가 실제로 박쥐의 머리를 먹는지, 그가 하는 일이 정말로 음악을 만드는 일인지를 궁금해한다. 나는 트레일러 속으로 미끄러져 들어가 시나몬 롤을 먹는다. 나의 6분이 정말로 어떻게 지나갔는지 궁금하다. 곧 인터뷰를 할 시간이다. 햇볕을 받으며 모퉁이에서, 화분에 심긴 나무들 옆에서, 트레일러 뒤에서 수많은 인터뷰들이 예정되어 있다. 기자들은 저마다 라이브 에이드가 진짜로 무엇을 의미하는지, 그것이 역사에서 어떤 역할을 하게 될지를 이해하려고 애쓰며 기삿거리를 찾고 있다. 나는 욕지기와 현기증을 느끼며 시원한 호텔방을 꿈꾼다.

　피터 폴 앤 메리(Peter, Paul and Mary)의 메리 트래버스가 어깨에 패드를 댄 재킷 차림으로 일행과 함께 출입문에 들어선다. 오늘은 그들의 처지에서는 좋은 날이 아니다. 그들은 자기 공연을 하기 위해 초대된 것이 아니라, 단지 피날레에서 밥 딜런과 합류하기 위해 초대되었기 때문이다. 그런데 그마저도 무산될 위기이다. 메리는 그렇듯 아침 일찍 노래를 하면서도 고음을 무리 없이 소화해 낸 것에 대해 나를 칭찬한다. 나는 그녀를 껴안고 생각한다. 메리, 당신과 나는 60년대의 포크 붐을 다루는 역사책에 늘 인쇄될 거야. 그리고 저기, 멋진 광대뼈를 가진 비치보이스가 있다. 나는 그와 포옹하고, 우리는 그의 광대뼈에 대해 농담한다. 그런 다음 그는 화분 뒤로 사라진다. 이제 로큰롤의 세계는 자선과 나눔에 관심을 갖기 시작했는데, 그 고결한 로큰롤 세계의 일부가 된 기분이 어떻습니까? 그가 이런저런 난처한 질문들에 대답하는 소리가 들려온다. 나는 피곤하고 평소보다 더 냉소적이다. 심신통일훈련 (EST) 신봉자인 기아 프로젝트 사람들 모두가 나를 미치게 만든다. 나는 그들이 말하는 어떤 것도 믿지 않는다. 나는 우드스톡의 장면들을 떠올린다.

옷이 누더기가 되어 진창에 빠지는 게 진짜지.
사방에
브라운 애시드, 바디 페인트,
잔뜩 흥분해서는 번개처럼 질주한다네.
수염을 기른 남자들, 아름다운 여자들,
보티첼리의 소녀들,
숫처녀 히피들,
알몸으로 목욕하며, 그들은
사랑을 향해 몸을 내밀고 있어.
그리고 영원히 그렇게 하겠지⋯⋯.

낮잠이나 잤으면 좋겠다. 사람들과 대화를 나누고 있는데, 인기 드라마 〈마이애미 바이스〉(Miami Vice)의 주인공인 돈 존슨이 눈에 확 들어온다. 그를 따르는 수많은 여성 팬들에게는 당연한 반응일 것이다. 나 또한 잠이 확 깨고 갑자기 몸이 후끈 달아오르는 것이 느껴진다. 나는 대화를 나누던 상대에게 양해를 구하고는 내내 〈마이애미 바이스〉의 존슨을 찾아 간이식당의 모든 테이블과 의자들과 뮤지션들과 로드매니저들 주변을 아닌 척 살피며 걸어간다. 그리고 곧장 그에게 다가가 그의 반짝거리는 눈을 정면으로 바라본다. 나는 복숭아 솜털이 보송보송하게 난 부드러운 피부를 좋아하는 사람이지만, 5일쯤 기른 수염에도 나의 접근 속도는 전혀 느려지지 않는다. 전혀. 나는 혼자 생각한다. 맙소사, 크리스 크리스토퍼슨 이후로는 남자다운 남자가 없었어. 그리고 나는 존슨의 반짝이는 눈과 랠프 로렌 스타일의 머리, 나한테 흥미가 아주 없는 것 같지는 않은 놀란 표정에 대고 에두름 없이 솔직하게 말한다. "안녕, 멋쟁이. 내가 그대를 덮칠 가능성에 대해 논의를 좀 할 수 있을까요?" 당신은 슈퍼스타가 된 지 그리 오래되지 않았죠, 돈 존슨. 당신에게는 라일락 꽃물처럼 신선한 데가 있어요. 그리고 그때, 다행히도 그가 웃는다. 우리는 아주 잠시 어울린다. 누군가가 우리의 사진을 찍는다. 그가 나에 대해 어떻게 생각하는지는 알 수 없다. 그러나 나는 솔직했다.

피곤하고 덥고 끈끈해서, 호텔로 돌아가는 밴 쪽으로 간다. 눈이 사팔뜨기인 익숙한 얼굴이 나를 구석으로 몰고 간다. 어쩌면 안경이 비뚤어진 것일 수도 있고, 아니면 실제로 눈이 그런 건지도 모르겠다. 나는 '아프리카를 돕는 미국'이라는 주제로 자선 음반과 비디오를 성공적으로 제작한 켄 크라겐을 알아본다. 나는 거기에 초대받지 못했다. 그가 내게 잠깐 할 말이 있다고 말한다. "라이오넬 리치가 캘리포니아에서 내게 전화를 했어요." 사람들 속에서 팔꿈치로 길을 뚫는 한편 나를 급히 데리고 가면서 말한다. "그는 피날레 공연을 위해 날아올 거예요. 그리고 당신도 거기에 참여하기를 원해요. 오늘 아침에 당신의 공연을 봤다더군요. 굉장하다고 생각했대요! 나 역시 그랬죠. 당신은 굉장했어요. 어쨌든 그는 피날레 때 당신이 무대 위에 오르기를 원해요. 우리는 물론 〈위 아 더 월드〉로 마무리할 거예요. 당신이 그 곡으로 공연을 시작한 게 바로 그래서 멋지다는 거예요. 아주 완벽해요! 우리는 5시에 리허설을 할 거예요. 라이오넬이 합류할 거고, 그리고 그는 정말로 당신이 그곳에 있기를 원해요. 그가 나더러 당신에게 직접 말하라고 했어요." 나는 혼자 생각한다. 이 남자는 절박하구나. 오, 그렇지, 기억이 나는군. 그리고 상황이 이해되기 시작한다. 스티비 원더와 마이클 잭슨은 이 쇼에 참가하는 것을 거부하고 있고(흑인 슈퍼스타의 정치학이라고 나는 들었다), 브루스 스프링스틴과 신디 로퍼는 올 수가 없었다. 딜런은 아마도 참여를 원하지 않을 것이다. 나는 그들이 대체물을 찾고 있다고 짐작한다. 나는 지쳤어요. 피날레 공연을 위해 다시 돌아올지는 솔직히 모르겠어요. 나는 자러 갈 거예요. 어쩌면 호텔에 그냥 남아 있을지도 모르죠. 공연은 텔레비전으로 볼 거예요. 하지만 그럴 경우 반드시 당신에게 알려 줄게요. 초대해 준 것에 대해선 매우 감사해요. 나는 그에게 말한다. 우울하다. 사실 '기분이 무척 좋아야' 하는데 말이다.

호텔은 오아시스 같다. 커다란 전망 창이 있고 질 좋은 거품 목욕제와 샴푸와 바디로션이 비치된 욕실을 갖추고 있으며, 베개 바로 옆에는 텔레비전 리모컨이 놓여 있다. 잘 정리된 채 나를 기다리고 있는 나의 멋진 방. 리모컨으로 텔레비전을 켜고 머리맡에 베개 세 개를 놓은 뒤 기분 좋게 눕는다. 편히 쉬거나 흥분하거나 즐거나 쇼를 보거나 그저 듣기만 해도 된다. 텔레비전을 보려고 했지만 눈꺼풀이 납덩이처럼 무겁다. 20분 동안 샐리 필드의 얼굴을 세 번쯤 본 뒤 설핏 잠이 든다. 배경음악조차도 들리지 않는다. 어느 순간 잠이 깨어 그레그 워커(라이브 에이드 당시 산타나의 보컬—옮긴이)가 산타나(밴드의 이름이면서 그 밴드의 리더이자 기타리스트인 카를로스 산타나의 이름이기도 하다—옮긴이)의 공연을 지배하는 모습을 얼핏 본다. 그가 잘돼서 나도 기쁘다. 다시 까

무릇 잠이 들 때는 나도 미소를 짓는다. 오후쯤, 폴 영의 〈당신이 가 버릴 때마다〉(Every Time You Go Away)에 잠이 깬다. 그리고 다시 잠에 빠진다.

내가 무거운 잠에서 헤어나기 시작할 때, 화면에 모르는 얼굴이 잡힌다. 틀림없이 영국에서 송출되는 화면일 것이다(당시 '라이브 에이드'는 영국 런던의 웸블리 경기장과 미국 필라델피아의 존 F. 케네디 경기장에서 동시에 열리고 있었다—옮긴이). 좌우로 몸을 흔드는 관객들 사이사이에 영국 국기가 점점이 보이기 때문이다. 가수는 검은색 옷을 입고 있고 긴 갈색 머리가 약간 헝클어져 있다. 땀이 비 오듯 흐르고 머리칼이 헝클어진 채 뺨에 들러붙어 있다. 저 머리를 다시 빗어 넘겨 주고 싶다. 노래는 우주적이고 성스러운 분위기이며 경쾌하게 오르내리면서 집요하게 이어진다. 가수가 허공으로 뛰어오르고 무거운 부츠를 신고 발을 구른다. 기술이 발달한 덕에 가수가 자신의 자아를 수천 명의 군중 위로 확장시키는 게 가능하다는 걸 깨달았을 때 흔히 록 스타들이 하는 것처럼 그는 마이크를 희롱하지 않는다. 아니, 이 젊은이는 무언가에 대해 극도로 진지하다. 그리고 내 마음을 찢어 놓을 것 같은 다정함으로 자신을 표현하고 있다. 가수는 관객에게 큰 소리로 말을 걸고, 관객 역시 그를 부른다. 그는 50년대와 60년대의 노래 몇 소절을 자신만의 독특한 사운드로 부른다. 관객이 노래를 되돌려 준다. 그는 합창대를 지휘한다. 관객이 바로 그 합창대이다. 그리고 그들은 황홀경에 빠져 있다. 이 모든 걸 내가 지어 내고 있느냐고? 어쩌면 그럴지도 모른다. 그 그룹의 이름이 그 가수의 신비한 댄스 위에 포개어진 라이브 에이드 상징 바로 옆에 나타난다.

U2, 웸블리 경기장 라이브. 나의 15년 된 조언자들이 나더러 챙겨

보라고 말했던 바로 그 그룹이다. 그들이 말하기를 이 그룹은 정치적이고, 심지어 평화주의자라고 한다. 그 가수가 군중을 향해 다가가고 있다. 무대에서 몇 피트 아래의 나무로 된 좁은 공간 위로 뛰어내린다. 그가 군중에게 몸짓을 하고 있다. 누군가에게 자신을 향해 오라고 손짓한다. 그가 오케스트라 악단석으로 길게 뛰어내린다. 그러고는 초대의 몸짓을 계속 이어 간다. 마침내 사람들이 한 젊은 여성 관객의 몸을 들어 올려 그와 군중을 분리해 놓은 울타리 위로 넘긴다. 그녀는 마치 공물처럼 건네진다. 그녀가 똑바로 섰을 때는 그의 품 안에 있다. 그리고 그는 그녀와 춤을 춘다. 그녀는 아마도 연극광에다 충격이 더해진 것 같다. 그녀가 그의 가슴 위에 머리를 기댄다. 그는 다음 몇 초 동안 춤을 추면서 그녀를 아이처럼 어른다.

내 평생 그런 장면은 처음 본다. 마치 하나의 연극 같다. 하지만 그것은 연기가 아니다. 그것은 7만 명의 사람들에 의해 받아들여지는 개인적인 순간이다. 춤은 짧고 관능적이며 가슴 아플 정도로 애정이 깃들어 있다. 그는 포옹을 풀고 사람들의 도움을 받아 무대 바로 아래로 간다. 그리고 그곳에서 또 다른 소녀를 발견하고 방금 전과 똑같은 방식으로 그녀와 춤을 춘다. 이런 일이 벌어지는 내내 타악기와 몽환적인 기타 연주가 사정없이, 열렬하게 계속된다. 관객들은 팔을 앞뒤로, 또 앞뒤로 흔든다. 마치 어떤 제의의 일부 같다. 가수가 다시 무대 위로 올라간다. 여전히 비 오듯 땀을 쏟아 내며 노래를 이어 간다. 그의 목소리에 특별한 점은 없다. 오히려 불안정하고 갈라진다. 그러나 그는 저항할 수 없을 만큼 사람을 끄는 힘이 있고, 목소리 또한 그렇다. 그의 진지함에는 나를 사로잡는 무언가가 있다.

록 스타들은 진지하게 보일 수도 있고 실제로 진지할 수도 있다. 그러나 그것은 대개 그들 자신에 대해서이거나, 스스로에 대한 그들의 과장된 비전에 대해서이다. 증폭되고 변조되고 되울리고 벨벳처럼 매끈해진 우리의 목소리(그리고 밴드)를 듣는 10만 명의 관객들 앞에 서면 어느 누구도 스스로에 대한 장엄한 착각에서 벗어날 수 없다. 그러나 이 아일랜드 사내는 자기 확장 이상의 무언가와 관계가 있다. 확실히 그의 자아는 잘 보존되어 있다. 그리고 그는 뛰어난 흥행사이다. 그러나 그 이상의 무언가가 진행되고 있다. 나는 그것이 무엇인지 알고 싶다. 그 작은 영국 소녀처럼 나 또한 그의 팔에 안기고 싶다는 것은 의심할 여지가 없다. 그러나 만약 나의 본능이 옳다면, 그와의 불장난을 막을 수 있는 무언가가 있다. 그 혹은 나, 혹은 우리를 합친 것, 혹은 우리의 음악을 합친 것보다 더 큰 무언가가 있다. 정치, 젊은이들, 참신함 그리고 돌파구와 관련된 무언가가. 그리고 사랑이.

그날 하루가 끝나 갈 무렵, 라이브 에이드 공연을 보았던 시간들 가운데서도 단연 최고의 순간은 U2의 마법을 목격하는 것이었다. 그들은 다른 무엇보다도 나를 감동시켰다. 그들의 새로움, 젊음 그리고 다정함으로 나를 감동시켰다.

나는 부모님께 전화한다. 부모님은 하루 종일 텔레비전 화면을 주시했고(뭐, 봤다 안 봤다 하시겠지만) 딸을 자랑스러워하고 있다. 나는 아빠에게 피날레에 참여해야 하는지를 묻는다. 그가 말한다. "글쎄, 애야, 취지가 좋지 않니. 그리고 기억할 만한 가치가 있는 날이기도 하고." 아빠는 참여해야 한다는 데에 표를 던진다. 엄마가 전화기를 붙잡고 아빠의 말을 되풀이한다. "그래! 그들이 널 필요로 하잖니." 나는 미소를 짓는다. 나는 그분들이 언제나 날 사랑하리라는 것을 안다. 그리고 사실은 나 역시 피날레에서 노래하고 싶어 한다는 것도 안다. 나는 그저 '위 아

더 월드' 파티에서 날 제쳐 둔 그 빌어먹을 놈들 때문에 상처를 입었을 뿐이다. 그러나 이미 지난 일이다.

차가운 물로 샤워를 하고 깨끗한 티셔츠를 꺼내 입는다. 80년대의 대규모 미디어 이벤트에 가서 함께 어울리고 싶다. 슈퍼스타가 천막에서 천막으로 옮겨 다니고 사람들과 이야기를 나누며 하루를 보내는 것은 전혀 근사해 보이지 않는다. 티나 터너와 믹 재거, 마돈나처럼 최고의 인기 스타들은 모습을 드러내지 않는다. 다른 사람들은 그저 그들처럼 자신도 신비주의를 고수해야 하는 상황이 되어 봤으면 할 뿐이다. 나는 내가 이리저리 배회할 것이란 걸 안다. 게다가 나는 인터뷰를 하고 잡담을 나누고 사람들을 만나는 걸 좋아한다. 또한 텔레비전으로 쇼를 볼 것이고, 하드록 카페에서 버니와 맥주를 한잔할 것이다. 그리고 사람들을 구경하며 이리저리 돌아다닐 것이다.

개 목걸이에 가죽 옷, 체인을 몸에 두르고, 왼쪽 귀에는 아주 작은 십자가 귀걸이를 대롱대롱 매달고 있는 주다스 프리스트의 리드 싱어가 공손하게 악수를 청하며, 전설적인 인물에게 걸맞은 적절한 말들을 건넨다. 나는 그를 포옹한다. 그는 내게 주다스 프리스트가 〈다이아몬드 앤드 러스트〉를 녹음한 사실을 아느냐고 묻는다. 나는 웃는다. 그리고 그의 귀에 대고 말한다. "그래요, 난 그걸 오래전에 들었죠. 내 아들이 알기도 전에요." 우리와 1미터도 채 떨어져 있지 않은 곳에 서 있던 그의 매니저가 말한다. "믿기지가 않아. 빌어먹을, 정말 믿기지 않는다고." 나는 수천 명의 출연자들 사이를 떠돌아다닌다. '오직 공연자들만'을 위해 따로 마련된 구역인 이곳조차도 친구들과 가족들, 소녀 팬들 그리고 멋지고 성가신 선택된 존재들이 떼를 지어 몰려다닌다.

듀란듀란의 멤버들이 소녀들에게 둘러싸인 채 폐쇄회로 텔레비전 화면 앞 소파 뒤에서 배회한다. 누가 되었든 그들과의 잠자리를 꿈꾸는 예쁘장한 소녀 팬 하나가 종알종알 질문들을 지껄이는 와중에, 한 매력적인 젊은 남자가 점점 잠에 빠져들고 있다. 나는 그 남자 옆에 가서 바닥 위에 앉는다. 그러자 그가 자세를 바로 하고 앉는다. 내가 누구인지 알아본 그는 공손한 태도로 내게 정치적인 질문들을 하기 시작한다. 우리는 중앙아메리카에 대해 이야기를 나누고, 레이건 행정부를 잘근잘근 씹는다. 그 대화는 실제로 어느 정도 재미가 있다. 사람들은 나를 만나면 정치 이야기를 해야 한다고 생각한다. 상관없다. 그러나 오늘 나는 그저 가볍게 농담을 하고 만다. 《샌프란시스코 크로니클》의 조엘 셀빈과 우연히 눈이 마주친다. 그는 인디아나 존스의 모자를 쓰고 있다. 우리는 잠시 수다를 떤다. 그가 우드스톡 광고 전단에 오른 사람들 가운데 라이브 에이드 광고 전단에도 오른 팀이 오직 넷뿐이라는 걸 아느냐고 내게 묻는다. 설마요. 내가 말한다. 기분이 좋아진다. 그 네 팀은 나와 더 후(The Who), 크로스비 스틸스 앤 내시(Crosby, Stills and Nash) 그리고 산타나이다. 내가 기쁨을 숨기지 못하는 걸 보고 조엘이 놀린다.

나는 대망의 피날레를 장식할 리허설에 가서 상황을 확인하기로 결심한다. 그때 켄 크라겐과 정면으로 마주친다.

"환상적이에요!" 그가 말한다. "지금 모든 것을 조합하고 있어요. 당신은 마돈나와 함께 후렴 첫 번째 두 줄을 노래하게 될 거예요." 그가 방향을 바꿔서 나를 밴까지 바래다준다. "그런 다음 시나 이스턴이 '우리가 해야 하는 선택이……' 부분을 부를 거예요." 그는 제멋대로 내게 자기 생각을 밀어붙이고 있음을 내가 눈치 못 채길 바라며 계속 주절거린다. 마돈나? 안 될 거 뭐 있어? 세상에 마돈나 둘을 동시에 내놓고 문화 충격의 멋진 실례를 보여 주지 뭐.

리허설 밴은 움직이는 향연장이다. 메리 트래버스, 디온 워윅, 듀란 듀란, 시나 이스턴. 나는 팔을 크게 벌려 시나 이스턴을 포옹한다. 나는 그녀를 마돈나로 여기지만, 그녀는 그저 불행해 보인다. 나는 존 테일러(John Taylor, 듀란듀란의 베이시스트—옮긴이)가 앉아 있는 곳으로 가서 오른쪽에 놓인 소파 가장자리에 걸터앉아 그와 재치 있는 농담을 나눈다.

심신통일훈련(EST)을 받았을 것 같은 사람들 가운데 한 사람이 우리를 조직하는 임무를 맡았다. 그들에 대해서는 이만큼만 말하겠다. 그들은 정말 EST 과정을 모두 마친 것처럼 보이고, 자기주장을 하는 방법을 알고 있다. 그리고 그런 사람이야말로 밴에 가득 찬 아주 엉뚱하고 더위에 지치고 주의가 산만한 가수들의 합창 감독으로 제격인 사람이다. 그가 큰 소리로 이런저런 지시를 내린다. 해리 벨라폰테가 도입부를 마칠 즈음, 마돈나와 내가 빨간색 마이크로 다가가 "위 아 더 월드" 후렴 부분을 부른다. 그리고 시나 이스턴이 "우리가 해야 하는 선택이, 우리가 우리의 삶을 구원할 선택이 있어요"를 부른 뒤 우리 셋이 함께 "우리는 분명 더 나은 날을 만들 거예요. 바로 당신과 내가"로 마무리할 것이다.

그나저나 마돈나는 어디 있지? 리허설에서 면제된 건가? 아마도 그런 것 같다. 바로 그때 〈마이애미 바이스〉의 돈 존슨이 만면에 미소를 띠운 채 단정하진 않지만 매력적인 모습으로 나타난다. 나는 그와 시선을 맞추며 내 옆자리를 톡톡 친다. 그가 다가와 앉는다. 나는 그를 즐겁게 해주기로 결심한다. 기분 좋게 놀란 그의 표정은 마치 내가 방탕하고 재미있고 고약한 뒷공론을 즐기리라고는 전혀 기대하지 못했음을 알려 준다.

나는 남자들과의 교제를 즐긴다. 존 테일러는 전형적인 나르시스이다. 완벽한 안색에 굽이치는 머리칼, 감싸인 예쁜 설화석고 같은 얼굴, 싸구려 로맨스 소설 표지에서 바로 튀어나온 듯 기막히게 사랑스러운 눈, 주름 잡힌 헐렁한 재킷 차림으로 편안히 앉아 있는 나른한 몸. 비록 정열은 없을지언정 그는 일종의 뉴웨이브 달타냥이다. 그리고 놀랍도록 재치가 있다. 그는 내가 보내는 관심을 적당한 수준으로 되돌려 준다.

〈마이애미 바이스〉의 존슨이 진행하는 텔레비전 쇼는 사실 내가 평생을 바쳐 대항해 온 것, 말하자면 폭력의 미화와 정당화를 대표한다. 뭐 어쨌든 그는 카리스마 있고 섹시한 남자의 전형이다. 거기에다 상대방을 무장해제시키는 영원한 젊음이라는 요소와, 말런 브랜도와 제임스 딘의 소년 같은 분위기가 더해져 있다. 그는 브랜도와 딘의 강렬함과 성적 매력을 가지고 있으며, 깊이에서 부족한 부분을 옷차림으로 채워 넣는다. 또한 신분 상승을 지향하는 비밀 수사요원이다. 그는 수천 달러짜리 양복을 걸치고 주문 제작한 신발을 신으며 천연염료로 멋지게 물들인 사파리 스타일의 고급 티셔츠를 입는다. 나는 그의 더할 나위 없이 멋진 보조개를 응시하며, 만약 그가 총집이 달린 벨트를 하고 있다면 더 멋질 거라고 생각한다. 나는 흥분을 사랑한다. 하지만 이제는 남자들 주변에서 어떻게 처신해야 좋을지 모르겠다.

해리 벨라폰테가 애틀랜틱시티에서 열리는 공연 중간에 날아오고 라이오넬 리치도 곧 이곳에 도착할 예정이며, 40명의 아이들로 이루어진 합창단이 무대 위에서 우리와 함께할 거라는 켄 크라겐의 말에, 모여 있던 남자들이 저마다 뿔뿔이 흩어진다. 혼란 그 자체라고 생각하며 나는 사랑스러운 남자들로부터 내키지 않는 발걸음을 옮긴다. 그리고 한번 들여다볼 요량으로 무대 쪽으로 향하다가 더 카스(The Cars)의 보컬인 귀여운 작은 악마 옆을 지나간다. 그는 공연을 훌륭히 마쳤고, 지금은 텔레비전 인터뷰를 하고 있는 중이다. 나는 그를 '귀여운 작은 악마'라고 부르며 그의 볼을 친근하게 꼬집어서 진지한 답변들을 방해한다. 나는 생각한다. 정말이지, 이런 처치 곤란한 여자를 보았나. 누가 나를 새장에서 꺼내 놓았지? 얼마나 오랫동안 새장 안에 있었던 거야? 다행히도 그 귀여운 작은 악마와 그의 아내가 나를 발견하고 내게 말한다. "당신은 굉장해요." 나는 곧 내 행동에 사과한다.

나는 텔레비전 화면 앞을 지나간다. 그리고 마돈나의 공연이 재생되는 것을 본다. 스포트라이트가 희미해지고 울어서 빨개진 너의 눈을 아침 햇빛이 비춘다면, 네게 무슨 일이 일어나게 될까? 그땐 이 늙은 마돈나를 만나러 오렴. 나는 친절하게 재스민 차를 대접하고, 너의 불같은 젊은 삶의 재들로부터 버둥거리며 나오는, 아직은 형체를 이루지 않은 질문들에 대해 조용히 이렇게 말해 줄 거야. "나는 이해한단다, 얘야. 나는 이해해." 그러나 지금은 다이아몬드처럼 빛나는 성공의 도취감에서 춤추고 노래하고 도발적으로 몸을 내밀고 허리를 틀어 엉덩이를 흔들렴. 찰랑거리는 현란한 목걸이와 몸에 착 달라붙은 핫팬츠를 입고……. 그러면 언젠가는 너의 그 잘생긴 《플레이보이》 젖꼭지들도 좀 더 소박한 쓰임새를 찾을 수 있을 테고, 너는 훨씬 충족된 인생을 찾을 수 있겠지. 슈퍼마켓에 가는 게 처음에는 쉽지 않을 거야.

나는 주변을 돌아다니며 인터뷰를 얼마간 하고, 화면에 등장한 독일의 록 스타 우도 린덴베르크를 곁눈으로 탐지한다. 그리고 바닥에 앉아 무릎을 턱까지 바짝 잡아당기고 독일에 대해 생각한다. 오전에 입었던 낙하산 치마는 바로 독일에서 산 것이다. 우도가 짙은 억양으로 강력한 정치적 선언문을 읽는다. 나는 마음속으로 그를 응원한다. 그가 말한다. "그렇습니다. 기아를 위한 콘서트는 좋은 것입니다. 그러나 기근과 굶주림이라는 사실과 서로 뗄 수 없는 실제적인 사안은 바로 군사력과 부의 불공평한 분배입니다."

그의 연설은 약간은 좌익 편향적이고 내 귀에는 거슬렸지만, 어쨌든 그 말을 듣고 나니 기쁘다. 그리고 나와 무언가 공통점을 가지고 있는 친구와 동포를 보고 나니 기분이 좋다. 나는 내가 정말로 다른 세계에 살고 있다고 생각했다. 물론 그것이 나를 불행하게 만들지는 않는다. 그러나 그것은 정말로 나를 외롭게 만든다. 우도가 연설을 끝냈을 때, 나는 크게 박수를 쳤다. 그럴 수밖에 없다. 나는 모국에서 이방인이고, 언제나 내 영혼을 팔지 않고도 편안함을 느낄 수 있는 길을 찾아야 한다.

오늘, 나는 그저 재미있게 즐기려 한다. 그리고 머지않아 나는 음반 계약을 할 것이고, 아름다운 앨범을 만들 것이다. 강렬하고 음악적이며 흥미롭고, 내 자작곡이 세 곡 정도 수록된 앨범 말이다. 재킷에는 나의 매력적인 사진이 담길 것이다. 앨범을 열면 노드스트롬 백화점에서 산 검은색 크레이프 이브닝가운을 입고 찍은 커다란 내 사진이 나온다. 작은 원형 금속편으로 장식된 천이 이집트 여왕 스타일로 왼쪽 가슴을 덮고, 보라색 타조 깃털이 왼쪽 어깨 너머로 적어도 30센티미터는 뻗어 있다. 오른쪽 어깨는 전혀 보이지 않는다. 단지 햇볕에 탄 날씬한 팔이 보일 뿐이다. 나는 팔꿈치를 구부리고 손등을 카메라 쪽으로 향한 채 미국의 모든 주요 음반회사를 향해 거대한 새를 날려 보낸다.

리허설 밴으로 돌아갈 시간이다. 흥분으로 분위기가 들떠 있다. 라이오넬이 도착했고 패티 라벨도 도착했다. 그들이 나타나자 흥분으로 술렁거리면서 그들에게 이목이 집중된다. 애틀랜틱시티에서 이곳으로 날아온 해리 벨라폰테와 줄리 벨라폰테 부부가 갑자기 등장한다. 해리는 50년대 어느 방송에서, 그가 페튤라 클락의 손을 잡는 걸 사람들이 허락하지 않았던 그때와 같이 여전히 잘생긴 모습이다(이 부분은 바에즈의 기억이 잘못된 듯하다. 해리가 NBC 텔레비전 쇼에서 게스트로 출연하여 페튤라와 손을 잡고 노래한 것은 1968년의 일이다. 흑인과 백인이 방송에서 신체 접촉을 했다 하여 방송국에서는 이 장면을 잘라 내려고 했지만 페튤라가 이를 막았다—옮긴이). 그때 크리시 하인드와 내가 함께 노래하게 될 거라고 발표를 한다. 나는 생각한다. 좋아. 그런데 크리시 하인드가 누구지? 마돈나에게는 무슨 일이 일어난 걸까? 크리시 하인드는 친절하다. 그러나 긴장해 있다("마돈나는 무대에 오르지 못한대요. 그러니 당신은 저와 함께 뭉쳐요!"). 나는 밴이 다 찰 때까지 그녀와 잡담을 나눈다. 듀란 듀란이 돌아온다. 그리고 피터 야로우가 다가와 내 손을 잡고 그저 고개를 젓기만 한다. 젓고 젓고 또 젓는다. 무슨 말을 해야 할지 아무 생각도 나지 않는 탓이라고 나는 짐작한다. 그는 심성이 좋은 사람이다. 1960년에 우리가 함께 텔레비전 쇼에 나가 노래할 때부터 나는 피터와 알고 지냈다. 그의 정수리에는 머리카락이 한 올도 남아 있지 않다. 나는 〈마법의 용 퍼프〉(Puff the Magic Dragon, 1963년에 피터 폴 앤 메리가 만든 노래로, 〈마법의 용 퍼프 이야기〉의 주제가로 쓰였다—옮긴이)를 생각하며 그에게 미소를 짓는다. 그리고 팔을 한껏 벌려 그를 포옹한다. 나는 그가 말을 한마디도 하지 않았다고 생각한다.

'마이애미 바이스' 씨는 나타나지 않는다. 폴과 메리가 등장한다. 한 무리의 영화배우들과 멜리사 맨체스터도 나타난다. 그녀는 패티 라벨과 친구이다. 우리는 어중이떠중이들처럼 모여 리허설을 시작한다. 마치 천막 부흥회 같은 분위기이다. 이제 우리는 새들의 날개를 타고 높이 날아간다. 그리고 멋지게 노래한다. 우리의 음악감독이 자제심을 잃고 누구든 공연하지 않는 사람들은 제발 여기서 나가 달라고 부탁한다. 패티 라벨의 아이들과 몇몇 추종자들이 마지못해 발을 끌며 옆방으로 간다. 그러나 그들은 여전히 문간에서 눈을 크게 뜨고 이곳을 주시하고 있다. 셰어(Cher)가 머리에 뾰족한 징을 주렁주렁 단 채 방 안으로 고개를 쑥 들이민다. 그리고 사람들 사이를 지나 소파 쪽으로 전진한다. 그녀는 나처럼 인디언의 가무잡잡한 손을 가지고 있다.

이 작은 리허설 밴은 마치 커팅하거나 커팅하지 않은, 다듬거나 원석 그대로의 온갖 다이아몬드들로 채워진 지갑 같다. 우리는 모두 노래를 할 줄 아는 사람들이다. 우리는 기쁨을 위해 노래한다. 우리는 정말로 노래한다. 패티 라벨이 미친 듯이 들떠서 다른 모든 사람들보다 크게 노래하기 시작한다. 필라델피아는 그녀의 고향이고, 이번에 라이브 에이드를 위해 고향에 돌아왔다 해도 그녀에게 해될 것은 아무것도 없다. 그녀가 하도 고음을 질러 대는 통에 머리가 빙빙 도는 것 같다. 그러나 나중에 무대 위에서 그녀가 노래 부르는 것에 비하면 그것은 아무것도 아니다. 그녀는 흰색과 검은색으로 된 가운을 입고, 흰색과 검은색 물방울무늬 신발을 신고 있다. 그리고 머리에는 날개가 달린 어떤 진기한 장치를 썼는데, 마치 서로 다른 방향의 부채꼴 모양으로 펼쳐진 두 개의 상어 지느러미가 달린 헬멧 같다. 그 지느러미들 또한 물방울무늬로 덮여 있다. 우리는 그 장치를 전부 그녀의 머리라고 생각해야 한다. 나는 그 지느러미들 가운데 하나를 거의 건드릴 뻔했는데, 혹시라도 그녀가 뒷걸음질을 쳐서 내 손가락을 베어 버릴까 봐 두려웠다. 그녀의 손톱은 길이가 족히 3센티미터는 되고 밀가루 반죽처럼 하얬다. 하지만 세상에, 그녀는 노래를 부를 줄 안다. 나는 그녀에게 무대 위에서 그녀 옆에 서고 싶다고 말한다. 그러다 문득 그 자리에 대한 권리는 멜리사가 갖고 있다는 걸 깨닫는다. 그래서 그 이야기를 그만두려는데, 너그럽게도 패티가 그렇게 하자며 내게 한쪽 공간을 온전히 내어 주겠다고 말한다. 실제로 패티 옆은 공간이 충분했다.

그 노래를 적어도 열 번은 연습하고 나자, 모두들 미식축구 챔피언 결정전을 앞둔 아이들처럼 장난스러워진다. 켄이 새로운 지시 사항을 외친다. 이제 우리는 분장실로 가서 20분 동안 머물렀다가 무대 위로 오를 것이다. 시끄럽게 떠들고 한담을 나누고 서로 어울리면서 무대에 오를 준비를 한다. 배경으로 딜런의 목소리가 들려온다. 그는 롤링스톤스의 멤버 두 명과 함께 무대 위에 있다. 나는 그들의 공연을 보지 못해서 2주 뒤에야 비디오로 보았는데, 그들은 마치 옛날 공포영화 전문 배우인 빈센트 프라이스가 나온 영화 가운데 죽지 않는 사람들을 연기한 세 명의 단역배우들 같았다. 멜리사와 나는 잡담을 하며 분장실로 향한다. 그녀는 한쪽 손의 가운뎃손가락에 은반지를 끼고 있다. 또 그것은 손목 위의 팔찌와 짝을 이루며 작은 사슬로 연결되어 있다. 손가락 족쇄를 본 것은 그때가 처음이다. 내가 그 진기한 장치에 감탄하자, 그녀가 자신의 삶은 이제 달라졌으며 거리의 갱단과 일하기로 했다고 농담을 한다.

우리는 분장실에서 텔레비전 제작진들의 밝은 조명을 받으며 충실하게 앉아 있다. 잡담을 나누기도 하고 화면에 자연스럽게 비치도록 애쓰기도 한다. 딜런이 단조로운 목소리로 이야기한다. 나는 그제야 그의 쇼가 곧 끝날 것이며 멜리사와 내가 엉뚱한 장소에 있는 게 분명하다는 사실을 깨닫는다. 우리는 재빠르게 밖으로 나가서 정처 없이 돌아다니는 군중 가운데 우리 그룹에 속한 누군가를 필사적으로 찾는다. 하지만 아무도 보이지 않는다.

나는 경호원에게 달려가 어디에 또 다른 분장실이 있는지를 묻는다. 그러나 모른다는 대답만 듣는다. 멜리사와 나는 마치 작별의 밤을 나누는 화톳불 옆에서 부를 만한 노래를 찾지 못하는 두 야영꾼들 같다. 우리는 손을 잡고 무대로 이어지는 터널 출입구를 찾아 뛰기 시작한다. 그러나 마치 악몽을 꾸는 것 같다. 우리 둘 다 그것이 어디 있는지 모르기 때문이다. 나는 여전히 그녀와 손을 잡고 있다. 내가 또 다른 경호원의 팔을 잡고 "제발 우리를 무대로 데려다 주세요" 하고 부탁해 보지만, 그는 자신의 위치를 떠날 수가 없단다. 대신 손으로 터널이 있는 방향을 가리킨다. 우리는 맹렬하게 뛴다. 나의 숟가락 목걸이가 철컥거리고, 그녀의 작은 사슬이 출렁댄다. 우리는 여전히 손을 잡은 채 제시간에 맞춰 계단 꼭대기에 도착하여, 은하계의 모든 별(스타)들이 커튼으로 가려진 구역에서 쏟아져 나와 무대 앞쪽으로 향하는 모습을 본다. 그들은 서커스 의상실에서 부모로부터 해방되어 광포해진 한 무리의 아이들처럼 보인다. 나는 멜리사에게 마지막 농담을 하고 크리시를 찾는다. 나는 마음가짐만은 꽤 괜찮은 야영꾼이라서, 언제나 내 방식으로 지침들을 따르려 노력한다. 그 지침들이 틀리다는 것을 깨닫기 전까지는 말이다.

우리는 완전히 무질서해진 상태로 커튼 뒤쪽에 모여 있다. 나는 우리의 무대를 위해 세워지고 있는 장비들 가운데에서 '빨간 마이크'를 찾아보지만, 아무 데도 보이지가 않는다.

딜런의 노래 〈바람만이 알고 있다네〉가 마지막 절에 가까워지고 있다. 나는 켄 크라겐의 말을 떠올리며 큰 소리로 웃는다. "밥의 〈바람만이 알고 있다네〉가 끝날 때쯤, 라이오넬이 커튼 뒤에서 나타날 거예요.

그리고 밥에게 팔을 두르고 이렇게 말하죠. '밥, 오늘 밤 여기에 당신의 친구들 중 일부를 데려왔어요.' 이윽고 커튼이 열릴 것이고 그곳에 우리 모두가 있는 거죠!" 딜런은 마뜩지 않을 것이다. 그는 자신의 등 뒤에서 일어나는 어떤 일도 참지 못한다. 우리는 모두 웃고 포옹하며 중요한 순간을 기다리고 있다. 크리시가 보이지 않는다. 나는 나의 노래 파트너를 찾아 스타들의 무리에서 재빨리 들락날락한다. 딜런이 노래를 끝낸다. 미소 띤 얼굴과 편안해 보이는 라이오넬 옆에서, 딜런은 혼란스럽고 왜소해 보인다. 익숙한 멜로디가 시작되고 나는 미친 듯이 '빨간 마이크'를 찾는다. 라이오넬이 노래를 부르기 시작하자 관객이 비명을 지른다. 스타들이 무대 전체로 부채꼴 모양으로 퍼진다. 이제 해리의 차례이다. 그러나 우리는 그의 목소리를 들을 수 없다. 애틀랜틱시티 공연 때문에 목이 쉬었음이 분명하다고 나는 생각한다. 그리고 다시 '빨간 마이크'를 찾아 마지막으로 무대를 한 번 더 훑는다. 그러나 역시 아무것도 보이지 않는다. 순식간에 우리 차례가 다가온다. 나는 크리시를 세게 잡아당긴다. 그녀는 이런 일들이 벌어지는 내내 꽤 침착하고 상냥하다. 해리의 마이크가 가장 안전할 것이다. 마침내 그것이 켜졌기 때문이다. 그리고 우리는 그의 비단결처럼 부드럽고 허스키한 목소리를 들을 수 있다. 우리가 멋지게 등장하기 전까지 그는 마지막 가사를 힘껏 노래한다. 나는 크리시를 내 옆으로 바짝 잡아당긴 후 해리의 뒤로 다가가 관심을 바라는 강아지처럼 그의 팔 밑으로 코를 들이민다. 그러자 그의 잘생긴 눈썹이 놀라서 약간 올라간다. 그러나 시간상 "실례해요"라는 말만 겨우 할 뿐이다. 곧장 우리의 차례가 왔기 때문이다. 나는 한 손으로 마이크를 붙잡고 다른 한 손으로는 크리시의 손을 꽉 붙잡는다. 우리는 최선을 다한다.

불행하게도 엔지니어들에게는 다른 지침이 내려온 모양이다. 어쩌면 우리는 빨간 마이크에 대고 노래를 불러야 했는지도 모른다. 처음 몇 음을 부르는 동안 아무런 소리도 나오지 않았다. 그러나 이내 소리가 나오고 그것은 정말 환상적이다. 나는 마이크를 독점하는 것에 대한 나의 자자한 명성을 의식하고 마이크를 크리시 쪽으로 돌린다. 시나가 우리 왼쪽에서 나타난다. 조용하지만 아주 맹렬하게 마이크를 움켜쥐고는 자기 쪽으로 가져간다. 덕분에 우리는 우리에게 맡겨진 짧은 소절도 채 끝내지 못한다. 시나는 공연은 하지도 못하고 단지 사회자로서 말만 한 것에 대한 좌절감을 가사 두 줄에서 죄다 토해 낸다. 그러나 그녀만 좌절을 느낀 건 아니다. 그녀가 그 마이크를 새롭게 발견한 세습재산인 양 움켜쥐고는 셋이서 불러야 할 부분을 혼자서 독식하는 바람에, 나는 내 입에서 멀어진 그 마이크를 향해 어색하게 몸을 기울여야 했고 크리시는 그조차 못한 채 완전히 배제되었기 때문이다.

이 모든 것은 덜 중요할 수도 있다. 우리는 즐거운 분위기와 노래의 향연을 만끽하고 있다. 그리고 관객은 광란에 빠져 있는 상태이다.

패티 라벨을 찾으면 좋겠다는 생각이 어렴풋하게 든다. 그저 잠시만이라도 그 목소리와 함께 날고 싶을 뿐이다. 그러나 스타들이 서로 마이크를 차지하려고 공세를 펼치고 있음을 깨닫는다. 나는 경쟁하고 싶지 않다. 그래서 주위를 둘러보다가 앞줄을 떠나 북적이는 무대 속으로 향한다. 나는 피터, 폴 앤 메리와 정면으로 마주친다. 피터가 소음 너머로 목소리를 한껏 높여 자기와 팔짱을 끼겠느냐고 묻는다. 나는 고개를 저으며 사양한다. 그리고 사람들의 열을 통해 미끄러지듯 두 번째 열로 간다. 듀란듀란이 있다. 나는 존 테일러 옆에 선다. 그는 무척이나 매력적이니까. 그가 상냥하게 내 팔짱을 낀다. 그리고 무대 위로 열 맞쳐 행진해 나온 40명의 어린 아이들 바로 뒤에서 우리는 목청껏 노래한다.

너무나 행복한 순간이다. 이곳에서 밤새도록 머물 수도 있을 것 같다. 패티와 디온과 멜리사와 라이오넬의 목소리가 비교적 뚜렷이 들리고 나머지 가수들의 목소리는 온통 뒤섞여 있다. 라이오넬이 우리를 향해 팔을 흔들어 조용히 시키고 관객들에게 함께 부르자고 유도한다. 나는 한껏 유쾌해져서 내리쬐는 햇볕과 분위기에 흠뻑 젖어든 관객의 목소리에 귀를 기울인다. 문득 궁금해진다. 그날이 그들에게 무엇을 의미할지, 그리고 앞으로 그날이 그들 삶에서 무엇을 의미하게 될지. 다시 우리의 차례이다. 모두들 포옹하거나 입을 맞추거나 노래하거나 춤을 춘다. 그리고 노래는 끝이 난다. 모든 스타들이 사람이 되고 모든 사람들이 스타가 된다. 그리고 그날의 대단원은 막을 내린다.

나는 존 테일러를 포옹한 뒤 무대 왼쪽으로 걸어간다. 가는 길에 여러 사람들과 웃으며 포옹을 나눈다. 드럼 소리가 다시 울리기 시작하고 우리는 한 번 더 후렴을 부른다. 나는 그 드럼 소리에 맞춰 장난스럽고 섹시한 뱀 춤을 추는 믹 재거와 마주친다. 그리고 잠시 그와 함께 춤을 춘다. 어딘가에서 카메라들이 나타난다. 내가 그를 성가시게 하는 건 아닌지 걱정된다. 하지만 무척이나 재미나서 나는 그가 뱀 춤을 추며 군중 속으로 섞여 들어갈 때까지 계속 춤을 춘다. 나는 티나 터너를 발견하고 그녀의 뒤로 다가가 가죽으로 감싼 몸에 팔을 두른다. 그녀는 어깨 너머로 신경질적인 시선을 던진다. 그러다가 나를 확인하고는, 커다랗게 "와!" 하고 외치며 싱긋 웃는다. 내가 그녀를 포옹하자 그녀가 머리를 뒤로 젖혀 나의 어깨 위에 기댄다. 그리고 우리는 달을 향해 화음을 울부짖으며 그 노래를 끝낸다. 그녀는 예의 그 호랑이 같은 웃음소리로 웃는다. 나는 그녀를 놓아 주고 포옹을 푼다. 그녀는 머리부터 발끝까지 흠뻑 젖어 있다. 너무 뜨거워서 그녀에게 호스로 물을 뿌리면 지글지글 소리가 날 것 같다. 그녀의 가발에서 떨어진 머리카락 두 올이 그녀의 흠뻑 젖은 가슴 위에 착 달라붙어 있다. 그것을 집어내 주고 싶지만, 그녀를 당황하게 하고 싶지 않다. 누군가 와서 그녀를 계단 아래로 호위해 간다. 나의 콘서트 대리인이자 친구인 피터 그로스라이트가 나타나 나를 조용히 아래층으로 안내한다. 우리는 열심히 일한 무대 담당자들과 경호원들 사이에 잠시 머물렀다가 그들을 지나 유명인들, 매니저들, 주요 인사들, 그 주변 사람들, 소녀 팬들, 사진사들, 기자들 그리고 여기저기 숨을 곳을 찾아 달려가는 공연자들의 무리를 지나간다.

버스에 올라타자 피터가 티나와 그녀의 매니저인 로저 그리고 그들의 일행과 함께 앉을 수 있도록 내 자리를 마련해 놓았다. 우리가 끼어 앉는다. 그때 체비 체이스가 버스에 오르고, 이어서 케니 로긴스가 오른다. 우리는 모두 따뜻한 맥주를 마시고 농담을 하며 크게 웃는다. 티나는 드레스라기보다는 잠옷처럼 보이는, 얇은 하얀색의 주름 있는 옷을 입고 있다. 웃을 때마다 옷이 내려가 오른쪽 어깨가 드러난다. 그런데 그녀는 늘 어정쩡한 위치까지만 잡아 올려서 그녀가 웃느라 몸이 움직이면 다시 벗겨지곤 한다. 나는 그녀가 하여간 속옷을 입었다고는 생각하지 않는다. "터너 씨, 어째서 당신은 그토록 순수한 거지?" 나는 그녀 특유의 신경질적인 목소리를 흉내 내어 재미있는 이야기를 한다. 그녀가 웃는다. 나는 그녀의 멋진 갈색 얼굴과 백스테이지의 방범등 불빛을 받아 반짝이는 완벽한 치아를 바라본다.

〈마이애미 바이스〉의 존슨이 한 팔에 아이를 안고 우리가 타고 있는 버스 앞을 달려서 지나간다. 흥분한 팬들이 혜성의 꼬리처럼 그의 뒤를 졸졸 따르고 있다. 나는 누군가의 따뜻한 맥주를 다 마시고 로저의 어깨에 머리를 기댄 채 눈을 감는다. 그리고 티나의 가슴 위에 붙어 있는 머리카락 두 올을, 그리고 U2의 아일랜드인 싱어의 젊은 예수 같은 얼굴에 달라붙어 있는 헝클어진 머리칼을 떠올린다.

콘서트를 마치고 한 달 반 뒤에 이 글을 쓸 때에도 나는 여전히 당시 현장에 있는 것처럼 그 시간을 생생하게 느낀다. 그 시간과 이후 연예계 사람들의 행동이 라이브 에이드가 나눔의 날로서 단지 단발성의 행사에 불과했는지 여부를 결정지을 것이다. 나는 그 영광스러운 7월 13일의 서커스에 참여했던 가수와 댄서들이 주기적으로 기꺼이 나누고자 노력하기를 희망한다. 그리고 그들이 그런 커다란 행사에 출연할 기회가 생기기만을 무작정 기다리지 않기를 바란다. 사람들이 작은 마음이나마 기꺼이 나누고자 하는 걸 충분하다고 여겨야 하겠지만, 나는 더 나아가 그들이 정치화되기를 요구한다. 어쩌면 나는 언제나 너무 많은 것을 요구하는지도 모른다.

걸프의 바람

어머니는 풀장 맨 끝 그늘에 앉아 있고, 아버지는 햇볕을 받으며 풀장 가장자리에 올라앉아 있다. 나는 다리 하나를 물속에 담근 채 흔들며 아버지와 마주하고 있다. 그들은 10년 전에 별거했고, 내 생각엔 그 이후로 더 좋은 관계를 유지해 왔다. 나는 자신의 생각을 토로하는 아버지의 말에 귀를 기울인다. 그리고 그의 삶에 대해 생각한다.

아버지는 생태 특별 보류지인 습지에서 산다. 그가 살고 있는 집은 물과 진흙과 강하고 질긴 피클위드 위에 세워진 파격적인 스타일의 작은 집들에 둘러싸여 있다. 그리고 집 현관에 다다르려면 비바람에 풍화된 긴 가설 통로를 지나야 한다. 아버지를 스쳐 가는 것들이 모두 그의 친구이다. 또 다른 친구들은 그를 방문하기 위해 전 세계에서 날아오는 사람들(동물들)이다. 아내와 딸들, 오리들, 커다란 파란 왜가리, 눈처럼 하얀 해오라기, 도요새, 찌르레기……. 찌르레기 우는 소리는 우울하게 들리는데, 처음에 그것 때문에 아버지는 괜히 슬퍼졌다고 했다.

개구리가 풀장의 가장자리에서 뛰어올라 바닥까지 능숙하게 헤엄을 친다.

아버지는 엑스-선 현미경 검사에 관한 초창기 연구에 기여했고, 엑스-선 입체 영상의 선구자 가운데 한 사람이다. 그는 스탠퍼드대학, 하버드대학 그리고 영국 버킹엄셔의 개방대학에서 가르쳤다. 바그다드에서 유네스코와 함께 일했던 경험은 저개발 국가들의 과학교육에 관심을 갖게 된 계기가 되었다. 아버지가 의장을 맡고 있는 위원회와 함께 만든 과학교육용 영화들은 쉽게 한 페이지를 채운다. 그는 에스파냐어와 영어는 물론 프랑스어로도 의사소통이 가능하다. 연설을 하고 위원회를 이끌며 세계의 많은 부분을 여행하는 과정에서, 아버지는 인구(population), 가난(poverty), 공해(pollution) 그리고 핵무기의 확산(proliferation of nuclear weapon) 등 현대의 가장 긴급한 사안들이라고 스스로 간주하는 것들에 대한 이론들을 발전시켰다. 20년 뒤, 아버지는 네 가지의 P를 이해하고 해결하기 위해 필요한 네 가지의 C, 즉호기심(curiosity), 창의력(creativity), 능력(competence) 그리고 동정심(compassion)에 대해 논설했다. 오늘 풀장 옆에서, 그는 인류가 지구에 야기한 모든 해악을 치유할 시간이 없을지도 모른다고 말했다.

아버지는 빠른 타격(fast bang)과 느린 타격(slow bang)에 대해 말하고 있다. 빠른 타격은 홀로코스트, 최후의 붕괴, 제3차 세계대전이다. 느린 타격은 거주민들의 탐욕과 무지로 인한 지구 자원의 꾸준한 감소이다. 그는 느린 타격이 더 큰 위협이라고 생각한다. 어쩌면 되돌릴 수 없을 정도로 지금도 진행 중이기 때문이다. 빠른 타격의 경우 피할 수 있는 여지가 아직은 남아 있을지도 모른다. 그러나 가능성은 점점 더 희박해지고 있다. 새로운 생각들이 마음속에서 형성되고 변화할 때, 아버지의 이마에는 주름이 파이고 피부에는 골이 진다. 그리고 눈 밑 다크서클이 걱정스러울 만큼 두드러진다. 이러한 불안과 동요의 순간에는 아버지의 어깨가 지나치게 작아지고 처져, 금세 풀 죽은 표정이 된다. 그가 손으로 자신의 어깨를 꽉 쥐고 말을 한다. 평소 쾌활하던 사람이 기가 꺾여 있는 모습을 보니 화가 난다. 시간이 흐른 뒤에도, 그는 자신이 '절망'이라는 단어를 사용했다는 사실을 기억하지 못할 것이다.

햇빛이 아버지의 얼굴에서 계속 춤을 춘다.

이제 나는 로널드 레이건이 아버지와 동갑이라는 사실을 떠올린다. 둘은 몇 가지 공통점을 가지고 있다. 두 사람 모두 젊은 기백을 지니고 있고, 명랑하고, 나이에 비해 늙은 티가 나지 않으며, 낙관적이다. 하지만 그 외에는 차이점들만 두드러질 뿐이다.

대통령은 아버지와 내가 경고하는 세계의 재난에 대해서는 무지하거나 관심이 없다. 그는 이러한 재난을 야기하는 가운데 미국이 가진 어떠한 책임에 대해서도 이미 면역이 되어 있다. 그는 자신이 정의 내린 좋은 사람들과 나쁜 사람들이라는 개념을 넘어서 생각해야 하는 불편함을 꺼리며, 무엇보다 우울해지는 걸 싫어한다. 그의 유쾌하고 무능한 태도는 키신저와 커크패트릭(Jeane Kirkpatrick, 미국의 국익에 부합하다면 독재정권과도 손잡을 수 있다고 주장한 '커크패트릭 독트린'으로 유명하며, 1981년부터 1985년까지 유엔 주재 대사로 일하며 보수적 대외정책을 주도했다—옮긴이)의 잔학한 능률보다는 차라리 낫다. 그러나 다른 한편 그는 그들과 똑같이 반공주의라는 거대하고 모든 것을 아우르는 편리한 기치 아래서 자행되는 똑같이 어둡고 피비린내 나는 행위들에 연루되어 있다.

내가 화가 나는 건, 어떻게 이 남자와 그의 추종자들이 나의 아버지 같은 사람을 간단히 무시해 버릴 수 있느냐는 것이다. 아마존 삼림의 유린, 강물의 오염, 자연 에너지의 오용과 고갈 그리고 우리 아이들이 마시는 공기를 더럽히는 것에 대해 항의한다는 이유로, 그들은 손사래를 치며 내 아버지와 같은 사람들을 마치 재액 예언자나 우울증 환자, 염세적 진보주의자로 가볍게 치부해 버렸다.

아버지의 지적인 얼굴을 들여다보면서, 나는 미국 사회에서 좌천된 양심적인 학자들과 양심적인 남자, 여자들의 옹색한 처지에 오싹 소름이 끼친다. 네 가지의 P에 항의하는 일은, 그것이 무엇이든 빛나는 새로운 애국주의로 향하는 현재의 추세를 장려하지 않는다.

아버지는 내가 조용히 그와 레이건을 비교하고 있다는 걸 알지 못한다. 여전히 퀘이커 예배회에 참석하고, 전 지구적으로 생각하며, 모든 사람들의 처지를 개선하는 일에 몰두해 있는, 키 작고 잘생긴 멕시코 과학자이다. 그리고 루이 라무르(Louis L'Amour)를 읽고, 〈람보〉를 보고, 프리토리아(남아프리카 공화국의 행정도시―옮긴이)에 더 이상 어떠한 인종차별도 존재하지 않는다고 생각하는 건장한 체격의 카우보이이다. 비록 아버지는 내 생각에 우쭐할지도 모르지만, 그는 나보다 훨씬 이 세상에 인정이 많은 사람이므로 내 생각을 마냥 즐기지는 않을 것이다. 이 순간에도 그는 사위어 가는 대화의 재 속에서 남은 불씨를 찾느라 바쁘다. 이미 그는 사파타(Emiliano Zapata, 멕시코의 혁명가이자 농지개혁의 주창자―옮긴이)만큼이나 완벽하게 가지런한 치아를 환하게 드러내고 억누를 수 없는 낙관주의로 눈동자를 빛내며 미소를 짓고 고개를 주억이기 시작했다. 그리고 자연의 긍정적인 힘들에 대한 감탄사로 하나의 희망적인 생각을 마무리한다. "신이여, 피클위드를 주셔서 감사합니다!"

아빠, 당신은 마을의 중심에 있어야 해요. 마을 사람들 모두가 존경을 표할 수 있도록이요. 해질 무렵이 되면 제가 그들과 더불어 그곳으로 갈게요. 그리고 당신에게 밝은색 담요와 차 한 잔과 제가 태어날 때 당신이 주신 질 좋은 보석 몇 개를 드릴게요. 그리고 차를 마시며, 제가 당신으로부터 얼마나 많은 것을 배웠는지 말씀드리겠어요. 그리고 우리 함께 그 카우보이의 영혼을 위해 짧은 기도를 올려요.

"여행을 끝내고 집으로 돌아가서, 삶이 정상 궤도로 돌아오면 무엇을 하시나요, 바에즈 씨?"

글쎄, 사실 정해진 것은 없다. 내가 바꾸는 것들이 있을 뿐이다. 합기도를 배우고, 사진을 찍고, 댄스 강좌를 수강하고, 다시 요리를 하고, 노래책에 들어갈 삽화를 그리고, 인권 프로젝트를 떠맡고, 책을 쓴다. 그러나 변함없이 내 곁에 남아 있는 친구들이 있다. 그들은 여전히 근처에 살고 있으며, 당신이 만나 봐야 할 사람들이다.

얼(Earl)이라는 노인이 있다. 그는 감옥에서 데이비드와 친구가 된 수감자로, 마침내 집행유예로 출소했고 우리의 도움으로 감옥으로 돌아가지 않아도 되었다. 그는 12년 동안 게이브의 등하교를 도왔고, 개들에게 밥을 주었고, 집과 마당 주변의 허드렛일을 했다. 그는 현재 게이브의 수양할아버지로서, 심각한 지체와 장애가 있는 사람들을 돌보고 있다. 감옥 생활을 21년이나 한 탓에, 그의 심장과 폐는 상태가 좋지 않다. 나는 그가 관상동맥 치료 병동 테이블 위에 의식을 잃고 누워 있는 모습을 본 적이 있다. 그의 몸은 플러그를 통해 온갖 기계들과 연결되어 있었고, 코 아래에는 여러 개의 관이 꽂혀 있었으며, 치아가 돌출되고 볼은 움푹 꺼져 있었다. 그리고 이틀 뒤, 그는 간호사들과 시시덕거리면서 살아 있다는 것이 얼마나 좋은지에 관해 즉흥곡을 만들었다. 그는 진줏빛 문들을 보았고, 천사들과 이야기를 나누었으며, 고아원에 있을 때 자신을 매질한 메리 마틸다라는 늙은 수녀에게 종주먹을 들이댔고, 그들 모두에게 자기는 아직 그들과 합류할 준비가 안 되어 있노라고 말했다.

가톨릭 신자이자 보모이자 요리사이자 조수이자 만능 일꾼인 영국인 크리스틴은 제2차 세계대전 때 통신부대에 있었다. 그녀는 내가 게이브를 양육하고(게이브를 돌봐 주던 게일이 간호학교에 다닌다고 떠난 뒤에는) 살림하는 것을 도와주었다. 나는 그녀를 1961년 카멜에서 만났다. 그녀는 그곳 페블 비치에서 죽어 가는 한 여자를 돌보고 있었다. 나는 그 환자에게 노래를 불러 주기 위해 방문했는데, 그것은 아주 진이 빠지는 경험이었다. 나중에 크리스틴이 내게 차 한 잔을, 정확하게는 콘스탄트 코멘트 차를 권했다. 그 이후 우리는 친구가 되었다. 그녀는 게이브가 기숙학교로 떠날 때까지 우리 집에서 일했다. 새로운 학교에서 5학년이 된 첫날, 게이브가 하얀색 반바지와 티셔츠 차림으로 화가 나서 잔뜩 구겨진 얼굴로 집에 돌아와서는, 빨간색 손잡이가 달린 노란색 줄넘기를 부여잡고 말했다. "그 빌어먹을 것들이 나더러 이걸 백 번이나 넘으래! 난 한 개도 못 넘는데!" 그는 줄넘기를 구석에 던져 버리고, 양탄자에 몸을 던지고는 계속해서 울화통을 터뜨렸다. 크리스틴이 산들바람처럼 지나가면서 내게 어떤 관심도 기울이지 말라고 몸짓으로 신호했다. 그리고 나중에, 게이브가 소파 위에 힘없이 널브러져서 오만상을 찌푸리고 있을 때, 그녀가 돌연 방 안으로 들어가 줄넘기를 집어 들었다. "오, 이런! 줄넘기네! 이거 해본 지가 벌써 몇 년이야. 이거 한번 해봐도 돼?" 그녀가 줄을 적당한 고리 모양으로 만들어 놓고 자세를 취하면서 명랑하게 말했다. 게이브가 고개를 끄덕이자, 그녀가 바로 줄넘기를 뛰기 시작했다. 뛸 때마다 즐겁게 소리를 지르며. 반 시간 뒤, 머뭇머뭇하면서도 꾸준하게 쿵쿵거리는 소리가 베란다 밖에서 들려왔다. 마치 구두점이라도 찍듯이 간간히 욕을 내뱉는 소리도 들려왔다. 그리고 몇 분 뒤, 얼굴을 장밋빛으로 물들인 게이브가 저녁 식사를 하러 나타났다. "나 스물다섯 개나 했어요." 그가 당당히 말했다.

그녀와 나는 여전히 일요일 밤마다 통화를 한다. 미국에서 문화가 차지하는 가련한 위치와, 그와 대조적으로 걸작 영화는 잘나가는 현실에 관해 토론하기 위해서이다. 나아가 내게 '적당한' 남자를 찾아 주기 위한 새롭고 기발한 발상들에 관해서도 논의한다. 하지만 우리 두 사람 모두 그것이 불가능한 과제라는 데 동의했다.

잔느는 나와 15분 거리에 살고 있다. 지난 15년 동안 그녀는 나의 재정 관련 매니저, 투어 매니저, 후마니타스의 이사, 보좌역, 안내인 및 온갖 사안들에 대한 조언자 역할을 해왔으며, 언제나 마음이 통하는 친구이다. 지금 이 순간에도 그녀는 나의 재정적인 문제들을 어떻게든 말이 되게 만들어 보려고 고심 중이다. 흔히들 말하는 것처럼, 어떤 면에서 잔느는 나에 대해서 나보다 더 잘 알고 있다. 우리는 우스갯소리로 우리가 나중에는 결국 같은 집 현관 앞에서 휠체어를 타고 있을 거라고 말하곤 한다. 다만 그녀는 그것이 그리 웃을 일은 아니라고 생각한다. 차라리 멋진 남편과 함께 현관에서 휠체어를 타고 있는 게 낫다며. 우리는 중년의 우울증에 빠져 있을 때 서로를 끌어내 주고, 기운을 북돋워 주고, 함께 저녁을 먹으러 나가고, 영화를 보러 가고, 우리에게 서로가 없었다면 대체 어떻게 됐을까를 궁금해한다. 하지만 그것에 대한 답은 두 사람 가운데 하나가 쓰러져 죽을 때까지는 알아내지 못하리라는 것을 우리는 안다.

엄마는 20분 거리에 산다. 우리는 주중에 자주 전화로 수다를 떤다. 내가 아플 때면 엄마가 진저에일과 프레첼을 가져다준다. 그리고 공영방송에서 브람스를 연주하는 어린이 바이올리니스트나 '영국의 수수께끼를 풀다' 같은 무언가 놀랄 만한 것이 나올 때 내게 전화한다. 또한 내게 위로와 힘이 필요할 때, 엄마는 잠옷 위에 코트를 걸친 채로 바로 운전해 건너온다.

리비는 내가 게이브의 새 학교를 찾는 일을 도와준 학교 선생님이다. 그녀는 또한 내가 차 한 잔과 다이어트 쿠키와 사기충천과 새벽 4시의 전화 통화와 양육에 관한 현명한 충고를 필요로 할 때 언제나 나와 함께하는 사람이다.

아이라는 케플러 서점에서 일한다. 나는 세계정세에 관한 그의 신랄한 의견들이 필요할 때, 그곳을 찾는다. 아이라는 여전히 내게 세계에서 실제로 벌어지는 일들에 관해 가장 제대로 된 관점을 제공한다. 그리고 우리를 둘러싸고 있는 끔찍한 잔학성에 직면하여 비폭력이 무엇을 의미해야 하는지에 대해 변함없이 일깨워 주는 사람이다. 그는 인류의 구제, 심지어 생존에 관해서도 그다지 많은 희망을 품지 않는다. 나 또한 그의 의견에 동의하는 편이다. 지네타와 달리, 그는 외교적인 문들을 열어 두는 것에 대해 요만큼도 신경 쓰지 않는다. 그는 남들이 좋아하든 말든 하고 싶은 말은 하고 산다. 하지만 30년이 흐른 지금도 나는 여전히 그를 좋아한다.

지네타와 나는 자주 만난다. 우리 두 사람은 모두 유럽을 그리워한다. 언젠가 그녀가 내게 기분이 우울하다고 털어놓은 적이 있다. 내가 무엇을 가져다주면 좋겠느냐고 그녀에게 물었을 때, 그녀는 달달한 걸 가져다 달라고 말했다. 나는 그녀에게 아몬드 크루아상 두 개와 살짝 구운 배 머핀 한 개, 키위 커스터드 타르트, 체리 커스터드 타르트를 가져다주었다. 우리는 앉아서 게걸스레 먹고 웃었다. 그녀는 곧 예전의 그녀로 되돌아왔고, 나를 위한 계획들을 꾸미기 시작했다. "어디 보자, 링 컨센터에서 파바로티와 함께 자선파티를 여는 게 어때?"

게일은 한 인도인 구루(지도자, 정신적 스승을 뜻하는 힌두어―옮긴이)의 집에서 6년간 머문 끝에 제정신을 차리고는 간호사로서 자신의 일을 계속하고 있다. 그녀는 죽음을 앞두고 있는 사람들, 매우 아픈 사람들 그리고 아픈 아이들을 간호하는 데 뛰어난 재능이 있다. 그녀는 수년간 간호해 온 낭포성 섬유증 환자들을 포함해 모든 병동의 환자들을 간호한다. 게다가 여전히 공포증과 씨름하는 나를 도와주는 데 가장 적격인 인물이다. 실질적인 간호사 교육을 받았고, 그녀 또한 다수의 신경증을 앓고 있으며, 나에 대해서 그리고 내가 역할을 수행하는 방식에 대해서 잘 알고 있는 까닭에, 그녀는 동정심과 상식과 의학적 지식과 최면술을 모두 동원하여 나를 온전한 정신 상태로 치유해 준다.

나의 춤 친구이자 농담 친구인 클레어가 있다. 그녀는 마약 상담과 위기에 처한 이들을 상담해 준다. 그녀가 소위 말하는 '희생자들'과 상담하는 사이사이 휴식을 취할 때, 우리는 함께 카푸치노를 마신다. 그녀와 상담하는 '희생자들'이 높은 성공률을 보이는 것은 그녀가 그들을 웃게 만드는 능력을 갖고 있기 때문이라고 나는 확신한다.

나는 가능한 한 자주 카멜로 탈출한다. 카멜은 25년도 더 전에 마이클과 나를 받아 주었던 사람들이 모여 있는 최고의 공동체이다. 지구상에 그보다 더 아름다운 장소는 없으며, 그보다 더 애정 깊고 자극이 되고 흥미를 끄는 친구들도 없다.

지금까지 언급되지 않은 나의 가장 중요한 '옛 사람들'로는 프랜시스 하이즐러의 미망인 프리디와 마이리 포어맨이 있다. 프리디는 여든이 넘었고 마이리는 여든일곱 살이다. 내가 마이리를 마지막으로 보았을 때(그녀는 푸에르토리코에서 살고 있고 그녀의 남편보다 15년을 더 살았다), 내가 말했다. "어머, 마이리! 우리가 25년간이나 서로 알고 지냈다는 거 실감해요?" 그러자 그녀가 아름다운 아일랜드 눈을 굴리며 대답했다. "정말이니, 애야? 그것밖에 안 돼?"

후마니타스의 소수정예 직원들은 회보를 발간하고 인권과 군비축소와 비폭력 교육 관련 프로젝트와 프로그램들을 계속 해 나가는 것 말고도 내가 하는 모든 요청들을 받아들이고 실행한다. 지난 몇 년 동안 그들은 나의 요청에 따라, 미국의 리비아 공격에 항의하는 행진을 조직했고(다른 평화 단체들과 더불어, 우리는 한 도시에 800명의 행진 인원을 모았고, 또 다른 도시에서는 1,000명 이상을 모았다), 투투 주교의 비폭력 활동을 지지하는 공개서한을 나와 공동으로 작성하여 레흐 바웬사, 코라손 아키노, 김대중, 매어리드 코리건, 아돌포 페레스 에스키벨(Adolpho Pérez Esquiel, 아르헨티나의 인권운동가로 1980년 노벨 평화상 수상자이다—옮긴이) 등 여러 사람들의 서명을 받아 남아프리카 신문사에 보냈다. 우리는 망명 중이던 러시아의 반체제 인사인 이리나 그루니나가 출산 시기에 맞춰 적절한 건강관리를 받을 수 있도록 모스크바로 돌려보내는 데 성공했다. 그 일이 성사된 것은 우리가 코레타 킹, 로잘린 카터 그리고 내가 공동서명한 호소문을 러시아 당국과 언론에 보냈기 때문이다.

우리는 변함없이 니카라과에서 콘트라 반군의 개입에 대항하여(니카라과의 반정부 우파 게릴라 단체인 콘트라는 미국의 지원을 받아 좌파 정부인 산디니스타 민족해방전선 정부를 전복하기 위해 싸웠다―옮긴이), 그리고 전세계의 인권유린에 맞서 항의 서한들을 보내고 있다. 1986년에 '선진국 수뇌회의'가 개최되는 동안, 레이캬비크에서 열린 한 콘서트에서 노래해 달라는 초대장이 왔다. 나는 수락했고, 세부 사항들을 사무실에 맡겼고, 마침내 텔레비전으로 방송되는 '민중의 수뇌회의'라 불리는 콘서트에서 노래하게 되었다. 콘서트는 토요일 저녁에 생방송되었고, 아이슬란드 국민들의 요청으로 일요일에 재방송되었다.

나는 1979년에 설립된 이래 후마니타스가 성취해 낸 성과들에 자부심을 느낀다. 비록 프로젝트가 있을 때마다 늘 함께 긴밀하게 일하지는 못하지만, 내가 중요하게 여기는 사안들에 대해 후마니타스가 변함없이 관여하고 있다는 것은 내게 커다란 위안을 준다.

오늘 게이브가 점심시간에 친구들을 데려왔다. 그의 가장 친한 친구와 80년대의 아이들처럼 보이는 여고생 둘이다. 줄리는 폭포수처럼 풍성하게 흘러내리는 금발머리에 매력적인 파란 눈, 줄리 크리스티(Julie Christie, 미국의 영화배우―옮긴이)의 코와 가지런한 치아를 가졌고, 헤비메탈 로고가 새겨진 검은색 티셔츠 위에 검은색 가죽 재킷을 걸쳤다. 미셸은 불그스레하게 물들인 짙은 갈색의 짧은 머리를 무스를 발라 펑크풍으로 손질하고, 짙은 눈 화장에, 귀에 대롱대롱 매달려 반짝거리는 귀걸이, 빛나는 팔찌 그리고 악동 같은 미소를 지닌 소녀였다. 꽁지머리에다 턱수염을 3주 정도 기르고, 가죽 재킷 밑에 검은색 셔츠를 받쳐 입은 잘생긴 게이브. 키가 작고 발걸음이 잰 작은 무법자인 게이브의 친구 애리. 애리는 오늘 내게 진귀한 야생 버섯과 아버지의 벌통에서 직접 채취한 꿀을 약간 가져왔다. 그들과 앉아 농담을 나눌 때면, 나는 축복을 받은 듯한 기분이 든다. 나는 80년대 아이들과 어울리는 게 정말 좋다. 그들의 상냥함, 아름다움, 혼란 그리고 취약함을 모두 사랑한다. 나는 게이브가 이 집에서 떠나고 오랜 뒤에도, 아이들이 여전히 나를 방문해 주기를 희망한다.

지역 파이어니어 살롱에 가면 나의 춤 친구들과 술친구들이 있다. 파이어니어 살롱은 1880년에 지어진 오랜 역사를 자랑하는 바(bar)로, 스테인드글라스 창들과 내가 텍사스 스윙을 배웠던 아주 작은 댄스 플로어를 갖추고 있다. 나의 유능한 춤 선생님들과 춤 상대들은 다음과 같다(그들의 여자 친구들은 아무런 불평 없이 나에게 그들을 빌려 준다). 흰색 카우보이모자를 쓴 깡마르고 호리호리한 금발머리의 릭. 검은색 카우보이모자를 쓴 거무스름한 구레나룻을 기른 위험한(그러나 사실은 별로 그렇지 않은) 짐. 맨머리에 거대한 수염이 마치 스커트처럼 가슴 위에 펼쳐져 있는 키가 작은 데니스. 그리고 '60년대' 단추들로 뒤덮인 검은색 모자를 쓰고 '얼어 죽은 벌목꾼'(미국의 포크송 〈The Frozen Logge〉의 주인공—옮긴이)의 턱수염을 과시하는 베트남 참전용사 빅 앨. 그는 과거 1963년에 내내 오키나와에 있었고, 앞니 하나가 없으며, 트럭에서 살고 있다. 캘리포니아의 카우보이들이 어울려 놀고 발을 구르고 괴성을 지르며 바이올린의 떠들썩하고 경쾌한 선율에 맞춰 서로를 빙글빙글 돌려 김이 푹푹 날 만큼 땀투성이로 만드는 밤이면, 우리는 모두 그곳에 있을 것이다.

그리고 나는 노르망디의 카니지에 있는 나의 성을 마음속에 그린다. 셰르 아미는 이제 결혼해서 몇 마을 떨어진 곳에 살고 있다. 백작은 곧 마흔이 되고, 그의 친구들이 성에서 그를 위해 성대한 파티를 열 예정이다.

이 책의 마지막 에피소드를 쓰고 2주 뒤에, 나는 게이브를 데리고 비행기에 오를 것이다. 우리는 목요일에 떠날 것이고, 그때 나의 보너스 비행 마일리지를 몽땅 사용할 것이다. 나는 검은색 벨벳 드레스에 라인석 액세서리를 착용하고, 폴린 언니가 만들어 준 품 넓은 겉옷을 걸치고, 부드러운 털로 안감을 댄 부츠를 신을 생각이다. 게이브는 턱시도를 입을 것이다. 우리는 금요일 저녁에 카니지에 도착할 계획이다. 로즈룸에서는 내가 처음 카니지에서 보았을 때처럼 악사들이 음악을 연주하고 있을 것이다. 토요일 오후쯤엔 모든 침실에 손님들이 들어차고 벽난로에는 불이 피워질 것이다. 그리고 샴페인과 포도주와 칼바도스가 밤새도록 흘러넘칠 것이다. 파티는 일요일 어느 시점까지 계속될 것이고, 그때 게이브와 나는 차를 타고 파리로 돌아가 미국행 비행기에 탑승할 것이다. 열다섯 시간 뒤, 우리가 지친 발걸음으로 집 안에 들어설 즈음, 엄마는 이미 부엌에 불을 피워 놓고 기다릴 테고, 어쩌면 스테레오에서 브람스 삼중주가 흘러나올지도 모른다. 게이브는 자기 방 침대에 쓰러져 곯아떨어질 것이고, 나는 에스파냐 공주 차림으로 불 앞에 앉아 엄마에게 들려줄 것이다. 내가 절대적인 고요함 속에서 거대한 침실 창문을 내다볼 때 태양이 호수 위 안개를 뚫고 떠올랐던 일이며, 성이 마침내 잠이 들었을 때 사방이 얼마나 평화로웠는지를 말이다.

감사의 말

낸시 뤼초우는 편집자, 변호사들과 더불어 내가 제기한 다수의 모호한 질문들을 해결하고 조사하는 과정에서 지칠 줄 모르는 도움을 주었다. 매니 그린힐은 1959년부터 1975년 동안 찍은 사진들과 그와 관련된 수많은 세부 정보들을 제공해 주었다.

어머니는 당신이 보관하고 있던 파일들을 거실 깔개 위에 쏟아 놓으시고는 내 사진들과 어린 시절 그림들, 고등학교 때 작문들, 사적인 편지들을 고르는 일을 도와주셨다. 아버지는 당신의 파일에서 사진들을 내주셨다. 아서 새뮤얼슨은 나를 자극해 주고, 격려해 주고, 내 말에 귀 기울여 주고, 자료들을 자르고 붙여 주었다.

스티브 잡스는 내가 적극적으로 글을 쓸 수 있도록 내 주방에 워드 프로세서를 가져다 놓았다. 그리고 많은 친구들과 친척들이 내가 기억을 되살리게끔 도와주었고 내가 오랫동안 잊고 있던 정보를 제공해 주었다. 이 모든 분들에게 감사의 마음을 전한다.

옮긴이 후기

    나는 90년대의 시작과 더불어 대학에 입학했다. 대학 생활을 하는 동안 노태우, 김영삼 정부를 거쳤고, 80년대처럼 격렬하진 않았지만 학교 정문을 막아선 전경들과 백골단, 중앙도서관 앞에서 열린 출정식 그리고 바리케이드와 시위는 내게도 그리 낯선 광경은 아니었다.

    그렇다. 나는 '광경'이라고 표현했다. 그 시절 내 의식 수준이라고 해보았자 학생 시위에 연신 빨간 칠을 하는 언론에 대해 그저 간신히 코웃음을 칠 수 있는 정도였다. 1987년에 군사독재 체제가 종식된 이후 우리 사회는 겉으로나마 민주주의를 성취한 듯 보였고, 민주주의는 더 이상 가열찬 투쟁을 통해 쟁취해야 할 목표나 이상은 아닌 듯 보였다. 나는 자의 반 타의 반으로 80년대 이후의 세대에 속했고, 여전히 시대를 노여워하며 '바리케이드 앞에 선' 피 끓는 동기들과 선배들을 반쯤은 미안한 마음으로 반쯤은 불편한 마음으로 지나치곤 했다. 돌이켜 보면 그 시절 나의 피는 부끄럽게도 비등점이 너무 높았던 것 같다.

    존 바에즈의 회고록을 번역한 소회를 왜 이런 이야기로 시작하고 있는지, 본문보다 후기를 먼저 읽고 있는(사실 필자도 책을 사면 후기부터 읽는 버릇이 있다) 독자들은 의아해 할지도 모르겠다. 하지만 본문을 읽고 나면 필자가 왜 대학 시절을 회상하는지 조금은 이해할 수도 있을 것이다. 바에즈의 삶의 궤적을 더듬어 가면서 느낀 감정들 가운데 하나는 '부끄러움'이었다. 본문 어디에선가 바에즈는 자신의 '죄의식'에 대해 말한다. 세상의 부조리와 폭력에 대항하기 위해 언제나 '바리케이드 앞에' 서는 걸 주저하지 않고, 자신의 재능을 세상을 좀 더 나은 곳으로 만들기 위해서 사용했던 그녀는, 여전히 무언가를 '소유'하고 있다는 것에 대해 죄의식을 느꼈다. '잎새에 이는 바람에도 괴로워하는' 이런 사람들을 보면 부끄러워하지 않고는 배길 수가 없다. 그런데 하필 대학 시절을 떠올린 건, 아마 누군가로부터 '대학 시절 스크럼을 짜며 바에즈의 〈노 노스 모베란〉을 불렀다'는 이야기를 들었기 때문일 거다. 나는 그 시절 〈노 노스 모베란〉을 알지 못했고, 그 노래를 부른 존 바에즈 또한 알지 못했다.

아니, 나는 원래 이 후기를 정치에 무관심했던 대학 시절을 반성하는 것으로 시작할 의도는 없었다. 바에즈가 얼마나 '위대한 여성'인지, 그에 비해 나는 얼마나 보잘것없는 사람인지를 말하고자 한 것도 아니었다. 사실 나는 내가 얼마나 바에즈와 '인연'이 없었는지를 말하고 싶었다. 위에서도 말했듯 학내 시위가 낯선 광경은 아니었고 그들이 부르는 노래를 나도 따라 부르기는 했지만, 나는 그 노래들 가운데 바에즈의 노래가 있다는 걸 알지 못했다. 서태지와 아이들 이후 가요 시장이 성장하면서 팝송을 듣는 횟수는 점점 줄어들었고, 딱히 찾아서 들을 만큼 포크 음악을 즐기지도 않았다. 마틴 루터 킹 주니어의 이름은 지금까지 그랬듯 앞으로도 자주 듣게 될 것이고, 김대중 전 대통령은 물론 그와 마찬가지로 노벨 평화상을 받은 사하로프나 레흐 바웬사를 우연히 떠올릴 수도 있을 것이다. 베트남 전쟁은 미국만큼이나 한국도 깊은 관계가 있다. 밥 딜런이나 비틀스를 모르는 사람은 드물 것이다. 바에즈가 '감사의 글'을 빌려 언급한 스티브 잡스는 말할 것도 없다. 어쩌면 나는 뜬금없이 "꽃잎 끝에 달려 있는 작은 이슬방울들……" 하며 양희은의(사실은 바에즈의) 노래를 흥얼거릴지도 모른다. 하지만 20세기 후반기의 흑인민권운동, 반전운동, 난민문제, 냉전문제, 양심수들의 인권문제 등 국가와 이념을 초월하여 인권과 평화를 위한 '비폭력적인' 싸움의 최전방에 언제나 존 바에즈라는 활동가가 존재했다는 사실은 모르고 지나쳤을지도 모른다. 미국 포크 음악계에 존 바에즈라는 걸출한 뮤지션이 있어, 미국은 물론 전 세계 음악계를 주름잡았고 우리나라의 포크 음악에도 지대한 영향을 미쳤다는 사실 역시 모르고 지나쳤을지도 모른다.

어찌 되었든 나는 운이 좋게도 이 책을 통해 이 매력적인 여성을 만났다. 원래 바에즈에 관해 잘 알고 그녀를 좋아하는 사람들은 이 책을 더욱 특별하게 느낄 수 있을 것이다. 하지만 그녀에 대해 잘 알지 못하는 나 같은 사람들에게도 이 책은 재미와 더불어 상당한 시의성을 갖고 있었고, 그것은 번역자로서 정말 다행스러운 일이었다.

그녀는 자신의 음악적 커리어와 자신이 관여했던 정치·사회적 활동은 물론 한 여성으로서 가족, 사랑, 결혼, 모성 그리고 나이 듦에 관한 이야기를 들려준다. 그녀는 자신의 성공과 재능에 대한 자부심을 결코 숨기지 않는다. 그러나 자신이 겪은 실패와 혼란에 대해서도 가감 없이 솔직하다. 사실 이 책에서 그녀의 솔직함은 놀라울 정도이다. 최선을 다해 부끄러움 없이 삶을 살고 그 삶 속에서 잘난 부분이든 못난 부분이든 긍정하고 인정하는 용기를 가진 사람만이 보여 줄 수 있는 그런 솔직함이다. 그리고 그것은 곳곳에 포진해 있는 유머 그리고 풍자 정신과 더불어 바에즈라는 여성을, 그리고 이 책을 더욱 매력 있게 만든다.

현대사의 굵직굵직한 사건들의 뒷이야기를, 그 사건들을 직접 목격하거나 관여했던 당사자의 입을 통해 듣는 것에는 남다른 재미가 있다. 마틴 루터 킹과 관련된 일화와 하노이에서 보낸 2주일의 기록은 개인적으로 가장 인상에 남는 부분들이다. 바에즈는 우드스톡을 시적으로 압축해서 묘사한 반면 라이브 에이드와 관련해서는 흥미로운 뒷이야기들을 자세히 풀어낸다. 한때 음악적인 동지이자 연인이었던 밥 딜런과의 추억 또한 독자들이 존 바에즈의 회고록에서 당연히 기대할 만한 부분일 것이다.

바에즈의 회고록을 번역하면서 바에즈의 노래를 한 번이라도 들어보지 않는다는 것은 말이 되지 않는다고 생각했다. 나는 인터넷을 검색했고, (알고 보니 익숙한) 그녀의 노래들을 들었다. 유튜브를 뒤져 그녀의 공연 영상들도 찾아보았다. 아마도 이제 와서 내가 가수 바에즈의 팬이 되지는 않을 것 같다. 하지만 '고통스럽도록 깨끗하다'고 하는 그녀의 목소리가 가진 매력과 호소력은 충분히 느낄 수 있었다. 최근에 촬영한 영상도 있었는데, 그녀는 비록 일흔 나이였지만 여전히 아름답고 여전히 생기 있으며 여전히 사람들을 끌어당기는 매력이 있었다.

지난해 11월, 시위대가 뉴욕 월스트리트를 점령했다. 이 현장에 존 바에즈가 통기타를 들고 나타났다. 그녀의 모습에 베트남전쟁 당시 반대 시위에서 열창하던 젊은 바에즈의 모습이 묘하게 겹쳐졌다. 50년의 세월이 흘렀지만 존 바에즈는 여전히 존 바에즈였다.

특정 당파에 치우치지도, 비판을 주저하지도 않는 비폭력 평화주의자이기에 좌우익 모두에게서 공격을 받고, 자기 나라에서 '이방인'처럼 느꼈다는 그녀이지만, 그녀의 주변에는 그녀를 사랑하고 지지하는 친구들로 넘쳐났다. 인간에 대한 깊은 존중심, 약자에 대한 사심 없는 배려, 불의에 대해 노여워하는 마음, 더불어 그녀의 "무기인 노래하는 목소리와 그것을 사용하고픈 욕망"까지, 사랑하지 않을 이유가 없지 않은가. 나는 그녀를 만나서 기쁘다.

2012년 10월
이운경

작품 연보

앨범

1. *Joan Baez*, Vanguard (October 1960) (RIAA: Gold)

2. *Joan Baez, Vol. 2*, Vanguard (September 1961) (RIAA: Gold)

3. *Joan Baez in Concert*, Vanguard (September 1962) (RIAA: Gold)

4. *Joan Baez in Concert, Part 2*, Vanguard (November 1963)

5. *Joan Baez/5*, Vanguard (October 1964)

6. *Joan Baez In San Francisco* (recorded 1958), Fantasy F5015 (1964, withdrawn after suit; released by Bear Family Records under the name "A Package of Joan Baez")

7. *Farewell, Angelina*, Vanguard (October 1965)

8. *Noël*, Vanguard (October 1966)

9. *Joan*, Vanguard (August 1967)

10. *Baptism: A Journey Through Our Time*, Vanguard (June 1968)

11. *Any Day Now* (Songs of Bob Dylan) (Double Album), Vanguard (December 1968) (RIAA: Gold)

12. *David's Album*, Vanguard (June 1969)

13. *One Day at a Time*, Vanguard (March 1970)

14. *Blessed Are......* (Double Album), Vanguard (August 1971) (RIAA: Gold)

15. *Carry It On* (Soundtrack Album), Vanguard (December 1971)

16. *Come from the Shadows*, A&M (April 1972)

17. *Where Are You Now, My Son?*, A&M (March 1973)

18. *Gracias A la Vida*, A&M (July 1974)

19. *Diamonds & Rust*, A&M (April 1975) (RIAA: Gold)

20. *From Every Stage* (Double Album), A&M (February 1976)

21. *Gulf Winds*, A&M (November 1976)

22. *Blowin' Away*, CBS (July 1977)

23. *Honest Lullaby*, CBS (April 1979)

24. *European Tour*, CBS (1980)

25. *Live Europe '83*, Gamma (January 1984)

26. *Recently*, Gold Castle (July 1987)

27. *Diamonds & Rust in the Bullring*, Gold Castle (December 1988)

28. *Speaking of Dreams*, Gold Castle (November 1989)

29. *Play Me Backwards*, Virgin (October 1992)

30. *Ring Them Bells*, Guardian (August 1995)

31. *Gone from Danger*, Guardian (September 1997)

32. *Dark Chords on a Big Guitar*, Koch (October 2003)

33. *Bowery Songs*, Proper Records (September 2005)

34. *Ring Them Bells* (reissue double-disc with bonus tracks), Proper Records (February 2007)

35. *Day After Tomorrow*, Proper Records (September 2008)

편집 음반

1. *Folksingers 'Round Harvard Square* (1959) / Re-Released as *The Best of Joan Baez*, Squire (1963)

2. *Portrait of Joan Baez*, (1967) (UK Only)

3. *The First 10 Years*, Vanguard (November 1970)

4. *The Joan Baez Ballad Book*, Vanguard (1972)

5. *Hits: Greatest and Others*, Vanguard (1973)

6. *The Contemporary Ballad Book*, Vanguard (1974)

7. *The Joan Baez Lovesong Album*, Vanguard (1976)

8. *Best of Joan C. Baez*, A&M (1977)

9. *The Joan Baez Country Music Album* (1979)

10. *Joan Baez: Classics*, A&M (1986)

11. *Brothers in Arms*, Gold Castle (1991)

12. *Very Early Joan*, Vanguard (1991)

13. *No Woman No Cry*, Laserlight (February 1992)

14. *Rare, Live & Classic* (boxed set), Vanguard (1993)

15. *Greatest Hits*, A&M (1996)

16. *Joan Baez Live At Newport*, Vanguard (1996)

17. *Vanguard Sessions: Baez Sings Dylan*, Vanguard (1998)

18. *Best of Joan Baez: The Millennium Collection*, A&M/Universal (1999)

19. *The Complete A&M Recordings*, Universal/A&M (2003)